献给中国航天事业的奠基人

钱学森

钱学森同志

中国航天
CZ-2F

中国航天献给钱学森百年诞辰的特殊礼物——

2011年11月1日，神舟八号飞船成功发射

摄影　宿东

“钱学森与中国航天”丛书

钱学森的航天岁月

Qian xuesen's Aerospace Career

“钱学森与中国航天”课题组　组织编写

石磊　王春河　张宏显　陈中青　等著

中国宇航出版社

·北京·

图书在版编目（CIP）数据

钱学森的航天岁月 / 石磊等著. -- 北京 : 中国宇航出版社, 2011.11（2024.7 重印）

（“钱学森与中国航天”丛书）

ISBN 978-7-5159-0106-0

Ⅰ. ①钱　Ⅱ. ①石　Ⅲ. ①钱学森（1911~2009）—生平事迹　Ⅳ. ①K826.16

中国版本图书馆 CIP 数据核字（2011）第 238215 号

策划人 石磊 王春河 陈大亚 **责任校对** 祝延萍
责任编辑 黄莘 **装帧设计** 刘远

出版发行 中国宇航出版社
社　址 北京市阜成路8号　邮　编 100830
(010)68768548
网　址 www.caphbook.com
经　销 新华书店
发行部 (010) 68371900　(010) 88530478（传真）
(010) 68768541　(010) 68767294（传真）
零售店 读者服务部　北京宇航文苑
(010) 68371105　(010) 62529336
承　印 北京厚诚则铭印刷科技有限公司

版　次 2011年11月第1版
2024年 7 月第2次印刷
规　格 787×1092
开　本 1/16
印　张 39.25 彩 插 6面
字　数 634千字
书　号 ISBN 978-7-5159-0106-0
定　价 128.00元

序

2011年12月11日，是中国航天事业的奠基人钱学森百年诞辰的纪念日子。这不禁勾起我深深的回忆和深切的怀念。

我1958年从苏联留学归国来到国防部第五研究院，就在钱学森的领导和爱护下从事航天工程的研制工作。我作为钱学森在航天领域的一名学生和弟子，跟随他整整半个世纪，亲身体验和感受了钱学森对发展中国科学技术事业特别是航天事业作出的卓越成就和杰出贡献；亲眼目睹和见证了钱学森用毕生的心血和精力，为中华民族屹立于世界民族之林，树立了一座中国航天的丰碑。

钱学森早年就怀抱“学习知识，贡献社会，报效国家”的宏大理想，在美国科学界崭露头角，功成名就，成为“科学家银河中一颗明亮的星”。经过艰苦斗争回国后，受命领导开创中国的航天事业。他知识渊博，执著追求，无私奉献，刻苦攻关，站在世界科技的前沿，以自己的远见卓识和非凡的智慧，带领我们航天战线的干部职工不懈奋斗，依靠自己的力量，在经济落后和工业薄弱的基础上，突破了航天技术的诸多难关，先后发射成功导弹和人造卫星，开创了中国航天的新纪元。我们以及后来的航天人，在钱学森的指引和影响下，创造了中国航天发展史上一个又一个奇迹，相继攻克了载人航天和月球探测的技术制高点，实现了中华民族千年飞天、奔月的梦想。中国航天取得了举世瞩目的成就，壮国威，振民心，

在国际舞台上争得了一席地位。钱学森的一生与中国航天结下了不解之缘，中国航天史上不仅记载了他的不朽功绩，而且也展现了他出众的才华和崇高的人格。这一切都永远地铭刻在我们的心上，长久地存留于我们的记忆。

钱学森虽然离开我们了，但他就像那颗高挂在太空的“钱学森星”，光芒永不熄灭，照亮着中国航天振兴腾飞之路。我非常高兴的是，在我们纪念钱学森百年诞辰的时候，由航天工作者自己编写的“钱学森与中国航天”丛书，把钱学森为中国航天的崛起奉献一生的事迹，真实、准确、生动、鲜明地记录下来，呈现给我们的航天人和社会公众，使我们能够更真切、更全面地了解钱学森一生的创新成就和人格魅力。这是钱学森留给我们的一份宝贵精神财富，值得我们永远珍藏、铭记、传承，并在华夏大地上发扬光大。

我对钱学森充满崇敬和怀念之情，我从“钱学森与中国航天”丛书中可以找到他教我们如何做人做事的人生答案。因此，我愿意向我们的航天人和各界读者推荐这套丛书，以期从中汲取丰富的营养和前进的力量，在新的起点上薪火相传，攀登科技新高峰，创造中华民族新的辉煌。

2011年11月

目录

185 第四章

奠基伟业

261

第五章

踏上自行设计之路

311

第六章

今日可缚苍龙

天庭闪亮中国星

551 第十章

曙光照亮中国“神舟”

609 尾声

611 后记

我从1935年去美国，1955年回国，在美国待了20年。20年中，前三四年是学习，后十几年是工作。所有这一些都是在做准备，为了回到祖国后能为人民做点事。

——钱学森

第一章 人生的三次选择

第一次选择：报考留美航空专业，决定从业航向；

第二次选择：做冯·卡门的学生，奠基学术成就；

第三次选择：返回祖国服务人民，实现人生最大价值。

怀着对祖国的深厚感情，钱学森选择了赴美求学、航空救国的人生道路。在美国20年，他发愤苦读，获得了如日中天的成就和地位。但他清楚地知道，条件优越的美国只是他人生中的一个驿站，因此，他没有买过保险，没有存钱，他说：“我的事业在中国，成就在中国，归宿在中国。”

考入大学后，钱学森与父亲、母亲、祖母和女佣在杭州方谷园家中的合影

1926年在北京师大附中读书的钱学森

1934年钱学森在交通大学毕业获学士学位

20世纪30年代交通大学铜管乐队合影

1935年钱学森赴美留学时在邮轮前留影

1935年9月3日，21名赴美留学的中国学生在“杰克逊总统号”邮轮抵达西雅图时的合影

1939年钱学森在美国加州理工学院获航空、数学博士学位

1938年钱学森在加州理工学院的自拍照

1938年钱学森和几位亚裔同事与冯·卡门及其妹妹在卡门家合影

1949年钱学森在美国加州理工学院

1947年钱学森回国期间与清华大学王助教授合影
（1934年钱学森考取清华大学公费留学时，王助是他的导师之一）

1947年2月3日，美国国家航空顾问委员会的合影

1949年钱学森在加州理工学院讲授“火箭与喷气技术”课程

1949年钱学森和同事在古根海姆航空实验室楼前留影

1945年5月，钱学森在德国考察期间，师生三代相聚（右起冯·卡门、钱学森、普朗特）

钱学森在德国布伦瑞克考察

1945年4月，钱学森以美军上校身份随冯·卡门率领的美国国防部科学咨询团赴德国考察

在上海兰心大剧院举办独唱音乐会的蒋英

1947年9月，钱学森和蒋英在上海的结婚照

1. 决定命运的选择——不造火车造飞机

民国二十三年十月二日（1934年10月2日），北平秋高气爽。

紫禁城明黄色的琉璃瓦屋顶被秋雨洗过，一片光亮亮的。绿树掩映下，红墙黄瓦依旧透露着当年大清皇宫的巍峨壮观。

紫禁城西北十公里外，宁静的清华园里，一棵棵挺拔的银杏，舒展着小折扇一般的树叶，沐浴着秋日的阳光。

似乎与平日朗朗书声的气氛相左，校园里荡起了几片嘈杂声。学子们三三两两聚集在一份公告前，议论纷纷。这当口，正是每年全国各地报考公费留美学生发榜的日子。

所谓“公费留美”，指的是“庚款留学”。1900年，是中国农历庚子年。由于西方列强对中国肆无忌惮的侵略，那年6月，义和团主力进入北京，围攻各国使馆。8月4日，美、英、日、俄、法等八国组成一支2000多人的联军，借口剿灭义和团，从天津进攻北京。8月15日清晨6时，听到八国联军杀进东华门、北京城破的消息，慈禧老佛爷连脸都没有来得及洗，便带着光绪皇帝仓皇出逃。1901年（农历辛丑年）9月7日，清廷与列强十一国签订了丧权辱国的《辛丑条约》，被迫赔偿纹银4.5亿两。当时中国的人口约为4.5亿人，相当于每个中国人无论老幼皆要交出一两纹银赔给列强。这笔庞大的款额分39年摊还，连本带利高达10亿两纹银，折合9.82亿美元，史称“庚子赔款”。在“庚子赔款”中，美国分到2500万美元，连同39年的利息算上，总计4600万美元。后来，中国驻美公使发现，美国得到的这笔赔款超出了美国来华军队实际花费的一倍，纯属“虚报冒领”。经过多次交涉，老罗斯福政府决定把多余的钱归还中国，方式是把钱用于“帮助中国办学”，并设立一个让中国学生到美国留学的奖学金。中国人当然更希望把这笔钱用于修建铁路、开发矿山，或者金融投资。可是美国却认为，通过奖学金可以培养一批受美国教育的中国知识精英，这无疑有利于继续在知识和精神上控制中国的未来。

“庚款留学”奖学金于1909年正式设立。第二年“清华学堂”成立，1911年更名为“清华学校”，专门负责遴选、派遣每年的获奖人选，并把他们送到美国。最初，每省每年都根据所出赔偿纹银的比例，享有一定的名额，高中生在高三那年参加奖学金考试，优胜者可以进入清华学校先读两年，然后前往美国完成大三、大四的学业。后来名额改为每年100名，学子自由竞争。到了1931年以后，日本攻打东三省，在上海挑起事端，中日关系愈发交恶，政府考虑到国家危急之际对科技人才的需求，修订了奖学金办法，只有国内大学数理科系的前4名毕业生才有资格参加甄选考试，目的是在短期内发掘全国资质最好的学生，以便在最短的时间内学会美国的科技知识，尽速返国，建设国家。1934年，享受奖学金的留学生名额只有20名，来自全国各地的大学生，激烈地角逐着这20个名额。

通告发布栏前，人头攒动，以至栏前小径的“交通”有些阻塞。

只见一行大字“国立清华大学考选留美公费生揭晓通告”，下面写道：

本大学本届考选留美公费生各门成绩业经留美考试委员会详慎审核决定各门录取名额公布如次

历史学门（注重美国史）一名 杨绍震

考古学门一名 夏鼐

油类工业门一名 孙令衔

造纸工业门一名 时钧

陶瓷工业门一名 温步颐

理论流体学门一名 王竹溪

高空气象学门一名 赵九章

海产动物学门一名 萧之的

应用生物物理学门一名 殷宏章

农学门（注重选种）一名 汤湘雨

农村合作门一名 杨蔚

人口问题门一名 赵镈

国势清查统计门一名 戴世光

劳工问题门一名 黄开禄

成本会计门一名 宋作楠

国际私法门一名 费青

地方行政门一名 曾炳钧

水利及水电门（河工组）一名 张光斗

水利及水电门（水电组）一名 徐芝纶

航空门（机架组）一名 钱学森

20门专业，涉及社会科学和自然科学两大领域，兼容文、理、工三科，可见留学内容之丰富，涉猎之广泛；每专业只取1人，可以想象脱颖而出之艰难，竞争之激烈。

钱学森是在杭州家中得知自己金榜题名的，特别是考取了自己热盼的航空专业，他松了一口气，兴奋无比。

清华大学公开招收留美公费生自1933年至1936年共办了四届。在第一届留美公费生中招收了2名航空门（航空工程专业）的学生，其中来自交通大学唐山工程学院的林同骅专学飞机结构，后来他设计了中国的第一架运输机；另一人为顾光复，专学飞机发动机设计制造，后任“台湾空军研究院”院长。从1934年以后，留美公费生中航空门都只有1个名额，第二届录取的是钱学森，专学飞机结构。1935年第三届录取了钱学森的堂弟钱学榘，专学飞机发动机。1936年第四届录取了程嘉垕，专学航空机械。

钱学森在交通大学所学的专业，原本是机械工程学院机车制造专业。当时，吸引他的是孙中山先生在《建国方略》里为中国未来铁路建设勾画的宏伟蓝图，他决心效仿著名铁路工程师詹天佑，修铁路，造火车。

然而，1931年“九·一八”事变以及在自己身边发生的1932 年“一·二八”淞沪战争，日本侵略者用飞机和大炮“炸碎”了钱学森心中憧憬的铁路和火车。看到蔡廷锴将军率19路军以弱斗强，慷慨悲壮地抗击日寇的战斗场面；看到一架架机翼上贴着红“膏药”的日本飞机，对着中国的平民百姓、大街小巷狂轰滥炸的罪恶行径，他的内心受到了深深的刺痛，他开始关注起飞机来。

据当时的资料记载，日本拥有飞机2000架，已经有了比较完整的航空工业，而中国只有270架飞机，能投入空战的不到100架，不仅比日本整整少了一个数量级，而且全部依赖进口，国内连一家飞机设计制造厂也没有。钱学森还从报纸和其他资料上得知，远在大洋彼岸的美国，有一对叫莱特的兄弟，他们早在1903年就在滑翔机上安装了汽油发动机试飞成功，开辟了人类的飞行时代；1918年美国率先开通了从纽约到芝加哥的飞机航线；20世纪30年代初，美国制造成功DC3-7螺旋桨客机并投入应用，美国的航空工业已在全世界遥遥领先。

淞沪抗战无果而终的残酷现实，给21岁的热血青年钱学森当头一盆冷水。眼见蒋介石、汪精卫承诺日本侵略军继续留驻上海，19路军被迫前往福建“剿共”，中日双方于1932年5月5日签订《上海停战协定》，他开始明白，现代国防事关中国的生死存亡，他的志趣从造火车逐渐转向了造飞机。他认为造飞机，对于屡屡遭受列强欺辱的中国更具有实际意义，作为有知识的新青年，理应去学习和掌握世界上最先进的科学技术。从那时起，他经常钻到图书馆里博览群书，并特别专注飞艇、飞机和航空理论的书籍，有一本介绍美国火箭“鼻祖”戈达德的书，他看得津津有味。利用业余时间，他积累了不少航空方面的专业知识，他回忆说：“我还记得借过一本英国格洛尔写的专讲飞机机翼气动力学理论的书来读，当时虽没完全读懂，但总算入了气动力学理论的门，这是我后来从事的一个主要专业。”

1933年，交通大学外籍教授威斯曼开设了航空工程课，初萌“航空救国”之志的钱学森当年下半年就去选修了这门课。在距大学毕业仅有一年的时间里，他不仅很好地完成了主修课有关火车头的毕业设计，还在选修课的考试中取得了两个学期平均分为90分的好成绩，是14名选修此课学生中成绩最好的人。

1934年8月，钱学森到清华大学设在南京中央大学的考场，参加“庚款留学”奖学金考试。对他来说，大学毕业后，通过公费留美去学习航空工程和相关的先进技术，以实现“航空救国”的理想，很自然地成为他下一步深造和工作方向的首选。他毅然报考了航空专业。

考试从上午8时一直考到下午5时，中间只有很短的午餐休息时间。航空门考试分两大部分，其中科学部分占考卷内容的80%，包括数学、力学、热工学、航空工程、机械原理及机械设计；人文部分占20%，包括世界史、国语的口语和写作、英语和第二外语（德语或法语）以及对国民政府的认识等。考完科学部分的5门内容后，钱学森感到很累，考题确实有难度；对于人文部分，他感觉考得还顺利。

从清华大学保存的档案来看，钱学森前5门的考试分数依次为41分、63分、64分、87分、63分，平均成绩为63.60分；加上人文部分的考试成绩，他的总平均成绩为59.10分，在报考航空工程的4名考生中名列第一。钱学森的考试成绩与清华大学毕业的赵九章、王竹溪等人的成绩相比略有逊色，数学不及格，其他成绩也不甚理想，但是他在“航空工程”这门课程的考试中，却得了87分的高分。当时清华大学负责选派留学生的是叶企孙教授，他是一位知名的物理学家，时任校务委员会证人委员、理学院院长、特种研究所主席，他指导和选派过多名留学生，很有眼力。他得知钱学森从大学三年级开始，就陆续发表一些有关飞机、飞艇方面的文章，如《美国大飞船失事及美国建筑飞船的原因》《最近飞机炮之发展》等，有些文章还很有深度，便看出钱学森是棵航空方面的好苗子，所以破格录取了他。

钱学森当时并不知道详情，但他终于如愿以偿。

在开始航空专业的学习前，钱学森和同学们来到了北京青龙桥火车站。这里有中国人自己设计的第一条铁路，它像一条长龙蜿蜒于八达岭的崇山峻岭间。钱学森向修建这条铁路的前辈、留美工程师詹天佑的塑像深深地鞠了一躬，也向他苦读了4年的火车专业作了最后的告别——他就要从航空专业开始新的起飞了！

报考航空专业，这是钱学森一生中最重要的一次选择，如果不是报考这个专业，他将与赴美留学失之交臂，而且这个选择对他来讲是决定命运的，此后所发生的一切，冥冥之中都与此有关。

几十年后回头看，几乎可以说，这个选择对于中国航天来说，也是决定命运的。

2．三位导师的启蒙

按照庚子奖学金的规定，凡选派出国的留学生，必须由学校指派导师补习一年的功课，由这些导师决定学生去美国哪所学校，专攻哪个领域。在前往美国之前，他们还要在导师的精心筹划和安排下，花一年时间，预学专业知识，参加一些工程实践活动，并了解国家对其所学专业的实际需要。于是，叶企孙就为钱学森选派了三位教授组成的导师组，对他进行具体指导。钱学森的三位导师都是中国当时顶级的航空工程专家，他们是钱昌祚、王助和王士倬教授。

钱昌祚是1919年清华高级学校毕业生，同年留学美国麻省理工学院。1926年回国在清华任教，1933年在中央军事委员会航空署工作，任机械处处长，后任航委会技术处处长。他多年从事中国航空技术的发展和人才培养，具有丰富的阅历和经验。1933年，他提出了航空“工程师之训练，宜于工科大学设立航空工程学系，即军官出身者，亦可送至大学训练，可利用工科大学之普通工程设备，得有良好之基础”的建议。第二年，中央航空委员会决定协助各大学设立航空工程学系，清华大学的航空专业因此而成立。

1934年10月，时任中央航空委员会委员的钱昌祚，接到清华大学请他担任航空门机架组导师的邀请。11月2日，他给清华大学梅贻琦校长写了一封信，信中说：

近奉留美公费考试委员会约担任航空门机架组指导员。查此次考试，前闻拟录取航空工程门二名，现在减少一名…… 示知，至于录取钱君学森，将来拟建议派赴麻省工大求学，该校专任教授人数较他校多，设备及课程亦俱完善，尽可由母校通知早日办理入学手续。且为易于选课起见，似可仿照上届航空工程之生办法于五月间放洋，先入暑校习毕各项大学部未了课程，俾研究部求学时可减至一年或年半，可否之处仍祈酌核，至于钱君在国内服务之指导似不必令其远道来赣面商，请将其在校时成绩单及报考相片抄寄一份备查，俾可函介先至京杭厂实习，候有便时再约其晤谈也……

此信透露出三条信息：一是当年航空专业本来是有2个名额的，后来减

笕桥

笕桥，古称“茧桥”，是一个历史积淀深厚的文化古镇，明朝年间，因盛产桑蚕而得名。由于物产充盈，尤以棉丝、药材、麻布为甚，各地商贾云集，形成了较大的居民点。后逐渐演变成为“笕桥”，“笕”指的是引水的竹管，隐指市井繁华之地。

笕桥地处交通要道，历来又为军事要地。清朝末年，清军八旗标马队和炮营校场就建于此，故有“大营笕桥”之称。

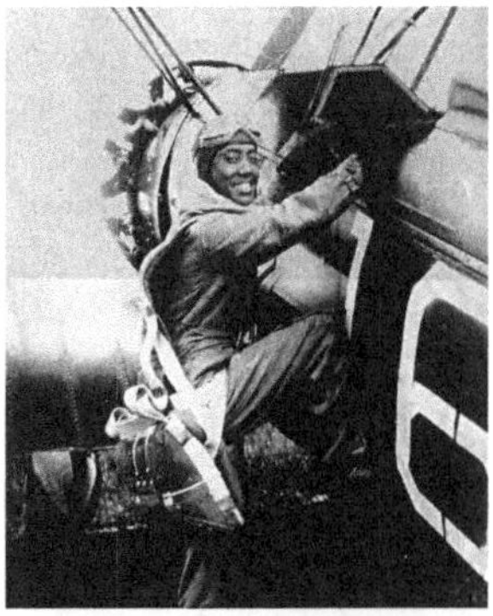

中国飞行员驾驶战机抗击日寇

少了1个名额；二是钱学森去麻省理工学院是钱昌祚建议的，而原先清华拟派遣他去加利福尼亚州某大学；三是钱学森在国内机场、机厂的参观实习活动，均是钱昌祚介绍和安排的。

1934年冬，考取了留美奖学金的钱学森，被安排到杭州飞机制造厂、南昌第二航空修理厂和南京第一航空修理厂参观实习，后来又到上海海军制造飞机处实习，最后再到北京清华大学机械工程系刚刚设立的“航空工程组”接受导师辅导。这一段实习生活从1934年12月持续到1935年8月，钱学森从中学到了许多从未接触过的航空知识，了解了航空工业生产实践过程，为他去美国攻读航空专业打下了很好的基础。

旧中国的航空工业十分落后，全国拥有的能参加作战的飞机数量加起来也不过100架，全部是进口货，所谓的航空工业，充其量就是几个设施简陋的飞机修理厂。当时，杭州笕桥和江西南昌，因拥有一个机场和飞机修理厂，而成为了航空专业学子最重要的实习基地。

家住杭州市区的钱学森，很方便地来到了距市

美国寇蒂斯公司生产的霍克战斗机

畢業證書
學生錢學森係浙江省杭縣人現年二十四歲在本校機械工程學院鐵道門修業期滿成績及格准予畢業此證
國立交通大學校長黎照寰
機械工程學院院長胡端行
中華民國二十三年七月一日

钱学森交通大学毕业证书

中心11公里远的东北郊的笕桥。

1931年年底，国民政府将清军炮营校场改为军用机场，并建中央航空学校，学校还建有附属工厂，这座曾与陆军黄埔军校齐名的航校，在抗日战争中发挥了重要作用。1933年8月，中美合资经营的“中央杭州飞机制造厂”在此成立。工厂装配了美国道格拉斯侦察机、霍克－Ⅱ和霍克－Ⅲ战斗机、弗利特教练机、雪力克截击机和诺斯罗普轻型轰炸机等多种飞机，成为解放前国内修造飞机最多和最著名的一个飞机制造厂。与此同时，它还为中国早期航空工业培训出一批素质较好、技术过硬的技术人员和技术工人。1957年，笕桥机场扩建改为民用，可提供小型机的起落。1972年2月，为迎接美国尼克松总统访问杭州，机场进行了大规模改造，跑道长度从2200米延长为3200米，建起了候机楼，保证了尼克松总统专机“波音707”的停降。此后，笕桥机场成为杭州的空中门户，热闹非凡，直至2000年更加现代化的萧山机场建成后，才功成身退。

钱学森在笕桥中央杭州飞机制造厂实习了6个月，他第一次近距离地见到了飞机，那是两架法国造的“布莱盖”侦察轰炸机。说来也真巧，1934年国民党政府为了“剿共”的需要，从法国购买了10架这种飞机，其中有2架停在笕桥，这不仅使钱学森一饱眼福，还成为他最初了解飞机的宝贵实物。

钱学森来到时，中央航空学校由美军的一个飞行员特遣小组管理，负责人是陆军上校朱威特，由5位教官每年负责训练50名飞行员结业。这里的设备都很新，有可容纳130人的学生宿舍、钢架搭建的大飞机库、引擎修理厂和飞机修理厂。校内还有约30架从美国运来的“霍克”双翼战机，当然，它们比不上最新进口的法国“布莱盖”。

钱学森在笕桥见到了他的另一位导师王助。

王助字禹朋，毕业于美国麻省理工学院航空工程系，1917年成为美国波音公司聘任的第一任总工程师，1934年6月在笕桥出任中央杭州飞机制造公司中方监理，是我国早年的航空工程师。他关于“务必重视工程技术实践和制造工艺”的教诲，给了钱学森深刻的印象。1934年12月9日钱学森在给清华大学的信中写道：

学森即到厂开始工作：初一星期在厂中各部见习以了解其全体概况，明了飞机各部机件制造程序及其分配工作办法，尤注意于合装配部，研究每一机件之功用，如是者一星期随时学习对飞机制造方法，已知其大概；第二星期即开始在各部分别详细学习，自土木部开始亦已一星期矣，王禹朋先生在暇时授学森以实际飞机设计之方法及如何阅读工程杂志及试验报告……

王助很欣赏钱学森，他曾以私人名义热心地与麻省理工学院航空工程系主任 Hunsaker 教授取得联系，使麻省理工学院同意钱学森提前赴美，进入该校暑期补修班学习气动力学导论和飞机制造导论等课程，这样在秋季一开学就可入读麻省理工学院本科四年级，第二年便可读其研究生课程，以缩短硕士学习时间。钱学森为此致函清华大学申请提前出国，校方回函同意了他的请求："准于五月中旬赴美"，并积极与当时教育部联系。后因教育部留学证书迟迟未办妥，此事未成行，所以仍按原计划进行。

时间过得很快，转眼间到了1935年5月。此时，中国工程师学会及各专门工程学会在杭州举行联合年会，王士倬教授等人撰写的5英尺试验风洞论文被评为当年中国工程师学会论文第一奖。王士倬时任清华大学航空工程教学组教授，在他的主持下设计制造成功了当时最新式5英尺回气式风洞，风洞直径最小处约1.5米，最大处约3米，长约15米，回转速达1400 转/分，能减到300转/分，节制比较精确，因此风洞中的空气速度可自160 公里/小时减至48公里/小时到64 公里/小时。这项风洞工程与麻省理工学院和加州理工学院的风洞相仿，不仅在中国，而且在世界上也是一流的。钱学森在杭州见到了王士倬教授，对他设计的风洞产生了极大的兴趣，特别想到清华亲眼看一看这种神奇的风洞。于是，钱学森写信给学校要求北上，而且他得知王士倬教授暑期正好在学校，可以乘机向他请教很多问题。学校征得王士倬意见后同意了钱学森的请求，让他7月份来清华，并说梅贻琦校长也想与他见见面。

很快，钱学森从笕桥赴南昌，拜见了导师钱昌祚，并且到南昌第二航空修理厂参观、实习，继而去南京第一航空修理厂，6月又到了上海海军制造飞机处实习。

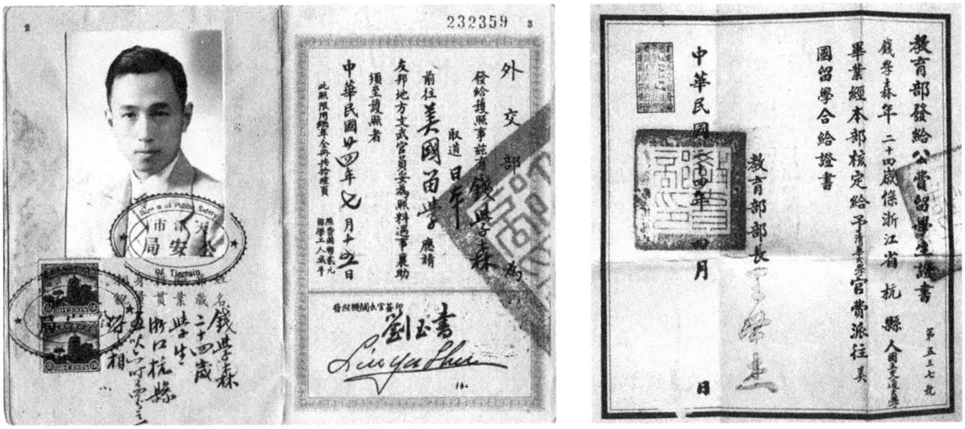

钱学森留学美国的护照

南昌第二航空修理厂是1935年国民政府与意大利在南昌合办的工厂，名称为“中央南昌飞机制造厂”。抗战爆发后，该厂迁往四川，更名为第二飞机制造厂。该厂汇聚了当时中国一大批留学欧美的优秀的飞机设计制造的专家。他们大都在国外留学多年，有着丰富的飞机制造经验。

南京的飞机修理厂比较落后，只有几间飞机库。钱学森看到当年孙中山先生领导的中国同盟会美洲总部用募集的捐款购买的6架美国制造的“寇蒂斯”飞机，还有五六架进口的容克战机和柯赛尔飞机停在那里，螺旋桨、引擎到处丢，值得一看的东西并不多。

上海海军制造飞机处，原来在福建马尾，是北洋政府海军部于1917年2月在马尾船政局内设立的海军飞机工程处，着手水上飞机的制造。1918～1930年的12年间，它曾经辉煌一时，设计制造出教练机、海岸巡逻机、鱼雷轰炸

钱学森希望暑假期间到清华看风洞与清华校办之间的信函

1935年6月25日，钱学森致清华信：

日前贵校航空工程教授王士倬先生来杭，亦曾于禹朋先生（王助字禹朋）处会见，谈及风洞设置事，学森现拟北上赴贵校一观其究竟，想与学森将来研究不无帮助，禹朋先生亦以为然。且闻士倬先生暑期要留校，则更可受教不少矣，顺道又可在津办理出国护照事亦多便利处也。兹将往返旅费预算列左，仍恳贵处早日核定……

7月2日校办致函王士倬询问：

王先生七月内该工程能否进至相当程度，使钱君来观确为有益？

7月3日王答复：留美生来母校参观，倬意在原则上应予鼓励，至于风洞工程届时恐可观处仍不多也。

1935年7月4日学校回复“希起程来平，本校校长梅先生亦极思与台端一晤也……”

年轻学子的蓝色之梦

实习期间的钱学森对宇宙充满了好奇和探索之心。他于1935年7月在《浙江青年》上发表过一篇文章《火箭》。文中写道：

在一个晴朗的夏夜，望着繁密的闪闪群星，有一种“可望而不可及”的失望吧！我们真的如此可怜吗？不，决不！我们必须征服宇宙！

我们有办法吗？有的，火箭！

火箭？火箭不是我们在新年玩的一种焰火吗？不是一个苇杆头上有一像火炮样的东西？当你把药线点着的时候，就是一道火花向下喷出，同时火箭也就上升。直升到火药烧完，没有火花喷出了，才慢慢地落下来。但是，这个小玩意就是征服空间、征服宇宙的开端呢！

科学家想出一个“脱壳的火箭”。就是在第一最小的火箭中，燃料以外还载有各种操纵仪器和旅客。在这个火箭外面，再套上第二个火箭，这个火箭比第一个大，只带燃料。在这个火箭外面，再套上第三个火箭。这个比第二个又大些，也是只带燃料。发射的时候，先点第三个最大的火箭，这三个东西就一齐升起，等到第三个火箭的燃料用完，驾驶员就把这个火箭和第二个火箭的联结放开，舍弃这个空火箭；同时把第二个火箭点着，继续前进。等到第二个火箭的燃料又用完了，又把它舍弃；同时将第一个火箭点着继续前进。如此就可以免去空火箭的赘累，节省不少燃料。这三个套成的火箭已够跑出地球引力范围之外了；但如果到月球旅行，还得加上一个，以备从月球回到地球用。如果到火星去呢，须加上两个……

机等飞机15架，成为中国初期航空工业的摇篮。1931年，奉命迁往上海，并入江南造船厂继续制造飞机。到钱学森前去实习时，它已日落西山，连正式的机棚也没有，只有木头、水泥和烂泥糊的几间小房子。室内有位美国工程师在指挥组合“霍克”双翼战机，还有一架正在制造中的中国小型双座教练机。钱学森看到满地凌乱的钢管、帆布和木架，心中不免有些惘然。

1935年7月，钱学森来到北京清华大学。这次来清华参观对钱学森的影响很深，尤其是王士倬和王助两位导师，不仅注意引导钱学森重视航空工程实践和制造工艺，而且非常注意引导这位即将留学海外的学生全面了解祖国的历史和灿烂的古代文明。他们在课程中穿插讲授了大量中国古代航空和火箭技术的历史，从三国的火箭兵器、唐代的火药火箭，到元代以固体黑火药为推进剂，借助于反作用力发射的火箭，完全符合流体力学原理。还讲到了明代初期利用47 支火箭亲自体验进行飞行试验的万户的故事，他被世界公认为是利用火箭作为飞天运载工具的第一人。

导师的讲授，使钱学森深受教育，他进一步了解了祖国古代先人在航空科学技术方面所作的开创性的努力和所取得的举世瞩目的成就，认识到中华民族对人类文明所作出的巨大贡献。英国科学史家李约瑟博士在他的《中国科学技术史》中写道：“公元前三世纪这一千多年中，在科学的发现，技术的发明方面，中国往往遥遥领先，而让西方望尘莫及。”钱学森感到作为一个炎黄子孙是值得自豪和骄傲的，他决心到国外学习飞机制造业，掌握先进科学技术，回国发展民族航空事业报效祖国。

8个月的实习结束了。钱学森办好了出国的各种手续，从杭州来到上海，准备乘船赴美。

3．远离故土赴美求学

1935年8月20日，盛夏的傍晚。

浑浊的江水一浪又一浪地涌过岸堤，把正从江面上降落的夕阳，扯成一片又一片的碎絮。闷人的潮气夹杂着鱼腥味、涮马桶味和黏滞的汗味，笼罩在上海黄浦港码头上。

码头像往日一样熙熙攘攘，肩扛手提大包小包的旅客川流不息。钱学森在父亲的陪同下来到码头，登上了美国“杰克逊总统号”邮轮，他将从这里奔向大洋彼岸的异国他乡。

同行有21位清华同学，其中有9名与钱学森同期获得庚子奖学金，他们是赵镈、曾炳钧、杨绍震、徐芝纶、孙令衔、宋作楠、时钧、黄开禄和戴世光，他们彼此并不相识。这批庚子奖学金得主，在出发前从没有一起聚过会、吃过饭，甚至没有聚集一堂的仪式，有些人直到上轮船当天才第一次见面。

“杰克逊总统号”切开一道道江水，缓缓驶离了码头，钱学森扶着甲板上的栏杆，一直望着父亲和送行的人群渐渐消失在远方。

钱学森父亲的心情不难揣摩——一则以儿子为荣，一则离情依依；钱学森的心情却很莫名——他要去美国了，到一个他的祖先不曾见过的地方，进入一所陌生的美国学府。他掏出口袋里的一张纸条，这是父亲与他分别时塞给他的“礼物”，上面还带着父亲的体味和墨香，纸上有几行字：

人，生当有品：如哲、如仁、如义、如智、如忠、如悌、如孝！

吾儿此次西行，非其夙志，当青青然而归，灿灿然而返！

乃父告知

钱学森不禁潸然泪下。他望了一眼书箱，那里有父亲特意为自己购买的中国典籍《论语》《孟子》《老子》《庄子》《墨子》和《纲鉴易知录》等。他知道，父亲是要他不忘本，学成本领后，救国于水火，青青然而归，灿灿然而返！

尽管江水浑浊、残阳如血，但这是我的家啊……钱学森在船上的第一夜，思绪万千，夜不能寐。望着大洋上空钻石般闪烁的星辰，带着蓝色梦想的钱学森，想象不出自己的未来将会是什么样子，但他叮嘱自己，既已选择了航空救国之路，这条路就一定要坚定地走下去。很多时候，你对人生的选择并没有完全的把握；但是，人生的成功，就是从梦想和追求开始的，就是靠感觉和信念坚持的，就是凭勇气和决心完成的！

经过14个日日夜夜，“杰克逊总统号”邮轮终于在1938年9月3日正午靠岸美国西雅图。

同为华夏血脉，同是天涯游子，旅美学子在船上很快就熟了起来。不知是谁的建议，21名留学生上岸前在邮轮舷梯上拍了一张合影。

这是一群心气很高的优秀青年，每个人都西装革履，有8个人戴着20世纪30年代那种圆圆的眼镜，大家看上去都是满腹经纶、春风得意的样子。从照片上看，钱学森属于年龄偏小的一个。

上岸后，全体同学在赴美清华老学友的接待

麻省理工自述

打开学校的网页，有着这样毫无掩饰的描述：从任何方面来说，麻省理工都是世界上一所无与伦比的高等学府，是美国及世界理工大学之首冠，有“世界理工大学之最”的美名，其最突出的标志是造就了一批声名盖世的科学家，其中诺贝尔奖得主就有78位。在麻省理工，传统的教育方法是没有市场的，这里的学生性格外向开放，思维敏捷活跃。麻省的最成功之处在于它独特的教育方法。它“最基本的注意点是研究，即独立地去探索新问题”。

麻省理工学院校徽

下留宿西雅图一日，第二天便分赴各自的学校。钱学森于9月4日乘专车到达芝加哥，又辗转到达美国东海岸举世瞩目的大学城——马萨诸塞州首府波士顿的坎布里奇市。他终于走进了麻省理工学院，到航空系攻读硕士学位。

其实，麻省理工学院（MIT,Massachusetts Institute of Technology）正确的中文翻译名称应为“马萨诸塞州理工学院”，简称“马州理工学院”，但因为麻省理工学院的译名早在清朝时期便开始使用，大部分说中文的人也已经习惯使用这个称呼了，所以人们也就将错就错地将“麻省理工学院”名称沿用至今。

麻省理工学院位于查尔斯河靠剑桥市一侧，占地68公顷，校园蔓延约1英里，与河对岸波士顿市的哈佛大学比邻而立。麻省理工学院的吉祥物是海狸，校训是“手脑并用，创新世界”。

麻省理工学院的师生比例为1:7，这样高的比例在全美的大学里是少见的。由于学生人数不多，教授们能有足够的精力关心学生的作业与发展。

全世界优秀的学子云集于麻省理工，就如一位教授说的“就是再优秀都还不够优秀”。在这里紧张的学习被誉为“高压锅”，新生们第一学期上的课都不给成绩单，只给“通过”或“不通过”，无疑是校方尽力想为学生们缓解些压力。在3S——study（学习）、sleep（睡觉）、social activities（社会活动）中，一般的麻省理工学生只能做到两个“S”，如果有谁三个“S”都能做到，那就是一个“超人”了。麻省理工的学生必须拿满360个学分才能顺利毕业。在繁重的学习中，学生们个个感到如同在“夹缝里求生存”。在校园里经常能见到有人在跑步机上边跑边看书，有人在昼夜自习室里苦读和小憩。麻省理工的学生读起书来不管时间，睡起觉来不管空间，他们学习的刻苦程度实属罕见。但即便如此，麻省理工学生在入学后四年内的毕业率却是92%（全美排第三名）。在美国东北部漫长的冬天里，在枯燥的校园中，在繁重的学业压力下，一些学生情绪低落，对学校爱恨交加。“我恨这个该死的地方”，据说这是麻省理工学生们最常说的一句话。

进入麻省理工学院后，钱学森在航空工程系，学习的专业是飞机设计。

钱学森的宿舍被分配在该校学生宿舍区11号楼24号房间。“世上真会有这样巧合的事？”钱学森暗自发笑，因为他1911 年出生，今年恰好是24岁。

“庚款留学”奖学金规定，每名留学生都享有免学费待遇，每月还可以得到由纽约中国协会发给的100美元零用钱，每人最多可领三年。之后，他们要返回中国，接受学校安排的工作。

当时，麻省理工学院航空工程系已经网罗了好几位航空业界的开路先锋，教授航空工程学的机械工程系主任亨赛克也在其中。这位教授对飞艇设计有独到的研究，曾亲自监制第一艘飞越大西洋的NC-4飞艇。其多位校友也已在方兴未艾的航空工业中崭露头角，日后都成为家喻户晓的人物，例如率队第一次空袭东京的杜立特将军、麦克唐纳飞机公司的创办人麦克唐纳、创办道格拉斯飞机公司的道格拉斯等。

初到美国的钱学森，人生地不熟，语言也不流畅，因此他很少与人交往，绝大多数的时光都交给了学习。美国作家张纯如这样写道：他几乎总是一人独处。唯有向他毕生贴心的好友——古典音乐找寻慰藉。波士顿交响乐团在1935年至1936年共举行过20场演奏，钱学森一场都没有错过。他后来回忆道：“那是我仅有的娱乐。”

钱学森的成绩保持着自小一贯的优秀。由于当时的交通大学完全是按麻省理工的模式办的，连教学大纲、实验课的内容都是一样的，他曾形象地说：“交大是把此校搬到中国来了！”所以他对麻省理工的学习环境一点也不感到生疏，学习起来显得驾轻就熟、游刃有余。有一门课程考试，由于老师出的题目难度极大，班上大多数同学都没能及格，于是一些学生决定找老师表示抗议。校友罗伯斯回忆道：“大家到了教授办公室，只见钱学森的考卷贴在门口，是用钢笔写的，全部做完了，而且全对，连一个涂改的痕迹都没有！”结果，学生们连门都没敢进，更不敢再向老师提什么抗议了。

钱学森只用了一年时间，就拿到了麻省理工学院航空工程系硕士学位。

麻省理工的教授欧柏建议钱学森先进入航空工业就业，有了一些实务经验后，再回来攻读博士学位。但是，1935年美国通过了中立法案，对出售武器给交战中的国家设限，这直接影响了对飞机的生产。钱学森的白人同学曾集体写信向飞机公司求职，同时不断从各种杂志上搜罗新公司的地址，但他们得到的回应几乎千篇一律——没有空缺。更何况当时的美国飞机工厂，弥漫着一股仇视亚洲人的偏见，它们“不欢迎中国人”在那里找工作。

是不是留在麻省理工继续攻读博士呢？钱学森有些犹豫。

他感觉自己在某些方面与麻省理工有些不太合拍。

钱学森自幼在中国的书斋里成长，喜欢徜徉于思维的海洋里，喜欢动脑动笔，求索严谨而完美的结果；而他的美国同学却从小就不安分，习惯在家敲敲打打，在谷仓、地下室、车库里，用汽车、脚踏车、收音机零件做试验。钱学森有一次跟朋友说，美国人“生下来就拿着扳手”。他有时暗地里发牢骚：本来指望在麻省理工跟随一位伟大的数学家求学，但碰到的教授都是“冒险家”。

也许，麻省理工的科学家和钱学森心中的科学家本来就不是一个涵义，麻省理工认定的科学家是整天动手试验、每天都有新发明的爱迪生；而在钱学森心目中定格的科学家却是沉浸在虚幻世界里发现神奇理论的爱因斯坦。

麻省理工是工程师的摇篮，麻省理工的航空工程系更以培养一毕业就能加入生产行列的工程师而自豪；而钱学森并不满足对“是什么”知识的学习，更向往对“为什么”元知识的求索和完美理论的推理，他根本不想或者也不擅长于当什么工程师。

种种原因导致钱学森决定“转业”，离开麻

英国同学服输

在美国，研究生上课一般没有现成的教材，学习主要依靠认真听讲和作好课堂笔记。钱学森上课时精力非常集中，笔记记得完整、清晰、整洁。他在1986年10月的一次谈话中提到一个故事：“1935年至1936年，我在麻省理工学院航空系。班里有几个中国学生，还有一个英国学生，有一次这个英国人来了，他说：‘我借你的笔记用用，前几天我发烧了，没上课，缺笔记。’我开玩笑说，我的英语不行，你还是借美国人的笔记吧。他说：‘我是英国人，还有点自豪感，我不借美国人的笔记。我为什么借中国人笔记，因为我服输了，我比不过你们。’中国人在那个时候，名气是很过硬的。”

省理工。他决定从航空工程的飞机设计专业，转为航空工程理论研究，而航空理论研究的圣地在加利福尼亚州洛杉矶的加州理工学院。航空工程理论研究需要大量的数学计算和推导，这是钱学森的长项，但在麻省理工似乎发挥不出来，麻省理工需要的是动手，而这正是钱学森的“软肋”。

钱学森还记得，自己的硕士论文就与航空基础理论“边界流层”有关。所谓边界流层，是指流体流经固体表面时，受挤压和黏性影响，在固体表面产生的密度较大、速度较小的一个流体薄层，这个薄层中流体有动量损失而产生摩擦阻力。以飞行中的飞机为例，机翼上就包有一层薄薄的空气粒子。这些空气粒子产生的微小摩擦，会影响到整个机翼上的空气流动模式。边界流层在1904年由德国空气动力学家普朗特发现，他指出，边界流层的流动模式必须与其他气流分开处理。在研究翼面表现时，他提出了“阻力”这一设计飞机的理论。讨论机翼表面而忽视边界流层的因素，可能导致飞机速度减慢，甚至引发坠机事故。边界流层有两种：层流与湍流（也称紊流），前者可以无障碍地通过机翼表面，后者却以不同速率在空气层之间扰动。有时层流也可能变得动荡不安，例如香烟的烟雾，最初是直缕向上，但在空气中行经一段距离后，就开始摇晃，呈随机翻腾态。一般来说，边界流层在机翼前缘（逆流而上的部分）的流动呈层流，而在后缘（顺流而下的部分）为湍流。

钱学森的硕士论文就是通过风洞实验研究这种现象，但实验做起来十分棘手，他禁不住为自己和一位同学在古根海姆大楼风洞实验室作实验的狼狈相而哑然失笑。那时风洞设备简陋，风扇的呼啸和风洞本身形状引起剧烈的振颤，导致实验区的风压高低起伏不定。他每天从清早8点到晚上10点都躬着腰或俯伏在地上捣鼓机器，不断地调整皮管、电扇，校对压力计，千方百计“制造”出实验所需的平稳气流。尽管他们满手满脸沾满油污，折腾得筋疲力尽，但是收效甚微。他的同学皮特斯说：“我们没有获得任何有意义的结果，湍流的问题使整个计划遭受挫败”，后来这位同学干脆把自己的硕士论文扔了。钱学森的结论与皮特斯大同小异，但他在论文中列了36页的方程式与图表，还附了风洞的照片，最后写道：“设备本身对实验结果限制甚大…… 现有风洞设备若不能根据建议改善，就不可能获得确切结论。”

风洞实验的挫折，也引发了钱学森转而攻读航空理论的决心。

4. 人生第二次选择——拜师冯·卡门

1936年8月，拿到了硕士学位的钱学森决定离开麻省理工学院，寻找另一所愿意接受他做博士研究的美国学校。美国唯一能在航空系设备和声望上与麻省理工学院并驾齐驱的学校，就只有加州理工学院。这所学校不及麻省理工学院有名，且远在美国的另一边海岸，但那里有一位航空系主任兼古根海姆航空实验室负责人冯·卡门。

冯·卡门与钱学森多少有点关联，他曾经在负责管理庚子奖学金的清华大学当过顾问。他以德国式严格的经院理论教育闻名，而且特别强调纸和笔，不逼学生亲手作实验，这让钱学森十分向往。于是，钱学森决定到加州理工学院拜冯·卡门教授为师，希望跟随他继续攻读航空博士学位。

加州理工学院位于加州南部风光迷人的帕萨迪纳市，学校规模不算大，只有1000余名研究生和900余名本科生。校园很“低调”，一点也不像麻省理工学院那么张扬，方圆不过一个街区大小，周围是绿树掩映的居民区，不留意的话可能连墙上的校名都看不见。

学校创建于1891年，当时名叫斯鲁普大学，不过是一所由仓库改装、训练小学以上程度的学生操作机器及工具的小型工艺技术学校。学校坐落在威尔逊峰脚下，这个地点曾吸引奠定天体物理学观察基础的哈雷，他骑骡子沿曲折的山径攀上峰顶，观测天象，并于1902年在山顶上装设了一个全世界最好的天文望远镜。全美最杰出的物理化学家诺伊斯，以及后来获得诺贝尔奖的物理学家米立肯，都因哈雷招徕而来到帕萨迪纳，三人协力召集到许多一流科学家来此任教，并在1920年把学校更名为加州理工学院。

20世纪30年代是加州理工学院的繁华时代。爱因斯坦到这里讲学传道；物理系有个名叫安德森的年轻研究生发现了正子，提出了反物质存在的第一个具体证据；生物系主任摩根以研究果蝇染色体基因而赢得诺贝尔医学奖；年方35岁的鲍林被任命为化学系主任；同样年轻的芮希特发明了芮氏地震规模量表，使自己的姓氏永垂青史。

在毫不引人注目的外表下，学校里卧虎藏龙。虽然只培养了20000余名学生，但其中有22名获得诺贝尔奖，平均每1000个毕业生中就有一个诺贝尔奖得主！

按照常理，拜师前应事先与导师联系，但是钱学森并没有这么做，他很冒失地直接闯了过去。

1936年10月，钱学森拎着行李只身西行，从美国东北部的波士顿来到美国西南部的洛杉矶，直奔加州理工学院，寻访他仰慕已久、大名鼎鼎的冯·卡门，当时他在加州理工学院航空系任主任。

冯·卡门是生于匈牙利的犹太人，1906年进入德国哥廷根大学机械研究所，跟随应用力学的创始人普朗特教授攻读博士学位。1904年，普朗特在边界层和机翼理论上，取得决定性的进展，解决了困惑航空界多年的飞行阻力来源以及机翼设计问题。1911年，冯·卡门在普朗特教授的指导下，通过各种风洞实验，经由数学计算和分析，发现机翼穿过气流时，会产生两股平行的气旋，造成一种阻力，从而完成著名的“卡门涡街”等多项空气动力学的研究。1922年，普朗特让贤，推荐冯·卡门接替他在哥廷根大学应用机械研究中心主任的重要职务。1930年，德国反犹太人的风声日紧，冯·卡门预感不祥，便应加州理工学院领导克拉克·米立肯教授的聘请移居美国。他把哥廷根民主自由的学风以及德国先进的航空理论和技术成就，带到了美国。

冯·卡门是加州理工学院航空系的天才和精英，他的努力使加州理工跃居为美国航空活动的神经中枢。冯·卡门对航空学还有几项重大的新贡献：他为深受好评的道格拉斯CD-3飞机设计了一种简单有效的风阻整流片；他计算出如何在表面安置加强条，使金属不致在压力下扭曲，帮助飞机制造业把飞机材质从木材与布匹改进为铁皮；他完成了紊流与表面摩擦力基本定律，在这一方面，他的成就超过了钻研同一问题多年的他的老师普朗特。

虽然他的英文讲得很蹩脚，但他却是学院里最受欢迎的教授。讲课时，他指手划脚，声情并茂，很有煽动力，他新奇的思想和天才的演说，令学生如痴如醉。有时，他以极为巧妙的手法，在课堂上解出一道复杂的方程式，全体学生会像观赏精采的运动比赛一般爆出如雷掌声。所有学生都崇拜他，冯·卡门的个人魅力大到很多研究生都竭尽所能争取他的认可，一听说他要来巡视，即使散漫成性的学生也会立刻在各自的教室里各就各位。

10月的一天，25岁的钱学森敲开了冯·卡门的门。冯·卡门在他的回忆录里面写道：

1936年的一天，他来看我，征询关于进一步进行学术研究的意见。这是我们第一次见面。我抬头看到一位个子不高、仪表严肃的年轻人。他异常准确地回答了我的问题。他思维的敏捷和富于智慧，顿时给我以深刻的印象。我建议他转到加州理工学院来继续深造。

钱学森立刻接受了冯·卡门的建议，很快便在加州理工学院“定居”。

他写信给父亲说：

我从10 月份起，留学加州理工学院，投师于非常杰出的空气动力学权威冯·卡门。冯·卡门教授于加州理工学院主持航空学系。全世界的科学界对这位大师极为向往。大师的治学态度极为

最“牛”的大学

2009年世界大学排名榜上，加州理工学院名列哈佛、斯坦福、耶鲁之后，而在物理、行星科学、地学领域，被公认为全美第一。加州理工学院因其这点硬本事，被称为美国乃至全世界最“牛”的研究型大学之一，吸引了世界各地的知名科学家，并培养出多位杰出科学人才。加州理工学院最令人称道的是学生刻苦学习，互相帮助，充满学术自由的学风；科学研究上讲究多学科交叉，研讨和充分自由交流的研究风气；追求质量，精益求精的管理文化；整个校园充满追求科学真理、献身科学的学术风气等。空气动力学大家冯·卡门则是20世纪30年代加州理工学院的骄傲。

神秘人物

美国作家张纯如这样描述过钱学森：“无论在中国求学、在麻省理工学院、还是进入加州理工学院做研究，大家印象所及，他就是——个巴不得别人少来打扰他思考的人，他好像从没有跟别人讨论自己想法的需求。虽然他待人并非不友善，但他不找人作伴，也不寻求同侪的认可。更令人无法想象的是，所有同学几乎都没有跟他私下交谈的经验。平时闲聊，话题也局限于工作、政治、校内事务。钱学森总是宁愿借思考各种知识上的难题填满时间。或许就因为他大部分时间都独处，同学都把他当作神秘人物，所以这一阶段的生活他没什么轶事流传。”

认真，只有基础扎实，最守纪律的学生，如德国人、日本人、我们中国人，才有资格在他的手下从事研究工作。总之，冯·卡门的谦逊和热情，对事业一丝不苟的态度，以及严谨的治学精神，皆给儿很大影响。儿将追随这位大师攻读空气动力学，也将在这位大师的身边度过儿一生事业具有关键意义的时光……

钱学森欣喜若狂的高兴得意劲儿，溢于纸上。

不能不承认，非常年轻的钱学森却有着非常老道的眼光，他对自己人生第二个重大选择的未来预期，有着异常准确的算计，确如他自己所说："选择冯·卡门作为导师，对一生事业具有关键意义。"

从此，55岁的冯·卡门有了一个25岁的中国弟子。在他的指导下，钱学森在加州理工学院开始了他的博士学位的求学生涯。

从此，钱学森开始了他学术水平的积淀，或者说，奠基了他的学术成就。因为冯·卡门为他提供了学术发展的机遇和人生表演的初级舞台，冯·卡门的欣赏，为他日后的成功作出了人生最初的铺垫。钱学森在冯·卡门那里度过了学生、助手、同事长达10年最美好、最有价值的时光。

冯·卡门这样评价过钱学森：

他在许多数学问题上和我一起工作。我发现他非常富有想象力，他具有天赋的数学才智，能成功地把它与准确洞察自然现象中心物理图像的非凡能力结合在一起。作为一个青年学生，他已经在不少艰深的命题上协助我廓清一些概念，使一些很艰难的命题变得豁然开朗。这种天资是我所少见的，因而他成了我亲密的同事。

钱学森作博士生的第一年，几乎从没停止工作，经常从早晨8时干到深夜11时。尽管灯红酒绿的好莱坞娱乐胜地、商厦云集的洛杉矶繁华之地都近在咫尺，但是钱学森从未光顾。同学史密斯还记得，钱学森和他的老师秉性大相径庭，冯·卡门是"人来疯"，需要有一大群学者同僚包围，才能发挥出全部才能；而钱学森"话不多"、"很低调"，除了工作，什么都不放在心上，喜欢独处沉思不受打扰。

在加州理工学院清静的环境里，钱学森过起了刻苦攻读"苦行僧"般的生活。

他搬进帕萨迪纳小镇南卡塔林娜大道344号的一套小屋，吃饭则和另3名中国学生在南密西根街另一处宿舍搭伙。每天早晨，他穿西装、打领带，吃罢早饭就到校上课，一直到晚上10时以后才回来。第一年，他几乎不跟其他学生来往，独往独来于教室与图书馆之间，他攻读各种专业功课，并尽自己所能搜集不同国家的各种航空学资料并系统地阅读，每天用于学习的时间大约在10个小时以上。

选择什么课题作为钱学森攻读和研究的方向是至关重要的。冯·卡门深知，在当时，世界各国飞机的飞行速度和高度，是空军实力对比强弱和空战胜负的关键。然而那时，世界航空工业正处在从老式的螺旋桨飞机向超声速的喷气式飞机发展的时期，在理论和工程技术上，面临着两大难题：一是当飞机的飞行速度提高到亚声速时，气体的可压缩性对飞行器的性能到底有什么影响？它们之间的定量关系是怎样的？二是如果想再将飞机的飞行速度进一步提高到超声速，应该采用什么样的最富有成效的理论指导和技术设计才能实现？

这是两个全新的课题，特别是对急于快速发展航空工业的美国显得更加重要。为发展空军的优势，赢得战争的胜利，尽快解决这两大难题迫在眉睫。冯·卡门抓住这两个对他自己来说也是全新的重大课题，满怀期待地选中天资聪慧的钱学森，鼓励他在这两个尖端科学技术方面，同时进行创造性的研究和探索，写出博士论文。

在冯·卡门的精心培育下，钱学森潜心研究了与之相关的现代数学、偏微分方程、原子物理、量子力学、相对论、统计力学等多种学科的基础理论，并从冯·卡门那里学到了如何从工程实践提取理论研究对象的原则，以及如何把理论应用到工程实践中去的方法。特别是冯·卡门每月都主持一次由诸多专家、学者参加的研讨会，他的这种民主教学和平等讨论的科研方法，给钱学森提供了锻炼创造性思维的极好机会。钱学森曾说："我的恩师冯·卡门，不但教给我知识，而且教我掌握现代科学技术的观点与方法，使我终身受用不尽。"

循着这种理念，钱学森放飞思绪。在教室里，他经常在关键处提出很艰深的问题，使老师非常满意而同学非常困惑。钱学森的学识渊博不仅在同学之间备受推崇，连老师都耳闻其名。冯·卡门很得意自己的弟子，他曾炫耀

我得和他们竞赛

钱学森曾经这样回忆过自己的留学生活："在这里，拔尖的人才很多，我得和他们竞赛，才能跑到前沿。这里的创新不能是一般的，迈小步，那不行，你很快就会被别人超过。你所想的，做的要比别人高一大截才行。你必须想别人没有想到的东西，说别人没有说过的话。"

冯·卡门致清华梅贻琦校长的信

我由衷地赞同钱学森先生的申请，上个月钱先生已非常成功地通过了博士考试，然而他仍在致力于他的论文。这一延迟并非他的过失，因为根据我的建议，在此期间他还在从事另一些研究课题，他的研究项目之一的成果已经和我联名发表在美国《航空科学学报》上了。有关他的第二篇"抛射理论"论文已经完成，很快将刊登在美国机械工程师学会的《应用力学》期刊上。这篇论文作为对理论弹道科学的重大贡献，曾经引起了美国陆军兵工署的关注，他的第三篇与马林纳合作的有关"火箭推力"的论文已经完成手稿，将在近期发表。因此，你就明白了钱先生的科研活动是大有前途的。我深信钱先生的奖学金如果再延长一年，他将会成为一位"高速压缩流体理论和弹道理论"方面的专家。我觉得特别是后一个领域对于你们国家的未来是非常重要的。我希望您会给予钱先生下一年的奖学金。

地告诉朋友，记得有一次，物理系教授保罗·爱泼斯坦跟我说："你的学生钱学森修我一门课。他才气横溢。"我答："是啊，他很好。""告诉我"，爱泼斯坦眨眨眼睛神秘兮兮地问道："他是不是有犹太血统？"在西方，犹太人被认为是特别聪明的人，而冯·卡门自己也正是一个犹太人。

冯·卡门和钱学森，这师生两人简直可以说是绝配。物理洞察力敏于常人的冯·卡门善于发掘空气动力学问题的症结，解题细节则由具有数学演算特长、又具有孜孜不倦毅力的钱学森完成。两人分工非常明确。冯·卡门常常灵光一现，构思出理论的大架构，钱学森就不厌其烦地用一条又一条的数学方程式，证实理论逻辑推导的正确性，建构理论的数学表现形式和它的实际应用价值。

原创力强、爱好社交的冯·卡门把数学当作一种工具或达到目标的手段，而沉迷于数学优雅形式的钱学森却认为，它本身就是值得追求的目标。

理论学习和数学计算从来就是件苦差事，钱学森以苦为乐，不知有多少个不眠之夜，他依靠纸、笔、计算尺等简陋的计算工具（当时还没有电脑），演算着冯·卡门交给的难题；有时忽然从半梦半醒中捕捉到一些灵感，便反复大胆地设想、计算与实验，在知识的宝库里苦苦寻觅答案。在电脑问世前，经由演算分析把一般理论转换成实用的方程式，需要投入大量时间与精力。很多有地位、有名望的科学家都把这种工作视为畏途，或不屑为之。加州理工学院李普曼教授记得，有的学生因为不愿做烦琐的计算求证工作，宁可延后取得学位，有的学生甚至提出休学。钱学森曾经回忆说：“我在做空气动力学博士论文的时候，把关于空气动力学方面的英文的、法文的、德文的、意大利文的200多篇文献全部看过，而且还进行了仔细的分析，以求理清空气动力学的来龙去脉。”历经三载，钱学森逐步攻破一个个难关，形成自己独到的见解，在高亚声速流场的精确计算以及超声速空气动力学以至火箭推进方面，都作出了原创性的贡献。

转眼间，庚子奖学金规定的3年期限到了，1938年钱学森接到了来自清华的催促回国信函。钱学森6月2日给清华写了回信，请求延长学习一年。信中说：

径启者，学生于民国二十四年出国习航空工程，第一年在麻省理工大学，第二年及第三年在加省理工大学。然学问非易事，学生现在始觉对独立研究有相当把握。今年二月间，曾与冯·卡门教授联名在美国航空学会年会发表论文一篇（已在该会会刊发表），题为《可压缩流体边界层》（Boundary Layer in Compressible Fluids），现在待发表者又有论文一篇题为《倾斜旋转体的超声速绕流》（Supersonic Flow Over an Inclined Body of Revolution）。然学生以为，如能在冯·卡门教授门下再有一年之陶冶，则学生之学问能力必能达完善之境，将来归国效力必多。冯·卡门教授亦以为在现在情形之下，此亦上策。故学生乃敢呈请再延长公费一年，至民国二十八年七月为止。

冯·卡门也迫不及待地于6月8日致清华梅贻琦校长，盛赞钱学森的才华和在同他合作中所取得的成果，要求允许钱学森留在他身边继续进行研究。

梅校长破例同意了钱学森的请求。

清华成就了一位天才。

5. 28岁成名世界

1939年的初夏，加州理工学院校园里艳阳高照，繁花似锦。教学楼前面

如茵的草坪刚刚被修剪过，散发出一股股清香的田园青草味。几只喜鹊叽叽喳喳地欢叫着，尽情地在花坛和树丛中蹦蹦跳跳。

钱学森的心情像夏天一样晴朗和火热。经过3年苦读，他获得了航空和数学的双博士学位，成为该校当年32个博士学位得主之一。6月9日，风和日丽，加州理工学院的毕业典礼在蓝天下的草坪举行。踏着学校乐队演奏的进行曲节拍，身披黑袍的钱学森与同为新科博士的同学们一起，戴上了博士帽。

钱学森具有学术奠基意义的博士论文，是他于1938年完成的《可压缩流体运动和反作用推进问题》，论文包括四个部分：

第一部分《可压缩流体边界层》（Boundary Layer in Compressible Fluids），1938年1月26日在第六届国际航空协会年会上发表，1938年2月发表于《航空科学学报》卷5；

第二部分《倾斜旋转体的超声速绕流》（Supersonic Flow Over an Inclined Body of Revolution），1938年10月刊登于《航空科学学报》卷6；

第三部分《可压缩流体的二维亚声速流动》（Two-Dimensional Subsonic Flow of Compressible Fluids），1939年发表于《航空科学学报》卷6；

第四部分《以逐次脉冲推进的探空火箭飞行分析》（Flight Analysis of a Sounding Rocket with Special Reference to Propulsion by Successive Impulses），1939年发表于《航空科学学报》卷6。

这些论文充分显示了钱学森在科学研究方面杰出的天赋和才华，其中他与导师共同完成的《可压缩流体的二维亚声速流动》建立了世界闻名的“卡门－钱近似”公式，以其独到的见解和原创性的贡献，使他在28岁时就成为了世界知名的空气动力学家，也使现代世界科技史上记下了为数不多的中国人的名字。

直到今天，人们在重读这些论文时，仍然能够透过历史的尘封，看到大师的思想燧火与智慧之光。

钱学森博士论文的第一部分《可压缩流体边界层》，是关于飞机在高空高速飞行时，它所受到的阻力和表面的热效应问题，也就是后来人们通常所说的“热障”问题，这是一项重大的理论突破。

当时，飞机的设计者普遍认为，飞机在超声速飞行时，空气的阻力主要来自激波阻力，而表面摩擦力并不重要，可以忽略不计，而且因飞机处在高空，它的表面只会被周围的空气冷却而不会发热。钱学森从物理的角度重新对飞机结构进行了整体思考，在冯·卡门的指导下，运用了极其复杂的数学计算和逐次迭代的近似解法，求证了飞行器在高速飞行时摩擦阻力与气动加热，以及在不同马赫数时与飞行器壁面温度的相互关系，得到了精确的数据。据此，他揭示了两条重要结论：第一，在高速飞行中，可压缩性流体对飞行体表面摩擦具有重要影响，高速飞行体因摩擦引起的阻力将超过激波引起的阻力；第二，当飞行速度达到并超过声速时，飞行体表面的空气薄层中所产生的热不仅不能被忽略，而且将对飞行体起加热作用。

在世界航空工业还比较落后的20世纪三四十年代，钱学森研究的这一全新理论，以数学的严谨和逻辑的严密，科学地预见了实现高速飞行必将面临的一大障碍，即"热障"。因此，人类在设计高速飞行的飞机时，必须对飞机表面采取有效的防热或冷却的措施。这已经成为现代气动力学的经典理论。

这篇论文虽只有薄薄的6页，但是在动笔写作前，钱学森系统地收集并阅读了海量的参考文献，仅阅读笔记就写了450多页，从中发现和改正了前人的缺点和不足，然后才开始写论文。他从基本方程出发，做了不计其数的演算来寻求答案，仅保存下来的演算手稿就有250页之多。

钱学森博士论文的第二部分《倾斜旋转体的超声速绕流》，其内容是研究火箭或导弹这类细长飞行物体在以超声速飞行时所受到的空气动力，如飞行器的升力、阻力和表面上的压力分布等。旋转体也称轴对称物体，如圆柱、圆锥、钝头锥或它们的轴向组合体。倾斜的绕流意思是气流方向与飞行物体对称轴的方向不是平行的，而是有一定的夹角，这个夹角在空气动力学上称为"攻角"。当时人们都关注像飞机这样的非旋转体，而在火箭、导弹实际应用初现端倪的年代，对旋转体的绕流研究是很超前的，因此受到国际同行的高度关注。

钱学森博士论文的第三部分《可压缩流体的二维亚声速流动》，是寻求一种新的计算高速飞行的飞机机翼表面压力分布情况的科学方法，冯·卡门亲自指导了钱学森的研究，钱学森的研究成果以及冯·卡门在1941年发表的关于空气动力学中压缩效应的研究结果，被称为著名的“卡门－钱近似”公式。

20 世纪30年代末，飞机的发展出现了一个危险的瓶颈，就是当飞机以接近声速飞行时，气体会在机翼表面挤成一团，压力逐渐增加，从而导致失速，而失速问题已经连续几次带来了机毁人亡的严重事故。在提高飞机飞行速度的努力中，计算机翼的空气压力分布遇到了前所未有的困难。航空界已有的一些计算方法，只能适用于飞机机翼较薄、飞行速度较慢（例如小于0.5倍声速）的情况。为了实现大型超声速飞机精准合理的设计与制造，冯·卡门凭着对物理问题敏锐的洞察力，建议改变传统的计算方法，采用来流状态点处的切线近似计算法。钱学森在导师的启发下，专心致志地反复对比、思考，加之一系列细心的数学推导、计算与实验。那时还没有电子计算机，他的手工计算通宵达旦，常常一伏案就是十几个小时。这一研究成果成为钱学森在加州理工学院的代表作，他终于证明，虽然和前人一样都是作切线近似计算，但采用他和老师发明的来流处的切线近似，可以计算高亚声速的流动，而且得到了比过去更为精确的计算结果。

“卡门－钱近似”公式，是空气动力学的一项重大科研成果，也是世界航空业界的传世经典。在第二次世界大战期间以及第二次世界大战之后很长一段时间内，这一计算方法被世界各国广泛应用于超声速飞机设计与制造，对航空工业的发展提供了莫大的帮助，直到现代电子计算机的应用。钱学森的同事史密斯曾这样评价这一神奇的公式：“每个飞机设计师都必须应用它，它在工程界的服务卓然有成。”

钱学森博士论文的第四部分《以逐次脉冲推进的探空火箭飞行分析》，是探讨采用什么样的发动机和燃烧方案，使火箭经济而高效地达到更高的高度。当时他参加了同学、好友马林纳组织的火箭研究小组，在小组里担当理论计算的任务。当时，火箭还是个新事物，整体技术水平不高，有关权威根据传统的静态燃烧试验得出的结论是，火箭至多只可以达到3000多米的高度。可是这个高度距离“探空”的目标相差甚远。钱学森和马林纳不信邪，他们另辟蹊径探讨和论证了逐次推进的方案，即采用以硝化棉一类的固体火药作为推进剂，进行多次快速燃烧排气而获得脉冲式推力的方案，这样火箭完全可以达到30000米的高度。在这个高度上，就能够顺利地开展大气层的结构以及大气层以外的物理现象的观测和研究。

三年寒窗苦读，钱学森以其造诣很高的博士论文顺利地获得了博士学位，并被聘任为学院的助理研究员，从冯・卡门的学生，成为了他的同事。

1939年的冬天，大雪纷飞，一朵一朵蓬松的雪花，弹性十足地漂浮在清冷的寒风中，为加州理工学院披上了一身银装。

钱学森和冯・卡门一起站在古根海姆办公大楼前。

冯・卡门皱着两撇浓眉，望着满眼的飘絮，对他的爱徒说："钱，前线的飞机在给我们提问了。"

原来第二次世界大战开战后，空军的重要作用日益明显，交战各国已经淘汰速度很慢的活塞式蒙皮双翼飞机，都在想方设法采用薄而轻的金属制造飞机的壳体。但是，如果高速飞行的薄壳结构其载荷超过一定数值时，壳体就有可能发生皱瘪而失效，即产生"屈曲"现象。这样，飞机就会失稳以致完全破损、折戟沉沙。设计师急切需要知道发生"屈曲"的临界载荷的数据。然而，当时只有前人依靠经典线性理论计算出来的数值，与实验值几乎差了3倍至4倍，无法应用。人们只好凭借经验"拍脑袋"去设计薄壳金属飞机，因此成功率很低。

冯・卡门深知解决这个难题在第二次世界大战中的重大意义，于是，鼓励钱学森尽快研究解决"薄壳失稳"的问题。

钱学森接受了老师交给的又一项难题。

从1940年到1942年，钱学森经常把自己关在古根海姆大楼三层的研究室里工作到深夜。有个当年的研究生回忆道：

有天一大早，好像是感恩节或圣诞节，我在学校赶功课，以为全幢建筑物里只有我一个人，所以把留声机开得特别响，还记得我听的是有个特别激昂的"时辰之舞"。乐曲高潮到一半时，有人猛力敲我的墙壁。原来我打扰到隔壁的钱学森了。我这才知道，中国学生比犹太学生更用功。后来他送我几份他写的关于可压缩流体压力校正公式的最新论文，算是对于曾经向我大吼大叫表示歉意。

1940年9月到加州理工学院进修的中国空气动力学者张捷迁恰好与钱学森合用一间研究室，有整整一年时间，几乎天天跟钱学森见面。他说："钱学森跟我是好朋友。我们天天一块儿吃午饭和晚饭，有时工作紧凑，吃罢晚饭就得回研究室继续工作，我很少待过午夜。但他不肯停止，即使过了午夜，他房间的灯还亮着。"

两年之内，钱学森潜心研究，完成了多篇探讨球体外壳、薄圆柱体外壳、实心柱等各种屈曲现象的论文，其中有《壳体屈曲的文献总结》，这是他对前人工作所作的总结和评述，共18页。通过文献总结，他剖析了前人理论的优缺点，搜集了能够得到的点点滴滴的实验数据，认为应当从有限挠度的弹性屈曲理论入手，采用能量法求取屈曲临界载荷。在这篇总结里，他大致勾勒了能量跃变准则的初步轮廓，但他认为这只是初步的研究结果，没有发表。

1940年，在冯·卡门的具体指导下，钱学森的研究工作有了进一步的深入，他发表了《球壳外压屈曲》论文。在26页的手稿上，工整秀气的字体是钱学森的，而飞逸花哨的字体则是他老师的，师徒二人的智慧浑然一体。

为了回答究竟多大载荷能使受压的球壳失效这个问题，钱学森提出了一个新思路——经典理论之所以不适用，在于它没有考虑到，金属壳体在加载过程中除了保持球形位形外，还可能存在多个位能更低的其他位形。一旦壳体受到外界干扰，它就有可能被激发而发生位能的高低跃变。因此，设计师不仅要知道经典线性理论所给出的"上"屈曲载荷的准确数值，还要特别注意找出使壳体发生有限变形时"下"屈曲载荷的准确数值。由于钱学森的计算结果确实与实验值十分接近，这一新的发现和理论很快被学术界和工程界接受，成为了飞机设计的主要依据。

1941年，钱学森把上面提出的计算屈曲临界载荷的能量跃变准则，又推广到应用更为广泛的柱壳领域。

柱壳体与球壳体产生屈曲现象的原理相同，但是求取屈曲临界载荷的计算却大不相同。钱学森建立理论模型，列出特征方程，寻找应力关系，制作

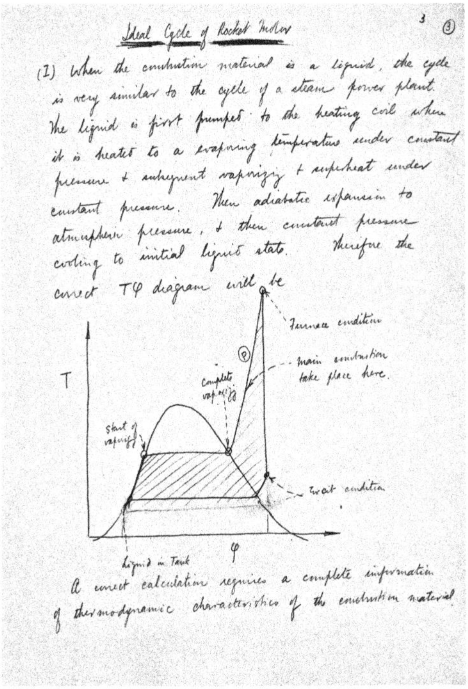

Ideal Cycle of Rocket Motor 3 ③

(I) When the combustion material is a liquid, the cycle is very similar to the cycle of a steam power plant. The liquid is first pumped to the heating coil when it is heated to a evaporing temperature under constant pressure + subsequent vaporizing + superheat under constant pressure. Then adiabatic expansion to atmospheric pressure, + then constant pressure cooling to initial liquid state. Therefore the correct Tφ diagram will be

A correct calculation requires a complete information of thermodynamic characteristics of the combustion material

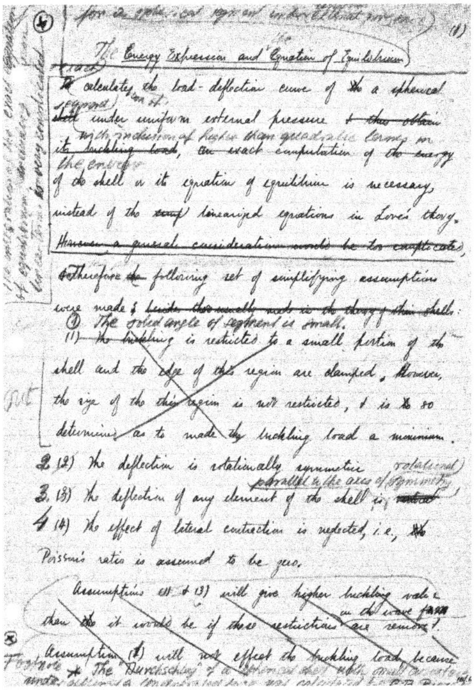

The Energy Expression and the Equation of Equilibrium

To calculate the load-deflection curve of a spherical segment under uniform external pressure with inclusion of higher than quadratic terms an exact computation of the energy of the shell or its equation of equilibrium is necessary, instead of the linearized equations in Love's theory.

Therefore the following set of simplifying assumptions were made:

① The solid angle of segment is small.

(1) The buckling is restricted to a small portion of the shell and the edge of this region are clamped. However, the size of this region is not restricted, + is so determined as to make the buckling load a minimum.

2. (2) The deflection is rotationally symmetric

3. (3) The deflection of any element of the shell is parallel to the axis of symmetry

4 (4) The effect of lateral contraction is neglected, i.e., Poisson's ratio is assumed to be zero.

Assumptions (1) + (3) will give higher buckling value than it would be if these restrictions are removed.

Assumption (2) will not effect the buckling load because

Footnote * The "Durchschlag" of a spherical shell

钱学森论文手稿（花体字为冯·卡门修改的文字）

演算图表，一步步推导，一行行计算，然后与实验结果反复对照。一次不满意，就推倒重来，他前前后后写了5份文稿。他的同事席尔斯回忆说：

有一次我到冯·卡门家中，只见冯·卡门跟钱学森正在讨论，他们似乎有些数学细节未能厘清，两人分头演算，得出的误差竟然还不小。我当然有兴趣知道大教授跟他的得意门生究竟谁对谁错，所以竖起耳朵听。他们从头开始核对，一行一行比较，结果两个人都对！只不过在计算到某个阶段时，他们选择了不同的方法。然后他们又从头开始讨论哪一种计算方法合适……

有时，冯·卡门突发奇想，会迅速在黑板上写

冯·卡门的偏爱

钱学森的辛勤耕耘，震惊了航空界，也使他的老师为之兴奋得手舞足蹈。

冯·卡门亲自带领的研究生不只钱学森一个人，大家每周至少在冯·卡门家聚会一次，讨论航空学与数学。尽管冯·卡门门下人才济济，但他丝毫不掩饰对钱学森的偏爱，钱学森的同事马勃先生甚至有些嫉妒地说：“钱是老师最好的合作对手，根据我跟他们一起工作的经验，只要他们两人在一起，就会有创新。”

出一道难得不得了的方程式，然后扬长而去。一星期后，钱学森会一声不响地把整套棘手的方程算完，然后跑进来对同事们说："冯·卡门的想法是对的！我算的结果真的就是这样！"在加州理工古根海姆实验室做航空工程学研究员的李普曼教授回忆道："钱学森提高了冯·卡门的创造力，他杰出的数学技巧在最短时间内把冯·卡门的观念付诸实现。"

历时100多个日落日出，钱学森终于拿出了一份分量十足的论文《柱壳轴压屈曲》，1941年美国《航空科学学报》第8卷刊登了这篇论文。论文发表时只有短短的10页，可是钱学森为了凝练这10页，写下的演算草稿竟达800多页。想一想，现在我们一般人即使使用计算机抄录800页的文字，也要花费很长的时间；何况，当年的钱学森是进行艰苦的创造性手工写作！

在完成了老师交给的难题后，钱学森终于长长地舒了一口气。他把800多页手稿装进一个纸袋里，并在纸袋外面写下了"Final"（最后的定稿）字样。但他立刻想到，认识是无止境的，真理是相对的，于是，紧接着又在"final"前面补写了"Nothing is "（没有什么认识是终极的）。

钱学森关于薄壳体稳定性的研究，获得了了不起的研究成果，不仅对于高速飞机，而且对于火箭壳体的工程设计都具有非常重要的理论意义和现实意义。钱学森很快成为冯·卡门的亲密合作者和得力助手，成为当时加州理工学院和航空界最惹人注目的人物。他具有开拓性而又有实用

一丝不苟、严谨求证

钱学森从老师身上学到的一丝不苟、严谨求证的作风，使他并不满足于理论推导和纸面计算，他必须用实验结果来验证他的结论。他在数学演算中发现，圆柱形外壳发生屈曲时，大多出现钻石形状。为了求证此事，他和同事们在校园航空大楼外搭了一具直径3英尺、长10英尺的金属壳，慢慢注满水，增加内部压力。这具金属壳果然逐渐变形，表面出现许多钻石形屈曲。一位参加实验的校友拉索夫说："理论预测跟事实完全符合。钱学森目睹他的理论经由实验证明，也大呼真不可思议。"

冯·卡门传记《风云际会》

价值的研究成果，奠定了他在航空技术工程理论界的地位，钱学森毫不含糊地进入了国际知名学者的行列。

此后10多年，钱学森与郭永怀合作，最早在跨声速流动问题中引入上下临界马赫数的概念。他们发现，对高速飞行真正有实际意义的是上临界马赫数，而不是以前大家所注意的下临界马赫数。这是一个重大发现。

钱学森首先提出了高超声速流动相似率，为高超声速飞行器的设计奠定了基础。

钱学森将稀薄气体的物理、化学和力学特性结合起来，对稀薄气体动力学进行了开创性的研究。

20世纪三四十年代，钱学森潜心钻研空气动力学和和固体力学，为飞机的高速飞行，突破“声障”和“热障”不断探索，作出了全方位的重大贡献。

师从冯·卡门和共事于冯·卡门的那段时间，是钱学森生命中少有的轻快欢愉时光。一向以严厉著称的冯·卡门对钱学森这个中国学生和同事既赞许又推崇，在几十年后出版的他的自传《风云际会》中，唯一用整章篇幅描述的学生就是钱学森。他讲述和钱学森的交往经历，并表示，有这个很有想象力、数学资质极高的学生做自己的助手，简直是可遇而不可求的天赐恩物。对钱学森而言，师从冯·卡门是他毕生最重要的学术生涯的升点，共事冯·卡门是他光辉事业的起点和高峰。

6．火箭研究小组第五个“铁杆”

美国洛杉矶的帕萨迪纳郊外有一条干涸、布满沙石的河谷，人称阿洛约塞科，这里距学校很远，即使发生再大的爆炸声，也不会引起学校的恐慌。清冷的晨风中，有5个人影在摩挲的雾霭里晃动。中午时分，河谷西岸搭起了一座粗糙的火箭测试台。一切静悄悄的，只有河谷里废弃的水坝以毫无表情的白色闸门为他们把风。

这5个人是被他们的导师冯·卡门“撵”到这片荒石滩上来的，前几天的一场大爆炸险些要了他们的命，也把一向清静的加州理工学院搅了个鸡飞狗跳。他们是学院里的一个“草根”组织——火箭研究小组的成员，有马林纳、史密斯、帕森、福尔曼和钱学森。马林纳和史密斯是航空工程系的研究生，负责火箭总体设计；帕森学化学，负责研制火箭燃料；福尔曼擅长机械设计，负责搞火箭结构。这4个人是小组最早的“铁杆”，但4人中恰恰缺少搞理论和计算的，于是，和钱学森一个研究室的史密斯毫不犹豫地举荐了有此专长的钱学森，1937年的春天，钱学森成为了火箭研究小组的第五个“铁杆”。

这个草根组织在校园里极不受“待见”。因为20世纪30年代，很少人把火箭当作值得努力开拓的科学领域，大多数人都认为这是科幻小说和好莱坞片商才感兴趣的玩闹把戏。马林纳曾打算以探测火箭的飞行特征为题，撰写博士论文，他的老师不但一口回绝了他的计划，甚至还建议他早点休学，或干脆到飞机公司找工作。幸好冯·卡门很欣赏马林纳的观念，同意指导他的论文。他们在冯·卡门的庇护下，勇敢地开展活动。最初，由于没有经费支持，他们有的人到学校打零工，有的人去垃圾场捡废料，甚至还有人窝在厨房里写科幻小说，希望能卖给好莱坞制片厂换钱。就在他们因筹不到购买两件仪器所需的120美元，几乎要放弃火箭研制计划时，他们得到了气象系一位好心同学阿诺德1000美元的捐助，才得以度过难关，敲敲打打做出了试验用品，好不容易置下了一点瓶瓶罐罐的家当。

不料，在动手作火箭试验时，他们闯了大祸。

先是马林纳和史密斯不慎在化学馆外绿茵如毯的草坪上，打翻了一瓶作燃料用的四氧化氮，留下一大片焦褐，惹火了园丁。接着，他们在古根海姆实验大楼作火箭发动机试验又发生了故障，四氧化氮和酒精的混合物点不着，喷出很多红色的泡沫和又腥又臭的气体，搞得大楼里一片乌烟瘴气，楼里的学生惊叫着从教室里逃出来。马林纳说：“恐怕大楼里连老鼠都跑光了。”带有腐蚀性的气体把实验室里所有暴露在外的金属表面都氧化了，航空系所有贵重的仪器设备，都蒙上了一层红锈。研究小组的成员们手忙脚乱地想用抹布把锈磨掉，但无济于事，大多数设备还是被毁了。更严重的是又一次，火箭发动机点火后3秒突然爆炸，“轰隆”一声巨响，整个大楼晃动起来，震碎的窗户玻璃噼里啪啦地四处飞溅，火光、浓烟、气浪，夹杂着晕头转向踉踉跄跄夺路而逃的人群，火箭小组的成员也灰头土脸、跌跌撞撞地夹在人群中，吓得校园里的人以为遭到轰炸或发生了地震。爆炸将一个仪器的零件炸飞，从马林纳常在的位置上飞过去，深深地嵌进了墙壁，幸亏他给冯·卡门送打字机去了，逃过了一场劫难。

冯·卡门因此受到了校方的斥责，他气得粗眉倒立，对着火箭小组成员大声吼道：“出去！”并勒令他们立即搬家。从此，“草根”被学校“拔除”，校方禁止他们再踏入校园实验室一步。存放在实验大楼地下室里的简陋仪器和可怜的其他家当，也被扔了出来，摊在大楼东侧的混凝土运货平台上，任凭风吹雨打。先前他们曾利用楼梯间的空隙，在天花板上吊了4根钢丝，中间拴上一个方形的铁丝网片，在网片上水平安置了一枚8英寸长的小火箭，如此构成一个长达50英尺的摆锤，当火箭发射时引起摆锤摆动的幅度，可供计算火箭的推力。闯祸后，这个小火箭摆锤只好挂在室外一根突出的房梁上，偶有一阵风吹来，摆锤把墙壁碰得叮咚作响。5个人并不死心，他们拖着沉重的油槽和其他装备，迁往距离学校几英里远的阿洛约塞科河谷，继续他们的危险行为。

校园里到处传诵着火箭研究小组的“英雄事迹”，他们被戏称为“敢死队”和“自杀俱乐部”。 冯·卡门曾感慨地说：“火箭小组在那里连续干了一年，大部分时间用于研究各种火箭推进剂的性能。那里根本没有什么技术规范的文献资料，所以火箭小组一切都得用分析法和试错法从头做起。”

钱学森在“敢死队”里理所当然地充当着“专职”数学家和理论家的角色。1937年5月29日，他完成了一份题目很长的报告《火箭发动机喷管扩散角对推力影响的计算》。这份报告描述了一个燃烧室和废气喷嘴大小都固定的理想火箭的理论模型，结论指出，火箭尾端喷出的火焰周径要小，才能在太空中集中推力；火焰面积过大则易导致火箭失控。钱学森的报告收在被火箭小组奉为“圣经”的一本实验报告汇集里，成为他们研究工作的基础。

钱学森在马林纳帮助下，完成了博士论文中一篇火箭飞行的研究报告，指导火箭小组的工作。钱学森详尽地推算出，采用固体推进剂进行多次快速燃烧排气而获得脉冲式推力，可使火箭达到30000米的高度，而他的前辈根据静态燃烧试验所作的估计，火箭只能飞到3000米，根本无法进行探空实验。

1938年5月，“敢死队”的努力有了回报，他们的火箭发动机运转了整整一分钟，响亮的轰鸣声，吸引了全校师生围观。美国军方之后也注意到火箭研究小组卓有成效的工作，当时，欧洲上空云谲波诡，军人敏锐的嗅觉使他们立即意识到火箭对未来战争将具有重要的作用。年底，陆军航空兵司令阿诺德将军邀请冯·卡门和学校领导米立肯前往华盛顿，参加国家科学院下属空军研究委员会会议，加州理工学院从五个研究计划中选择了一项，即“重型轰炸机火箭助推起飞装置”科研项目，代号“GALOIT”。这个项目的目的是使一些重型轰炸机能够在小型机场起飞，太平洋上许多岛屿都有

喷气推进实验室

(Jet Propulsion Laboratory)

喷气推进实验室（简称JPL）始建于1936年，其前身是加州理工学院的火箭研究小组。当年，在加州理工学院教授冯·卡门的指导下，马林纳等人组成的小组进行了火箭推进器的实验，由于20世纪40年代中期之前，火箭发动机通常被称为喷气（或喷射）发动机，所以，该实验室被冠以“喷气推进”之名。第二次世界大战期间，美国空军委托实验室对由纳粹德国研制的V-2导弹及其他军事项目进行技术评估。基于此研究成果，喷气推进实验室首先研制了MGM5型导弹，此后又研制发展了MGM29A型短程地对地导弹，此项研究直到1958年才停止。

此后，该实验室移交给美国国家航空航天局，负责开发和管理深空探测任务，行政上仍归属加州理工学院管理。

火箭试验

1944年喷气推进实验室研制的列兵火箭发射试验

这种小型机场。项目理所当然地交给了校内唯一从事火箭研究的“敢死队”。

1939年1月，火箭研究小组得到了国家科学院拨给的1000美元经费，用以开发固体和液体火箭发动机推进剂，以及研制耐高温的火箭发动机。半年后，他们又得到了第二笔10000美元的资助，任务是在一年内建成一个发动机试验站，并采购材料，继续研究发动机推进剂。冯·卡门认为，能得到官方交给的科研项目，证明了国家对火箭研究小组的首肯，因此应该给这个草根组织正正名了。鉴于“火箭”与“敢死”“自杀”联系太密切，而且在公众中名声不好，所以，他决定把火箭研究小组改名为喷气推进实验室，自己担任主任（从1939年至1944年，冯·卡门一直担任主任）。实验室最初设立弹道、材料、推进、结构等四个研究组，钱学森负责推进组，并与同事史都华共同管理弹道组。

推进剂分液体与固体两种。就提供长时间推力而言，使用液体推进剂的火箭发动机设计比较容易，但发动机体积庞大携带麻烦；使用固体推进剂的发动机体积小，火箭的机动性很强，适合作战需求。然而，当时已有的固体发动机，燃烧时间都不超过3秒，产生不了预期的推力，且距离小组制定的燃烧时间30秒的目标相差太远。小组做了无数次试验，研制了各种配方，但结果不是点不着火，就是立即爆炸，以至于大多数专家认为，长时间工作的固体推进剂发动机根本无法制造。1939年年底，阿诺德将军的副官齐德劳少校访问加州理工学院时，也问冯·卡门：“你真的认为火箭这玩意儿值得空军花10000美元吗？”

火箭研究小组不屈不挠继续钻研固体推进剂问题。钱学森白天干学校的助理研究员工作，晚上经常带着笔记本、笔和计算尺，跑到马林纳家里协同攻关。马林纳家的房子很小，他只好把前廊改装成办公室，钱学森、马林纳和其他同事一起围着桌子靠在藤椅上大声讨论，有时争论得面红耳赤。吵完没多久，桌上就会高高地堆起填满方程式的计算纸。马林纳的妻子回忆道：

我听见他们工作和交谈声。他们会比较各人的笔记，争辩说“你一定错了”“你一定不对”。过一会儿，马林纳会大叫“不会的！不会的！”然后大家哈哈大笑。听起来他们玩得挺愉快。

他们的攻关获得了冯·卡门的绝对支持。1940年夏天，冯·卡门列出了四组方程式，以推理的形式，阐述了在理想状态下，使用固体推进剂发动机的工作原理。冯·卡门对马林纳说："把这些方程解出来。如果方程的解表明，在火箭发动机点火时，限制燃烧过程是不稳定的，我们就只好撒手不干；如果是稳定的，我们就该继续试下去。"马林纳解出了这些方程式，运算结果证明，他们要搞的这种发动机在理论上是行得通的。

火箭研究小组克服重重困难，终于研制出一种用次氯酸钾和煤焦油组成的新型推进剂。1941年度，火箭研究小组又获得了2.2万美元的资助。随后的几次试验证明，他们在解决固体推进剂燃烧稳定性方面确实取得了实质性的成果，冯·卡门多年以后还记得1941年8月12日的一次惊人的试验，那是将12枚固体助推火箭固定在一架轻型单翼小飞机上，他回忆道："火箭点燃时，飞机像子弹一般飞跃而起，我们从未见过飞机以这么陡峭的角度爬上天空。"

第二次世界大战的战场很快从地面升级到了天空，美国以每年生产50000架战斗机的速度仍然跟不上战场的需要，国防开支犹如洪水决堤。由于火箭对于提高飞机的速度和性能具有极大的潜力，美国海军也找上门来要求与加州理工学院签约开发更优良的助推火箭，以至于国家科学院毫不犹豫地把1942年度的资助金额提高为12.5万美元。

投桃报李，火箭研究小组也没让政府失望，在用固体火箭作飞机起飞助推装置的任务完成后，他们又把精力转向能量更大的液体火箭。很快，他们又研制成功了使用硝酸/苯胺液体推进剂的发动机。1942年4月15日，美国第一架装有火箭助推装置的重型轰炸机试飞大获成功！这天，一架重达9吨、配有2个液体发动机助推火箭的道格拉斯A-20轰炸机停在跑道边。飞行员保尔·戴恩少校轻轻按动起飞装置的一瞬间，飞机腾空而起，仿佛被高射炮飞速推出炮膛的炮弹直扑碧空。有了这种火箭助推起飞装置，飞机起飞的速度大大提高，飞机使用的跑道大大缩短。冯·卡门和敢死队员们拥抱在一起欢呼："这下可以让德国法西斯吃不了兜着走了！"高兴之余，冯·卡门还没忘记给他的爱徒们一句评语："这是美国实际应用火箭的开始。"很快，美国的战机就推广使用了这项先进技术。

遗憾的是，在理论和计算方面为“GALOIT”项目提供了显著贡献的钱学森却没在试验现场，冯·卡门对此有些愤愤不平。

原来，从1940年起国家科学院就把火箭计划列为高度机密，钱学森因没有美国公民身份，无法再参与小组的研究工作。

1940年至1942年，钱学森主要从事空气动力学方面的研究，除了研究球体外壳、薄圆柱体外壳、实心柱等各种屈曲现象外，还参与了冯·卡门领导的另一个小组。小组一共3人，负责设计加州理工学院一个能产生超声速强风的小型风洞。

钱学森负责数学部分，另外两人负责机械设计和理论部分。1942年，他们完成了美国第一座持续运转的超声速风洞，速度可超过4马赫，它成为日后建造的美国第一座大型超声速风洞的模型。钱学森总结这次工作经验，写了一篇题为《风洞之收缩圆锥的设计》(On the Design of a Contraction Cone for a Wind Tunnel) 的论文，发表于《航空科学学报》上。所谓收缩圆锥就像一个漏斗，风穿过圆锥时，因圆锥渐形缩小，空气体积亦被迫缩小，导致风速增加。钱学森发现，当圆锥某些部位的曲度过大时，空气的边界流层就会从壁面脱离；而当圆锥狭窄处的风速过大时，风洞就有出现气流因压缩效应产生振波的危险。他特别在文中提出了使近亚声速风洞中气流速度低于声速的公式。

钱学森的聪颖和造诣，使冯·卡门确信他对美国政府极具价值。冯·卡门亲自出面斡旋政府部门批准钱学森参与加州理工学院的秘密军事计划。美国政府也动心了，像钱学森这样拔尖的年轻人，打着灯笼去找也找不到几个！经过一番审核，1942年12月1日，宪兵总司令部人事安全主管巴陀上校，“啪嗒”一声在钱学森的安全许可证上盖上了大印。从此，他再度加入火箭研究小组，并获准可以参与海陆空三军、国防部、科学研发局的一切秘密合约。

钱学森归来，火箭研究小组如虎添翼。他们满怀喜悦地收获着接踵而至的空军、海军、陆军、兵工厂以及政府部门的订单，钱学森的工作也愈发忙碌。

1943年4月，他完成了一项发动机外壳在高速运行时所受压力分布的研究；

7月，他交出一份报告，讨论以喷气为动力驱动液态燃料泵的可能性；

V-2导弹

“V ”是德文“复仇者”的字头，V-2导弹也称复仇者2号导弹。V-2导弹全长14米，直径1.65米，装有十字形尾翼，采用酒精和液氧作推进剂，发动机推力为26.5吨，起飞质量13吨，能将1吨重的弹头发射到275公里至320公里的地方，飞行全程只用5分钟左右。这在当时是最先进、最重型的杀伤武器。V-2导弹于1942年10月3日首次试射成功，从1944年9月至1945年3月，德国共制造了6000多枚，其中用了约4320枚袭击英国、法国、比利时和其他国家的目标，给这些国家造成了巨大的灾难。V-2导弹虽然在战争中扮演了不光彩的角色，但它是现代火箭和导弹的“鼻祖”。

导弹与火箭最大的区别在于导弹具有战斗部和制导系统。V-2导弹的制导系统尚不完备，所以也被称之为V-2火箭。

10月，他研究固体推进剂添加金属固体的效果。

1944年5月，他提出报告讨论压缩机或涡轮机叶片变形的影响；

8月，他为喷气推进实验室做的关于从平坦金属片到高速行进气流间热传导的报告完成。

20世纪40年代前叶，无疑是钱学森人生最快乐、收获最多的一个阶段，他正值而立之期创造力的颠峰。经过4年的助理研究员生涯，1943年秋天，加州理工学院聘请他留校担任航空系助理教授。

7．“美国火箭技术领域最伟大的天才”

从第二次世界大战战场上频频传来噩耗。

1944年6月13日凌晨，英国伦敦上空突然响起可怕的爆炸声。随后，“嗡嗡”的呼啸声不断，

V-2导弹

1944年12月，钱学森参加“列兵A”发射试验

一个个火球从天而降，城中时时燃起大火，人们惊恐万状，不知德国人发明了什么新式炮弹。9月8日傍晚，伦敦盟军司令部正在开舞会。突然，一道闪光划破天空，紧接着一声巨响，“从荷兰方向射来一枚奇怪的炮弹，不消5分钟就从200多公里外飞过英吉利海峡，击中了泰晤士河畔的发电站，详情尚未查明…….”值班参谋报告说。“什么炮弹能从荷兰打到这里？”司令部里无人相信。过了一会儿，参谋又报告说：“几分钟前发现一个快速运动的物体，高度约100米，速度约每秒1英里，无法进行拦截。从爆炸声估计，弹头至少有1吨TNT。”后来英国人才明白，这不是炮弹，而是可怕的导弹，前者叫V-1火箭，后者叫V-2导弹。希特勒丧心病狂地使用令人毛骨悚然、威力很大的导弹，而盟军的飞机速度慢、大炮射程短，对它束手无策，毫无招架还手之力。

美国情报人员还获悉，德国一个庞大而神秘的导弹研制生产基地，就藏匿在其东北部乌瑟多姆岛上一个毫不起眼的佩内明德小镇里，那里在1942年10月就试射成功了V-1火箭。冯·卡门还被告之，德国工程技术人员早在1936年就集中在那里封闭式研制导弹，人数最多时，达到17000人。

冯·卡门不禁倒抽一口凉气：天哪！1936年——加州理工学院的几个“草根”还在蘸着唾沫清点热心同学阿诺德送来的一包全是1元、2元、5元皱皱巴巴的零钱，而这来之不易的1000美元，刚刚点燃他们研究火箭的梦想——两国的差距何其大也！

情报人员的分析同样令美国军方瞠目结舌：德国正在大规模地生产导弹，早在1943年9月1日，德国党卫军少将卡姆勒奉希特勒的命令就在“督战”威力巨大的V-2导弹。

美陆军航空兵驻加州理工学院联络官乔英讷上校立即请钱学森和马林纳拟就一份长程导弹潜在能力的研究报告。他们两人以当时技术水平为基础，经过缜密思考，写出了一份题为《长程导弹的评论和初步分析》的研究报告。这份报告确认一枚起飞重量为4.5吨的液体导弹的射程能达到120公里。这份报告在附上冯·卡门的意见后，首次以“喷气推进实验室”(JPL)的名义，于1943年11月下旬正式上交给美国陆军军械署。

军械署对这份报告高度重视。1944年1月15日，冯·卡门接到军械署崔齐尔上校的信，大意是：急盼尽快开发长程导弹，愿意提供此类计划所需经费，每年暂以300万美元为限。

冯·卡门靠马林纳和钱学森提供的技术资料，扩建了喷气推进实验室。实验室的规模扩大，研究的内容更加细化，承担的任务也更加繁重。很快，实验室由4个小组扩张为研究分析、水底推进、液态燃料、固态燃料、材料、推进剂、工程设计、研究设计、遥控等9个小组。钱学森就任研究分析组组长。

实验室所在的阿洛约塞科干河谷，又扩租了40多亩土地，并开始大兴土木。河谷西岸修筑了新的试验厂房，试验人员可以透过坚实安全的玻璃观察火箭发动机的点火。其他房舍也在短时间内一幢幢落成，从新墨西哥州还运来了大批军用物资。不到一年，实验室的人员就超过了200人。从干河谷经常传出刺耳的隆隆咆哮和突发的爆炸声，附近居民屡屡抱怨河谷里传出的不明声响。直到战争结束，他们才知道那里发生的秘密。当初洋溢着火箭研究小组为拼装火箭拍手欢呼的干河谷，已变为"闲人免进"的军事研究重地。丑小鸭长成了白天鹅，它不再荒无人烟、默默无闻，成为闻名遐迩的美国火箭的摇篮！而毫无疑问，钱学森也是它的奠基人。

1944年7月1日，喷气推进实验室与陆军军械署签订的规模巨大的导弹研究计划（"ORDCIT"计划）正式开工。这是一项大手笔的计划，冯·卡门和他的爱徒们积蓄已久的智慧和经验，像炽烈的火山一样喷发了！

实验室有四项研究计划：

JPL-1是继续研究供空军飞机使用的火箭助推发动机；

JPL-2是研制使用固体燃料、在水下发射的火箭；

JPL-3是研究空军的冲压喷气发动机；

JPL-4则是与陆军炮兵部签订的规模巨大的"ORDCIT"计划——研制可以用于实战的导弹。

已经有过理论和实践经验的钱学森和马林纳清醒地知道，研制这样大型的导弹必须循序渐进，他们首先要从简单型做起。年轻人为他们孕育中的导弹授予了从初级到高级的系列“军衔”：最简单、最先动手研制的导弹命名为“列兵”；其次的取名为“下士”；再往后，随产品逐步改进，官阶递增一级，直到“上校”为止（实际只研制到中士导弹）。

“ORDCIT”计划包含四个型号：列兵A，固体推进剂发动机推进；列兵F，列兵A的有翼型；下士E，液体推进剂发动机；下士F，涡轮泵驱动输送推进剂的液体发动机。

列兵A长2.5米，总重227公斤，其中包括27公斤载荷。它的尾部装有4个稳定翼面，固体发动机推力为4.54公斤，工作时间超过30秒。起飞时，它由4个小火箭捆绑在尾部助推，总推力为756公斤。1944年12月1日至16日，列兵A共进行了24次发射试验，平均射程为16.5公里，最大射程为18.3公里。

列兵F主体和列兵A相同，只是外形类似飞机。1945年4月1日至13日，列兵F共发射了17次，也取得了相当大的成功。这两种导弹均无控制系统，列兵F的试验表明有翼飞行器的控制问题更为突出。

接下来，他们动手研制体积更大、射程更远的“下士”导弹。由于该项目技术上跨越太大，需花很长时间才能完成，因此，马林纳建议先搞一个小一点的探空火箭作为过渡。此时他刚从英国回来，了解德国V-1火箭和V-2导弹的一些发展情况，认为搞探空火箭的技术储备比较充分。他的建议得到了炮兵部火箭研究与发展部的批准。由于这种过渡

“列兵”的指挥员们

据美国作家张纯如的采访报道：

每个星期三下午，穿西装打领带的钱学森都要到航空大楼或天文大楼，跟喷气推进实验室的其他小组长开会，彼此交流各自的进展。

火箭发射时，所有主管都必须在场，他们都必须参加实地测试操作。大家睡同样蹩脚的帐篷，吃同样蹩脚的食物，直到对别人的工作跟对自己的工作一样了如指掌为止。

1944年12月，“列兵A”的研制基本完成。一天，载满装备的卡车开抵阿洛约塞科的干河谷，河谷边搭起了几个临时休息的帐篷，钱学森在现场指挥了这次飞行试验。2.5米长的“列兵A”斜靠在11米高的钢制发射架上，一声巨响，列兵像个勇猛冲锋的战士瞬间冲出“战壕”，它飞到了4500米的高空，射程达到17.6公里。

列兵导弹试验

型探空火箭比“下士”小得多，像个矮小苗条的小妹妹，因此取名“女兵下士”。

女兵下士探空火箭长4.9米，直径20.5厘米，总重302公斤。它的尾部装有3片稳定翼，动力装置是一台红发烟硝酸/苯氨为推进剂的液体火箭发动机，推力为680公斤，工作时间45秒，助推火箭是海军研制的固体火箭小吉姆的改进型。“女兵下士”可携带至少13.6公斤气象探测仪器飞至31公里高。它没有制导机构，点火起飞时依靠发射架稳定，高速飞行时靠稳定翼稳定。1945年9月26日至10月25日，“女兵下士”进行了发射试验。在10月11日的试飞中，一枚“女兵下士”达到72.8公里的飞行高度，超过了原来的设计指标。这是美国第一枚取得全部成功的探空火箭。1949年2月“女兵下士”与改装的V-2导弹组成了一个两级火箭，又进行了一次发射试验，最大飞行高度393公里，成为第一枚进入外层空间的火箭，为后来美国探空火箭以及运载火箭的发展奠定了直接的技术基础。

下士导弹于1953年最终研制成功，成为美国用于实战的远距离战术导弹武器。喷气推进实验室研制的最后一种导弹是“中士”，至此，整个“ORDCIT”计划宣告结束。

“ORDCIT”计划研制方案，为美国研制地地导弹和探空火箭奠定了基础。冯·卡门写道：“相信我们这份方案是美国火箭计划的第一份正式文献。”

1944年，无论是在第二次世界大战战场上，还是在火箭的试验场上，都是战火纷飞硝烟四起的一年。作为研究分析组组长，这年由夏入冬，钱学森全面指挥了“列兵”的研制。钱学森手下约有十多位科学家，其中一半是精通应用数学的理论家，另一半则为电子专家。此前先后来到加州理工学院的中国留学生林家翘、郭永怀、钱伟长、周培源等受钱学森邀请，也参加了喷气推进实验室的数学分析、空气动力、弹道分析、燃烧理论等研究工作。

钱学森还参与了其他多种火箭的设计，直到他离开加州理工后，这些火箭还在测试。

在研制火箭的繁忙日子里，冯·卡门与钱学森、马林纳等人还对喷气推进系统进行了系统的比较研究。他们的结论是，发射火箭或者导弹，最好采用涡喷式和冲压式发动机作为第一级的动力，为了增加推力，还可捆绑助推火箭。这样的好处：一是火箭的第一级可以回收，重复使用；二是飞行初期，火箭发动机可以从大气层得到氧气，无须携带大量氧化剂，火箭自身的重量可减轻；三是这种火箭可以从移动目标上发射，增加敌人击落它的困难。

与此同时，具有战略眼光的美国军方预见到高科技将在战场和美国国力上发挥举足轻重的作用，委托加州理工学院举办喷气技术培训班。他们在战场硝烟的缝隙之中精挑细选了一批空军和海军军官，送入加州理工参加培训，这批人将成为未来美国军事部门和国防工业部门的掌门人。钱学森负责教授工程数学和喷气推进理论，这是学员们的必修课。钱学森经常带领他们驱车前往干河谷，一边讲理论一边指导实习。后来当上美国空军部长的查里克说："钱学森用冯·卡门指导他的方式对待我们。讨论问题时，冯·卡门常说，'好吧，这个问题很复杂，可是我们不强调这，也不强调那，先试着把事情简化。'钱学森教我们时，也会试图把极其复杂的东西简化到最基本的元素。"

有了火箭技术小组和喷气推进实验室打下的技术基础，美国射程更远、威力更大的火箭和导弹迅速发展起来，开创了美国航天事业的新时代。钱学森也在实践中不断成长、成熟，他对火箭技术研究的扎实性和前瞻性，以及他在美国火箭早期探索中作出的杰出贡献，被他的导师冯·卡门赞誉为"美国火箭技术领域最伟大的天才"。

8．迈向新高度

一阵大风扫过，卷起一地落叶。风停了，漂浮的叶子又趴回地面。晚霞的残辉为天边涂抹着最后一点胭脂红。立秋刚过，却有些晚秋的凋零。

纽约郊区的机场上，一辆黑色的轿车"哗哗"地碾过落叶，戛然停在跑道的尽头。车门打开，美国陆军航空兵司令阿诺德将军走下车，这是个从西点军校毕业的敦实汉子，他抬腕看了看手表，用眼光四下搜索着。

这是1944年9月初，他等待约见的神秘人物是冯·卡门。

冯·卡门来了，两人钻进阿诺德的轿车，阿诺德把司机打发走了。在这个狭小的私密空间里，阿诺德和冯·卡门单独秘密会晤。他告诉冯·卡门，军方需要一份关于未来空中战术、空中武力和导弹的特别研究报告，还需要冯·卡门集合一群科学家到五角大楼工作，协助空军规划设计未来20年到50年的发展蓝图。第二次世界大战还没有结束，但阿诺德已经把眼光投到了战后，他需要同样具有远见的科学家和他一起设计美国空军未来的远景规划和不可撼动的领先地位。阿诺德说，空中力量将决定战争的成败，我绝不能容忍美国重蹈二战之初在珍珠港毫无准备地陷入灭顶之灾的覆辙。

冯·卡门向加州理工学院请了长假，1944年12月，他正式担任美国国防部科学咨询团团长。冯·卡门迅速挑选了36名科学家和工程师，组成了他的精英团队，其中有在最前沿工作的著名空气动力学家，如美国标准局的德莱敦博士，加州理工学院的瓦登道夫博士和钱学森博士，空军少校泰迪，波音公司夏伊勒；有一流的电子工程师，如麻省理工学院的瓦雷博士、空军顾问盖廷博士、雷达专家伯塞尔博士，以及电视显像管的发明人兹伏瑞金；还有核科学专家兰塞博士等。

冯·卡门向钱学森发出了热情的邀请，理由是："钱学森是加州理工学院火箭小组的元老，曾在二次大战期间对美国的火箭研究作出过重大贡献。"冯·卡门还直接提名德莱敦、瓦登道夫和钱学森担任他的助手。1945年年初，钱学森辞去加州理工学院喷气推进实验室研究分析小组组长的职务，收拾行囊，直奔华盛顿五角大楼。作为咨询团里唯一的外国人，钱学森佩带可以参与最高军事机密的金色证章，自由出入美国陆、海、空三军最高指挥中心五角大楼。

咨询团接受的任务是"忘掉过去和现在，要以未来20年为基点，以超声速飞行、无人驾驶、空中侦察、核动力、远程导弹、原子弹……为着眼点。尽管大胆预测，寻求能使美国空军领军全球的新发明，开销多少钱都没关系。"这是阿诺德将军的原话，他还说："过去的20年，空军的建军重心一直是飞行员、飞行员、飞行员。未来20年，我们的建军重心要改变为科技——强军。"

按照阿诺德的指令，钱学森和其他团员们频频走访美国各大研究实验机构，探寻美国航空技术和工业的发展方向。有时，大家在讨论中突然觉得有必要到某地实地考察，一小时后，他们便带着牙刷登上了空军的专机，当天赶到目的地，可见工作效率非常之高。紧张的调研使他们对美国航空工业的发展现状与潜力，有了全面的了解。

1945年4月底，第二次世界大战结束在即。美国总统罗斯福得到密报，继佩内明德导弹基地之后德国中部图林根州的诺德豪森市又发现希特勒秘密建设的导弹基地，他立即下令空军火速派遣专家前往欧洲探底，实地考察德国的导弹设施，并务必赶在苏联人到达之前抓住德国导弹专家送回美国。被临时授衔的冯·卡门少将、钱学森上校，还有夏伊勒、瓦登道夫和莱德敦等咨询团成员一行5人，穿上军装，在弗吉尼亚州的碎石滩登上一架C-54运输机，飞往欧洲。尽管他们的行动代号为“健壮行动”，但是他们的行囊却并不怎么“健壮”，每个人除带上个人盥洗用品之外，还被要求带上小型急救包、手电筒、太阳眼镜、小刀，还包括送给金发女郎的礼物，如丝袜、胭脂、指甲油和美军徽章等。无疑，军方要求科学家们带上这些东西的目的，一来为自我救生，二来也可稍许“行贿”，对有用之人施以小恩小惠。

钱学森是这个团体里唯一的外国人，仍然持有中华民国的护照，使用1936年发的学生签证。离开美国不构成问题，但钱学森担心欧洲任务结束时，会受到移民局刁难，无法再入境美国。1944年4月17日，五角大楼办事员葛伦兹堡写信给移民局，为钱学森申请出入境特许证。由于战时情况特殊，军方的要求基本能得到满足。4月23日，移民局发给钱学森一张特许证，保证他回美国后仍保有出境前的身份。

让咨询团没有想到的是，美军的行动要比他们“健壮”得多。4月11日，美军先头部队不顾事先与苏军的约定，抢先进入了本该属于苏军占领区的诺德豪森市。不由分说，他们把抓获的492名德国导弹专家和644名家属一古脑儿地装进开往美国的军车，然后以迅雷不及掩耳之势拆卸了秘密工厂的导弹生产设备，连同德国已经造好的100多枚V-2导弹和大批设计图纸、资料，足足装满了300节

美国军方发给钱学森的工作胸牌

火车车皮！ 3个星期后，苏军赶到了诺德豪森市，值钱的东西早已被美军拉走了，望着满地狼藉的废铜烂铁和车辙痕迹，气得苏军元帅朱可夫跺脚骂娘。苏军只好收拾一些美军未及拆走的、太过笨重的残余设备和从其他地方收集到的导弹产品和零部件，运回了苏联。这些宝贝，日后成为了苏联火箭和导弹起步的教具，也是他们在第二次世界大战结束十年后，援助中国的第一批和唯一一批导弹实物。

咨询团的飞机从美国飞抵巴黎，然后乘车进入德国。

他们考察的第一站，是德国下萨克森州东部小城布伦瑞克市郊的弗肯罗德村。纳粹头子、德国空军司令戈林直接管辖的空气动力学研究所就隐藏在村里的一片密林之中。“真是难以相信，有1000多人在那儿工作，但盟军却没有听到一丝丝关于这个研究所的风声。”冯·卡门在以后的回忆录中曾叹服地说。钱学森看到，这片禁地有56幢二层楼，有的房子像农舍，有的房子半埋在地下，有的房子屋顶上种着绿色植物，与周围的松林浑然一体，机场被巧妙地撒上了一层灰，侦察机根本分辨不出其真实面目。他还得知，纳粹逃跑前把许多机密的设计文件和图纸埋藏在树林里，美军用金属探测器找到了数千件装在金属盒内、埋在地下的机密文件，还在一口枯井里发现了德国人藏匿的300万份有关火箭和空气动力学的机密文件。这批重达1500吨、有点潮湿的文件被送到城里，拍成了长达600多米的微缩影片运回美国，

德国的“遗产”

第二次世界大战德国战败后，美军在德国搜罗了不少于1000名火箭专家和工程师，包括以首席专家布劳恩为首的126名精英，他们绝大多数加入了美国国籍，成为了美国航天科技工业发展的人才支柱。布劳恩后来是美国发射第一颗人造卫星的红石火箭的总设计师、阿波罗登月工程的总设计师。苏联从德国大约获得了10%的战利品，他们的火箭和导弹事业也从此起步。

交由美国科学家们（钱学森“敢死队”时代的老友史密斯也在其中）不分昼夜加以研读。钱学森看到这些文件大喜过望，在详细考察了这里一座8米直径的风洞、一座高速风洞、两座超声速风洞、一个军备实验室和一个工厂后，他尽可能多地阅读了一些文件，不仅对他所关心的德国导弹和炸药的研制情况有更深入的了解，还使他大开眼界和思路。他知道德国的V-2导弹虽然只有300多公里的射程，但他们已经在着手研制一种可以打到美国纽约、射程为4800多公里的导弹，他确认德国的火箭导弹技术已经走在了美国的前面。

在戈林空气动力学研究所，冯·卡门还意外地发现，早在1935年罗马高速航空研讨会上发表了“后掠式机翼”精彩见解的年轻博士阿道夫·布斯曼，在“消失”了多年后，竟然隐藏在这里继续从事后掠翼式飞机的研制。怪不得1941年德国的后掠翼式ME-262喷气式战斗机的速度就达到了998公里／小时，比美军的飞机快得多。考察团“提审”了布斯曼，实际是获取了他的试验数据，他们迅速决定停止美国正在研制的直翼式新型高速轰炸机，对它的机翼做“手术”，改为后掠翼式。考察团回到美国后不久，美国的第一架后掠翼轰炸机B-47下线。

考察的第二站是德国中部图林根州的诺德豪森，5月中上旬，咨询团南下来到这里。这也是一片林地，地下有很多废弃的矿井，德军利用地势，动用10000多名劳工挖山不止，建成了一座精心设计的地下工厂。整个地下厂区有一条四通八达的铁路，衔接长达数英里的生产线。导弹总装厂就在一条隧道里，美军到达时，除了发现完整的V-2导弹外，还找到了足够生产75枚V-2导弹的零部件。在苏军到达前有限的时间里，咨询团详察了地下工厂的整体布局和生产线，得到了纳粹德国研制导弹的第一手资料。

第三站，咨询团西行来到德国西部的亚琛，这里有他们感兴趣的德国空军基地和工业基地。然后他们驱车到达哥廷根，曾为纳粹效力的哥廷根大学各研究小组的领导人排队接受考察团的讯问。哥廷根号称“大学之城”，在十几万居民中，就有近3万名大学生。第二次世界大战时，德国的城市大多被战火夷平，但哥廷根竟然幸免，有人猜测是因为普朗特住在这儿的缘故。普朗特是世界公认的近代流体力学奠基人，被誉为“空气动力学之父”。钱学森跟着冯·卡门在这里见到了冯·卡门年轻时代敬畏有加的老师普朗特，冯·卡门正是受到老师的教诲和提携，才有了今天的学识和地位。离别多年，见到熟悉的学校和老师，冯·卡门却怎么也高兴不起来，他万万没有想到，十年后他和老师竟然会以这样一种方式重逢。他们分别站在正义和非正义的两岸，各事其主，陌生得很。普朗特满头的褐发已完全灰白，原先板直的腰杆也有些弯曲。师生三代人面面相觑、默默无语地坐着，很长时间询问室里没有一点声响。还是军方特地派来配合冯·卡门的戴恩上校打破了僵局，主持了这次讯问。

师生三代人的这次特殊见面，给冯·卡门留下了很深的印象。在钱学森回国后，冯·卡门曾多次对身边的人提及此事："这是一次多么不可思议的会见啊，把自己的命运和红色中国联结在一起的，是我的杰出的学生；而为纳粹德国工作的是我曾经敬爱的老师，事情怎么会是这样？！"

第四站，咨询团直奔拜恩州（原巴伐利亚州）慕尼黑附近的柯其尔村。1945年5月5日，钱学森一行见到了3天前刚刚向美军投降的德国V-1导弹、V-2导弹的总设计师冯·布劳恩。望着这位比自己还小一岁的"火箭之王"，钱学森不由得生出些许仰慕之情。一来是布劳恩的良知未泯，他为自己研制的导弹被法西斯用来轰炸英国而感到羞愧，尽管英国是战胜国、飞机工业发达、对自己来说大有用武之地，但他放弃了留居英国的打算，投奔了远离故乡的美国；二来是考察团一路所见所闻，确确实实地感到德国的飞机和火箭导弹技术已经远远走在了美国的前面。钱学森要求布劳恩写一份报告，详细说明他曾经从事的火箭研究以及他对火箭技术未来发展的预测。这份名为《德国液态燃料火箭发展及其未来展望》的报告，刻画出布劳恩对火箭飞行的远见，他预见有朝一日，横跨欧美大陆只需40分钟；卫星环绕地球一周只需1.5小时；身穿潜水衣漂浮在真空中的人类；建造在太空的实验室。他最不可思议的构想是在太空悬挂一面巨镜，折射阳光，烧毁敌人的城市，蒸干敌国的湖泊与江河。这份写自1945年的报告，引起了美国军方和政府的注意，成为美国发展人造卫星的诱因。布劳恩的天才预见在12年后变成了现实，那一年是1957年，苏联发射了世界上第一颗人造地球卫星，绕行地球一圈，用时90

分钟。与布劳恩的会面，给钱学森留下了深刻的印象，“科学家一定要有前瞻性的科学远见”，这种潜意识像一颗种子，深深扎进了他的心田。

钱学森还讯问了德国知名的空气动力学家赫尔曼，他是德国V-1导弹和V-2导弹的研制、发射理论的负责人，曾领导一个设计超声速风洞的小组。钱学森惊奇地发现，赫尔曼设计火箭采用的关键理论竟出自自己的一篇论文，赫尔曼对有幸见到钱学森也感到十分高兴。赫尔曼在多年以后完成的回忆录中提及此事时，只提到了一位考察团成员的名字，那就是钱学森：

我记得其中一位钱博士，他是冯·卡门的亲密工作伙伴，我对他印象深刻是因为他的论文《超声速气流中锥形体的压力分布》，他是唯一就这个题目提出完整理论的科学家。我们知道他的理论，因为这篇论文在战争结束前两年就已出版。我们曾经拿他的理论在我们的风洞里做过精确的实验。我后来得知，直到那时，钱博士的理论在他自己的国家还没有人实验过。我们能做是因为我们有设备，我们有超声速风洞，还有合格的科学家和工程师。

钱学森在中学时期选修过德语，这对他在德国的考察有所帮助。考察中，他反应敏捷，一直笔不离本，本不离身，看到哪儿就记到哪儿，并且逻辑思路清晰，有对比，有分析。5月17日至21日，钱学森熬了几个通宵，他把这几天的所见所闻进行了详细的归纳和整理，写出了对德国火箭导弹和空气动力学发展状况的系列调研报告，在现存的钱学

钱学森对普朗特没有好感

钱学森和他的老师冯·卡门一样，对普朗特没有好感，因为普朗特对德国法西斯借科学之名犯下的滔天恶行，竟然毫不关心，没有一点忏悔之意，反而处处考虑自己个人的蝇头小利。他见到美国咨询团的人，首先提出的要求是允许他把埋在学校网球场下面的自家土豆挖出来，然后絮絮叨叨地连声埋怨美国人炸坏了他的住宅。他顽固地认为自己是殚精竭虑为国效劳，甚至愚蠢地问冯·卡门，以后他的研究经费该由哪个机构负责。钱学森厌恶这种没有良知的人，有一段时间他拒绝参加有德国科学家参与的午餐会，他说：“我愿意向德国人学习，但不要叫我跟他们同桌吃饭。”

美国士兵不认识布劳恩

眼见钱学森和布劳恩交谈正酣，站在一边的美国士兵有些不大相信几天前向他们投诚的这位年轻人，是个了不起的人物，他们嘀嘀咕咕地调侃：“我们如果不是抓住了第三帝国最伟大的科学家，就一定是抓住了世界上最伟大的骗子。”

森手稿中可以看到7篇报告的底稿。

其中，《后掠式机翼》写于5月17日，共6页；《火箭》写于5月18日，共15页；5月20日是他的多产日，《超声速气体动力学》5页，《冲压发动机》3页，《脉冲式空气喷气发动机》7页，《液体炸药炸弹》1页，总共16页都诞生在这天；《飞机上的喷气涡轮发动机的安装问题》写于5月21日，共4页。

钱学森的实地考察，无疑为他日后担纲中国导弹奠基人和总设计师，做了最好的铺垫。

咨询团本来还想去佩内明德，但苏军已经占领了那里，预计的行程只好作罢。

6月，钱学森和咨询团一行参观了德国与欧洲各地的风洞设施，就德国在喷气推进方面的进度写了几份报告。同团中的几位成员继续前往日本察看空气动力学方面的发展。钱学森没有一同前往，6月20日他回到了华盛顿。

回到美国后，钱学森忙得不可开交，他一边继续在加州理工学院作研究和教学工作，一边为美国军方编写教材，还协助冯·卡门完成咨询团为美国国防部撰写的关于美国战后飞机、火箭和导弹未来发展的展望报告。1945年11月，钱学森在航空系由助理教授升任副教授，12月，他主编的空军技术教材《喷气推进》和他参与写作的长达13卷的咨询团咨询报告《迈向新高度》终告完成。

《喷气推进》一书长达800多页，由喷气推进实验室和古根海姆航空实验室的工作人员为空军技术指挥所撰写。钱学森主编的章节，包括使用液体和固体推进剂的火箭、热喷气、发动机、喷气辅助起飞、热动力学、燃烧、气体动力学等。书中还搜集了钱学森及其他加州理工学院教授在1943年至1944年学年度，每周分发给军职学生的油印讲义。这是世界上第一部全面系统地论述火箭与喷气推进技术的专著，它被视作机密文件，分送给军方工程师，这本书高居“美国喷气推进研究最权威选集”的宝座多年。《喷气推进》在军方与学术界留下了深远的影响，使36岁的钱学森在航空学领域获得了仅次于冯·卡门的权威地位。

《迈向新高度》为军方机要文件，报告共13卷。钱学森是该报告的主要作者和编辑者，他完成了其中第3卷的第1部分，第4卷的第1部分，第6卷的第2部分、第3部分、第4部分，第7卷的第5部分，第8卷的第3部分等7

个部分内容的编写。此报告历史意义重大，冯·卡门、钱学森等为美军尖端技术的发展起到了关键作用。

《迈向新高度》咨询报告目录及相应作者

第1卷 科学——制空权的关键——Theodore von Karman
第2卷 我们现在的水平——Theodore von Karman
第3卷 技术方面的情报材料
　第1部分 德国瑞士航空技术几个方面的情况——钱学森
　第2部分 德国导弹发展历史综述——Hugh L. Dryden
　第3部分 德国瑞士空气动力学几个方面的情况——Frank L. Wattendorf
　第4部分 日本航空研究计划和成就——W. Williams，Lt. Colonel，A. C.
　第5部分 日本战争科技成就综述——Dr. F. Zwicky
　第6部分 德国电子技术发展简述——W. H. Pickering
第4卷 空气动力学和飞机设计
　第1部分 高速空气动力学——钱学森
　第2部分 飞机设计和问题——William R. Sears and Irving L. Ashkenas
　第3部分 飞机材料和结构——N. M. Newmark，Consultant
第5卷 未来的机载武器
　——N. M. Newmark，Consultant，T. F. Walkowicz Major，Air Corps
　提要
　引论
　机载运用
　机载部件的组成、限制和发展
　军用运输机的发展
　飞机运输能力与机运设备的协调
　总结
　建议
第6卷 飞机发动机
　第1部分 燃气涡轮推进——Frank L. Wattendorf
　第2部分 脉动式空气喷气发动机的实验性能和理论性能——钱学森
　第3部分 冲压式喷气发动机的性能及其设计问题——钱学森
　第4部分 固、液体燃料火箭发展和设计趋势——钱学森
　第5部分 飞机推进系统的高温材料——Pol Duwez
第7卷 飞机燃料和推进剂
　第1部分 飞机推进用烃燃料研究——W. J. Sweeney
　第2部分 石油在动力方面的应用——W. J. Sweeney
　第3部分 火箭的固体推进剂及其他喷气推进装置——Louis P. Hammett
　第4部分 火箭型发动机的液体推进剂——A. J. Stosick

第5部分 原子能燃料作为飞机动力的可行性 —— 钱学森

第8卷 导弹和无人机

第1部分 制导导弹技艺现状 ——H. L. Dryden

第2部分 飞行的自动控制 ——W. H. Pickering

第3部分 超声速有翼导弹的发射 —— 钱学森

第4部分 远程火箭真空段弹道特性 ——G. B. Schubauer

第9卷 制导、寻的导弹和无人机

第1部分 现在研发选择的制导导弹 ——Hugh L. Dryden

第2部分 热制导和电视制导导弹 ——G. A. Morton

第3部分 雷达辅助制导导弹 ——I. A. Getting

第4部分 雷达寻的导弹 ——Hugh L. Dryden

第10卷 炸药和终端弹道

第1部分 炸药和爆炸的总体考虑 ——G. Gamow(最高密级而单独成册)

第2部分 高性能炸药特性 ——D. P. MacDougall

第3部分 终端弹道和毁伤效应 ——N. M. Newmark

第11卷 雷达和通信

第1部分 雷达在空军作战中的应用
——L. A. DuBridge, E. M. Purcell, G. E. Valley

第2部分 美国陆军航空兵关注的雷达未来发展趋势的讨论
——L. A. DuBridge, G. E. Valley, E. M. Purcell

第3部分 飞机无线电通信设备 ——G. A. Morton

第12卷 战争与气象 ——I. P. Krick

提要和总结

建议

第1部分 军事气象服务的历史发展

第2部分 第二次世界大战中 GAF 和 AAF 气象服务比较

第3部分 军事气象服务的发展趋势

第13卷 航空医学和心理学

第1部分 航空医学研究发展趋势
——(Col)Dr. W. R. Lovelace, A. P. Gagge, Colonel, A. C.

第2部分 美军陆军航空兵的心理学研究 ——C. W. Bray

纵观这份咨询报告，钱学森是所有参与写作的人之中承担写作任务最多的。他总结了欧洲各国特别是德国的研究成果与经验，以可观的篇幅描述了各地不同的风洞设施、飞机后掠翼的设计思路、以及各种推进剂的性能，并且结合美国的现状，对喷气推进实验室在战时所做的各种理论分析，做了详细的比较和说明。他翔实地论述和预见了高速气体动力学、脉冲式喷气发动机、冲压喷气发动机、固体与液体推进剂火箭，以及超声速有翼导弹等技术的研究成果、存在问题和发展前景。

这份报告是以冯·卡门为首、包括钱学森在内的世界著名科学家，给美国政府提出的战略性发展规划和切实可行的技术途径，因成为美国航空航天事业的第一份发展蓝图而载入史册。报告预言，不久的将来，军事科技就会有振奋人心的发展：超声速飞机将成为事实，洲际弹道导弹将在大气层外高速飞行，核动力飞行也有可能实现。报告力促国家筹措更多经费，成立更多研究中心，推动这些目标的实现。

《迈向新高度》为第二次世界大战后美国航空航天事业在20世纪下半叶的飞速发展、成为世界第一军事强国，奠定了坚实的理论基础。军方很欣赏钱学森的表现，1945年年底，阿诺德将军为钱学森写了一封正式推荐函，表扬他在冲压喷气发动机与火箭方面“优秀而完整”的研究，以及在推进及核能等领域上“无价”的贡献。第二年，美国陆军军械署也大力表扬钱学森1939年9月到1945年9月间，在喷气推进实验室的“杰出表现”。

参与《迈向新高度》的编写研究工作，使钱学森受益匪浅。他和冯·卡门这样杰出的世界级大师一起，站在航空航天科学技术的最前沿，学会了从整个国家的高度，全面、系统地思考全局性、战略性规划的思路和方法。

由此，钱学森也迈向了他人生的新高度。

9. 最年轻的正教授

1946年的暑假还没有来临，钱学森的邻居就发现这个年轻人在收拾行装。他们以为要么这位书生又要外出参与国防部的什么重要机密计划，要么就是他忙碌了好几年，早早准备远行度假。

邻居们猜错了。

钱学森在8月暑假来临之际辞去了加州理工学院的职务，前往十年前曾经欢迎过他、又排拒过他的那所大学——麻省理工学院。其原因并不复杂，一来他的恩师冯·卡门与加州理工学院不和，离开了学校；二来他的母校麻省理工学院航空系给了他副教授的位置，外加终身职务的承诺；三来要在学术上全面发展、建功立业，还需要兼收并蓄，加州理工学院的长处在结构、空气动力学等方面，而到麻省理工学院，他可以学到更多有关仪器与控制系统方面的知识和动手能力。多年后，钱学森的朋友林家翘认为："钱学森回去是为了完成火箭科学家的成长历程。"

四季分明的马州波士顿气候，远不如温暖如春的加州帕萨迪纳惬意。刚刚9月份，窗外就响起了"呼呼"的北风声，秋雨连绵，寒气已让街上的行人竖起了衣领。然而钱学森的心情却犹如"春风得意马蹄疾"，十年前那个被命运拽着手脚远渡重洋来到麻省，那个腼腆、怯怯，经常匆匆独步去听课的学生，如今已成长为在世界空气动力学界卓有建树的著名学者。当他走进校园里编号为33的建筑——令他熟悉的古根海姆大楼，站在三楼一间摆着三张书桌、一张会议桌、几张绘图桌，以及一大堆书架的大办公室里，他和麻省理工学院的同事们都知道，现在的钱学森已经和以前的钱学森今非昔比、不可同日而语了。

回到麻省理工学院的钱学森被聘为副教授，他为航空工程系的研究生开设了一系列新课，包括喷气推进、火箭工程学，还与另一位华裔科学家林家翘共同开设了空气动力学研讨班，同时从事一些前沿性的研究工作。

钱学森在麻省理工学院是一位颇受"争议"的教授。他以见解前瞻而受到校方和天才学生的追捧、欢迎，又以教学严厉而使得很多学生对他望而生畏。很多学生都对他留有深刻的印象："他外表非常年轻。因为个头小，他显得比大多数学生都矮，总是穿西装，打领带，十分正式。瘦小的体型、高亢的声音、带有浓重口音的英语。"

大家对于有机会聆听大名鼎鼎的冯·卡门的得意门生钱教授上课，怀着很大的兴奋和期待。但是作为钱学森的学生，他们对这位中国教授"三高"式的授课风格，还是心理准备不足——他们没有想到，钱学森用高密集的板书、高前瞻的内容、高难度的考题，使他们不得不仰视这位身材瘦小的中国人。

关于钱学森教学风格最精彩的描述，是他的学生季荻在一本杂志上写的回忆：

没有教科书，没有讲义，也没有实验示范，一切全靠钱博士和悬挂在教室四周的黑板。钱博士大量使用黑板。他写得又多又快，我们必须尽可能赶上他的速度抄写。没有文字，只有数学符号。

他几乎总在上课铃响两分钟后，准时悄无声息地走进教室，咕哝一句："我们从……开始"，便从教室前方的黑板左端开始，用清晰坚定的笔迹，写下一个方程式。然后，瞄一眼自己的笔记，在下方添一行，再一行，再一行，直到黑板的底端。我们当然看不见他写些什么，因为字迹都被他挡住了。他开始写下一块黑板时，我们开始抄露出的部分，就这样绕着教室一周。第二轮开始时，他会把黑板逐一擦干净。

他偶尔会给一点提示，让我们知道究竟在做什么。他会说："积分"，或"微分"。当我抄到那部分时，我就把他的提示附上去，但我从来没搞清楚过，他指的是他刚抄完的方程式，还是正要开始抄的那条。

这样大约过了20分钟，他会退后几步，端详一下黑板，说："这中间有非常重要的关系。"大家还没有会意过来，他又开始抄写了，直到下课铃响为止。他随即一言不发走出教室，丢下我们继续把笔记抄完。

学生们无计可施，只好下课后待在教室里，一字不漏地把黑板上剩余的讲义抄完，然后晚间举行读书会，集众人之力解读笔记内容。第一年连教科书都没有，因为这批材料完全是新的。更

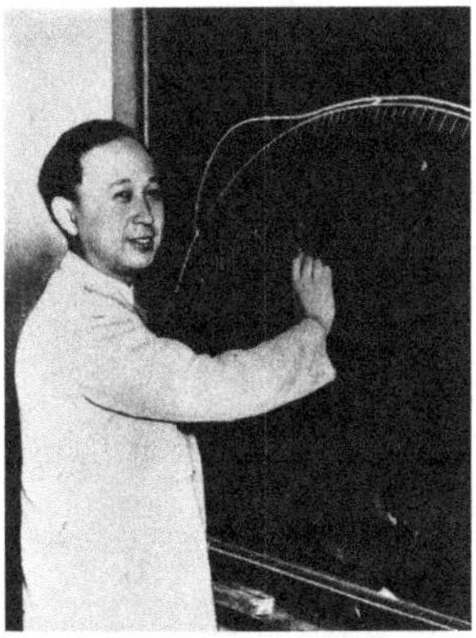

钱学森在加州理工学院讲课

钱学森发脾气

钱学森全心全意地教书，当然他也希望学生付出同等的热忱来学习，如果他们不投入，他就会大发雷霆。有一次，他要求学生麦克做一些有关扇叶涡轮引擎的计算，麦克说："我算了好一阵子，但到了午餐时间，我就吃饭去了。回来的时候，钱学森就在发脾气。他说：'你这是什么样的科学家，算到一半竟敢跑去吃中饭！'"

糟的是，当时根本没有任何与可压缩流体有关的教科书——两种用德文写的相关书籍也都过时了。

学期快结束时要进行考试，他出的考试题目被学生公认“过分困难”。有人甚至戏说，他出的考题可以考倒顶尖的火箭学家或数学博士。有个学生回忆道：“只有聪明绝顶的人才看得出题目里的转机，否则根本解不开。”钱学森在麻省理工学院任教3年，他的学生考试得到高分的极少，能拿到及格就值得烧高香了。有一年，14名航空工程系的博士候选人接受他口试，仅一人过关。还有一年期末考试，全班只有一名博士候选人及格，得到73分；当时学校“众所公认的天才”艾胥利，得了第二高分58分，他后来当上了麻省理工学院和斯坦福大学的教授，并且成为世界知名的结构动力学翘楚；毕业后留在麻省理工学院任教的卞泰德才拿到三四十分；而大多数学生仅得20多分，全班总成绩平均只有14分。

钱学森教学十分认真，由于他开的课是新课，没有现成的教材，每节课他都要认真地写教案，一个学期后，他自己动手编写了一套可供学生使用的可压缩流体力学讲义。他的学生回忆这位中国老师时，都肯定地说：“他讲课的速度与难度确实吓倒了我们，可是实际上大家还是非常佩服他的，我们都知道他努力教的东西，是希望我们非学会不可。”麻省理工学院的老师们也承认，除了加州理工学院，就数钱学森在麻省理工学院讲的可压缩流体力学课程最有深度。

虽然钱学森对学生们超级严厉，不给他们高分，但他并不过分看重分数，他总是对学生说，“懂了就好”。他的学生塞尼克几十年后对采访他的记者说：“钱学森的课程在我就业的前十年发挥了无比的价值。”

钱学森很快就在麻省理工学院声誉鹊起，速度之快不亚于他在加州理工。1947年2月，麻省理工学院决定破格提升钱学森为终身正教授，而不必论资排辈，让他等上好几年。航空系系主任亨赛克请冯·卡门为钱学森写推荐信，冯·卡门立即回信道：

钱博士在应用数学和数学物理解决气体动力学与结构弹性方面的难题，绝对是同辈中的佼佼者……他人格成熟，堪当正教授之责，也是一位组织能力极强的好老师。他对知识和道德的忠诚，使他能全心奉献于科学，以及提供他机会从事科学研究的机构，我相信这些优点对贵机构极具价值。

麻省理工学院绝对知道冯·卡门推荐信的含金量，亨赛克主任前几天已经到图书馆查抄了一份材料，单单这几年，钱学森与冯·卡门亲密无间的关系和联名发表的学术论文，就足以令人振聋发聩：

1．1938年，《可压缩流体边界层》，发表于《航空科学学报》第5卷；

2．1939年，《外压引起的球壳的屈曲》，发表于《航空科学学报》第7卷；

3．1940年，《曲泵对结构屈曲特性的影响》，发表于《航空科学学报》第7卷；

4．1941年，《薄柱壳在轴压下的屈曲》，发表于《航空科学学报》第8卷；

5．1943年，《关于远程火箭抛射体可能性的综述》，发表于《喷气推进实验室报告》；

6．1943年，《利用喷气的引射作用作为驱动推进剂泵的动力源可能性的研究》，发表于《喷气推进实验室报告》；

7．1944年，《关于喷气推进系统应用于导弹和跨声速飞机的比较研究的综述》，发表于《喷气推进实验室报告》；

8．1945年，《非均匀流动机翼的升力线理论》，发表于《应用力学季刊》第3卷。

亨赛克主任还从冯·卡门赞不绝口的嘴里了解到，钱学森1946年在协助冯·卡门整理发表有关跨声速流动相似律的论文时，看到冯·卡门用了一个仿射变换，建立了跨声速流动的相似律，就联想到，这种方法同样可以用来分析高超声速流动的控制方法，这对于求解高速飞行的火箭周围的空气流场很有意义。他对这一想法进行了数学推导，推导公式和方程计算足足写了12页，终于得到了一个简化的近似方程，求出了有关高声速流动的升力和阻力系数的相似值。有了这个相似率，可以大大减少风洞试验和数值计算的工作量。在冯·卡门的赞许下，钱学森发表了这篇足以令整个航空界振奋的论文《高声速流动的相似律》。

麻省理工学院的教授同样清楚地记得，就在几个月前，也就是1946年12月，《航空科学学报》上又刊登了钱学森一篇名为《超级空气动力学——稀薄气体力学》的论文。这篇论文迫使空气动力学家重新审视机翼上的气流在大气层最高处的表现。钱学森设计出一套全新的公式，把空气分子结构与分子间平均距离都考虑在内。他的作法整个革新了空气动力学家对高空高速飞行的观念。这篇论文提出的关于自由分子流区、过渡区、滑流区和气体动力学区的划分，被人们认为是研究稀薄气体力学的开创性工作，后来飞行器进入同温层，航天器进入外太空，很多研究成果都是以他这篇经典文献为启蒙的。

这位风头正劲的中国学者给麻省理工学院带来的还不只是空气动力学方面的令人刮目相看的研究硕果，他对核物理也有浓厚的兴趣和独到的见解。他在1946年的一期《航空科学学报》发表了一篇具有说明性质的论文《原子能》，就爱因斯坦的质能关系、原子结构、核分裂等理论问题，提出了清晰而详尽的解释。他还撰写了一系列讨论核动力火箭的讲稿，后来陆续在麻省理工学院和马里兰州的约翰·霍普金斯实验室等地演讲。他在演讲中谈到，经过计算，原子反应释出的能量约为传统燃料的100万倍，据此推测，靠核动力推进的飞机、火箭航程几乎是无限远的，核能的优越性值得军方进一步研究。他还指出:“制造使用核能燃料的火箭，最大困难在于燃烧室会产生极高温，顿时把发动机烧得灰飞烟灭”，他也设想了多种可能解决这些难题的方法。这几次扣人心弦的演讲，数十年后还有人牢记在心，并佩服他的许多先见之明。当他根据讲稿整理发表的论文《关于火箭核能发动机》问世后，他的名声更加大振，论文首次提出利用核能作为火箭动力的大胆创意，震惊了美国的科技泰斗们。美国媒体据此编辑了新闻“人类骑着核能火箭遨游太空、周游宇宙不再是天方夜谭”，引发街头巷尾的老百姓津津乐道地议论了很长时间。

麻省理工学院当然也值得为钱学森骄傲。钱学森送交给航空工程系领导的《关于建造中等规模高超声速风洞的建议和研究报告》得到了军方的重视和资助。作为风洞建设的核心骨干，钱学森得到了安全许可，参与了超声速风洞的建设和另一项代号为“流星”的海军机密计划——研究生产带有固体推进剂发动机的导弹。他同时还申请了最高安全许可证，参与空军的研究计划和涉及发展原子弹的“曼哈顿”计划。麻省理工学院在政府和军方心目中的地位进一步得到了提升，这是多少美国一流大学梦寐以求的事情呀！

衣锦还乡　喜结良缘

1947年7月，钱学森借学校暑假之时回国探亲。母亲章兰娟早在他出国前便已辞世，父亲一直独居由老家亲戚照料，钱学森十分惦念老父亲，这是他离开故乡12年后第一次回国。钱学森回国期间，浙江大学、交通大学、清华大学和北京大学纷纷邀请他前去讲学，才华横溢的钱学森发表了工程与工程科学、稀薄空气动力学等前沿科技的演讲。他还从恩师叶企孙处得到了国民党政府教育部长朱家骅邀请他担任交通大学校长的信息。但是，国内政局动荡战乱不止，政府腐败民不聊生，他犹豫了一阵，决定还是返回美国。9月17日，钱学森和从小青梅竹马的蒋英，在上海沙逊大厦举行了婚礼。为防国民党政府强留，钱学森在婚后的第9天，便乘飞机离开上海，返回美国波士顿麻省理工学院。

这一年年底，蒋英也到了美国，他们住在波士顿昌西街9号，1948年10月13日，他们的长子钱永刚出生在这里。

1947年3月7日，连续阴霾的天气终于放晴。校园里垂柳摇曳，小草萌动，春风带来了喜讯。这一天，麻省理工学院校刊头版刊登了一条消息：35岁的钱学森晋升为麻省理工学院正教授，同期晋升的共有12人，还有雷达技术的核心人物希尔，计算机的先驱考德威尔等。以美国的情况而言，大多数教授必须干20年以上教学、指导、行政的“苦差事”，才能取得终身职务。但钱学森到美国连学习带工作总共才12年，他是麻省理工学院有史以来，获得终身职务最年轻的教授。几个月后，钱学森得到了在美国永久居住的“绿卡”。

10. 功成名就的辉煌岁月

暑假过后，麻省理工学院新的学期开课了。钱学森的教学工作更加繁重，课程有空气动力学、

1949年钱学森与蒋英出游

1947年新婚的钱学森返回美国，蒋英到机场送行

弹性力学和火箭学，还有不少有关结构和稳定性的研究课题。同时，他还继续追随冯·卡门在美国空军科学咨询团的航空小组工作，不过“咨询团”已经改名为“美国空军科学委员会”。他在其中承担的任务是重量级的，也是高机密的，他参与了美国第一架超声速飞机XS-1的研制规划，并经常与冯·卡门一起到全美各大空军基地调研，向美国空军指挥官宣讲最新科技发展动态，了解和解决空军发展中遇到的问题。

此时的钱学森，风华正茂，书生意气挥斥方遒。他一边卖力地投身教学，一边埋头开掘新的前沿，只恨少长了几只胳膊，分身无术。

1948年的夏天，实力雄厚的古根海姆基金会决定分别在加州理工学院和普林斯顿大学建立两个喷气推进中心，而这两个中心竟不约而同都邀请钱学森担任主任。

钱学森以前的学生查里克在普林斯顿大学，他不断游说钱学森到该校去；而加州理工学院方面，新任校长杜布里奇则提供了更优越的条件：年薪1万美元，另外还拨付经费，让钱学森聘用助理人员及资深科学家。杜布里奇告诉钱学森，这个职务每7年会作一次评估及调整，7年后如果钱学森无法续任该职位，加州理工学院也照样聘请他担任终身教授。这项令人称羡的待遇，只有十几年前火箭发动机喷气理论的鼻祖戈达德博士享受过。9月，爱才心切的杜布里奇校长又亲自写信给钱学森：“你在这儿有许多朋友，他们都希望你把握这个机会，回到帕萨迪纳来。”

在人生又一次转折时刻，钱学森最想征询的是老师冯·卡门的意见。那一天，他和冯·卡门同机飞往一个空军基地，冯·卡门的身躯塞满了狭窄的座椅，尽管坐得不很舒服，他也不忘开玩笑：“钱，你知道吗，我也是中国人。”钱学森一怔，“怎么可能？”冯·卡门狡黠地眨眨双眼：“你知道吧，我的爷爷的爷爷是匈牙利人，他们都姓匈，你用数学推导一下，难道我不是中国人吗？”钱学森哈哈笑了，他知道老师在逗他呢。冯·卡门还告诉他，加州理工学院喷气推进中心的主任原定聘请冯·卡门担任，但冯·卡门说：“凡是我能干的，钱学森都能干，他比我年轻，你们还是请他出任主任吧。”在冯·卡门的眼里，钱学森早已从他的学生成长为他的最佳搭档。

飞机上一番推心置腹的话，钱学森明白了老师的意见和期望，他选择了加州理工学院。他喜欢那个充满了冯·卡门气味的学校，何况冯·卡门与加州理工学院原先的小隔阂已随着新校长的上任而全然冰释了，冯·卡门也要回到学院。

1949年夏天，钱学森再次搬家抵达帕萨迪纳。他又回到了加州理工学院，受聘航空系教授和新成立的古根海姆喷气推进研究中心主任，同时兼任好友马林纳和冯·卡门等都有股份的航空喷气公司顾问。学院还授予他以美国火箭先驱戈达德命名的"戈达德讲座"教授的荣誉称号。

钱学森在加州理工学院的课很重，他开讲两门新课，一门是有关液体推进剂及固体推进剂的推进研究，另一门则是防热设计问题。教学中，他综合加州理工学院和麻省理工学院各自的优势，理论与实践结合，研究与动手并重。考试时，他常常给学生出的考试题，就是在一两个小时中设计出简易的火箭，以培养学生的研究和动手能力。

随着秋季开学，喷气推进中心也开张了。

那时，喷气推进中心的教学大纲、经费以及招生，全部由钱学森负责。担当"一号主管"的角色，这在美国华人中还是少见的，他整天忙得不可开交。另外，航空喷气公司承担了很多项美国空军、海军及陆军研发火箭、导弹计划，身兼顾问的钱学森还必须每个月抽出3天的时间去实地"顾问"。

喷气推进中心主要有三项任务：

古根海姆基金会

古根海姆基金会创立于1937年，是由美国采矿业的巨头所罗门·R·古根海姆创立的，前期主要资助博物馆，后来资助教育与科技领域。喷气推进研究是"烧钱"大户，20世纪40年代，每年用于喷气推进方面的研究经费甚至占到了加州理工学院全部资金的30%左右。古根海姆基金会慷慨解囊资助当时最时髦、最前沿的喷气推进技术研发，所以两个大学的研究中心均以古根海姆命名。

我们都爱钱太太

有了妻子和孩子，钱学森打算买套房子安定下来。但是，当时种族主义横行，在洛杉矶的高级住宅区里，有着不成文的规定，禁止屋主转售房子给非白种人。不得已，钱学森只好租房子。1949年6月，他们一家人又住进了钱学森以前住过的房子。那是一套红木和红砖砌成的平房，一条长长的走廊把屋子空间一分为二：一边是饭厅、客厅、厨房及洗衣房，另一边则是三间卧房。蒋英把家里收拾得干净舒适，她美丽大方，热情好客，加上一副好歌喉，加州理工学院优秀的男性全对她着迷不已。钱学森的一位朋友，在给冯·卡门的一封信里夸张地写道："我们全都爱上了钱太太！"

一是研究喷气推进的新理论和新技术。为战后美国空军的发展提供科学理论和技术措施。钱学森组织领导了超声速风洞的设计和建设，成功地研发出液体推进剂地地导弹“下士E”导弹，并把固体推进剂“中士”导弹提上了研制日程。

二是培训航空航天工程技术人才。中心接受攻读航空、机械工程或应用力学学位的学生，为他们提供奖学金，开设的课程和研究的内容全面覆盖喷气推进的基本原理和飞行器的性能等，还涉及热应力和高温材料。钱学森自己在喷气推进研究中心开设了两门有关喷气推进研究的课程。他在20世纪30年代所写的《喷气推进》教材，仍然是研究中心使用的权威教材。中心培养的很多人，后来成为了工业和学术界的精英，成为了美国航空航天研究单位和军事部门的专家或领导，有的还担任了国防部长，海军和空军司令、副司令。

三是促进喷气推进技术在民用商业领域的应用，特别是民用大型高速客机。

冯·卡门一直认为，在他的一群门徒中，最有商业头脑的是那个可爱的火箭“敢死队”队长马林纳，而钱学森则天生是个做学问的人，不谙商道。出乎他的意料，钱学森的公关能力一点儿也不比马林纳逊色。他的一个报告，使得古根海姆喷气推进研究中心名声大振，他提出的“火箭客机”的概念，使得大半个美国的空气都升温了。

那是1949年12月的一天，美国火箭学会年会在纽约希尔顿大饭店举行学术报告会，钱学森

这个报告很有名

钱学森的报告被报刊记者们发挥浪漫的想象力，添油加醋地炒作了一番：坐进火箭客机，要穿上特制的太空减压服；乘客和携带的东西都必须和座椅捆绑在一起，否则就会在机舱里漂起来；客机垂直高速的上升速度令人咋舌……《大众科学》《飞行》《纽约时报》《时代周刊》等报刊媒体还刊载了钱学森的照片和火箭客机的草图。1949年在钱学森指导下攻读博士的郑哲敏回忆说：“这个报告很有名，连美国老百姓都知道钱学森这个人。”

不喜欢懒于动脑的学生

钱学森对于不肯用大脑、光是死记死背的学生毫不容情。有一次，当钱学森在计算一道方程式时，一个学生说他有一套气体密度的基本公式，不必算就知道答案。这可大大惹恼了钱学森，他说，你们这是知其然，不知其所以然。你们应该知道这个方程式是怎么来的，而不是只知道哪个符号代表什么。从那以后，他对每一项物理性质都用一套完全不同的符号来取代。在另一次讨论会上，钱学森在听一个学生报告时，不耐烦地将百叶窗的方向换来换去，后来终于忍不住喊道：“停！这是一堆用听也没听过的数学原理瞎掰出来的狡辩！”类似钱学森在上课时发脾气的事，常在加州理工学院流传。

在会上作了一个专题报告《火箭作为高速运载工具的前景》，内容包括核动力航天器、助推火箭和导弹等。报告中，他描绘了一种外形像削尖的铅笔一样的洲际高速客机——火箭客机的蓝图：长约24米，直径约3米，垂直起飞，从纽约到洛杉矶的飞行时间将不到1小时，最初的1920公里以椭圆形的路线穿越大气层，飞行时速16000公里/小时；在480公里高度时，它将转向地球方向，飞进大气层，滑行2880公里到达目的地。钱学森向听众展示了高速客机的草图，并宣告说“这不是现在的科技所不能理解的事。”40年后，美国航天飞机的飞行方式正如他所预见的方式，只不过航天飞机还没有真正达到“客机”的要求。钱学森的报告成为那次会议的高潮，他广阔的视野和大胆的预见，引发了会场内外轩然大波。

这一年，冯·卡门要离开加州去欧洲工作一段时间。临走前，他把自己在古根海姆大楼二层办公室的钥匙交给了钱学森，要求钱学森接替他的工作。此时，钱学森在加州理工学院的声望，已和冯·卡门在30年代时所享有的声望不相上下。在空气动力学领域中，普朗特、冯·卡门、钱学森师承一体，推动着现代科学技术的发展。在火箭技术领域中，没有人能取代他的地位，他极有可能和布劳恩一起，成为美国火箭研制的泰斗双雄。

钱学森的收入也很可观。加州理工学院教授的月薪2000美元，兼职研究员每月1600美元，担任军方研究项目协调人每年5万美元，加上每个项目3000～7000美元不等的奖金，有时每个月有两三个项目。他的收入即使在美国也属于高薪水平了，比起他回国后的收入简直不可同日而语。

1949年，是钱学森在美国工作、生活最得意和最鼎盛的岁月。他看起来是那样年轻、充满朝气，匀称的身板，浓密的黑发，40岁的他看起来彷佛只有25岁，让人一不小心就会误把他当成是学生。他功成名就，几乎成为冯·卡门第二；他家庭和美，夫人蒋英给他带来了满堂温馨。眼见跻身美国科技名流和上流社会的前景已经向他招手。

1949年，也是中国历史伟大的转折点。辽沈战役、淮海战役、平津战役，横扫千军如卷席，国民党军队节节败退溃不成军，随着人民解放军百万雄师过大江，国民党政府土崩瓦解，龟缩台湾。10月1日，古老的天安门广场升起了五星红旗，毛泽东主席带有浓重湘音的一声宣告 —— 中国人民从此站起来了！

国事的变化深深地触动了钱学森。他站在了人生的一个岔路口上，面临着三个选择：回祖国大陆？ 去台湾？ 还是留在美国？

国民党方面似乎对钱学森很放心，因为他在中国有着显赫的华丽家族的背景，他的父亲在国民政府教育部任职；他的岳父蒋百里是国民党高级将领，与蒋介石过从甚密；他的师友胡适和对他赏识有加的清华大学校长梅贻琦，以及他在清华大学的航空启蒙导师钱昌祚都去了台湾。而且国民党政府很早就发出了聘任他当校长的邀请函，更何况钱学森手持的还是“中华民国”的护照。“中华民国”驻美大使馆派人三番五次威胁、利诱中国留学生和学者去台湾，钱学森手持“中华民国”护照，又不想去台湾，所以申请加入美国国籍，以利等待时机，进退自如。

共产党也高度重视在美国的华人精英，期盼为人民共和国的建设聚集更多的人才，他们通过各种关系影响钱学森。中国共产党的朋友罗沛霖受党组织委派到加州理工学院攻读博士，开展统战工作，他成为了钱学森的好友；与中共地下党有着密切联系的美国芝加哥大学副教授葛庭燧和中共党员、香港大学教师曹日昌还致信钱学森，转告他，已经解放了大半个中国的共产党“北方当局”欢迎他，动员他回国效命。

钱学森在美国已经学习、工作了14年，耀眼的工作、可观的收入、漂亮的妻子、可爱的儿子，他的事业和家庭都如日中天。随着学识和地位的提高，钱学森骨子里的清高、自信、乃至自负，就像春蚕破茧一样飞显出来。他经常不加掩饰地与同事争执，有一回，争吵的声音大得连站在古根海姆大楼一楼的人都听得见。他也经常直来直去地批评学生，从不打算成为一位受欢迎的好好先生，而宁可为人敬畏。这一切都缘于钱学森清醒地知道，不管别人有没有意见，自己都是加州理工学院，乃至美国科技界必须慎重对待的人物。

站在岔路口的选择是困难的。

安定幸福、金钱地位、科研环境 …… 从个人的一切出发，钱学森似乎没有理由离开美国。

11. 人生顶峰上最重要的第三个选择 —— 回国

1949年10月6日，新中国成立后的第一个中秋节。音乐袅袅，茶香飘飘，一轮明月把碎银般的柔光泼向大地。

钱学森夫妇与同在加州理工学院学习的罗沛霖、庄逢甘等十几位中国留学生一起，在校外的街心花园里聚会。举头望明月，低头思故乡，难抑的思乡之情随着夜色潜入了大家的心底。罗沛霖借机向大家介绍了新中国的情况，钱学森和同学们都有些激动，盘算着是该到了回国效劳的时机了。不久，他看到了数学家华罗庚从美国抵达新中国时发表的一篇《告留美同学的公开信》，不禁为之动容："1949年的胜利，比一年前人们所预料的要大得多、快得多……朋友们，梁园虽好非久留之乡。为了抉择真理，我们应当回去；为了国家民族，我们应当回去；为了为人民服务，我们也应当回去。建立我们的工作基础，为了我们伟大祖国的建设和发展而奋斗！"

几天后，钱学森与罗沛霖相约，在1950年暑假时一起回国。当时，钱学森对新中国并不十分了解，手头也还有许多未完成的研究课题。但是，没容他动身，美国政府找上门来，阻止了他回国的脚步。是美国政府的卑劣行径大大挫伤了钱学森的自尊，彻底破灭了钱学森留居美国的幻想，也让钱学森实实在在地选择了新中国。

1950年6月6日。四周一片阴霾，空气潮湿得很，仿佛用手能攥出水来。雷声把街上的忙人和闲人都提前赶回了家，路边高大的小叶杨拼命撑开枝叶迎接沐浴，把无光的天幕遮掩得更加昏暗。两个身穿深色风衣的联邦调查局探员，像幽灵一般进入了加州理工学院。

他们闯进了钱学森的办公室 —— 当年冯·卡门位于古根海姆大楼二楼的办公室。他们巡视了那间大房间，办公桌上摆着好几本中文期刊，桌后的黑板上写满了他们看不懂的数学方程式，透过大玻璃窗，外面花园里小路清晰可见。联邦调查局想知道钱学森究竟是不是共产党员？

就在联邦调查局盘问钱学森的当天，加州理工学院收到了来自美国第六军团本部的秘密信函：自即日起不准许钱学森参与任何军方的机密计划。同时，钱学森参加机密研究的安全许可证被吊销了。要知道，钱学森作为古根海姆喷气推进中心主任和航空喷气公司顾问，他所从事的工作有90%与国家机密和军方有关，这等于无端剥夺了他的工作权力。而自1942年12月1日他拿到安全许可证以来，已经为美国军方工作长达7年多，被公认为功勋卓著。但是，仅仅一个“莫须有”，美国政府就怀疑他的忠诚，否认他的贡献，钱学森感觉他的人格遭受了不可忍受的侮辱，心灵受到了不可名状的打击，而且这样的伤害对他来说，已经是第二次了！

钱学森高傲的秉性，使他愤然决定离开美国回国。两周后，钱学森写了一份声明递给联邦当局，他表示，自己十余年来一直在为美国工作，特别是在第二次世界大战期间，自己对提升美国的科学研究水平有过不小的贡献。“而今，我成为一位受欢迎的客人的情境已不再了，一片怀疑的乌云扫过我的头上，因此，我所能做的事就是离开。”这份声明，钱学森也同时给了加州理工学院工学院院长林得菲和教务长华森。他决定从加州理工学院辞职，回到中国去。

加州理工学院当然不希望失去一位年轻的大师级人物，院长杜布里奇多方奔走，为他在华盛顿安排听证会，要政府当局对“钱学森案”作一清楚的说明，并安排钱学森去见海军副部长金贝尔，向他说明情况，以便解除美国政府对他的怀疑。

飞来横祸

20世纪50年代初的美国，以共和党参议员麦卡锡为首的政客，以“有共产党在左右国务院的政策”为借口，向执政的民主党发难。在麦卡锡的鼓噪下，美国掀起了全面“清共”的运动，在美国的军事、高科技等机密领域尤为甚之，很多人进了“黑名单”，其中出现了不少冤假错案。钱学森因十几年前在火箭小组里的同事有人是共产党，就被沾上了嫌疑。面对飞来横祸，钱学森拒绝承认，也拒绝揭发同事。

1950年8月21日，钱学森飞到华盛顿拜会金贝尔。金贝尔曾任航空喷气公司的执行副总裁及总经理，由于曾协助杜鲁门竞选总统有功，因而成为海军副部长。第二次世界大战期间，他曾深入了解钱学森的专业，认为他是美国最优秀的火箭专家之一。在金贝尔的办公室，钱学森将一切告诉了金贝尔，说到激动之处，眼泪夺眶而出。但是金贝尔似乎在忙别的事情，并没有认真听钱学森所说的话，还心不在焉地说："加州理工学院会请你担任数学教授，那并不需要安全许可证。"敷衍了几句后，他就把钱学森打发走了。23日，钱学森再次和金贝尔见面，他直截了当地告诉金贝尔，自己打算离开美国。这回金贝尔听明白了，他睁大眼睛很快地反应道："你不能走，你太有价值了！"一直支持国民党政权的金贝尔，警告钱学森要三思而后行。

当天下午，钱学森便搭机返回洛杉矶。他一刻也没有犹豫，一边准备听证会，一边催促打包公司把已经装进8只大木箱的行李尽快装船托运回国。打包公司的老板塞克·史密斯回忆说："钱家准备运走的东西，就像是要永远搬离某地的人会做的事，其中包括一架大钢琴、家具、锅碗瓢盆、床、书、书桌、收音机组合、洗碗机等。从把所有家当都带走的情形来看，钱似乎不可能再回来。"

与钱学森一样，金贝尔也没有一刻犹豫。当钱学森一离开他的办公室，他便立刻打电话给司法部，警告说，从美国的最高利益出发，像钱学森这样具备高学识的人，绝对不可以让他离开美国。金贝尔凭着狗一样灵敏的嗅觉确信，新中国极想得到钱学森这位优秀的专家。

金贝尔的动作极快。钱学森乘坐的飞机刚在洛杉矶落地，一位移民局的调查员就已在那儿等他，钱学森一走出机舱，那位调查员就迎上去送给了他一份文件，上面写着：政府禁止他离开美国。

本来，钱学森已经向加拿大太平洋航空公司预定了从温哥华飞往香港的机票，他的行李也准备装上8月29日从洛杉矶开往香港的美国"威尔逊总统号"邮船运送回国。

没有办法，钱学森只好取消了原定的机票，并召回让打包公司托运的行李。令他愤怒的是，美国海关竟然非法扣留了他的全部行李，理由耸人听闻：

托运的行李中有800公斤涉及美国安全的机密文件！

一向文静儒雅的钱学森忍无可忍、怒不可遏——这简直是欲加之罪何患无辞，欺人太甚！他清楚地记得，他的所有文字资料在打包之前，全部交给加州理工学院的领导米立肯检查过，而后又请帕萨迪纳地方检察官复验过，根本就没有什么机密！

1950年9月7日，移民局的两位官员以“涉嫌携带机密文件出国罪”来到钱学森家带走了他，把他拘禁在距洛杉矶几十公里外的一座小岛上。小岛叫特米那岛，岛上有一个移民局的拘留所，拘留的全是一些非法移民，其中大多数是刚偷渡入境就被捕了的墨西哥籍来美打工赚钱的人。他们被集中关押在有着一排排窄小床铺的大房间里。

钱学森被关进了单人间，看守人员把他当作囚犯，不许他和任何人谈话，对外的一切联系全部被掐断，他无法和朋友、同事联络，就连冯·卡门从欧洲打电话给钱学森，电话也未获准接通。他们对他进行了毫无人道的折磨和迫害，每天晚上每隔15分钟便跑来打开一次电灯，看看他在做什么，是否企图自杀，使他根本无法休息。透过加了铁栏杆的窗户，钱学森只能凭借洛杉矶夜晚隐隐约约的灯光证明自己还活在人间。

钱学森作梦也没有想到美国政府会给他这样的特殊“待遇”！他曾是那么多美国成就的创造者，曾是最受尊敬的“戈达德讲座”教授，曾有过15年辛勤奋斗所得来的荣誉地位，但现在，他变成了一个毫无尊严的囚犯！过着与非法移民为伍的监禁生活。钱学森的脸色苍白、面目憔悴、身体虚弱，他的自尊心受到了重创，在短短的14天内体重减轻了13.5公斤，可以肯定，他的精神受到的创伤比身体的损伤更加严重。在他被关押的第12天，他的妻子蒋英去探望他，他竟失语了——连话都说不出来，蒋英十分着急：“可恨啊，美国人怎么在十几天里就把他折磨成了这个样子？！”

9月22日，冯·卡门和加州理工学院筹集了1.5万美金巨额保释金交给了移民局，移民局终于同意释放钱学森。钱学森事后嘲讽道：“一般绑票的人开口勒索赎金也就是1000美元或1500美元，我还真为自己的不菲身价感到骄傲！”1950年9月26日，中华自然科学专门学会发表宣言，严正抗议非法拘捕钱学森。

1951年4月，美国历史上最离奇、荒唐的一件事情在钱学森身上发生了，美国政府竟然把两项互为矛盾的法案强加在钱学森的身上：美国移民局根据1950年所修订的美国《国家安全条例》，以钱学森“曾经是美国共产党员”、“是可能颠覆美国政治体系的外国人”的罪名，于1951年4月26日做出决定，驱逐钱学森出境。

而与此同时，美国国务院发布政策，“必须防止具有某些科技背景的外国人离境，以免为敌国利用来暗中破坏美方的军事防御能力”。而钱学森在喷气推进研究等方面的长处，使他毫无疑问地被列入不准离境的人员名单之中。

在自我矛盾的政策下，政府当局强奸人权，对钱学森做了很多无理的限制，规定他的行动范围不得超越洛杉矶市的市界，这让他无法参加许多科学研讨会，甚至连到城郊的海滩走走

检查人员一无所获

被扣留的文件有超过100本的书和科学领域、工业部门及政府发布的报告，有钱学森收集的中文、德文及俄文的各种文章，有9本约400多页整理得井井有条的报纸、杂志文章剪贴簿，还有很多他自己写作或发表了的学术研究笔记和科技论文。移民局召集许多有关专家协助审查这些文件，1950年9月5日，三位空军基地专家花了三天时间将钱学森的文件拍成微缩胶片，大约有12000多张，仅文件的目录就长达26页。然而，经过长时间的反复检查之后，检查人员一无所获。前来协助调查的原子能委员会的专家公开说：“那些文件是世界顶尖的航空及火箭设计学者，在十年的专研中必然会累积出的成果。”更可笑的是，一个被调查局认为是密码本的小册子，经过专家们的“甄别”，不过是中学生常用的对数表。

1950年美国海关和联邦调查局扣押了钱学森的行李

特米那岛上的监狱

也不可能。他被要求必须每个月到洛杉矶地区的移民局报到，并向官员报告行踪。钱学森家门外常有联邦调查局监视他的轿车，一停就是好几个小时。有人在街上跟踪他，还有人擅自拆开他的邮件、闯入他的办公室甚至家中。钱学森家的电话也经常受到监听和骚扰，打电话到钱家的朋友总会遭到联邦探员的盘问和威胁；有时钱家的电话响个不停，但是一拿起听筒，电话却又断了，这都是联邦调查局搞的鬼，想看看他是否真的在家。为了逃脱监视静心工作，钱学森不得不把一张沙发搬进浴室。妻子蒋英也受到了同样"礼遇"，只要她一出门，就会有联邦调查局探员跟踪。她坐朋友的汽车去帕萨迪纳时，常平躺在后座座椅上，以躲过联邦调查局的眼线。她也不敢雇女佣，生怕雇用的人是派来的"卧底"。从1952年到1954年，钱学森为排除移民局和联邦调查局的骚扰，两年内搬了四次家，妻子蒋英准备好三个手提箱，时刻准备一有机会就随时动身。蒋英数年后回忆说："在那个时候，我们真是活得十分紧张。"

经历了一次又一次的调查、一次又一次的听证会、一次又一次地去移民局报到后，钱学森明白了，美国政府越相信他是间谍，就越不肯放他走。他们这种毫无意义、毫无休止的拖延，就是故意消耗他的生命，扼杀他的才华。

想到这里，钱学森平静下来。他重新将重心放到科研和教学工作上，以超人的毅力在两

荒唐的指证

在一次听证会上，有两个退休警官被传唤作证，一个是海恩斯，曾任洛杉矶警局调查局主管；另一位是金普，曾是洛杉矶警局调查员，并在共产党内充当卧底。他们提供了一份"证据"，声称是钱学森在1938年加入共产党的材料。

金普说，自己在共产党内负责党员入党及退党事宜，自己从伦斯尼克夫妇那儿取得了党员名册，将之带到海恩斯家中，他和海恩斯重抄了一份名单留底。他俩指称，在1938年12月的某一天，他们看到了钱学森填写的入党资料，于是他们手抄了一份资料卡，卡片上写着："1938名册编号'NM''NB'"。"NM"的意思是新会员（New Membership），"NB"的意思是尚未领党证（No Book）。警方提出的指控听起来言之凿凿，但他们拿不出钱学森填写的入党资料，出示的资料卡上也没有钱学森的笔迹。更滑稽的是，当伦斯尼克夫妇被传唤到庭时，他们根本不认识这两位警官，这两位警官竟也认不出伦斯尼克夫妇！

个广阔而艰深的领域里继续前行，他曾经创下连续四个月，每个月都完成一篇论文的纪录，这在他所研究的领域里，是一项十分罕见的成就。

他研究的第一个领域是关于物理力学的问题。早在1946年，钱学森在探索超声速飞机以及喷气推进飞行器的性能和原理的过程中，就感到需要知道介质和材料在高速和高温状态下的成分和性能，然而，从现场实验中，很难得到这些数据。如何解决呢？钱学森提出把应用统计力学、光谱学和化学动力学的理论和方法综合起来，去研究气体和液体的平衡性质，以及气体的热辐射性质等问题。第二次世界大战中原子弹的爆炸引发的核反应工程问题，使钱学森敏锐地意识到，在火箭技术、核技术等重要领域，也迫切需要解决处在高温、高压以至超高温、超高压和放射性作用等条件下的介质和材料性质问题，可是这些数据也很难从现场实验中得到。由此，他认为，近代物理和化学的发展，对物质在原子核以外的微观结构已有相当的了解，完全可以建立起一门新的技术科学，即物理力学。1953年，钱学森发表《物理力学——一个工程科学新领域》一文，说明物理力学的目的在于通过对物质的微观分析，把有关物质宏观性质与实验数据加以总结和整理，从而找出规律，得到所需要的数据。而且可以预见到新型材料的宏观性质，为发展新材料、新工艺服务。此后，钱学森在加州理工学院的教学与研究中，不断丰富、充实与深化其内容。物理力学倡导的研究复杂性难题需多学科综合利用和宏观与微观相结合的科学思想和方法，得到广泛共识和运用，也由此开辟了一条通过技术科学解决工程技术问题的新途径。

他研究的第二个领域是关于工程控制论问题。1948年，麻省理工学院数学老教授维纳在《控制论：关于在动物或机器中控制和通讯的科学》一书中，提出建立一门控制论科学，给钱学森以重要启发。钱学森运用控制学原理来解决火箭喷气技术中遇到的各种问题。从1951年到1952年，他陆续研究了火箭喷管的传递函数、远程火箭飞行器的自动制导，以及火箭发动机燃烧稳定性的伺服系统等，极大地丰富和创造性地发展了控制理论。钱学森凭借从弹道火箭到可控和制导火箭研制的丰富经验，很快用控制论的原理，解决了一批喷气技术中

不打算在美国住一辈子

在美国，一个人一参加工作，总要把一部分收入存入保险公司，以备退休之后用。在美国期间，钱学森的朋友听说他连一块美元的保险金也没有存，感到很奇怪。钱学森说，其实没什么奇怪的，因为我是中国人，根本不打算在美国住一辈子。

钱学森既没买保险，也没进行任何投资。1942年马林纳和冯·卡门成立航空喷气公司时，曾极力劝说钱学森投资200美元当股东，加州理工学院火箭小组的好几位成员都投了资，可是钱学森毫不感兴趣，一股也没投。数年后，公司股票大涨，股东们均获得了极其丰厚的回报，马林纳甚至靠此安度晚年。

稳定和制导系统的问题。1952年5月2日，他在写给老师冯·卡门的信中说道：他预见当火箭载人旅行的那一天来到时，最大的问题是火箭的控制问题。在高速飞行中，人工控制是不可能的，但计算机可使火箭瞬间改变方向，不仅在火箭技术方面，而且在整个工程技术领域，处处都需要控制系统。他坚信计算机将很快导致工程和工业效率的革命。

1953年，他在加州理工学院开设了“工程控制学”这门课程，把力学、电磁学、电子学和信息科学等多种学科紧密地结合在一起。1954年，钱学森的《工程控制论》在美国出版。《工程控制论》探讨在更为复杂的工程中，实现自动控制与自动调节的理论，以及自动控制与自动调节

钱学森看到的1955年5月的《人民画报》

系统的结构原理。

《工程控制论》被译为德、俄、中等多种文字，引起世界各国科学技术界以至哲学界的广泛关注，形成一股“控制论热”。《工程控制论》是工程控制理论的重要奠基石，也为自动化科学技术的发展指明方向。

就这样，一年过去了，两年过去了，五年就要过去了。真的回不去了吗？铁定了心要回祖国的钱学森仍然不改初衷地努力着，没有一点放弃之意。

1955年6月，有一位卖菜的华人给钱学森家送了一篮子蔬菜，垫在筐底的是一张《人民画报》，上面有中国庆祝五一劳动节的报道。钱学森看到，在毛泽东等领导人在天安门城楼上检阅游行队伍的照片中，竟然有一位他父亲的好友陈叔通先生，他并不知道陈先生已经是新中国全国人大常委会副委员长，但他知道，这张照片一定会给他返回故土带来希望。

6月15日，钱学森全家人摆脱了联邦探员的盯梢，溜进一家黑人超市。在那儿，蒋英一边以逗孩子玩作掩护，一边把钱学森写好的、希望新中国政府帮助他回到祖国的信件，夹在给比利时的妹妹的家书中，投进了邮筒……

《人民画报》上有毛主席和国家领导人在天安门城楼的照片，其中有一个钱学森熟悉的名字：陈叔通（右二）

我要竭尽努力，同中国人民一道建设自己的国家，使我的同胞能够过上有尊严的幸福生活。

—— 钱学森

第二章

新中国需要钱学森

1955年12月，夜幕下的哈尔滨。哈军工院长陈赓大将紧紧握住钱学森的手：“好啊，要的就是你的这句话！”将出任中国科学院力学所所长的钱学森丝毫没有察觉，冥冥之中，命运之手在哈尔滨悄悄扳动了他的人生道岔。从这里，他的人生之旅驶向了另一条轨道。

由于钱学森的回国效力，中国导弹核武器的发展至少向前推进了20年。

1955年9月17日，钱学森登上“克利夫兰总统号”邮轮回国

1955年9月17日，钱学森一家离开美国洛杉矶码头时送行的人群

钱学森一家启程回国时，在“克利夫兰总统号”邮轮的甲板上留影

钱学森在中关村科学院宿舍安家，全家人其乐融融

1956年回国不久的钱学森

1955年10月12日，钱学森从美国归国到达上海。这是钱学森和家人在上海家中的合影

1955年10月28日，钱学森到达北京，中国科学院副院长吴有训等前来迎接

钱学森一家回到上海与老父钱均夫合影

1956年2月1日，毛泽东宴请全国政协委员，特地把钱学森安排在他的身边

1956年2月，刘少奇接见钱学森

1964年5月，周恩来总理同钱学森握手

1955年11月5日，陈毅副总理设宴招待钱学森

1955年10月，钱学森回国之初在中科院上海办事处参观访问

1956年6月14日，中共中央领导人接见参加拟制全国长期科学规划工作的钱学森等科学家

1．大国命运的抉择

1950年6月上旬，初夏的北京满目翠绿。天安门城楼修葺一新，大红宫灯金黄色的流苏随风摇曳透着喜气，金水桥下的河水倒映着绿树红墙欢快地流淌，不断回放着开国大典那段难忘的记忆。此时，中共中央正在北京召开七届三中全会，这是中国共产党进入大城市后召开的第一次中央全会。毛泽东主席的心情自然是急得很，一再发出感慨，过去打江山，现在保江山，“我们需要做的事情太多了！”

面对旧中国留下的烂摊子，毛泽东用手指了指天，又指了指地，诙谐地说道：“我们解决了头上的问题，还没有解决脚下的问题哟。”出席全会的人都明白，毛泽东是在指摆脱了压在头上的帝国主义、封建主义和官僚资本主义三座大山的中国人民，还处在极度贫困的经济基础上。这个人口居世界第一的国家，1949年的钢产量只有15万吨，全部用于制造盖房子的钉子还不够；工业总产值居世界第26位，比不上比利时、葡萄牙等只有几百万人口的小国家；全国4.7亿人口中绝大多数是农民，基本处于刀耕火种、靠天吃饭的农耕经济状态；1/2的国土上枪声未停，国民党残余势力、土匪武装还在四处兴风作浪。全会决定，中共中央今后工作的重点一是恢复国民经济，二是“进军西藏”和“解放台湾”。毛泽东在七届三中全会的讲话中还特地强调，要抓重点工作，“不要四面出击”。

就在新中国的领导人急于医治国内创伤的时候，距这次全会结束仅仅半个月时间，6月25日，东邻朝鲜内战的炮声突然响起，两天后，美国就打着联合国的旗号宣布武装干涉。

美国借朝鲜问题公然侵略我台湾的卑劣行径，激怒了新中国的领导人。6月28日，中央人民政府委员会紧急召开第八次会议，毛泽东号召：“全国和全世界人民团结起来，进行充分的准备，打败美帝国主义的任何挑衅。”

但是，面对美国三个战略方向的挑衅，新中国的领导人不得不运筹帷幄认真对待。富有作战经验的毛泽东站在摊开的地图面前，思忖良久，夹在手里的整支香烟都快燃尽了竟毫不知晓。这是他闭门谢客的第七天，一周以来，他没有刮过胡子，一门心思考虑着左邻右舍、国内国外、眼前长久、打仗建设、胜负影响等战略问题。他心里反复地盘算着——如果在台湾方向与美军和蒋军作战，人民解放军缺乏海军、空军力量，胜算把握不大（后来他得知，美国驻远东军队的总司令、“联合国军总司令”麦克阿瑟将军甚至晚间跪下来祈祷，但愿中国军队进攻台湾，这样他指挥的飞机和军舰就可以在广阔的海面上任意宰割中国军队落后的木船和舢板），看来解放台湾的事情得暂缓；如果到越南作战，那里的热带丛林不利于大兵团展开，而且距离我国工业中心遥远，补给运输十分不便，即使派兵也不会对美国形成直接的打击，所以打这种仗不划算，可以给越南方面派一些军事顾问、支援一些物资；如果选择抗美援朝，朝鲜靠近中国工业基地东北，距离苏联也不远，中朝交通便利，地势、人缘都有利于充分发挥我军陆军的优势，我还是用我的老办法，你打你的，我打我的……想到这里，毛泽东把烟屁股一丢，一巴掌拍在了中国地图的东北方向。

警卫员听见声响，赶忙打开屋门，满屋子的烟气带着毛泽东的决心，畅快地飞向了蓝天。

美国出兵朝鲜的图谋

1950年6月27日，美国在联合国安理会提出，把南北朝鲜为争夺政权的战争定性为是北朝鲜“侵略”南朝鲜的决议案。当天，苏联代表因抗议台湾当局盗用中国名义占据联合国安理会席位而退出会议，无法行使否决权，美国趁机操纵安理会表决通过了这一决议案。美国对朝鲜的武装干涉从此披上了联合国的“合法外衣”。美国总统杜鲁门在联合国决议案通过当天，就发表声明，宣布美国的三项措施：一是出兵朝鲜，二是派第七舰队进驻台湾，三是援助侵略越南的法军。其战略态势形成“新月”形包围圈，从三个方向上对新中国构成了严重威胁。

美军进犯朝鲜

1950年10月19日，傍晚。夕阳落尽，乌云四合。以我东北边防军更名的中国人民志愿军百万人马蹑足潜踪，熄火禁声，神不知鬼不觉地跨过了鸭绿江，进入朝鲜北部。他们按照毛泽东的意见，每日黄昏至凌晨4时悄然行动，天一亮便隐蔽不动，以至于朝鲜战场上的美军浑然不觉。

10月底的一天，中南海丰泽园紫云轩。下午，秋意正浓，艳阳正暖。毛泽东像往常一样坐在宽大的书桌前浏览文件，他不时地抬起头望向窗外。身边的警卫员理解毛泽东的心思，每天这个时候，他都会收到朝鲜战场上的消息。

中国出兵朝鲜，别无选择——朝鲜亡则中国危，假若侵朝美军压至鸭绿江，中国在毫无缓冲之地时再用兵，可就更难了。迫于局势，从毛泽东、周恩来、国务院副总理兼国防部长彭德怀，到主持总参谋部日常工作的聂荣臻，都力主出兵。

然而，中国对以美军为首的联合国军用兵，能取胜吗？一些人对美作战缺少自信。毛泽东虽然有信心，但也没有绝对把握。

从战略指挥上，毛泽东派彭德怀任志愿军司令员兼政委，自己又亲自指挥，他有信心赢美国；论士兵斗志和牺牲精神，毛泽东也放心。然而，最让毛泽东不放心的是我军的武器装备。和美国相比，志愿军的武器装备实在是相形见绌。就在一年前新中国开国大典的阅兵式上，受阅部队的武器，从大炮到坦克，从汽车到飞机，有95%是“战利品”。这些品种五花八门、被称作“万国牌”的装备多是在抗日战争和解放战争中缴获的，而且几乎都是二次世界大战前后生产的，不仅性能落后，甚至连修理用的零配件都很难找到。

入朝后，在“老大哥”苏联的援助下，志愿军虽然配备了一些较为先进的苏制武器，而美军仍然在武器装备上具有全方位的优势，除了先进的飞机、大炮、坦克、步枪，还有让全世界望而生畏的导弹和核武器。

导弹，是一种无人驾驶、具有自动控制系统的飞行器，可携带数吨炸药，准确地命中目标。导弹的可怕之处在于，它可以对敌人不宣而战，从天而降突然施行打击，命中率极高。可谓是“拒敌于千里之外，灭敌于无形之中”。

核武器更具威慑力，其中以原子弹为代表。几年前，美国为了提前结束二战，用B－29轰炸机在日本的广岛上空投下了全世界第一颗原子弹，之后，另一架轰炸机在长崎投下第二颗原子弹。每颗原子弹的破坏力都远超过1．5万

缴获日军的轻型火炮是志愿军入朝初期的武器

志愿军打了胜仗

吨TNT炸药，而且伴随巨大的冲击波、光辐射、穿透辐射和放射性污染。据统计，日本两地受原子弹伤害而死亡的人数最终达到37．5万。爆炸之后，许多幸存者也饱受辐射后遗症的折磨，包括癌症、白血病和皮肤灼伤。两颗原子弹让日本旋即战败投降。从那时起，全世界都领教了核武器的威力，世界人民都笼罩在这可怕的核阴影之下。

正当毛泽东陷入冥想时，警卫员报告：“聂荣臻到了。”作为代总参谋长，聂荣臻负责志愿军出国作战的部署、训练、运输、供应、补兵、轮换等工作，日夜忙碌，有时几天睡不了觉。他手拿电报，面露喜色：“主席，第二次战役打胜了！”

毛泽东急忙按灭手中的烟蒂，抓过电报，连说：“好！”

按毛泽东的部署，志愿军的前两次胜利，都是在敌人措手不及，毫无防备，而且兵力两倍，甚至在战术上三倍于敌兵的优势下，施行突然打击而取得的。

毛泽东很快没了笑容，他点燃了一支烟，来

武器“大换防”

入朝前组织的东北边防军第38军、39军、40军，是原来的第四野战军，本是我军武器装备最好的部队，使用的基本全是缴获的武器。但是由于缴获的武器出自各个国家，型号杂乱。有时同一个班里的战士，有人用6.5毫米口径的日本三八大盖步枪，有人用7.9毫米口径的蒋军中正式步枪，还有人用7.62毫米口径的美式30冲锋枪。对于补给线很长、消耗量很大的跨国作战来说，这简直是一场灾难，以至于东北边防军领导不得不采取武器“大换防”的办法，把同一种武器集中起来给同一个部队使用。

回踱步。现在，志愿军的实力已经全面暴露给敌人。接下来的仗怎么打？

过了一会儿，毛泽东停住脚，说："和老美比，我们装备落后，无制空权，缺乏坦克和炮兵支援，也没有制海权，这个缺陷已经越发明显了……"

事实确是如此，在接下来的战役中，志愿军因缺乏步兵反坦克武器吃了大亏，志愿军兵力上的优势被美军火力上的优势抵消了相当大的一部分，被围美军往往能在强大的地空火力的支援下突破包围。美军第10军在东线遭到宋时轮兵团包围时，大部从海上撤走；第二战役中，美军几个兵团被包围时，被空军救出相当一部分。

一个月后，毛泽东传令彭德怀，用老法子——"零敲牛皮糖"。

于是，志愿军又拿起了我军游击战的法宝，集中优势兵力穿插迂回分割包围，他们用一个军一次只吃掉敌人一个营，一点一点地取胜。

就这样，志愿军同朝鲜人民军一起，连续进行五次战役，沉重地打击了侵略者的嚣张气焰。志愿军的胜利震惊了世界，过去2万八国联军就能长驱直入京都，吓得清朝皇帝弃城西逃；今天百万"十六国联军"被打得屁滚尿流。美国人惊呼：中国陆军是一流的作战部队！

对一流的部队就应该采取非常规的作战手段，战争从来不承认公理，这是美国的逻辑。1950年11月20日，美国陆军参谋长柯林斯建议美国研究对朝鲜、中国东北以及内陆实施核打击的目标，他说："为了联合国军守住他们的阵地或重新向鸭绿江推进，使用原子弹是必要的。"美国空军和海军方面则认为：核轰炸可以产生足够大的压力迫使中国妥协。

11月30日，美国总统杜鲁门在记者招待会上说："我们将采取一切必要的手段，以满足军事形势的需要。"

记者杰克·多尔蒂问："这是否包括使用原子弹？"

杜鲁门意味深长地说："包括我们拥有的任何武器。"

消息传到中国，毛泽东和国防部所有将领都如感泰山压顶。

1953年，志愿军在朝鲜战场上取得了节节胜利。5月，美国国务卿杜勒斯对印度总理尼赫鲁说："如果不能实现停战，美国将不再承担不使用核武器的责任。"

所幸，在美国的核大棒落下来之前，入朝参战历时2年9个月的志愿军，退敌500公里，把以美军为首的联合国军赶回到“三八”线，迫使其接受了停战谈判。1953年7月27日，朝鲜停战协议在板门店签字的消息传到北京，毛泽东非常高兴，在中南海的院子里清了清嗓子，唱了一段京剧。但是“武器装备”一事，在他日理万机的头脑里占据了“一席之地”，天性争强好胜的毛泽东心中有些余气未消：要不是武器装备上的劣势，朝鲜战争的结局应当更好一些，而不是现在这样起点于三八线、终点又回到三八线，这只能算是打了个平手嘛。

虽然毛泽东立志“我们的国防应获得巩固，不允许任何帝国主义者再来侵略我们的国土……我们不但要有一支强大的陆军，而且要有一支强大的空军和一支强大的海军”，1950年他还曾一连三次观看兵器展览，但在建国之初新中国经济一穷二白、科学技术十分落后的情况下，毛泽东也没有下定决心要制造中国自己的导弹、原子弹。

促使毛泽东下决心搞出中国自己的尖端武器，是美国一次次变本加厉的核威胁和核讹诈。

1954年8月，退守台湾的蒋介石在美国支持下，不断袭扰大陆东南沿海，试图反攻大陆，再取政权。8月3日，美国政府宣布将向台湾提供军事援助，以阻止共产党占领台湾。8月11日，接替杜鲁门担任美国新总统的艾森豪威尔称，要“粉碎中国进攻台湾的任何尝试”。

美国阻碍中国主权统一和领土完整，这是霸权主义行径。中国人民不能坐视。9月3日，毛泽东命令解放军福建前线部队猛烈炮击台湾大小金门岛和马祖岛。

美国恼羞成怒，再次举起核大棒，这是美国的“杀手锏”。白宫政策规划办主任罗伯特·鲍伊说：如果金门和马祖落入中共军队之手，美国将向两个岛屿投掷核武器。1955年初，美国海军作战部长罗伯特·卡尔内向报界透露：美国已经拟定了一个向中国发动全面进攻的计划……

美国的核大棒如希腊神话中的达摩克利斯之剑，悬在中国人民头顶。

如果中国也有尖端武器，谁还敢动不动甩出核武器的皮鞭！正如周恩来所说：“的确有可能造成一种力量来反对使用原子武器，因为现在美国和苏联都掌握了原子武器……你用我也用，战争就无法进行了。”

在经受了美国在朝鲜战争和台海危机两次核讹诈后，新中国的领袖们深切地认识到，对付强权政治必须依靠强大的军事实力，不掌握核武器，国家的腰杆永远直不起来。作为一个幅员辽阔、人口占世界第一位的大国，只有掌握尖端武器，具备核反击能力，才能真正屹立于世界之林。

基于这种认识，党中央作出了发展尖端武器的决定。1955年1月15日，毛泽东在中央书记处扩大会议上强调指出："我们比过去强，以后还要比现在强，我们不仅要有更多的飞机、大炮，还要有导弹、原子弹。在今天这个世界上，我们要不受人家欺负就不能没有这个东西。"毛泽东讲完之后还感到意犹未尽，又重重地补了一句："这是决定命运的。"

有一天，毛泽东问周恩来："在原子弹和导弹研制方面，我们的人才如何？"周恩来回答："我们有这方面的人才优势。在原子能方面，已经有钱三强等几位科学家从国外归来，钱三强曾与诺贝尔奖获得者约里奥·居里夫人在一起工作，回国后，他们可以开展这方面的工作。在导弹方面，有一位在美国著名科学家冯·卡门门下工作的专家钱学森，我们正在通过各种途径，争取他早日回国。"

2．我们要回了一个钱学森

朝鲜开战的时候，钱学森刚刚被加州理工学院的同行们花巨额保费，从特米那岛移民局监狱保释回家。从1950年入狱到1955年，长达5年的软禁，对性格内向而且孤傲的钱学森来说，每一天都是屈辱的叠加。这些记忆的碎片，痛嵌在钱学森的体内，伴随了他一生。

在发现了全国政治协商会议副主席、全国人大常委会副委员长陈叔通的信息后，1955年6月15日，钱学森和妻子蒋英冒着危险给陈叔通先生投寄了一封求救信。

钱学森在信中写道：

叔通太老师先生：

自1947年9月拜别后未通信，然自报章期刊上见到老先生为人民服务及努

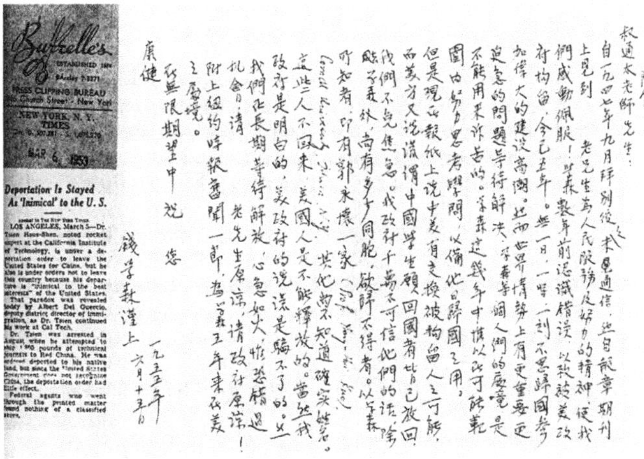

叔通太老师先生：

自一九四七年九月拜别后，未通信。近日报章刊上见到老先生为人民服务及努力的精神，使我们感动佩服！学森数年前认识错误，以致被美政府拘留，今已五年。无一日、一时、一刻不思归国参加伟大的建设高潮。然而世界情势上有更重要、更迫急的问题等待解决，学森等个人们的处境是不能用来诉苦的。学森这几年中唯以在留中努力思考学问，以备他日归国之用。但是现在报纸上说中美有交换被拘留人之可能，而美方又说滞留中国学生愿回国者皆已放回，我们不免焦急。我政府千万不可信他们的谎言。除学森外，尚有多少同胞，欲归不得者。以学森所知者即有郭永怀一家……这些人不回来，美国人是不能释放的。当然我政府是明白的，美政府的说谎是骗不了的。只我们在长期等待解放，心急如火，惟恐错过机会，请老先生原谅，请政府原谅！附上报的剪报一节，为学森五年来之处境。

康健

钱学森谨上 一九五五年六月十五日

Burrelle's PRESS CLIPPING BUREAU

NEW YORK, N.Y. TIMES MAR 6 1953

Deportation Is Stayed As 'Inimical' to the U.S.

1955年6月15日，钱学森给陈叔通的信

蒋英讲述求救信真相

学森把信写完以后，我就模仿小孩子的笔迹写了地址。我有一个妹妹（蒋华），这个妹妹在比利时。我想这封信寄到中国没用，寄到哪里都不行，因为我们的信来往都是受控制的，所以我就模仿孩子的笔迹，写上比利时的地址。我们跑到一个很远很远的黑人超市去买菜，因为用黑人超市的信箱他们不会怀疑我们，我把信投进信箱后，居然躲过了他们特务的眼睛。这封信到了比利时，我妹妹就知道我们的事情了。她也很聪明，赶快把这封信寄给了钱学森的父亲。

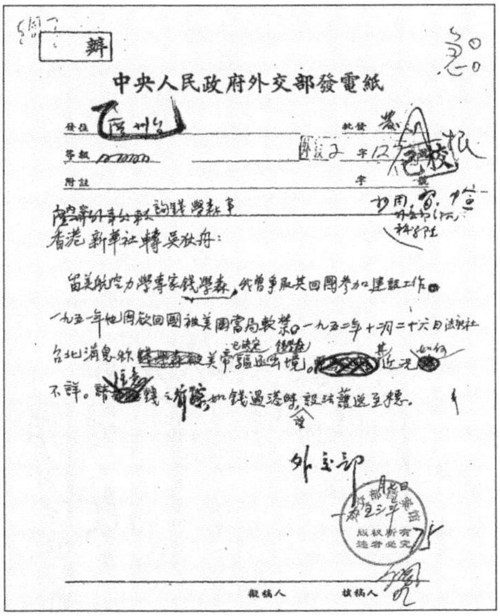

辦

中央人民政府外交部發電紙

發往 广州

香港新華社轉吳荻舟：

留美航空力学专家钱学森，我曾争取其回国参加建设工作。一九五一年他回国被美国当局软禁。一九五二年十月二十六日台北消息称[redacted]美帝驱逐出境。[redacted]近况不详。

外交部

擬稿人 核稿人

外交部1953年1月给香港新华社的电报，查询钱学森的情况

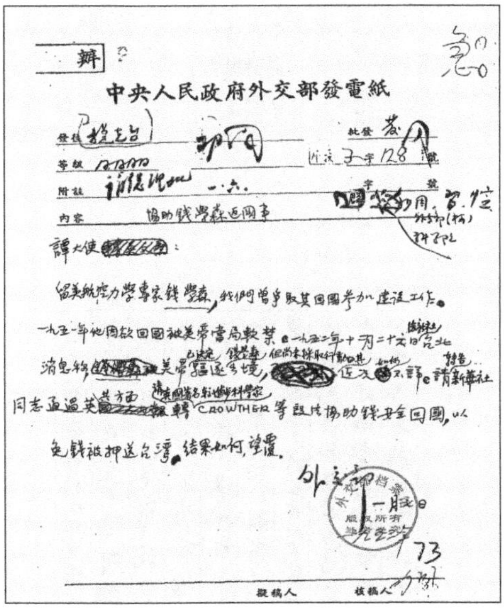

辦

中央人民政府外交部發電紙

發往 捷克

內容 協助钱学森返国事

譚大使[redacted]：

留美航空力学专家钱学森，我们曾争取其回国参加建设工作。一九五一年他回国被美帝当局软禁。一九五二年十月二十六日台北消息称[redacted]美帝驱逐出境。[redacted]近况不详。请新华社同志通过英共方面 CROWTHER 等设法协助钱安全回国，以免钱被押送台湾。结果如何，望覆。

外交部

擬稿人 核稿人

外交部1953年1月给驻捷克大使的电报，请他通过关系设法协助钱学森回国

力的精神，使我们感动佩服！学森数年前认识错误，以致被美政府拘留，今已五年。无一日、一时、一刻不思归国参加伟大的建设高潮。然而世界情势上有更重要、更迫急的问题等待解决，学森等个人们的处境是不能用来诉苦的。学森这几年中唯以在

1955年7月12日

竺可桢写给张稼夫副院长的函件

昨天陈叔老交来被美帝扣留在加州的我国留学生、加州理工学院航空工程教授钱学森和他父亲均夫先生的信各一封。叔老的意思希望我院能设法经过外交方式使钱学森能回国。从钱个人信里可以看出他是急切地想回国，而且极不愿再留在美帝的。但从附来美国报纸的新闻（53年3月）就可以看出美帝把钱看作航空工程的权威，并且以他为飞箭的专家，而这飞箭是美国想用来运载原子弹武器的，从此可以看出美帝之所以扣留钱，并不是因为他携带1800本书，而是怕钱回国后为祖国服务。院里应该如何拯救钱君使他能脱虎口，请你设法。

附钱学森、均夫函各一道。

信中所提郭永怀教授系原子物理专家，也应向美帝争取。

可能范围内努力思考学问，以备他日归国之用。

但是现在报纸上说中美有交换被拘留人之可能，而美方又说谎谓中国学生愿意回国者皆已放回，我们不免焦急。我政府千万不可信他们的话，除去学森外，尚有多少同胞，欲归不得者。以学森所知者，即有郭永怀一家，其他尚不知道确实姓名。这些人要不回来，美国人是不能释放的。当然我政府是明白的，美政府的说谎是骗不了的。然我们在长期等待解放，心急如火，唯恐错过机会，请老先生原谅，请政府原谅！附上纽约时报旧闻一节，为学森五年来在美之处境。

在无限期望中祝您

康健

钱学森谨上

1955年6月15日

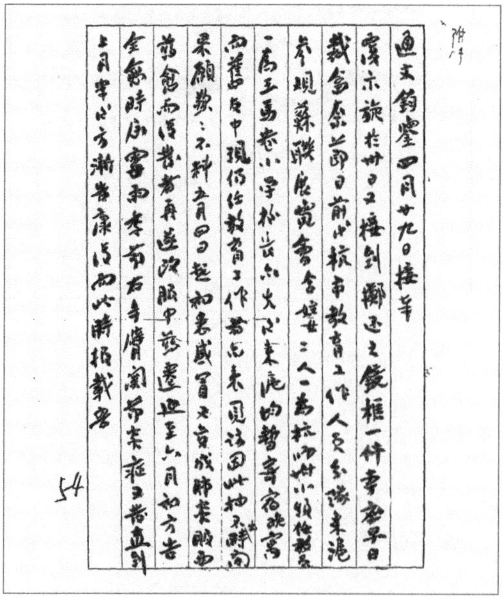

钱学森父亲收到钱学森的信后，于1955年7月7日转交给陈叔通，并附书信一封

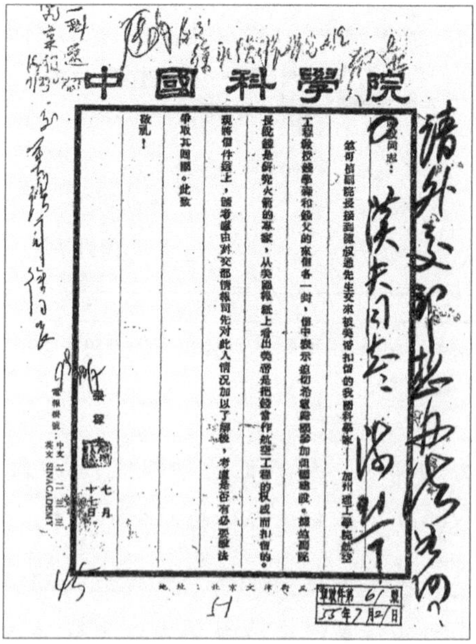

中國科學院

1955年7月21日，收到中国科学院报告后陈毅的批示

在信中，钱学森还附了一份1953年3月6日《纽约时报》的剪报，内容是钱学森在美国遭到软禁的报道。

蒋英的妹妹蒋华在比利时居住，她接到姐姐的信后，不敢耽搁，因不知陈叔通的地址，就把信寄给了钱学森的父亲。

1955年7月11日陈叔通接到钱学森父亲转来的信件当天，就将信交给中国科学院竺可桢副院长，第二天，竺可桢便与党组书记、副院长张稼夫商量如何拯救钱学森脱离虎口。科学院立即将此事上报陈毅副总理，7月21日陈毅批示：请外交部想办法。

事实上，新中国一成立，欢迎海外游子回国的工作就已经提上了政府工作的日程。1954年4月，美、英、中、苏、法五国在日内瓦召开会议，讨论和解决朝鲜问题及恢复印度支那和平问题。美国代表通过英国向中国代表提出，就朝鲜战场被扣押人员的遣返问题进行非正式会谈。中国代表团团长周恩来联想到中国也有一批留学生和科学家被扣留在美国，于是采取了非常积极的态度，他指示说，美国人既然请英国外交官与我们疏通关系，我们就应该抓住这个机会，开辟新的接触渠道。

6月5日，中国代表团秘书长王炳南开始与美国代表团负责人约翰逊就两国侨民问题进行初步商谈。美方向中方提交了一份美国在华侨民和被中国拘禁的一些美国军事人员名单，要求中国给他们以回国的机会。为了表示中国的诚意，周恩来指示王炳南在6月15日举行的中美第三次会谈中，大度地作出让步，同时也要求美国停止扣留钱学森等中国留美人员。

可是，由于中方尚未掌握旧中国赴美留学的确切人数，也提供不出美国政府阻挠留学华人回国的有力证据，中方的建议被美国拒绝了。7月21日，日内瓦会议闭会，谈判没有实质进展。为不使沟通渠道中断，周恩来指示王炳南与美方商定，在日内瓦进行秘密的领事级会谈。为了进一步表示中国对中美会谈的诚意，中国释放了4个在朝鲜战场被俘的美国飞行员。

然而，中方的诚意并没有打动美国，他们在钱学森等留美科学家回国问题上仍然含糊其辞，以中方“拿不出确凿的证据证明这些人自愿要求回国”为由，拒不让步。

钱学森写给陈叔通的信，恰好给中国政府的“营救行为”提供了最好的证据，周恩来随即进行了周密的部署，他通知外交部，派信使火速将钱学森的信交给王炳南大使，并指示：“要在谈判中，用这封信揭穿他们的谎言。”1955年7月25日，中国外交部成立了一个中美会谈指导小组，中美双方决定两国的会谈由领事级升级为大使级，8月举行第一次大使级会谈。王炳南担任日内瓦会谈的中方首席代表，受周恩来直接领导。

8月1日，中美大使级会谈一开始，王炳南率先对美方代表、美国驻捷克斯洛伐克大使约翰逊说：“大使先生，在我们开始讨论之前，我奉命通知你下述消息，中国政府在7月31日按照中国的法律程序，决定提前释放被俘的阿诺德、鲍默、施密特、科巴、布克和布朗等11名美国飞行员和军人，他们已于7月31日离开北京，估计8月4日即可到达香港。我希望，中国政府所采取的这个措施，能对我们的会谈起到积极的影响。”

8月2日至4日，中美大使级会谈继续进行。约翰逊在表示谢意后，又拿出一份写有36人姓名的名单说：美国关心仍被中国拘留的美国人，希望他们能够立即被释放。随后，王炳南大使也拿出一份被美国限制出境的中国人的清单，清单上的姓名后面标明了他们的住址。约翰逊瞟了一眼名单，矢口否认美国政府扣留中国人的事实，他冠冕堂皇地狡辩说：“我国政府授权我向您保证，中国留学生离开美国，绝对不会受到阻碍。”

当提及钱学森回国问题时，约翰逊依旧老调重弹：“没有证据表明钱学森要求归国，在钱本人没有提出这项要求的情况下，美国政府不能为满足中国的需要，强迫一个有行为能力的人做他不愿意做的事！”这时，王炳南便亮出了钱学森给陈叔通的信件，理直气壮地予以驳斥：“既然美国政府早在1955年4月间就发表公告，允许留美学者来去自由，为什么中国科学家钱学森博士在6月间写信给中国政府请求帮助呢？这是钱学森写的一封亲笔信，大使先生你可以仔细看看。很显然，恰恰是你们违背了本人的意愿，中国学者要求回国依然受到了阻挠。”在铁的事实面前，约翰逊哑口无言。

美国政府不得不批准了钱学森回国的要求。多年后，周恩来在评价中美大使级会谈的意义时说：会谈虽然没有取得积极的成果，但是我们要回了一

冯·卡门送给钱学森的临别照片

钱学森一家在洛杉矶码头登船回国

个钱学森，就是这一件事，会谈也非常值得。

1955年8月5日，钱学森终于收到了美国移民局准予他回国的通知。5年了，他整整等待了5年，1800多个日夜，多么漫长的岁月！钱学森一天也不愿耽搁，当天立即订购机票或船票准备启程回国。当他得知，最近起航的一班邮轮“克利夫兰总统号”只有三等舱的船票时，他毫不犹豫地买下了四张票。从寄给陈老先生的信件发出后，他和蒋英就天天等，日日盼，等了一个多月，今天终于如愿以偿了。所以，不管是几等舱，只要早日离开美国回到中国就行。

临行前，钱学森和蒋英带着天真可爱的儿子永刚、女儿永真，去向恩师冯·卡门告别，同时将自己新出版的《工程控制论》一书奉献给最敬爱的导师。不忍分离的冯·卡门，眼里噙着泪花，默默地翻看了一会儿书页，慢慢地抬起头，紧紧拥抱了他一生最赏识的学生说：“我为你骄傲，你现在学术上已经超过我了！”冯·卡门拿出了一张自己的彩色近照，用给钱学森修改博士论文时的那种龙飞凤舞的花体字给钱学森写了一行字：“不久再见。”然而，

艾森豪威尔不识“货”

约翰逊万万没有想到王炳南手里有个“杀手锏”，打得他措手不及。趁着谈判休会时机，他请示了美国政府。当时，杜鲁门下台，艾森豪威尔当了美国新一届总统。美国国防部在给艾森豪威尔总统的备忘录中很负责任地写道：“钱学森有应用于各种武器和关于喷气推进的大量背景知识，以及阐明美国技术进展的非凡能力。”但是被朝鲜战争后遗症搅得头昏脑胀的艾森豪威尔，一时没有想起来钱学森是谁，也不愿再得罪不好惹的中国政府，便批了一句：“让他回去吧！”

洛杉矶著名律师、曾为钱学森作无罪辩护的库珀，在获知这一消息时遗憾地说：“美国政府同意让这位科学天才，回到共产主义中国去发展他的智力，是这个世纪美国的悲剧。”

直到1963年82岁的冯·卡门因病去世，师生二人却再也没有见过面，阴阳两隔、天各一方，他们相互的思念和感恩都留在了彼此深情的回忆中。

1955年9月17日，钱学森带着妻子蒋英和一双幼小的儿女，登上“克利夫兰总统号”邮轮，踏上了返回祖国的旅途。临开船前，钱学森对报界发表了简短的讲话：“我很高兴能回到自己的国家，我不打算再回美国。我已被美国政府刻意地延误了我返回祖国的时间，其中的原因，我建议你们去问问你们的政府。我打算竭尽努力，去帮助中国人民建设自己的国家，使我的同胞能过上有尊严和幸福的生活。”他说到“尊严”（dignity）一词时加重了语气，这其中的蕴含在内心的苦楚和愤恨是常人难以体会的。

下午4时，汽笛一声长鸣，“克利夫兰总统号”徐徐离开洛杉矶港口，向西驶向浩瀚的太平洋。高高翘起的船首劈开蔚蓝色海面上的一个又一个浪峰，卷起的团团水雾和浪花，拍打着缓缓前进的船身，发出阵阵清脆的轰鸣。船头甲板上，不惑之年的钱学森面如皓月，气质儒雅，他不时眺望着远方的海面，恨不能一眼看到祖国的大地。蒋英把头轻轻地靠在钱学森的肩膀上，对他说：“今天正好是我们结婚8周年的纪念日，这算是双喜临门吧！”

“克利夫兰总统号”从9月中旬走到10月初，一路停靠过夏威夷、日本横滨和菲律宾马尼拉，钱学森一家为了安全从没有登岸观光。1955年10月8日黎明，轮船驶入香港海域。透过晨雾，钱学森渐渐看清了祖国的海岸线。天色放亮，轮船距离香港中环码头很近了。为了避免发生意外，中国政府通过设在香港的中国旅行社与港英当局联系，派一艘驳船把钱学森等一批科学家直接从邮轮接到驳船上，驳船向北行至香港九龙，钱学森一行上岸后，乘车从九龙抵达罗湖口岸，当天11时25分到达深圳。

为迎接钱学森回国，国内已做好了准备。还在1955年9月15日，即获知钱学森一家买好船票后，主管科学工作的国务院副总理陈毅便指示中国科学院，尽快考虑钱学森的工作安排，派代表前往深圳迎接钱学森，并要求一定将钱学森一家安全护送到北京。

中国科学院党组成员、办公厅主任秦力生接到陈毅的指示后，立即打电话向副院长吴有训报告。吴有训闻讯后高兴得两眼放光，紧紧握住秦力生的手说：

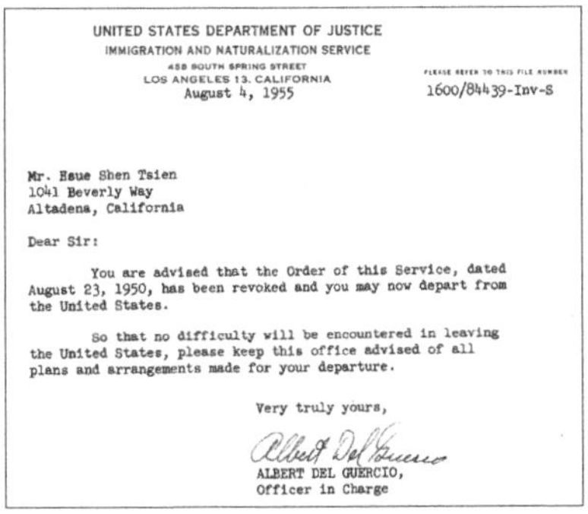

UNITED STATES DEPARTMENT OF JUSTICE
IMMIGRATION AND NATURALIZATION SERVICE
458 SOUTH SPRING STREET
LOS ANGELES 13. CALIFORNIA
August 4, 1955

PLEASE REFER TO THIS FILE NUMBER
1600/84439-Inv-S

Mr. Hsue Shen Tsien
1041 Beverly Way
Altadena, California

Dear Sir:

You are advised that the Order of this Service, dated August 23, 1950, has been revoked and you may now depart from the United States.

So that no difficulty will be encountered in leaving the United States, please keep this office advised of all plans and arrangements made for your departure.

Very truly yours,

Albert Del Guercio
ALBERT DEL GUERCIO,
Officer in Charge

美国政府签发同意钱学森回国的文件

钱学森一家住过的中关村14号楼

"好啊！老秦，非常感谢你给我带来这么好的消息，今天中午我请客，我请客！"在当天中午的宴席上，吴有训又禁不住绘声绘色地把钱学森在美国的工作和他在世界上的重大影响，向郭沫若、李四光、张稼夫、陶孟和、秦力生等人详细地讲述了一遍。由于他的情绪太激动，嗓音太高，大有"泄密"的危险，急得张稼夫不得不几次提醒他："吴老、吴老，请小声点。"

中国科学院最后决定派时任中华全国自然科学专门学会联合会秘书处兼中国科协及中国科普协会秘书处的负责人朱兆祥，代表中国科学院前往深圳迎接钱学森。吴有训将他与钱三强联名写的一封慰问信交给了朱兆祥，并请他转告钱学森，中国科学院已决定请他来院创建力学研究所，并出任所长。该所以钱伟长在数学所建立的力学研究室为基础，并由钱伟长任副所长。吴有训还特别提醒，他个人的意见是请钱学森先到科学院来工作为好，暂时不要到国防部门去，这样在国际上的影响会更好些。

1955年10月8日，对于钱学森来说，是历史性的一天。历尽艰辛，他终于回到了他魂牵梦萦的

终于到家啦

走到罗湖桥，钱学森一眼看到了迎风招展的五星红旗。蓝天白云下，耀眼的太阳清晰得没有光轮，他觉得心脏在燃烧，热血在沸腾。他在稍后不久回忆说："那是我们的国旗，那样明亮，在阳光下闪耀着。霎时间，我们全都屏住呼吸注视着，有些人的眼中涌出了泪水。我们先过一座小桥，终于踏上了国土，回到我们的国家，我们值得骄傲的国家，有着四千多年文明的国家！"

北京最早的海归楼

北京中关村临近北四环路的地方，有一大片高楼林立的宿舍，名为"科源社区"。在现代高楼的包围中，有三幢标有13号、14号、15号的三层灰色青砖楼。这些上了年纪的陈旧老楼与周围的环境显得有些不大协调。但这是建国初期，中国科学院专门为安置著名科学家或从海外归来的著名学者而盖的，当时被称为"特楼"。贝时璋、赵九章、钱学森、钱三强、李四光、童第周、华罗庚、郭永怀等都在这里住过，至今郭永怀的夫人李佩还住在13号楼里。这些房子在当时算是条件比较好的，但在今天看来，早已大大落伍了。

祖国怀抱。中午，他跨过罗湖桥抵达深圳；晚上，到达广州。

一踏上祖国的大地，钱学森就受到了热烈的欢迎和极大的尊敬，这与他在美国度过的5年屈辱日子相比，真像是天上人间、大相径庭。周恩来总理得知钱学森平安归来，打电话给广东省委书记兼省长陶铸："要好好接待钱学森，科学家是我们国家的精华。"陶铸会见了钱学森，并安排他在广州参观访问。钱学森一家于10月13日到达上海，参观了母校交通大学，拜会了老师和朋友，并回杭州老家探亲以后，便又匆匆乘火车一路北上前往北京。

1955年10月28日上午，钱学森一家抵达北京。中国科学院副院长吴有训和首都著名科学家华罗庚、周培源、钱伟长、赵忠尧等20多人，到北京前门车站欢迎。第二天上午，钱学森拜访了中国科学院院长郭沫若、党组书记兼副院长张稼夫和副院长吴有训。

11月1日，郭沫若举行宴会，欢迎钱学森归来。席间，吴有训向钱学森正式征询了由他牵头组建中国科学院力学研究所的意见，钱学森表示对工作安排非常满意，同时他还得知，自己已经是中国科学院的一级研究员了。

11月5日，陈毅副总理亲切接见了钱学森，代表党和政府欢迎他归来。陈毅在宴请钱学森全家时，爽朗而不乏幽默地说："国家让大清帝国的辫子、民国的黄包车拖得太久了，让西洋的鸦片、东洋的铁蹄、八国联军的刀枪蹂躏得太苦了。比起你居住了20载的美国来，大大地落后了！"陈毅端起酒杯与钱学森碰杯，继续说："现在国家解放了，要搞建设了。我们这些人打仗是可以的，搞建设就不行了。所以，我们千方百计地把你们这些科学家请回国来，目的就是打一个现代化的翻身仗啊！"

1956年1月5日，中国科学院力学研究所正式成立，钱学森任所长。回国时，中国科学院给他分配了中关村14号楼201室一套五居室的住房，一家几口算是安了家。该楼是20世纪50年代初，科学院在经费相当紧张的情况下，挤出一部分钱，专为一批科学家建造的。钱学森住的房子，建筑面积160平米，使用面积140平米，内有主卧、两间副卧、书房、客厅、餐厅、洗手间和厨房。桌椅板床等家具都是公家分配的，极其简单。在这里，钱学森一家住了近五年，直到1960年10月搬迁至阜成路8号院。

3. 外国人能干，中国人为什么不能干

1955年11月22日，钱学森正式到中国科学院报到。但是，出乎他意料的是，他接受的第一项任务是去东北参观考察和讲学。郭沫若告诉他，这是周恩来的意思。

在接下来整整一个月的时间里，钱学森在朱兆祥的陪同下到哈尔滨、长春、沈阳、旅顺、大连等地，参观了全国最大的钢铁厂、煤矿、水电站、炼油厂、化工厂、机床厂、汽车厂和飞机厂，访问了一些大学和研究所。东北是当时中国最集中的现代化工业基地，钱学森正是在这里了解了中国的工业基础、技术水平等基本国情。

临近12月的哈尔滨，已是冰封大地，一派北国风光。火车驶近站台，钱学森老远就看到了这座城市一处处喷吐着活力和生机的高耸烟囱，看到了停靠在一条条铁路上忙碌装卸的货车和上下旅客的客车。道岔上的信号灯，不时闪闪烁烁，一片热火朝天的繁忙景象。钱学森丝毫没有察觉，冥冥之中，

神秘的哈军工

哈尔滨军事工程学院全称为中国人民解放军军事工程学院，简称哈军工，成立于1953年9月，由陈赓大将一手创办。学院开课设系全是与军队装备紧密相关的专业，学院设有海军工程、空军工程、装甲兵工程、炮兵工程和工程兵工程五大系，又在20世纪50年代末增设了导弹工程系和原子工程系。

陈赓和彭德怀的感受

陈赓是我国唯一一位在越南跟法国人打过仗、又在朝鲜跟美国人打过仗的高级将领，对现代化战争的特点和武器装备的重要性有深切的体会，他心中渴望的是国防“现代化”。陈赓说起他跟彭德怀在朝鲜战争中共同的感受，那就是痛切地感受到中国与美国在国防科技上的巨大差距，而在打蒋介石的时候，他们还没有这种感受。

哈军工开学典礼上，陈赓院长检阅学员队伍

命运之手已在哈尔滨悄悄扳动了道岔。从这里，他的人生开始驶向了另一条轨道。历史往往就是这样，不经意间就赋予了一个人庄严的使命。

11月24日，钱学森在参观东北烈士纪念馆时提出，他在哈尔滨有两个朋友，一个叫庄逢甘，是加州理工学院李普曼教授的博士生；另一个叫罗时钧，是他在加州理工学院指导过的博士生。听说这两人在一所军队的学校里教书，他想见见他们。

庄逢甘和罗时钧当时都在哈尔滨军事工程学院（简称哈军工）任教，由于哈军工对外严格保密，经请示中央，同意钱学森访问。

翌日上午，一辆黑色的小轿车驶进哈军工校园。一群身穿将校服装的军官早已等在路边迎接。为首的是一位大将，他早已升任副总参谋长，虽还兼任哈军工院长，但他平日在北京的总参谋部上班，为迎接钱学森，他当天起了个大早专程从北京飞到哈尔滨。他上前伸出手来热情地说："欢迎啊！ 欢迎钱先生来学院参观指导，我是陈赓啊！"

陈赓把学院领导向钱学森一一作了介绍，副院长徐立行告诉钱学森，罗时钧和庄逢甘上午有课，中午会来陪他吃饭。然后，陈赓陪同钱学森从礼堂到操场再到实验室，从空军工程系到海军工程系再到炮兵工程系，让钱学森看了个够。陈赓真诚而风趣地说："我们军事工程学院敞开大门欢迎钱学森先生。对于钱先生来说，我们没有什么秘密要保的。那些严格的保密规定，无非是在美国人面前装蒜，不让他们知道我们的底细。"

钱学森得知，学院请了20多位苏联专家，建设速度和教学水平都在提速。看到钱学森对空气动力学方面的建设十分关心，陈赓便让马明德教授介绍，自己在旁边敲边鼓，两人口若悬河地夸起了学院的全部家当：学院已经建好并正在使用的有两座风洞，1号风洞是圆形开口式的，1954年11月20日首次试车成功，试验段直径1.5米，最大风速50米/秒；2号风洞是1.5米圆形闭口式的，也已在1955年元旦前投入使用。现在可以做空气动力学课程的8种试验。目前学院正在设计、安装的3号风洞，是马赫数为2，试验段截面积为80毫米×80毫米的吸入式超声速风洞，即将于明年初建成。下一步还要建几座风洞，形成从亚声速、跨声速到超声速相互配套的"军工风洞群"。

钱学森非常兴奋，他完全没有想到哈军工风洞的建设和发展会如此之快，由衷地赞叹道:“了不起！你们的空气动力学研究已经走在全国的前列，看来中国科学院要向你们学习啊！”

钱学森在学院里见到了麻省理工学院的校友梁守槃，巧的是梁守槃的妹妹梁守瀛是蒋英的密友，也是钱学森的好友、力学专家林家翘的夫人。他还结识了炮兵工程系副主任、比他小4岁的任新民。这些人以后都成为了钱学森创建中国航天事业的得力助手。

任新民陪着钱学森参观了一个简陋的固体火箭试车台，然后指着一个十米多高的铁架子说:“不怕钱先生笑话，我们做火箭发动机比冲试验的方法很原始，用火箭弹测相关曲线，这是笨办法上马。”钱学森真诚地说:“不容易！你们的研究已有相当的深度，尽管条件有限，已经干起来了嘛！迈出这一步，实在出乎我的意料！”接着又讨论起固体火箭推进剂的配方问题，这正是钱学森的专长，两人谈得很投机。

钱学森在炮兵工程系参观中，还遇到两件事:一是在参观炮兵射击训练的模拟装置时，现场教师介绍说，在目前的教学中，修正炮弹落点偏差，是依据苏联教材讲的正态分布理论。钱学森提醒道:“请你们注意研究第二次世界大战中德国V-2导弹袭击伦敦时，落点散布服从泊松分布的情况。”经钱学森一点拨，炮兵工程系的教师开始注意研究西方国家射击理论方面的成果，使哈军工在这一领域的学术水平大为提高。另一件事是，钱学森在固体火箭试车台前和正在进行安装调试的教师讨论时，针对试验装置欠妥之处，谈了自己的看法。教师们说，这是苏联专家的意见，不能改动。钱学森不以为然地摇了摇头。

钱学森的举动，被细心的陈赓看在眼里记在心上。陈赓心里醋溜溜的——要不是中国科学院动手太快，钱学森应该是我们哈军工主管教学的副院长。

夜幕下的哈尔滨，灯光旖旎，恍若天街。陈赓把院系领导和教授张述祖、曹鹤荪、周明鸂、梁守槃、马明德、任新民、沈正功、卢庆骏、庄逢甘和罗时钧都叫来，一起宴请钱学森。陈赓暗想，白天有很多话没来得及说，这顿饭，一定要吃出点名堂来。

原来，陈赓从北京飞到哈尔滨还负有一项秘密使命，总理周恩来和国防部长彭德怀都托他探探钱学森的“底儿”:一是看他能不能在尖端武器方面为国效力，二是新中国的这点基础干不干得了尖端武器。

席间，机敏的陈赓巧借请教火箭知识之机，三两句话就拐上了火箭的话题，引得钱学森谈兴甚浓、很快就上了“套”。他介绍了第二次世界大战后，美、英、法等国的陆、海、空军都已经逐步采用各种导弹作为制式装备后说：“为了中国国防建设的需要，应立即开展火箭导弹的研制工作，在较短的时间内使我国喷气技术和火箭技术走上独立发展的道路，接近世界的先进技术水平。”钱学森称赞哈军工的建设速度以及在科研工作中所取得的成绩，多次强调，我们中国人不比美国佬笨。

陈赓抓住话题单刀直入，向钱学森提出了他的“使命性”的问题。

钱学森在1997年的回忆中这样详述过这段谈话：

吃完饭以后呢，陈赓大将就问我，中国人搞导弹行不行？我那个时候正憋着一肚子气呢，中国人怎么不行啊？所以，我回答很干脆，我说外国人能搞的难道中国人就不能搞？中国人比他们矮一截？陈赓大将听了以后非常高兴，说好极了，就要你这句话！那么可见在他心里头，这件事情已经想了很久了。

晚宴上，主客越谈越兴奋，陈赓站起来大声地说：“钱先生的话让我心里有了底，我们一定要搞出自己的火箭！我提议，为欢迎钱先生参观我们的学院，为发展我们中国自己的火箭事业，干杯！”钱学森与陈赓虽是第一次见面，但两人都有相见恨晚之感。钱学森晚年曾深情地回忆说：“我回国搞导弹，第一个跟我说这事的是陈赓大将。”

离开哈尔滨后，钱学森又访问东北的很多城市，并在哈尔滨工业大学、长春机电研究所和沈阳的东北工学院分别作了演讲。内容都是围绕着技术科学和思考之中的建设力学研究所的事，他在演讲中一次比一次更清晰地描绘出他心中的力学所的发展蓝图。

12月21日，钱学森结束了在东北三省的参观访问回到北京。让他没有想到的是，在北京还有一个人在焦急地等待着他。这个人，就是在朝鲜战场上跟美国侵略者较量了3年的国防部长彭德怀元帅。

彭德怀戎马一生，从北伐战争一直打到解放战争，是个有勇有谋的常胜将军。可是他也是在朝鲜战争中第一次领教了海陆空三军协同、现代化武器装备、机械化大兵团作战的厉害，虽说志愿军取得了抗美援朝最终的胜局，但却付出了伤亡多于对手一倍以上的代价，也着实让彭德怀心痛和窝火。他从周恩来和陈赓那里得知了钱学森的背景，恨不得立刻向钱学森讨教建设现代化国防的良策。

火急脾气的彭德怀天天派人盯着钱学森的动向，一听说他回到北京了，顾不上考虑自己正在住院治病，赶快给陈赓下达任务："快，快，快请钱教授来国防部，我和他谈谈。"

12月26日下午，陈赓陪同钱学森来到北京医院看望彭德怀。一见面，彭德怀就紧紧握住钱学森的手说："欢迎，欢迎！我们太需要你这样的火箭专家了！"落座后，他开门见山地说："钱先生，我是个军人，今天找你来，想谈谈打仗的问题。我们是社会主义国家，不会去打人家。但我们一定要把部队用新式武器装备起来，落后就要挨打，这是历史的教训。我很想知道，我们中国人能不能自己造出导弹来？能不能先搞出一种短程导弹，比方说打300公里到500公里，这需要什么样的人力物力和设备条件？估计需要多少时间？"彭德怀像打机关枪似的，"嘟嘟嘟嘟"把一梭子湖南话放了出来。钱学森略作思考，问道："这种短程导弹以什么为目标呢？"

彭德怀说："我们时时受到美帝国主义和台湾蒋介石的武力威胁，所以当前急需是解决防空导弹和对付海上目标的导弹。"

钱学森回国虽然只有短短几个月，但他抓紧时间阅读书报、资料，这次又在东北转了一圈，对中国的基本国情有了大致的了解，他告诉彭德怀，以现在的技术基础，如果研制300公里至500公里射程的近程导弹，在结构和发动机方面，两年内有望解决，关键是把导弹打出去以后能把它控制住的那一套东西，也就是自动控制技术，恐怕短时间内难以突破。他伸出十个手指，比划道，弹体结构和发动机的研制大约占总工作量20%，而自动控制技术的研制则会占到80%。在第二次世界大战时，德国人的V-2火箭解决了推进和弹道问题，但它命中率很低，向伦敦发射的导弹绝大多数都没打到城里，倒是在城外刨了很多大"地坑"，这就是因为自动控制系统达不到要求。

彭德怀显然听懂了钱学森的话，赞同说："是的，是的，如果导弹打出去像没头苍蝇一样乱飞一气，还怎么消灭敌人呢！"

钱学森又把自动控制的原理，由哪几个部分组成，有些什么难点，怎么一步一步地解决，深入浅出地做了讲解。彭德怀听得很入神，接着又问：“那么，这个自动控制几年能搞出来？”钱学森考虑片刻回答说：“搞导弹当然不是一件容易的事，需要有一支搞科研和设计的队伍，需要建一些地面设备，也需要有专门的加工制造工厂，原材料可能需要全国各有关部门的支持。至于人力、物力，这需要仔细估算一下。而时间嘛，美国从军方开始支持搞导弹，到搞出第一枚导弹，用了近十年时间。我想，我们可以比他们快，有5年的时间，我看是可以的。”

彭德怀大喜，马上就向陈赓交待：“我们的军队不能老是‘土八路’，也要学点洋玩意儿。你安排钱先生给我们的高级干部讲讲课，让大家都开阔眼界，长长见识。”

1955年12月底，钱学森先在中南海向政府和军队的高级干部作了一次关于发展尖端武器的报告。1956年元旦后，他又在总政排练场为军队高级干部作了三场关于火箭导弹技术的讲演。听报告的有中央书记处的同志，有国务院副总理和部长们，还有佩戴元帅、大将、上将军衔的军队高层领导人。身经百战的贺龙、陈毅、聂荣臻元帅等都兴致勃勃地赶来当学生。钱学森的每一次报告、讲演，会场里都是座无虚席、鸦雀无声。

钱学森虽然在美国讲了十多年的课，还专门在火箭与喷气技术训练班给美国军官当过老师，但是台下坐着这么多高规格的听众，他也是从未经历过的。他用自己在美国参与研制火箭的经历，通俗地介绍了火箭的基本结构和用途，国外火箭、导弹技术的发展现状；历数了火箭技术在军事上的重要用途；讲述了我国为什么要搞导弹；设想了今后发展火箭、导弹技术的途径。他把军事与技术结合起来，讲得深入浅出、通俗易懂。我国“两弹一星”元勋之一的黄纬禄院士后来回忆说：

我第一次见到钱学森同志是在1955年冬天，当时我作为通信兵部电信技术研究所的代表到中南海听一个重要报告，会场汇集了三军的高级将领和各科研机构的技术人员，主讲人就是刚从大洋彼岸辗转回国的钱学森。他建议中国要尽快着手研制导弹和原子弹，精彩的报告触动了在场的高级将领。当有人怀疑我们不行时，钱学森坚定地说：“我们中国人不笨，外国人能搞的，中国人也能搞出来！”

钱学森的报告掀起了好一阵导弹热。打了几十年仗的将帅们还是第一次接触到这门新知识，第一次听说还有从地面打飞机的地空导弹、从飞机上打飞机的空空导弹、从空中打地面的空地导弹、从地面打地面的地地导弹等新家伙，要是用这些新式武器替换掉战士手里的小米加步枪，那将是个什么情景？将帅们个个摩拳擦掌、喜形于色，对未来产生了莫大的神往。

那一阵子，陈赓也成了火箭迷，他抽空跑到他的“黄埔老师”叶剑英元帅家里，将在哈军工、在彭老总病房和排练场与钱学森的会见、谈话以及听钱学森的报告等情况，绘声绘色地向叶帅宣讲了一遍。叶剑英当时任中央人民政府军事委员会副主席、国防委员会副主席，主持全军训练工作。陈赓的一通讲话，把叶帅心里说得痒痒的，他对陈赓说：“你就当个牵线人，请钱学森夫妇到我这里吃顿便饭，日子嘛，就定在春节怎么样？”

陈赓非常高兴，心想把老帅们都说动了，何愁中国的火箭不会早日飞上蓝天。他爽快地说：“好啊，大家一起过年，就更有气氛了！”他赶紧给钱学森下了请帖。

1956年2月12日是春节，一夜细雪大地披银。上午11时许，陈赓陪钱学森夫妇一起来到叶剑英的宅院。这是钱学森回到北京3个月来，继陈毅和彭德怀之后，第三位共和国的元帅专门接见他。开场的寒暄后，家宴几乎变成了“火宴”，火箭和导弹成为餐桌上的“主菜”。由于有了一些准备，钱学森把思路进一步梳理和细化，对人力、物力、机构设置、研制步骤等方面都作了一个初步的设想和筹划，这次谈起来也更有条理。钱学森还建议成立一个新的军种，名字可以叫“火军”。叶帅和陈赓听得津津有味，三人谈得越来越兴奋。叶剑英和陈赓觉得过去不太敢深想的事，现在终于有了一些眉目，越谈他们的心情就越急切，就越期望钱学森能来主持这项事业的发展。

饭后，陈赓建议立即去找周总理商量。叶剑英看看手表说：“今天军委办公厅举办春节舞会，总理他们可能在三座门跳舞，我们现在就去找他。”他们见到周恩来后，周恩来也表示非常支持，他说：“学森同志，你的想法很好嘛。现在我交给您一个任务，请您尽快把你的想法，包括如何组织这个机构，如何抽调专家等，都写成一个书面意见，以便提交中央讨论，还要请你来给我们讲一堂导弹课啊。”

面对新中国开国元勋们期待的目光，钱学森看到了新中国对建设现代化国防如饥似渴的企盼，他突然觉得自己有了一种莫名的负重感，而这种感觉在美国20年的生涯中是从来没有过的。

4. 中国航天的奠基之作

1956年1月30日至2月7日，钱学森应邀出席全国政协二届二次全体会议，并被增补为全国政协委员。钱学森在会议上发言说："毛主席号召我们，要在12年内，在国民经济中最急迫的部门赶上世界科学先进水平。这一伟大号召是在一个关键时候发出的，我们科技工作者只有积极响应。"

会议期间，2月1日，毛泽东主席在中南海怀仁堂举行盛大宴会招待全体委员。马上就到春节了，宴会大厅里张灯结彩富丽堂皇，一派喜气洋洋的景象。

钱学森手持大红请柬走到请柬上标明的第37桌，可却没有找到自己的桌签，这时一位工作人员走上来把他领到了宴会厅最前方正中央的大桌前，告诉他的座位已被调整到这里。钱学森定神一看，呦，自己的桌签端端正正地摆在了毛主席座位的右边。原来是毛泽东在翻看出席宴会者名单时，特意用铅笔把钱学森的名字勾到了自己的身旁。

席间，毛泽东和钱学森亲切地交谈好一会儿。

"学森同志你来了，好啊，我有很多问题要和你探讨呵。"毛泽东习惯地点起一支烟。

"假如不是美国当局的无理阻挠，我早就回到了祖国的怀抱！"钱学森有太多的感激之情想向领袖倾诉。

毛泽东笑着说："美国人说你值5个师，他们能不阻挠你吗？我看，对我们来说，你比5个师的力量大多啦！"

"主席，要不是您和一代无产阶级革命家这么快地建立起中华人民共和国，恐怕我今天还流落他乡。"钱学森有些腼腆，也有些激动。

毛泽东磕掉烟灰，勉励说："事物总是在斗争的嘛，新生的、最有力量的东西，总是在同衰亡的东西斗争着生长起来。现在新中国正在建设，需要大量的科技人才，你要多多培养青年人，我们很看重你啊。"

钱学森回国后看到在中国共产党的领导下，全国人民被最大限度地组织起来，全民族有一种自下而上、前所未有的建设新中国的信念和决心，自己也深受感染，浑身充满了力量。他看到眼前这位新中国的领袖如此信任自己，他幸福地点点头。

毛泽东又问："学森同志，从现在起，我们抓紧时间，埋头苦干，争取在第三个五年计划末期，使我国在原子能、火箭等最急需的科学技术领域接近世界先进水平，能不能做到？"

钱学森说："只要计划周密，工作努力，是可以实现的。"

领袖的信任和嘱托，令钱学森感到分外的温暖和激动。一声"同志"的称呼，把这位刚刚从海外归国的学者与新中国的命运紧紧地联接在一起。

钱学森的心里春潮澎湃，久久不能平静。1956年的春节，钱学森没有休息。他在奋笔疾书，完成敬爱的周总理布置的"作业"。

2月17日大年初五，钱学森起草的《建立我国国防航空工业意见书》送到了周恩来总理的案前。为了保密，钱学森用"国防航空工业"代替了"火箭导弹"一词。

钱学森的这份意见书全文大约3000字，实录如下。

建立我国国防航空工业意见书

钱学森

一、航空工业的几个部门

健全的航空工业，除了制造工厂之外，还应该有一个强大的为设计而服务的研究及试验单位，应该有一个作长远及基本研究的单位。自然，这几个部门应该有一个统一领导的机构，作全面规划及安排的工作。

为什么为设计而服务的研究和长远及基本研究有分别呢？这个分别在于研究的性质有所不同：为设计而服务的研究有很大的计划性，必要在某一时期内完成某一工作，因此往往重点放在解决一定的问题，而不放在完全了解这问题的机理。相反地，长远及基本研究的重点放在完全了解一个问题的机理，因而我们不能把时间限制过于严格；也必须要把工作定得灵活些，可以随机应变，探索新方向。

这两种研究工作，在所用的工具方面也有所不同：为设计而服务的研究需要大型及重型设备。例如：大型风洞，大型结构实验台，大动力的推进机试验装备，高速推进机实验风洞等。长远及基本研究不要大型设备，但要比较突出的而精细的实验及计算工具，例如：高温及高超音速风洞，二元低骚扰风洞，高温金属融变机等。

这两种研究中的工作人员，也有些不同：为设计而服务的研究，需要对生产过程有彻底了解，对研究能大力推进，按时完成，不怕时间上的压力的工作者。长远及基本研究，需要对基本科学如数学、物理、力学等能完全掌握，能对一个问题深入探讨的工作者。自然，有的科学家，两方面的能力都有，两方面的要求都能适合，这些人就是重要的，关键人物，我们要依靠他们来迅速地建立起国防航空工业。

二、航空工业的组织

下面我们提出我国航空工业组织的一个草案。

1. 领导机构　这是一个全面规划及安排的机构，应该包括科学、工程、军事、政治方面人员。这个领导机构设在国防部内。

2. 科学研究　这是长远及基本研究的单位，在组织上可以在中国科学院系统之内，但同时也归上述领导机构领导。现在在科学院内，力学研究所的研究工作或多或少都与航空工业有关，其他研究所中的高温材料研究，电子学研究，计算机研究也都与航空工业有密切关系。在将来很可能再设新研究所来推进某一方面的研究，如气动力学研究所，自动控制研究所等。估计在这方面工作的研究人员，在整个系统完成时有600人，其中有副博士水平以上的研究人员有120人至150人。

3. 设计研究　这个单位是设计研究及设计新型飞机等的机构。它的任务是：生产新型成品，包括试制及试飞阶段在内。因此，这是一个很大的机构，是一个复杂的机构。在整个系统完成时应有技术人员6000人，其中有副博士水平以上的人员500人至600人。这个单位可以名为航空设计院，直接在上述领导机构之下，其组成部分为：

空气动力学研究所，

材料研究所，

燃料研究所，

结构研究所，

火箭推进机研究所，

冲压推进机研究所，

透平式推进机研究所，

控制系统研究所，

运用研究所，

设计局，

试制工厂，

试飞站。

估计这个研究中心需要电动力15万千瓦，初期也要8万千瓦。需地约200平方公里。

4.生产工厂　这是航空生产的一系列工厂，它们把航空设计院的新型设计，大量生产。它们中包括金属及非金属原料工厂，各种零件制造厂，电器制造厂，最后才是飞机及飞弹制造厂。自然，燃料工厂也在这一系统内。这些工厂主要地是由第二机械工业部来领导，但有些也属于重工业部及石油工业部等。所以它们仍然要有一个统一规划的机构，这就是1.所述的领导机构。

三、国内现状

我国现在航空工业是十分薄弱的，我们在最近才从飞机修理阶段转入飞机生产阶段，有了飞机工厂和喷射式推进机厂。但是这两个工厂现在完全依靠苏联供给的图纸，自己还不能够设计新型飞机，更不能作出为设计用的工程及科学资料。至于飞弹火箭，我们是完全没有。

说到航空用的材料，我们的情况也是一样薄弱。现在只有一个年产20000吨的铝厂。我们所必需的航空特殊金属还是要由国外进口。电子器材厂也是正在开始，还不能完全生产各种类型的零件。

至于航空研究，我们只有些主要地为教学用的风洞及其他实验设备。我们还没有专为研究用的设备，更没有大型为设计研究用的设备。所以可以说，我们完全没有航空研究可言。

人力呢？我们也是很薄弱。以整个力学来说，估计全国有180人从事力学教学；力学研究的高级干部，中间最有能力的，能做领导工作的只30人左右。航空人才只是力学人才中的一部分，人是更少了。我们可以开出下列的一张名单，（很不完全的名单）：

空气动力学方面：沈元，陆士嘉，庄逢甘，罗时钧，林同骥，潘良儒。

航空结构方面：王俊奎，钱伟长，王仁，杜清华，胡海昌，钱令希，郑哲敏，李敏华，范绪箕。

推进机方面：吴仲华，陈士祜，梁守槃。

控制系统方面：罗沛霖，林津。

火箭方面：任新民。

这是最高级人员。如考虑青年干部，估计尚可调处50人有两三年教学经验的。

四、发展计划

问题是如何从约15个高级干部和50个年青干部的人力中，以最迅速的方法，建立起我国国防航空工业的三部分：研究、设计和生产。显然地，我们看出，如果只能靠自己，这非二三十年办不到。要在短时间做到，非争取苏联及其他兄弟国家的大力帮助不可。我们以为在原则上是：研究、设计和生产三面并进，而在开始时，重点放在生产，然后兼及设计，然后兼及研究。

具体的步骤是：

1. 立即在国防部成立航空局，为全面领导机关。

2. 选择我国航空最高技术人员10人左右，每一专业有1或2人，配合相应军事及政治人员，组织一航空参观团，在二三月内到苏联及其他兄弟国家参观及商议合作大体方案。

3. 在今年暑期高等学校毕业后，选派两种人到苏联及其他兄弟国家：一种是到合作国家去学习飞弹火箭制造工业，同时请合作国家的专家为我国设计飞弹火箭制造的一系列工厂，预备到1958年生产我国自制的飞弹及火箭。第二种人，约300人，到合作国家学习设计及设计研究；这是建立航空设计院的基础力量。他们每人学一个专门方向，以2年或3年为期。同时请苏联及其他兄弟国家代我们设计大型风洞及推进机试验设备（也要利用我们在国外的上述留学生），争取在1957年开始航空设计院的基本建设，1959年300名留学生回国再请兄弟国家专家200人来我国，配合青年干部600人，开始航空设计院的工作。以后每年加入青年干部600人，到1967年达到6000人足数。

4. 逐年扩大中国科学院有关航空的研究工作，在1967年到600人。

依照上述发展计划，每年需要高等学校航空有关科门的毕业生如下：

1956年 400人（100人工艺，300人设计）

1957年 400人（完全工艺）

1958年 400人（完全工艺）（开始飞弹制造）

1959年 600人（完全设计）（开始航空设计院工作）

1960年 700人（100人工艺，600人设计）

1961年 700人（100人工艺，600人设计）

1962年 800人（200人工艺，600人设计）

1963年 800人（200人工艺，600人设计）

1964年 800人（200人工艺，600人设计）

1965年 800人（200人工艺，600人设计）

1966年 900人（300人工艺，600人设计）

1967年 900人（300人工艺，600人设计）

到1967年，共有工厂技术人员2400人，设计院技术人员5700人。

一九五六年二月十七日

钱学森的《意见书》显然是经过深思熟虑的，在重点文字下面，他还画了道道。一个在美国学习、生活了20余年的著名专家，回国才不到半年时间，就对党的各项方针政策、国内科学技术、工业基础和人才状况有如此详尽的了解，并在此基础上提出开创我国航天事业如此精当的意见，的确显示了他高屋建瓴的战略眼光、远见卓识的开阔思路和纵横捭阖的渊博学识，写出这样的意见确实是非他莫属。

在《意见书》中，钱学森以他的天才和智慧，第一次系统地提出了发展我国火箭和导弹技术的重要意见。

3天后，2月21日，周恩来逐字逐句地阅读了这份《意见书》。他用粗粗的铅笔做了个别修改，又在标题下面替钱学森署上了名字。

周恩来暗自思忖，看来这个钱学森果真名不虚传——不仅高瞻远瞩地勾画了我国导弹航天这一尖端技术的发展蓝图，而且令人信服地指出了可行的实施途径。他具有深厚的理论根基又有丰富的工程实践经验，所以这份《意见书》既高屋建瓴又具体翔实，从发展计划到具体措施，从组织领导到执行机构，从预先研究到研制生产，从专业配套到队伍构建，几乎在每一个层面上都考虑得细致入微，具有很强的顶层设计指导性和微观层面的可操作性。周恩来对钱学森交来的“作业”相当满意。

2月22日，周恩来让秘书把《意见书》印发给各位中央军委委员。在呈送毛泽东审阅的那份打印稿上，他注了一笔：“即送主席阅，这是我要钱学森写的意见，准备在今晚谈原子能时一谈。”原来，在共和国领袖们的心里，正在谋划着“两弹”的惊天蓝图。

3月14日，早春丽日，杨柳飞绿。赶来参加中央军委会议的人们三三两两地迈进中南海西花厅，钱学森也列席了这次中央军委会议。他们顾不上欣赏海棠树上刚刚萌发的花蕾，来不及理会在草坪上悠闲戏耍的麻雀，急匆匆的脚步声把麻雀惊得“呼喇喇”地拍打翅膀飞过了院墙。

这是个给历史留下了特殊印记的会议。会议由周恩来主持，会上传达了中央关于研制导弹武器的决定。会议决定，由周恩来、聂荣臻和钱学森等筹备组建导弹研究的领导机构——航空工业委员会；按照钱学森的建议与设计，组建导弹科研机构、设计机构和生产机构。4月13日，国防部任命聂荣臻为航空工业委员会主任，钱学森为委员。

5月26日，中央军委又召开会议，研究通过了聂荣臻综合钱学森意见提出的《关于建立我国导弹研究工作的初步意见》。周恩来在会上说：“导弹的研究方针是先突破一点，不能等一切条件都具备了，才开始研究和生产；需要的专家和行政干部，同意从工业部门、高等院校、科研机构和军队中抽调；同意航空工业委员会下设导弹管理局，由钟夫翔任局长，钱学森任第一副局长兼总工程师。”

1956年10月8日，也就是钱学森归国的第二年，他受命组建的我国第一个火

1956年6月14日，毛泽东等党和国家领导人会见参加全国科学规划委员会扩大会议的代表

箭导弹研究机构 —— 国防部第五研究院宣告成立。

《建立我国国防航空工业的意见书》是中国航天事业起步的奠基之作。1956年10月8日，也成为了中国航天事业从原点起步的划时代的日子，这一天，45岁的钱学森扶助着零岁的中国航天，走上了艰辛的自力更生之路。

在一穷二白的国度里拥有中国人自己的火箭、导弹，已不再是梦想！

中国研制导弹和核武器的正式文件

聂荣臻的女儿聂力在回忆她父亲的《山高水长》一书中写道：钱学森上书《意见书》后，中国的导弹研究工作提上了议事日程。2月下旬到3月上旬，为向军委扩大会议作战略方针的报告，彭德怀多次找父亲等军委领导商谈，力主开展导弹和核武器研究。3月6日，彭德怀在军委扩大会议上作了《关于保卫祖国的战略方针和国防建设问题》的报告。其中专题讲了《我们必须积极着手研究我国能不能生产新式武器（如核子武器、导弹和新式武器等）的设计制造问题》，建议在国务院或国防部直接领导下积极筹建航空和导弹的研究机构，并准备筹划核子武器研究机构。这个报告经过军委扩大会议讨论同意，又得到毛主席和党中央的批准。这是最早落实到文字上的关于在中国研制导弹和核武器的正式文件。

5. 钱学森为何主张优先发展导弹

钱学森在军队高级干部中的演讲收到了很好的效果。很快，他又赶上了一个好时机，那就是国家开始制订科学技术发展远景规划。

1956年1月25日，毛泽东主席在最高国务会议上说："我国人民应该有一个远大的规划，要在几十年内，努力改变我国在经济上和科学文化上的落后状况，迅速达到世界上的先进水平。" 5天之后，在政协二届二次全体会议上，周恩来总理明确提出了"向现代科学技术大进军"的号召，并要求国家计划委员会、中国科学院和有关部门制订新中国第一个远大规划——《1956～1967年科学技术发展远景规划》(简称12年规划)。该规划要求，迅速壮大科学技术力量，力争在某些重要和急需的科学技术领域，接近或赶上世界先进水平。

1956年3月，钱学森担任了"12年规划"综合组组长，并和任新民、沈元、王弼等人一起，主持参与了其中第37项任务《喷气和火箭技术的建立》规划的制订。

钱学森等在这项科学技术任务的说明书中指出："喷气火箭技术是现代国防事业的两个主要方面，一方面是喷气式的飞机，一方面是导弹。没有这两种技术，就没有现代的航空，就没有现代的国防。"

但是，在条件有限的情况下，是优先发展飞机，还是优先发展导弹呢？当时曾有过一场很大的"飞机与导弹"之争。

当时，导弹的概念在国人心目中还是个模糊的词汇，大多数人不知道它是什么。那时候，苏联的人造卫星还没有上天，洲际导弹的技术也没有获得成功，导弹能否成为国防的利器，也没有得到公认。而中国却又是一个科学技术比较落后的国家，中国有没有能力去发展这种技术，中国会不会犯战略决策上的错误，这都是悬而未决的疑问。相反，军事将领们对刚刚结束的朝鲜战争记忆犹新，对飞机在战争中的重要作用有深刻的认识。因此，一些工业部门和军事部门的同志提出，应重点发展飞机，以巩固我国的空防。

可是钱学森并不这么看，他态度鲜明地反对优先安排发展飞机，而提出优先发展导弹。当时曾极力主张上飞机的空军司令员刘亚楼听说钱学森的观点后，大吃一惊——钱学森本是航空气动方面的专家，是航空专业的博士，我们国家的飞机制造业又这么落后，他是大有用武之地呀，他怎么会反对首先发展飞机呢？

新中国的第一任空军司令员刘亚楼的"空龄"，满打满算还不足5年。他清楚地记得，1950年10月19日他率领的空军领命保卫祖国领空，这一时间竟然和志愿军跨过鸭绿江的时间不谋而合，同为一天。而在那时，他的飞行员还没有训练好，他的部队两手空空，他是名副其实的“空”军，他和共和国的最高领导们都在眼巴巴地等待着苏联老大哥援助的米格战机。他也挥之不去那噩梦般的记忆：志愿军入朝初期，志愿军别说飞机，就连防空武器都捉襟见肘，唯一的高炮团一共只有36门日制75毫米高炮，还有12门留在鸭绿江边保卫渡口。美军飞机有恃无恐，从东海岸炸到西海岸，从鸭绿江炸到汉江，轰炸时间没日没夜，扫射目标不分大小。有的飞行员欺负我军没有还手之力，竟然拼命降低飞行高度，追着志愿军战士扫射，急得挂帅前线的志愿军总司令彭德怀向他吼道：你的飞机什么时候来？！刘亚楼更不能原谅自己的是，他竟然没能力阻止美国鬼子的飞机轰炸志愿军司令部，毛泽东的长子牺牲在燃烧弹的火海里，让自己的老上级彭德怀愧疚终生。

依刘亚楼看来，优先发展飞机，掌握制空权是当务之急，朝鲜战争就是证据，他还拿出了美军统帅李奇微的反面“证词”：“要不是我们拥有强大的火力，经常可以得到近距离的空中支援，并且牢牢地控制着海域，则中国人可能早已把我们打垮了。”像刘亚楼一样，持这种意见的人不在少数。

钱学森是沿着美国航空航天历史轨迹走过来的人，他深谙世界各国的发展道路都是先有航空，后有航天，他自己也曾说过：“从航空的历史来看，导弹是五十多年来飞机发展的自然结果。”那么，钱学森为什么会有先搞导弹的想法呢？

从飞机到导弹

钱学森对于从飞机发展到导弹做过一段通俗、生动的描述：由于喷气推进机的出现，航空业就随之而进入了一个新的阶段，即超声速飞行的阶段了。但是，飞机迅速地提高速度也就带来了新的问题，例如，歼击机时速近2000公里，飞得很快，飞机拐弯时产生的加速度因为有人驾驶而受到限制。在轰炸机方面提高速度以后也有问题，燃料消耗过大，要设计超声速的远程轰炸机是非常困难的。因为问题的关键都是在驾驶人，在歼击机来说，如果没有驾驶人就可以不考虑加速度的限制，飞的再快也还能转小弯，运用自如。对轰炸机来讲，没有人就不需要来回，单程就可以了，燃料也可减轻一半。但是怎么样才能免除驾驶人呢？什么是没有人的飞机呢？那自然是导弹了。

钱学森为“飞弹”改名

钱学森在演讲中针对国内报纸上把导弹翻译成“飞弹”时讲到：“我想最好把飞弹改称为导弹。所有的弹，不管是炮弹、枪弹都是飞的，我们讲飞弹与炮弹不同，就是它在飞行过程中是有控制的，或者是有制导的，让它去什么方向是在控制之下，所以叫导弹就比较合适一点。”

首先，从当时的国情来看，他认为短期内不可能在发展飞机上取得快速突破。

东北之行使钱学森加深了对国情的了解。旧中国的航空工业基本是个空白，国民党撤离大陆后留下了一个烂摊子。虽有大大小小飞机厂32家，机器设备1712台，职工4700人，但是这些工厂规模小，设备陈旧，厂房简陋，没有一家生产过完整的飞机，主要是修理飞机及配件。空军成立时，共接收国民党空军飞机113架，航空发动机1278台，加上在东北缴获的日军飞机，共159架。参加开国大典的17架飞机就是从中挑选的，每架都循环飞了好几次。直到1953年情况有了好转，国家建设了生产米格-17飞机的沈阳飞机厂、制造雅克-18活塞式飞机的南昌飞机厂、制造喷气发动机的沈阳发动机厂、制造活塞发动机的株洲发动机厂和哈尔滨飞机制造厂，1954年7月，中国自制的雅克-18活塞式螺旋桨教练机（初教-5）飞上蓝天。具备这样的条件难道还不足以大踏步前进吗？

是的，钱学森给大家分析道，飞机的难点在材料，而材料问题在工业基础十分薄弱的我国，是不可能在短期内解决的问题；飞机要上人，所以对飞机的可靠性、安全性和可重复使用性，都有很高的要求，而每一个“性”都要攻关很长的时间；飞机还涉及复杂的飞行员训练、地勤空勤等庞大的维护保障系统，均非一日之功，更需要很长时间的经验积累。

其次，从战略博弈的角度分析，发展导弹是战略取胜的捷径。

要想在十多年的短时间内接近或赶上世界先进水平，必须抓住主要矛盾，从有利的方向上取得突破。钱学森在东北考察时曾对朱兆祥说过这样的话：“实际现象很复杂，看不出头绪，因素很多，不能在研究中全加考虑，因之，要把其中的主要因素和非主要因素分开。有经验的科学家会在少数重要因素中再选择其中的主要因素，这是一个创造过程。”

中国当时的首要任务是如何不挨打，然后是如何还击敌人。从这个角度看，无论是防御还是攻击，导弹都有优势。钱学森掰着手指比划道，你看，导弹比飞机飞得快，可以达到10倍声速以上，而超声速飞机最多为3倍声速，导弹打飞机一打一个准，叶剑英称之为是“能追着飞机飞的炸弹”，而飞机打导弹则很难打得着。还有啊，导弹飞得比飞机远。还在第二次世界大战时，德国研制的V-2导弹从荷兰飞过英吉利海峡轰炸英国，射程就达到了300多公里。如今，苏美两国都在搞射程上千公里、上万公里的导弹，都把能够打到对方领土的战略导弹作为发展的重点。朝鲜战场上苏联援助我国的米格－15飞机作战性能非常棒，但它的作战半径只有300公里，飞不到三八线就得返航，所以呢，飞机飞行的距离很受限制。

钱学森笑了笑，又像剥笋一样把观点向深处延伸了一点，他说：从技术上看，导弹技术并不比飞机更难，研制进度会快得多，况且导弹的使用是一次性的，相对飞机要容易解决得多，发展导弹技术唯一要解决的难题是制导问题，但这在短期可以突破。

如果我们从导弹入手，几年之内国家的防空问题可以解决，不挨打和还击敌人的问题也可以解决，我们赢得了与对手战略抗衡的时间，有利于航空工业积累经验稳步发展。

钱学森又分析，从国防的未来发展来看，导弹结合核武器是必然之路。

钱学森在与国家高层领导的接触中，敏锐地感觉到中国正在发展原子弹。他以一个火箭科学家的职业敏感，意识到要搞原子弹就离不开导弹，原子弹要真正形成战斗力和威慑力，必定需要导弹作为运载工具，二者必定会“两弹结合”。

他知道，核武器没有导弹相辅，对万公里以外的目标就不具有威慑力，而导弹没有核弹头也就形成不了强大的杀伤破坏能力，两者缺一不可。钱学森举例说，二战爆发以后不久，美国罗斯福总统多次把科学家找来共同讨论美国如何发展科学技术问题，当时就叫了冯·卡门等科学家。他

钱学森看得深啊

我国航天事业开创者之一的任新民后来回忆说：“钱老看问题看得很深，当初我国搞战略规划时，面对航空和航天，怎么投入？钱老说，搞航空一定要解决长寿命的问题，要解决人的安全问题，这是个难题，一下子搞不出来，但导弹我们可以尝试，我们资源有限，不能四面出击，所以他主张先从导弹搞起。”

深入研究过钱学森思想的航天工作者陈中青说：“当时摆在钱学森面前的，一方面是新中国国防安全急迫需要，一方面是十分薄弱的航空工业基础。如果按照外国航空航天的发展模式，中国若等待现代化航空工业发展起来，再抓火箭、导弹技术，那就不知要等到何年何月。这条道路显然不适合形势的需要。”

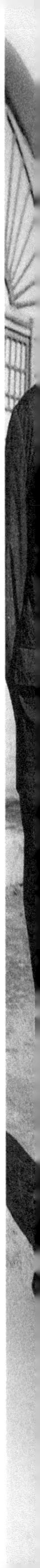

跨箭相期星际游

中国科学院院长郭沫若对钱学森在参加制定国家科学规划中表现出的卓越才能和重要作用，十分赞赏，特向钱学森书赠诗一首：

大火无心云外流，
望楼几见月当头。
太平洋上风涛险，
西子湖中景色幽。
冲破藩篱归故国，
参加规划献宏猷。
从兹十二年间事，
跨箭相期星际游。

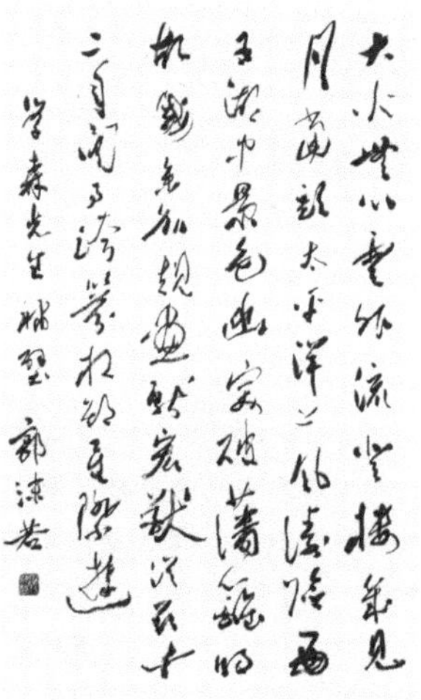

们讨论来讨论去，结果就做出要尽快搞导弹发射、搞原子弹和氢弹这个英明的决定。因为一般火炮打原子弹、氢弹，打不远，不行。有了导弹，你想打到哪儿，哪儿就完了，是毁灭性的。

钱学森担心有些同志听不懂，又通俗地解释说：“火箭，作为一种运载工具，可以用来进行科学试验，也可以成为远距离杀伤武器。只有把它作为核弹头的运载工具时，它才可以真正称之为战略武器。中国要有效地打破帝国主义的核讹诈，就必须拥有这种威力强大的武器，其战术价值也比核航弹大得多，飞机很难在近代条件下作为运载核武器的有效工具。当然，要研制导弹核武器，其难度也是不言而喻的。”他还告诉大家，火箭、导弹技术的发展，将彻底改变现代战争的模式，导弹可以从地面、地下、空中、水下或机动装置上发射出去，是赢得未来战争的战略性武器。当然，我们中国人今后还要走出地球，还要搞星际航行，开发宇宙资源、和平利用外层空间，这都离不开火箭呀。

归国时的钱学森，已经是集航空和航天科技理论、战略规划、工程实践和科学管理于一身的著名科学家。他曾亲身参加美国第一枚气象火箭“女兵下士”和美国军方第一枚原始型导弹“下士”的研制工作。他在火箭、导弹技术的总体，动力、制导、气动力、结构、计算机和质量控制等各个专业领域积累了丰富的知识和经验。因此，钱学森对中国该不该优先发展火箭、导弹技术，能不能独立发展火箭、导弹技术的判断，是有科学依据和清醒的估计的。在这个可能改变中国命运的关键历史时刻，敢不敢挑战世界航空、航天发展的金科玉律？中国能不能走别人没有走过的路？

钱学森义无反顾地选择了——能！

用他自己的话说："我们不走美国发展的道路，也不走苏联的道路，而要走我们自己的道路，我们可以迎头赶上世界先进水平。""中国人民完全有能力，自力更生制造出自己的导弹。"

钱学森是个不太爱讲话的人，但是一旦他讲话，就具有相当强的穿透力和感染力。他在美国名校的讲台上练就了逻辑严谨、条理清晰、重点突出的三大本领，又和导师冯·卡门一起游说过美国国防项目的投资人，懂得如何作科普宣传。所以，在"12年规划"会上经过一次又一次地进行讨论和说服，他这一具有真知灼见的分析和意见，终于被大家接受。

于是，这一重大战略决策就此确定。在国家12年远景规划中，"喷气和火箭技术的建立"被列入了52项重点之一，并有了以下明确的表述。

实现该项任务的途径："必须尽快建立包括研究、设计和试制的综合性的导弹研究机构，并逐步建立飞机方面的各个研究机构。"

实现该任务的进度："1963年至1967年在本国研究工作的指导下，独立进行设计和制造国防上需要的、达到当时先进性能指标的导弹。"

实现该任务的组织措施："在国防部的航空工业委员会下成立导弹研究院，该院自1956年起开始建设，1960年建成。"

这一决策的预见性和深远影响，在以后的岁月里越发显现。钱学森善于根据国家的总体部署和要求，通过战略谋划和顶层设计来引领国防科技发展的能力，奠定了他作为战略科学家的非凡地位。

纯科学家与从事实用工作的工程师间密切合作的需要，产生了一个新的行业——技术研究家或技术科学家。他们成为纯粹科学和工程之间的桥梁。他们是将基础科学知识应用于工程的那些人。

—— 钱学森

第三章

力学所催生『上天』队

钱学森回国后的第一个职务是中国科学院力学研究所所长。充满激情的他，急切地想以自己国外20年积蓄的知识和经验，回报祖国。他原准备全身心地重操旧业——教书、做学问。然而，就在他当所长刚满10个月时，新中国第一个导弹研究院院长的职务也非他莫属。在身兼二职近30年的时间里，他以技术科学的思想统筹兼顾，让力学与“两弹”联姻，使传统的力学研究走出书斋，成为了新中国国防和经济建设的加速器。

1956年钱学森在中国科学院力学所办公室

钱学森的《工程控制论》1957年获中国科学院自然科学一等奖

1959年钱学森到安徽师范学院参观数学系自制的电子计算机和物理系同学制作的半导体元件等

钱学森与苏联专家讨论问题

钱学森夫妇在莫斯科

钱学森与来访者谈笑风生

1956年6月，钱学森应苏联科学院邀请访问苏联

1961年6月，钱学森就苏联发射多级重型火箭一事接受记者采访

钱学森和苏联专家登上长城

1961年钱学森在给中国科技大学学生上课

听钱学森讲课是一种享受

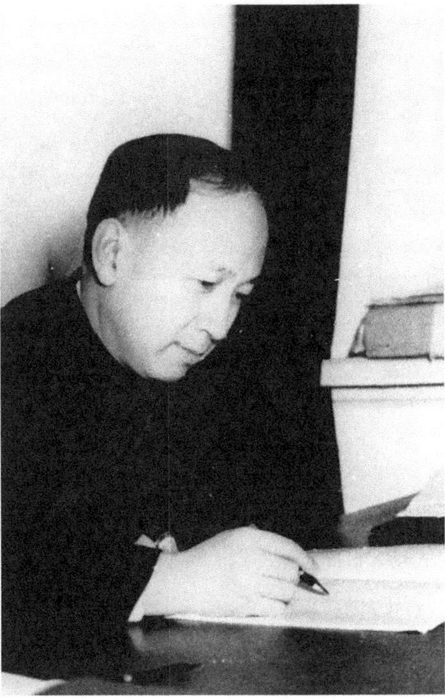

钱学森在力学所办公

钱学森讲课深入浅出、通俗易懂

1960年4月，钱学森在上海老港探空火箭发射场

钱学森在老港

T-7 M004号火箭发射成功后，钱学森与试验队员合影

1. 受命组建力学所

1955年12月21日，钱学森结束了东北三省为期一个月的参观讲学，回到北京。一路上，他看到了新中国六年来建设事业欣欣向荣、蓬勃发展的景象；亲身感受到中国共产党强大的组织领导能力；了解了我国现有的工业基础和巨大潜力。他把思考后得出的明确结论——科学技术应该为现代化的工业建设服务，力学研究所的研究范围要宽广一些，内容要新颖、先进，要走在工业生产的前面等，都融进了筹建力学所的构想中。

1956年的春天是个绚丽的春天，我国政治形势一派大好。对中国科学技术界来说，更是一个值得追怀的阳光明媚的春天。

1956年1月5日，中国科学院召开院常务会议，讨论通过第一项议程——成立力学研究所。出席会议的有院常委会成员郭沫若、李四光、张稼夫、陶孟和、竺可桢、秦力生、严济慈、华罗庚等13人；列席会议的除钱学森和钱伟长外，还有周培源、朱兆祥等6人。会议讨论决定：力学所建所条件已经成熟，不需再设置筹备阶段，决定正式成立力学所。所长钱学森，副所长钱伟长。

1月25日，毛泽东在最高国务会议上指出："目前我们国家的政治形势已经有了根本变化。"并提出："我国人民应该有一个远大的规划，要在几十年内，努力改变我国在经济上和科学文化上的落后状况，迅速达到世界上的先进水平。"

接着，1月30日，周恩来在中国人民政治协商会议第二届全国委员会第二次全体会议上，明确提出"向现代科学进军"的号召。这预示着中国科学技术的发展将进入一个快车道。

为了筹建力学研究所，1955年11月，钱学森就与钱伟长、朱兆祥一起，约请在京的力学家周培源、张维、杜庆华、吴仲华、陆士嘉等座谈，与数学所力学研究室的李敏华、郑哲敏、胡海昌、林鸿荪等商讨，集思广益，反复切磋，明确建所方针，拟定建所方案，筹划人员配备，寻找办公地点等。当时，钱伟长领衔的数学所有一个力学研究室，研究室里有几名骨干。钱伟长非常豪爽地同意把力学研究室拱手相让，"连锅端"给钱学森的力学所，作为建立新所的第一笔家当。

中国科学院从数学所里暂时挤出几间房子，作为钱学森筹备工作的办公室，办公室仅放有一张桌子和一张硬板床。

不久，中国科学院又将化学所南面原经济研究所占用的一栋三层小楼腾出来，交给力学所暂用。于是，原数学所中力学研究室的人员全部迁入这栋三层小楼，当时搬过来的研究人员有钱伟长、林鸿荪、郑哲敏、胡海昌、朱兆祥、蔡树棠、解伯民、刘正常、马宗魁等13人，又调来几位行政管理人员，力学所算是有了个雏形。

1956年1月6日，力学所召开全所人员大会，宣布中国科学院力学研究所正式成立。所谓“全所人员”，也就是十几个人；成立大会的会场，就是一间大一点的办公室。

钱学森在会上作了《关于力学研究方法》的报告。报告的要点有：

任何科学研究必须和实际结合，挑选课题应结合国家工业发展推进的方向。

在研究过程中，一定要很快弄清哪些是主要之点，这样就可以暂时忽略其中非主要之点。

研究工作一定要注意一般性原则，要有判断能力。哪些问题是可能的，哪些问题是不可能的。

开设各种专题讨论班，发扬学术民主，开诚布公地进行讨论。

聚集人才是办好力学所的第一件大事，为此，钱学森广泛召集力学人才来所工作。

1956年2月2日，钱学森给尚在美国的挚友、著名力学家郭永怀写信，告诉他国内近况，催促

回国前钱学森已被中国科学院聘为一级研究员

1950年9月7日，钱学森被美国移民局逮捕以后，当年9月至11月，新华通讯社和全国（包括香港）各大报纸纷纷报道我国科学教育界和舆论界对美国政府非法扣押钱学森的抗议浪潮，并表示对钱学森的声援。尽管钱学森还未回国，但由中国科学院一些著名科学家提议，经中国科学院院务会议确认，从1950年10月开始，中国科学院聘任钱学森为一级研究员。自此，中国科学院一直密切关注钱学森事件的进展。

中国科学院的任命

1956年9月5日，中国科学院发文，正式任命钱学森为力学研究所所长，钱伟长、晋曾毅为副所长，晋曾毅还兼任党支部书记。1957年5月钱伟长停职后，由郭永怀接任副所长（1958年3月正式任命）。钱学森任力学所所长直至1984年。

中国科学院力学所

他早日回国。信中写道：

永怀兄：接到你的信每次都说归期在即，听了令人开心。我们现在为力学忙，已经把你的大名向科学院管理处“挂了号”，自然是到力学所来，快来，快来！

老兄回来，还是可以做气动力学工作，我们的需要决不比你那边差，带书的时候可以估计在内。多带书！

请兄多带几个人回来。这里的工作，不论在目标、内容和条件方面都是世界先进水平，这里才是真正科学工作者的乐园！

郭永怀1941年5月从加拿大多伦多大学应用数学系硕士毕业，进入美国加州理工学院，师从冯·卡门，研习空气动力学。他的博士论文挑选了当时最具挑战性的课题“跨声速流动研究”，并一举拿到了博士学位。在这里，他遇到了平生的知己——师兄钱学森。学习之余，钱学森最乐意干的事情就是开着车，拉着这个颇有几分书呆子气的师弟兜风。1945年，冯·卡门有个名叫威廉姆·西尔斯的大弟子，要在康奈尔大学办一个航空工程研究生院，冯·卡门说，你就让郭永怀跟你一块到那儿去好啦，所以，郭永怀后来又到了康奈尔大学。1941年，钱学森去加拿大多伦多大学接郭永怀，1945年，钱学森正好要到麻省理工学院教书，又是他开着车，直接把郭永怀送到了康奈尔大学。

后来当获悉郭永怀已经离开美国、踏上回国的旅途时，钱学森又写了一封信委托前往深圳迎接的工作人员转交给郭永怀。信中说：

这封信是请中国科学院广州办事处面交，算是我们欢迎您一家三口的一点心意！我们本想到深圳去迎接你们过桥，但看来办不到了，失迎了！我们一年来是生活在最愉快的气氛之中，每一天都被美好的前景所鼓舞，我们想你们也必定会有一样的经验。今天是足踏祖国土地的头一天，也就是快乐生活的头一天，忘记那黑暗的美国吧！

我个人还更要表示欢迎你，请你到中国科学院力学研究所来工作，我们已经为你在所里准备了你的“办公室”，是一间朝南二楼的房间，淡绿色的窗帘，望出去是一排松树。希望你能满意。你的住房也安排好了，离办公室只五分钟的步行，离我们也很近，算是近邻。

现在力学所任务重大，非您来帮助不可。我们这里有好几位青年大学毕业生等您来教导。此外，力学所也负责讲授在清华大学办的“工程力学研究班”（是一百多人的班，由全国工科高等院校中五年级的优秀生组成，两年毕业，为力学研究的主要人才来源）。由于上述原因，我们拼命欢迎你，请你不要使我们失望。

此外。钱学森还写信邀请在麻省理工学院获得博士学位的同学、岩土力学专家钱寿易等来力学所工作。

力学所成立后不久，很快聚集了好几位从国外学成归国已在其他单位工作的力学专家到力学所工作。1956年秋天，郭永怀如期回国来到力学所，1957年担任了力学所副所长。所长钱学森和副所长郭永怀，一人抓规划，一人抓落实；钱学森是大刀阔斧，非常果断，而郭永怀则是非常细腻，非常周到，他们互补互辅、契合无间，后来科学界羡艳地称他们为“冯·卡门学派兄弟搭档”。

1956年夏天，力学所从全国各高等学校选了一大批优秀毕业生，其中北京大学周培源创办的力学专业第一届学生毕业，分配到力学所的有十几个人，北京大学请苏联专家培养指导的研究生也分配来两位。根据钱学森“技术科学”的思想，许多新的研究方向需要多学科人才，所以也选进了北京大学数学、物理、化学等专业毕业生以及各地工科毕业生。这样力学所的专业人员一下子就增加到50多人。

后来，力学所又招收了一批研究生。此外，根据研究所的实际需要，配备了必要的行政人员、科研辅助人员，还建立了一个车间。到1956年年底，

你这个规矩呀

力学所俞鸿儒院士回忆说：那个时候我们力学所很小，有一次到人民艺术剧院去看话剧，全所就包了一辆车。钱先生和郭先生忙，来得晚，他们上车时座位已经坐满了，别人就要让座。钱先生特认真地说，先到先坐，后到后坐，绝对不能坏了这个规矩。可是，他站在边上，别人怎么坐得住啊？郭先生就说，你这规矩呀是个形而上学的规矩，你站在这里别人没法坐，你这不是干坏事吗？你还是坐吧，说了半天，最后郭先生坐下来了，钱先生还是不坐，一直站到剧院。

郭永怀和同事们

全所的科研团队力量迅速增强，人员已超过100人。

人有了，那么把握研究方向就是办好研究所的另一件大事。

钱学森曾向陈毅副总理汇报过办所的思路和打算，即“科学技术应该为现代化的工业建设服务，力学所的研究范围要宽广一些，内容要新颖、先进，走在工业生产的前面”，力学所研究的领域已经超出了传统的力学范围。它是按照钱学森关于“技术科学”的思想建立的，实际上，是一个综合性的技术科学研究所。1956年3月2日，《人民日报》对此报道说：“这个研究所正在进行同国家建设有重要关系的科学研究工作。”

钱学森倡导力学研究既重视理论，更重视实际应用，他首先确定了四个研究组及其主要研究方向：

弹性力学组（组长郑哲敏）：研究抗（地）震的力学问题，其主要科学问题是非平衡随机载荷下的结构动力学。因为我国是多地震国家，其应用背景十分明确。

塑性力学组（组长李敏华）：研究描述物质塑性行为的本构理论，其主要科学问题是如何将物质的微观行为与宏观行为结合起来。其应用范围很广。

流体力学与空气动力学组（组长林同骥）：研究叶栅绕流问题，其主要科学问题是叶栅引起的复杂旋涡运动，这与提高喷气机中压气机和涡轮机效率有密切关系。

自动控制理论组（组长钱学森）：研究系统控制问题。

后来根据国家12年科学远景规划，又增设了物理力学组（组长钱学森）、化学流体力学组（组长林鸿荪）、等离子体动力学组（组长潘良儒）和运筹学组（组长许国志）。

不久，随着国家建设发展的需要，自动控制组独立出来，成立了“中国科学院自动化研究所”。1960年，运筹学从力学研究所分离出来，与数学研究所的运筹研究室合并。

1958年，毛泽东发出“我们也要搞人造卫星”的号召后，7月6日，钱学森、郭永怀、杨刚毅利用周日的时间，在颐和园开了一次务虚会，提出以国家任务目标为主导，把力学所的研究方向和任务调整为“上天、入地、下海、为国民经济建设服务”四个方面。在组织上也作了调整，把原来按学科划分的研

究组，除运筹学组外，重新组成相应技术的四个研究室。

“上天”，就是要搞人造地球卫星，由第一研究室承担，后来这个研究室成为中国科学院的第一设计院。

“入地”就是强调地球物理勘探，开展“火钻”研制，用它作为快速钻岩工具，可用于掘进、探寻地下宝藏，还有爆破。这项技术及其任务由第二研究室承担。

“下海”就是应用水动力学，开展水翼艇的力学问题研究，特别是水翼的水动力计算，还有就是设法找到探测潜水艇活动的声道，及早发现敌人潜艇的活动，保卫海防。这项技术及其任务由第三研究室承担。

人们当时称“上天、入地、下海”为“科学国防”，是一件十分鼓舞人心的事。

而承担为国民经济建设服务方面任务的第四研究室，则提出了风力发电、小水头（后称低水头）发电等若干项目。

1959年11月，力学所成立二部，任务是“进行有关火箭技术及星际航行的力学问题的研究”。

二部成立了高速气动力研究室（十一室）、高温结构研究室（十二室）、液体推进剂及燃烧研究室（十三室）等三个研究室，同时建立了技术保障系统的三个单位：实验设备设计室（八室）、仪表测量设计室（九室）和机械工厂。

后来任务调整后，二部加速了超声速风洞和试验基地的建设，F-4超声速风洞于1959年建成投入使用，1960年6月，怀柔试验基地建成小型发动机试车台，怀柔试验基地基本建设全面铺开。

除了成立第一设计院和二部外，钱学森还根据“两弹”研制工作中的基础研究和探索性研究试验的要求，对力学所的研究方向进行了一系列部署，并确定了几项带有前瞻性的研究项目：

102 — 飞行器再入大气层的气动与防热研究，为弹头气动和加热环境、气动影响、烧蚀防热理论与实验方法提供计算和实验手段；

103 — 高温结构，为飞行器的薄壁、轻型、处于恶劣工作环境下的低安全系数设计提供可靠的理论和实验数据；

104 — 高超声速冲压发动机，飞行马赫数大于6，采用超声速燃烧（后因任务调整终止）；

105 — 爆炸成型研究，为航天产品薄壁轻型结构提供新的高效加工方法。

这些作法充分体现了钱学森的“技术科学”思想，他率先把力学研究从传统的书斋里解放出来，融进国防建设和经济建设的主战场，力学所实际上承担了“两弹一星”工程中许多预先研究和技术攻关任务，在整个尖端科学技术的发展中起了很好的先导作用。钱学森以新概念、新理论、新技术、新方法带动工业发展的率先垂范，也为新中国整个基础科学研究领域，带来了一股新风。

2. 甜蜜的学习

钱学森很清楚，无论是发展科技还是巩固国防，最重要的就是要有人才，要有大量的尖端科学技术人才和工程制造人才。因此他当力学所所长后，尽管所里各方面的事情都要他操心，要把握各组的研究方向，要争取国内外的力学人才到所里工作，力学的研究基地 —— 力学楼和实验室等都要他去筹划，但是他仍然把人才培养摆在非常优先的地位。在现有条件下，他呕心沥血，身体力行，竭尽全力以最快、最有效的办法培养人才。

客观地讲，钱学森在美国20年一直从事教书育人和理论研究工作，他自己的兴趣也在于此，因此，他很自然地亲自“操刀”，走上三尺讲台当起了教师。

1956年初，力学所没有自己的房子，钱学森暂借化学所的部分房子，立即办起了工程控制论讲习班，迅速传授新兴的科学知识。1954年，他在美国出版了《工程控制论》一书，这本书是在美国政府当时不让他再参加一些火箭技术方面机密工作的情况之下，他所做的一个新学科的研究成果。美国的一位专栏作家在评论《工程控制论》一书时写道：

工程师偏重于实践，解决具体问题，不善于上升到理论的高度；数学家擅长理论分析，而不善于从一般到具体去解决实际问题。钱学森集两个优势于一身，高超地将两只轮子装到一辆战车上，轧出了工程控制论研究的一条新途径。

钱学森的讲习班每周一次，听课的除力学所和中国科学院有关研究所的青年研究人员外，还有北大、清华等高校的青年教师，每次来听他课的大概有200多人。由于人太多，力学所又借用了化学所的一个小礼堂。

钱学森讲工程控制论时，学员有点担心，生怕他讲英语自己听不懂。因为大家都知道《工程控制论》是用英文写作的，况且钱学森在美国生活了20年，回国的时候已经44岁了，他能在回国不到半年的时间里，就用汉语把如此深奥的工程技术理论课讲清楚吗？

谁知，钱学森走上讲台操着一口地道的北京话，完全是自己充当翻译，没有夹杂一句英语，令大家非常吃惊。原来为了讲好课，他在语言上花了很大工夫，曾多次向别人请教某一句英语在汉语中是什么意思。比如说“random”这个词，他问了好些人，综合比较了许多人的意见，最后才确定用“随机”这个词。

最神奇的是，他讲课从不带书，就拿2页纸和1支粉笔，板书写得非常清秀、规范。课讲得详略得体、清晰耐听，提纲挈领、引人入胜，推演细腻、覆盖全面。有时候，他幽默的比喻会引发满座哄然大笑；有时候，他精深的理论会吸引听众目不转睛鸦雀无声。大家公认这位新来的所长讲课确实有独到之处。

力学所派自动控制研究组的两位年轻研究实习员戴汝为和何善堉，担任钱学森的助教工作。他们两人在课堂上认真、详细地记笔记，课后互相校对，把课堂笔记整理好，交给钱学森修改，他俩听不懂的地方就问，钱学森耐心地给他俩讲解，然后修改，再油印成讲义，下次讲课时发给学员，供复习参考。后来在此基础上，1958年8月出版了《工程控制论》的中文本。

机电所有4个人一直在力学所听钱学森的课，对钱先生佩服得五体投地。有一次，他们请助教戴汝为帮助疏通关系，想正式和钱学森见见面，说几句话，钱学森同意了。见面的时候，钱学森讲的话一直留在戴汝为的脑海里。他谈的是他自己做学问的经验，他说：“我不是说大话，我在研究空气动力学的时候，关于这方面的英文的、法文的、德文的、意大利文的文献我全都念过。为了把论文做好，我就得这么念书，而且还进行了分析。”接着，钱学森还谈到他的老师冯·卡门的故事：有一个学生把自己写的文章拿给冯·卡门看，他看看文章头，看看文章尾，想了想，然后告诉学生说中间计算错了。那个学生感到很奇怪，您还没好好看我的论文，怎么能得出这样的结论？冯·卡门之所以那么厉害，是因为在那个学生研究的领域里的问题他几乎都想过，大概会得出什么结论，他心里都有数，所以他一看就知道。因此，要熟读文献，从总体上了解情况，从实际要求出发，建立数学模型，进行求解，做研究更要了解国际上发展的情况，才谈得上是不是创新。

这个讲习班为我国培养了大批自动控制方面的人才，并很快成立了中国科学院自动化所，戴汝为、何善堉两人也划归自动化所，成为所里的骨干力量。自动化所日后为我国的航天事业、为导弹核武器的研制和发展立下了汗马功劳。

钱学森一直念念不忘冯·卡门在加州理工学院营造的学术民主风气，并把它带进了力学所。在他担任力学所所长期间，他规定每个办公室都要挂一个小黑板，以方便随时随地对问题进行讨论和商量。钱学森经常亲自主持物理力学和自动控制的讨论班，给年轻人讲自己在加州理工学院当研究生时和一些权威激烈辩论的故事，尽管当时他们常常争得面红耳赤，甚至拍桌子，但出了门仍然是好朋友。他还说："在讨论中没有权威，相互争辩最易激发人的深思，相互促进。"钱学森鼓励大家在讨论会上各抒己见，自由发言，倡导广泛的学术讨论和交流，充分发表不同的学术

接电话要下楼

钱学森从住处到力学所借用的小楼很近，步行仅需5分钟，他经常提前半小时上班。除了接待客人或其他重要活动外，他总是穿着蓝色卡其布中山服，戴着蓝色的帽子。那时办公条件比较差，全楼就一部电话，装在一层的传达室里。他的办公室在二层楼梯西侧，经常要从二层跑到一层接电话。有时他忙不过来，来电话就由传达室人员记录下来转告他。

莫斯科的特殊礼遇

1948年，美国科学家维纳的《控制论》出版，由于他在书中把人和动物和机器等同起来，亵渎了人类的尊严，惹怒了很多哲学家，被苏联哲学界斥之为"反动的伪科学"。1954年钱学森出版了《工程控制论》，系统揭示了控制论与火箭制导工程问题的相通性，及其对自动化、航天、航空、电子通信等科学技术的重要意义，包括苏联在内的世界各国科学界立即接受了这一新学科。该书被迅速译成俄文、德文，吸引了大批专家从事这一新领域的研究。1956年6月，钱学森应苏联科学院邀请前去讲学，会场里高傲的苏联科学家见到将军连理都不理，可是一见到钱学森进门全都站了起来，向他致敬。

1960年，国际自动控制联合会第一届世界代表大会在莫斯科召开，钱学森因忙于中国的导弹研制未能出席，与会者只好吟诵《工程控制论》序言中史诗般的名句来表达对钱学森的敬意："建立这门技术科学能赋予人们更广阔、更缜密的眼光去观察老问题，为解决新问题开辟意想不到的新前景。"

观点，鼓励学生向权威们挑战。

但是他发现在力学所组织的讨论班上，他讲完后没有人发表意见，几次动员总不见效。后来他想了一个办法，在报告中故意讲错几处，以便引起讨论，但结果仍然是冷场。他觉得奇怪，下去了解原因，有的是大家没有听出来讲错了；有的是听出来讲错了，但想钱先生怎么会讲错呢，大概是自己理解错了，不敢说话；有的则是知道讲错了，但想如果提出来，会影响钱先生的威信，因此也不便说。钱学森对国内的学术气氛有点受不了，他认为对就是对，不对就是错，而不是明明错了还说“这个基本上还是可以的，以后再加点工吧”，如果大家见面都是客客气气，学术讨论活跃不起来，这怎么能培养创新人才？为此，他觉得很苦恼。

有一天，他突然很高兴。原来他的助教戴汝为在整理讲稿时发现《工程控制论》书上第六章的一个算法可以简化，就写了简化后的算法给钱学森。钱学森在戴汝为的纸上欣然写道：“这个算法可以，我同意。”

为了激发力学所的学术空气，钱学森倡议每周三下午召开一次“科学讨论会”，每次由一位中心发言人首先讲一个新的科学话题，然后大家自由发言，主题不限于力学，任何学科都可以讲。钱学森还突发奇想，自己掏钱买来普通人难得吃到的水果和糖果，放在会场里。20世纪60年代初期，正是国家的困难时期，在那个物资极其匮乏的年代，“科学讨论有糖吃！”这是很具有吸引力的，与会者一面听讲发言，一面品茶吃糖，气氛十分自由。当年力学所的许多同志都有这段“甜蜜”的回忆。

钱学森不仅在学术上积极营造自由民主的气氛，在生活上他也同样为大家创造着美好的人文环境。力学所初建，各地选派、分配的30多个年轻人没地方住，被临时安置在一个无桌无凳、只有上下铺的铁皮大车库里。钱学森看到后便找来后勤主管，严令“三天之内，全给我搬到楼里去！”1956年中秋节，全所几十号人聚集在门前广场上举行联欢晚会，即兴表演节目。钱学森全家四口人都参加了，蒋英在“击鼓传花”中被罚演一个节目，她大大方方地唱了一首民歌《南泥湾》，钱学森在夫人唱完后带头鼓掌，喊着“再来一个！”所里的年轻人缺乏体育锻炼，每天下午4时以后，钱学森把他们统统赶进了篮球场。

尽管日子过得并不富裕，但力学所里的气氛很融洽，大家的精神非常愉快，学业和学术长进也很快。

3．播种清华力学班

为了培养力学人才，钱学森经常到高校去给学生举办力学讲座。1956年，他应邀在北京大学作过两次报告：第一次是给数学力学系师生讲的，内容是航空技术和力学的发展，他从飞机的诞生讲到低速、亚声速、超声速和高超声速的发展，从自己的博士论文讲到“卡门－钱近似”公式，然后又介绍了薄壳结构。他知识面很广，又理论联系实际，所以学生们听了收获很大。第二次是面向全校范围讲的，他强调了技术科学，那时他正参加全国科学发展规划的制订，所以内容更广泛、更新颖，也更符合中国的实际情况，大家听了觉得很亲切，也很受鼓舞。他还不时在清华大学、北京工业学院等高校作学术报告，报告的内容非常广泛，涉及科学发展前沿，富有启发性。不仅力学所的人，周围中国科学院各研究所的科研人员和各高校的年轻教师，甚至外地的科技人员都赶来听讲。由于听众多，一般都在力学所小楼北边的能容纳几百人的化学楼礼堂里进行。

但是时间长了，钱学森感到有些力不从心。有一天，在回家的路上，他突然想到，如果能够成立一个专门的培训班，系统地培养专业力学人才，也许远远要比他个人疲于奔命地演讲效果好得多。正好，钱学森参加了国家《1956~1967年科学技术发展远景规划纲要》的制订，他又是负责自然科学基础理论和课题建设的力学发展小组组长，于是便和副组长郭永怀、张维等人，商量提出了两条建议：一是在若干所大学设立力学专业，二是从1957~1958年重点工科院校的毕业生中挑选优秀者，举办力学研究班。

新中国建立之前，在我国的高校中没有力学专业。1952年院系调整，是否应在清华大学设力学专业，曾成为一个有争议的问题。一些力学工作者，如杜庆华、张维、陆士嘉、万家潢、张福范等人，认为应该设力学专业，但当时的苏联专家不赞成，因为苏联的力学专业不是设在工科大学，而是设在综合性大学。于是，教育部只在北京大学成立了数学力学系。

看到钱学森等人的建议后，国务院决定，由教育部与中国科学院主办、中国科学院力学所和清华大学联合承办，在清华大学建立工程力学与自动化两个研究班，该研究班的编制隶属于清华大学。

钱学森、郭永怀、钱伟长、钟士模参加了建班的最初工作。钱学森根据国外发展航空航天工程的特点及经验，亲自主持创办了这两个研究班。

工程力学研究班的首任班主任是钱伟长，后由郭永怀接任。研究班分流体力学和固体力学两个专业，自1957年2月起每年招生约100人，学制两年，至1962年2月，工程力学研究班共办了3届，招收学生309人。培养目标是高层次师资和研究人员，虽然没有言明是否给予学位，但事实上是准备按照苏联模式培养副博士的。

自动化研究班的班主任是钱学森，学制一年，班委由钟士模、陆元九、郎世俊等组成，只办了一届。两个研究班都在北京西直门外的中国科学院植物所内，与北京动物园毗邻且相通。

工程力学研究班和自动化研究班的生源来自三个方面：一是高等院校工科四年级学生，二是工厂及企业研发部门的科技人员，三是高等院校力学教师。他们要在听课、读书的基础上，分别完成“专题研究”和“研究论文”。毕业后，一部分人回原单位，一部分人统一分配到高等院校与科研院所。

钱学森亲自在工程力学研究班讲授“水动力学”和“宇航工程”，钱伟长讲授“应用数学”和“工程流体力学”，钱伟长、杜庆华讲授“弹性理论”，郭永怀讲授“流体力学概论”和“边界层理论”，李敏华讲授“塑性力学”，郑哲敏讲授“动力学”和“应力和波”，黄克智讲授“蠕变与热应力”，潘良儒讲授“流体动力学”，孙天风讲授“气体动力学”等，这些都是当时力学前沿学科内容，真可谓博大精深。名师们在讲授课程的过程中没有任何限制，每个教师可以在讲台上充分发挥自己的特长，展现出不同的风格。像钱学森和郭永怀，讲课风格迥异，但却都能给学生以深层次的启发。

钱学森讲授的“水动力学”，从1958年年底至1959年年初每周讲一次，每次4节课，共8讲。学员们回忆说：钱老师经常穿着洗褪了色的中山装，很平易近人，但一开始讲课，他那广阔的视角、严密的论证、深入的分析、生动的语言，娓娓道来，以深刻的逻辑力量，紧紧抓住了大家。他还经常在课堂上临时发挥，将讨论引向发展的前沿，使大家如醍醐灌顶，终生受用。

研究班老师棒、内容好的消息，不胫而走，引来了上百位北京高校、科研单位的年轻教师、中年讲师，甚至不少年长的副教授也来听课。他们每次从距西郊很远的地方赶来旁听，风雨无阻，从不间断。

当时，许多著名教授还参加了学员的论文指导，如中国科学院力学所钱学森、郭永怀、林同骥、李敏华、郑哲敏、卞荫贵诸位教授以及清华大学张维、夏震寰、杨式德等教授。尔后，教育部发文正式将这三届培养的研究班学员认同为研究生毕业，虽然当时我国尚未实行学位制度。

钱学森在亚、跨、超声速流动，薄壳屈曲理论，工程控制理论这些分支领域，都作出了开创性研究成果，他深知技术科学的重要性以及在航空、航天领域里的基础性，因此，他将工程力学研究班与自动化研究班作为在国内培养技术科学人才的“试点”。钱学森的渊博知识和深入浅出的讲解，深深地感染了每一个学员；钱学森理论联系实际的治学和办学思想，对研究班和学员产生了深远的影响。虽然每届研究班都分为固体和流体两个专业班，但它们有共同的基础课程，并互选对方的专业课程。当年的学员何友声在回忆中写道：“班内的学习风气极好，植物园内书声琅琅，大有‘只读圣贤书，不闻天下事’的味道。早晨锻炼时则通过内院跑进动物园，与狮象虎豹为伍。”

加强动手技能和科研能力的培养，是力学研究班教学的另一个特点，3个专业的所有学员必须参加材料力学、水力学、流体力学和空气动力学的实验。学员跑遍了清华大学的强度研究室、水力学研究室和北京航空学院的空气动力学实验室，自己动手作各种实验，扩大了视野，锻炼了能力。研究班理论学习结束后，要按专业分组进行专题研究，时间一般是半年，也有一年多的，学员下到全国各地大型厂矿、国防单位，协助生产设计单位，解决工程设计中的一些实际问题，进行理论或实验研究。第一届学员在学了一年半之后，正值中国科学院第一设计院成立，有相当一部分力学班和自动化班的学员调入该院，大大增强了我国探空火箭和运载火箭研制的力量，对航天事业的发展起到了重要作用。

钱学森在当时人才奇缺的国情下，打破了一个老师带一个研究生的传统做法，采用集体培养的办法，比较快地培养出了一批研究生。三届工程力学研究班培养的人才经过毕业后40多年的工作考验，证明这一培养模式是成功的。

历史证明了钱学森这一具有预见性和战略性的眼光，不仅为我国工程力学事业的发展奠定了坚实的人才基础，对力学学科的发展产生了深远的影响，而且直接推动了“两弹一星”工程和中国航天事业的发展，这些人才大部分成为“两弹一星”事业的中流砥柱和航天事业的中坚力量，有的成了培养新一代人才的著名教授。

1958年，清华大学成立工程力学数学系，后来力学部分独立出来成为工程力学系。

钱学森创建工程力学研究班之所以卓有成效，他的指导思想是很明确的。

不要再让他去“除四害”了

1958年“大跃进”开始后，人民政府号召群众“除四害”，力学所理所当然坚决贯彻执行。于是，钱学森也参加了赶麻雀、抓老鼠、挖蛆蛹等活动，觉得这是接触工农群众、放下知识分子“臭架子”、改造思想的好机会。这件事后来不知怎么被中央领导知道了，他们严厉批评了力学所党组织负责人。说像钱学森这样的科学家，党有更重要的事要他办，不能这样简单化地理解知识分子要接触工农群众，以后不要再让他去参加这样的活动了。

光荣入党

1958年10月16日晚，力学所大楼二楼会议室灯火通明，力学所党支部在这里召开发展新党员的支部扩大会议，入党申请人就是钱学森同志。入党介绍人是力学所的杨刚毅、时任科学院党组成员（1960年3月起曾任一段院党组副书记）的杜润生。会议由杨刚毅主持，参加会议的年轻党员都很兴奋。认为这样的大科学家申请加入我们党是一件非常值得高兴的事。参加会议的党员举手表决一致通过接纳钱学森同志为中国共产党的预备党员。当晚，钱学森激动得彻夜难眠。

1963年1月1日，中国科学院力学研究所物理力学班毕业留念

学员们认真复习功课

第一，力学要与其他技术科学学科相结合。

钱学森在创建清华大学工程力学研究班时认为不能把工程力学研究孤立起来，应与制导、控制相结合，这对发展尖端技术尤为必要。这一思想对工程力学在我国“两弹一星”研制和航空航天事业的发展作出重大成绩起了推动作用。

第二，力学要结合工程实践，力学班要理工结合。

钱学森要求学员来自工程技术的各个领域，即来自各高校的工科各系、科研部门和厂矿企业，入学后要提高理论素养，对此，他有深切的体会，这也是他当年离开麻省理工学院千里迢迢到加州理工学院的根本原因。他希望研究班学员经过培训能成为既具有坚实的基础理论，又能结合工程进行工程力学研究与教学的高层次人才。他强调研究内容要结合我国的重大工程问题，毕业论文的选题也尽可能去研究和解决工程问题。

有一次，有几个工程力学班的同学与钱学森偶遇闲聊，有人问他为什么回国一两年来没发表什么科技论文，甚至还表露出有点惋惜的神态。钱学森神情严肃地回答说:“我不这样认为，我回来开办了不少班。以你们力学班为例，你们有100多人，如果经过培养都能做研究，那么100多人做的研究肯定比我一个人多得多，贡献也大得多。”

4. 创办中国科技大学

光办力学班，钱学森还是感到“不过瘾”。1958年2月，一大批科学家共同倡议，中国科学院应充分发挥人才优势以及优越的实验室条件，创办一所专门培养从事科学研究人才的新型大学，重点培养国家急需的尖端科学技术人才。钱学森既是力学所所长，又在1956年10月担任了研制导弹的国防部第五研究院的院长，对人才的渴求格外强烈，自然成为创办新型大学最积极的倡导者之一。

1958年5月9日，中国科学院党组书记兼副院长张劲夫代表科学院向聂荣臻副总理递交了报告，建议由中国科学院创办一所大学，以解决国内各大学一时还难以培养的尖端学科的科研人员，如核子物理、超声速空气动力学、超高频技术、地球化学、高空大气物理、射线生物学、半导体技术等专业的人才。聂荣臻向周恩来汇报了此事，得到周恩来的首肯。6月2日，经中共中央书记处讨论后，同意成立这个大学。

6月8日，中国科学院院长郭沫若主持召开大学筹备委员会第一次会议。钱学森作为建校筹备委员会10位委员之一出席了会议。会议决定校名定为“中国科学技术大学”，大学实行“全院办校，所系结合”的方针，由郭沫若出任校长。大学由13个系组成，系主任由中科院相关研究所所长、副所长担任。

钱学森、郭永怀曾建议在力学所成立“星际航行学院”，适逢中国科学技术大学成立，便一并考虑了设置空间科学和技术所急需的专业。

1958年秋，中国科技大学第一批新生进入北京玉泉路校区学习，学制五年，专业课及毕业论文、毕业设计工作在各研究所进行。钱学森从1958年7月28日建校伊始，到1970年科大从北京搬迁至安徽合肥，一直担任力学系主任，历时近12年。他为力学系制定了详尽的教学计划，聘请了许多著名的专家学者担任授课老师。

至第四学年时，他亲自开设并为力学系58级、59级学生讲授“火箭技术概论”。

在“起立”声中，学生们立正向老师致注目礼，只见钱学森一身蓝色的中山装，表情从容平和，迈着沉稳的步子走进教室。学生们落座后突然瞪大了

我把“大炮”调来了

为了让学生打好基础，钱学森聘请一流科学家为学生授课。当年的学生张瑜至今还清楚地记得，当钱学森在全系大会上宣布聘任教师的名单时那踌躇满志和兴奋的神情。他高声地说：“我把科学院的“大炮”给你们调来了！”我们谁都没有想到，竟然是科学院技术科学部的主任、著名物理学家严济慈给我们讲授普通物理课，与钱学森先生同时获得1956年国家自然科学一等奖殊荣的吴文俊先生给我们讲授高等数学课，化学课也是由当时刚从美国留学回来的蒋丽金博士讲授。到了大学二年级，由著名科学家钱临照先生继续给我们讲授普通物理课。大学三四年级时，钱学森又聘请了力学所的卞荫贵先生为我们讲授流体力学，林同骥先生讲授高速空气动力学，郭永怀先生讲授边界层理论等。

不能乱花钱了

钱学森在中国科学院享受一级教授的待遇，每月工资350元。

刚回国时，他喜欢摄影，看到祖国一片欣欣向荣的气象，心里高兴就到处拍照，一个月下来，蒋英告诉他光是买胶卷就花完了他的全部工资，家里没钱买菜了。这下他们两口子才知道，不能像在美国那样大手大脚花钱了。此后，钱学森把那个从美国带回来的相机放进箱子里收了起来，再也不玩摄影了。

科大学生研制的小火箭受到气象部门青睐

当年科大力学系学生何迁民（左）至今保存着学校用钱学森的捐款为他们购买的计算尺

发科学洋财

1958年秋冬，科大力学系成立了以学生为主体的火箭研制小组，到1960年，小组成员已由初期的七八人，发展到100多人。学生们勤工俭学，边学边干，自制了长约1米、直径10厘米、铝制外壳、固体发动机、发射高度为5000米左右的小火箭。钱学森建议学生们与气象部门合作，以小火箭为运载工具，把降雨催化剂带到云中炸开散播，成为增雨或防雹火箭。这一妙招果然奏效，小火箭在北京昌平和甘肃兰州地区试射成功后，很快就得到气象部门1000枚的订货。钱学森高兴地祝贺同学们："你们的路子走对了，发了科学洋财。"

眼睛，他们发现钱教授是空着手进来的。瞬时间，一股无形的威慑力量笼罩着肃穆的大教室。

钱学森先用几分钟讲了大的科研背景，然后外衣一脱，旋即在黑板左上角写出本课的题目开始讲课，标准的普通话清晰明快，讲述的层次分明、深入浅出。他一边讲，一边提纲挈领地写出重点和重要的公式，步步推导，层层演算，纹丝不乱。他的板书极好，笔迹清秀，布局合理。不知不觉中课就讲完了，似乎时光的流逝不需要人们的感知。

当钱学森写完四块黑板，轻轻放下小半截粉笔，打住话尾时，下课的铃声响了。学生们如梦初醒，恋恋不舍地从"宇宙王国"中走出来。再看看钱学森，仍两手空空，气定神闲，步履轻捷地走出教室，脸上平静得如一潭秋水。

整整一堂课，钱学森竟没有动一下黑板擦，黑板上没有一道废题，抬眼望去，就像印刷好的教科书放大在黑板上。凡是听过钱学森讲课的人，都佩服他有一种吸引学生排除杂念的神奇力量。

他严密的逻辑推理和由浅至深的排难解惑，使学生的理解力达到最佳状态。他上课时几乎不看手表，对时间和内容，他成竹在胸。学生们当然不知道，博闻强记的钱学森，早在美国加州理工学院讲课时就练就了这项基本功。

钱学森还特别注意听课者的感受，在大的阶梯教室，他专门安排人检验自己的板书在最后一排是否能看得清，自己的声音在最后一排是否能听得清。中科院工程热物理所的徐建中院士回忆：一次下课稍早，钱先生让大家对讲课提提意见，自己曾写一张纸条提出辅导老师出的课后习题有些一再改动，同学们做了一遍又一遍负担很重。钱先生想了想告诉大家，不要怪辅导老师，题是我出的，一开始觉得题目各方面没有什么问题，后来再想想，觉得有些条件不太好、有些地方不够准确，于是就有了改动。“这样再三改动给同学们带来了不便，责任由我来负。”钱学森的坦诚和谦虚，令徐建中十分感动。更令人感动的是，1961年12月，钱学森向中国科技大学捐献了刚刚出版的《工程控制论》中文版的全部稿费千余元，加上他个人的积蓄共计人民币1．15万元，作为改善教学设备之用，学校用此款为力学系的学生购买了200多个计算尺。

钱学森每周上一次课，一次3学时，全部课程45学时，分12讲至13讲。一个学期中除有一次因去苏联访问而调课外，从没有缺席。当时听课的人很多，包括58级、59级两个年级3个专业的学生，还有力学所的不少专家、学者。上课地点设在北京中关村中国科学院自动化所大阶梯教室，由于座位有限，力学所的一些专家、老师们来听课，只好自带凳子或马扎。

钱学森对基础课数学、物理、化学要求都很高。入学不久，化学课的学习内容是原子结构，老师作了一次测验，结果很不好，90%的学生不及格。钱学森告诫学生，要学好化学课，当代许多学科都是边缘和交叉性的，化学学不好，对于以后的学习和研究是会有一定影响的。他对数学学习要求更高，他说过：“力学家的看家本事就是会算。”不会算怎么能毕业呢？他问工科毕业的辅导老师在大学期间做过多少道数学题，得到的回答是300多道题。钱学森又问力学系的副主任，58级的学生做多少道数学题，回答说大概就三百四五十道。钱学森说这可不行，这不符合“科技大学基础理论的比重要比一般工科院校高”的要求，得给他们补补基础课。最后学校决定58级学生延长半年毕业。钱学森选用冯·卡门和毕奥合著的《工程中的数学方法》一书开了一门课程；另外补“高等数学”，从极限概念一直补到数理方程，半年下来光数学题就做了3000多道。学生们反映，虽然工作晚了半年，但打好了基础，终身受益。后来，绝大部分学生在科研工作中受益匪浅，很快成为同龄科技工作者的拔尖人才，为“两弹一星”的成功作出了贡献。

中国科技大学为国家培养了一批又一批高水平的优秀人才，大量毕业生来到国防科技工业部门，其中有不少成为我国航天事业的骨干。

另类考试

中国科技大学力学系58级学生黄吉虎回忆：

钱学森给学生的考试很特别，是开卷考试。其实学生们更怕开卷考试，因为题目肯定是在讲稿上、笔记本上找不到的。大家曾希望钱先生透露一些考试范围，但是被告知，笔记本、教科书、参考书、字典都可以带，只是不许互相交流。

那次考试的日期正好是寒冷的1月份，上午8时30分开考，到中午仍没有一个人交卷。考试的题目只有两道，至今我还记得：第一题是一道概念题，占30分，一般都能拿到20分左右，但要拿到25分以上就会有一定的困难。第二题非常特别，即“从地球上发射一枚火箭，绕过太阳，再返回到地球上来，请列出方程求出解”。题目很明确，可我们就是没法下手，火箭的速度要达到第二宇宙速度是必定的了，但先得脱离地球的引力，也就是说首先要达到第一宇宙速度，再加速到第二宇宙速度；火箭的运行轨迹一定要与地球绕日轨迹在同一平面。但地球附近还有月球，地球本身还在自转，因此边界条件的确定就十分困难。同学们冥思苦想，抓耳挠腮，很难下笔。

到中午时，钱先生说，先吃饭吧，回来再考。大家直考到傍晚才交了卷。考试成绩出来后，竟有95%的同学不及格。钱先生也有办法，在所有得分的基础上开方再乘以10，这样得36分的同学就成了60分，而得100分的同学还是100分。这一来，75%的同学及格了，再加上平时的分数，80%多的同学过了关，只有近20%的同学需要补考。

5. 1958年“头号任务”

1957年10月4日，距离子夜12时还有32分钟，苏联拜科努尔发射场夜空如昼。

突然，一阵巨大的轰鸣声震耳欲聋，随着“卫星号”火箭冉冉升起，苏联第一颗人造地球卫星成功地开辟了人类宇宙航行的道路。一个不大的小球，却翻新了一个时代，天庭从此不再陌生。

苏联人造地球卫星发射成功后，中国的科学家们坐不住了。

1957年10月13日，中国科学院、中华全国自然科学专门学会联合会、中华全国科学技术普及学会组织召开了“关于苏联发射成功第一颗人造地球卫星的座谈会”。与会者中有许多在京的各领域的著名科学家，会上，科学家们就苏联发射成功人造地球卫星的意义、影响及其需要解决的重大问题各抒己见。

钱学森在会上对苏联成功发射第一颗人造地球卫星给予高度评价。钱学森谈道：

这一颗卫星的重量和体积看来并不惊人，但是，作为一个科学技术工作者来说，我们必须把我们的注意力转到发射这颗卫星的工具上去……火箭连续将卫星送入近圆形的轨道，可以看得出来，这一工作要非常精确的控制和遥测系统。所以苏联发射人造地球卫星的成功，也标志着苏联的科学技术工作者在自动控制和计算技术方面的高度成就。

赵九章则以苏联人造地球卫星是在宇宙空间升起的一颗福星为题发言。他说：正当全世界劳动人民及进步人士准备欢庆伟大的十月革命40周年之际，传来了人类征服星空的福星，人造地球卫星发射成功的消息，这是苏联的卓越科学家们继和平利用原子能和洲际导弹发射以后又一项伟大的科学成就。它标志着人类认识自然领域的扩大，它为人类凿开了宇宙空间活动的第一关。

郭永怀在座谈会上也发了言，他说：我觉得这件事是在进入原子能时代以后的第二件大事，对整个人类都有影响。人类一向是在第二度空间活动的动物，现在有了人造地球卫星的成就，就如同爬高有了梯子一样，以后去宇宙活动已经不是梦想，可以实现了。

钱学森还在中国科学院作了《喷气技术与人造卫星》的科普报告，接着又在政协礼堂作了一次规模更大的报告，报告通俗易懂，形象生动，听者甚众。11月，又在《力学学报》发表了《 远程星际航行》的论文。

钱学森的报告引起轰动，许多单位纷纷来人、来信、来电话，都想请钱学森去做报告。他分身无术，于是，就发动力学所研究人员组织了一个以林鸿荪为首的演讲团去各部门宣传，活动搞得轰轰烈烈，北京及周边地区家喻户晓。

钱学森、赵九章等人还向中国科学院副院长张劲夫、裴丽生建议，人造卫星应该列入国家“12年科学规划”，这将会使力学、自动化、喷气技术、地球物理、天文、应用数学、高能燃料、高温合金等一系列科学技术被带动起来。

中国科学院应苏联天文委员会的邀请，组织南京、北京、上海、昆明等地对苏联的人造卫星进行光学观测。为此，1957年10月15日，“国际地球物理年”中国委员会设立人造地球卫星光学观测组和射电观测组。两个组分别由紫金山天文台台长张钰哲和电子所筹委会副主任陈芳允担任召集人，负责组织、指导全国各地人造地球卫星观测和发展工作，紫金山天文台还承担人造卫星的轨道计算及其预报，根据紫金山天文台研究的“人造地球卫星预报方法”作出的轨道预报，比当时苏联提供的轨道数据还要精确。

北京大学周培源教授还组织北京大学、北京师范大学等院校的地球物理系、地理系的师生，利用现有的教学仪器，以及中国科学院器材局提供的秒表、经纬仪、计时仪、旧望远镜等，集中在北京天文馆广场，进行人造地球卫星观测，并进行计算轨道预报。这是我国第一次有关人造地球卫星的有组织的、大规模的科研活动。上述台站的观测数据，一方面送往苏联，另一方面送往紫金山天文台进行轨道数据分析。

为了帮助中国进行卫星观测，苏联专家谢戈洛夫专程前来中国，在北京举办了为期一个多月的人造卫星光学观测训练班，参加人员都是各高等院校的地理系讲师，共计40余人。谢戈洛夫并帮助中国编写了一本有关人造卫星知识的讲义。后来，苏联又赠送给中国一架天文望远镜。

一位曾参加过卫星观测的中国专家后来回忆说，每当静静的深夜，我们举起望远镜看到苏联卫星经过北京上空时，心就扑通、扑通跳个不停。星空好像有一股巨大的吸引力，既使我们激动，又使我们为没有自己的卫星着急。

苏联的人造卫星很快点燃了中国人的激情，成为社会上最时髦的话题。报刊和广播电台纷纷登载和报道有关人造卫星的文章；北京天文馆编排了“人造地球卫星”节目，用星象仪进行表演，并举办了“人造卫星、月球火箭”图片展览；邮电部还专门发行了一套“人造卫星纪念邮票”，在一枚邮资4分钱的邮票上，画着人造卫星与东方巨龙的优美图案，以显示中国的雄心与气魄。

中国，掀起了一股“卫星”热。

那时国防部五院正在全力以赴研制国防急需的导弹，没有精力考虑放卫星的事，这个任务就责无旁贷地落在了作为科学研究国家队的中国科学院身上。当然，从某种意义上讲，也还是落在钱学森的身上。分管科学技术的副总理聂荣臻向中国科学院副院长张劲夫交待，要密切注意有关情况。

1958年春天，新的力学所大楼建成，钱学森的办公室设在305、306套间，条件好多了。此时，中国科学院副院长、气象和地理学家竺可桢，力学所所长钱学森，地球物理所所长赵九章等人联名建议，中国应当开展人造卫星的研制工作。

在1958年5月5日至23日举行的中共八大二次会议上，身为八届中央候补委员的张劲夫向周恩来反映了科学家们的建议。

会议中的一天，正是黎明时分，周恩来慎重地拿起电话："主席，科学家向我们敲门了。"

毛泽东若有所思地点了点头。

几天后的5月17日，心情极好的毛泽东在大会上挥动着巨手："我们也要搞人造卫星。"一会儿，他还觉得言未尽兴，又说："鸡蛋大的我们不放，要放就放它个两万公斤的！"毛泽东的声音被雷鸣般的掌声淹没。此时，毛泽东的思绪飞向了

国际地球物理年

1950年6月，国际无线电科学联盟在布鲁塞尔举行会议时，有些地球物理学者提议，将50年举行一次的国际极年观测活动改为25年举行一次。这一提议得到国际科学联合会理事会等国际性组织的支持，并决定将第三届国际极年改名为国际地球物理年，从1957年7月1日到1958年12月31日，世界各国同时对地球物理现象进行联合观测。国际地球物理年的科学研究共有13个项目：(1)气象学，(2)地磁和地电，(3)极光，(4)气辉和夜光云，(5)电离层，(6)太阳活动，(7)宇宙线与核子辐射，(8)经纬度测定，(9)冰川学，(10)海洋学，(11)重力测定，(12)地震，(13)火箭与人造卫星探测。国际地球物理年的活动取得了丰硕的成果，最令世界瞩目的是，苏联发射了世界上第一颗人造地球卫星。

中国参加了国际地球物理年的活动。中国科学院设置了相应的专门委员会，竺可桢副院长为主任委员。

苏联的导弹改装为发射卫星的运载火箭

苏联第一颗人造地球卫星

遥远的太空，“飞天”和“强国”紧密相连，维系着大国之魂，一个明智的民族绝不能对它无动于衷。

很快，毛泽东“我们也要搞人造卫星”的号召传遍神州大地。

1958年6月3日，中国科学院在西苑中直机关礼堂召开大跃进动员大会，8月，中国科学院党组呈送给中央一份由钱学森主持起草的报告。报告这样说明了发射人造地球卫星对于推动尖端科技发展的重大意义：发射人造卫星，将使尖端科学技术发展加速前进，开辟新的科学技术研究工作的新领域，为导弹技术动员后备力量。同时，任何人造卫星的上天，都是洲际弹道导弹成功的公开标志，是国家科学技术水平的集中表现，是科学技术研究工作向高层空间发展的必不可少的工具。报告指出，中国科学院十年内要做三件事，其中1958年的第一件大事是，人造卫星上天。

为了保密与任务协作方便，人造卫星任务的代号为“581”任务。

不久，聂荣臻召集专门会议，责成中国科学院和国防部五院负责人张劲夫、钱学森、王诤，组织有关专家拟定人造卫星发展规划。聂荣臻还特地邀请张爱萍、罗瑞卿、钱学森等人，在国务院办公室召开了专门会议，研究中国的卫星如何起步。

按照任务分工，中国科学院在北京香山饭店组织钱学森、赵九章、郭永怀、陆元九等专家负责拟定《发展人造卫星规划（草案）》。会上大家冷静思考卫星的技术途径、运载火箭的发展趋势，对发射卫星的可行性进行了深入的讨论。钱学森在综合分析大家的意见后，提出了三步走的规划设想：第一步，发展探空火箭；第二步，发射一二百公斤重的卫星；第三步，再发射几千公斤重的卫星。

中国科学院很快落实了组织与业务领导，并成立了“581”组。力学所所长钱学森任组长，地球物理所所长赵九章和党委书记卫一清任副组长，成员包括各有关所的主要领导，如力学所杨刚毅、电子所顾德欢、计算机技术所罗沛霖、生物物理所康子发等。“581”组专门负责研究我国人造地球卫星的问题，并负责领导、规划、协调“581”任务。

“581”组计划建立三个设计院。

第一设计院，负责卫星、运载火箭总体设计，由钱学森主持、力学所负责筹建，力学所副所长郭永怀任院长，杨南生为技术负责人。为了充分利用上海地区的工业基础，该设计院于1958年11月迁至上海，改名为中国科学院上海机电设计院，接受中国科学院和上海市科学技术委员会的双重领导。

第二设计院，负责控制系统研制，由自动化所承办筹建，吕强任院长，陆元九、杨嘉墀、屠善澄等为学科负责人，自动化所抽调科研人员成立了三个研究室，1958年11月借用红山口高级军事科学院部分房舍开展工作，翌年由于任务调整又搬回自动化所。

第三设计院，负责探空仪器研制和空间环境的研究，由地球物理所承办筹建，赵九章、钱骥担任科学技术领导。队伍以地球物理所的人员为主，并从中央广播事业局、铁道部和空军等单位抽调科技人员、技术工人和政工干部。由于形势的变化，后面两个设计院没有正式成立。

在这个计划中，力学所的任务最重，行动最快，它负责筹建的第一设计院于1958年8月15日宣告成立。9月，中国科学院成立了“581”办公室，挂靠在地球物理所，负责具体任务的组织实施和对外联系。

很快，钱学森领导的第一设计院就拿出了成果。他们夜以继日，只用2个月就完成了运载火箭结构的初步设计。“581”组与院内外31个单位通力协作，做出了2种探空火箭的头部模型。

1958年10月25日，毛泽东由郭沫若、吴有训、张劲夫陪同，参观了中国科学院自然科学跃进馆的各学科展览室。参观快要结束时，毛泽东在张劲夫、钱学森的引导下走进了新技术保密展室，那里展览的是第一设计院设计的运载火箭（T-3）第一级的结构总图、载有多种高空环境探测仪器及动物舱的两种探空火箭头部模型，以及中国空间技术发展的设想蓝图。展览的火箭模型做得很原始，不会动，布展人员想了一个办法，在模型后面躲个人，用手拉着一根橡皮筋带动火箭“上升”。毛泽东对火箭模型看得很仔细，火箭的“秘密”被他发现了，他探头看了看模型的后面，哈哈大笑：“你们的火箭起飞原来是这样啊！好，好，土一点不怕，土八路不是把洋鬼子打败了吗？”参观快结束时，毛泽东侧过脸悄悄地对钱学森说：“不听他们的，你给我说实话，这个能不能上天？”钱学森明确地回答说：“这是个模型。”毛泽东笑了笑，鼓励道：“要独立自主，自力更生，敢于走前人没有走过的路。”

钱学森心里十分清楚，这些按照国外公开资料所进行的模仿性工作自然是初步的，对于其中许多技术问题，还来不及作认真的分析、研究，有的设备虽能运行，但能否长期在恶劣的空间环境中工作并取得可靠的数据，仍然存在很大的疑问。钱学森内心的压力很大，他知道，研制展览模型已费了很大劲，卫星要真正上天，许多技术问题还没有底，工作还差得很远呢。

为了探索中国空间技术发展的途径，根据当时中苏科学技术协定，中国科学院安排“581”组，组织“高空大气代表团”到苏联考察。1958年10月11日，中国科学院副院长张劲夫到地球物理所检查工作，办事一向雷厉风行的他对赵九章说:“说走就走，今天是星期天，明天做些准备办手续，买好飞机票就走。”

10月15日晚，张劲夫和钱学森在力学所大楼三楼会议室为代表团送行。张劲夫交待任务时说:“我们搞尖端科学，一方面自力更生，同时也要力争外援。代表团是根据中苏两国科学院协作项目‘高能物理’去进行访问的。此事，郭沫若院长曾有信给苏联科学院院长，但你们要借题发挥，力争了解到一些人造卫星的研制、发射、跟踪、遥测等方面的问题。”第二天，代表团乘机从北京出发前往苏联，代表团由赵九章任团长，成员有地球物理所卫一清、钱骥，自动化所杨嘉墀、杨树智，翻译由原子能所何大绥担任。到达莫斯科机场时，苏联科学院派安德烈到机场迎接。

中国代表团在苏联进行了历时70天的考察。由于中、苏关系已经开始紧张，因而代表团受到了冷遇，仅参观了苏联天文台、空间电子所、应用地球物理所，看到一些探空火箭头部仪器，老鼠试验生物舱、磁强计、质谱计等空间物理探测仪器，以及振动、冲击、加热等空间环境试验设备，但未能商谈合作和援助计划等问题。代表团提出希望参观卫星研制单位，安德烈请示后回答，参观卫星研制单位要经赫鲁晓夫批准，参观之事最终不了了之。12月25日，代表团回到北京。

其间，张劲夫作为中央候补委员参加了11月在武昌召开的八届六中全会，他向中共中央书记处汇报了科学家对研制人造卫星的意见和计划。中央非常赞成，中央政治局开会研究决定，拨2亿人民币专款支持科学院搞卫星。2亿元！这在当时简直是个天文数字，这笔专款当年年底全部到位。

中国科学院党组经过征询科学家们的意见后，慎重决定，该专款重点用来建设迫切需要的几个专项。

一是高能燃料和火箭发动机的研制。钱学森提出，科学院要把重点放在开发自己的高能燃料上，这样火箭的运载能力才能大，发射远。

二是中国科学院第一设计院的两个火箭研究试验基地，由钱学森负责全面指导。这两个基地指的是进行高能推进剂试验研究的怀柔基地和进行空气动力试验的中关村中国第一座超声速风洞试验基地。

三是风洞、遥控仪器实验室，半导体元件研究设施，以及电子、自动化、高温金属、光学四个配套工厂，还有星上温控涂层材料的研制，建立高空环境模拟实验室等。

在中央专款支持下，各项工作都取得了很大进展。中国科学院在北京、上海、山西先后建立了3个科学仪器厂，承担卫星结构、有效载荷和无线电跟踪设备的加工生产，为下一步卫星研制奠定了坚实的基础。

后来由于三年自然灾害等各种原因，研制人造卫星的机构曾作过多次调整。但“581”组始终未被拆散，工作也未停顿，一直跟踪着国外卫星技术发展的动向，并且根据国家给予的人力、物力、财力的支持，调整力量，重点保证几项为人造卫星本体预先研究所必需的技术。因此，当1964年12月底、1965年1月初，赵九章和钱学森分别再次提出研制人造卫星时，国家已经有了一定的技术储备和基础。

6. 氢氧发动机——冷棋子的热效应

按照当时的分工，导弹和常规推进剂火箭以国防部五院为主，中科院配合；人造卫星和高能推进剂火箭以中科院为主，国防部五院配合。

既是国防部五院院长、又是中国科学院力学所所长的钱学森，有着非同常人的头脑，他对两大单位的工作分工谋划得非常清晰：航天领域属于工程技术方面的工作主要由国防部五院去做，而属于基础科学和技术科学方面的工作主要由中国科学院各研究所以及其他科研、高校等单位进行。国防部五院尽量将已经比较成熟的技术投入应用，而需要进行探索或需要较长时间进行研究的工作尽可能安排在中国科学院的研究所进行。

考虑到火箭推力对发射卫星的制约，钱学森主张中国科学院利用专业优势和人才优势先行一步，研究高能推进剂。

1958年8月，中国科学院组织了四个化学研究所（科学院化学所、大连化学物理所、长春应用化学所、上海有机所）共同讨论研究高能推进剂工作，包括液体、固体推进剂，并成立了推进剂研究任务领导小组，化学所为组长单位，确定了各所的分工，制订了火箭推进剂研究工作计划，会后各自立即开展研究，在很短时间内就积累了一大批技术资料。在北京中关村建立了气体站生产氧气、氢气、氮气等，物理所低温实验室开始探索氢的液化技术。

为此，中国科学院根据钱学森的建议向聂荣臻作了专题报告，提出火箭研制采取“两条腿”走路的办法。即在国防部五院利用苏联资料和一般推进剂研制火箭的同时，中国科学院发挥各有关研究所的潜力，组织一批专家，其中有许多从欧美留学归国的知识分子，依靠自己的智慧和经验去摸索创造，从高能推进剂入手开发研制火箭，作为国防部五院的补充。

在力学所，钱学森、郭永怀以火箭技术为中心开展工作，其内容有：探索各种高能推进剂组合与大型、中型火箭发动机试车台设计，并开展液体火箭发动机燃烧、传热的基础理论与探索性研究；组建上海机电设计院，开展人造地球卫星、运载火箭总体的研究；研制风洞，进行与火箭技术有关的高速空气动力学研究。

推进剂是为火箭发动机提供能源和工作介质的化学剂，它包含燃烧剂和氧化剂，最早使用的推进剂是中国发明的黑火药。第二次世界大战时，德国的V-2导弹用的推进剂是酒精/液氧，其比冲为290秒左右。第二次世界大战后，各国相继开展推进剂的研制试验工作，他们发现用液氢/液氧做推进剂，其比冲在400秒以上，比前者高出约50%，因此，液氢相对于酒精可称为是高能燃料。用与常规燃料相同重量的高能燃料可以把重得多的有效载荷（卫星、探空仪器、飞船或战斗部）发射出去，是提高火箭运载能力的有效途径。

但是，当时高能燃料在国际上尚属摸索和试验研究阶段，只有美国步伐较快，但对其技术高度保密。我国要发展高能燃料，需要进行较长时间的试验、研究、反复比较分析和计算，这个任务就落在力学所二部（也称怀柔分部）和相关研究单位的身上。

钱学森认为，提高火箭运载能力，最有希望的高能推进剂是液氢/液氧组合或者甲醇/液氟组合。

分析两种推进剂组合的有利与不利条件是：液氢/液氧推进剂最理想，它的最大优点是能量高，无毒、无污染、来源丰富，但关键问题在于氢的液化温度极低，如何解决液化和低温技术，当时还没有任何基础；甲醇/液氟推进剂的优点是能量高、原料来源丰富，生产技术问题比较容易突破，但最大问题是氟的毒性特别大，对人体危害十分严重，腐蚀性也极强，在使用中需要采取一系列严密措施。

鉴于当时我国的技术水平，对液氢/液氧推进剂的研究几乎无从下手，所以，钱学森还是无奈地选择了甲醇/液氟推进剂作为最先研究的课题。

但是无论研究哪种推进剂，都需要有一处远离闹市作试验的场所，就像当年冯·卡门把加州理工学院的火箭小组赶到荒无人烟的干河谷去一样。当时负责这项工作的是朱兆祥，他是力学所的所务秘书。通过科学院领导的联系和安排，朱兆祥找到交通部民航局请求协助。民航局长沈图一听说是“上天”任务的一部分时，非常支持，亲自安排调拨一架飞机，给力学所作为空中巡视和勘察选址之用。很快，朱兆祥和科学院党组书记张劲夫、国防部五院院长钱学森，还有科学院副秘书长谢鑫鹤、负责基建工作的局长张庆林以及北京市城市规划局的一位副局长登上飞机。他们摆开军用地图，在北京市郊区上空盘旋了一个多小时，发现在怀柔县西北部有一处丛林密布、三面环山、名叫思家峪的小山沟，山上长城盘绕，山下溪水潺潺。大家觉得这个地方还不错，很适合建立高能推进剂发动机的试车台。

空中选定目标后，就要脚踏实地去勘察。怀柔山林没有道路，朱兆祥翻山越岭跑了一天，才了解到那条山沟行政归属于坟头村。

朱兆祥找到村长，请他帮忙在山沟里找一处能歇脚的地方，村长听说是城里来的干部，高兴极了，左弯右拐，攀上爬下，终于把朱兆祥带到一座不知哪朝哪代遗留下来的破庙里。于是，这座破庙就成了力学所二部的筹备组办公室和卧室。

1959年怀柔山林开始大兴土木。建设初期，没水没电，没房子住，没有公共汽车。晚上，伸手不见五指，常有狼出没，毒蛇、野蜂、苍蝇、蚊子等频频光顾，电缆都曾被老鼠啃过。1960年10月，一个挂牌叫“矿冶学校”、实名为“高能火箭推进剂试验基地”的单位终于建成投入使用，林鸿荪研究员担任矿冶学校副主任，率领“学校教工”与北京化工学院协作，共同开展高能推进剂的研究。林鸿荪是钱学森在美国大学教书时的学生，后回国到力学所工作。

钱学森风尘仆仆地来到矿冶学校查看，并向林鸿荪下达了建设发动机试车台和预研液氢/液氧火箭发动机的任务。

才时隔2年，钱学森为什么又不搞甲醇/液氟推进剂，而突然转向搞液氢/液氧推进剂了呢？

原来，在过去的2年里，国家遭受了严重的自然灾害，又逢苏联中断援助，天灾人祸使得“大跃进”不得不放慢步伐，国家很多项目下马，此时“放卫星”显然与国力不相称，中国科学院“581”组制定的发射火箭、卫星的计划大大调整，战线缩短集中兵力攻坚，只保留了一些重点技术攻关项目。而此时，甲醇/液氟推进剂的防毒问题一直无法解决，成为老大难。

国防部五院依靠自己力量经过不太长时间的努力，1960年研制成功东风一号导弹，迈开了发展战略导弹的第一步。钱学森在全面筹划研制中程、远程导弹发展规划时，还考虑如何为发展我国空间技术打好基础。他从有限的科技情报资料中了解到，美国已经研制成功液氢/液氧火箭发动机，并准备用于“阿波罗”登月计划中的大型运载火箭。

也在此时，中国科学院物理所在液氢低温技术研究方面有了重大突破，已经建成了8立升/小时液氢的小型生产装置。因此，钱学森认为我国开始探索液氢/液氧火箭发动机的条件已经成熟，事不宜迟。如果能够尽早开展液氢/液氧发动机的研究工作，可为将来发射卫星和星际航行打下重要基础。这就是钱学森果断地决定终止甲醇/液氟推进剂防毒问题攻关，转而部署这颗“冷棋”的原因。

1961年5月18日，在钱学森领导与主持下，国防部五院与中国科学院力学所签订了液体火箭发动机燃烧、传热基础理论与探索预先研究的协议。

为保证液氢/液氧火箭发动机预研任务能够顺利进行，中国科学院和力学所采取了两项重大措施。

第一项措施是，从各方调集精兵强将加强力学所怀柔分部的科研力量。第二项措施是，为了与液氢/液氧火箭发动机研制工作相配套，在国防科委等上级有关部门领导的协调下，由有关单位组成“液氢专题小组”，力学所任组长单位。专题小组的主要任务是组织力量试制大型液氢生产设备以保证发动机研制时大量液氢的供应。

在钱学森的直接领导下，由林鸿荪具体负责组织，力学所怀柔分部在只掌握极少量文献资料的情况下，率先开展了液氢/液氧火箭发动机的预研工作，历时五年半。

在工作最艰难的时期，钱学森每周三用半天时间听取各课题小组的汇报，并与小组骨干人员深入讨论交流，对工作过程中出现的各种问题提出指导性意见。根据工作进展，各小组轮流安排汇报。每次汇报后，课题组都将汇报过程的记录整理成文向有关领导通报，也便于课题组会后消化贯彻。

林鸿荪带领怀柔分部首先进行了15公斤推力和100公斤推力液氢/液氧火箭发动机的总体性能研究，提出了研究报告。他们对液氢/液氧推进剂在发动机燃烧室的工作特点进行了深入的研究，并进行了大量计算与分析，为发动机燃烧室设计提供了重要依据。根据钱学森的建议，林鸿荪以燃烧振荡问题为研究重点，从理论上指出解决火箭发动机低频不稳定燃烧问题的途径，引起理论界和火箭发动机设计部门的很大兴趣和重视。林鸿荪还组织有关人员开展了液氢、液氧在超临界压力下湍流换热规律的研究，提出了换热模型。

与此同时，在怀柔建立了液氧在超临界压力下传热实验系统，准备为下一步传热设计和冷却夹套阻力计算提供有用数据。

林鸿荪为建设火箭发动机试车台和掌握试车技术，在荒郊野外经历了各种各样的艰难困苦。从1960年至1964年4年多时间里，力学所怀柔分部相继建成了苯胺/硝酸火箭燃烧室试车台、气氢/液氧火箭燃烧室试车台、液氢/液氧火箭燃烧室试车台和液氧传热实验室，取得了大量有价值的实验数据。特别是在苯胺/硝酸火箭燃烧室性能试验技术及测量技术方面取得了重要成果，计划进一步开展火箭发动机燃烧振荡试验研究。

怀柔分部还多次进行以气氢和液氧为推进剂、推力为200公斤的火箭燃烧室性能试验，其中最长一次的正常运行时间长达400多秒之久。通过试验取得的一批燃烧室性能数据，与理论计算结果十分吻合，为液氢/液氧火箭燃烧室的设计提供了宝贵资料；同时，解决了点火起动、喷注器设计、压力

预先研究的“联合舰队”

经过几年努力，中国科学院逐步组成了一支专门进行高能推进剂预先研究的“联合舰队”，成为国防工业部门的坚强技术后盾。在四个参与预先研究工作的研究所中，应用化学所和有机所主要进行推进剂配方研究，大连化学物理所和化学所则着重研究产业化过程中可能遇到的各种技术问题。这四个研究所为我国各类新型推进剂的开发、应用立下“汗马功劳”。其中大连化学物理所在三线建设的基地后来划归航天部42所，成为航天部固体推进剂研制的骨干力量。

固体发动机试验

我国第一座液体火箭发动机试车台

建在北京云岗的氢氧发动机试车台

调节、混合比控制、测量技术等一系列技术关键。

1964年11月24日，在林鸿荪的指挥下，我国首次以液氢／液氧为推进剂、推力为500公斤的火箭发动机地面试车点火试验成功，试车时间超过20秒。这是我国自行研制液氢／液氧火箭发动机中十分重要的第一步，也是对于低温技术中液态氢从小量的实验室使用转到大量的工业化应用过程的一次重要实践。

此外，由杨嘉墀主持的试车台测量仪表，为燃烧室壁温和燃气温度测量、燃烧室外压力测量、振动和加速度测量等方面提供了准确的数据。

不言而喻，这些探索所取得的预先研究的成果，无疑成为打开液氢／液氧发动机这一新技术大门的敲门砖，为后来大型运载火箭的研制打下了重要的基础。

1966年上半年，力学所对液氢／液氧火箭发动机的研究工作进行了认真的总结和鉴定，并委派陈良将有关技术资料和成果报告毫无保留地移交给七机部一院11所以刘景生为首的接收小组。

液氢／液氧火箭发动机预研取得一系列成果，也培养了一大批科技骨干，其中许多在钱学森指导下工作过的科技人员，后来成为了航天战线上的中坚力量。

历史事实证明，20世纪60年代钱学森在力学所布下的这枚“冷棋子”很快就发挥了“热效应”。七机部一院11所在接收力学所阶段性科技成果基础上，把研制中等推力和大推力水平的液氢／液氧火箭发动机列入计划。1984年，我国自行研制的第一个中等推力的液氢／液氧火箭发动机成功地用于长征三号运载火箭的第三级，将我国第一颗通信卫星送入地球同步转移轨道。以后，我国用于发射地球同步轨道通信卫星以及飞向月球的“嫦娥”系列探测器都无一例外地使用了大推力液氢／液氧发动机的运载火箭。

在21世纪的头一个十年中，我国已经研制成功50吨量级大推力液氢／液氧火箭发动机，它成为长征五号运载火箭的重要组成部分，可以把更大、更重的航天器送入太空。

7. 中国科学院第一设计院

1958年8月15日，在力学所的一个大教室里，力学所党委书记杨刚毅受中国科学院委托，宣布中国科学院第一设计院（代号1001设计院）正式成立。力学所副所长郭永怀任设计院院长，力学所弹性力学组副研究员杨南生为设计院副院长，各项工作随即启动。这是落实中国科学院“581”任务成立三个设计院决定的第一项任务。

第一设计院成立后要做的第一件事就是进行运载火箭的总体设计。

当时北京办公房源很紧缺，郭沫若院长向周恩来总理报告，总理亲自决定将北京动物园西南面的西苑大旅社划出几座楼，作为筹建研究机构的驻所。旅社10号楼的二、三层，作为设计、计算、绘图和办公的场所，一部分客房作为工作人员的宿舍。刚开始，设计院只有50余人，主要是以杨南生为首的原力学所人员，包括1958年毕业分配到力学所的大学生；还有一部分是钱学森主持的清华大学工程力学研究班和自动化研究班已学一年半而提前结业的学员。

设计院分为四个部：总体设计部（110部）、发动机部（120部）、非标准设计部（130部）和风洞部（140部）。到了10月份，第三部和第四部又陆续增加了一些人员。第三部的人员来自中国科学院的各个分院，当时一说要搞卫星，一些有科学院分院的科技大省都争着要搞卫星，科学院就对各有关省做工作，说明搞卫星需要大量人力、物力、财力，只能是全国统一搞，分院可以派一部分人参加共同完成这项任务。最先来的有广州分院、武汉分院的科研人员，后来成都分院也来了一批人员。第四部的人员是从全国各地动员来的，杨刚毅以中国科学院的名义到处招兵买马。他先后到天津、沈阳、长春、哈尔滨、西安等地，向各省市有关负责人游说，希望各地支持这项关乎我国国际地位和国防安全并能带动各项科学技术发展的新兴事业。这一行动得到各有关省市委、高等院校的积极响应，天津大学、南开大学、哈尔滨工业大学、西北工业大学等高校以最快的速度，抽调部分青年教师和大三、大四的学生来到设计院，到11月初，设计院人员猛增到100余人。后来又从部队各技术兵种的复员转业军人中吸收了一些人员。

正当国防部五院快马加鞭地仿制苏联援助的P-2导弹之时，中科院第一设计院开始了研制运载火箭的艰难历程。

这个设计院没有一个外国专家，一开始就是依靠自己的力量，走自主设计、试验、制造和发射的道路。设计院也没有现成的技术资料，参考的是一些国际上公开发表的有限的科普文章和论文，一切从零起步。

“大跃进”年代的特产是“大胆”。没有任何经验的设计院却敢于把目标定得很高，他们一上马就开始设计发射人造卫星的两级运载火箭，其第一级取名为T-3，第二级取名为T-4，使用甲醇/液氟为推进剂的火箭发动机，这种发动机比较先进，是当时苏联和美国都未曾使用过的。设计院打算当年就研制成功T-3火箭，把它作为向国庆9周年献礼的杰作。

那个年代，全民大跃进，上下干劲高，大家工作起来不分昼夜，困了伏案打个盹儿，饿了啃个干馒头。经过一个多月的日夜奋战，设计院完成了T-3火箭总体结构包括发动机的布置总图，还有两个装载有效载荷的火箭头部模型，推进剂和高温合金的研究也取得了一些进展。10月中旬，在中国科学院自然科学跃进展览会的保密室里，毛泽东、刘少奇、周恩来等中央领导曾观看了这张总图，毛泽东鼓励设计院尽快从“纸上谈兵”转变为“真枪实弹”。到1958年10月底，设计院又完成了T-3火箭的一些部件和组件的图纸。

中国科学院党组书记兼副院长张劲夫对工作抓得很紧、很具体，不时到西苑大旅社设计场所检查工作，发现问题及时设法解决。还多次召开有力学所、自动化所、地球物理所相关人员参加

火箭从空中倒栽下来

全国各地放卫星的热度很高，山西省凭借太原市的工业优势和科技人才，研制成一种固体探空火箭（300号任务）。1960年，他们邀请中国科学院前来协助解决部分问题，9月20日，科学院工作组赴太原帮助工作，11月中旬完成了发射前的调试和检测项目，裴丽生、钱学森等人也到了现场。钱学森左右打量了一下，指出火箭的四个尾翼结构强度可能不够，力学所随之派人进行具体核算，证实结构强度确实很弱。太原市虽然采取了加固措施，但没有重新加工尾翼。12月7日发射当天，当火箭飞行高度约4公里时，部分尾翼就被高速气流刮掉，箭体失去平衡，从空中倒栽下来，未能达到150公里高空的预期目标。通过这次协作，中国科学院的火箭研制工作吸取了有益的教训。

1958年10月，北航研制的北京二号火箭发射成功

的专题会议，组织协调运载火箭的有关工作。由于氧化剂液氟有剧毒，空气中最大允许含量为二百万分之一，多了就中毒，一旦发生泄漏，其后果是非常严重的。张劲夫和钱学森还专门请防化兵的同志一起研究防护问题。

设计图纸出来后，接下来是要解决生产加工问题。院领导和“581”办公室想到当时上海工业基础相对较好，就想将设计院南迁上海，上海市委第一书记柯庆施对此表示欢迎。

1958年10月底到11月初，钱学森和设计院副院长杨南生等带领几个年轻人来到上海，和上海有关部门洽谈具体落实的事情。他们参观了一些工厂，落实了搬来以后的工作场所和住宿安排。一个下午，市委领导召集上海市上百家大厂的党委书记和厂长开会。会上，钱学森滔滔不绝地作了一场报告，动员上海的有关工厂和技术人员都来搞火箭，把卫星送上天。他如数家珍地讲了生产制造火箭和放卫星的意义、对促进工业现代化的作用，也讲了加工尖端产品的精度要求、对上海市委市政府和在座工厂企业领导们的感谢等，受到听众的热烈欢迎。

说搬就搬。11月，设计院奉命迁至上海，更名为上海机电设计院，受中国科学院和上海市双重领导，中国科学院委托力学所代管，常务副院长仍为杨南生。上海市委还慷慨决定将最繁华路段上的淮海中路1146号淮中大楼拨给设计院使用，淮中大楼是当时淮海路上的一座标志性建筑。设计院大部分人员的住宿都安排在衡山路一幢宿舍楼里。

为了加强和充实设计院的力量，上海市委从上海交大、同济大学、华东师大等多所高校，以及科研机构和工业部门，抽调大批科技人员和干部，包括提前半年毕业的大专学生，来到设计院。1958年12月，又将原上海机床厂厂长艾丁调到设计院任党委书记，将上海交大副教授王希季调来任设计院总工程师。当王希季拿着介绍信到上海机电设计院报到时，意外地发现杨南生副院长和他竟是西南联大同系的同学。毕业后，杨南生到英国读书获得博士学位，王希季到美国读书获得硕士学位，两人基于同样的爱国心于同一年返回祖国，时隔十多年以后，又走到同一个单位为同一个任务而共同奋斗。此情此景，令两人格外惊喜，相见恨晚。

到1958年年底，设计院人员迅速增加到600多人，设置了总体室、结构室、自动控制室、发动机室，以后又陆续设立了发射室、回收室、情报资料室和试制车间。上海市委将设计院产品零部件和试验设备的生产加工任务分别下达给上海柴油机厂、上海机床厂、空军13修理厂等工厂，迅速形成了一个相对完整配套的生产加工协作网。设计院设计出来的T-3火箭零部件陆续在工厂投入了试制。

受命研制火箭的杨南生、王希季所面临的压力和困难可想而知。没有火箭方面的专业知识，没有技术资料，没有任何国际援助，手下带领的是一批平均年龄仅25岁的年轻人。毕竟火箭研制需要的不仅仅是热情和朝气，在条件极为有限的情况下，他们第一次设计的运载火箭发动机，由于无法解决液氟的防毒、强腐蚀技术难题，也没有可供发动机试车的试验设备，研制工作不可避免地遇到了挫折。T-3火箭和T-4火箭的研制，很长时间止步不前，不得不下马。

1959年1月初，赵九章带领的访苏代表团回国后作了认真的总结，其中最重要的心得是：研制和发射人造卫星是一项技术很复杂、综合性很强的大工程，靠外援是不可能的，只能立足国内自力更生。拿我国的现实情况与苏联作对比，我国研制和发射卫星的条件远未具备，搞空间技术应该从小到大、由低到高地逐步发展。

赵九章的肺腑之言，深深触动了钱学森。几天后，当张劲夫和钱学森来到上海，了解到机电设计院的困难处境时，钱学森对赵九章的“预言”感同身受。此时，大家方才意识到原来的设想违背了科学规律，一下子就集中众多的技术难题于一体，企图毕其功于一役，显然是不现实的。

张劲夫带来了邓小平关于“现在放卫星与国力不相称，要调整空间技术研究任务”的指示。1月6日，设计院全体人员集中到上海市科学会堂，张劲夫穿着黑色毛衣站在讲台前给大家作报告，在这次报告中他提出“边战、边练、边建”的三边方针，要求大家苦战三年，突破技术关键，实现“上天”任务。虽然当时国家经济开始遭受严重困难，但他的报告仍让人充满信心和希望。

张劲夫回到北京后，又在中国科学院党组会议上传达邓小平的指示。随后，科学院认真总结了“大跃进”以来开展火箭卫星研制中的经验教训，提出“大腿变小腿，卫星变探空”的工作方针，认为必须纠正在基本条件不具备的情况下急于搞人造卫星的偏向。会议决定：调整任务，收缩机构，停止研制大型运载火箭和人造卫星，把力量转到重点研制探空火箭上来。以探空火箭练兵，同时筹建空间环境模拟实验室，研制地面跟踪测量设备，为适时发展我国空间技

T-7M探空火箭用打气筒加注推进剂

钱学森视察探空火箭

T-3、T-4、T-5、
T-6、T-7与T-7M

T-3，是中国科学院第一设计院设计的运载火箭的第一级，使用甲醇/液氟火箭发动机，可作为单级火箭独立使用；T-4是T-3的第二级；T-3完成总体方案设计后下马，设计院又打算重新设计一个与T-3相当、采用常规推进剂酒精/液氧的火箭第一级，名为T-6；同时，为锻炼队伍，先设计一个较小的探空火箭，称为T-5，T-5完成部分部件后，因找不到推进剂软管任务中止。后来设计院决定研制一种推力约3吨、采用常规推进剂、飞行高度在100公里以内、技术难度较小的探空火箭，定名为T-7。为了保证成功，先搞一个比T-7缩小10倍的模型火箭，称为T-7M无控、可回收的小型探空火箭。

术和地面测控设备作准备。

3月，上海机电设计院召开党委扩大会议，大家一致认为原来拟定的计划严重脱离了实际，会议调整了1959年的工作计划，把原定一年之内确保3个火箭（T-4、T-5、T-6）上天，改为集中兵力打歼灭战、全力以赴保证T-5火箭的研制。即使这样，与会领导还是意识到，不付出极大的努力，T-5火箭的研制也难以完成。

T-5火箭与德国V-2导弹相近，其结构是“V-2”的缩比型，采用酒精/液氧推进剂，所不同之处在于，控制系统的执行机构是摆动发动机而不是燃气舵。

1959年4月，钱学森又来到上海，下榻在离淮中大楼不远的东湖饭店。艾丁和杨南生向钱学森介绍了设计院的工作进展情况，并陪同钱学森到楼下陈列室，参观已加工出来的一些火箭的零部件，包括上海柴油机厂生产的作为练兵用的小发动机。钱学森对每件产品都看得很仔细，在看小发动机时，用双手把它抱起来，里里外外反复看，还将手伸进燃烧室内部摸索一番。钱学森对设计院工作的进展速度表示称赞，他也了解到，T-5火箭的研制又遇到了发动机没有试车条件和在全国范围内找不到能承受-180℃以下低温的液氧软管(液氧的沸点为-183℃)这两大困难。钱学森的心情很沉重，他知道，这两大困难受客观条件所限，一时无法克服。此时，国家经济困难已经开始，在“大跃进”中许多上马发展火箭的单位，基本停止了工作，而且国家财政紧缩，机电设计院的任务未能列入国家计划，研制经费也失去了保障。钱学森在思考，机电设计院已经有了很好的基础，不能下马，但是步子也不能迈得过大，还是得遵循客观规律，从小到大、从易到难、从低级到高级、从无控到有控，一步一步循序渐进。

上海市委坚决支持设计院的工作，市委领导告诉艾丁：“上海对这项新技术要支持，没有任务，组织学习，不能解散。”为了方便设计院的试验，上海市委将虹口公园附近原华东财经学院的场地划给了设计院，1959年6月，设计院由淮中大楼迁往虹口公园旁边的四达路，具备了进一步发展的空间。

8．“8公里，那也了不起”

1959年7月10日，钱学森给上海机电设计院党委书记艾丁写了一封正式信函，根据国家的形势和国防部五院的技术进展，对机电设计院的发展方向提出了明确建议：把上海机电设计院改组为一个设计和试验小型探空火箭的单位。火箭发动机的推力在3吨以下，使用一般推进剂，不搞复杂的控制系统。这样，现有的人力物力可以基本胜任，不需要国家投入大量的技术力量，很快就会有成果，既服务于国民经济建设，又成为国防部五院的补充力量。

8月4日，上海机电设计院向国家科委和中国科学院呈报了《关于加强上海机电设计院发展探空火箭的计划任务书》，提出1960年以试验一两种难度较小的探空火箭作为中心任务，设计目标是推力为3吨的T-7探空火箭。作为练兵箭，年内首先研制尺寸为T-7火箭约1/2、质量为1/6的模型火箭T-7M。

这样，1959年9月以后，设计院一边继续加工T-5火箭，一边研制T-7M火箭。经过全院技术人员和有关协作厂的共同努力，到1959年年底，T-5火箭加工完成了一套完整的发动机和1/3段火箭结构。T-7M火箭，从9月份开始规划和设计，10月份筹建小试车台和拟定发射方案，12月27日就进行了发动机首次点火试车，前后不到3个月。

T-7M火箭也不是省油的灯。为了计算一条弹道，王希季带领“初生牛犊”硬是夜以继日地干了2个月的时间，没有电子计算机，就用手摇计算器，或者干脆拨拉算盘珠子，算出的纸堆得比桌子还高。为了保证火箭发动机启动安全，要用爆破薄膜作启动阀，而这种薄膜的铣削深度公差不得超过0.005毫米，依当时的机械加工水平，这是根本做不到的。两名年轻的女科技人员只得手工操作，一个小小的膜片历时一个半月，作了近千次试验，终于达到了设计要求。没有控制火箭头体分离的定时钟表机构，他们花了7元钱买来一只小台钟，改装后经过多次试验证明可以替代；点火装置需要起爆器，他们将手电筒小电珠的玻璃敲碎，取出灯丝裹上硝化棉，自己动手加工做成。

当时急需一个发动机系统试验的场地，新建又来不及，王希季最后选中设计院内一个厕所门前几平方米的露天地。他们在露天地上搭起了液流试验台，而将厕所则改装成了测试室。

主发动机研制出来后，到哪里去试车呢？他们四处寻觅后发现国民党政府覆灭前，在上海市郊修筑了4000多个碉堡，而江湾机场的一座废弃的地下碉堡，便成为设计院热试车的场所。火箭发动机热试台就建在碉堡夹道里，碉堡内成了测试和观察室。每逢试车，王希季他们就躲进碉堡里隐蔽。

就这样，仅仅几个月的时间，由液体推进剂主火箭和固体推进剂助推器串联起来的两级无控制火箭T-7M奇迹般地诞生了。

1960年2月19日，在上海南汇县一个叫老港的滩涂地里，建起了一个看似用自来水管焊接而成的发射架。简易发射场上，我国自行设计制造的第一枚液体推进剂火箭T-7M静静地竖立在发射架上，隔着一道蜿蜒的小河是用芦席围起来的“发电站”，里面轰响着一台借来的50千瓦发电机。王希季他们的“指挥所”是用麻袋堆积而成的，里面既没有步话机也没有电话，指挥得靠扯着嗓子大声喊，并借助挥舞手势。自动跟踪火箭的仪器也没有，研制人员自己制造的人工跟踪天线是靠几个人用手把着旋转和俯视。最危险的加注开始了，在没有专用加注设备的情况下，研制人员用自行车打气筒一下一下地把推进剂压进贮箱中。

16时47分，T-7M 001号火箭在发动机喷射出的滚滚浓烟中随着刺眼的白光直冲云天，火箭首次发射成功，飞行高度约2公里。这次试验成功，是我国自行研制的液体燃料火箭技术取得的第一个具有工程实践意义的成果。

4月17日，T-7M 002号火箭发射也获得成功。随后，T-7M 003号再次发射成功，并采用爆炸螺栓使头体分离，再用降落伞成功地进行了箭体首次回收，取得了重要的试验数据。

4月18日，钱学森陪同聂荣臻、张劲夫以及上海市委刘述周等领导，在乍暖还寒的连绵春雨

T-7M火箭

T-7M主火箭长4.2米，直径250毫米，起飞重量最大值190公斤，推进剂采用苯胺、糠醇混合物/白烟硝酸，发动机推力226公斤，无控制系统，可以把十几公斤重的有效载荷送到8～10公里的高度。火箭在弹道顶点附近头体分离，分别用降落伞回收。箭头内有测量各种工程参数的遥测系统。该火箭1960年1月26日首次试飞失败，从1960年1月至1963年6月，T-7M火箭在老港发射场一共发射10次，8次成功，飞行高度从2公里逐步延伸到9.8公里。

聂荣臻、钱学森在江湾机场的地堡中观看发动机试验

上海老港发射场用麻袋垒成的控制间

中，赶到江湾火箭发动机试车台。他们一个个弯腰钻进了破败不堪的碉堡，观看在碉堡外进行的T-7M火箭主发动机热试车。杨南生弓着腰站在前面探视试车现场，聂荣臻、张劲夫和钱学森站在他身后，为了安全，钱学森一个劲儿地摆手，让身后的人员尽量往后靠。试车成功了！领导们看到设计院的同志在如此简陋的条件下创造的奇迹，交口称赞“了不起！”

4月29日，一个云开日出的艳阳天。发射现场的工作人员一早就从地铺上起身，经过几个小时忙而不乱的战斗，发射工作一切都安排得井井有条。T-7M 004号火箭充满信心地静候在发射架上，20米高的导轨像一座天梯直刺苍穹，只等一声令下，火箭将沿着导轨冲向蓝天。

下午3时许，钱学森和张劲夫一行来到老港发射场离发射架几百米的发射指挥所前，满脸笑容地与在场的年轻技术人员一一握手。在场的年轻人大多都是第一次见到这位慕名已久的科学大师和顶头上司钱学森，喜悦之情难以言表。钱学森和张劲夫对年轻科技人员的热情鼓励，给大家留下了难忘的印象。

4时20分，一阵白烟和轰鸣声过后，火箭向天空飞去。40秒后，白色的降落伞带着数据舱徐徐下坠，在蓝天碧海衬托下像一朵盛开的鲜花，美丽动人。这次飞行试验，发射和回收都取得圆满成功。约5时许，张劲夫和钱学森与全体参加发射人员聚集在发射架前合影留念，共同见证和庆贺我国火箭事业的初步胜利。

5月28日晚7时半，江风卷着温暖的潮气笼罩在浦江两岸。毛泽东在杨尚昆和柯庆施等领导的陪同下，来到在上海延安西路200号的新技术展览室，视察了T-7M火箭展品。这位新中国的开创者弯下身子看着银白色的火箭，当听到火箭飞了8公里高空时，富有诗人气质的领袖激动起来，他用抑扬顿挫的湖南话豪迈地说：“8公里，那也了不起。应该8公里、20公里、200公里地搞上去！”

T-7M火箭发射成功，加快了T-7火箭的研制进度。T-7火箭主要用于气象探测，是一种由固体推进剂助推器和液体推进剂主火箭串联起来的无控制火箭，火箭长8.23米，直径0.45米，起飞重量1138公斤，最大飞行高度约60公里，可携带气象探测仪器25公斤。火箭的箭头舱内设置了主、副降落伞，以确保箭头舱成功回收，回收后可对收集到的大气压力、温度、风力、风速等气

1960年5月28日，毛泽东参观 T-7M 火箭

象资料进行分析。T-7火箭于1959年11月开始研制，第二年6月完成了3枚火箭的总装。

原来的上海老港发射场不够用了，在安徽省的支持下，新的T-7火箭发射场（代号603基地）选定在广德县誓节渡镇以南的丘陵山区建设。发射场1960年4月破土动工，7月交付使用，前后不到4个月时间。

9月13日，在603基地进行T-7主火箭（不带助推器）发射试验，获得成功，火箭飞行高度19公里，箭头回收成功，由此揭开了我国火箭探空的序幕。钱学森于1961年1月初亲临603基地察看T-7火箭发射试验。到1963年，

T-7M火箭发射纪念碑

1997年2月，在上海市政协八届五次会议上，政协委员、航天专家、中国工程院院士孙敬良，提出在老港发射场故址建碑纪念的提案，浦东航头集团有限公司主动承担了建碑经费20万元，11月4日，纪念碑开工奠基，1998年2月19日落成。

纪念碑由碑基、主碑和仿真T-7M火箭组成，总高5.345米，象征着T-7M火箭的长度；主碑高1.960219米，寓示火箭首次成功发射的时间是1960年2月19日。纪念碑正前方有一块约1平方米的水泥发射基台，以基台为中心，在半径为20米的圆周上存留有10个水泥拉桩，均为当年的实物。

钱学森关心上海机电设计院

根据有确切资料可供查考的，在设计院迁沪后的前三年中，钱学森每年到上海两三次考察指导设计院的工作。

1959年1月，为落实设计院协作加工厂到上海柴油机厂考察，钱学森4月到淮中大楼与设计院同志座谈。

1960年4月中旬，钱学森考察设计院环境试验室，4月18日晚陪同聂荣臻等人到江湾机场察看T-7M发动机热试车，4月29日下午到南汇县老港发射场察看T-7M004火箭的发射。

1961年初，钱学森到安徽603基地察看T-7004火箭发射后，到上海商谈设计院下一步的工作安排，9月到设计院了解自动控制室（三室）的工作状况，察看T-5发动机摇摆的执行机构。

T-7火箭在广德发射场发射11次，成功8次，火箭于1963年设计定型，是我国第一种具有实际使用意义的探空火箭。

此后，该火箭又进行了多项重大技术改进，性能大大提高，形成气象探空火箭T-7A、生物火箭T-7 A（S1）和T-7A(S2）等系列，积累了丰富的经验。T-7 A探空火箭曾创造了飞行高度312公里的纪录，为我国全面开展探空研究创造了初步条件，也为1965年后我国相继研制成功的“和平”号系列固体探空火箭以及其他类型的探空火箭打下了坚实的技术基础。

通过几年的实战锻炼，上海机电设计院工作较快地走上了正轨，逐步成为航天科技战线上一支能打硬仗、有战斗力的队伍。1961年国庆节前，

安徽广德603发射场已经光荣地完成了使命

老郭和小郭父子两代人至今守护着603发射场

设计院从市内搬迁到上海松江县，地盘大大增加，建起了新的办公大楼和新的发动机试验基地。

随着任务的调整，1960年7月，上海机电设计院脱离力学所，与上海新技术室合并，统一归口中国科学院新技术局领导。1963年1月1日，上海机电设计院划归国防部五院，1965年7月至8月迁至北京，改名七机部第八设计院。1968年2月20日，中国空间技术研究院成立，第八设计院划归该院，改称为508所，成为该院的重要力量。

上海市也在发展探空火箭的基础上，聚集了一大批科技力量，上海机电设计院留在上海的队伍、北京七机部地空导弹迁沪5个研究所（20所、21所、22所、24所和27所）与上海机电二局的一些科研生产单位一起，组建了上海航天技术研究院，承担了研制生产我国火箭、卫星和导弹的光荣任务。

这是一个宏伟的、具有远大前途的事业。投身这个事业是很光荣的。大家既然下决心来干这一行，就要求大家终生献身于这个事业。

——钱学森

第四章

奠基伟业

1956年10月8日，中国航天事业的纪元点。这一天，中国的第一个导弹研究机构诞生了。45岁的钱学森担任首任院长，国家的重托、民族的期盼，沉甸甸地压在了他的肩上。当美国人已经进行了成百上千次导弹试验时，中国的科技人员才只听说过炮弹。钱学森呕心沥血从“导弹扫盲班”里拉扯出一大批中国航天的领军人物，他们在大漠上空放响的“争气弹”庄严宣告，离开外国专家，中国人决不会一事无成！

毛泽东与钱学森

钱学森向刘少奇介绍导弹研制情况

钱学森陪同邓小平参观导弹总装厂

钱学森是国防部五院唯一一位不穿军装的院领导

钱学森为学生们答疑

1957年9月钱学森参加中国工业代表团访问苏联

1964年5月31日，刘少奇、周恩来、朱德、邓小平等中央领导接见国防部五院首届党代会全体代表

2006年出版的《导弹概论》及钱学森写作手稿

1962年钱学森与学生们谈心

聂荣臻、钱学森等与导弹发射塔架的建设者们合影

聂荣臻、钱学森等在导弹测试间与工作人员合影

1960年11月，钱学森在1059导弹发射前作动员讲话

钱学森陪同聂荣臻在酒泉导弹试验基地

聂荣臻和钱学森等领导在1059导弹发射试验现场与参试人员合影

钱学森向聂荣臻介绍“两弹结合”头、裙对接装置

1. 中国第一个导弹研究机构首任院长

1956年，是一个沸腾的年代，人们忘我建设新中国的激情得到了最充分的释放，一切都在高速运转。

国家《1956～1967年科学技术发展远景规划纲要》制订仅一个月后，1956年4月13日，国务院成立了当时对外并不公开的航空工业委员会，聂荣臻任主任，黄克诚、赵尔陆任副主任，王士光、王诤、安东、刘亚楼、李强、钱志道和钱学森为委员。为了把有限的人力、物力、财力，集中使用在最重要、最急需、最能影响全局的方面并首先取得突破，党和国家决定重点发展以导弹、原子能为代表的国防尖端技术。航空工业委员会的重大使命是，统一领导新中国的航空和火箭、导弹事业。

5月26日，周恩来主持中央军委会议确定，按钱学森提出的《建议书》的思路，航空工业委员会负责尽快组建导弹管理局和导弹研究院。为了保密和对外联络，两个机构分别称作国防部五局和国防部第五研究院。

1956年10月8日，中国航天事业的纪元点。这一天，晴空丽日，蓝天如洗，秋风吹跑了夏热，阳光格外温馨。我国第一个导弹研究机构——国防部第五研究院成立大会悄然举行，中国的航天事业开始起步。

几天前，北京军区空军466医院被命令在最短的时间内搬走，一群神秘的人紧接着进驻了这所还弥漫着强烈消毒药水气味的医院大楼。

成立大会就在医院的食堂里召开。会场简单朴素，正前方的小土台上摆着一张旧三屉桌和几把旧靠背椅，台下左右两边摆着一排排仅有巴掌宽的粗糙长条木凳，左边坐着机关各部门领导和工作人员，右边坐着专家、技术人员和新分配来的大学毕业生。参加会议者200人左右，包括30多名专家和技术人员，北京航空学院、北京邮电学院的代表，几十名从部队调来的官兵，另外100多人是大专院校刚毕业的大学生。外人可能无法想象，中国的导弹研制——这个中华民族惊天动地的伟大事业，竟是从这样简陋、甚至寒酸的地方，迈出了具有历史意义的第一步。

会场显得格外庄重。人们静静地坐着，不时向门口张望，等待首长的到来。不一会儿，中央军委副主席、航空工业委员会主任聂荣臻，以及钱学森、航空工业委员会秘书长安东、外贸部部长助理李强、二机部四局副局长段子俊等人出现在食堂门口，在众人的注目下走进会场，登上了土台。

聂荣臻郑重宣布国防部第五研究院正式成立。话音刚落，全场响起经久不息的掌声，看得出，一向谦和的聂荣臻非常激动。他宣布了中央任命的领导干部名单：钟夫翔任国防部五局局长，钱学森任五局第一副局长、总工程师、五院院长，林爽任五局副局长兼副总工程师，白学光任五院副院长。然后，他环顾一下会场，说：“在座的各位，从今天起，你们就是中国导弹事业的开国元勋啦！眼下人手虽少，但只要大家团结一心，艰苦奋斗，中国的导弹事业一定会有美好的前景。”他特别强调：“我们对导弹的研究制造，应采取自力更生为主，力争外援和利用资本主义国家已有的科学成果为辅的方针。”他的话音刚落，全场再一次响起了经久不息的掌声，许多人的泪水模糊了双眼。这是怎么样的一种心情啊，国家有难，大家恨不能赴汤蹈火……

担任五院第一任院长的钱学森接着发言。十分凑巧，这一天正好是他返回祖国一周年的日子，刚回国时他担任了中国科学院力学所所长，现在他又挑起了共和国交给他的第二副担子。钱学森的行动印证了一年前他乘船返回祖国时，加州理工学院院长杜布里奇说的那句意味深长的话——“他回国绝不是去种苹果树的”。

钱学森要干的大事是中国人造导弹！他说：

这是一个宏伟的、具有远大前途的事业。投身这个事业是很光荣的。大家既然下决心来干这一行，就要求大家终生献身于这个事业。由于工作性质的关系，干我们这一行是出不了名的，所以大家还要当无名英雄。我们是白手起家，创业是艰难的，我们会遇到意想不到的困难。但是，我们不会向困难低头。我说，对待困难有一个办法，那就是“认真”两个字。只要大家认真对待，就没有攀登不上的高峰，就没有克服不了的困难。我相信我们一定会完成党中央交给我们的任务。我们一定要下决心完成这个光荣任务。

钱学森结合自己的经历，生动地讲述了攀登科学技术高峰的艰辛和乐趣，号召大家刻苦学习钻研，献身祖国的导弹事业，希望在座的青年人先立业、后成家，不要过早谈恋爱。他告诉大家，自己就是在事业有成之后的36岁才结婚的。

想不到鼎鼎大名的钱学森既有高深的学问、深邃的思想，又那么平易近人，他的讲话多次被一阵阵热烈的掌声打断。

从这一天起，我国的导弹研究事业拉开了大幕。没有欢天喜地的锣鼓，没有漫天飞舞的彩旗，有的是每个人心里沉甸甸的责任。

为了与类似的研究院名称相区别，人们习惯把国防部第五研究院简称为“五院”或“老五院”。

五院成立时的全部“家当”少得可怜，办公用房只有一所借来的医院和两所疗养院。方圆几公里内，仅有一个地名土得掉渣的叫“马神庙”的小地方有个小杂货店，可以买到日用品。即使这样，给五院找到这块立足之地，也不容易。

中央专门委派国防科技的“大管家”聂荣臻操办，他指示他的办公室主任范济生协助航委秘书长安东，找到解放军总后勤部、空军和北京军区，很快就确定了三处临时落脚之地：一是解放军124疗养院，当时主要用于安置来五院报到的人员住宿，不久后，这里就成了五院的办公场所。二是北京军区空军466医院（现为航空医学研究所附属医院，仍沿用466医院的名称）。三是总参谋部106疗养院（现阜成路8号航天机关大院），这个院落地处北京西郊玉渊潭北岸，当时只有一些简陋的房屋。一开始由南门进出，地点称“黄带子坟7号”；后来开了北门，地点称“马神庙”。顾名思义，“黄”总是与皇家有关，这里曾是清代皇族的坟茔之地，是个冢丘散落的荒凉去处。而“马神庙”之名却也名副其实，原先确有一座供奉着马神的小庙，是供当时东来西往的脚夫歇脚，给马神上香的地方。五院接手此地时，马神庙里还有香火。

借给五院使用的一所医院和两所疗养院，都位于北京西郊现在的西三环航天桥附近。

五院成立后，聂荣臻以在成立大会上提出的建院方针为主要内容，10月15日向中央上报了《加强我国研制导弹问题的报告》，其中写道：

我们对导弹的研究制造应采取自力更生为主，力争外援和利用资本主义国家已有的科学成果为辅的方针……只要确定上述方针和采取积极措施，即使得不到外援，我们也不是完全没有力量独立进行研究的……我们现在应采取的步骤：首先研究试制初级的，而后再研究试制高级的。钱学森表示，目前在空气动力、推进机、弹体方面设计像美国“诚实约翰”一类的没有控制装置的射程一二百公里的火箭是没有问题的。较困难的是自动控制的设计方面，但在目前从国内还可以找到科技人员先行研究；并可制造一套控制设备，利用旧飞机进行试验……以往的经验证明，只有自己积极动手，才能取得经验和成效，也只有自己先搞起来，才有可能获得国外的支援。因此，建议批准上述方针。

显然，钱学森的意见对聂荣臻这份报告起到了很大的支撑作用，受到中央领导的高度重视。报告上报后，先是周恩来批示同意，10月17日毛泽东批示“照办”。

从此，“自力更生为主，力争外援和利用资本主义国家已有的科学成果”的方针，不仅成为五院的建院方针，而且一直是中国航天事业50余年来的指导方针。

45岁的钱学森，铁肩担道义，国家的重托、

钱学森给导弹起译名

在那个年代，人们对“导弹”还很陌生，拿来外文资料后，就连有丰富经验的翻译也不知该如何翻译 guided missile 这个名词。因为在当时的英汉词典里还没有这个名词。有人将这个词译作“飞弹”，有人将它译作“带引导的弹”，但都不标准也不形象，最后还是由钱学森给以定义，确定译作“导弹”。

后来，中国的辞典里就有了“导弹”一词：依靠自身发动机喷射工质产生反作用推进、能控制其飞行弹道、将弹头导向并毁伤目标的武器。它既可以在地球大气层中飞行，也可以在没有空气的外层空间飞行。

1950年7月，钱学森参与研制的美国第一枚探空火箭发射成功

苏联早期“警棍”地地导弹

民族的期盼，重重地压在了他的肩上。作为“一家”之主，他开始了五院繁重的“建家”工作。

“建家”首先要有人。俗语说：十年树木，百年树人。科学家、专家是一年一年长期培育出来的，不比盖房铺路，加班加点就能抢出来，而且研制导弹涉及的是一个综合性的技术领域，需要方方面面多个学科的人才。钱学森早在给周恩来的《建议书》中就开列了一个长长的清单，他要人，要专家，要领军人。

知他者，聂荣臻。还在五院成立前的6月2日，聂荣臻邀请国务院秘书长习仲勋、国务院科学规划委员会委员兼秘书长范长江、总参谋部代总长陈赓、科学技术委员会主任兼一机部部长黄敬、科学院副院长张劲夫、清华大学校长蒋南翔，以及国务院各部委领导共33人聚在军委办公厅会议室。钱学森也在座。

议题很集中：请各单位支持中国发展尖端武器的计划，给五院提供人才。

原定主持会议的周恩来因临时有事没到场，会议改由聂荣臻主持。他开门见山地讲清楚所需的专业学科后，会场一片沉默。聂荣臻怕大家不太理解，又明示了一遍：“开展导弹武器的研究、制造和技术人才的培养已迫在眉睫，国际上的技术援助还没有落实，但中央下了决心要搞，当前急需的是各类人才，请在座的各位大力支援，鼎力相助。”

言之凿凿，其情切切。然而，会场上难堪的沉默持续着。

瞧这阵势，元帅坐镇，又是中央的决心，哪个单位也必须调几个人出来，只是各家的机构也刚刚成龙配套，都想发展壮大，都缺科技人才啊。

豪爽的陈赓大将是导弹事业的发起人之一。他以对军队的感情、对国防的关切、对导弹在国防装备中所占的分量的理解，第一个起来表态：“我陈赓就管着哈尔滨那个学院，我表个态，哈军工准备抽出6个教授支持航委，要哪个给哪个！”

由陈赓一手创办的哈军工，在中国教育史上第一次设立了海军、空军、装甲兵、炮兵、工程兵等五个工程系，前三个系在我国填补了学科空白。哈军工由此而名声大噪，现在正是广揽人才、青云直上的时期。陈赓忍痛割爱，一下子拿出6名教授，并且拟调的全是哈军工空军工程系的精英台柱子，当时哈军工只有3名上校教授，陈赓一下子就拱手相让了2名。

会场的沉默被打破，终于有了议论声。有人冒出一句略带调侃的真心话：“搞尖端武器的重要性我们知道，可是，每年只分来几个大学生，我们恨不得一个当三个用。老科学家是我们的老母鸡，大学生是新母鸡，我还指望他们给我下蛋呢。”

这话引来了一阵笑声。聂荣臻没有笑，看到人员落实不下来，他心里有些烦闷。

笑声刚息，陈赓又站起来，说：“聂总，选调技术干部这事，我想了，哈军工准备再增加3人或4人。至于大学生，再过一年半，我们第一期学员毕业后，可以再向五院输送足够的新生力量。”

一下子调出10名教授、副教授！对于一个学院来说可不是小数目。谁都知道，陈赓戎马生涯30多载，军中无戏言，顿时大家止住了笑声。随后，一一表示支持航委调人。散会分手时，钱学森带着非常感激的眼神看着陈赓，稍稍用力地握了握他的手。

一个多月后，哈军工任新民、梁守槃、庄逢甘、朱正四位教授陆续到正在筹建的五院报到。

11月23日，五院成立了十个研究室。这十个研究室的名称和负责人是：

六室（导弹总设计师室），主任任新民；

七室（空气动力研究室），副主任庄逢甘；

八室（结构强度研究室），主任屠守锷；

九室（发动机研究室），主任梁守槃；

十室（推进剂研究室），主任李乃暨；

十一室（控制系统研究室），副主任梁思礼；

十二室（控制元件研究室），副主任朱敬仁；

十三室（无线电研究室），副主任冯世璋；

十四室（计算技术研究室），副主任朱正；

十五室（技术物理研究室），副主任吴德雨。

这十个研究室无疑是按钱学森的意见设置的，在其专业结构上，有几点发人深思：一是设置了总设计师室，而且把它排在首位，这就是日后钱学森强调其极端重要性的总体部；二是设置空气动力研究室，排在第二位，这充分体现了钱学森关于空气动力研究是航天、航空产品“先行官”的思想；三是设置推进剂研究室，而且当时钱学森已经强调，不仅要研究液体推进剂，还要开始固体推进剂的研究，为火箭、导弹固体化铺路。这些，无不体现了钱学森高瞻远瞩的科学大家的眼光。

1957年3月，为加强领导、减少层次，中央军委决定将国防部五局与五院合并，钱学森任院长，谷景生任政委，王诤、刘秉彦任副院长。中央军委还批准，将五院纳入军队编制，五院按兵团级、下属分院按军级行使职权，代号中国人民解放军0038部队。兵团级介于军级和大军区级之间（1988年取消），在如此重要的军事单位里，除了钱学森，其他的院领导都是共和国的高级将领。由不穿军装的人领导一群军官，这在共和国的历史上绝无仅有。

怎么住在信箱里

由于导弹研制涉及国家机密，五院从成立之初，就被蒙上一层厚重的神秘面纱。研究院的大门口不分昼夜地由荷枪实弹的卫兵守卫；办公区使用不同的证件，证件不能带回家，离开单位前要先将它换成卡片，回来时再凭卡片换取证件；每个工作人员都有一定的知悉范围，彼此之间不该说的不说，不该问的不问。进入五院工作的人不能告诉别人自己的工作内容、联系方式、电话号码，甚至宿舍地址也只能用信箱号码表示。

五院建院初期曾闹过好几次"风波"，新参加工作的人的父母"抗议"单位虐待自己的孩子——"这么高的小伙子，怎么能让他住在信箱里？"

2. 要人，要人，十万火急

一个伟大的事业，依赖一支优秀的队伍。航天事业创建时期，人才队伍的汇聚，倾注了钱学森的一片心血。

当钱学森确信中央已经下定决心搞中国自

国防部五院旧址106疗养院

己的导弹后，他在担任五院院长之前就开始了人才队伍的谋划。在这个头等重要的问题上，他是深思熟虑的。如果细读1956年2月他写给周恩来的《建议书》，就会发现，其中关于队伍建设的篇幅占据了整个建议书的一半以上。他开列了分散在中科院、哈军工等单位的21名“最高级人员”，希望借助他们的力量，扩展导弹研制骨干队伍；他提出了从1956年到1967年逐年需要的高等学校与航空有关的毕业生的种类和数目；他建议选派高等学校毕业生到苏联及其他兄弟国家学习；他还希望尽快从全国有关科研单位和院校调集人才等。

1956年夏天，钱学森夫妇应苏联科学院院长邀请访问苏联。7月底访苏归国后，钱学森立即过问抽调技术骨干的情况。当他得知已经调来的只有哈尔滨军事工程学院陈赓院长给的4名教授，其他均未落实时，大为光火。

按他在美国工作的习惯方式，钱学森单刀直入地质问负责筹建五局、五院的钟夫翔：“研制导弹究竟还搞不搞？要搞就应该很快着手，有多少人干多少事，不能再拖延下去。”

为此，钟夫翔1956年7月28日向聂荣臻呈递了报告。一是催促上级尽快落实200余名大专学生，开始导弹知识的学习以及到有关厂、所实习；二是请上级尽快商调“几个处的干部”特别是“由各部抽调的工程技术人员”。如不能一下子全部调齐，“应先调集部分人员，并将院的主要负责同志调来，以便先将架子搭起，开始工作。”从这里可以看出钟夫翔、钱学森为早日开展导弹研制的急切心情。以下是此报告的原文。

关于调人的第一份报告（注：原文无标题）

聂副主席：

钱学森同志已于7月23日回到北京，我于25日会见了他，并将他走后这一段有关局、院的筹备情况向他作了介绍，他感到机构的组建、人员调集等项工作，似抓得不紧，特别是对前曾商由各部调集的技术人员尚未着手及削减国家分配给航委的大专学生，有些不够满意的表示，并提出究竟还搞不搞，他认为要搞就应很快着手，并表示有多少人就搞多少，不应再拖延。我们同意他的意见，除我们尽可能抓紧时间进行工作外，现将几个具体问题报告于后：

一、据钱学森同志谈，他在苏联曾参观莫斯科航空学院，该院共有中国学生68名，现已学习三年，据学生反映，该院有无人驾驶的飞机制造专业，过去我政府未提出学此专业，据说现在已有改变，而该批学生均有志于此。我们听到此消息后，经询悉，该批学生系政府派出（计第二机械工业部七八人，其余为高教部派出）。因此我们意见，可否向政府提出，请向苏联申请在下学期（约9月初）将该批学生中的十余人转入无人驾驶专业学习（约两年后毕业），以便为我院及时的培养出此类人材。

二、国家分配给我们的大专学生，共计201人，将于8月底陆续集中，为便于他们展开工作，集中后的工作拟作如下安排：

1. 估计学生不可能一下子到齐，在未全部到齐前，组织一般的参观游览，待全部集中后，进行政治思想动员，举行欢迎大会等工作，内容包括时事报告，本局、院的工作性质与任务，军队生活介绍等，拟请总政、直政、航委一些负责同志担任报告人，并组织必要的座谈和讨论，以上时间约计半个月。

2. 介绍一般业务知识，其中包括有关导弹基本知识与各国导弹发展情况的报告课五次，主要请钱学森同志担任，并拟请防司、空司、通信部各担任讲课一至二次，并组织必要的座谈和讨论。以上时间为一个月。

3. 到工厂、研究所参观实习。大专学生中的冶金、机械、光学、电机电器、电真空、无线电报、无线电广播等专业等共97人，拟分别到冶金、一机、二机、通信部所属在京附近各厂和各研究所、展览室参观实习。化学、物理、力学、数学、火药、航空、无机物工学、矽酸盐、工业企业电气化等专业共105人拟留院学习有关理论技术等课程，主要由所调的高级专家担任。补习外文，拟另聘教授讲课。以上时间暂定为两个月。前后总共时间约三个半月。

三、目前管理局急需进行工作的几个处的干部，大致已有着落，等房子接收后（8月10日前可接收完毕）即可集中办公，但研究院机构的组建尚未进行，为了很快地展开工作，组织已调来了大专学生工作，因此，该院的机构应迅速组建起来。建议将前曾商由各部抽调的工程技术人员（已提名者197

人，未提名者70余人）做最后确定，早日调集，如暂不便普遍调集，应先调集部分人员，并将院的主要负责同志调来，以便先将架子搭起，开始工作……

钟夫翔

1956年7月28日

聂荣臻接到这份报告非常重视，他掂量得出钱学森有意见的分量，便赶快去找周恩来想办法。周恩来告诉聂荣臻："可请钱学森来北戴河一谈，并休息几天。需要哪些人，提出名字，你写报告，我批！"

遵照周恩来的指示，钱学森赴北戴河当面向中央领导汇报了五院筹备的情况，特别是尽快调集人才的需求。在党和国家领导人的直接干预下，调配骨干人才、大专以上毕业生的工作有了进展。专家、教授中，哈军工的任新民、庄逢甘和梁守槃、朱正分别于8月和9月中旬到五院报到。国家分配的240余名大专毕业生有一部分陆续到五院报到。但显然调人的速度和数量还不能令人满意。为了促成所需专家尽快落实，9月11

边发牢骚边给人

据哈军工副院长刘居英回忆：那个时候全国接触导弹的单位，只有我们一个。钱学森来我院参观后真不客气，一开口就要十几个，把我的精华都弄走了，那我不就被掏空了吗？陈赓院长给我打电话说，成立五院是国家的计划，中央让他带个头，咱军工怎能不帮助他呢？虽然不想给人，但还是按组织决定给了人。几天后，我通知正在北京出差的任新民、梁守槃、庄逢甘教授到五院报到。

航天四位著名老专家有两位是哈军工支援的

国防部五院年轻的新学员们

日，钟夫翔、钱学森又给聂荣臻呈上一份报告，信中恳切地说："为了满足工作最低要求，避免在与苏方谈判一旦有了结果以后因缺乏干部而产生的被动忙乱现象，经过再三考虑和征求中国专家意见，至少还须先调来42名技术干部"。在这份报告后面，还真的附上了42名拟调人员名单。

关于调人的第二份报告（注：原文无标题）

聂副主席：

导弹管理局及导弹研究院机构，正在加紧筹建，由国家分配的240名大专学生（包括分配到二机工厂实习的48名及总干后来增加的13名）将于本月20日前后陆续到齐。为了开展工作与组织这批大学生学习，拟先在研究院下面成立导弹研究班，讲习有关导弹、自动控制、无线电、电子计算机技术等方面的业务，时间约四个月，在学习时即逐渐转入研究工作。具体计划已经拟就，并决定在9月23日正式开课。因此，目前迫切需要解决上课的教授、讲师及研究所、研究室的领导骨干（研究所所长、研究室主任、研究员等技术干部）问题。科学院规划委员会曾为导弹研究机构提出199名技术干部名单，并拟请有关各单位调给（前已向总理备案），但到现在为止，除军事工程学院调来任新民、庄逢甘两人以及将要调来的梁守槃、朱正两人，及通信兵部决定调给9名以外，其余均未着手调动。为了满足工作最低要求，避免在与苏方谈判一旦有了结果以后因缺乏干部而产生的被动忙乱现象，经过再三考虑和征求中国专家意见，至少还须先调来42名技术干部（附拟调技术干部名单一纸，在冶金部、化工部、第一机械工业部、科学院等单位及各大学尚未调来中尚有143名技术干部此次暂不动，谈判后看情况再调来）。其中31名分配给导弹研究院及自动控制研究所，11名分配给无线电元件及定位研究所（调来后房子问题暂时可以解决）以应付目前紧急需要。

钟夫翔 钱学森

1956年9月11日

附 拟调技术干部名单

第二机械工业部

屠守锷 王玉京 张世英 黄志千 徐兰如 方俊奎 李乃暨 何营台 谢光选及该部在科学院规划会议上曾允予调给研究导弹结构的2名、研究发动机的1名，计12名

邮电部

金寿观 陈仁慕 何耀坤 鹿笃保 麦宽海 范铁生 陈鸣山 陈湘籓 何 球 肖笃墀 白其章 郑东亚 李洛童 汪 雍 梁永德 汪永年 黄天生 沈树蘊 吕惠民 金钟骥等20人（后7名不在名单内，但质量较好，在该部原提33个人中可以调换，其余13人，由邮电部党组确定名单，以后再调。）

铁道部

严忠铎 朱敬仁 戴良筹 傅柏生 张铎弟 吴慕龙 吴德雨 张浩然等8名

天津市委统战部陈士介1名

化工部化学工程师1名（能担任燃料研究室主任的）

以上共计42名

聂荣臻接到这份报告几天后，即以这份报告内容为主，向周恩来呈递了一份报告，并附上了钟夫翔、钱学森提出的42位专家的名单。以下是聂荣臻报告的原文。

关于调人的第三份报告（注：原文无标题）

总理：

导弹管理局和导弹研究院的机构正在积极筹建。国家今年分配给导弹研究院和自动控制等研究所的大学生正在陆续报到，本月20日左右即可全部到齐，请苏联在导弹制造、研究上给予援助的谈判估计不久（据苏联工程司透露大约在10月中下旬）即可进行。为便于与苏联谈判后迅速展开研究工作，

在学生集中后应进行必要的思想与专业知识教育等准备工作，为此，拟在研究院下临时组成导弹研究班（内设几个教研组），讲授导弹、自动控制、无线电、电子计算机技术等方面的专业理论，时间约为四个月，并有计划地由学习逐渐转入研究工作，具体计划已由钱学森等主持拟就，争取于9月下旬开课。因此，应急需解决教学的教授、讲师以及各研究所、研究室的领导骨干，以便进行导弹研究班的教学和进行研究工作的准备。

现根据科学规划委员会为导弹研究机构提出的199名工程技术人员名单（转报范长江同志报告时已附上），和根据研究院目前最低的需要和被抽调干部的单位的可能，经过再三考虑研究，一致认为，除已向军事工程学院和通信兵部抽调10余名外，还需向政府各部至少要先行抽调工程技术人员42名（名单附上），以满足目前工作的最低要求，拟抽调的人员中第二机械工业部12名，邮电部20名，铁道部8名，天津市委统战部1名，化工部1名，上述单位除未与化工部进行协商外，铁道部刘建章同志已电告同意调给，天津市委和第二机械工业部亦无问题，邮电部党组研究后也表示尽力支持。至于拟向冶金部、一机部、高教部等单位抽调的技术人员，待与苏联专家谈判后视情况再行抽调，上述拟抽调的人员，请批准着调，并望早日到职。

钱学森的任职问题，前已拟定具任导弹管理局第一副局长兼总工程师并兼导弹研究院院长的职务，为适应目前工作的要求，请予早日任命，以便使其更积极主动地进行研究院的筹建工作。

聂荣臻

1956年9月18日

周恩来收到报告后，干脆直接给各单位打电话“要人”。终于，蔡金涛、屠守锷、黄纬禄、吴朔平、姚桐斌等报告中和名单中提到的数十位专家和一部分技术骨干先后进入五院，100多名大专院校的毕业生也到院报到。

钟夫翔、钱学森之所以能够提出很多专家、教授名单，一是得益于钟夫翔作为“老革命”和对电信技术领域拔尖人才的了解；二是得益于钱学森归国后一年多到全国各地的参观访问，尤其是东北之行的收获。

五院最初的骨干技术队伍由两部分人组成：一部分是从全国各地“讨要”来的专家、教授等精英人物，这是孵化人才的“老母鸡”。这些当年三四十岁的专家、教授，在此后航天事业的发展中，大都成为“名将”、“名帅”。另一部分是分配来的年轻学生，他们很快进入工作状态，在五院创建时期起到了关键作用，在此后航天事业50余年的发展历程中，绝大部分成了栋梁之才。

1957年6月1日，五院对苏联P-1导弹的仿制工作已经展开。这时，缺乏中层技术干部的问题开始显现。为此，院长钱学森、政委谷景生又向聂荣臻递送了一份报告，要求从有关单位抽调73名中层技术干部，其专业涉及28个种类，包括：飞机设计或工艺、航空机械工程、航空发动机、航空特种设备、机械系液压传动、精密机械、雷达或电子线路、电子线路或电子测量技术、无线电工艺、自动控制或遥远操纵、载波机、天线、半导体线路、半导体制造、电机制造、电器制造、工企或电机电器、机械设计、理论化学、分析化学、流体力学、力学或数学力学、应用空气动力学、空气动力学、模压设计、型架设计、有机合成、精密机械加工工艺等。报告称：“由于我们对各单位情况了解不够，故不采取提名方式，谨将被调单位，需要专业、人数、条件分列表上，请核示。如获同意，恳请国务院早日作出决定，以便分别与有关单位洽商。”

3．导弹扫盲班

这样多的人员在短短的时间里聚集到一起，实属不易。到1956年10月五院成立，从全国各大专院校选调的优秀应届毕业生全部报到，连同此期间从全国各单位抽调来的技术、业务骨干，五院聚集了一大批精英。他们之中有学数学、无线电、机械制造、通信、内燃机、外语等各种专业的。但是当他们了解到自己的工作性质时，他们发现，自己对即将从事的导弹事业竟然一无所知，别说导弹的基本概念，就是导弹长啥模样都不知道。

所有人中，只有钱学森在美国搞过导弹，黄纬禄在英国见过展览馆里的V-2导弹。怎样使大家很快懂得导弹知识，学会研究、制造它们的技能呢？钱学森利用讲课开办培训班和在工作中锻炼提高的方法，收到了非常显著的效果。

实际上，钱学森讲课从他1955年10月回国后不久就开始了：1955年11月25日下午，为哈军工的教授作学术报告；1956年元旦之后，在总政排演场为校官以上部队领导干部讲火箭、导弹知识；1956年春，在北京航空学院作报告，介绍当时美苏等国空气动力学的发展情况，讲解火箭、导弹发展现状等。

五院成立前后，钱学森又开始了新一轮讲课，他说："过去我为美国喷气技术训练班的学生讲了近十年课，那是培养他们的人才，现在培养的是祖国自己的人才。我现在所做的工作就是希望能重振中华民族的国威、军威。"为此，他亲笔撰写了中国第一本导弹教材——《导弹概论》。他用这份讲稿，亲自向进入五院的人员多次系统地讲授导弹是

以为导弹是武侠飞剑

对于刚刚从学校毕业分配到五院工作的大学生们来说，没人知道、也没人见过导弹。周锡仪说，我从北航到五院报到时，以为导弹是武侠小说里描写的飞剑，可以飞来飞去决胜千里。张彦朴到五院前已是国防部的俄文翻译，但他根本不知道"导弹"这个词该怎么翻译，只是从一些字典里隐约知道，那是一种长条状、速度很快的炮弹。

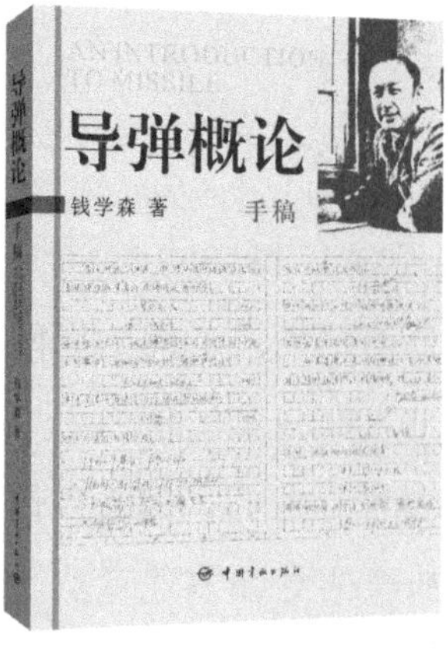

2006年出版的《导弹概论》

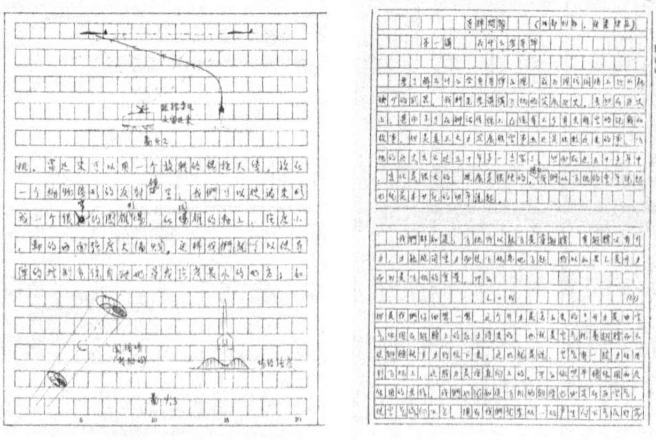

钱学森《导弹概论》手稿

什么。《导弹概论》在中国航天的起步阶段起到了十分重要的引路作用。可以说，没有钱学森的启蒙，没有首批骨干和成千上万后来者的连续奋斗，没有无数航天人参与钱学森《导弹概论》的伟大实践，就不可能有我国研制成功的第一枚导弹、第一枚导弹核武器和第一颗人造卫星的发射，也不可能铸就今日中国航天的辉煌。也缘由这段历史，《导弹概论》成为了中国航天的奠基之作。

当年的学员陈奇妙清楚地记得，他和其他5位毕业于华东工学院的同学是被两辆三轮车接到五院的。到了才知道，等待他们的是一个特殊的课堂，刚刚回国不久的大科学家钱学森将为他们讲授“导弹概论”。

进入五院的毕业生除了要求政治背景过硬以外，所学专业还大多与“快”有关。因为国内学校根本没有导弹这个专业，选人的干部只好根据导弹速度非常快这一特点，来找相关专业的毕业生。所以，学习火车机械的学生被抽调过来，因为火车是当时速度最快的交通工具。此外，还有学习拖拉机的、轮船的学生。其中与导弹稍微对口的是通信专业，而当时国内的通信专业所学的也只是最基础的长途电话知识。学员徐荣昌回忆说，能不能听懂钱学森讲课是当时同学们最担心的问题。

他们的担心，随着钱学森讲授的第一堂课消失了。钱学森讲授的“导弹概论”共分为什么要搞导弹、推进系统、空气动力和结构、制导问题等四讲。他的课讲得既深入浅出，又逻辑严谨；既有宏观的描述，又有微观的介绍；既有自己推导的公式，又有亲自绘制的图表。学员梅相岩还记得，在第一讲中，钱学森借着飞机能飞的原理，讲授空中飞行器最基本的原理，并从二战时德国的V-2导弹炸伦敦讲起，把火箭、导弹的基本概念讲得很清楚，同时也使我们明白一个国家有导弹和没有导弹大不一样，国防的实力是要靠高科技支撑的。张彦朴没有想到，如此尖端的国防科技，钱学森竟能讲授得这般通俗易懂，他终于知道导弹是什么，该怎么翻译了。

1956年9月从部队调到五院的李文梓、李伟事后回忆：

来之前只听说过“炮弹”，从没听说过“导弹”，是钱院长给我们讲课，一手把我们带出来的。当时，我们听过钱院长好几次课，大课是在466医院的食堂里，坐在长条凳上听的；小课是在医院小会议室里听的，记得墙上还挂着一块小黑板，钱院长和其他专家的讲课持续了3个月。1956年年底，苏联援助的两枚P-1教学弹运到了北京，这是我们第一次见到导弹实物。我们从外看到里，从头摸到脚。当时没有图纸，大家就根据钱院长讲课的知识，按图索骥来认识导弹。原来觉得洲际导弹特别神秘，听了钱院长的课后茅塞顿开，原来是大导弹顶着中导弹再顶着小导弹，一级一级地飞，直到击中目标。我们在工作实践中慢慢学习，很快就能自己动手整理资料、绘制图纸，1960年我们终于成功发射了“争气弹”。

学员陈奇妙听完课后分配到8室搞结构力学，他说：“有了钱院长讲课的基础，在苏联援助我们的两枚P-1教练弹的基础上搞反设计，我们上手就比较快。在仿制苏联导弹时，强度计算、热强度、静力强度，我们都能算出来。”

由于五院没有大教室，当年钱学森讲大课时，曾借用过附近中央团校的小礼堂。学员们还记得钱学森给大家讲课时的情景：上穿蓝布棉袄，下穿蓝布大棉裤，脚踩棉鞋，头上戴着一顶可以把耳朵放下的棉帽子。学员王桁回忆说，钱老在讲课中对我们说“苏联能搞导弹，我们为什么不能干？”这句话，给我们这些听课前还忐忑不安的大学生们很大的鼓舞和信心。

钱学森以严密的思维逻辑、时空变换的形象，将深奥的知识春风化雨般播撒在学员的心里。大家认真地听着，生怕漏了一句话；认真地看着，生怕记不住黑板上的公式、挂图。听他的课是学习，更是一种享受。从弹道式导弹到飞航式导弹，从总体设计到分系统布局，他循循善诱，画龙点睛，还不断提问，活跃课堂气氛。他要求学员不仅学好专业知识，还要学点哲学、心理学，特别要学会运用唯物辩证法、形式逻辑，为逐步形成科学的研究方法打好理论基础。科学家也是一个思辨家，他用亲身经历讲述他在美国探寻正确的科研思想的艰难历程，回国后发现他所探索的，在马克思主义、毛泽东思想的经典著作里早已有了明确解释和答案。他说利用唯物辩证思想指导科研和学习，能收到事半功倍之奇效。

钱学森不仅自己带头讲课，还请其他相关的专家教授一齐上阵参加“导弹扫盲”，他亲自拟定空气动力学、发动机、弹体结构、自动控制、电子线路、计算机等有关专业的学习计划，请梁守槃讲授“火箭发动机”，庄逢甘讲

钱学森之子钱永刚（左二）、中国宇航出版社副社长石磊把钱学森亲笔签名的《导弹概论》，捐赠给国家博物馆收藏

2006年11月，95岁高龄的钱学森亲笔为《导弹概论》签名

授“空气动力学”，史超礼讲授“航空概论”，朱正讲授“制导理论”等，在仿制苏联导弹时，他还举办导弹技术训练班，边讲课，边结合具体工作，组织大家开展讨论，边学边干。

1960年，是五院大发展的年代。中央书记处决定，从全国重点高校提前吸收一大批毕业或将要毕业的大学生，总数约6000人。这时，钱学森提出在五院开展大规模的技术学习活动。除各分院分别组织一些讲课外，五院统一组织若干次报告会。因为当时五院没有一个能容纳千人以上的会议场所，只能借用地处北京永定路地区的解放军政治学院（现国防大学）礼堂，每场报告会可容纳2000人左右。钱学森讲第一课，后边由各领域的专家或在某一领域卓有成就的技术骨干分别主讲。

《导弹概论》手稿一度失传

由于内容秘密，当年钱学森的《导弹概论》讲义仅油印了极少的几本。学员们听课的笔记必须交给保密人员保管，不允许带出教室，因此很少有人保留下这份教材和笔记。《导弹概论》成为中国航天领域中名气很大，却没有人再见过的传奇教材。

后来，钱学森的儿子钱永刚教授在家中偶然发现了他父亲保存的手稿，《导弹概论》才得以出版。如今，中国航天事业跻身世界先进行列，从这份手稿中，人们可以看到所有这些成就的起点。

1958年进入五院的留苏毕业生鲍克明回忆：

1960年分配到北京永定路地区、南苑地区、北航地区和云岗地区各分院的毕业生，都集中起来到政治学院，听钱学森来讲第一课。我被指定在云岗地区三分院讲解冲压发动机。钱学森要求我和几个讲课者把讲课大纲写好交给他，他仔细地审阅，告诉我们哪里是重点，哪里应细讲。当时，像我这样讲课的人可能有一二十个，他都一个人一个人地看所拟大纲，一份一份地改，一个人一个人地提示如何讲。

如果"呕心沥血"真能表示一个人尽全部力量奉献的话，那么在钱学森身上使用这四个字，真是太恰如其分了。

讲完"导弹概论"以后，钱学森又于1961年9月至1962年1月间为中国科技大学力学系58级、59级学生开设并亲自主讲了"火箭技术概论"一课。当时授课的讲义也是钱学森亲笔撰写的，后经助教雷见辉、喻显果协助整理，于1963年2月正式出版时改称《星际航行概论》。

钱学森在五院讲授的"导弹概论"和在中国科大讲授的"星际航行概论"，在中国航天发展史上具有极其重要的开先河的作用。《导弹概论》是面向航天工程技术人员的第一部导弹技术培训教材；《星际航行概论》则是面向高等院校的中国第一本航天专业基础教材，在此基础上整理出版的《导弹概论》和《星际航行概论》在钱学森早期的学术著作中比较独特，它们都是1955年他回国后的首批经典著作。

从1956年至1961年，钱学森在百忙之中利用各种场合讲授"导弹概论"、"星际航行概论"等课达上百次之多，在这期间来到五院的科技人员和中国科技大学力学系的学生，绝大多数都听过他的课。

1962年在五院党委的一次会议上，钱学森总结说："通过几年的业务实践，我们已经培养出来了一批人才。1956年来院的大学毕业生目前绝大部分都成为研究室一级的技术领导干部。这一事实说明了边干边学的方法是正确的、有效的，应当坚持下去。"

事实正是如此，从钱学森的导弹、火箭扫盲班里走出了一大批中国航天事业的业务骨干，很多人日后成为各种导弹、火箭、卫星、飞船等型号的总设计师和总指挥，成为中国科学院院士或中国工程院院士。

在中国传统文化中，除孝道以外，尊师可能处于最重要的地位，所以有“一日为师，终生为父”之说。钱学森在航天领域中享有鼻祖般无可比拟的权威地位和号召力、影响力，这与他在中国航天起步阶段的为师经历，以及他开先河的启蒙教育是分不开的。

4．一个特殊的机构——作战使用研究处

万事开头难。从事如此前无古人的伟大事业，到底怎么起步？钱学森不是神，他也得摸索着前行。

国防部五院为研制导弹而成立，但是我军作战究竟需要哪些类型的导弹？战术技术指标是什么？谁来使用？怎样使用？我国导弹的研制未来五年、十年乃至更长远的时间如何发展？这一切都没有现成的答案。

钱学森之所以被称为战略科学家，是因为他考虑问题总是站在制高点，善于从顶层设计中剖析矛盾的实质，从而解开在平视的角度看来迷茫纷乱的方程。

他在美国工作时，但凡承接军方用户的项目，军方都提有明确的任务指标。但在中国谁都不识导弹为何物的国情下，不可能指望有哪个高人能给五院提出具体技术性能指标要求。怎么办？钱学森只好尝试成立一个“扮演”高层参谋和军方用户双重角色的机构。

五院、五局合并之后，五院的机关非常精干，到1956年年底，还是两处、两部、两室的组织架构：组织计划处、干部处，政治部、院务部，院办公室、资料室。就在机构编制严格控制近似苛刻的情况下，1956年年底，在钱学森的主张下，五院就开始筹备组建一个特殊的机构——作战使用研究处。

这个处的主要任务是：从作战要求出发，以运筹学为工具，进行导弹设计的战术技术指标和有关作战使用问题的研究。实际上，这个处的工作应该是我军上层综合部门如总参谋部，应该承担的工作。只是因为我国导弹研制

工作刚刚起步，军方尚无研究导弹发展方向和作战使用的人才和机构，因此，作战使用研究处就承担了这项重要任务。

据该处领导高雁翎回忆："听刘秉彦副院长与组织计划处王道力处长讲，作战使用研究处是钱院长倡建的运筹学研究单位，他对这个处极为重视。五院拟报上级从军科院调一名少将或大校来担任处长。"1957年年底，五院确定一、二分院代号为0038部队一、二大队，分院下属的研究室（当时还没有研究所）编为分队。作战使用研究处编为0038部队一中队，发动机研究设计室编为三中队，炮兵教导大队编为四中队。可见，五院是把这个处与发动机研究设计室、炮兵教导大队并列为五院的重要部门，而且排在了第一位。

人们还记得，在"克里夫兰总统号"邮轮上，钱学森与同船回国的运筹学专家许国志不期而遇，两人相见恨晚，相约把在欧美刚刚兴起的运筹学引入我国（"运筹学"的中文词汇是钱学森根据我国典故"运筹于帷幄之中，决胜于千里之外"创立的）。这个愿望很快就变成了现实。一是1956年年初钱学森在参加国务院制订的《1956~1967年科学技术发展远景规划》时，就提出了建立运筹学研究机构的意见。不久，在力学所创建了以许国志为组长的运筹学组，之后扩建为运筹学研究室。二是在五院成立之初，组建这个导弹作战使用研究处。钱学森在回国后的一两年内，学习了毛泽东的《实践论》《矛盾论》等著作，并在多处讲话中教育五院的同志们运用马克思主义哲学理论指导科研工作。在这个特殊的研究机构成立之初，他们就把毛泽东在《中国革命战争的战略问题》中的一段著名论述作为指导思想："不论做什么事，不懂得那件事的情形，它的性质，它和它以外的事情的关联，就不知道那件事的规律，就不知道如何去做，就不能做好那件事"。这里，毛泽东所说的要弄懂事物的规律和事物之间的关联性，与钱学森主张的系统科学思想，有机地交融在一起。曾在这个处工作过的谢昌年认为，钱学森提出成立作战使用研究处的初衷，就是运用数学的工具，分析研制导弹的规划、计划、战略战术指标、作战使用、后勤保障等。他回忆说：

在钱学森《导弹概论》手稿中，"运用研究"原来的名称是"运用学"，后来又改写为"运筹学"，说明"运筹学"这个名词的中文名称是他创造的。这个处的名字就更通俗:“作战使用研究”。当时调了几十个人,基本上是两大部分人,一部分是部队干部;另一部分则是大学毕业不久的年轻人,大多是学数学的。大家对导弹一无所知,一下子说搞作战使用研究,真有点摸不着头脑。当时钱院长就说过,这个处的工作非常困难,他说,“我也不懂,但是这事情很重要”,我们应该搞什么样的武器,将来的战争怎么打法?这也是我们制定规划的前提。地地导弹需要打多远,战斗部应该多重,威力应该多大,精度应该多高,飞机应该怎么打?而且这些指标都是相互制约的:要是精度高、命中率高了,打的发数就可以少了;威力大了,打的发数也可以少。精度和威力的指标怎样更合理,这些指标应该怎么配合才好,需要用概率论来分析它们之间的相互关系。可见,钱学森是想把作战使用研究处建成导弹武器研制和使用的最高参谋机构。

1957年6月份,高雁翎从中央军委防空训练部调任五院作战使用研究处任副处长,算上他,全处只有5个人。稍后又陆续调来几个人。钱学森直接指导他们从头学起,边学边干。一开始学习运筹学常识和运用优选法的典型案例,听十个研究室的主任、副主任讲空气动力学、制导、材料、结构等课程。有条件的同志开始系统地学习“数理统计”“概率论”“火箭技术导论”等理论。1959年下半年又增加了人员,扩充了编制。到1960年4月6日,空军司令员刘亚楼兼任五院院长,空军副司令王秉璋兼任五院副院长。他们到职后在了解了作战使用研究处的职能后,对该处的工作极为重视,从全国各名牌大学数学系和部分中专学校选调了50余名优秀毕业生。在组织架构上,进行了几次调整、扩充。到这一年的8月,作战使用研究处由原来的海军、空军及炮兵三个单一的军(兵)种型号组,发展为战术论证、技术分析、模拟计算和情报资料等四个研究组,全处已有73人。

曾在该处工作的李延周、李军回忆:钱院长非常关心这个处的工作,经常到办公室了解他们的工作情况,回答他们提出的问题。有一次,作战使用研究处因研究在一定条件下弹着点的散布规律,打算向部队借机关枪或掷弹筒,进行实弹射击试验。在上班的路上,高雁翎向钱学森谈起这件事,不料钱学森说:“作这种试验,用‘钢笔滴水’的办法也行,不必非用武器不可。”他们按照钱学森说的办法,用吸饱墨水的钢笔从不同角度、用不同的力度向白纸上甩去，然后对墨迹进行分析，得到了满意的结果。为了提高该处人员的理论水平，钱学森亲自安排技术业务骨干分批到炮兵教导大队学习导弹知识，到中国科学院力学所师从许国志等学习运筹学。

这个处所作的第一项重要工作是对导弹武器的研究发展方向进行研究论证。在新型号进入设计阶段之前，由这个处进行初步研究或称“草图设计研究”；在总体设计阶段，协同设计部门对该武器系统所应达到的射程及其他飞行诸元、威力、命中概率、地面运动性能、战斗准备时间和气象条件等进行周密分析。尔后，根据分析结果草拟“战术任务书”，并提供总体模型和战术沙盘；在技术施工设计阶段，参与研究设计部门制定“技术任务书”，并参与对工厂所制样机的各种地面试验活动；参加靶场鉴定射击，收集与分析试射中获得的数据，提出修改原设计的建议或整批生产数量的建议；参与工业部门、靶场和有关军（兵）种所拟“维护保养指南”、“射击勤务指南”和“部队训练大纲”等文件的研究讨论。适时参加部队的训练射击和对库存导弹的检验，并经常注意听取部队的合理化建议，反馈给设计部门。

这个处的第二项重要工作，是对导弹武器使用方面的研究。当时这个处正在做和准备大力开展的工作有：拟定以攻击目标、部署、协同、射击指挥、特种保障等为主要内容的各类导弹部队的“作战使用原则”，经试验部队试行，取得经验，供作战部门参考；不断探讨各类导弹部队的最优战术使用方案，并提出平时和战时最好配属或加强给何军种和哪一级军队等有关问题的建议；研究国家防空体系各配系的组成、电子指挥系统的使用、战略导弹部队的最优布局以及储备网、交通运输网、大地坐标网、气象网、通信网等规划问题；反洲际导弹，特别是反卫星式导弹及其他对抗措施研究；情报研究工作等。

1960年8月，该处从导弹武器研究发展和作战使用两个方面，对几年来的工作做了一次全面的总结。从中可以看到，在短短的几年中他们做了大量卓有成效的工作，也体现了这项工作的极端重要性。在总结中，他们深有体会地写道：

综观以上所述，可以想见，如果任何武器的发展都可以被理解为战术与科学技术（生产力）的矛盾统一过程的话，那么，作战使用研究工作实质上就是有助于正确处理上述矛盾的工具。它可以在发展现代尖端武器方面和使用这些武器方面出谋划策，供领导下决心之参考。

而以上两方面的工作，不但有着密切的关联和互以对方的存在为条件，而且在客观上还存在着周而复始的规律。因为每一种型号的完成通常也就孕育着下一个型号的开始。

我院对“东风一号”、“东风二号”及“红旗一号”、“红旗二号”等型号的设计都这样做了，这显然是非常重要的。因为中央军委曾一再提示我们，说我院的工作乃是一项严肃的政治任务。可以想见，假如我们选择的设计方案是有错误的，那么，两年后我们得到的将不是什么尖端武器而可能是一种废物，因而辜负党对我们的信任和使全军大失所望，而且意味着将使我国国防尖端技术事业的发展走很大的弯路和丧失目前最有利的时机。相反，如果我们设计工作的第一步就是正确的，以后各阶段的工作也是非常成功的，则不但会使我军迅速得到新式装备，而且肯定会对国际局势产生更加有利于我的影响。

显而易见，作战使用研究处不但做了大量工

作战使用研究处李延周的回忆

我是1960年大学毕业后分配到五院的，当时在作战使用研究处一组。这个组是战略导弹作战使用研究组，我们当时的主要任务是为导弹作战使用拟定战略战术技术任务书，包括地地型号、地空型号、海防型号等。

1960年春，钱院长指示我处派出20多个刚从大学毕业学数学专业的同志，到中国科学院力学研究所运筹室学习运筹学。许国志是室主任，给我们讲课。学习的课程有线性规划、非线性规划、动态规划、数理统计、概率论、排队论、博弈论等。

作战使用研究处编了一本《导弹武器作战研究手册》，这个手册是我们自己搞的，是我国第一本导弹使用指导性手册。

作战使用研究处人员合影

《导弹武器作战研究手册》封面

作，而且运用马克思主义哲学思想，以毛泽东《实践论》《矛盾论》中的许多重要论点为指导，深入研究思考了导弹研制、使用的规律，闪烁着钱学森系统工程思想的火花。

鉴于该处工作量大而人员少的困难，五院科技部、作战使用研究处向五院领导提出，应该借鉴国外的一些做法，把该处扩编为一个研究所：

早在1946年美国空军就建立了“兰德”作战使用研究所，现该所已发展至1000多人。1954年美国又建立了全国性的作战使用研究系统，其中仅无军籍的运筹学专家即有1000多人。1958年美国陆军作战使用研究中心成立，当时就有军官和无军籍的科学家近百人，并有一支约3000人的试验部队。最近，他们又在北大西洋公约组织内建立了这种机构。此外，据说苏联军事系统内的作战使用研究机构也是相当庞大的。这些虽不可全信，但由此亦可看出这一工作确实需要相当大的力量。为此，建议建立一个五院直属的作战使用研究所。为适应我国国防尖端事业在未来两三年内的发展，经初步估算，计需工作人员452名，试验部队约需500人左右，全所共952人。

这份文件中有多处钱学森用粗线勾画的段落。当时，钱学森由五院院长改任副院长不到半年，在分工主管科研生产管理工作中，有条件用更多的精力关注他首创的这个重要机构。这是他勾画的几段论述：

作战使用研究工作是一项崭新的、综合性的科学研究工作。这当然不是说这个工作在从前是没有的，而是说只是在世界上出现了原子弹和导弹以后和由于最近几年军事运筹学的新发展，它才被各国、特别是各大国给予了空前的重视，并从此竞相大力发展。

据我们所知，目前中外学术界仍有许多争论，认为它是数学的一个分支者有之，说它是一门独立的学科者更有之。我们认为不管怎样，它总是要为政治服务的，说得具体一些，我们最关心的是它与战争的关系问题，即军事运筹问题。

由此可以想见，战争需要运筹学，而运筹学也完全可能应用于战争。

两弹（原子弹和导弹）的出现，不仅使交战双方所用兵力、兵器等数量关系复杂化了，而且将使战争空间高出大气层之外而远达洲际之间。因此在数学上，往往需要应用规划、排队、策略（博弈）等运筹理论来解决。

军事运筹学在发展新式武器方面的重要作用，看来是毋庸置疑的，因为它不但是“定量分析”的主要手段，而且有助于逻辑推理。

文件中阐述的这些思想，非常符合钱学森要把五院本部建成航天领域战略研究、政策咨询、发展预测、宏观规划、统筹调控的总部的一贯主张；对于运筹学的这些认识，与钱学森在多种场合大声疾呼的声音完全吻合。如果按照这个思路发展下去，作战使用研究处、科技部乃至五院机关的工作将是另外一种模式。但是，种种原因所限，把这个处扩编为一个研究所的条件还不具备。在这种情势下，钱学森经过全面思考，对作战使用研究处的工作作出了新的部署。

1960年11月25日，钱学森又一次与科技部、作战使用研究处领导研究该处工作的范围及其内容。第二天上午，他亲自给处长高雁翎写信，对该处的组织编制提出指导性意见。该信全文为：

作战使用处高处长：

照昨日我们所谈作战使用研究工作的范围及其内容，我提以下意见供你们研究编制时参考。

分室可以业务内容来搞，不以学科内容来分。

可否考虑成立以下四室？实验及计算不必集中在一个室。

情报资料研究室：敌人情报，包括资料整理保存的书及制图工作。

导弹战略研究室：研究配合各军兵种的战略战术，如何搞导弹部队的问题；应有模拟实验室；参加联合演习。

导弹战术研究室：研究一种具体导弹型号的最优使用问题。应有模拟实验室；参加试验部队工作及导弹部队演习。

导弹后勤研究室：研究导弹的生产、供应、燃料、部件的存放、仓库问题。应有计算室。

意见并不成熟，只供参考。

钱学森

1960年11月26日上午

按照钱学森的意见，作战使用研究处对下一步的工作和机构进行了调整。

完成反洲际导弹问题的探讨；

开展关于导弹部队在未来反空袭和抗登陆战役中的基本使用原则问题的探讨；

完成飞航式地地导弹最优设计方案选择等。

钱学森重视该处人员的理论学习，当时，有将近一半的人员轮流到力学所、清华大学等单位学习，钱学森还经常为他们创造接触实践的机会。1960年年底到1961年年初，安排了一部分人到福建前线锻炼，还安排了一部分人参加仿制导弹的发射任务。到1961年下半年，该处人员增加到78人。

1961年1月，由于国家处于困难时期，党的八届九中全会提出了“调整、整顿、充实、提高”八字方针，国民经济从此进入调整阶段。到1961年6月，全国共精简职工1887万人，全国工业企业数由1959年的31．8万个，减少到1962年的19．7万个，减少了38%。1962年5月10日，五院党委常委根据中央决定，全院减少10486人，按总人数比例，院直机关减少20%。作战使用研究处在全院精简、缩编的氛围中迎来了被撤消的命运。

人们会问，既然这个处的工作如此重要、成绩如此之大，为何被撤消了呢？

从当时的情况看，一则钱学森按照他理想中五院总部的管理模式，赋予了这个处太多的职能，而其人员结构、素质和研究条件却捉襟见肘，达不到理想的水平；二则当时国际形势严峻，国家急需五院尽快拿出有威慑力的导弹核武器，国内经济极端困难要求精简机构，而作战使用研究处的工作并非燃眉之急，因此进入精简之列在所难免；三则当时五院领导层对这个处的作用和发展认识并不一致，有些领导对这个处的工作是不是五院应该干的事，心存疑虑。这些因素叠加起来，导致了该处被撤消的命运。

作战使用研究处撤消时，全处78人有人分到哈军工，在卢庆骏、曹昌佑教授指导下进修火箭运筹学，作为以后开展作战使用研究的工作骨干；有人充实到固体发动机所和院计算中心；还有人调整到院、分院机关。无论被送到高等院校深造、调到军队工作还是留在五院和各分院科研管理部门以及充实到基层单位的人员，由于具备视野广、思路开的优势，很快都成为了新岗位上的骨干。

从这个处的机构设置和所作的工作看，它鲜明地体现了钱学森从系统的角度考虑五院发展和导弹研制方向问题的思路，这也是他在航天科技工业实践系统工程的最初尝试。

随着国防科学技术的发展和尖端武器研制、生产、试验、作战使用等分工的不断细化，随着我军军事力量和人员素质的发展和提高，五院作战使用研究处所做的工作，被军队和科研生产管理单位逐渐衍生出的许多部门所替代。后来各军兵种，都有了作战使用研究的职能单位。如总装备部、空军、海军、二炮都成立了研究中心，这些单位的工作内容几乎和当时五院作战使用研究处一样，当然研究和试验手段越来越先进。而五院作战使用研究处不仅为后来的组织管理模式进行了最初的探索，也为综合管理部门培养了优秀的人才。

5. 访苏代表团第三委员会秘密使命

1956年9月，国防部五院成立前的一个晚上。

一筹莫展的聂荣臻，不声不响地独自在北海公园弯弯曲曲的小道上踱步，那里离他的家很近。假山、曲径、垂柳、金菊，古朴而不失雅致，含蓄又不失富贵，湖水上流动着清新爽快的空气，带着一丝幽幽的花香。但是，公园的美景一点也提不起他的兴致，他有些心事重重。

研制导弹的事情并不像当初想象的那么顺利，不光调技术骨干让他费尽了心机，就连调设备、划拨工厂也让他伤透了脑筋。毕竟，新中国建设伊始，各行各业到处都是人、财、物的告急声。让他烦恼的并不是这些事，而是前些天他从李富春副总理那里得知，他托李富春访问莫斯科时提出苏联援助中国导弹新技术的请求，苏方有了答复，而答复实在令人失望。

9月13日，苏共中央复函说：考虑到导弹技术的复杂性和中国目前缺乏干部的情况，我们认为对中国的援助只能限于培养干部，可以提供2枚供教学使用的导弹模型，派5名教授来中国讲学。再就是，可以接受50名留学生到苏联学习。

聂荣臻把这个情况告诉了钱学森，问他："学森，你估计一下，没有国外的支持，光靠自己的力量，需要多长时间才能拿出咱们中国的导弹？"

钱学森思考了好一阵，回答道："至少要七八年，甚至更长的时间，而且还只能达到初级的水平。"

两人一起陷入了沉默。谁敢保证敌对势力能给新中国七八年的和平时间？

面对严酷的现实，中国发展导弹技术究竟怎么办？10月12日，聂荣臻邀请黄克诚、赵尔陆、李强、王诤、安东、钟夫翔等人，就苏共中央的复函作进一步研究。会上，聂荣臻说："我们导弹的研究，苏联帮助要搞，不帮助也要搞。因此，不要等，一方面准备谈判，一方面积极进行我们自己的筹建工作。""我们应该把立足点放在依靠自己力量的基础上，在坚持自力更生的同时，尽可能争取必要的、可能的国际援助。"

1956年年底，苏联援助中国的情况突然出现了转机。上台不久的苏共最高领导人赫鲁晓夫因全面否定斯大林，又悍然出兵波兰和匈牙利，在国际上陷入了孤立；赫鲁晓夫在同马林科夫、卡冈诺维奇、莫洛托夫进行的党内斗争中，也胜算未卜。在此情势下，迫切需要中国党和政府的支持，赫鲁晓夫十分希望毛泽东能亲自出席在莫斯科举行的世界共产党和工人党会议。毛泽东提出，只有苏联答应在尖端技术方面援助中国，他才同意前往莫斯科。

于是，苏联对于援助中国导弹武器方面出现了一点松动迹象。聂荣臻立即抓住机遇，通过苏联驻中国经济技术总顾问阿尔希波夫，再次提出国防新技术援助一事。很快，苏联正式邀请中国派出一个高级代表团去莫斯科谈判。

周恩来将这个高级代表团的名称定为"中国政府工业代表团"，团长为聂荣臻，副团长为宋任穷（三机部部长）、陈赓（副总参谋长兼哈尔滨军事工程学院院长），团员由李强（对外贸易部副部长）、万毅（总参谋部装备计划部部长）、钱学森（国防部五院院长）、刘杰（三机部副部长）、王诤（通信兵部主任）、张连奎（二机部副部长）和刘寅（二机部副部长）组成，工作人员8名，还聘请了13名火箭、原子能、飞机、电子等方面的专家为顾问。1957年9月7日，由31人组成的庞大的代表团乘坐伊尔－18专机飞向莫斯科。

专机上，聂荣臻一扫阴霾的情绪，和并排而坐的钱学森聊起了苏联已于

1956年年底援助我国的2枚供教学使用的P-1导弹。钱学森说：这种导弹基本上就是二战时期德国的V-2导弹，我们这次去的目标应该去要比P -1更先进的导弹，比如P-2导弹。

“造这种导弹，你有把握吗？”聂荣臻问。

“就看这次去苏联的结果了，只要他们能提供有关的设备和导弹样品，我保证能行。”

聂荣臻沉思着说：“你觉得还有哪些困难呢？”

钱学森轻松地笑道：“你不是常说，困难像老鼠，听见脚步响，就跑个精光了吗？”

“哈哈……”聂荣臻大笑了起来，“对，去年在中央开会，你说过，如果没有外援，依靠我们现有的技术力量，可以在七八年内，研制出像美国‘诚实约翰’一类无控制导弹。我把你的意见报告给总理，中央就叫我们7年内搞出自己的导弹，当然不会是‘诚实约翰’。我当时比较乐观，心想大概只用5年，最多7年也行。这次若能争取到苏联的帮助，就能够提前制造出性能更先进的武器了。”

“那就不用5年了，在元帅领导下五院同志干劲足得很，就想让咱们弄一个样品回去研究研究呀。”钱学森风趣地说。

“好，好得很嘛，那你就领着他们制造出一个世界奇迹来！”

钱学森略有思忖地说：“凡事成功，都会有一个先兆，我也同样有这个预感。因为我们的社会主义制度能使科研力量高度集中，意见高度统一，这比自由的美国更适合搞导弹工程。”

聂荣臻赞同这句话，同时深感钱学森心地坦荡，不由想起在钱学森刚回国时总理的嘱咐：“你要好好地对他，他也不容易呀！能回来得冒多大的风险呀，科学家是我们国家的精华，他就是科学家杰出的代表。”

下午两点，飞机降落在莫斯科国际机场，苏联部长会议第一副主席别尔乌辛、国防部副部长科涅夫元帅和中国驻苏联大使刘晓已在机场等候，欢迎中国代表团的到来。聂荣臻刚走下飞机舷梯，别尔乌辛就迎上前，热情地告诉他，自己受苏共中央最高领导的委托，随时准备提供中国朋友需要的各种援助。聂荣臻对于莫斯科并不陌生，恰似老朋友再次相逢，看到苏联方面的态度非常友好， 他的心情也像莫斯科的天空一样蔚蓝豁亮，像田野上的白桦树一样充满希望。

谈判从9月9日开始，历时35天。其间，中苏双方各组成了军事、原子弹、导弹、飞机和无线电等5个委员会（小组）对口谈判。中方的5位谈判组长为陈赓、宋任穷、钱学森、张连奎和王诤；苏方的5位谈判组长为国防部副部长科涅夫、中型机械工业部部长斯拉夫斯基、国防工业部副部长道玛尔切夫、航空工业部副部长别良斯基和无线电工业部第一副部长晓金。除了双方代表团总谈一次外，基本上是各委员会分别谈判和参观。谈判的规格之高，苏联的态度之慷慨，前所未有。聂荣臻吩咐大家，要充分利用千载难得的机遇，多向苏方提出一些援助项目。

为加快中国导弹研制的步伐，钱学森在访苏期间做了大量细致的工作。他以一个内行专家的犀利眼光，仔细地搜寻着一切可以争取到的援助细节，防止遗漏；同时，他也鞭策自己，尽量多向苏联的科研生产体制学习。毕竟，他在美国20年，比较熟悉和擅长的是理论研究和科学探索，对于如何组织大规模的科研生产和建设大型航天工程，他也缺少实践经验。

在尘封的历史档案卷宗里，有几份钱学森访苏期间的信件底稿和笔记，充分反映了他对国家利益一丝一毫不马虎的敬业精神以及急切想让中国导弹及早腾飞的忧国之心和他虚心学习充实自己的态度。

钱学森以中方第三委员会名义致苏方的信件（之一）

请允许我再一次向您提出以下的一些请求：

一、代表团对协议书草案研究之后，对其中14条从文字涵义上理解是苏联对中国导弹的研究工作，在建立第二院方面的帮助，限于在制定该院方案给予援助。这样理解和双方会谈时所交换的意见不相符合。希望您能对14条的涵义给我们解释一下，是否我们的理解不对。

二、为了全面安排我国的社会主义建设计划，请您在以下几个问题给以协助：

1. 目前中国冶金方面及化工方面的专家已到苏联，希望了解C-75，P-2，每一套（包括地面设备）所用的燃料及原材料的品名，（金属的，非金属的）规格和数量。

2. 靶场的规模、设备和投资。

3. 装备一个C-75防空连的投资。

4. 两院所需大学毕业的专家，各种专业的各需多少？中技各种专业各多少人？

三、为了迅速地掌握导弹方面的技术，以及安排第二个五年计划的工作，希望了解：

1. 关于接受P-2及C-75，需要什么样的组织设备和注意哪些问题？

2. 为了准备生产P-2及C-75，需要注意做什么准备工作（估计到更先进的型号）。主要的要有哪些工厂，现在中国第二机械工业部为了完成这一任务要增加什么厂，用现有的工厂中哪个厂，作为C-75及P-2的装配厂较为合适？

以上的第一个问题，希望您能安排一次时间面谈。第二、第三个问题请您指定专家和中国方面专家会谈，时间希望在可能的情况下尽量早一些。

上次的信提的问题什么时候会谈，请您顺便通知。

请接受我代表第三委员会和个人向苏联政府和您给予我国的无私援助再一次的感谢。

中国方面第三委员会 钱学森

1957年9月22日

钱学森以中方第三委员会名义致苏方的信件（之二）

DOMPAЧEB（多姆拉契夫）同志：

为了便于中国安排无线电工艺的生产，请您答复我们下列几个问题：

（一）P-2的地面控制设备中，属于无线电工业部门生产的有哪些品种（所谓品种是指整架机器，例如雷达，导航机，电子计算机，遥测设备，接收机等）。

如果是属于无线电发射或接收设备，那么它们是超短波还是微波的。

每个品种在正常生产条件下，所需的工时大约是多少，它们应由无线电部门的哪类工厂生产较为合宜。

不属于无线电工业部门生产的控制设备有哪些品种，它们应由哪些工业部门生产。

（二）P－2弹内的控制设备有哪些属于无线电工业部门生产的品种。

如果是属于发射或接收设备，那么它们是超短波还是微波的。

每个品种在正常生产条件下所需的工时大约多少，它们应由无线电工业部门的哪类工厂生产较为合宜。

不属于无线电工业部门生产的控制设备有哪些品种，应由哪些工业部门生产。

（三）C－75的地面控制设备中，属于无线电工业部门生产的有哪些品种。

如果是属于无线电发射或接收设备，那么它们是超短波还是微波的。

每个品种在正常生产条件下所需的工时大约是多少，它们应由无线电工业部门哪类工厂生产较为适宜。

不属于无线电工业部门生产的控制设备有哪些品种，应由哪些工业部门生产。

（四）C－75弹内的控制设备中，属于无线电工业部门生产的有哪些品种。

如果是属于无线电发射或接收设备，那么它们是超短波还是微波的。

每个品种在正常生产条件下所需的工时大约是多少？它们应由无线电工业部门的哪类工厂生产较为适宜。

不属于无线电工业部门生产的控制设备有哪些品种，应由哪些工业部门生产。

（五）在所有上述的控制设备中有哪些特殊的无线电元件和电真空器件，需要中国方面及早作准备的。

钱学森

1957年9月26日

×××××××：
我非常高兴的再一次的给您写信。
在九月十八日第四次会谈之后，第三委员会已将全部的会谈情况和成就，向聂荣臻团长作了报告。聂荣臻团长非常满意的听取了报告之后，他指示我向您提出一项请求。
在这次中苏两国谈判之后，必然引起中国方面第二个五年计划的从新调整问题，因此急于想知到，苏联移交给中国导弹的价格。这样导弹的移交是史无前例的。希望您是否可以通过以下两个办法之一，将它的价格通知我们：

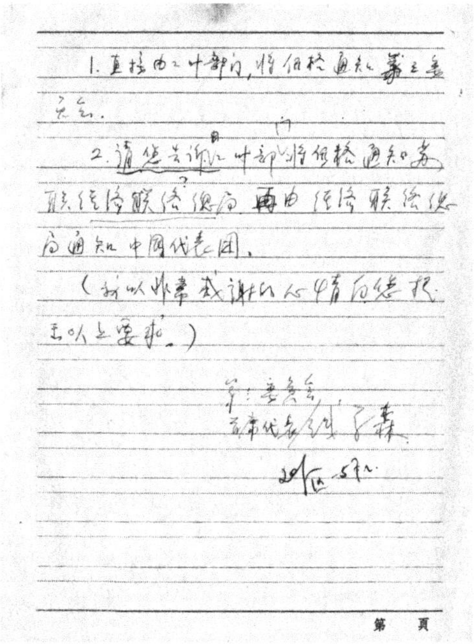

1. 直接由工业部门，将价格通知第三委员会。
2. 由工业部门将价格通知苏联经济联络总局，再由经济联络总局通知中国代表团。
（我以非常感谢的心情向您提出以上要求。）
第三委员会
首席代表 钱学森
20/IX. 57.

钱学森为谈判准备的草稿

1957年9月，聂荣臻率团访问苏联

苏联的援助是要钱的

苏联早期援助我国的P－1和P－2导弹，在大多数中国人的印象中是无偿援助的，因为没有资料透露过有关的情况。而在钱学森访苏期间留下的信件底稿中，却清清楚楚地讲明了付费问题。

钱学森在1957年9月20日写给苏方的信中有这样的内容：

在这次中苏两国谈判之后，必然引起中国方面第二个五年计划的重新调整问题，因此急于想知道，苏联移交给中国导弹的价格。希望您通过以下两个办法之一，将它的价格通知我们：

1. 直接由工业部门，将价格通知第三委员会。

2. 由工业部门将价格通知苏联经济联络总局，再由经济联络总局通知中国代表团。

钱学森还有一份长达19页的参观苏联各研究所、试制工厂和谈判准备工作的详细笔记。

比如，他极为详细地记录了苏联导弹试制工厂里的车间设置：

1. 制模车间；2. 备料车间；3. 热处理车间；4. 试制中央实验室；5. 装备车间（加工），大型及中型；6. 装备车间（加工），小型如舵机；7. 机械车间，标准件及关键件；8. 表面处理；9. 装备焊接车间；10. 燃烧室车间；11. 发动机装备；12. 火箭装备；13. 辅助；14. 试验台；15. 动力车间 ……

再如，他详细地观察并记录道：

总火箭试验台的面积为2000~2500平方米，发动机试验台总面积有1000平方米，有150~200吨的酒精仓库、200吨的煤油仓库、250吨的硝酸仓库和15吨过氧化氢仓库等，他甚至在旁边标注，还需要有1200平方米的停车场。

一边观察，他还一边思考着下一步谈判还需要向苏方提出索要具体设备的清单和数量，他在笔记中写道：1. 金属切削机床500台；2. 压机50台；3. 炉50台；4. 焊接100台；5. 特种50台；6. 非标准400台；7. 仪表2000个 ……

在此之前，很少有人知道苏联援助中国导弹的资料、设备和设施是怎么确定的，而钱学森留下的笔记，恰从一个侧面真实地反映了“中国政府工业代表团”中国专家所起的绝对重要的作用，有目标的“要”和给什么要什么的结果，绝对是大相径庭的。钱学森的访苏，无疑在很大程度上放大了苏联对中国导弹援助的实际作用。

对于苏联老大哥的有限援助，聂荣臻也是有思想准备的，能得到些什么，不能得到什么，他也是心知肚明。总的来看，谈判的结果比预计的要乐观。比如，谈到有些导弹型号性能时，别尔乌辛甚至说，你们要的型号性能已经过时落后，是否换一些新的型号？在涉及导弹、原子能、飞机及其基地建设等方面，其进展是一点一点取得的。所幸的是苏联方面还是作出了让步，中方得到的援助比预计的要多。如果这个新技术协定能完全认真执行，中国在突破导弹、原子能、现代作战飞机等尖端技术方面，就有把握得多，顺利得多，快得多。协定草案一出台，聂荣臻立即派人将文本送回北京，请毛泽东和中央批准。

毛泽东、周恩来对草案很满意，立即批准，派人送回。苏联方面也批准了这个草案，于是，1957年10月15日，聂荣臻代表中国政府，苏联部长会议第一副主席别尔乌辛代表苏联政府，在正式协定书上签字。

苏联国防部大楼里俄式宫庭吊灯流光溢彩，乐队分别演奏中国与苏联国歌，气氛友好而热烈，中苏双方协定签字仪式在这里举行。协定全称是《关于生产新式武器和军事技术装备以及在中国建立综合性原子能工业的协定》，简称《国防新技术协定》。聂荣臻用带去的中国名酒茅台、五粮液作为庆典祝酒，满堂酒香飘溢，人人举杯在手一饮而尽。

协定共5章22条，苏联政府承诺在原子能工业、生产与研究原子武器、导弹武器、作战飞机、雷达无线电设备以及导弹和核试验基地建设等方面，对中国进行援助。

《国防新技术协定》中规定，在1957年至1961年年底，苏联除供应我国四种原子弹的样品和技术资料外，还供应四种导弹（P-2，C-75，C-2，K-5M）的样品和技术资料等，并允诺在1960年至1961年年间供给射程为500公里的P-2导弹的技术资料。协定中还明确，苏联将向中国派遣专家帮助中国仿制导弹，向中国提供导弹研制与发射基地的工程设计资料，并增加中国派赴苏联的火箭与导弹专业留学生名额等。

代表团超额完成了任务，于35天后的10月16日返程回国。随后，落实协定、做好受援的准备工作，成了钱学森的一项重要工作。

6. 不会走路的孩子迈步了

1956年12月，苏联援助的供教学使用的2枚P-1导弹运到了中国。据当年参加接收任务的任新民回忆：

1956年12月，我接受一项紧急任务，命我带队乘专列前往满洲里接收苏联援助的两枚液体近程弹道导弹(P-1导弹)及其辅助装备。时值北国的隆冬季节，我们冒着－30℃至－40℃的严寒，一次次到车站查看现场，为接苏援导弹做好

俄罗斯《红星报》揭秘

1998年6月23日，俄罗斯《红星报》刊登了署名历史学副博士弗拉基米尔·伊夫金的文章，讲述当年苏联向我国提供导弹样品的详情：

1956年11月，工程师普列奥布拉任斯基上校和米哈伊尔·马洛夫中校被负责弹道工作的米特罗凡·涅杰夫叫到办公室。他向这两位军官透露，苏联和中国签署了一项关于向中国提供某些火箭技术设施的协定。因此，苏联专家需要前往北京安置这些设备。涅杰夫的指示大意是：什么都不要说，干活就行了。苏联已完全准备好向中国运送移动式教学导弹P-1，前往中国的是第23770号专列，它载着导弹和十多名专家于1956年12月5日从西南铁路的米哈伊连科车站24号仓库开出。几天后，两枚导弹被小心翼翼地运送到中国，它们在夜间被藏进已准备好的仓库。中国国防部部长参观了导弹，普列奥布拉任斯基和马洛夫给他做了讲解。尽管部长提出了很多问题，但根据“什么都不要说”的原则，他们没有多做解释。

各种准备。为了保密，调换卸装只能在晚上进行，我也加入到卸装导弹及其配件的行列中。在同志们的努力下，两枚P-1导弹及其配件、备件如期顺利地运到北京。1956年12月29日，中苏双方在北京举行P-1导弹交接及签字仪式，国防部五院有我、梁守槃和史成章，苏方代表是库兹涅佐夫和普列奥布拉任斯基等。我作为中方代表在交接协议上签了字。随弹而来的13名苏联专家，给中方人员讲了几天使用、维修课。

钱学森见到P-1导弹后，轻轻地摇了摇头。他一眼就看出，这不过是二次大战中德国人研制的V-2导弹，这家伙的模样，他早在十几年前参加美国空军咨询团到德国考察时就见到过。

P-1导弹运来了，其中一枚是供教学用的解剖弹，另一枚是完整的可供拆装的导弹。导弹放在哪儿呢？如果就在露天放着，万一敌人从空中侦察到，这可不得了。德国的V-1导弹基地就曾经被英国轰炸机炸毁，研制人员不得不转移，

1956年12月，国防部五院总设计师室主任任新民代表中方在苏联援助的P-1导弹实物交接协议上签字

研制工作只能另打锣鼓重新开张。

有人出主意：在导弹四周搭个大席棚，把导弹遮起来，省钱省时，神不知鬼不觉。

大家一致同意。说干就干！

席棚搭好。钱学森命令将一枚解剖弹用于教学，讲课、观摩就在席棚下进行；将另一枚导弹搬进简易仓库，用于开展“反设计”。

何谓“反设计”？几个年轻人摸着头，眼神迷茫。钱学森接着说：“我们没有导弹的图纸和资料，但是，现在我们毕竟有了实物，可以按专业组把弹体、发动机，直到每一个螺丝钉、垫圈，都小心地拆下来，仔细研究做好记号后再分别去测量，最后我们自己动手绘制图纸。这是我们锻炼队伍的最好时机。”年轻人明白了，原来“反设计”的目的是摸清导弹的结构和材料、零件的使用性能，作出一套既有理论根据，又符合操作实际的文件，为下一步仿制作好准备。

“反设计”也不是一件容易的事情。

第一步要拆卸，十分简陋的仓库里只有两个三叉架和一根横梁以及一副手动的起吊用具，凭借这些原始设备，大家小心翼翼地按照拟定的程序，把每个零组部件编号、造册，然后一一拆卸，分门别类地摆放好。

第二步是对照实物测绘、测量，并通电检测、试验，还要化验、分析材料的成分、规格和性能。

第三步是对导弹全貌、分系统及主要部件、组件有了清晰的认识后，“照葫芦画瓢”，按照自己画的图纸，再把大卸八块的导弹恢复原样。

这是一场智力的消耗战，在没有图纸、甚至连零部件名称都不知道的情况下，要记住它们原来的位置和之间的联系。

这又是一桩非常细致的工作，既不能搞错又不能搞乱，来不得一点差错，就连一颗螺丝钉也不能走样。

让谁来拆卸导弹呢？人多了会搞乱，人少了又太慢。拆卸过程中还需要对导弹的总体结构、设计原理、每一个部分使用的材料等，有基本的了解，画出让工厂能生产的图纸。这拆弹人可不是一般人啊。

据谢光选回忆：

1957年春，我调入国防部第五研究院。当时钱老是研究院的院长，他主动找到我这个普通设计人员谈话。我向他汇报了在调入研究院以前曾经做过的一些工作，他语重心长地对我说，“导弹有许多知识要学习，否则不能适应我国国防事业的需要”，同时又告诫我“要多读一点哲学书，要讲究思想方法和工作方法，才能使导弹的研究取得事半功倍的进展”。当物色拆弹人选时，钱学森想着、沉思着，忽然把目光来回移动在我和梁守槃的脸上，他征询地问：“我看拆卸导弹的事，咱们这些只上过讲台的人恐怕不行，不是说咱们不懂，而是从没有摸过钳子、扳手、榔头的手，不知咋使劲。小谢（我当时30岁出头）在兵工厂干过，比咱们懂行”。钱院长既然话说到这份上，这活儿我是推不脱了！

听我这么一表态，钱学森高兴地拍着我的肩膀说：“行，这就定啦！”然后要求我们，拆得开、测绘好、装得起来。

来自沈阳兵工厂、研制火箭弹的工程师谢光选和搞过飞机发动机设计的梁守槃，心里都很满意，这是他们有生以来第一次联手解剖外国人研制的导弹，第一次摆弄杀伤性巨大的武器。虽然在大学时代，他们都偏爱火箭知识，而且还刻意研究过这方面的著作，再加上他们本身有着较高的理论知识和专业成就，又经历过从理论到实际的实践，但今天还是感到知识短缺。为了进一步了解导弹的原理、结构、配制、生产材料，他们每夜都把自己锁在办公室里挑灯夜战，重新熟悉英语、德语，攻读从前没学过的俄语，又自学陀螺、控制、可靠性、计算机、低温传热、两相流和热传递等最新专业知识。谢光选又从空军请了两个机械师，他们把P-1导弹拆成大的部件，如发动机、伺服机构、惯性器件，还有电子器件等，分别送到各相关研究室，由各专业技术人员进一步分解、测绘和复原。

白天，他们在闷热的仓库围着导弹敲打扭旋，干的既是体力活，又是脑力活，身心一起动，不敢有一丝儿放松；晚上，他们把一个个卸下的零部件在灯下铺开，逐个研究，记在小本上。几天下来，导弹卸完了，他们几个人像得了一场大病，蒙头睡了两天两夜。

在导弹总设计师室主任任新民的精心组织下，拆卸工作用了10天，测绘工作用了半年，尔后又用10天时间把导弹完完整整地装回原来的样子，整个工作进行得紧张有序。经过仔细检查，零部件一个不缺，螺钉、螺帽也一个不少，除了多出4个垫圈和一根2米多长的细空气导管因调整形状时断裂外，其他零部件“毫发未损”。

最后，大家将导弹内部打扫了一遍，又把弹体擦拭干净，于是，一枚完完整整、油光锃亮的P-1导弹重新出现在人们面前。国防部五院的技术人员还很快画出了一部分导弹的图纸资料，反设计练兵工作初见成效。

钱学森对这场练兵学习活动很满意，表扬了大家。正当国防部五院上上下下掀起反设计高潮的当口，钱学森叫停了反设计工作。为什么呢？原来，聂荣臻率领的访苏团与苏联签订《国防新技术协定》后，苏联援助的更先进的导弹武器到货了，仿制新产品的战斗就要打响！

1957年12月20日，寒星满天、冷风如刀的中苏边境满洲里车站，气温降至-40℃。一列来自苏联的国际列车抵达中国满洲里车站。普列奥布拉任斯基上校带领苏军一个缩编导弹营102人，连同两枚P-2近程导弹和测试、发射、运输和加注等地面设备，在国防部五院科技人员的配合下，秘密地上了中国的火车（苏联铁轨和中国铁轨的宽度不一

P-1导弹是有价值的敲门砖

P-1导弹在我国导弹事业创建史上发挥了特殊的历史作用，它使中国导弹研制者开始从感性上认识导弹，并学习了有关的导弹基础知识。

两枚P-1导弹在国防部五院完成历史使命后，又派上了新的用场：教学用的解剖弹于1958年运往哈尔滨军事工程学院，另一枚导弹运到北京航空学院（现北京航空航天大学），继续为我国培养新一代的导弹与航天科技人才发挥作用。

P-1导弹

P-2导弹起竖吊装

样，两国之间的铁路运输必须互相换乘）。火车在沉沉的夜幕中悄然驶进了北京长辛店车站。荷枪实弹的军人在列车两旁护卫，站台上警卫森严，偶尔传来几句用俄语发出的口令。谁也不会想到，就在这个平静的夜晚，两枚从苏联远道运来的P-2导弹，神不知鬼不觉地踏上了中国的土地。

24日18时，沿着新铺设的一段铁轨，列车进入了长辛店附近云岗地区的一处秘密驻地。一群人忙忙碌碌地搬运着盖得严严实实的大木箱，在职务对等的两国军人的见证下，箱子的保密铅封被打开，双方按来货清单逐件交接。这次运来的装备有：2枚P-2地地近程导弹训练弹，其中1枚可作初级点火；一个导弹营的主要技术装备，包括地面测试、发射、横偏校正、运输、加注等设备共47件，价值750万卢布。交接时，发现有些关键部件（如横偏校正振荡器晶体）没有配套，还有些设备零件不全，后经多次交涉，方陆续补齐。

1958年1月，钱学森和王诤将接装情况给国防科委写了汇报：

炮兵教导大队已将苏联运来之全部部件按时接装完毕，今将接装情况简要汇报如下：

一、为了将部件在夜晚安全的卸车和入库，建立了必要的组织，并进行了预习操作。由林爽同志任总指挥，下设接装运输、库门指挥、交通调整、站台搬运、警卫、消防、急救、物保、修改、招待等小组，于57年12月23日19点半预演开始，21时半结束并进行了讲评，使大家明确了任务职责、操作程序和位置，并提出了一些注意事项。

二、57年12月12日由耿锐同志率领50名接装人员赴满洲里。20日办完换车手续即开赴北京，至24日18时15分到达长辛店，该次列车共计51节，随行苏军人员102名（内有37名军官）。20时开始卸车入库，至25日8时大部分安全入库，13时全部安全入库。在一夜接装过程中，苏军士兵与我全体接装人员，均不顾疲劳，积极搬运，保证了部件按时安全入库。

后附47件部件的清单。

钱学森　王诤

1958年1月24日

经过钱学森、任新民的鉴定，此型导弹虽然比P-1导弹先进一些，还是苏联淘汰的旧型地地导弹，苏联在决定援助中国P-2导弹之前的1957年8月21日，已经成功地发射了世界上第一枚洲际弹道导弹——射程为8000公里的P-7导弹。但是，正如聂荣臻所说："苏联的导弹虽然不是最好的，但却是我们没有的，值得大家好好研究学习的。"钱学森决定尽快组织大家研究学习"老大哥"的看家技术，开展仿制工作。

为了迎接苏联援助项目，尽快投入学习和仿制工作，钱学森等人向聂荣臻提出了《关于导弹研究院的体制意见的报告》，建议调整国防部五院的组织机构。

11月，国防部五院组建两个分院：以总设计师（即总体设计）、空气动力、弹体结构、发动机和推进剂5个研究室为基础，组成一分院，负责导弹总体设计和弹体、发动机研制，由钱学森兼一分院院长，谷景生兼一分院政治委员，刘秉彦兼一分院副院长。一分院建院初期，有175人、8个研究室，聚集了如任新民、屠守锷、梁守槃、庄逢甘等一批科技专家，驻地在北京长辛店附近的云岗地区。以解放军电子科学研究院为基础，合并控制系统、控制组件、无线电、计算机、技术物理5个研究室组成二分院，负责导弹控制系统的设计工作，任命电子科学研究院院长王诤为五院副院长兼二分院院长。二分院成立后，调整组织了12个研究室和一个试制工厂，调集了全国知名的无线电专家蔡金涛以及包括吴朔平、黄纬禄、郝复俭、李蕴滋、沈家楠等在内的30多位电子技术专家，驻地在北京永定路地区。

12月10日，国防部五院和炮兵司令部等单位联合组建炮兵教导大队，下设指挥连、技术连、发射连和运输连，驻地就在国防部五院一分院所在地——云岗。

机构调整到位后，学习和仿制工作兵分两路。

一路是先从学习基本知识、学会操作使用和维护起步，由苏联官兵在炮兵教导大队开始为期3个月的教学、训练活动。另一路由设计部门和试制工厂唱主角，先翻译、消化导弹资料和图纸，准备各种原材料、工艺，开始解剖、仿制苏联P-2导弹。两枚P-2导弹也分别放到炮兵教导大队和国防部五院一分院，充当了实物教具。

1958年1月13日，炮兵教导大队第一期学员开课，学员来自国防部五院、总参作战部、总后军械部、哈尔滨军事工程学院，总数为683人。他们分为指挥、测地、诸元准备、发射、技术和运输等23个专业组，分别对口由苏联官兵直接讲课、操作示范并手把手地教。

开班仪式上，国防部长彭德怀元帅亲手解开了系在P-2导弹上的红绸带，满含深情地对在场官兵说："这是苏联老大哥过继给我们的'儿子'，祖国把它托付给你们了，你们可要把它当作亲生儿子看待呀！"

"P-2导弹是个庞然大物，它全长为17.7米，最大直径为1.65米，尾部有4个梯形尾翼，起飞质量为20.5吨，以酒精/液氧为推进剂，地面发动机推力约为370吨，采用惯性加无线电横偏校正混合式的制导系统，导弹射程为590公里，弹头装常规炸药。全弹由弹头、稳定裙、酒精贮箱、液氧贮箱、仪器舱、尾段和发动机等几大部分组成，它是苏联在第二次世界大战时期德国V-2导弹基础上进行改进设计的，射程比V-2提高了一倍。"钱学森一面介绍着，一面用手中

元帅们的期待

开课2个月后的3月15日，陈毅、聂荣臻元帅和张爱萍、杨成武、陈锡联上将等迫不及待地赶到教导大队视察，观看了"综合操作"和导弹"初级点火"训练，钱学森亲自为他们讲解。元帅们也是初次见识这么大的导弹，看到教导大队操作娴熟，陈毅高兴地说："我们炮击金门，人家说是蚊子叫，听不见。如果我们的导弹上了天，原子弹响了，那就不是蚊子叫，而是老虎叫、狮子吼了，人家才买账呢！"

建设酒泉导弹试验基地的大军

的小棍轻轻地敲打着这枚导弹。

钱学森鼓励学员说：

对导弹武器装备来说，我们还是个不会走路的孩子，现在是刚刚起步。P-2导弹是苏联第一代产品，谈不上先进，但对我们来说，毕竟有了教学实物，可使我们少走一些弯路，我在美国就没有看到这样的实物，要好好学。我深信，在党中央的正确领导下，在启蒙老师苏联专家的帮助下，通过我们自己的辛勤努力，我们一定能走、会跑，成长壮大！

他号召学员与苏军官兵搞好团结，把先进技术学到手。

炮兵教导大队的学员从导弹的构造、工作原理、编制作战文书到实际操作，以及导弹营在军和集团军作战中的战斗行动，都进行了理论学习和实地演练，通过苏军官兵的直观教学，学员们很快就明白了基本原理，掌握了操作方法。在第一次进行初级点火模拟训练时，学员们还真有点紧张，苏联教官用铁链把导弹拴住，以防万一飞出去伤人。因为这是第一次在我国进行点火实际操作，所以教导大队组织得非常严密，每个人对自己的职责和动作要非常熟练，一丝不苟。导弹及地面设备展开后进入垂直测试，直到进行完射前检查，确认一切正常才开始初步点火。“点火”口令一下达，一束橘红色的火焰从导弹尾部喷出，煞是壮观。

1958年4月8日，炮兵教导大队在北京南口镇西南的坦克靶场进行了P-2导弹武器系统的实战操作演习，全大队的人员都参加。据当时参加演习的学员范士合记载：

我记得那是一个漆黑的夜晚，全体演习设备要从长辛店拉到南口，当时我和一部分学员先行，一路上站岗放哨，深夜寒风凛冽，伸手不见五指。不一会儿，大队的车队浩浩荡荡地过来了，远远看去真是威武壮观，上百辆汽车依次列阵，照明灯划破夜空，宛如一条长龙缓缓行进。到达阵地稍事休息后，演习就开始了。准备工作用了很长时间，点火仅仅一瞬间，我们正看得出神，导弹发动机就关机了。我们这些操作手按程序迅速抱起消防水龙头冲到导弹前灭火，真像在战场上冲锋一样。

炮兵教导大队为期3个月的学习训练圆满结束。4月15日，苏军导弹营官兵全部返回苏联。

以后，教导大队选出一部分学习较好的学员充当教员，“现买现卖”，又带出了2期学员。从1957年12月成立到1959年7月结束，短短的19个月，教导大队完成了国防部五院交给的6次接装任务，其中，P-2地地导弹3次，C-75地空导弹2次，C-2岸舰导弹1次。举办了3期训练班、5期短训班，为部队培养了2500名操作骨干，为国防部五院培养了600多名熟悉P-2导弹和C-75导弹的技术人员，其中一分院有511人参加了学习，为另一路人马开展的解剖仿制工作，打下了坚实的基础。

7. 主导制订航天早期规划

钱学森在美国的经历，特别是在第二次世界大战中参与调查德国导弹技术的发展状况和战后参与美国空军未来发展战略规划的制订，这些经历和经验，使他能够站在很高的层面上考虑长远的目标。

我国航天技术之所以一步一个台阶地快速发展、不断攀上高峰，型号研制之所以有条不紊地循序渐进、不断取得丰硕成果，与航天事业初创时期就在钱学森等人主持下制订了一系列规划、计划直接相关。从五院成立之始，到20世纪60年代中后期，以钱学森为主导，五院几度制订规划、计划，为我国导弹、火箭、卫星的发展绘制了一幅幅蓝图，既为近期研制制定了明确目标，又为远期发展指明了方向。

然而，这些规划、计划是在艰难探索中不断调整、修正逐步形成的。一则国防尖端武器的研制是为政治服务的，必须服从政治形势的需要，常常要根据各个时期党的路线、方针、政策的变化而调整方向和目标；二则由于缺乏研制导弹的经验，必须经过实践不断地修正；三则20世纪50年代末至70年代末政治运动频繁，大多数运动是在“左”的指导思想下开展的，在这样的背景下，研制型号的品种、数量和战术技术指标往往会被动地层层加码。因此早期的规划、计划明显地打上了“双重色彩”的烙印：从积极意义上看，有了宏伟的规划远景，人们看到了未来的目标，激励了斗志，经过努力，甚至付出血汗的代价，取得了不少骄人的成绩；从消极意义上看，有的规划、计划不同程度地脱离实际，不得不在执行中进行较大幅度的调整，导致研制工作走了弯路。

值得庆幸的是，有周恩来、聂荣臻等中央领导具体了解、关心、指导五院工作，他们尊重钱学森的意见，尊重实践的检验，当发现规划、计划中的问题需要调整方向时，能够及时“叫停”或“转弯”。因此，造成的损失并不大，而调整之后取得的成绩还是十分鼓舞人心的。

国防部五院的第一个规划是“三大任务”。五院建院之初，一切都是未开垦的处女地。经钟夫翔、钱学森与林爽、任新民、梁守槃、庄逢甘等研究后，1957年3月，钱学森向全院部署了研制地地导弹、地空导弹和无人驾驶飞机“三大任务”。

一个月后，“三大任务”被具体细化为“五项工作”，即从1957年4月到1961年6月，5年内研制5个型号：将苏联的“Ｐ－2”改装成为飞靶，将苏联的米格－15战斗机改装成飞靶，地地弹道式中程导弹，射高30公里的地空导弹，驾束制导的地空导弹。

1957年6月10日至12日，根据全国科学规划会的有关条款，五院召开了喷气技术协调会议，研究第二个五年计划期间喷气技术的基本研究任务。会议由钱学森、常乾坤、段子俊、刘秉彦分别主持，确定了“二五”期间五院的主要任务：

1．仿制苏制Р-1导弹，并在此基础上设计和试制射程为450公里以上的单级导弹；

2．设计和试制防御飞机的地空导弹；

3．设计和试制可控制飞行的无人驾驶飞机（用作靶机）。

这几项规划的文字表述不尽相同，但它们的核心内容都是与“三大任务”一脉相承的，这可以说是我国最早的导弹研制规划。五院的十个研究室，按照专业分工，在办班学习的基础上，开始了最初的技术练兵，仿制苏联援助的Р-1导弹的工作由此开始。

虽然当时“三大任务”还只是一些模糊的概念，虽然争取苏联在导弹方面的援助还只是“雾里看花”；但是，在“有外援我们要搞导弹，没有外援我们也一定能搞出导弹”的坚定信念支撑下，这个“三大任务”成为了新生的导弹研究院鼓舞人心的战斗旗帜。因为钱学森懂得，一支没有目标、没有旗帜的队伍是无法前进的，更是不可能打胜仗的。

1958年年初，全国各行各业开始总结“一五”工作，制定“二五”计划。五院也制定了“二五”计划和《喷气与火箭技术十年（1958~1967）发展规划纲要》（简称《十年规划》）。这一年的上半年，全国性的“冒进”尚未形成，在这种背景下，五院的规划还是比较切合实际的。

从1957年年底到1958年年初，五院在钱学森院长和王诤、刘秉彦副院长的主持下，制订了1958年至1962年的“二五”计划。

其主要内容是：

1.1957年开始仿制苏制P-2地地导弹，1960年完成；1959年开始设计射程为1200 ~ 1500公里的522地地导弹，1962年完成；1961年开始设计射程为3000公里的524地地导弹，“三五”期间完成。

2.1958年开始仿制苏制543地空导弹，1960年完成；1958年开始设计远程地空导弹，1962年完成。

3.1958年开始研究改进苏制C-2岸舰导弹，1960年完成。同时研究设计冲压式喷气发动机。

在“二五”计划的基础上，五院又把《十年规划》下发到一、二分院。

这个纲要提出：

1. 地地导弹方面，试制战略中程地地导弹以及近程的各种野战用的战术导弹，研究洲际导弹和人造卫星技术，寻找可靠的防御洲际导弹的方法。

2. 地空导弹方面，仿制543地空导弹，设计射程更高更远的地空导弹，研究设计更大推力的固体火箭发动机。

3. 飞航式导弹方面，研制冲压式发动机，改进飞航式岸舰导弹“503”，研制超声速飞靶。

《十年规划》所提出的五院未来十年间研制导弹型号的类型、战术技术指标、时间进度和一些关键的单项技术、设备，并不是要把所有型号都定型装备部队，而是“研究”、“仿制”、“设计”、“寻找方法”，如果不是文化大革命的干扰，从1958年到1968年，经过十年的努力是可以取得一定成果的。这个规划尽管带有一定的“冒进”成分，但能够在1958年提出研究洲际导弹和人造卫星技术，研制固体发动机、冲压发动机，寻找防御洲际导弹的方法等，不能不说是钱学森等人站在未来发展的高度，极具世界眼光的远见卓识。

“三大任务”和《十年规划》的最可贵之处不仅仅在于具体项目的研制规划，透过一个个具象任务，给人以深思的是它从基因上为中国航天的定位。中国航天从娘胎里出生，就不是外国产品的复制工厂，而是一个以自主设计为主体的创新体系。“三大任务”和《十年规划》中反复出现的研究、设计、改进等字眼，实际上是在为初生的导弹研究院奠基自主创新的文化。毫无疑问，中国航天之所以能够在国内高举自主设计大旗，在创新道路上一路高歌猛进，与钱学森早期的定位与引领是截然分不开的。

1958年5月29日，聂荣臻向五院部署了仿制P-2导弹的任务。恰在同时，中共八大二次会议通过了“鼓足干劲，力争上游，多快好省地建设社会主义”的总路线。总路线提出后，全国掀起了“大跃进”的热潮，追求高速度、高指标，很快在全国范围内形成了浮夸风。五院领导多次开会研究面对全国“大跃进”的形势，五院怎么办？针对有人提出“三年打到太平洋，五年放个小月亮”的跃进口号，五院准备改变年初制定的《十年规划》和1958年当年的研制计划。时任计划处处长的王道力回忆：

那时候，在科技管理方面，更是无奈加无奈。计划不断被冲击、改变，当时有句话叫“计划赶不上变化”。什么五一献礼、七一献礼、八一献礼、十一献礼等，用不断的献礼代替计划。钱学森院长提出学习管理科学、学会科学管理，立即被个别同志批评为“不要用资本主义国家的管理办法代替社会主义的管理”。钱学森同志只好默不作声。

1958年6月16日，钱学森、王诤向聂荣臻汇报，五院打算仿制并自行设计苏联的5种导弹，包括地地、地空、岸舰、舰舰、潜地型号。聂荣臻鼓励了五院敢想敢干的精神，但不同意这种调整。他说：

五院拟安排5种导弹型号的生产试制，又安排自行设计5种导弹型号，这值得研究。鼓足干劲是对的，没有这种干劲和奋发图强的精神，就一事无成，也谈不上突破技术、掌握先进技术。但干劲必须与科学态度相结合。型号不宜一下子安排过多。步子一下子跨得太大易走弯路。还是少走弯路好。国家花那么多钱请来苏联专家，应该抓紧时机，尽量把他们的东西学到手。

聂荣臻的一席话，在关键时刻为五院的建设和发展起到了把关定向的重要作用。正是因为有了这服“清醒剂”，才使五院没有落入高指标、浮夸风的浪潮中，相反，更加坚定地突出了工作重点。

从1959年年初开始，苏联执行《协定》显然呈现出拖延、推诿的迹象。4月初，五院就落实苏联援助建设“四大工程”设备分交和原材料供应问题，由政委刘有光带队赴莫斯科进行近两个月的谈判，但几乎没有多大收获。6月20日，苏共中央致函中共中央，苏联断绝援助中国的迹象越来越明朗化。在这种背景下，五院型号仿制、研制的指导思想发生了很大变化。既吸取了“大跃进”不切实际的高指标、浮夸风的教训，也激起了独立自主研制“争气弹”的豪情。体现在规划、计划中，就是战线有所收缩，重点更加突出。

1959年12月18日，五院党委常委会讨论通过了《关于发展火箭研究设计的八年（1960~1967）规划草案》。这个规划的要点是：前三年完成设计和试制中程弹道式地地导弹、射高为30公里的地空导弹和空空导弹；后五年完成洲际导弹、舰地、舰空、空地、空舰导弹和人造卫星研制。

到1961年年底，经过对几年中制订的规划、计划工作的经验总结，钱学森的认识跃升到新的

请钱学森先讲

一次，老资格的王诤副院长和钱学森一起向聂荣臻汇报工作。一坐下，王诤就先开口汇报，把主要的问题汇报得很细，钱学森只简单地说了几句。汇报结束后，聂荣臻把王诤留下来对他说：“你是我们党内的专家，也是一名老同志，以后汇报工作是不是让钱学森同志先讲，在技术上先听听他的意见？不然的话，你先讲了，他有什么不同意见，也不好讲了。”王诤听后笑了：“聂总，我明白了。”

父亲给我的印象就是忙

钱学森之子钱永刚说，儿时我对父亲的记忆几乎是空白，因为父亲没有时间陪伴我们。“父亲给我的印象就是忙，他的工作具有保密性，忙什么我们都不知道。一直到我参军后，才知道父亲是干什么的。别说我们小孩子，就连我母亲也从不过问我父亲的工作。有一次母亲接受央视采访，我听她说：‘学森从来没对我谈过他的工作，我也从来不知道他在做什么事。他从外边回来，穿着大靴子，大皮袄。哦，我知道他是到大西北去了……’。

钱学森晚年有一次与儿子聊天时说：“当时压力大，精力都花在工作上，没时间关照你。如果当时每周只给你出一道数理化的题目让你做，相信你在高考时中国任何一所大学由你挑。”

高度。他运用毛泽东《矛盾论》《实践论》中的辩证唯物主义哲学观点，指导五院的规划、计划工作，正确处理若干因素之间的关系，使以后的规划、计划工作更加切合实际。他在1962年1月底五院党委九次扩大会上，系统地总结了1961年科研管理工作的体会：

第一，必须遵循科学的研制程序，正确处理阶段性与连续性的关系。

第二，必须从全局出发，正确处理研制工作中全局与局部的关系。

第三，发扬技术民主，建立和健全责任制。

第四，改善计划工作，做好协调工作。

第五，坚持又红又专的方向，加速科学技术队伍的培养。

第六，结合特点，大兴三八作风。

第七，树立严肃、严格、严密的科学工作态度。

第八，加强团结，搞好协作。

其中，对规划、计划工作，他深有体会地说：

计划与协调工作是技术管理工作的核心部分。实践证明，必须从以下方面改善计划工作，做好协调工作。

1. 研制计划必须正确地反映研制工作程序及总体与局部的关系，以达到互相协调，综合平衡，院的计划必须适应并纳入国家计划；型号研制计划包括院内部分及与之相适应的院外协作部分。为使计划落实，除了指标性的计划外，还应有具体反映研制工作内部关系的协调计划。计划执行过程中应有监督、有回响。发现原计划不妥当后，应当及时地加以调整，但必须经过一定的批准手续。

2. 研制计划应当正确地反映研制周期与试制数量的客观需要。研制周期太长会造成工作松懈，但是太短了也会欲速不达，破坏了正常程序，搞乱了步骤，降低了质量，反而延长时间。集成性较强，主要的分系统不做体制的改变的型号，三年周期是可能的。“东风二号”属于这一类。反之，如果分系统要重新研制一种新的技术体制，则绝非三年所能解决。就目前我院的具体情况，地地型号一般可以发动机的研制周期为主要依据，地空型号一般可以控制系统的研制周期为主要依据。

试制数量太多会造成浪费，拖长周期。但如果没有最低数量的模型、初样和试验样机来满足反复试验的需求，待临时发生问题时再追加数量，器材、工时都无准备，反而更延长了研制周期。据报道，美国一种地地型号的定型一般要进行70～200次试射，而其发动机试车一般为70～80次，消耗发动机30～40台；一种地空型号大约试射150～300次。显然，其试制数量绝不止此数。苏联专家介绍，地地型号发动机的初样，一般要30～40台。我们可以由此发现关于试制数量的共同规律，作为确定试制数量的参考。

在这个讲话中，钱学森强调了平衡协调的思想，重视研制程序，正确处理局部与总体的关系、院内与院外协作的关系，研制周期长短与试制数量多少的依据等。这些原则，都对以后的规划、计划工作起到了长期的指导作用。

到1962年年初，国家面临经济困难，5月15日，五院召开党委常委会，讨论罗瑞卿关于五院任务调整和精简问题的指示。会议认为，研究设计不能离开全国工业水平太远，否则，设计出来也无法生产。常委会决定：为贯彻缩短战线、集中兵力打歼灭战的原则，同意钱学森提出的任务调整方案，今后几年主要搞“东风二号”，同时研制更先进的“东风三号”发动机和控制系统，更远射程的地地导弹，探索全无线电控制系统，集中力量搞543地空导弹，下决心搞固体导弹。

1964年1月，五院编制出《1963～1980年导弹技术发展规划（草案）》。这是一个跨度为18年的规划，是五院时期时间跨度最长的远期设想。规划中，把18年划分为三个阶段：第一是三年调整阶段（1963～1965年），第二是第三个五年计划期间（1966～1970年），第三是后十年（1971～1980年）。其中，把地地战略导弹发展规划得更加详细，也更加接近后来制定的“八年四弹”规划。到这时，“八年四弹”规划已经呼之欲出了。

早期发展规划的制订，为航天事业50余年的发展打下了坚实的基础。钱学森在这些规划、计划的制订过程中，起到了不可替代的作用。

8．仿制的终极目的是学会本领

1958年是一个特殊的年份。这一年留给历史最深刻的痕迹是“大跃进”。

1958年1月底，毛泽东在最高国务会议上提出：15年赶上英国。

承载着国家重托的国防部五院，必须迈出跃进的步伐。1958年4月28日，国防部五院决定将我国仿制苏制P-2导弹的代号定为“1059 ”。5月29日，聂荣臻向五院具体部署了仿制工作，要求第一批导弹于1959年10月完成总装出厂，争取国庆10周年前试射成功。仿制导弹的代号为“1059”，其缘由就在于此。

钱学森受苏联第一颗人造卫星发射成功和苏联同意援助我国的鼓舞，情绪也一度振奋和高涨。他一方面在中国科学院力学所主持力学学科的发展和发射我国人造卫星的“581”任务，一方面在国防部五院主持仿制苏联导弹的工作，身上的担子无疑是十分繁重的。

依钱学森对苏联装备的了解，起初他并不认为仿制工作的难度有多大。1956年6月他曾访问过苏联，回来发表观感时幽默地说：“出国以前就听说苏联科学技术如何如何了不起，这次去了一看才知道，苏联的一流科学家确实比美国的二流科学家要强一些。”因此，他工作时间的安排是每周5天左右在力学所，1天至2天在五院。但是，事实很快告诉他，自己对苏联的援助和国内极为薄弱的设计力量、工业基础估计得过于乐观了。

1958年6月，苏联提供的第一批P-2导弹武器的图纸资料运抵我国。国防部五院立即组织技术人员投入了紧张的翻译和复制工作。北京的7月正是盛夏季节，酷热难当。翻译人员在十分艰苦的条件下，夜以继日地赶进度。第一批P-2导弹的图纸资料很快翻译完成，并下发到承制工厂。8月底，苏联导弹专家陆续来华，具体指导导弹仿制工作。

然而，仿制并不简单。刚刚迈步，设计单位和仿制工厂就遇到了四大“拦路虎”。

第一是苏联提供的图纸资料不全，尤其是地面设备和整机所属的二次协作件的资料短缺很多。比如，加注设备中涡轮泵的转子和流量计两个重要部件，根本没有图纸；遥测系统只有压力和过载两种传感器，其他传感器均没有资料；总装的工艺资料也不全，特别是火箭发动机试车及试车台的资料一点也没有。任新民去找苏联专家，得到的答复是：等你们把发动机生产出来了，到我们苏联去试车吧。这些问题虽然是局部性的，但很关键。如果长时间得不到解决，仿制工作将遇到许多难以迈过去的难关。

第二是仿制用的很多原材料缺料，元器件品种规格不全。如冷轧薄钢板、2米以上宽度的铝合金板材、无缝不锈钢管以及一些橡胶件等，尤其是发动机需要的几百种不同品种和规格的原材料，技术要求高，国内又没有可以代用的材料。

第三是缺少生产设备和试验设施。导弹总装厂211厂原是一个飞机修理试制厂，以铆接装配工艺为主，而“1059”仿制生产以焊接为主。工厂既缺少各种焊接设备，也缺少生产大型钣金零件、大型模具、装配夹具、型架所需的大吨位水压机、大型车床、精密机床等。如大型钣金件的成型，是仿制“1059”中一个非常突出的关键问题，需要有一台大台面、复动式的大吨位水压机。苏联专家曾先后到哈尔滨锅炉厂和武汉锅炉厂作实地调查，没有找到所需的加工大型钣金件成型的设备。最后，苏联专家表示：“中国没有条件制造箱底零件，赶快向苏联申请订货。”

第四是工厂技术、管理力量薄弱。弹体的8个大部段，除液氧箱外壳为铆接结构外，其他均为焊接结构，有手工焊和自动电弧焊、手工及自动氩弧焊、点焊、滚焊、对接焊等多种焊接工艺。而211厂不仅焊工数量少，而且工种也不全，不能满足1059导弹大部段焊接的需要。在制造大型、精密的工装设备和零组件方面，工厂技术力量薄弱，设备也不齐全。由于对导弹的特点及其制造工艺缺乏应有的认识，工厂缺乏正规的工艺规程，没有严格的操作纪律，因而在组织仿制生产中出现了不少问题，尤其是质量问题，影响了仿制任务按计划完成。

钱学森意识到了问题的严重性。

关键时刻，国防科委调动全国有关工业部门参加大会战，支持国防部五院的仿制任务，国防部五院还与第一机械工业部共同制订了仿制计划，协调分配了各自的攻关任务。全国直接、间接参加会战的单位多达1400多个，主要承制工厂有60多个，涉及航空、电子、兵器、冶金、化工、建材和轻工等众多领域。

亲身参加了大会战的火箭总装厂副厂长冬春回忆说：

仿制“1059”的时候，有3800多项零部件材料需要落实、解决。别说是我们这些扛枪杆子出身的门外汉，就是读了大学的专家看了也全傻了眼，工人师傅

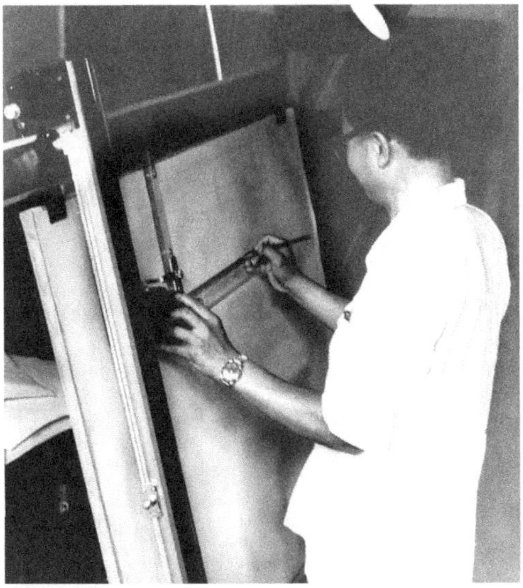
国防部五院建院初期，技术人员利用简单工具进行设计

自力更生土法上马

连同技术员看到材料清单有一半都不认识是什么东西。好在来了一场全国大动员、大协作！所以导弹、火箭的生产，不是一个研究院、一个总装厂就能干得下来的。导弹的成功发射，首先是国家组织的力量，是千千万万群众的智慧、心血和汗水呀。

实践中，钱学森进一步了解了中国的国情，他的思想从燥热和冲动回归到冷静和清醒。从1959年下半年开始，他在五院工作的时间明显增多，到了1960年，他的时间安排整个倒了个儿，减少了在中科院力学所坐班的天数，绝大多数时间都放在了国防部五院。

随着1059地地导弹仿制的开始，地空导弹、岸舰导弹的仿制工作也陆续铺开，各研究基地、试验设施和生活设施的基建工作更是轰轰烈烈。钱学森作为一院之长，只恨分身无术。1960年3月，钱学森提笔给聂荣臻写信，请求将自己“降”为副

钱学森甘愿当副职

钱学森从国防部五院的院长降到了副院长，这是聂荣臻也没有想到的事。当初，聂荣臻推荐钱学森当院长，本来是对他的重视，却没有想到日常的行政事务占用了他大量的时间，连盖宿舍、建幼儿园也要他拍板，这简直是对他的最大浪费。钱学森曾经在美国当过喷气推进中心及加州理工学院航空系的“第一把手”，他只管科研和教学，从不过问行政后勤事务，他哪里知道中国的第一把手是吃喝拉撒睡全管的“父母官”。他自己说：“早知道这样，我一开始就不会答应当力学所所长和五院院长了。”当副职后，可以专司科研工作，钱学森很满意，他的心里很“干净”，没有“权力”“待遇”等杂念。此后，在行政职务上，钱学森再也没有担任过正职。

职，以便集中精力专司重大技术问题。聂荣臻也没有料到钱学森被繁重的行政事务缠身"苦不堪言"，他理解钱学森的苦恼，只好同意了他的请求，任命他为技术副院长，并很快调解放军空军司令员刘亚楼兼任国防部五院院长，空军副司令员兼参谋长王秉璋担任副院长，主管行政工作。聂荣臻在关于国防部五院工作安排的会议上说："钱学森主持全院的研究设计工作，把行政工作免去，发挥你科学家的作用，可以选择几个助手协助你工作，要有参谋，把你的意图传达下去，党委和政治机关要保证。"

钱学森在带领大家仿制导弹中，坚决支持聂荣臻的"爬楼梯"说，顶住了"与其仿制，不如自行设计""三年打到太平洋，五年放个小月亮"等不切实际的议论和"高指标""浮夸风"的影响。聂荣臻在听到上述说法后，谆谆告诫大家，尽管这种议论主观愿望是好的，但欲速则不达，美好的愿望只能是空中楼阁，不可能变为现实。要先学会走路，然后再学跑步。就像爬楼梯一样，爬完了第一层，才能再爬第二层。钱学森在五院院务会议上也明确地提出，现在的仿制就是为了日后的自行设计，但必须在仿制中把技术吃透，才能做到自行设计。他还风趣地说："我们应当灵活地学习，而不是死板地学习，这是从仿制转入自行设计的正确途径。"

大家统一了思想认识，仿制工作加快了步伐。钱学森一方面组织队伍自力更生、土法上马；另一方面亲自出马，协调各种紧缺材料，解决燃眉之急。

1959年3月，梁守槃被任命为"1059"总设计师，由徐兰如和谢光选协助总设计师进行仿制工作。徐兰如和谢光选都是钱学森亲自点名调到国防部五院来的，安排在国防部五院一分院第一设计部。钱学森清楚地认识到仿制工作中如何处理好苏联样件、图纸、设计部与工厂生产车间的关系，这是仿制工作的关键所在。谢光选和徐兰如均毕业于重庆兵工学校大学部，同在沈阳国营724厂从事军工产品制造多年。徐兰如是A-3式火箭弹技术攻关组副组长；谢光选负责发射筒的设计和506式火箭排炮的设计，曾因在研制项目中做过重要贡献，被评为沈阳市劳动模范。徐兰如擅长工厂工艺、超差代料以及和工厂设计员、工艺员、工人的关系的处理，在整个仿制过程中，他带领分院设计部几个设计人员代表常驻工厂，处理仿制工作出现的问题；谢光选擅长工业产品设计，主持“P-2”仿制工作。他们两位的工作使总设计师如虎添翼，大大促进了仿制工作的顺利进展。

1959年年底，国防部五院一分院先后与哈尔滨东北轻合金厂、鞍钢、抚钢、大连钢厂、苏家屯有色金属加工厂、北京钢铁研究院等单位签订了试制153项金属材料的协议，还同石油、化工、建材、轻工部门20多个单位签订了试制87项非金属材料的协议。哈尔滨东北轻合金厂生产的各种铝合金棒材、型材、板材，鞍钢、抚钢生产的各种规格的钢材和特种钢材，吉林石棉板厂生产的石墨化橡胶石棉，洛阳轴承厂生产的专用轴承，以及化工部门生产的各种牌号的橡胶、橡胶制品、油漆、特种润滑剂，都是经过反复试验才取得成功的。为了落实材料的试制工作，国防部五院副院长王诤中将，亲自上东北、下上海，到处求援。为了找到一种元器件，一分院副院长林爽找到了四机部一位副部长请求支援，结果对方答复“没有”。林爽向钱学森汇报后，钱学森做了调查，认为他们只要在有关工厂、库房认真查找，会找到这种元器件，便亲自登门拜访。那位副部长很敬重钱学森，没想到钱学森会亲自上门求援——“怎么这点小事也惊动我们的大科学家了？”他感觉问题挺严重，于是，二话未说，答应支援。经过各级领导的反复协调和组织落实，终于建立起一个全国大协作网，解决了仿制1059导弹所需的各种特殊原材料和元器件。

在寻找加工大型钣金件成型设备时，211厂的工人、技术人员群策群力，提出在武汉锅炉厂的水压机上增加过渡模座的办法来加工。但苏联专家认为这种想法太幼稚，不可取。经过反复论证，才勉强同意试一试，并说“可能100个零件只能合格一个，也可能一个也没有”。而211厂的领导认为，只要有一两个合格，也是一大成功，要大胆试验，把准备工作尽量做细做好。采用这种方法需要对水压机进行改装，武汉锅炉厂的领导担心这样做会影响设备的性能，坚决不同意。设备是武汉锅炉厂的，改装吧，厂方不同意；不改装吧，仿制工作不能顺利进行。聂荣臻知道这个情况后，非常关心，很快派陈赓亲自到武汉，向湖北省委、武汉市委交了底，说明这项任务的重要意义。湖北省委、武汉市委十分重视，大力支持，帮助落实。经过精心准备，终于试制成功。就这样，211厂与武汉锅炉厂进行了长达数年的协作，直到211厂2000吨水压机投入使用。

火箭发动机试车台是发动机地面试车的专用设施，是检验发动机设计方案正确性、可靠性必不可少的手段。为了建造自己的大型液体火箭发动机试车台，在任新民的率领下，第三设计部王桁等技术人员，从消化“1059”发动机资料入手，参阅了大量国外有关资料，结合本国的实际情况，经过两个多月的反复研究、计算，提出了试车台设计任务书。发动机试验站和第四设计院（航空建筑设计院）一起进行了设计。

1959年夏，试车台建设开始全面施工。当时国内还不能生产不锈钢材，国际上的封锁使进口钢材希望渺茫，大家决定用国产的普通碳钢来加工推进剂容器。为了使普通碳钢不生锈，科技人员和工人师傅采取了在推进剂容器内壁涂上一层锡（简称“挂锡”）的土办法。“挂锡”的工艺十分复杂、原始，工人先钻进容器里，用砂纸手工打磨除锈，然后用盐酸和酒精擦洗干净，最后点燃酒精喷灯把锡块烤化涂在容器内壁上。由于容器里充满了浓度很高的可燃气体，酒精灯一打火，容器里的可燃气体立即发生了强烈的气相爆炸，巨大的气浪把一名正在容器里工作的人如出膛的炮弹一般“发射”了出去，所幸没有受伤。1960年3月21日，由我国导弹技术人员自行设计和施工安装的国内第一座导弹发动机试车台竣工验收。28日，利用这座试车台，苏制P-2导弹发动机首次成功进行了初级点火试车。

液氧主活门的密封垫圈要求很高。按苏联图纸规定，选材时只能用3岁公牛臀部没有鞭伤的皮制作。徐兰如说：“苏联的图纸确实是这样规定的，但中国农村当时基本上是家庭养牛，就是问养牛的人，他也回答不出，哪头牛没有挨过鞭打。不过，其实我们也没有按图纸这样苛刻的要求做。”设计人员在吃透技术文件的基础上，结合中国的国情，在反复试验后，合理地制订了新的技术标准，既解决了材料的来源问题，又满足了发动机工作的要求。至于橡胶密封件问题，在一分院第七研究室（航天材料工艺应用研究所前身）姚桐斌主任的带领下，和有关工厂密切配合，一年内用30多种胶料试制出能够满足各种要求的密封件176种，保证了1059导弹总装的需要。

导弹部段生产出来后必须进行结构静力试验，以检验弹体结构的强度。然而，试验所需的专用强度试验室尚在建设中，时间不等人。导弹总体部主任、导弹技术与结构强度专家屠守锷决定因陋就简，用土法上马试验。苏联专家组总顾问阿尔希波夫一行应邀前来考察。屠守锷兴奋地比划着说："这个旧飞机库很难得，又高又宽……"谁知，阿尔希波夫带着其他苏联专家面无表情地绕着飞机库转了一圈，摇摇头，边走边说："高度不够，做不了。"屠守锷望着苏联专家的背影，愣了半晌，坚定地说："我们自己干！"于是，他带领技术人员用挖地坑的办法，解决了飞机库高度不够的问题，又利用从飞机上拆下的5个液压传动筒等旧部件和自制的承力地轨，完成了对旧飞机库的改造，做好了静力试验的全部准备工作。

待屠守锷再邀阿尔希波夫一行参观静力试验时，只见他惊讶地瞪大眼睛——原来的一座旧飞机库竟然在短短半年时间里，奇迹般地变成了一座简易强度试验室。当他仔细察看了每一台土造的试验设备，确认它们完全符合试验大纲的要求后，不禁敬佩地连连点头，称赞说："好，好，祝你们成功！"1960年2月5日，导弹的第一个大部段——酒精贮箱仿制成功。接着，其余7个大部段也相继完成。3月至4月间，屠守锷等人利用这座简易试验室，圆满完成了P-2导弹尾段、酒精箱、液氧箱、仪器舱等13个部段的320次静力试验，产品全部合格。

按计划，我国应该在1960年3月发射一枚苏制P-2导弹，以考核试验靶场的建设性能。苏联专家借口中国生产的液氧不合格，一定要求使用西伯利亚生产的液氧。苏联专家的要求令中国的导弹工程技术人员哑然失笑，因为他们知道，液氧在高于-183℃时就会变成气态氧，如果从苏联向中国长途运输液氧，那么一列车的液氧运到中国时还能剩下多少呢？国内生产的液氧是按照苏联的技术指标严格生产出来的，为什么就不行呢？苏联专家明显是在有意制造障碍。

"1059"总设计师梁守槃不甘心。他在办公室里反复计算，通宵达旦。

一天清早，梁守槃激动地对设计室的同事说："我保证，中国的液氧没问题！是苏联专家计算错了，他们把杂质的气态容积当作了液态容积……再说，十几吨液氧中的杂质不可能同时氧化。即使同时氧化，产生的热量也不会引起压力突然加大，也就不会爆炸……所以，中国的液氧完全可用，不会有问题。"梁守槃立下军令状："如果用符合技术标准的国产液氧出现严重后果，我个人愿接受一切处分。"为人正直的苏联发动机专家组组长施涅金对照设计要求，反复验证了样品数据，最后明确表示："中国生产的液氧性能符合设计要求，可以使用。"

就在1059导弹排除万难即将进行总装时，中苏蜜月的和煦春风突然改变了风向。

9．"我们可以自己试一试"

1958年4月，苏联提出在中国境内建立长波电台和潜艇部队的事情遭到毛泽东的拒绝，7月31日，赫鲁晓夫亲自来到北京游说，解释是为了共同对付美国第七舰队的需要。理由倒是冠冕堂皇，但是毛泽东的一句反问，让赫鲁晓夫十分尴尬："我们还有没有主权了？你们是不是想把我们的沿海都拿去？"新中国的领导人再也不能允许任何外国人利用中国的国土来达到他们的目的！赫鲁晓夫的访问不到72小时就结束了。

不久，一股来自莫斯科的寒流穿越西伯利亚逼近了中国。1959年2月，苏联政府在对待中印边界第一次纠纷冲突上，不仅不顾中国政府提出的事实和历次对印度政府的奉告，反而有意偏袒印度，并授意塔斯社公开发表《关于中印边界事件的声明》，将中苏分歧第一次公开于世。紧接着，1959年3月，西藏达赖集团发动反革命武装叛乱，企图把西藏从中国分裂出去。苏联政府与印度政府则持一个立场，发布了对中国严加斥责的声明，公开表示对达赖集团的同情和支持。3个月后，即6月20日，苏共中央致函中共中央声称，苏联与美国等西方国家正在日内瓦谈判关于在全球禁止核武器试验条约协议，如西方国家一旦知悉他们正在国防新技术方面援助中国，有可能严重地破坏社会主义国家为争取和平、缓和国际紧张局势所作的努力。因此，苏联提出：中断协定里不符合谈判协议中的所有重要项目，至于将来是否执行，两年以后看形势发展再说；不再提供原子弹教学模型和技术资料、新型导弹的样品及技术资料图纸。从此，《国防新技术协定》中的这些关键性的重要项目都被苏联单方面终止。

10月1日，赫鲁晓夫访美之后来到北京参加中国国庆10周年典礼。当惯了“老子党”头目的赫鲁晓夫带着一丝威胁的口气告诉毛泽东：“我们是不是把专家撤回去？”毛泽东把手里的烟灰磕了一下，呷了一口茶，从容地说：“我们可以自己试一试，这对我们也是个锻炼。”

中苏两党之间关系的恶化，很快就扩大到国家的关系上。1960年7月16日，苏联政府照会中国政府，决定自12天后也就是7月28日到9月1日，撤走全部在华的苏联专家。

惊愕的中国人很快复照苏方，希望苏联政府重新考虑并且改变这一决定。但是，让中国人万万没有想到的是，他们盼星星盼月亮等来的回音，竟是苏方以毫无商量余地的态度，在一个月的极短时间内，撤走了援华的1390名苏联专家，

一个灯泡要换500斤猪肉

苏联不仅单方面终止协议，还加紧催讨抗美援朝的借款以及新技术协定中所规定的我方应付款项。比如，苏联提供了修建一分院办公楼、工厂、宿舍等的设计图纸，但图纸是按张数来换取猪肉的。为多得猪肉，有人竟将室内的吊灯、台灯、房灯分成三张设计图，一张图、一个灯泡也要向中国换500斤猪肉。从1959年7月起，苏联向中国要的东西越来越多。在这之前苏联索要的大多是一些肉类、中药、良种、土特产品和传统手工业品，此时不仅大量索要稀有金属，还索要我国关乎国计民生命脉的重大工程的开发主导权。

1959年9月，毛泽东到机场迎接来访的赫鲁晓夫，回绝了他的不正当要求

撕毁了两国政府签署的12个协定，废除了200多个科技合作项目。到8月12日，在国防部五院的苏联专家也全部撤走。

中国人终于明白，世界上没有任何一个国家愿意培养自己潜在的竞争对手。尖端技术关系到国家民族的安危，历来是国与国之间关系中最敏感的部位，它是永远买不来的！

早在1960年年初，中央召开政治局扩大会议，对苏联可能停止援助的情况做了最坏的打算。3月25日，五院党委召开扩大会议，具体研究了仿制与自行设计的关系，决定抽一部分力量适时转到自行设计上来，并对完成仿制工作的步骤、节点等一系列重要问题做了安排。31日，聂荣臻完全同意国防部五院的决定，并指示：仿制不能停，要把能学到的尽快学到手。9月13日，中央军委在北京召开扩大会议，明确提出了“发愤图强，突破尖端，两弹为主，导弹第一，积极发展喷气技术及无线电技术，建立现代化的、独立完整的国防工业体系”的方针。

在那一段困难的时期，钱学森和聂荣臻谈得很多，他们互相支持、互相鼓劲。有一天，钱学森来到聂荣臻的办公室，两人掰着手指“盘点”起从1956年创业到1960年苏联撤援，5年时间里积攒的“家业”。钱学森情不自禁地露出了笑容——呵呵，自己不再是“两袖清风”，手里已经有两大块积蓄了！

第一块积蓄是机构、设施有了。当年他在给周恩来写的建议书中所提到的导弹工业的领导机构、科研机构、设计单位、生产工厂、试验单位全部有了雏形。在党中央的支持下，国防科委成立，导弹研制有了国家层面强有力的领导保障；在他的亲历亲为下，科研机构也有了保证，中国科学院各研究所协助国防部五院解决预先研究和专业技术攻关难题；作为导弹研究设计机构的国防部五院，已经建立了主抓导弹总体技术的一分院和主抓控制系统的二分院，特别是一分院建立了三个导弹总体设计部，分别对口地地导弹、地空导弹、海防导弹的仿制和研制；至于生产工厂，1958年6月，地处北京南郊、二机部下属的飞机修理试制厂——211厂，这个有上千名技术工人和几百位熟悉工业生产和管理的干部的大厂，“一锅端”给了国防部五院作为导弹总装厂；导弹试验基地也在19兵团、20兵团和工程兵部队十万大军的艰苦奋斗中，仅用两年半的时间，就在巴丹吉林沙漠空荡荡的戈壁滩上，矗立起一个个星罗棋布的建筑，中国第一个综合导弹试验靶场奇迹般地“现身”于昔日荒凉的大漠。

还有，苏联援助的四大工程：“8102”（一分院建设工程）、“8103”（液体火箭发动机试验站建设工程）、“8108”（空气动力研究中心建设工程）和“8109”（二分院建设工程），快要完工，五院马上就能具备相对配套的导弹研制、设计、试验和生产的基础设施和手段。

第二块积蓄是队伍有了。在聂荣臻、陈赓等元帅、将军和各行各业、大专院校的鼎力相助下，一批批梦想中华民族崛起的科技精英，包括一大批“海归”，汇聚到了国防部五院，仅钱学森“钦点”的就有上百人。1959年年底，国防科委安东秘书长兴奋地通知钱学森，1960年要调给五院4000名大专生、2000名中技生和4700名复员兵。

令钱学森高兴的是，这支队伍特别爱学习。连续几年，每天晚上加班加点看书学习的人有增无减，办公楼的灯光总是彻夜通明。担任过航天工业部副部长的鲍克明至今难忘当时热火朝天的学习景象：

> 那时，由钱学森院长发起的五院新一轮学习导弹理论和技术知识热潮，在机关和各分院及所属部、所、厂、站全面展开。五院还规定老专家带助手和培养年轻技术骨干，各单位形成了浓厚的学习钻研热潮。白天努力工作，夜晚各研究室、办公楼灯光明亮，结合自己的专业工作，读书、钻研、讨论不止，以至于深夜动员大家回宿舍睡觉、休息，成为各级党政领导每天工作的一项任务。

更令钱学森满意的是，这支队伍不仅爱学习还会学习。在仿制“1059”中，他们开动脑筋自己动手，仅弹体结构一项的材料代用率就达40%以上；在376种辅助材料中，有80%以上是用代料方法解决的，自主生产的占到2/3。这一方面大大节约了从苏联购置的成本，另一方面也锻炼了队伍。最让钱学森放心不下的导弹控制系统，也让黄纬禄带领的团队“拿下了”。

英国伦敦大学无线电专业毕业的黄纬禄，1957年年底调到国防部五院任控制系统组组长，负责仿制P-2导弹的控制系统。当他和组员们小心翼翼地

打开控制系统，仔细地查看一番后笑了，他很有信心地说：“这和搞无线电、收音机、发报机是一样的嘛，虽然我没有真正接触过导弹，也不了解它的内部结构，但对于导弹控制系统所使用的电路，和我以往在工作里接触过的电路还是有相通之处！”于是，黄纬禄带领着一些刚毕业、毫无导弹基础知识的年轻人从最熟悉的部分入手解剖P-2导弹。他们把研究室里的几张课桌拼在一起，紧挨着课桌放一块黑板，大家围坐在黑板前讨论，有什么问题，不需站起来就能直接在黑板上写写、画画，大家像初学写生的少年一样，一板一眼地模仿着。如果谁对某问题比较熟悉或了解较多，便充当临时的老师；遇到大家都不懂的难题，黄纬禄便分配大家分头查资料，第二天，再围坐在一起，共同讨论。慢慢地，控制系统在他们眼里不再深不可测。几个月后，黄纬禄带领控制系统组画出了P-2导弹控制系统的设计图纸。

所有这些，为苏联专家撤走后我国自主研制1059导弹打下了基础。

盘点完“家当”，钱学森心里有数了——离开苏联专家，中国人决不会一事无成。

心情好，话就多。钱学森先对聂荣臻直言：请你转告中央，放心，苏联压不倒我们，然后，兴致勃勃地给聂荣臻讲了一段北京市彭真市长“智取酒精秘笈”的故事。1960年3月4日，彭真来到导弹总装厂211厂视察，211厂原属北京市领导，副厂长冬春又是彭真的老部下。当初聂荣臻、贺龙和彭真商量将该厂调给五院作导弹总装厂，他心里还真有点舍不得，但为了生产国家的尖端武器，他还是割舍了。彭真到厂后，听说苏联专家固执地认为我国用土豆提炼的酒精不合格，不能作为导弹的推进剂，尽管经检验国产酒精比苏联的酒精纯度还高，但苏联专家就是不准试车，说必须向苏联购买用玉米做的酒精，否则出了问题他们概不负责。于是，彭真给冬春出了一个主意。午饭时，冬春领着杜得柯夫等三位苏联专家走进工厂的小食堂，餐桌上摆着几瓶茅台和五粮液酒，瓶盖刚一掀开，阵阵酒香就把苏联专家熏得摇摇欲醉。彭真、张钧、刘秉彦和冬春几个回合，就套出了苏联专家的真话。

“杜得柯夫同志，你说说今天的酒怎么样？”

“你们的酒在天上，我们的酒在地下，不能比呀！”

“我们的酒不行，酒精也不行，不能成为导弹推进剂。”

“你们的酒精好，完全符合要求，比我想的好，土豆、玉米都能做酒精，完全可以作导弹推进剂。”

“既然专家们都说行，那就按原定计划使用中国的酒精加注，进行试验？”彭真赶紧切入主题。

“就按首长的话执行，我现在就签字。”杜得柯夫边说边掏出钢笔，在冬春早就准备好了的报告单上签了名字……

聂荣臻听完故事哈哈大笑，一个劲儿地称赞彭真市长足智多谋，夸奖钱学森的手下“老奸巨猾”。

在苏联专家撤走后不到一个月，1960年9月10日，经过拆装练兵的苏制P-2导弹，使用国产酒精、液氧、过氧化氢进行发射试验，取得圆满成功。实践证明，发射基地运转正常，国产燃料完全合格。

践行毛泽东“我们可以自己试一试”宏图大志的时机来到了。

庆功宴四菜一汤

1960年11月5日晚上，酒泉基地用部队的“伙食尾子”（节约的伙食费）做出了四菜一汤：西红柿炒鸡蛋、猪肉辣椒、焖豇豆和炖黄羊肉——豇豆是战士们夏天收获晒干的，黄羊肉是野外打猎得来的。大家茶杯、饭碗叮叮咚咚碰得震天响，在三年自然灾害的年代，这顿饭是难得的奢侈。大家心里痛快，吃得分外香甜。

1960年11月5日，第一枚“争气弹”腾飞

欢送援助我国的苏联专家

1059导弹准备发射

1960年10月23日，我国仿制的第一批1059导弹从北京出发，运往酒泉导弹试验基地。

11月5日清晨，滚滚的太阳从天边的霞光里跃出了地平线，1059导弹高高耸立在发射架上，披着一层阳光编织的金衣。大漠在寂静中等待着，等待着那声属于全中国人民的历史性号令。

基地气温下降到了-20℃以下，但是钱学森和所有参加试验的人们一样，胸中涌动着沸腾的血液。作为1059导弹首次飞行试验委员会委员，钱学森在酒泉基地协助聂荣臻组织实施了这次导弹的发射试验工作。

时针指向9时2分28秒，随着一声“发射”口令的下达，骤然一声巨响，大地颤抖，烈焰喷发，火光冲天，浓烟滚滚，势如狂飚，气吞山河。导弹起飞几秒钟后按飞行程序转弯，逐渐加速，最后变成了一个小亮点，向正西方向飞去。7分钟后，弹头落在距发射台550公里的目标区。

消息传来，军帽、毛巾、手绢被纷纷抛向天空，现场一片欢腾，掌声、欢呼声连成一片。张爱萍情不自禁地跳起来，热烈拥抱了钱学森。

这一天，是苏联专家撤走后的第83天。

从1957年12月P-2导弹运抵国防部五院算起，到1960年11月5日仿制发射成功，只用了短短3年时间，比原先预计的在有外援的情况下仿制一枚导弹大约需要5年的时间，整整提前了2年！

庆功晚宴上，聂荣臻举起酒杯，向所有的航天创业者们致敬：

这次试验的情况，我已经打电话报告了毛主席和周总理，他们听了都很高兴，要我代表他们向全体参试人员表示祝贺和谢意。同时要求大家再接再厉，争取更大的胜利！……在祖国的地平线上，飞起了我国自己制造的第一枚导弹，这是毛泽东思想的胜利，是工人、技术人员、干部以及解放军指战员辛勤劳动的结果，也是我军装备史上一个重要的转折点！

“嗷……”，人们高举手臂欢呼，喊声震醒了沉睡千年的戈壁大漠。

12月6日和16日，1059导弹又分别进行了两次发射试验，均获得成功。试验结果表明，导弹达到了设计规定的战术技术指标。随后，我国又小批量生产了30枚。

1059导弹仿制成功，标志着中国在掌握导弹技术的道路上迈出了关键的第一步，它带动了中国导弹研制、发射基地的建设和发展。从此，中国拥有了一支导弹研究、设计、生产和试验队伍。

1964年2月27日晚，导弹总装厂将一枚1059导弹送到中国人民革命军事博物馆展出。半个月后，按照上级指示，导弹改名为“东风一号”，列入部队装备。不过，航天人总是习惯地给“东风一号”加上个尾缀——“争气弹”。

仿制和自行设计是绝然不同的。仿制时主要问题人家已经给你解决了，你就是按规矩办事；自行设计就不同了，出现的技术问题多，而且各有各的说法，每一层都需要自己来解决。

——钱学森

第五章

踏上自行设计之路

东风二号导弹是钱学森领军航天队伍自主研制的“头生子”，不料一场欢喜收获的却是首发失利。在极度的悲怆和巨大的压力下，钱学森带头总结教训，不仅找到了正确的技术途径，更重要的是建立了一整套科学、有效的航天系统工程管理体系。至今仍然行之有效的两条指挥线、总体设计部、型号调度、科学技术委员会等制度，都是那个时代的结晶。航天人在“东风二号”上的集体经历，奠定了钱学森航天系统工程思想的实践基础和理论基础。从这个意义上说，这次失败是一次成功的失败，它成为中国航天展翅腾飞的历史性拐点。

1960年钱学森在东风二号导弹失败后赶赴导弹试验基地指导工作

1973年钱学森作为著名科学家代表接受周恩来总理的接见

1962年2月，国防部五院科技委成立，钱学森任主任

1966年10月27日，聂荣臻、钱学森在导弹试验基地主持“两弹结合”试验

1965年钱学森陪同朱德到七机部一院视察

1962年钱学森到酒泉导弹试验基地途经嘉峪关合影

1986年6月，钱学森与火箭专家任新民、梁守槃、屠守锷、黄纬禄畅谈航天30年发展历程

1964年钱学森到原子弹试验基地讲学

钱学森在原子弹试验基地与工作人员合影

1964年5月22日，国防部五院首届党代会召开，钱学森在签到簿上签名

1966年10月，“两弹结合”试验成功后，聂荣臻、钱学森与参加试验的人员合影

1964年5月，中国共产党国防部第五研究院首届代表大会召开，钱学森在主席台上就座

1. 失败，铭心刻骨

20世纪60年代初，是所有经历了那一年代的中国人都难以忘怀的岁月。

由于“大跃进”的失误和持续的自然灾害，再加上苏联背信弃义中途撤销援助，无论是人民生活还是国防工业发展，都遇到了极大的困难。而此时的赫鲁晓夫却幸灾乐祸地说：“中国现在过的是‘大锅清水汤，三个人穿一条裤子’的生活，还想造导弹？做梦吧！造几个大鸭蛋我看还行。”

在中苏关系大变故和饥荒灾难沉重阴影下的中国，国防科技之路该怎么走？

在苏联专家全部撤离后的第二天，聂荣臻请来了钱学森等国防部五院的领导和专家座谈，商讨对策。1960年10月国庆节后，聂荣臻又召开国防部五院高级知识分子和科技人员座谈会。当他说到苏联当局背信弃义时，愤怒地用拳头擂着桌子说：“逼上梁山，自己干吧！靠别人靠不住，也靠不起。党中央寄希望于中国自己的专家！”会上，钱学森代表科学家发言，他说：“聂帅说，中国科技人员不比别人笨，我说，中国科技人员是了不起的，我们不仅具有聪明智慧，我们还特别能艰苦奋斗。国家有难，我们科技人员寝食难安，我们会夜以继日废寝忘食地去干，甚至为此损害健康、牺牲生命也在所不辞。具有这种精神的中国，不怕困难大，不畏惧暂时的落后。我们一定能够赶上去！”

按照中央提出的“调整、巩固、充实、提高”

北戴河的涛声

1960年7月18日，苏联方面的消息传到了正在北戴河召开的中央工作会上。毛泽东对前来汇报的李富春说：“要下决心搞尖端技术，赫鲁晓夫不给我们尖端技术，极好！如果给了，这个账是很难还的。应该给赫鲁晓夫发一个一吨重的勋章。”周恩来表示：“没有什么力量能压服我们，也没有什么事情能难住我们。”性格豪放的陈毅拍着腰杆说：“就是脱了裤子当了，也要把尖端武器搞上去。我这个外交部长，现在腰杆子还不太硬，你们把导弹、原子弹搞出来了，我的腰杆子就硬了。”聂荣臻提出：“我们要变压力为动力，变气愤为发愤！”

的八字方针，国防部五院党委扩大会确定，对导弹研制工作进行适当调整，重点转入自行研制东风二号中近程地地导弹和仿制地空导弹，把其他导弹暂时放一放。在这一天的党委扩大会议上，钱学森的情绪和大家一样激动，他动情地说："苏联专家说他们走后，这些导弹零件会变成废铜烂铁！这不行。我们就是要自力更生，一定要搞出自己的导弹！"中国航天人放弃了扶着苏联老大哥肩膀登天的想法，在仿制成功1059导弹的基础上，走上了一条艰难的自力更生的道路。

但是自行设计谈何容易？是迈大步还是迈小步，最初有两种意见：一种主张跨大步，直接搞中程导弹；另一种主张第一步迈小一点，先搞中近程导弹。围绕这个问题，全院开展了热烈的讨论。

作为技术总负责人的钱学森，经历过"大跃进"的冲动和仿制"1059"的实践，他的心态冷静而平和，他说："仿制和自行设计是绝然不同的，仿制时主要问题人家已经给你解决了，你要做的就是按规矩办事。自行设计就不同了，出现的技术问题多，而且各有各的说法，每一层都需要自己来解决。步子跨得太大，欲速而不达。"他表示完全同意聂荣臻"要先学会走路，然后再跑步"的意见。最后，国防部五院确定，在缺乏独立研制经验、研制条件还不完全具备的条件下，"迈小步"比较现实，应充分利用1059导弹的仿制成果，尽快研制出射程达到1200公里左右的中近程导弹"东风二号"，以积累自行设计的经验。

导弹研制的方向刚刚确定，就遇上了党内一场激烈的争论。1961年夏天，有关导弹、原子弹"下马"还是"上马"的争论闹得沸沸扬扬。"下马"方认为，没有了苏联的援助，仅靠自己的力量难以完成技术难度很大的"两弹"，不如把钱用在经济建设上；"上马"方认为，拥有一批爱国的科学家，这是成功研制"两弹"的最重要的基础，且已经具备了一定技术基础，不能放弃。在北戴河召开的国防工业委员会工作会议上，两种意见针锋相对，互不相让，有时吵得脸红脖子粗，拍响了桌子。

聂荣臻是坚决支持"上马"的，逆水行舟，不进则退。中央主要领导在危急关头旗帜鲜明，支持"上马"。聂荣臻在给中央的报告中，多次表示：要"变压力为动力"、"变气愤为发愤"、"集中全国力量，立足国内，突破两弹技术”。钱学森也是坚定的“上马”派，他默默地在技术上支撑着聂荣臻的决策和信心。

党中央和中央领导同志对国防尖端事业的发展给予了特殊的关怀。1960年，面对着全国性的经济困难，与其他战线基本建设大幅度压缩，在建项目纷纷下马、停建的形势相反，导弹研制基地的建设却是红红火火，日夜兼程。经过几年的艰苦奋战，建成了一批大型厂房、若干高精尖试验室，初步形成了一个较为完整配套的导弹研制基地，创造了大步前进的坚实的物质基础。邓小平在中央书记处说，国防部五院的科技人员待遇要高些，工资要高些，生活安排要好些。在1960年国防部五院的大事记里，最大密度地记下了共和国领导人视察的足迹：

3月4日，彭真视察211厂；

3月9日，邓小平、陈毅视察空气动力研究所和试验站；

3月19日，薄一波、刘澜涛视察211厂、导弹静力试验室、空气动力研究所和试验站；

4月12日，贺龙、聂荣臻视察一分院；

导弹的分类

地对地弹道式导弹按射程分类，可分为近程、中近程、中程、中远程和远程洲际导弹5种。

近程导弹的射程一般在几十公里到500公里，属于战术导弹。

中近程导弹的射程在500公里至1000公里左右。

中程导弹的射程在1000公里至3000公里。

中远程导弹的射程在3000公里至5000公里。

远程洲际导弹的射程在5000公里至8000公里以上，属于战略导弹。

导弹按发射地到目标分类，又可分为地地导弹、地空导弹、岸舰导弹、空空导弹等。

1960年3月，邓小平视察国防部五院一分院

1960年刘亚楼等到火箭发动机试验站检查工作

4月14日，聂荣臻视察二分院；

4月28日，林彪视察211厂、二分院；

毛泽东也明确指出：“对尖端武器的研究试制工作，仍应抓紧进行，不能放松或下马”。

坚强的决心，正确的指引，入微的呵护，在国防尖端战线的广大将士中形成了一股无坚不摧、勇攀高峰的巨大力量。

在钱学森的带领下，东风二号导弹的研制由一分院副院长林爽（最初是东风二号导弹设计委员会主任，后为总设计师）、导弹结构专家屠守锷（后为副总设计师）主持，经过总体设计部、各分系统和试制工厂的科技人员、工人的刻苦钻研，奋发努力，1960年7月，导弹总体设计方案很快就拿出来了。

东风二号导弹全长20．9米，最大直径1．652米，尾部有4个三角形尾翼，起飞质量为29．8吨，射程为1200公里。由于“充分利用仿制‘1059’的成果，射程爬高 ”指导思想明确，所以，“东风二号”要解决的主要矛盾很清楚，就是射程要比1059导弹增加一倍，对其他如精度问题没有提出更高的要求。

要增加射程，就要相应提高发动机的推力，减轻弹体结构的重量。这样，有一半左右的修改设计工作就落在了发动机和弹体结构设计上。

尽管只是“爬高”，但是，研制中还是困难重重。

在仿制1059导弹时，苏联援助了一部分技术文件，绝大多数是生产图纸、工艺规程和验收文件，有关设计方面的资料几乎是空白。当时，参加导弹研制的工程技术人员，绝大多数是刚出校门的大、中专生，在学校里从未接触过导弹设计方面的知识，虽有几位搞过工程设计的老专家带路，但搞导弹设计都是平生第一次。

面对这些困难，他们毫不气馁，怀着“为祖国争光，为民族争气”的强烈责任感，以初生牛犊不怕虎的劲头开始了刻苦攻关。大家勤奋学习，从书本、资料上学，在实际工作中学。设计、工艺、试验和生产紧密结合，互相切磋攻坚克难，利用一切可以利用的条件和设备，终于在1960年年底，完成全部初步设计。

如何增加射程呢？

一是提高发动机的推力。动力是导弹飞行的基础，钱学森非常重视导弹的发动机，他形象地将此比喻为“动力先行”。此后，“动力先行”成为航天人研制任何新型导弹、火箭的一项基本原则，这个原则一直坚持到现在。任新民是东风二号导弹发动机总设计师，他和副总设计师刘传儒、于龙淮、王桁等人经过反复研究，对原发动机168种组合件中的106种，进行了重新设计或改型设计，改进率达63%。还把发动机涡轮泵转速提高了10%，功率增加了35%，比推力达到220秒。从1961年年初到11月，发动机进行了多次大推力试车，出现过多次发动机起火、关机等故障，几经改进后，终于试车成功。额定推力从原来的37吨提高21%，达44.5吨，工作时间延长至125秒。但是，在作抽检典型试车时，又发生过推力室裂纹等故障，当时误认为是工艺质量问题，未引起足够重视，给导弹第一次飞行试验留下了隐患。

二是减轻弹体结构的质量。其主要措施是，把液氧贮箱由双层结构改为单层薄壁结构；尾段由钢结构改为铝合金结构，采用小三角尾翼。采取各种措施后，东风二号导弹的全弹结构质量比由1059导弹的0.22降为0.14，弹体结构质量比也由0.063降到0.043。这不仅反映出设计水平的提高，也反映了导弹生产工艺的提高。导弹总装厂还采用爆炸成形的新工艺，成功地制造出了用常规方法难以成形的贮箱顶盖喇叭口翻边和螺纹口盖等异型零件。

东风二号导弹的其他系统也作了相应的修改，比如弹头设计。东风二号弹头的最大飞行速度已达3.5公里/秒，在进入大气层时会因气动加热而导致温度急剧上升。为了降低气动加热，设计人员将1059弹头的尖拱形抛物线型改为钝头抛物线型。根据理论分析，无控弹头在空气极为稀薄的高空中是翻滚飞行的，进入大气层后在空气动力的作用下才停止翻滚。停止翻滚的高度是多少？飞行稳定性如何计算？这些问题都没有现成的借鉴资料。空气动力研究所和弹头总体设计人员依靠自己的智慧，反复计算试验，终于摸索出了一套简单可靠的工程计算方法，编写出弹头设计员手册，为日后的设计工作创造了条件。

此外，在控制系统上，对无线电横偏校正系统做了加大发射机功率的改进，地面设备还新设计了公路运输车、起竖托架、弹头结合车、移动工作台和过氧化氢加温、加注车等。

1962年3月4日，芳草吐绿，万物复苏，江南的阳春三月，油菜花早已

金灿灿地铺满了田野；可大漠的春天来得晚，大风刮起还是冰凉刺骨，吹得黄沙遍地跑。我国自主研制的第一枚东风二号中近程导弹从北京起运，前往酒泉导弹试验基地。

到了发射阵地，虽然大家表面上信心很足，但是心里又好像不太有底。导弹起竖后，一阵大风吹来，导弹下面的燃气舵开始不停地抖动起来，设计人员在现场也不知道是什么原因，只好打电话到北京联系作模拟试验。时任导弹控制系统副主任设计师的梁思礼说：我在基地不停地和北京的导弹控制所黄纬禄所长电话联系，他们在北京作试验，有时一个电话要打几个小时。那时我还抽烟，一边打电话一边抽着烟，后来同事们从话筒里磕出了一大堆烟灰。

1962年3月21日9时5分，戈壁滩上万籁俱寂，高耸的发射塔架边，东风二号导弹整装待发。突然，一声“点火！”的口令划破了料峭春寒的平静，发射场所有的人都紧张地盯住了发射台……

按指挥部规定，参加试验的现场人员应撤到几公里以外的敖包山后面。据梁思礼回忆：

那时我还年轻，和陈德仁（一位研究室副主

生男取名“凯”，生女取名“旋”

导弹控制系统副主任设计师梁思礼，是我国近代著名社会活动家梁启超的小儿子。在东风二号导弹发射前，他的第三个孩子即将出生，在奔赴发射场前，他与妻子商定，如果生男取名“凯”，如果生女取名“旋”，意思为志在“凯旋”。

失败时的安慰

导弹设计师王德臣回忆说：东风二号导弹爆炸后，酒泉试验基地通知北京设计单位派人来分析原因。单位接到通知让我马上出发，研究室的同事就像出丧似的把我送出了门，我连牙膏、牙刷、衣服都没有来得及带。飞机降落后，食堂给我们端来了肉丝面，我心里难过，一口也吃不下去，就在旁边站着。钱学森过来安慰我说，他在美国作研究的时候，也经常失败，那个“卡门－钱近似”公式是作了许多次试验、分析才完成的，现在重要的是认真总结经验，不能遇到一次失败就垮了。

勤奋学习，忘我工作

建院初期，新品开工典礼

任）想看看导弹飞起来弹道转弯的情况。于是，我们坐上吉普车到导弹侧面一两公里的地方观察，当时确实有点盲目自信，实际上这样做是很危险的。结果，导弹发射起飞以后，像喝醉了酒似的摇摇晃晃，头顶上冒出白烟，69秒后，导弹倒栽葱垂直坠毁在距离发射台前300米的地方，因为导弹里面装满了20多吨推进剂，落地爆炸腾起了100多米高的蘑菇云，地面砸出了一个4米深、22米直径的大坑。失败使大家非常沮丧。

“东风二号”发动机设计师于龙淮说：

当时真够吓人的，我一看导弹就在自己脑袋上，就急喊大伙趴下，于是我们几十号人趴在敖包山后。其实那时候我们离发射场几公里远呢，因为导弹飞得高，掉下时就觉得在自己头上。没一会儿，我从轰隆声中吓醒了，才看见离发射台仅几百米远的地方，导弹已经自毁，火光也已熄灭，只留下一个烧得黑黑的、还在冒烟的大坑。

总体设计部副主任谢光选说，这是我们导弹发射中的第一次失败。很多人趴在地上把头埋在沙子里，好久好久没有抬起头来；梁思礼蹲在大坑边抱着脑袋，泪水从指缝间渗了出来；总装厂的工人师傅失声痛哭。

发射失败，让所有人难过得快要窒息昏厥。伤透了心的感觉，就好像是自己十月怀胎生下的孩子突然夭折。也许是之前对这个孩子有太高的期望，许多人都不敢相信他会突然“死亡”。

发射阵地上的空气凝固了。发射阵地上的人就像石鸟一样，木木地望着天。

天若有情，应该落雨代泣，然而，阳光依旧自顾自地把沙漠烤得一片焦黄。

身处如此悲痛气氛中的基地司令员李福泽，突然大声喊叫：“谢光选，你过来，你得赔我一个厕所。”

“凭什么？”谢光选大声顶撞。

“你那掉下来的导弹把我发射场的厕所炸塌了，你说赔不赔？”

“赔，司令员，你赔我一枚导弹，我就不打你的厕所了。”

两个人扯起喉咙喊了一阵，这才把周围压抑得密不透风的气场捅了个洞，空气变得稍微缓和了些。

2. 胜利的曙光

1962年3月22日，发射失败的第二天，在北京指挥部坐镇的钱学森和王秉璋十万火急地乘专机赶到发射场，两个人都觉得打了败仗，对不起党和国家。

在挫折面前，聂荣臻十分沉着、冷静。他安慰大家：科学试验允许失败，并指示各级领导，不要追查责任，重要的是找出失败的原因，以利再战。对于查出故障原因的人，还要给予奖励。并指定钱学森立即组织故障分析。

失败的心情是沉重的，从失败中吸取教训却是希望之所在。

失败的教训往往比成功的经验给人们留下的印象更深刻、震动更大。东风二号导弹悲壮的首发式，给钱学森、也给所有航天人上了一堂生动的反思课。

钱学森首先察看了导弹坠落现场，并组织人员收集残骸。与此同时，各个分系统的负责人纷纷组织成立了故障分析小组，并在钱学森的统一指导下进行故障分析和故障复现试验工作。

钱学森在现场分析会上指出：

科学试验如果每次都保证成功，那又何必试验呢？那就制造出来直接拿去使用就可以了。所以，我们不要怕失败，失败了，总结经验教训，再重来。经过挫折和失败，会使我们增长才干，变得更加聪明。取得成功，对我们是锻炼；遭受失败，同样可以使我们得到锻炼，而这种锻炼则更为重要，更为宝贵。

我们要从遥测、光测参数中加以分析，找到设计的不足之处。要加强地面试验。

钱学森所领导的故障分析小组，在事故现场工作了10天，回京后又历时3个多月的从元器件、部件到各分系统，从各分系统到总体，不知经过多少次大大小小的故障分析、导弹残骸测定、遥测数据判读等，仅1962年五六月间召开的全体故障分析会议就有9次，故障原因终于逐渐明晰：“肇事者”一是总体方案设计中，没有将弹体作为弹性体来考虑，振动耦合使导弹飞行失控；二是发动机强度不够，结构损坏起火。

在故障分析的3个多月中，钱学森每星期起码到控制研究所一次，听取大家的意见，尔后和大家一起讨论。他给年轻的设计师打气说：“导弹飞行稳定问题，国外早已解决，西方人能办到的事，东方人也一定能办得到，控制系统一定要‘杀出一条血路’来。”在所长黄纬禄和控制专家梁思礼的带领下，一帮年轻人展开了一场“杀血路”的攻坚战。黄纬禄在排查故障时说：

“东风二号”为什么失败呢？就是因为它打的距离要比“东风一号”远，所以导弹用来装推进剂的贮箱要大一点，推进剂要多装一点。要想箱子大一点，我们采取的办法是导弹的直径不变，长度加长，长度一长就有“扁担效应”，就像挑扁担，走起来就有点上下弹性振动。导弹在飞行中也会产生振动，我们叫弹体的弹性振动。发射“东风一号”时这个问题不明显，所以设计“东风二号”也没有考虑这个问题，结果弹性振动导致了两个恶果，一是弹体结构受到破坏；二是振动频率与控制系统发生耦合，共振加剧了导弹解体。

那么，振动频率与控制系统为何会发生耦合呢？在作全弹振动试验中，他们终于发现了潜伏的“杀手”——原本1059导弹的控制系统仪器舱在导弹的中部，位于酒精贮箱和液氧贮箱之间。而东风二号导弹的设计者考虑到弹体比“1059”加长了3米，而且原来仪器舱的位置空间狭小，操作起来很不方便，于是，就把仪器舱改到了导弹的尾段上。发射前，仪器舱经过多次测试，一切正常。从表面上看，这一设计改动并没有问题。可是通过全弹振动试验，他们发现原来位置上的仪器舱，在全弹振动中处在一阶振型的波腹，受到的振动很小；但是改动后的仪器舱恰好处于一阶振型的波节上，受到的振动异常大，所以就与弹体振动相互作用产生耦合，最后致使导弹飞行姿态失控。

发动机的问题更加复杂。主管发动机研制的一分院副院长任新民花了很大的精力来修改发动机的设计方案。但是修改后的发动机试车很不顺利，不是这儿起火了，就是那儿振裂了，性能极不稳定。刚把振裂的地方贴上补丁，明天别的地方又裂了。如此这般，整个1963年夏天，发动机试车屡屡没有奏效，研制人员心急如焚。为什么发动机在预定45.5吨推力试车时，总会出这样那样的问题？

设计人员对发动机被破坏的原因有争论：一种认为是发动机燃烧室燃烧不稳定，另一种认为是发动机结构的强度不够。钱学森和大家一起细细地分析问题，针对故障分析中的两种意见，他在发动机研究所有一次精辟的讲话：

看来许多问题还需要进一步作些分析研究，总结其中深刻的道理。如对发动机的减振与抗振问题，虽然后来抗振的理由占了上风，但中间有很长的一段时间是“减振”之风盛行，而且颇有道理：有理论论述，也有曲线，都说明发动机燃烧室存在着不稳定燃烧因素，看来言之确也成理。但是，实际工作教育了我们，真实情况并不如此。就高频切向振荡来说，振荡发生以后，其螺旋式的爆振波破坏力很大，燃烧速度就会很快增加，大量的能量即迅速释放出来，发动机燃烧室温度会大大上升，因此一般只要几秒钟头部就烧坏，同时整个发动机也被振坏了。而“东风二号”发动机只是局部振裂，这表明，发动机不是燃烧不稳定，不是高频振荡。在液体火箭发动机中，诚然有时会产生高频振荡，并产生很大影响；但是我们真是幸运，“东风二号”发动机一直到今天为止，所有的试车都没有碰到这个问题，这是大好事。目前碰到的振荡是正常现象，因此面对破裂问题就要采取加强结构的措施。有人问发动机上的“补丁”何时拿掉，实际上这不是补丁，而是加强措施，为什么要拿掉呢？这样做很对嘛！所以我认为，就这一个问题而言，也包含了很深的道理在内，它说明我们要认识真理，有时需要经过反复的实践，这个问题很有味道，很生动，减振还是抗振这个经验很宝贵，很值得大家学习和研究。我感到不要只是就事论事，而要进一步想想，也就是说，不要局限于只总结某一条经验或教训，而是要想更深的道理，能否把经验从感性阶段总结上升到理性阶段？是否能很好地接受经验和教训？人之所以了不起，就在于能接受经验教训。所以我建议更好地把这些

聂荣臻没有责怪之意

钱学森在事故现场工作了10天后返回北京，向聂荣臻汇报，钱学森惭愧地检讨：“我们没干好，对不起国家。我是技术总负责人，我有责任。”聂荣臻看出钱学森的压力很大，一再安慰说：“第一次发射没有成功，我看是正常的。常规武器，一门大炮还要经过打几百发、甚至几千发的试验，何况导弹这样复杂的尖端武器呢。如果一下子就成功了，我倒不放心了。”针对有些人说钱学森的闲话，聂荣臻态度鲜明，再一次指示国防部五院党委：技术上应由钱学森当家，党的领导是领导和掌握政策，党支部不能领导一切，只能起保证作用。

钱学森享受少将待遇

1962年1月30日，国防部第五研究院政治部呈国防科委一份《为钱学森同志的政治待遇事》的报告：

我院副院长钱学森同志（于1959年10月已转为正式党员）过去听报告看文件等政治待遇问题一直没有明确规定，都是临时请示报告，因此给工作带来一些不便。现根据其所任职务和工作需要，经院党委常委研究，建议钱学森同志今后凡听中央、总政组织的报告和看文件时，享受少将一级的政治待遇。

1962年2月12日，总政治部批复：同意钱学森同志今后凡听中央、总政组织的报告和看文件时，享受少将一级的政治待遇。

经验提炼一番，以便真正能指导以后的工作。

钱学森的这个讲话，从理论上把技术问题分析得入木三分、透彻淋漓，又从认识论上引导大家总结经验。他高屋建瓴、含而不露地支持了第二种意见，使众人心服口服，显示了高超的领导艺术和思想修养。

为顺利解决发动机强度问题，1963年7月，钱学森与任新民等研究决定：将发动机研制工作分两步走，第一步，推力由45．5吨降到40．5吨；第二步，推力再由40．5吨提高到45．5吨。同时，在具体设计中，采取强化结构、减小振动、提高强度等11项措施，将历次试车中出现过的薄弱部位进行局部增强。从1962年3月至1963年年底，发动机先后经过了82次热试车，在采取多次局部加强措施后，终于解决了发动机的结构强度问题。

经过多次试验和反复论证，导致失败的直接的技术原因找到了，研制人员写出的技术总结报告达67页之多。但钱学森并不满足，他和五院党委一班人一起刨根问底，查找根源。他们清楚地察觉到，表层技术的原因，只是冰山浮出水面的一角，深层次的问题是多方面的，是带有根源性的。钱学森分析道，我们在仿制中仅仅做到了依照葫芦画好瓢，但是知其然并不等于知其所以然，我们并没吃透和消化苏联导弹所采用的每个技术方案和要求，也没有完全掌握导弹设计的规范和方法。从这个意义上来认识，虽然失败支付了一笔学费，但是我们也悟出了从仿制中难以悟出来的道理。有时候失败的教训比成功的经验更为重要。

1962年7月，钱学森领导的故障分析小组向国防科委提交了一份总结报告：

从总体方案设计看，一是导弹的稳定系统还没有摆脱仿制的束缚，没有考虑加长的弹体所带来的振动对控制系统的影响，在飞行中弹体的弹性振动与姿态控制系统发生耦合，导致导弹飞行失控；二是发动机在改进设计时提高了推力，但结构强度不够，导致局部破坏而起火。

但是，这次失败暴露出来的问题是多方面的。在工程技术方面，还没有掌握自行设计的规律，对导弹工程系统的复杂性认识不足，在总体和分系统综合设计上、各分系统之间的技术协调和接口匹配上考虑不周，没有意识到即使每个局部都符合要求，集成后仍有可能出问题；有些必要的地面试验没有做，或做得不够充分；对产品质量检查缺乏科学的标准。

在科研管理方面，没有建立技术责任制，缺乏严格的研制程序和工作制度。

在思想作风方面，急于求成，缺乏科学态度，对基础工作特别是地面试验重视不够，对可能遇到的问题和困难估计不足，对产品存在的缺陷和隐患没有采取有力措施坚决加以消除。

这份报告远远超出了技术故障的分析，饱含着深层次的反思和检讨，其中提到的许多管理理念，对我国航天事业的发展有着极为重要的作用和影响，成为航天系统工程管理的宝贵经验。

取得了教训的航天人振奋精神，决心再战。钱学森和他的优秀团队依然冲在第一线。林爽、屠守锷修改了总体方案，任新民改进了发动机，黄纬禄、郝复俭主持改进了控制系统高精度的陀螺和加速度表，姚桐斌攻克了材料工艺难关，梁守槃、庄逢甘等专家都在各个领域发挥了重要作用。大家清楚地认识到，研制导弹是一项综合性的尖端技术，应紧紧抓住全系统每一个环节的质量，并经过充分的地面试验，反复证明系统的正确性，才能进行飞行试验。钱学森提出了“加强地面试验，凡是能在地面试验证实或模拟试验证实的，不要带到飞行试验中去考验”的思路，这句话后来被精炼为“把故障消灭在地面上”！

这是钱学森从失败中总结出来的深刻教训，它成为我国近半个世纪中导弹、火箭、卫星和飞船研制的一条重要工作准则。

“当务之急是完善地面试验设备，为进行充分的地面试验提供物质保证。”钱学森在五院党委常委会会议上提出建议，获得了五院党委的大力支持。钱学森迅速从技术上组织落实大型火箭发动机试车台、全弹系留试车台、全弹振动试验塔、静力试验厅、控制模拟试验室、热应力试验室、跨超声速风洞、高速高温电弧风洞等28项大型试验设施的建设。聂荣臻还亲自找到北京市市长彭真，要求派出高水平的工程公司，抢建导弹发动机地面试车台。

在认识统一的基础上，故障分析领导小组先后召开4次分析会和5次技术专题报告会，提出了修改设计中要解决的几个问题，即发动机可靠工作问题、控制系统稳定飞行问题、弹体强度问题、增加能可靠工作的安全自毁装置问题以及防止火烧尾部问题。

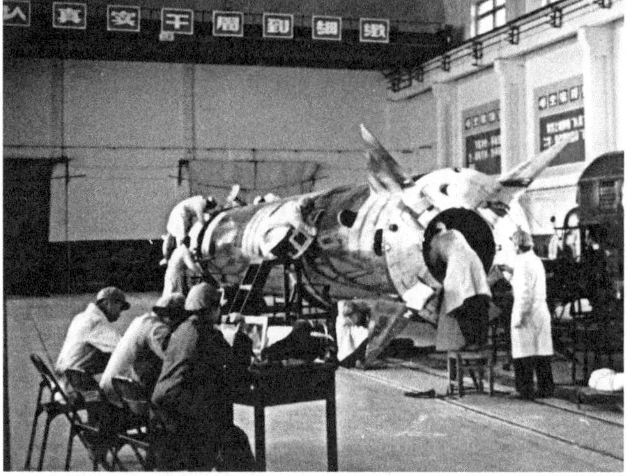

导弹发射前弹体检测

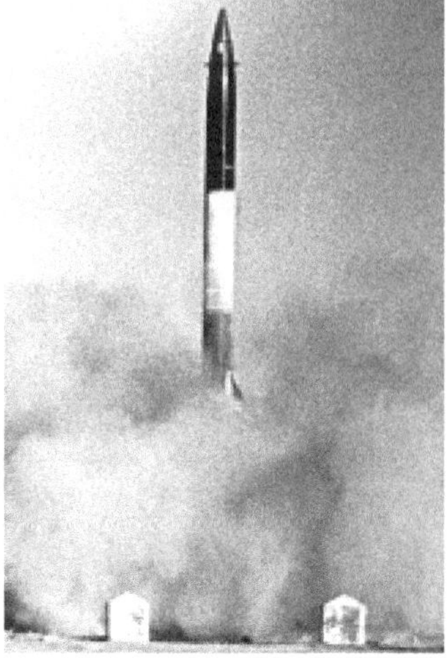

1964年“东风二号”改进后发射成功

张爱萍之问

“东风二号”的第二次飞行试验是国防科委副主任张爱萍亲自主持的。发射前听汇报时，张爱萍没有问总设计师林爽有没有把握，他问的是：“凡是认识到的问题都采取措施解决了吗？”张爱萍的意思是，如果还有没有认识到的问题，即使试验失败了那是另一个问题；但是如果认识到的问题还没有解决，那他就坚决不同意贸然点火发射，问题必须先在地面处理掉。张爱萍之问，以后演变为航天系统武器飞行试验前一条雷打不动的放行准则。

为了彻底解决试验暴露出来的技术问题，从总体设计部到各分系统设计单位，经过两年多的拼搏，完成了4类17项试验：第一类，包括结构静力试验、稳定系统仿真试验等7项系统鉴定或验收试验；第二类，包括弹上测量系统的验收试验、综合测试等5项系统与系统之间的协调性的综合试验；第三类，包括全弹试车等2项试验；第四类，包括弹体横向振动特性的测定等3项振动试验。其间，仅发动机试车就多达105次。

1964年5月4日这一天，钱学森与同事们一起，向国防科委主任聂荣臻详细汇报了改进型东风二号导弹的研制情况。钱学森的汇报，从始至终严谨求实，不用“基本上”、“大体上”之类模棱两可的字句，聂荣臻非常满意，欣然说道：“同志们辛苦了。你们吃一堑，长一智，严格按程序办事，相信成功是会有把握的。我将立即报告中央，争取早日再次进行飞行试验。预祝同志们成功！”

踏踏实实的一个个脚印，预示着导弹研制一步步走向成功！

1964年5月25日，历经千锤百炼的“东风二号”，运抵酒泉发射基地。

国防科委副主任张爱萍代表聂荣臻坐镇发射现场，国防科委副秘书长张震寰紧随左右。钱学森也在现场指挥。

6月29日，在戈壁滩如火的骄阳下，航天人盼望了4年之久的胜利终于姗姗而来，“东风二号”试射成功，准确命中目标，中国第一枚国产中近程地地导弹诞生了！这一声非同寻常的巨响，掀开了中国航天史上新的一页，也把航天人心底积压的乌云一扫而光！

7月9日和11日又发射两次，均传捷报。

9月至10月，又连续发射5枚，全部奏凯。

中国航天人以无可争辩的事实给了赫鲁晓夫一个有力的回击——他们曾经讽刺中国说，“你们若把导弹造出来，我们买你们的”。就是在他们挖苦的“大锅清水汤，三个人穿一条裤子”的条件下，中国依靠自己的力量，独立自主造出了导弹，掌握了导弹技术！

聂荣臻在随后召开的庆功会上感慨地说：“1962年试验未成功，这个‘插曲’很有意义……在经历一次挫折之后，不言放弃，决不退缩，不管条件多么艰苦，技术多么困难，只要坚定信念，奋起前进，就一定能取得胜利！”

1969年，经过改装后的“东风二号”正式装备部队，成为第一代为我国国防站岗放哨的地地导弹。

3. 航天系统工程三件“宝”

不可想象，1962年的“东风二号”发射是在无章可循、缺乏科学管理的境况下进行的。

国防部五院一分院副院长、东风二号导弹总设计师林爽1986年曾有过一段珍贵的回忆：

现在回忆起当时的研制情况，确实是“初生的牛犊不怕虎”，只凭着一股子热情和勇气，缺少冷静的、科学的态度。

当任务确定之后，各有关部门就万马奔腾、齐头并进，但技术上却没有总的设计负责人。首先暴露出的问题是发动机达不到设计要求的推力，强度安全系数很低，经常出现壳体失稳、管路断裂等事故。当时对研制过程中的试验和定型生产的验收试验怎样区别也没有经验，实际上都是按生产验收的标准进行试验。在这样低标准的情况下，发动机试验的失败次数远大于成功的次数，约为4:1。面对这种情况，曾经想降低推力使用，但因降低推力要修改弹道参数和控制系统的参数，最后就这样带着不可靠的因素出发去靶场了。

其次在组织体制上也是分散的，总体在一分院，而控制系统的研制在二分院。按道理说在两个分院内，如分系统和总体之间的关系能很好地协调也行。但是按当时的条条块块的体制，协调都要由五院来解决。由于控制方面人员紧张，总体部控制室人员除留下少数人外，全部都调给了二分院，使总体缺少了对控制系统的协调能力（历史证明这个作法不行，在研制“东风三号”时将二分院的控制系统所全建制又调到一分院了）。控制系统究竟有什么问题，直到出发去靶场时都不清楚。当时二分院的模拟试验都认为是稳定的，没有问题的。

至于总体方面由于结构的改变，刚度降低将产生弹性振动也没有估计到，没有作这方面的试验，也不知道有这样一个问题存在着。

从上面的几个情况看出，当时我们对系统工程的认识和研制程序的概念是很模糊的。我们事先没有一套完整的研制计划，而是比照仿制“P－2”时苏联的批生产验收要求分散进行的。地面试验很不够，隐藏着层层的隐患。

还应该说一下，我们的管理要求也是极不严格和混乱的。在试制的批量上远远没有按计划进行。由于材料、工艺、质量种种原因，最后仅仅齐套了三发产品，总装出两发样机，另一发散装待用就出发了。

到靶场之后，与靶场的责任划分也不明确。最突出的例子是在决定发射的前夕，突然接到北京的电话，说稳定系统的参数有问题，要更换放大器网络的元器件。就这样连夜在现场取下放大器，打开铅封，用电烙铁对零件进行了更换。临发射前又发现少了一根电缆，现找电缆。导弹已经竖在发射台上进行加注了，舵机又出了问题，又更换了一个舵机。在这种状态下进行的飞行试验，若不失败那也是偶然的。

正是有了“东风二号”失败的经验教训，使钱学森和国防部五院的各级领导对“管理”有了更深刻的认识。钱学森更是花费了很大精力协助国防部五院党委，整顿工作秩序，制订科研工作规范，用“系统”的理念将五院的工作纳入科学管理的轨道。1962年5月，钱学森提出了加强总体设计部建设，充分做好地面试验，把各个分系统关系协调好的观点。有一次，他对身边的工作人员谢昌年说：“我现在改行研究科学管理了。”

为了改变1958年大跃进带来的“边研究、边设计、边生产、边试验、边定型”的头脑发热、不讲科学规律的作法，钱学森带领身边的同志集中精力研究导弹的研制程序。在分析了美国、苏联的导弹研制步骤之后，他强调要从中国的国情出发，遵循辩证唯物论和认识论的规律，来制定导弹研制的规范和流程。国防部五院院长王秉璋亲自出马组织专门班子，编写各项管理的规章制度。从1961年9月中旬到10月下旬，王秉璋率领一分院院长刘瑄、二分院院长张怀忠等有关人员赴临潼空军疗养院，以集中精力、分工编写的方法，与在京的各有关部门紧密配合，历时40天，制订出《国防部第五研究院暂行条例（草案）》。其间，钱学森赴临潼参加了讨论。

同年11月8日，《条例》颁发试行。《条例》分为总则、型号研制与设计工作、研究工作、试制工作、试验工作、科学技术队伍、技术责任制与科技委员会、组织计划与条件保证、政治工作、党的组织与工作等10部分，共70条。它系统地总结了五院建院以来的工作经验，集中地体现了当时航天科技工程科学管理的成果，使五院的各项工作进一步走向正规化、科学化，被誉为科学工作的根本大法。

《条例》中很多规定，如将工程项目的研制阶段，分为方案阶段、初样阶段、试样阶段（或称正样阶段）、试制试验阶段和定型阶段等五个阶段，每个阶段转向下一阶段，都必须经过评审、鉴定、批准，方能向下进行的规定；对产品设计技术文件的编制、批准手续和产品试制、试验与鉴定程序的规定；研制方与靶场试验方，谁为一岗、谁为二岗，相互之间的交接和责任的规定等，至今仍在坚持，成为航天系统工程管理的宝典。为了充分听取意见，统一大家对科学管理的认识，《条例》草稿印发人手一册，人人动手修改，阐明修改理由，修改意见稿汇集起来摞在一起有2米之高。钱学森作为国防部五院技术总负责人，这些文件他都一条一条、逐字逐句地精心进行了修改。

《条例》鲜明地体现了钱学森航天系统工程管理的思想，它的核心内容有三项。

一是建立健全两条指挥线。两条指挥线指的是，以总设计师为首的设计师系统和以行政总指挥为首的行政指挥系统，前者专注工程研制，后者负责指挥调度。这两个系统组成一个既相互协调、相互支持，又分工明确、相互制约的工程组织管理体系。这是钱学森和广大航天工程技术人员在计划经济的条件下，探索出来的适用于大型航天工程研制的一种较为成功的组织管理结构。

设计师系统通常分为总设计师、副总设计师、主任设计师和主管设计师四层。总设计师是整个工程的技术总负责人，负责重大技术问题的决策和协调，制订研制计划，保证工程质量；副总设计师协助总设计师，分工负责部分技术决策和协调工作，或是工程某一分系统的技术最高指挥；主任设计师是工程分系统工作的组织者和指挥者；主管设计师则是某项课题或仪器设备研制的技术负责人。每一个型号都设立相应的设计师系统，各级设计师都有明确的岗位责任制。形成的是一条纵向的技术指挥线。

行政指挥系统通常分为三个层次，即战略决策层、决策管理层和组织实施层。对于一般的工程，只需要组织实施层，该层分为行政总指挥、行政指挥和基层行政指挥三级，由各级行政领导、计划管理部门和指挥调度部门构成，总指挥是整个工程的行政组织者和指挥者，负责人财物的保障，科研生产的调度和计划的落实，检查、协调、考评承制单位和人员的工作以及思想政治工作等，对工程整体的计划、经费、质量负责。当时，行政指挥系统要同时负责几个型号的组织指挥调度工作。

在1962年11月制订的《条例》中，确定了国防部五院实行“两条指挥线”即以行政指挥系统（即行政指挥线）与设计师系统（即技术指挥线）为主干的航天型号系统工程研制组织管理体系。随之，五院任命林爽为东风二号导弹总设计师，屠守锷、黄纬禄为副总设计师，谢光选、梁思礼、刘传儒、刘元等为主任设计师；任命钱文极为地空导弹总设计师；五院的一大批专家如任新民、屠守锷、庄逢甘、蔡金涛、吴朔平、黄纬禄，包括在此之前任命的梁守槃等，都担任了各分院的技术副院长或型号总设计师。聂荣臻非常高兴地对国防科委的其他领导说，五院现在有了基础，很有一些人才，他们在技术上接受钱学森的领导，一定要依靠这些人才突破导弹技术。据说，聂荣臻为拥有这么一大批总师宝贝，做梦都笑出了声。

随着航天事业的发展，一些系统数量很多、特别复杂，系统间关联更加密切的大型工程不断出现，比如，卫星通信工程、载人航天工程、月球探测工程等，所以，在各系统之上又有了整个大工程的总设计师和总指挥。例如，载人航天大工程的总设计师是王永志，而载人航天工程下辖航天员系统、载人飞船系统、运载火箭系统、发射场系统、测控通信系统等七大分系统，则都有各自的总设计师。

两条指挥线，既有分工又密切融合，既保证了技术决策的科学和民主，又保证了决策计划的有效执行和实施。50多年来，从导弹、火箭到人造卫星、载人航天，每一个型号研制任务都有健全的两条指挥线，这个纵横交织的管理网络，一直卓有成效地运转着，成为中国航天富有特色的组织管理形式。

钱学森后来总结道：

现在科学试验的一个突出特点是大集体性。因此，首先要抓总体。一个武器系统，抓总是非常重要的，要有统一指挥，不能允许各个单位随意去干，那样非失败不可。这也就提出了组织纪律的重要性，指挥员的重要性。所以，要有技术指挥员，要有技术指挥线，与技术指挥线密切相关的是行政指挥线，即组织调度工作。大规模科学试验的多变交错关联，一个项目变了，可能牵动全局。因此，组织调度工作是非常繁重的，大规模科学试验的计划及调度比生产中的计划及调度还要繁重，这就是计划协调之类的技术是在大规模科学试验中产生，而不是在工业生产中产生的原因。

二是建立总体设计部。东风二号导弹试验的失败，无论是直接的技术原因还是组织管理方面的原因，都与总体工作的薄弱有关。钱学森和五院党委一班人通过总结经验教训，对航天工程的综合性、复杂性，对分系统与总体之间“牵一发而动全身”的紧密联系，都有切身的体会，从而对总体设计部在导弹工程中极其重要的地位和作用有了更深刻的理解。

钱学森指出：

这样复杂的总体协调任务不可能靠一个人来完成，因为他不可能精通整个系统所涉及的全部专业知识，他也不可能有足够的时间来完成数量惊人的技术协调工作。这就要求以一种组织、一个集体来代替先前单个的指挥者，对这种大规模的社会劳动进行协调指挥。在我国国防尖端科研部门建立的这种组织就是总体设计部（或是总体设计所）。

他们不是几十个人，而是成千上百学科配套、专业齐全、具有丰富研制经验的高科技队伍。

自1964年以来，国防部五院组建了若干型号研究院，按照“以型号为目标，以专业为基础”，建立了科研与生产相结合的管理体制，每个型号研究院都无一例外地设置了总体设计部。

《条例》规定，型号总体设计部是总设计师领导型号设计工作的参谋、顾问、执行和服务机构，主持制订总体设计方案和初步设计工作，草拟各分系统设计任务，并负责总体技术协调、全型号配套和分系统验收工作，主持总装测试、综合试验和设计定型等关键性技术工作。总设计师主要通过它来领导整个型号的设计工作。

总体设计部设计的是系统总体方案，它以实现整体优化为目标，协调分系统之间及其与总系统之间的关系。

总体、各个系统，乃至各分系统都有总体设计，形成一个纵向的技术体系。从技术体系上保证总体提出的所有目标、方案、要求，均符合整体优化目的。

总体设计部（简称总体部）是实现总目标、研制过程各阶段目标和实施飞行试验的技术核心。通过多年的实践，总体部的主要任务可概述如下：

（1）科学地确定各级总体方案。按照钱学森系统工程思想，“研制一个复杂系统所面临的问题是怎样把比较笼统的初始研制要求，逐步地变为成千上万个研制任务参加者的具体工作，以及怎样把这些工作最终综合成为一个技术上合理、经济上合算、研制周期短、能协调运转的实际系统，并使这个系统成为它所从属的更大系统的有效组成部分”。这就是各级总体方案设计的任务。

（2）严格控制技术状态。状态控制是系统工程管理的重要手段，它保证技术开发活动有序进行，通过变更控制，保证系统研制的完整性和可跟踪性。制定各个型号研制阶段的技术要求和基本方案，明确技术流程和阶段里程碑（节点），使得整个型号研制过程，在起始前有明确要求、过程中有可遵循的技术流程、结束时有以完成标志作为检查评价的标准。经过这些过程，考核各系统之间的协调性和方案的正确性，对各个系统完成各阶段的研制任务起到重要的把关和推动作用。

（3）确保系统优化和整体优化。系统的整体行为不是其组成要素的简单堆砌，局部最优并不必然导致全局最优。“1＋1=2”这个道理大家都懂，但是“1＋1＜2”或者“1＋1＞2”的道理却

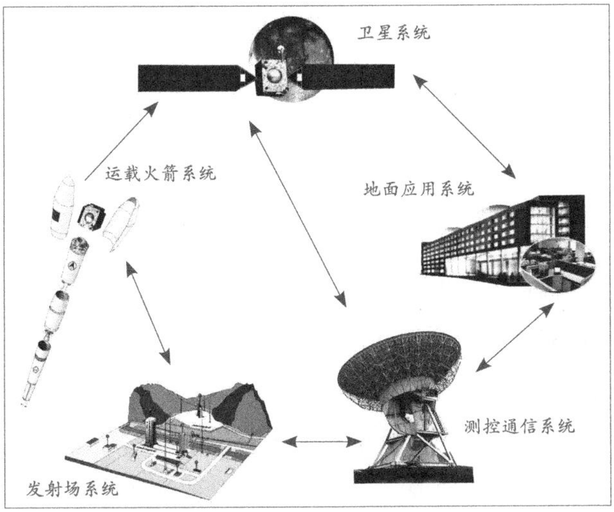

探月工程系统图

两条指挥线的新发展

20世纪90年代中后期，为了适应社会主义市场经济体制，在总结经验的基础上，结合领导干部文化程度、结构的变化情况，航天系统重新调整了两条指挥线的职责，明确了航天型号研制实行总指挥负责制。

型号总指挥在研究院行政正职的领导下，对型号研制工作负全责。在研究院统一协调、综合平衡的前提下，对与本型号研制生产有关的人、财、物，实行有效的协调管理。

型号总设计师在型号总指挥的领导下，对型号研究、设计、试验、生产等技术工作负全责。

航天系统工程心得

王希季：“一个工程、特别是比较大的工程，总是有很多分系统，任何人也不可能什么都懂，总设计师和总体部所做的就是把这个团队组织起来，把各个系统的层次定位清楚，然后组织力量，每个系统，每个层次都做工作，然后再用整体优化的原则把它们集成起来。这个整体大于局部之和就是系统的观点，钱先生是在系统论之后再归纳为系统工程。我做工作首先是做顶层设计，这个工作到底要搞什么，怎么做，然后考虑能够得到什么结果，把分几个阶段、种类都搞清楚，最后全面铺开做。根据这个，后来我写了两本有关的书，一本是《工程设计学》，另一本是《卫星设计学》，这两本书就是按系统观点和系统工程的方法写的。”

没有多少人懂。钱学森为了给年轻人讲明总体部的重要作用，举了一个通俗易懂的电冰箱的例子。20世纪60年代初从苏联留学回国的王永志，被分配到一分院第一总体部，他亲耳听到过钱学森的讲解：

如果今天天气很热，屋子里温度很高，正好屋里有台电冰箱。于是有人提议，把冰箱门打开不是可以放出一些冷气吗？但是，这个意见是错误的，因为你在通过冰箱不断向室内输送能量，也许你站在冰箱门口会感到有些凉意，但室内温度必然升高。这就是局部和整体的关系，局部优化不等于整体优化。总体部的任务就是要做到整体优化。

钱学森针对总设计师和总体设计部的关系，有过一段总结性的话：

干我们这一行，一得之见多得很，有道理，可不见得全面。但是在我们这儿有一条，最后是总设计师拍板。由总设计师听了各种意见之后，经过分析平衡，最后拍板。总设计师也不是一个人，他还有一个总体设计部，还有一个大班子，用现在的话说就是系统工程的班子。他们运用系统工程，衡量各种因素，选择最优方案。总设计师听了各方面的专家意见，又看了总体设计部的报告，最后下决心拍板。拍了板，谁再有意见也不算数了。

钱学森认为这项工作抓好了，就可以实现他在《工程控制论》一书中阐明的非常经典的原理，即对于整个系统的可靠性问题，“我们有办法利用不十分可靠的元件做出非常可靠的系统”。

我国“两弹一星”的成功实践证明，建立总体设计部是一种非常有效的管理思想和方法。对于这一成功经验，周总理生前曾希望把它推广到国民经济的重大工程建设上去。

三是建立科研生产计划协调管理系统。在钱学森的倡导下，五院建立了总调度室，统管科研生产计划协调管理。如果说总体部是总设计师的“大办公室”，是航天工程总体概念、方案、设计和技术协调措施科学性的体现者；那么总调度室就是总指挥的日常办事和执行机构，是航天工程计划与协调措施的科学性和人、财、物调度权力的体现者。

最初，国防部五院在科研管理中使用的是简单的线条调度管理图，这种图示方法虽然直观，但只能反映预期的静态状况，不能反映全局性的关键和主次任务之间的联系。在千头万绪、错综复杂的型号研制工作中，如何使其合理、有序和协调地运行？1962年，钱学森提出将美国海军特种计划局于1958年年底研制北极星导弹核潜艇武器系统时探索出来的新型管理方法——PERT，应用于国内的导弹总体研制工作。看见总调度室学习PERT，很快就把导弹这样一个复杂的系统，用几张系统关系、技术流程和计划流程网络图画出来，钱学森很高兴，要求他们好好利用数学和计算机技术加以总结提高，并亲自把这套管理技术的名称定为“计划协调管理技术”，还把几位年轻人推上中央电视台去讲课。

为了理清导弹武器系统各个组成部分相互之间的联系，使人一目了然，钱学森提出从总体、分系统、子系统直至单机与部件组件等的承制单位，都要制订自己网络流程图，将任务的整个过程画在一张图上，并表示出它们之间的分工、关系、时间要求和完成的情况。下一级的流程图必须与上一级的流程图接轨，确定“接点”任务的完成时间和技术指标要求。网络流程图的制订，为两条指挥线提供了按型号研制规律办事的依据，成为两线合力、推进工作的优质纽带。

按照流程图，各系统直到单机设备，层层分解任务，责任分明；既可对“短线”明察秋毫，又可对长线产品的潜力了若指掌，便于合理配置设施、物资、经费、人力，降低成本，确保质量。1963年，国防部五院在远程导弹制导系统的地面计算机制造过程中，试用PERT管理方法，结果发现，凭直觉被认为是短线产品的铁芯体，其实并不“短”；而被认为是长线产品的电源才是设计制造中的“短线”。结果，在研制生产中及时调整对策，取得了又好又快的成果。

随后，在钱学森的积极倡导下，在航天部门的许多计划和工程部门的墙上，都挂起了按照技术上和组织上的各种时序联系和逻辑联系的网络流程图，大家习惯称之为“苹果树”图。该技术在我国洲际导弹、潜地导弹和卫星通信工程的研制任务中发挥了重要作用。

型号计划并不是一成不变的，因此，在计划调度中必须进行风险分析和控制，型号计划要有预见性，留有余地，要在动态评估的基础上，及时进行适应性调整。计划的权威性和严肃性则依靠执行力度来加以保证。各级都建立了强有力的指挥调度系统，强调统一组织，跟踪管理，过程控制，狠抓短线，科学调度，形成了以任务为中心，横到边、纵到底，责任明确、有机协调的调

度网，确保了型号计划的有效执行。

钱学森将总设计师系统的技术协调同计划协调的密切结合问题，提炼升华为航天系统工程的组织管理。他说：“过去爱迪生搞科研、发明的时候是个体的，现在我们搞大的工程是集体的。集体就把这些人组织起来才能完成预定的任务，搞出成果来。”

钱学森对组织管理体制归纳说：

两个各有专职的系统，技术指挥系统和调度指挥系统，两个系统、两组指挥员都向部门的领导负责，在部门领导的领导下亲密协作，搞好一个型号、一个产品的研制工作。这就是我国通过国防尖端技术、导弹核武器和人造地球卫星研制工作逐步形成的大规模科学技术研制工作的现代化组织管理体制。

这一套组织是科学的，又是具有中国特色的，符合中国实际的，是中国土生土长的。

经过无数航天人的探索和实践，一个崭新的科研管理体制，一套科学的管理制度和基础工作，开始形成并在航天型号研制中发挥重要作用。钱学森运用并发展了20世纪40年代他在美国喷气推进实验室工作中的经验，把五六十年代苏联航空技术发展中的总体设计部做法与我国航天科研的实际结合起来，在中国航天管理经验的基础上，总结和提炼了他的系统工程思想和航天系统工程的组织管理模式。

应用这套管理模式，中国航天人在后续的型号研制中，再也没有出现过总体技术方案上的失误，无论是“两弹一星”工程还是载人航天工程、月球探测工程，中国航天的发展速度和工程质量取得了令世界同行惊讶和佩服的骄人成就。

计划协调管理技术

PERT（Program Evaluation and Review Technique），可译为“计划协调管理技术”，是将构成任务目标的所有工作事项，按其相互间技术上和组织上的各种时序联系和逻辑联系，组成统一的计划流程图，然后运用数学方法对计划流程图中各环节进行分析、预测，分清主次、明确关键、寻求资源利用的最优方案，并在计划的编制和实施过程中随时进行调整。PERT尤其适用于头绪众多、协调频繁、时间紧迫的大型科研与生产活动，在进度安排、资源分配与费用优化方面有独到之处。

大成智慧工程

如何把成千上万的科研人员，数量众多的研究、设计、试制、试验和生产单位，以及大量经费、物资等按照发展总目标的要求，协调一致地组织起来，形成一个具有科学预见性的实施计划，建立起一个高效有序的工程开发组织管理体系，这项研究一直延续到钱学森晚年所从事的国家科学技术宏观经济的预测和管理、现代复杂工程系统的开发管理的研究中。1990年，钱学森、于景元、戴世伟发表了重要文章《一个科学新领域——开放的复杂系统及其方法论》，把航天系统工程的方法又上升到“从定性到定量的综合集成方法”，就是把各种信息，把人的思维、经验、知识、智慧统统集成起来的“大成智慧工程”。

4．创建技术创新的主体——型号研究院

多年以来，在总结航天科技工业取得辉煌成就的原因时，人们都会得出一个结论：从航天事业创建之日至50多年后的今天，一直坚持以研究院为主体的科研生产体制，特别是以型号总体研究院为基础的科研生产组织体系，是成功的重要因素。

我国航天系统的组织管理体制最初是按照苏联的专业研究院模式设计的。1957年11月9日，国防部五院成立一分院和二分院，在苏联援助的设计任务书中明确规定，一分院的基本任务是各类导弹的总体设计和弹体、发动机的研制；二分院主要负责控制系统的研制和生产。1961年9月1日，国防部五院又成立三分院，以区域管理的模式，主要负责大型地面试验的设施建设和试验，如跨声速、高声速、超声速的风洞，大型液体发动机试车台，低温技术研究室和液氢生产厂的建设及其试验。

这样按专业设置的组织结构看起来分工明确、有利于各专业的发展，但在实际工作中却十分不方便，比如，将各类导弹的总体、弹体结构、动力装置、环境试验、材料与工艺等集中在一个研究院内，将控制系统、控制元件与设备、陀螺仪与自动驾驶仪、计算机、雷达等设在另一个研究院内，进行地面试验又要跑到另一个研究院去，在多型号并举的态势下，每个型号的研制都要横跨两三个行政单位，指挥渠道迂回，协调关系复杂，工作效率低下。

体制机构与任务相适应，方能事半功倍。

针对这种状况，根据钱学森的建议，1963年9月14日，五院党委常委会议作出了各研究院从专业研究院向型号研究设计院转型的决定。会议确定，一分院集中力量研制地对地导弹和运载火箭，二分院集中力量研制地对空导弹，后来又确定三分院集中力量研制海防导弹。1964年4月4日，以固体火箭发动机研究所为主体组建四分院，作为固体导弹的总体院。

这样，国防部五院组建完成了四个型号分院：弹道式地地导弹研究设计院、地空导弹研究设计院、海防导弹研究设计院和固体导弹研究设计院。每个分院主要负责一类型号的总体、分系统的研究设计、试验和试制，自成体系。

型号研究院的建成，保证了两条指挥线运行畅通，大大加快了导弹研制的步伐，为迅速进入“两弹一星”的攻关，打下了坚实的组织基础。

在此之前，五院已经对各分院进行了微调。比如，把一分院负责地空导弹弹体设计的第二设计部的人员，调整到二分院第二设计部，组成地空导弹总体部；把二分院遥测队伍的部分人员合并到一分院测试研究所；中国科学院上海机电设计院划归国防部五院后，其负责探空火箭研制的队伍调入北京，进入一分院转型为运载火箭研制，把二分院部分在北京的研究所迁入上海，同上海机电二局所属单位组成一个在二分院领导下的地空型号研究、设计、试制基地。

1964年9月7日，国防工办传达了毛主席关于“备战、备荒、为人民”和“三线建设要抓紧”的紧急指示，五院立即开始以“型号为纲，地区成套，小而分，专业化”的原则建设三线。

根据研制工作的需要，钱学森协助王秉璋，从系统工程的角度，提出了组织机构的一整套想法，即：型号院——总体设计部——系统专业所——试制工厂序列，同时设立一系列独立于

一分院和二分院的院址由来

1957年11月9日，国防部五院院长钱学森、政委谷景生，向上级递交了《关于导弹研究院的体制意见的报告》，报告中写道：为了迅速做好准备工作，以迎接苏联专家的援助，拟以现在五院的机构为基础加以调整和充实组成总院，院址仍设在466医院；以前五个研究室为基础，组成一分院，院址设在长辛店；以通信兵部电子科学院为基础，将后五个研究室与之合并组成二分院。据此，1957年12月3日，一分院由466医院迁往云岗地区，1958年8月8日，又由云岗地区迁往南苑地区；1957年12月18日，二分院由466医院迁往永定路财务学校。电子科学院原驻地为北京万寿路通信团营区，1958年1月6日，由万寿路迁往永定路。到1958年8月以后，一、二分院分别在北京南苑和永定路地区扎下了营盘。

国防部五院一分院办公大楼

型号院的基础研究所。比如，各院带“7”字头的研究所都是适用于全航天系统的基础研究所，701所为空气动力研究所，702所为环境试验研究所，703所为材料应用研究所，707所为情报信息研究所，708所为标准化研究所等。无论这些专业研究所地处哪个院的所在地，它们都是服务于全系统的部管直属所，为各型号服务，实行部和所在地研究院双重领导。七机部还对各院属研究所进行了调整，并重新起名，如一院的一部、11所、12所、13所等，二院的二部、20所、21所、23所等，三院的三部、31所、32所、33所等，四院、上海也进行了相应的调整。这些研究所主要面向本院，为本院的型号配套服务，研究所的专业配置基本上能满足各型号研制的需要。

有心人仔细分析，各研究所的名称是很有讲究的。一部是一院总体设计部、11所表示一院一所为发动机研究所；同样，二部是二院总体设计部，21所表示二院一所，也是发动机所，以此类推。只要了解了七机部各个单位的代号，便可基本掌握各研究院的组织、配置和各单位所承担的业务。这不是简单的命名，而是适应型号院的需要，兼顾专业技术发展，又避免大量重复建设的体制大调整。正如一院总体设计部原科技处处长梅相岩所说，这次体制调整非常重要，完全适应航天技术发展的需要。如果没有型号规划和体制调整，很难设想航天事业在文化大革命动乱的年代，仍能迅速地发展。

当有人反对这个组织体制时，钱学森却表示：“现在七机部的体制很好。”

1965年1月22日，七机部颁发了部属各单位名称和代号，标志着型号研究院的组织结构基本建成。

1968年2月20日，为适应空间技术发展需要，中国空间技术研究院成立。它的格局也同样按这次调整的原则组建。空间技术研究院排行“老五”，简称五院，所以院下属研究所均以“5”字打头，如501部为五院的总体设计部，502所为控制研究所。为了充实五院的力量，七机部对从上海调入北京一分院的第八设计院又进行了一次调整，抽调近150位从事卫星研究的技术人员，充实卫星总体设计部，第八设计院遂改名为北京空间机电研究所，侧重卫星返回技术与空间照相机技术研究和研制，代号为508所，划归五院建制。

钱学森对型号研究院的组织定位非常清晰：以科研为主导，科研生产相结合，

承担航天型号总体任务，是自主研发、技术创新的主体。在钱学森的高度重视下，航天型号研究院是整个航天系统的龙头老大和中流砥柱，一般的科研生产活动大多在院一级组织实施。

型号研究院从诞生伊始，就饱尝了苏联老大哥撤援的苦果，明白了依赖国外技术与学习国外技术，完全是两种不同的认识和行为；从“东风二号”的首发失利中，又深刻地感知，引进的技术只是以现成产品、设备等为载体的外在技术，而并不是能够有效使用技术知识的内在能力。钱学森认为，技术能力是一个组织的知识、技能和经验的集合，技术能力是组织性的，只能在组织内生成，永远不可能从市场上买到。引进可以是创新起步的补充，但决不是创新过程的替代，否则，一旦形成对国外技术的依赖，就可能产生技术轨道的路径锁定，误入“引进——落后——再引进——再落后”的陷阱。

钱学森在型号研究院的组织平台上，身先士卒，引领众人高强度的技术学习，高强度的研发实践，不但使我国在失去外援后短短几年中独立自主地成功研制出近程和中近程地地导弹，而且开始了研制地地中程、远程导弹，以及地空、海

成立七机部

1964年年底，全国人民代表大会第三届第一次会议通过成立第七机械工业部的决议，第七机械工业部以国防部五院为基础，从三、四、五机部及其他有关部门和省、市、自治区抽调若干个工厂、事业单位组成，统一管理导弹工业的研究、设计、试制、生产和基本建设工作，下设第一、二、三、四共4个研究院，王秉璋任部长，钱学森任副部长。

与此同时，人大三届一次会议还宣布成立第三机械工业部（航空部）、第四机械工业部（电子部）、第五机械工业部（兵器部）、第六机械工业部（船舶部）。原国防部第六、七、十研究院也分别归属相应的工业部。

1966年三线建设大军进沟

肩扛人抬，搬运设备进山

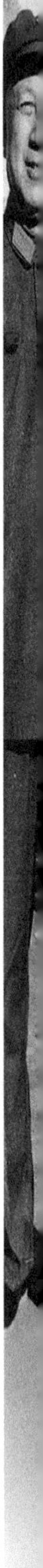

防、固体导弹的探索；不但形成了以研究院为主体的航天科研生产试验体系，开创了独具特色的航天系统工程管理模式，而且迅速掌握了研制导弹的核心技术，培养了富有创新力的科技队伍，为航天事业50余年间取得辉煌成就打下了坚实的基础。

中国工业近20年的经历充分证明：那种以为引进外资，就可以通过自然产生的技术外溢而带来先进技术的想法，是彻底的幻想。单纯依赖技术引进以及外资的大量涌入，永远不可能自动导致中国工业技术能力的提高。

回眸半个世纪前，钱学森为型号研究院确立的定位和任务，中国航天的发展绕开了“以市场换技术”的理论误区和行为误区，避免了很多行业换走了市场、却没有换来技术的弯路。

型号研究院的成立并不意味着否定竞争，不按市场规律办事。按照钱学森系统工程的要求，任何产品的研制生产都要“最终综合成为一个技术上合理、经济上合算、研制周期短、能协调运转的实际系统”。所以，在实际的工作中，研究院或总体设计部并不受行政隶属关系限制，可以择优选择合作伙伴和配套对象。比如，一院在对外发射服务中为长征二号捆绑火箭选择上面级固体发动机时，就选择了非配套单位的产品；发射铱星上面级的姿控发动机，也没选择老协作单位的产品。

体制和机构这类上层建筑的变革，只要适应生产力发展的需要，就能极大地促进生产力的发展，就能激发研制人员的积极性。钱学森曾称赞说：这是“把大规模作战那套办法，有效地用到科技工作中来，把成千上万的科技大军组织起来了，是值得庆贺的”。

5．“神仙会”里谋大业

国防部五院和七机部时代，钱学森经常召开家庭“神仙会”。这并不是他家庭成员的家会，而是在他家里召开的各路科研“神仙”的自由论坛会。

20世纪五六十年代，钱学森家的小客厅曾经是大家熟悉的唇枪舌剑的“战场”，很多航天技术专家都很留恋“神仙会”。钱学森晚年曾深情地回忆当时的情景说：

那时家属宿舍都没有盖好，科技人员只好每星期六下午坐班车回到阜成路大院的家。于是，我想了个办法，每星期天的下午，把各个型号的技术负责人请到我宿舍来讨论问题。总工程师们都畅所欲言，这对明确许多问题，解决问题，起了很大作用，对我也是很大的帮助。直到今天，我仍住在这几间房子里。它使我常常回忆起那个时代每星期天下午的会。

钱学森的学术民主思想和作风，无疑得益于美国加州理工大学的民主风气，得益于他的老师冯·卡门的一贯倡导。

钱学森曾举例说，世界上物理学曾有两大派，以丹麦物理学家玻尔为首的哥本哈根学派和以德国物理学家海森为首的哥廷根学派。两派都很重视发扬民主的学风，也经常互相交流，对创建量子力学作出了重大的贡献。有趣的是1922年6月，当时玻尔已是诺贝尔物理学奖获得者，而海森还是年仅20岁的哥廷根大学的研究生，他居然对玻尔讲学中某些观点提出异议，而玻尔却并无任何不悦。讨论结束后，玻尔还约海森一同散步，继续讨论。这次散步对海森启发很大，并成为他科学上成长的起点。

冯·卡门出自德国哥廷根大学。他到美国加州理工学院，把哥廷根的民主学风带到美国，他每周主持召开一次研究讨论会和一次学术研讨会。这些学术活动十分民主，气氛活跃，不论是权威专家，还是研究生，大家一律平等，畅所欲言，发表学术观点，并展开讨论。不过钱学森说这种讨论会关键在于主持人的学识和水平，在于主持人驾驭讨论会的能力。钱学森认为，冯·卡门就很会主持这种讨论会，这种会一次讨论一个专题，先由一个人作主题发言，大约讲半个小时，然后大家展开讨论，最后主持人用一刻钟的时间进行小结：今天讨论明确了什么问题，可以得出哪些结论，一、二、三；还有什么问题大家有不同认识，或没有讨论清楚的，也是一、二、三等，这些问题留待下一次讨论。钱学森说，冯·卡门的小结总是高度概括，简明扼要，语言幽默而生动，且富有创造性。参加这种讨论会不仅可学到许多东西，而且简直是一种享受。

钱学森把这种民主学术学风带到了国内。回国初期，在中关村科学院宿舍

航天专家们经常在一起讨论问题

区，他每星期日在家里安排讨论会，为力学所的建设、力学研究班开设、中国科技大学和国防部五院的建设、仿制“1059”、自行研制导弹，征询意见，出谋划策。自1960年他家搬到阜成路大院以后，一直到1969年，除了有特殊任务，钱学森几乎每周一次坚持在他家里召开类似的有关技术专家会。钱学森说：

我的办法就是依靠集体，记得那时，每个星期日下午，我就把任新民、屠守锷、黄纬禄、梁守槃、庄逢甘等几位专家，还有林爽同志，请到我家去议事。有什么问题，大家提出来，共同研究解决。不同意见，尽管发表。但是议定的事都要执行。执行中发现什么差错，要尽快改正。我们中国的导弹就是这么干出来的。

敢于和导师争论

钱学森年轻时，也有点初生牛犊的劲儿。在一次美国航空学会的年会上，他刚讲完自己的论文，就有一位长者提出意见，钱学森便说明自己的不同观点，并和那位大教授争论起来。事后，冯·卡门对钱学森说：“你知道你是在和谁争论？那是大权威冯·米赛斯。但是，你的意见是对的。”钱学森在学术上也和导师冯·卡门有过一次激烈的争论，话语激烈而尖刻，令老师十分生气。经过一夜思考，第二天，年过花甲的冯·卡门爬上三楼，专门敲开钱学森办公室的门，恭恭敬敬地行了个礼，说：“钱，昨天的争论你是对的，我错了。”

钱学森待人谦和，不独断专行，也不以势压人。大家在他家里无拘无束，畅所欲言，思想的火花在碰撞中闪光，敞开的心扉在交流中融合。按照民主集中制的原则，他尽量请每位专家充分发表意见，如果意见一致，他就拍板定案；如果意见尚有分歧，他暂不决定，留作下次再讨论。很多发展规划和技术途径就在这个小小的客厅里产生了初稿，很多重大技术问题就在这个春风化雨的和谐气氛里迎刃而解。大家把这类星期日讨论会，亲切地称为“神仙会”。

据当时负责记录的陶家渠回忆：

许多重大技术问题，例如导弹系列化、模块化专题，发动机推进剂走什么道路，发动机方案原理性验证试验，惯性制导的道路，地面计算机升为弹上计算机等，都在钱学森的小客厅里讨论过，最后由钱学森提交五院党委研究决策，更重大的问题报请中央决策。事实上，依据“神仙会”议题作出的决定，如国产集成电路微计算机，与当时的世界水平相比并不逊色；发动机燃烧不稳定问题是国际上的难题，但我们解决了。

仅仅在家里召开“神仙会”是远远不够的。1961年7月12日，钱学森向聂荣臻建议成立由专家组成的国防部五院科学技术委员会，作为五院的技术“高参”，研究型号发展技术途径、技术发展方向和技术上的有关问题，为党委和行政领导提出建议和咨询。

经聂荣臻批准，1962年2月2日，国防部五院科学技术委员会成立（简称科技委）。钱学森任主任委员，副主任委员有任新民、庄逢甘、吴朔平、屠守锷、梁守槃、蔡金涛等6人；秘书长为耿青。科技委下设16个专业组，重要的专业组组长都由科技委副主任兼任。专业组根据型号任务的需要，制定本专业的科研规划，安排预先研究项目。

149名院内外各专业的专家学者，被聘为科技委委员，其中的几十名著名专家学者，如沈元、林同骥、陆士嘉、郭永怀、吴仲华、陆元九、屠善澄、严东升、杨嘉墀、卢庆骏等，被聘为特邀委员。科技委经常把大家汇聚在一起，讨论、制订航天技术近、中、长期发展规划和预先研究专题。科技委的建立，使党政领导耳聪目明，科学决策、民主决策有了有效的途径，特别是加强了预先研究，为进入型号工程研制提供了充分的技术储备。

1963年4月2日，首届科技委年会召开，会议研究了《对地地导弹技术发展途径的意见》《对地空导弹技术发展途径的意见》和《对海防导弹技术发展途径的意见》，并上报国家。这些意见最终汇入国防部五院的规划，得以贯彻实施。通过一大批航天型号的设计、试制、飞行试验的锻炼，培养了一大批年轻的技术骨干，实现了出成果、出人才的目标。在这些骨干中，获得国家最高科学技术奖的有王永志和孙家栋两人，至于入选两院院士的，数量之多更是冠各工业部门之首。

20世纪80年代初，根据国防科委张爱萍主任的指示精神，航天各院各型号、各专业中年龄偏大的如屠守锷、梁守槃、杨南生、梁思礼、王卫、庄逢甘、陆元九、张履谦、陈怀瑾、史长捷、黄敞、张贵田、崔国良等十多位老专家，全部被聘请为航天部科技委常委，有的人组织关系调入航天部机关，在机关集中办公，协助航天部领导把握型号、专业的大方向。科技委常委们经常在一起研究型号和各专业技术发展方向等问题，一切重大科技专题、发展规划、型号立项，都必须经部科技委常委集体研究同意，经部领导批准，才能报国防科委。而具体型号研制中的技术问题，则交由新中国培养起来的年轻的技术骨干来处理，在实际工作中培养、锻炼人才。各研究院也都相应成立了院科技委。

经国防科委张爱萍主任极力推广，科技委这一组织形式一直沿用至今，不仅航天系统，核、航空、电子、船舶、兵工等国防科技工业系统，以及部队的科研试验单位，连政府部门和公司企业也逐渐建立了这个机构。

钱学森还有一个习惯，就是听取一线人员的意见。原航天部副部长程连昌还记得自己参加钱学森主持的会议：

他在会议上，要先听直接操作岗位上的人、直接负责这个系统的人汇报，让他们把情况说清楚。说得不清楚的地方，他还提问。他说把实际情况摸清楚了，咱们再分析研究，看是什么矛盾，什么问题。这是他一贯的方式。

钱学森的民主作风还集中地反映在愿意倾听不同意见，特别是注重少数人的意见。钱学森很反感那种夸夸其谈、言之无物，或者不动脑筋、粗枝大叶的人，他曾辛辣地批评一个把第一宇宙速度说成是7.9米/秒的学生："那你设计的火箭还不如自行车跑得快！"但是对认真思考的人，无论职务高低，无论年龄大小，只要所提的意见有道理，钱学森很容易吸纳。

1964年6月29日，钱学森协助张爱萍在酒泉基地组织自行研制的中近程导弹飞行试验。夏天的戈壁滩，烈日炎炎，骄阳似火。干燥的热浪拂去人们身上的汗水，只在衣背上留下一道白色的汗渍。钱学森顶着烈日，不断查看测试现场，听取测试汇报。突然，他接到报告：高温导致导弹达不到原来的射程，而落区测量网布点就绪，如果导弹达不到原定射程，落区就什么数据都测不到。怎么办？这一突如其来的情况谁也没预想到，钱学森和大家都在冥思苦想地找办法。增加射程通常的做法是增加推进剂，但是，贮箱容积已满，推进剂再也加不进去了。这时，年轻的设计师王永志提出了一个截然相反的方案，他说应当考虑减少推进剂。王永志回忆说：

炎热的天气对推进剂密度有影响，经过分析计算，我在会上提出了一个解决方案——从导弹体内泄出600公斤酒精，调整推进剂混合比，减少了推进剂的“死重”，就可以提高射程。在场的专家们都觉得这个方案不可行，未予采纳。我不甘心，鼓起勇气直接找到钱学森院长汇报。

使王永志大为惊奇的是，这位大科学家一点也没有小看他这个试验队中军衔最低的年轻人。钱学森听得很认真仔细，对他的计算方法不时提出问题，让他讲清楚。当他听完王永志的汇报以后，立即叫来东风二号导弹总设计师说：“那个年轻人的想法有科学根据，就按他的意见办。”果然，导弹泄出部分推进剂后达到了原定射程，连打三枚，都进入了目标区。

1965年，在确定东风二号甲导弹全弹地面试验次数时，导弹总体设计部内出现了意见分歧。

据东风二号甲导弹主任设计师钱振业回忆：

钱老对有不同意见人的态度，从不考虑这个意见是谁提的，提意见的态度怎么样，在这一点上，他给我的印象太深刻了。在东风二号甲导弹全弹试车的讨论会上，大多数专家认为应当作2次试验，而我就主张作1次。第二天，钱老要来听汇报，总体部党委叫我参加。我这个人脾气不太好，我进去以后就背对着会场坐。钱老见了，就问：“小钱，这是怎么回事啊？多不礼貌啊，你有什么意见可以说嘛。”我说全弹试车，“东二”已经试验了8次，现在“东二甲”只是改型，程序一点都没变。全弹试车是检查系统的，而不是发现偶然性事件，如果是偶然性事件，那么2次不行，4次也不行啊，要靠大量的统计数据。当时我的态度很不好，不仅背对着桌子坐，而且在笔记本上画了一张嘴巴，嘴巴上贴了一个封条。但钱老并不计较，让我转过身来，把理由说清楚。我又说了一遍，而且说1次试车就要花50多万元。钱老就让大家讨论，最后，钱老和专家们说我的意见有道理，支持了我。

钱学森还特别注意对年轻人的培养，他关心青年的一些细小的事情，给大家留下了深刻的印象。据航天科工集团二院型号总师游雄回忆：

1964年元旦前夜，我们科技大学的几个学生在中关村的食堂聚会。那时候不像现在有电视，都是自己演节目。我是科大在中关村分部的学生会主席，由我组织这个活动。夜里12时差5分，我记得非常清楚，我们的系主任钱先生来了，我们根本就没想到，这么冷的夜里他能来看我们，我们特别高兴。我说，钱先生你给大家讲讲。他说，我就祝大家新年快乐，半年后你们就要走上工作岗位了，祝你们为国家作更大贡献。然后他说，你带领着，我跟你们一起唱科大的校歌，“迎着东风把红旗高高的举起……”钱老自己打着拍子，让我指挥着把歌唱完。在我们走上工作岗位前，钱先生深夜来看我们，祝贺新年，提出希望，给了我们非常大的鼓舞。

中国科学院空间科学与应用研究中心研究员潘厚任说：

我记得，1975年国防科委派代表团参加国际活动，是在意大利罗马举行的一个国际原子能、航天、电子综合展会。国防科委很重视这次出访，

钱学森听意见堵后患

陈寿椿在一次纪念钱学森的座谈会上讲：发射第一颗人造卫星时，我和韩厚健都是火箭总体设计部的设计师。当火箭运到发射阵地后，韩厚健发现距离火箭很近的地方有一个用于外弹道测量照相的闪光灯，担心它闪亮会引爆火箭上的电爆管。我说咱俩就试验一下吧。结果，灯一亮，果然引爆了电爆管，原来这是电磁感应“惹的祸”。长征一号火箭上有100多个电爆管，所以很危险。发射前，我们就把整个照相机和闪光灯拆了下来。

这事不知怎么让钱学森知道了，他让秘书王寿云告诉我，事情不能算完，在实践中发现这个问题，还必须提高到理论上认识，以改进将来火箭、导弹的可靠性。我根据钱学森的指示，写了一个报告。后来我才知道，这个报告很多人看过，包括七机部之外的人都看了，应该是钱学森给他们看的。再后来，火箭、导弹上所有的电爆管都由敏感型改为钝感型，杜绝了后患。

因为这是“文革”后的第一次。当时钱老是国防科委副主任。出国前，他亲自把我们找去说：“这是‘文革’以后第一次派人参加国际活动，我们挑选的都是比较年轻的。”当时我们才30多岁，单位报名的时候，报了一位老先生，报了一位年轻的，但国防科委批准的都是年轻人。钱老又说：“你们这一次参加国际展会还不是最主要的，主要的是让你们有机会到外面去看看人家的研究单位和工厂，开开眼界。”我们在国外参观了很多公司，包括一些军工厂，如专门做雷达的塞莱尼亚军工厂。我们回来以后，专门向钱老汇报。钱老觉得很不错，他说，以后每年像这样的国际会议，都让我们的科研人员去，能够与世界交流，打开眼界，对我们的工作是会很有帮助的。

6．纵有再大的本事也不能包打天下

搞导弹火箭这样规模宏大的科技工程，与新中国经济、科技基础相对落后的条件，存在突出的矛盾。即使是在发达国家，从事大规模的高科技活动，也必须发挥各方面的积极性，集中众多单位的优势和集体的智慧，才能共同完成。美国历时10年的阿波罗载人登月计划，动员了上百个科研机构，120所大学、2万多家企业，先后有400万人参加，耗资约250多亿美元，成为20世纪人类最伟大的创举。

早在中国原子能、航天事业创建之初，毛泽东就作出过指示，要大力协同，做好这件工作。与国外不同的是，我国高科技工程的大协作在建国初期依靠的还不是市场经济的合同制，而更多的是依靠社会主义制度的政治优势，依靠集中力量办大事的中央决策和给力。

钱学森有过在美国从事火箭试验的经历，深谙分工协作的重要性，他在1956年给周恩来的《意见书》中，就非常明确地提出了分工协作的问题：

为设计而服务的研究和长远及基本研究有分别，主要在于研究的性质有所不同：为设计而服务的研究有很大的计划性，必要在某一时期内完成某一工作，因此往往重点放在解决一定的问题，而不放在完全了解这问题的机理。相反地，长远及基本研究的重点放在完全了解一个问题的机理，因而我们不能把时间限制过于严格；也必须要把工作定得灵活些，可以随机应变，探索新方向。

这两种研究中的工作人员也有些不同：为设计而服务的研究，需要对生产过程有彻底了解，对研究能大力推进，按时完成，不怕时间上的压力的工作者；长远及基本研究，需要对基本科学如数学、物理、力学等能完全掌握，能对一个问题深入探讨的工作者。

钱学森很清楚地区分和定义了工程研究与学科研究的任务和性质，明确提出了在工业基础非常薄弱、百废待兴的新中国，国防部五院的研究、生产，必须分层次、分阶段、依靠全国大协作，才有可能完成从仿制到自行设计导弹的任务。

在钱学森的大力推动下，国防部五院建院初期便与中国科学院及其下属研究所、清华大学、北京航空学院、北京工业学院、哈尔滨军事工程学院、西北工业大学等有关院校，与三机部、化工部、冶金部等有关工业部委签订了多项合作协议。

全国大协作的做法，也并不是所有人都理解的。原一院科技部部长姜延斌回忆说：

建院初期，很多人都以为一切要自己从头做起，有些专家也这样认为。姚桐斌是一位留英材料专家，他想把材料研究所办成一个很大的研究基地。他订了一套3.5吨的高炉，一下子来了一个列车的货，主管基本建设的周吉一副院长着急了，让我去看看，这么多的设备往哪儿放呀？没办法，第二天，我找钱院长，钱院长把姚桐斌找来，对他说，你不能这样搞研究，要铁就炼铁，要铜就炼铜，要合金就搞合金冶炼，这能行吗？钱院长说，“老姚，基础研究和应用技术研究是两回事”。这时我才知道有基础研究和应用技术研究这两个词。

后来，钱学森又与姚桐斌探讨了航天材料研究所的定位，他说：

我们五院的材料研究所主要搞材料应用工艺研究，而不是搞材料基础研究，我们的任务主要是把导弹上所需要的材料，有些什么特殊要求研究清楚，怎么把有特殊性能的材料应用到导弹上发挥作用，我们材料所研究清楚了，设计部门才好应用。我们需要特殊钢，总不能从地质勘探、采矿选矿、冶炼，从头到尾都自己干吧！这要靠全国大协作才能办成。我们的材料所应当叫“航天材料应用工艺研究所”，你们既要懂得型号，又要懂得材料的基本知识和性能，这样才能当好导弹研究和材料研究、生产单位的桥梁。

从此以后，国防部五院材料所调整了研究服务方向，为型号研制作出了突出的贡献。

在弹头防热材料研究中，钱学森要求设计部和气动所一起把再入环境、对材料的特殊要求研究清楚，其余的工作，靠材料研究所和全国大协作来解决，尤其是像玻璃钢、有机纤维、碳石英、碳碳等复合防热材料，更是涉及科学院、纺织部、化工部、冶金部等多个有关研究所联合起来才能完成。20世纪60年代初，钱学森亲自为防热材料建立了全国协作网。

1960年，我国仿制苏联P-2导弹，国产材料只能满足1/3，其中许多需要的材料与仪器设备国内还是空白。为此，国家专门组织力量进行新材料、新设备的试制，组织了包括国家科委、国防科委、国家计委、国家经委、冶金部、机械部、化工部、石油部、建工部、轻工部、中国科学院等部门的试制小组，限期完成。各有关工业部门也为满足导弹的需要，进行了长期的科研攻关，取得了大量的成果。

在固体发动机研制初期，钱学森为搞好全国

全国大协作

为了仿制的需要，国防部五院根据产品类似、工艺相近的原则，走遍东北、西北、华北、北京等地区，选择了410厂、111厂、114厂、115厂、123厂、212厂、474厂、247厂、242厂、298厂、256厂、547厂、307厂、782厂、718厂、652厂、617厂、112厂、119厂、719厂、783厂、784厂、785厂、786厂、289厂等25个工厂作为一级协作厂。其中410厂、111厂承制发动机、涡轮泵；115厂承制变流机、调速电机；114厂承制舵机和发动机上的自动器；125厂负责微型电机；232厂负责陀螺仪；719厂负责无线电引信和无线控制仪。待成立七机部时，有许多工厂都划归到七机部了。

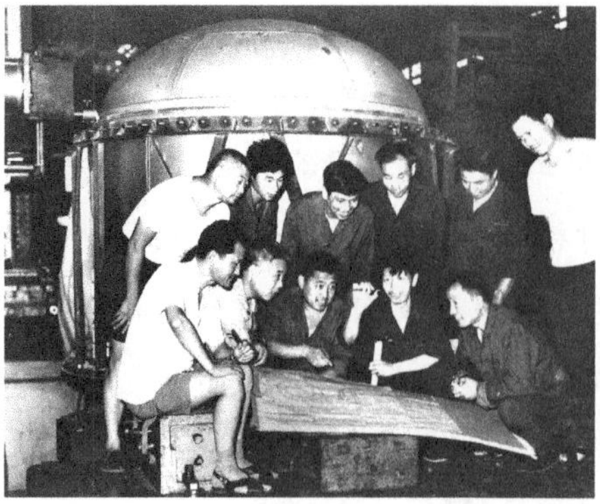
科技人员不畏艰难困苦研制成功固体发动机

铁道部门优先保证特大部件按时运输

大协作倾注了大量的心血。长征一号运载火箭三级选用固体发动机，而固体发动机研制单位又处于初建摸索中，技术力量薄弱、预先研究技术储备不足，大部分研究设计人员只能在一分院、211厂等单位实习、了解情况。固体发动机成为发射我国第一颗人造地球卫星的最短线。在十分困难的情况下，固体发动机的整个研制过程都是在钱学森领导、参与、过问之下才完成的。

据固体发动机研制基地副主任陈克明回忆：

在最困难的时期，钱老通过他的秘书刁九勃要求我们每星期至少汇报一次，第一次还是刁秘书用钱老的专车把我从一分院接来的。当时，为了减轻发动机结构重量，提高发动机的质量比，我们选用性能较好的新材料，但是新材料的研制流程特别长，有十几道工序协作，给生产管理、技术协调造成极大的困难。尤其在关键工序上，技术难关久攻不破，进度大大落后于兄弟单位。

其间，钱老对如何依靠大协作和怎么进行大协作，反复提醒我们，按科学规律办事才能少走弯路，少浪费。他说你们选用新材料的方向是正确的，但这种钢是刚刚研制出来的，直接在产品上使用，问题出现多一些，是很自然的，应注意总结经验教训。你们设计人员要到科研第一线去，下厂三结合，技术交底，直接参加攻关。一定要处理好材料、工艺和设计之间的关系，不可以提出不切合实际的要求，设计要给材料和工艺留有足够的安全余量。

听了钱老的指示，我们茅塞顿开，立即到生产第一线、向兄弟单位技术交底，不提不切合实际的要求。比如，我们把钢板厚度从2.3毫米加到2.5毫米，降低了难度。不久，我们终于攻克了封头冲压、组合焊接关和整体热处理壳体强度难关，燃烧室壳体成品率迅速上升到85%以上。

1968年5月，燃烧室壳体进行水压爆破验收试验。钱老坚持一定要亲临现场参加这次试验。两个爆破试验完成之后，钱老在现场对所有参试人员说："今天来参观燃烧室壳体爆破验收试验，我的心情和大家一样，很高兴！测到的爆破压力数据都满足设计要求，从破口的走向和破口的形状来分析，材料的强度性能已经充分发挥出来了，现在可以说燃烧室壳体强度关已经被你们攻破了！"

后来经过17次地面点火试验，证明第三级固体火箭发动机工作可靠、性能稳定。

运载我国第一颗卫星的长征一号火箭三级固体发动机，在钱学森深入细致的直接过问下，依靠全国大协作，不仅没有拖后腿，还做到了提前交付。

大型基础设施的建设更是通过全国大协作才完成的。例如，一分院的静力试验厅，是检验产品结构强度的重要手段。静力试验大厅工程量大、工艺复杂，仅承力桩一项，就历时8个多月，打桩1300多根，最长的桩有10多米长。厅内5000多平米混凝土浇灌，要求一次完成，不允许有施工缝，水平度差不超过5毫米。施工中如有停顿，就会在停顿处出现断裂或倒塌。经北京市和水电部、冶金部有关单位专家反复研究后制订了施工方案。1963年10月，北京市建筑一公司、北京市机械安装公司、总参测绘局、工程兵六团等多个单位1000多人，在25小时内连续浇灌混凝土2092立米，安装构件815吨。所浇灌的混凝土有良好的整体性，地面预埋的承力轴轨线之间误差不大于正负5毫米。这样大面积、高精度的混凝土施工，在当时技术水平和施工条件下，质量如此之高，在国内是罕见的。

随着型号和科学技术的发展，导弹飞行试验，特别是洲际导弹全程试验和通信卫星轨道测量，过去常用的简单的遥测、光测不够了，需要组织陆地、海洋、空中立体测控网，需要建造海上测量船，需要光测、雷测、地面通信、无线电通信、卫星通信，组成一个大系统才能完成。研制生产需要大协作，运行需要海陆空齐动员。因此，当我们研究中国航天发展史时，就会发现大凡航天工程，如“两弹一星”工程、卫星通信工程、载人航天工程、嫦娥探月工程等，都是动员了上千家单位和成千上万的人，应用钱学森倡导的全国大协作和系统工程方法才圆满完成的。

钱学森在总结“两弹结合”时写道：

周总理是具体负责“两弹结合”工作的中央专委的负责人。按照毛主席的批示精神，“两弹结合”不仅仅是核和航天两个部门的事，要组织全国各有关单位、部门大协同。科学院是我们国家科学技术的大本营，他们对“两弹结合”事业时作出过巨大贡献的；其他如大型机械设备是机械工业部做的；一些特殊的材料，包括金属的和非金属的，是由冶金部、化工部和纺织部提供的；一些重要的电子仪器和元器件是电子部、邮电部完成的。当然，国家综合部门，像国家计委、国家科委和财政部等，也是将“两弹结合”列为重中之重，全力予以保证的。有一次中央专委开会，最后说到经费问题，周总理对李先念同志说：“先念同志，请你们高抬贵手。”李先念把手举得高高地说：“对于‘两弹结合’，我的手始终是抬得高高的。”像以上这些高层次的组织协调工作，都是周总理亲自出面做的。而各部门、各单位对于“两弹结合”的任务也都是不讲条件，全力以赴地保证完成。像这样的大协作，也只有我们社会主义国家，在中国共产党的领导下才能办到。

中国航天型号的成功史，实际上就是全国大协作成功史，从中也可体会钱学森在航天事业创建伊始就向周恩来总理提出的“全国大协作”意见的预见性和重要性。

钱学森争“地位”

三年经济困难时期，聂荣臻出面募集到一批猪肉等副食品给五院科技人员改善生活。由于东西很少，组织上规定：党政干部不能要。钱学森此时争起了“地位”，说：“我也是干部，我也不能要。”但是，聂荣臻专门交代给钱家留半片猪肉，当时没有冰箱，钱家的炊事员就把半片猪肉的“指标”存在食堂里，每次用时去割一点。有一天，炊事员看到钱学森工作十分劳累，就到食堂取了一块肉，做了一碗红烧肉。谁知平时和颜悦色的钱学森一上桌就动怒了：“现在连毛主席、周总理都不吃肉了，你们还给我做红烧肉！”炊事员见他真的生气了，只好把肉送进了大食堂。

1962年中央号召干部减薪，当时钱学森的工资关系在科学院，他主动给科学院力学所党委书记杨刚毅写信，要求给自己减薪，从每月450元减至331.5元。这个工资标准，钱学森一直拿到改革开放以后。

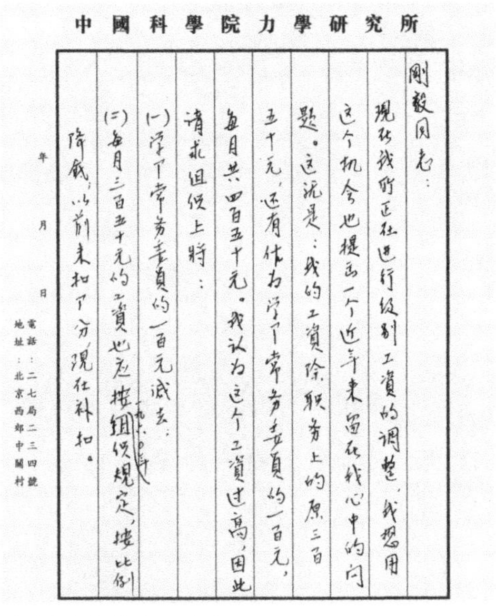
中國科學院力學研究所

刚毅同志：

现在我所正在进行级别工资的调整，我想用这个机会也提出一个近年来留在我心中的问题。这就是：我的工资除职务上的原三百五十元，还有作为学部常务委员的一百元，每月共四百五十元。我认为这个工资过高，因此请求组织上将：

(一)学部常务委员的一百元减去；

(二)每月三百五十元的工资也应按组织规定，按比例降低，以前未扣的部分，现在补扣。

年 月 日

電話：二七局二三四號
地址：北京西郊中關村

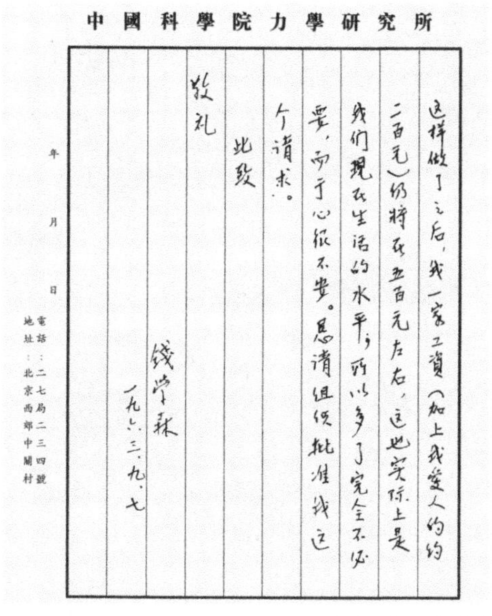
中國科學院力學研究所

这样做了之后，我一家工资（加上我爱人的约二百元）仍将在五百元左右，这也实际上是我们现在生活的水平，所以多了完全不必要，而于心很不安。恳请组织批准我这个请求。

此致

敬礼

钱学森

一九六二.九.七

年 月 日

電話：二七局二三四號
地址：北京西郊中關村

三年困难时期，钱学森主动请求上级给自己减薪

我们跟在别的国家后面是有路可循，但不是人家怎么走我们就怎么走，我们要结合自己的情况搞。

——钱学森

第六章 今日可缚苍龙

“八年四弹”规划是中国航天发展史上第一个目标明确、阶段清晰、时间跨度较长，最终得以全面完成的长远规划。钱学森以战略科学家的眼光从大处着眼，以技术科学家的缜密从细处着手，精心策划和组织实施了这一规划。

他用中国第一代导弹圆满完成的奇迹，雄辩地说明，在尖端技术的发展途径上，必须由追赶型转变为赶超型。因为，追赶者的路径是由先进者主导的，两者之间的差距可以缩小却永远无法消除；而赶超者是独辟蹊径的，它完全可以主宰自己的命运，以扬长避短的方式勇立科技前沿的潮头。

1966年10月，聂荣臻、钱学森等参加东风二号甲导弹自毁试验

1977年9月初，地地弹道导弹弹头再入飞行试验前钱学森在落区与试验队员合影

1966年10月27日，钱学森带领科技人员完成了“两弹结合”试验，聂荣臻在试验基地接见大家

1973年钱学森在去导弹试验基地的飞机上

钱学森在"两弹"转运现场

1966年10月，钱学森在导弹测试间的合影

1966年12月，钱学森陪同聂荣臻在试验基地接见东风三号导弹首次飞行试验队员

1966年12月，钱学森与聂荣臻等在东风三号导弹试验现场合影

钱学森代表七机部在庆祝大会上讲话

1965年钱学森陪同朱德视察导弹总装厂

1966年10月，钱学森陪同聂荣臻到基地技术部视察

1966年钱学森、邓稼先、朱光亚在北京参加国庆观礼

1986年6月6日，钱学森等航天专家及领导看望聂荣臻，共贺中国航天事业创建30周年

1. “八年四弹”规划

“八年四弹”规划，是中国航天事业发展历程中第一个研制目标明确、发展阶段清晰、时间跨度较长，最终得以全面完成的长远规划，指明了中国第一代导弹的发展方向。“八年四弹”指的是从1965年至1972年的8年中，我国要研制中近程、中程、中远程和洲际共4种型号的地地导弹。

这个规划既是集体智慧的结晶，又是钱学森高屋建瓴的杰作。作为技术主帅，他以其远见卓识，从国家战略的高度谋划了中国航天发展的技术途径，引领航天队伍走上了独立自主技术创新的道路。

早在20世纪60年代初期，聂荣臻就指示国防部五院，科研生产要按“三步棋”的原则来安排。意思是，在同一时间内，要同时进行三个层面的工作：一种是正在探索研究的，一种是正在设计和试制的，一种是正在定型和批量生产的。就一个具体型号而言，它必须经过预先研究、型号研制和批生产三个阶段。坚持预研先行，正确处理预先研究和型号研制的关系，是加速发展中国导弹事业的一个重要环节。由于贯彻“三步棋”的指导思想，国防部五院开展了大量的预研工作，而且成果累累，为制定长远规划创造了先决条件。

1059导弹仿制工作完成后，钱学森就在反复思考导弹的技术发展途径和长远规划，他多次与聂荣臻交换意见，认为我们不能被苏联的援助牵着鼻子跑，要从仿制中探寻规律，走自己的路。1962年2月，国防部五院科学技术委员会成立，钱学森担任科技委主任。他建议各分院要组织科技人员，研究各类导弹的技术发展途径和发展规划，尤其是弹道式地地导弹要形成一个系列，近程导弹、中程导弹、远程导弹各是多大的直径，都要定下来，新老型号要有继承性，不能一个导弹一个样，否则对发展、生产、工艺会带来极大的困难。

4月21日，钱学森组建了由林爽、任新民、屠守锷、蔡金涛、吴朔平、钱文极、梁守槃和庄逢甘等人组成的三个小组，深入研究五院的技术发展路线。其中，综合规划组由梁守槃任组长，地地型号组由屠守锷任组长，地空型号组由吴朔平任组长，以后又成立了固体发动机组。钱学森说：“我们跟在别的国家后面是有路可循，但不是人家怎么走我们就怎么走，我们要结合自

己的情况搞。”1945年参加过起草美国空军未来发展战略规划《迈上新高度》，1956年又参加过起草我国《1956~1967年科学技术发展远景规划》的钱学森，深谙制定技术路线和长远规划的重要性。

1963年4月2日至5月16日，在钱学森的主持下，五院科技委召开首届年会，讨论地地、地空、海防导弹的技术途径和发展步骤。一分院技术副院长屠守锷代表一分院，在年会上发表了《地地导弹技术发展途径和步骤》的报告，就导弹的射程、分类、级数、并串联、燃料、弹体直径、制导方式、发动机类型、运输方式、机动性能、弹头类型等十几个问题进行了充分论证，这个报告为后来的“八年四弹”规划勾画了蓝图。据谢光选院士回忆：

> “八年四弹”的形成有两个过程，一个是五院科技委地地型号组组长屠守锷组织分院各有关单位收集资料，研究国外发展的情况，邀请有关专家座谈讨论，各抒己见，从我国实际出发综合各方面的意见，提出我国发展地地导弹技术的初步设想。另一个过程是广泛征求部队用户的意见，后来总参派来了一位高级参谋参加我们的讨论研究。两个方面的意见，形成了发展四种弹的意向。

制定规划是一件非常严肃的工作，国防部五院（1965年改建为七机部）广泛发动群众，充分发扬技术民主，组织广大科技人员进行了反复讨论和论证。比如，地地导弹规划先后组织了两次群众性的大讨论：第一次是1962年到1963年，工程组长以上技术干部2000多人参与讨论和修改；第二次是1964年到1965年，一分院组织院和所、厂两级领导、机关人员，深入到科研生产第一线，充分听取领导干部、科技人员和工人的意见，还组织2400多人参加不同形式的“三结合”小组，充分发表自己的意见和看法。七机部部长王秉璋亲自到一院（七机部成立后，国防部五院一分院改为七机部一院）主持讨论会，周恩来总理委派国防工办副主任赵尔陆亲临研究院了解情况，国防科委秘书长安东也来听取各方面的意见。仅1965年2月的一次大讨论、大辩论就历时两周，有510人次发表了意见。

在讨论规划的这段时间里，钱学森殚精竭虑，呕心沥血，经常夜不能寐。在确定导弹战术、技术指标时，他必须考虑采用比较先进的技术方案，又必须考虑其有无预先研究的基础，可行性如何。他经常深入基层，和技术人员一起讨论问题，理清思路，亲自审查他们的计算结果。他告诉大家，我们的

钱学森巧判争论

在《规划》讨论中，争论很大的一个问题是，我国战略导弹究竟使用什么燃料。一种意见主张用煤油/液氧，理由是性能好、便宜；还有一种意见是使用偏二甲肼/四氧化二氮，理由是技术成熟、可靠，两种意见争持不下。钱学森引导说，讨论问题不要就事论事，首先要搞清楚选用推进剂的原则，这个原则应该是一切从实战需要出发。

显而易见，煤油/液氧推进剂不可贮存，需要在发射前临时加注，使用不便；偏二甲肼/四氧化二氮可以预先加注到导弹里，贮存相当长的时间，如遇战事，导弹拉出来就可以发射。明确了原则，大家很快就统一了认识。我国第一种中程导弹就使用了偏二甲肼/四氧化二氮推进剂。

对青年人关爱有加

钱学森对青年人很少直接批评，总是给予启发式的教育。有一次，我国自行研制的导弹即将运往发射基地，按惯例，产品出厂前要完成装配、测试工作。由于时间紧，车间师傅对孙家栋说，四个陀螺是同一批次生产的，第一个能装上，其他三个应该没问题，是不是可以不再装了。孙家栋觉得有道理，便同意了。可万万没想到，陀螺在发射基地装配时却怎么也装不上，他只好向钱学森报告。钱学森没有批评孙家栋，而是出主意：进行仔细研磨后再试装。钱学森亲自到研磨现场察看，他不说话，背着手走来走去。孙家栋和工人师傅从下午1时一直干到第二天凌晨4时才装好，钱学森就在现场一直陪着。钱学森虽然没有讲任何批评的话，但孙家栋却将此教训记了一辈子。

攻克发动机四管机架检测难关

导弹发展思路是，既要有先进性，又要有继承性，要力争在较短的时间内，花较少的经费，研制出一个性能指标优良的系列产品。

紧邻钱学森办公的一分院科技部部长姜延斌，经常看到钱学森在办公室里踱步自语，一会儿说捷联补偿、平台计算机、四管并联、摇摆发动机；一会儿又说东三、东四、东五、东六……后来，姜延斌才知道他在琢磨各种新技术、新原理、新组合如何在导弹研制中应用。

在充分发扬技术民主、群众献计献策的基础上，七机部集中集体的智慧，提出了1965年至1972年《地地导弹发展规划》（简称“八年四弹”）。1965年3月20日，中央专委第11次会议批准了这个规划，同时对“东风五号”的射程、弹头重量、飞行试验与定型时间等都作了决定。会上，周恩来高兴地说：“像七机部这样机密性很强的单位，可以发动群众广泛讨论，搞出一个好的规划，其他部门发动群众讨论规划，应该是没有问题的。”

从1965年至1972年的8年中，我国要研制哪4种导弹呢？

一是东风二号甲中近程导弹。东风二号甲导弹全长20.9米，最大直径1.652米，起飞质量为29.8吨，推进剂为酒精／液氧，尾部有4个三角形尾翼。它是东风二号导弹的改进型，主要有两项改进：其一，发动机推力由40.5吨提高到45.5吨；其二，割掉无线电横偏校正系统的“尾巴”，改为全惯性制导，射程为1200公里。规划要求，抓紧时间研制，为即将进行的“两弹结合”试验，做好准备。

二是东风三号中程导弹。20世纪60年代初，还在改进设计东风二号导弹的时候，钱学森就对中程导弹安排了大量前期探索和预先研究，其战术技术指标远高于“东风二号”，1965年被命名为“东风三号”。东风三号导弹全长20.65米，最大直径2.25米，起飞质量65吨，推进剂为可贮存的偏二甲肼／红烟硝酸，发动机地面推力104吨，控制系统为位置捷联制导，射程3000公里。规划要求，1967年开始飞行试验，1969年定型。

三是东风四号中远程导弹。东风四号导弹是两级导弹，第一级以东风三号中程导弹为基础稍加修改；第二级为新设计的上面级火箭。导弹全长29米，最大直径2.25米，起飞质量82吨。两级推进剂均用偏二甲肼／红烟硝酸。第一级发动机地面推力为112吨，第二级发动机真空推力为32吨。控制系统采用捷联补偿。射程为4500公里至5000公里。规划要求，1969年开始飞行试验，1971年定型。

四是东风五号洲际导弹。东风五号导弹也是两级导弹，导弹全长31米，最大直径3.35米，起飞质量192吨，两级推进剂均用偏二甲肼／红烟硝酸。第一级为摇摆发动机，地面推力为71×4吨，第二级主机发动机真空推力为73.4吨，四个游动发动机真空总推力为4.7吨，均匀对称地安装在主发动机四周，可沿弹体作切向摆动。控制系统采用气浮平台计算机方案。射程大于8000公里以上。规划要求，1971年开始飞行试验，1973年定型。

除了地地导弹之外，钱学森还主持了地空、海防导弹的技术发展规划。当我国地地弹道导弹的发展有了一定基础的时候，钱学森又多次明确指出，要充分利用战略导弹已有的成果，迅速发展运载火箭。

“八年四弹”规划，集中体现了钱学森坚定的意志、深邃的思想和超人的智慧。

从中国国情出发，独立思考，走自己的路——世界上成功发射洲际导弹的国家只有苏联和美国。发展初期，苏联走的是并联道路，即芯级火箭捆绑助推发动机增大推力，避开了多级火箭分离和高空点火的技术难题；美国走的是串联道路，即研制大推力发动机，采取增加火箭级数的技术。钱学森敢于根据中国的国情独辟蹊径，迈小步、不停步，先近程、后远程，每一个型号都比上一个型号进一步，如此不断地技术创新、向前推动，走渐进式发展的道路。

为中国航天准确定位，技术创新是事业发展的原动力——“八年四弹”规划从任务的部署上圈定了中国航天的组织体系，它不是一个生产体系而是一个设计体系，它不是国外产品的复制工厂，而是自主知识产权的研发中心。从而避免了对仿制生产的组织依赖和体系依赖，创造了以设计为中心、以创新为动力的技术文化和体制文化。这种文化渗透于组织体系中，成为中国航天最可宝贵的与生俱来的“胎记”。

大处着眼，细处着手，近远统筹协调，可能与可行结合——钱学森以战略科学家的眼光从大处着眼，以技术科学家的缜密从细处着手，精心策划了中国导弹的发展方向。既考虑了我国国防建设的需要，也考虑了航天技术的长远发展；既考虑了技术上的可行性，又考虑了经济上的承受能力。它正确地解决了从无到有、由近而远、依次进步、形成系列的发展途径，合理确定了发展的目标，实事求是地安排了研制周期，一步一个台阶地确定了预先研究课题、型号各系统配置、大型试验设备等保障措施，以及人才队伍的培养。

中国航天事业正是按照这个方向，沿着这条道路，一步一个脚印地稳步前进的。“八年四弹”规划的完成，不仅使我国国防实力得到了实质性的增强，而且使我国的航天科技工业基本形成了体系。

原国家航天局局长、中国工程院院士栾恩杰评价说：

以“八年四弹”为代表的武器装备研制工作，加快了我国战略和战术导弹技术的发展，特别是解决了我国战略导弹的有无问题，打破了核大国的垄断，增强了国防实力。不但使我国的导弹、火箭研制生产能力上了几个台阶，在技术上取得重大突破，而且在工程的组织管理上积累了丰富经验。实践证

明，这是一条科学正确的发展之路。

20世纪70年代中期，当“八年四弹”规划即将完成时，钱学森又开始谋划战略导弹技术的更新换代问题。他纵观国际上战略导弹攻防技术的发展，分析预测未来的发展趋势，不失时机地提出了开始研制第二代战略导弹的建议，并明确了以提高生存能力、突防能力和打击能力的研制工作重点。这一规划在文化大革命刚一结束便付诸实施。

2. 终结有弹无枪的历史

这是“八年四弹”的第一仗。

1962年11月3日，月亮退出地平线的时候，中南海紫云轩毛泽东的书房里还亮着灯光。

晨曦染红了东方的天际，微风携带着初冬的寒气，悠悠地吹拂着。启明星从远处黛青色的山峦后面升起，硕大明亮，渐渐地，满天的星斗褪去了颜色。

毛泽东来到外面的走廊上，点上一支烟吸了一口，他习惯夜里办公，黎明时光正是他头脑最清醒的时候。最近他的心情不错，三年自然灾害时期中央提出的调整政策见到成效，国家度过了最困难的时期，正在恢复元气。刚才他看到了一份关于加强对原子弹工作领导的报告，他想，是啊，这项工作是得加快步伐了。

毛泽东掐灭了烟，转身回到办公桌，拿起粗大的铅笔，重重地批了几个字：“很好，照办。要大力协同做好这件工作。”

从这一天起，中国有了一个级别很高、鲜为人知的秘密部门——中央专门委员会（简称中央专委），周恩来总理任主任，成员有贺龙、李富春、李先念、薄一波、陆定一、聂荣臻、罗瑞卿、赵尔陆、张爱萍、王鹤寿、刘杰、孙志远、段君毅、高扬等14人，其中有7名副总理、7名部长级领导干部，日常工作由常务副主任赵尔陆负责。这个秘密组织，在党中央的直接领导下，强有力地统帅着原子弹等我国国防尖端武器的研制工作。

中央专委的第一个任务，就是“中国要有原子弹”！ 为此，中央专委从成立到第一颗原子弹爆炸不到两年的时间里，共召开了9次会议，研究解决了100多个重大问题。

那个时候，中国的大门口实在不太平。1961年，美国在太平洋上进行以中国为假设敌的“高跟Ⅰ”演习，核打击成为整个演习中的主要内容。美军在演习总结中认为，如果对中国发动一场有限的核战争，在短时间内即可以取得全面胜利。

时隔一年，在更大规模的“高跟Ⅱ”演习中，美军模拟对中国大陆持续进行3天的核攻击后，在沿海地区顺利登陆……

西方列强时时挥舞核大棒威吓中国人民，却不准中国发展核武器。1963年8月5日，美、英、苏联合签署了《禁止大气层、外层空间和水下进行核试验条约》，意在阻止其他国家包括中国研制核武器，从而继续受制于他们的核讹诈。美国总统肯尼迪曾指示其情报部门负责人“原则上不管用什么手段，必须阻止中国成为一个有核国家”。

然而，让肯尼迪“失望”的是，中国的核事业不但没有被扼杀在摇篮里，反而迅速发展起来。

1964年10月16日15时，中国第一颗原子弹在罗布泊的一座百米高塔上爆发出惊天动地的巨响，蘑菇云拔地而起，爆炸威力达2万吨梯恩梯当量以上。

中国核爆炸让世界大吃一惊，面对大漠戈壁上空的擎天云团，一位富有远见的政治家断言，那不仅是火红的云团，更像是举起的拳头，是中国人用能力和志气攥成的铁拳！

气急败坏的美国新一届总统约翰逊急忙发表声明，他说：“中国的原子弹只是一个粗糙拙劣的装置。”但不出几天，他们不得不改变这种说法。原来美国情报人员开始认为中国核试验用的是钚^{239}制成的原子弹，因为其他4个核国家第一次内爆型核试验使用的都是钚^{239}装置。但是在捕捉到云尘并经过测试和分析之后，他们发现中国爆炸的第一颗原子弹使用的是铀^{235}，其爆炸威力要比钚^{239}装置大得多。他们不得不承认中国的第一颗原子弹比美国投到日本的那颗原子弹设计得更加完善、威力更大。

气急败坏的美国人根本不相信中国人的能力，美国国防部长麦克纳马拉以十拿九稳的口气预言："中国5年内不会有原子弹运载工具，没有足够射程的导弹，原子弹也无从发挥作用。"有的媒体应声嘲笑中国是："有弹没枪，一通瞎忙"。他们的说法不是没有道理——在极难取得制空权的现代化战争中，飞机很难作为运载核武器的有效工具，如果没有导弹作为运载工具，核弹将形同虚设。

然而，他们很快就再度失望了，他们绝没想到，中国在第一颗原子弹爆炸之前的3个月就已经拥有了自己研制的东风二号中近程导弹，为解决原子弹的运载工具奠定了基础。

据聂荣臻之女聂力在《山高水长》中回忆，1963年9月3日，聂荣臻在听取刘杰、刘西尧、钱三强、朱光亚汇报第一颗原子弹的进展情况时就明确提出："我们装备部队的核武器，应该以导弹为运载工具作为我们的发展方向，飞机很难在现代条件下作为运载核武器的有效工具。"

钱学森早就认识到，导弹没有核装置，就形

暗语：老邱投篮

1964年10月，原子弹试验基地矗立起一座高102米、重76吨的铁塔。塔顶端的金属小屋，就是中国第一颗原子弹装置的最后归宿。16日凌晨，一条暗语："老邱投篮"，从试验基地发向北京。

根据保密要求，在原子弹试验中，前后方的联络要用暗语和密码。于是，试验基地的现场办公室被称为"20号办公室"，原子弹的名字叫"老邱"，在装配间暗语为"住下房"，装配为"穿衣"，托举到塔上工作间为"住上房"，托举"老邱"的铁塔被称为"上房"，装上核部件称为"投篮"，而起爆前在弹体上插接雷管则称为"梳辫子"。

16日清晨7时，北京又接到西北20号办公室的暗语电话："老邱住上房，8点梳辫子"。

原子弹爆炸后，取样人员进入爆炸现场

原子弹爆炸

成不了杀伤破坏能力；同样，核装置没有导弹相辅，对万公里以外的目标也不具有威慑力，两者缺一不可。

因此，在中央专委的直接领导下，1963年国防部五院一分院和二机部九院就开始有了“两弹结合”的接触，国防科委张爱萍副主任邀请二机部副部长刘西尧和国防部五院院长王秉璋分别介绍原子弹和导弹的情况。要让导弹和原子弹“联姻”，实在是一件很不容易的事情。张爱萍说：“导弹和原子弹一定要结合，我把双方的专家请来了，一块做好结合的工作。”这年11月，一分院副院长林爽向二机部九院领导朱光亚等介绍了中近程导弹的参数以及正在研制的情况。第二年春天，在钱学森的支持下，九院几位主管核装置总体方案的设计人员来一分院进一步了解导弹情况，双方协商了在弹头内安装核装置的要求和基本参数。一分院总体设计部一室（总体室）及四室（弹头室），抽调专人组成“两弹结合”小组，代号为140小组，主管“两弹结合”设计研制工作。

1964年9月17日，中央专委正式对“两弹结合”的工作做了部署，决定由二机部和国防部五院共同组织试验方案论证小组，由钱学森负责抓总。周恩来主持了这次会议，他告诉钱学森，中央决定以五院为基础成立导弹工业部，名为七机部，并诙谐地说：“‘两弹结合’，二机部负责原子弹，七机部负责导弹，从今天起，你们‘二七风暴’就刮起来了！”

在“二七风暴”中，钱学森要抓总的是小、枪、合、安四件大事。

小，指的是原子弹要小型化。此外，原子弹还必须能够承受导弹起飞后的噪声、冲击、振动和弹头再入大气层产生的气动噪声、振动、高过载等固有的环境条件。

枪，指的是“造枪”——研制原子弹的运载工具。运载工具以东风二号导弹为基础改进而成东风二号甲导弹。

合，指的是“两弹结合”。为适应原子弹的要求，导弹必须要做许多相应的技术改进。比如，射程要远，安放核弹头的密封舱既要有减振和缓冲的功能，还要有一定的刚度、温度和湿度。

安，指的是安全。没有哪个国家敢在本土上进行“两弹结合”试验，何况弹道下方还有居民点。

原子弹的小型化工作，主要依靠二机部的人员完成。根据小型化的技术指标，1965年5月14日，我国用飞机空投了一枚“核航弹”，在新疆核试验基地成功实施了空爆。以后又在地面对核装置进行了一系列噪声、振动、冲击和温度等模拟试验。

“造枪”工作在钱学森的亲自指挥下进行。东风二号甲导弹在东风二号导弹的基础上进行了方案性的设计修改，发动机的推力由40．5吨提高到45．5吨（实际验收时达到47．5吨），射程从1000公里提高到了1200公里，控制系统改为全惯性制导，提高了导弹的作战性能。“东风二号”的控制系统采用了苏联的无线电横偏校正方案，配置在发射阵地后方几十公里长的横校阵地像一条大尾巴，既容易暴露目标受到干扰，又移动不方便，不符合实战要求。设计人员提出了横向坐标转换方案加纵向双补偿制导方案，在弹上增加一块横向加速度表，经过简单的计算就可以达到更好的控制效果，割掉了控制系统的“大尾巴”。钱学森支持了“割尾巴”方案，设计单位按照中央一年的期限完成了任务。

从1965年11月13日到1966年1月6日，在不到两个月的时间里，“东风二号甲”连续进行了8次飞行试验，7次成功。1次失败，失败的原因是一起偶然事故。“东风二号甲”的研制成功，不仅为保卫祖国提供了“站岗放哨”的重要武器，而且成为发射核弹的一支好枪。

“两弹结合”更不容易。为了给核装置提供适宜的环境，“东风二号甲”的弹头采用了玻璃增强

台湾特务密谋暗害钱学森

20世纪60年代初，我公安机关破获了一宗台湾特务案件。据特务交代，他们的任务是收集大陆研制导弹、原子弹的秘密，伺机暗杀钱学森、钱三强等著名科学家。为了保护钱学森的安全，国家给钱学森配了专职保卫秘书，还配了食物、饮水的化验师。聂荣臻对钱学森关照得更细，甚至规定，没有他的批准，钱学森不得乘坐飞机。

五院初建时，聂荣臻特意派人到总后给钱学森批了一辆车。很快，一辆天蓝色、外型漂亮别致的美国轿车，成为了钱学森的专车。当时整个北京市只有两辆这款车，非常显眼。有一次，聂荣臻发现了这辆车，问秘书范济生，“那是钱学森的车？”范济生以为聂荣臻会表扬他，很自豪地说：“是啊！”“这个车的样子太特殊，太显眼。如果被坏人认出来呢？”聂荣臻质问道。按照聂荣臻的吩咐，范济生马上给钱学森调换了一辆不显眼的黑色车。

塑料材料防热层，可使壳体的温度降到100℃以下；为了给核装置提供飞行环境数据，研制人员创造性地研制了硬回收装置；放置核弹头的密封舱还配备了空调，增加了减振和缓冲措施。

在“两弹结合”初期，还有一段钱学森当“线人”鲜为人知的故事。当时，谁也想不到导弹研制队伍遇到的第一个难题，竟然是原子弹的保密问题。“两弹”虽然都是国家机密，但是原子弹的密级更高，两支队伍的保密级别不对等。结果，导弹的情况可以告诉原子弹的研制者，但是原子弹的情况却不能告诉导弹的研制者。由于信息不对称，导弹研制者不要说原子弹实物，就连原子弹设计图纸也没看到，对方只给了一个外形轮廓图。这下可犯难了——核装置要放在导弹的头部，它的重心、质量、转动惯量怎样？需要多大的空间？它是导弹上最娇气的“乘客”，其中最娇贵的地方在何处？

一段时间，大家议论纷纷，工作几乎停滞。

当时钱学森正在导弹总装厂劳动、蹲点，有一天下午他到一部四室了解情况，研制人员便把“两弹结合”中的困惑向他反映。

钱学森立即到上层“斡旋”，钱学森与搞原子弹的核心技术负责人钱三强都是中央的“宝贝”，两个人私交也很好。他找到钱三强向有关部门汇报，花了很大的心思，开了多次协调会。经过钱学森的一番“活动”后，研制人员发现情况有了很大的改善。很快，经中央批准，两家单位成立了联合工作组，在一定范围内打破保密界限，理顺管理渠道，特批一部分140小组同志进入九院总装车间，导弹设计者不仅见到了实物，还了解了原子弹的总装过程。1965年6月至8月，由朱光亚带队，一院一部四室朱桂芳等14人随赴核九院进行技术协调工作。由于两个单位建立了畅通的协作渠道，对“两弹结合”工作起了积极的推动作用。原先一院担心弹头容积不够，见了实物后心里踏实了，只需调整一下电缆安装位置，不需更改弹头外形就能装得下核装置，四周还留有10毫米空隙。钱学森听了汇报后，很是高兴。

“两弹结合”的安全问题更是没有退路。1965年5月4日，中央专委会召开第12次工作会议，专题研究“两弹结合”试验的安全问题。周恩来要求七机部做到导弹在飞行中不能掉下来，要求二机部做到导弹万一掉下来也不能发生核爆炸，并指示进行“两弹结合”保险措施和安全自毁的两项“冷”试验，然后根据试验情况决定是否进行“热”试验。

同年6月，钱学森带领专家和技术人员组成作业队、试验队，进驻发射场区，与基地共同承担“两弹”结合的科研试验任务。

1966年3月11日，周恩来主持第15次中央专委会，批准国防科委提出的“两弹结合”“先冷后热”的试验安排，要求8月底以前完成“热”试的一切准备工作。聂荣臻随后布置落实工作，钱学森很重视技术协调，要求明确“两弹结合”技术协调负责人。经研究，一院、九院成立了“两弹结合”技术协调小组，一院谢光选为组长，九院龙文光为副组长。

所谓“先冷后热”，指的是先用不装核燃料的模拟核弹头进行飞行试验，称为“冷”试验；再用真实的核弹进行飞行爆炸试验，称为“热”试验。

为此，七机部共准备了7枚东风二号甲导弹，5枚分别进行引信爆炸高度试验、核弹头引爆装置试验、安全自毁试验等各种单项技术试验和

一根小白毛的故事

1966年10月中旬，“两弹结合”试验紧锣密鼓。在进行导弹测试时，新战士王长山发现弹体内部24号插头第5插孔里有一根约5毫米长的小白毛，小战士怕小白毛造成通电接触不良，就用镊子夹，但怎么也夹不出来；用铁丝挑，也无济于事；最后找来一根猪鬃，费了九牛二虎之力才把它挑出来。钱学森得知这件事后，极为赞赏，他小心翼翼地把这根小白毛用纸包好。在第二天的试验指挥部会议上，钱学森拿出小白毛，严肃地说：“不要轻视这根小白毛，导弹飞行时，说不定它就会捣乱。我们七机部一再强调不能有多余物，为什么还发生了这样的事情？我要把它带回北京，作为严肃认真、一丝不苟的典型事例来教育大家。”

“两弹结合”试验

我国自行设计的第一个中近程导弹发动机

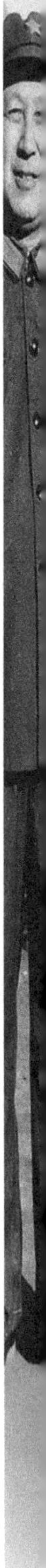

“冷”试验，并留下2枚导弹准备“热”试验。

钱学森抓“两弹结合”的工作一丝不苟。在1966年7月11日的《工作手册》中，他以表格的方式，详细开列了“外协配套仪器存在的主要问题”。这些问题，从大的方面分类，有质量问题、保管期不足或无保管期、环境试验不正规、储存器问题、订货难问题等共十多项；细目则多达好几百项，包括晶体管、电位器、开关、插头插座、电容器、舵机、稳频器、螺钉螺母，以及某些金属和非金属材料问题等。对于这些问题，无论大小，钱学森都一一指定具体负责人去落实解决，解决的情况也要一一向他汇报。他还指出，该作的试验，一定要在出厂前作好，不能等到产品抵达基地以后再作。

钱学森对己对人一样严格。有一次他问谢光选：“查出什么问题没有？”谢光选说：“电子线路方面不怎么熟。”钱学森说：“你找过梁思礼了吗？”谢光选说：“一院、九院研究电路原理图时，梁思礼建议在一院的电路中增加一个漏电电阻，防止高压静电产生，得到一院、九院和基地同志赞同。但基地有些同志提出按照上级指示精神，要报聂荣臻批准后才能实施，在这点上双方意见不一致。”钱学森说：“设计师系统有更改技术状态的权利。这项改动立即实施，由我报告聂荣臻。”还有一次，一院朱桂芳随领导到弹着区检查工作后，提出核爆炸测量队离弹头落点太近，不安全，必须后撤至“4倍横向偏差加上原子弹爆炸威力半径”偏北的距离以外。基地表示异议，认为以往多次试验都没有出现那样大的偏差，而且冬天再次构筑隐蔽设施土方作业量太大。钱学森亲自以概率论向大家进行了深入浅出的解释，统一了思想，基地立即组织施工，让测量队后撤。

在做事故预想方案时，一院试验队发出技术通知单，万一火箭故障，就由地面发出安全爆炸指令密码，先炸毁原子弹，使之发生化学爆炸，不产生核爆炸，再自毁导弹。技术通知单送到基地会签时，又产生了不同意见，有人认为一线发指令者职务很低，是否需要向上级请示？此事报到钱学森处，他认为“按预案，可不经请示，立即发出安全爆炸指令。”聂荣臻批准了这一做法，说这才是最安全的。

3. 戈壁深处听惊雷

1966年9月8日，在繁星如水的夜色里，4枚东风二号甲导弹静卧的专列悄然驶向中国西部的大漠，“两弹结合”试验的序幕拉开了。

根据周恩来总理的安排，七机部副部长钱学森与二机部副部长李觉，于10月初飞往酒泉基地，先组织1次导弹安全自毁系统的空爆试验，再组织2次“冷”试，最后才进行“热”试。

10月7日17时31分，“东风二号甲”正常飞行50秒后，成功地实施了安全自毁系统试验。

13日8时30分，第一枚“冷”试导弹飞行试验成功。

16日17时30分，第二枚“冷”试导弹又飞行试验成功。

钱学森感到“两弹结合”的一切准备工作就绪，确有把握了，这才上报中央专委，等待下达试验命令。

19日，北京中央军委办公地 —— 三座门。天高云淡，秋静如禅，偶尔有一两片杨树叶从高大的树冠飘落，在草坪上飞舞。周恩来正在主持中央专委会议，议题是研究“两弹结合”试验。会场空气紧张得几乎凝固。

周恩来环顾一周，故作轻松地说：“外国人说中国人光有原子弹，没有运载工具，这是嘲笑我们有弹无枪嘛！你们一定要用导弹把原子弹打出去，让世界认识认识中国！”

如果是平时，这样的话语一定会让大家发出会心的笑声，然而，今天不同。在座的副总理、部长、专家们都笑不出来。严谨细致、工作极为认真负责的钱学森更感泰山压顶。核武器出事就是大事啊！针对这次试验，周恩来曾提醒过大家：“两弹结合”要严肃认真、周到细致、稳妥可靠、万无一失，不要“冷”试成功，“热”试反而出问题。

作为“两弹结合”技术协调小组组长，谢光选虽然已经对各项工作精心组织协调，但仍不敢说“万无一失”，尤其是导弹的弹道将跨越兰新铁路的上空，有上万居民需要临时转移，安全问题很是紧迫。轮到谢光选发言时，他提出了心中的顾虑。

周恩来微笑着说：

什么叫万无一失？只要你们把能想到的问题都想到了，能做到的都做到了，能够发现的问题都找到了，就是做到了万无一失。如果客观条件不具备，我们还没有认识到的问题，那属于吃一堑长一智的问题。

对于周恩来十分放心不下的两弹飞行弹道必经之地——甘肃柳园地区的安全问题，聂荣臻汇报说：

为了确保安全，国防科委已经组织有关领导、专家和参试人员一起制订了出现意外情况的应急处置方案和防护措施。铁道部调集了三列火车在柳园待命，总后勤部和国防科委派出了500辆汽车在安西待命。此外，为预防万一，空军派飞机对预定飞行弹道两侧各200公里的地区，进行了安全搜索。弹道下面的数万名居民已进行了临时疏散，并作好了安全救护的准备工作。

关于核导弹飞行中，一旦发生意外情况，安全自毁系统能不能保证不出问题，钱学森和李觉汇报说："在这方面已经作了多次模拟试验，前些日子还真刀实枪地炸了一颗，证明非常可靠。现在这枚弹上的安全装置，也已经作了全面检测，各项参数都符合要求。"

钱学森告诉总理："导弹掉在柳园地区的概率为6/100000，其安全程度，比总理您乘坐荷兰皇家航空公司的飞机到非洲访问的安全性还高呢。"

24日晚，"两弹结合"试验准备就绪，聂荣臻向毛泽东主席汇报情况。

据聂荣臻办公室"工作记事本"记载：

1966年10月24日晚上，聂荣臻和周恩来、叶剑英来到钓鱼台国宾馆，向毛泽东做了详细汇报，当聂荣臻汇报到"两弹结合"试验准备工作已经就绪时，毛泽东高兴地笑了起来，说："谁说我们中国搞不成导弹核武器呢，现在不是搞出来了吗？"毛泽东批准了这次试验，同意聂荣臻到现场主持试验，并特别关照、安慰道："这次试验可能打胜仗，也可能打败仗，失败了也不要紧。"

10月25日，聂荣臻乘专机飞往西北发射场，主持我国第一次导弹核武器发射试验。此时，已经在基地忙碌了20多天的钱学森接到一院试验队报告，有两枚导弹同时检测完毕，均符合要求，请示钱学森选哪一枚来运载核武器。

试验队党委讨论认为，上天的产品不但在生产过程中要“履历清楚”，而且在测试中也要“历史清白”，特别是测试参数，不但是合格的，而且是稳定的。据此，大家一致同意选10号导弹担纲大任。钱学森同意这种选择，他说：“大凡高精度的东西，都是同批中挑选装配出来的，再进一步分析高精度的原因，找到误差项，进行误差分离，得到更高精度的器件。选择全弹也是一样的道理。”

10月26日，风沙遮天蔽日，能见度不到20米。导弹和核弹头运到发射阵地后，聂荣臻、张震寰、钱学森、李觉等领导同志冒着大风，一直在阵地上仔细观察试验部队操作。在瞄准、校零及临射前各项测试检查时，聂荣臻和钱学森等始终在试验现场。

钱学森看到参试人员焦急的心情，便耐心地劝说大家：“不要着急，天气很快就会好起来的。天气不好，正好给了我们更多的准备时间，大家要充分利用这个机会，把准备工作做得更加细致周到，万无一失。”

钱学森“算账”说服老百姓

为了确保安全，“两弹结合”试验前，政府部门组织导弹飞行经过地区的居民进行临时疏散。很多人都疏散了，但是有个单位的干部群众却很难说服，理由是：“我们相信解放军，不会有事的”。钱学森听说后，亲自出马。群众听说来了位大科学家，纷纷出来听他讲话。钱学森亲切地说：“我们要进行的这次试验很重要，也很危险。你们不是相信解放军吗？解放军办事有个原则，就是不怕一万就怕万一。我今天能告诉大家的，就是现在不是万分之一，而是千分之一、千分之二，这是万分之一的10倍、20倍呀，你们说，该不该考虑、该不该疏散呢？”就这么几句话，干部群众心服口服，没有人再犹豫，大家很快就按政府的要求疏散了。

东风二号甲导弹

“两弹结合”爆炸升起的蘑菇云

27日，发射场天气阴转多云。风仍然很大，狂风卷起黄沙，铺天盖地，能见度只有50米。钱学森和大家商议，“发射准备工作继续进行，不到万不得已决不中断试验”。

危险的“两弹”对接开始了。为了操作方便，操作手田现坤不畏严寒，脱去皮衣、手套，半蹲半坐在仅有50厘米高的导弹和核弹头的夹缝间，按照平时练了成千上万遍的动作要领，熟练、细心而准确地做着每一个动作。

现场所有人的目光都紧紧盯着他的一举一动，天气虽然十分寒冷，但许多人的手心却在一阵阵冒汗。聂荣臻、张震寰、钱学森、李觉、李福泽、栗在山等首长一直站在塔架下，顶着沙尘暴、陪伴着他的工作。

田现坤忘了寒冷，他聚精会神做完了上百个动作，完成了弹头引爆装置和调温系统的检测、安装，固定了10多根调温软管和信号电缆，准确可靠地把核弹头对接到了导弹上。现场所有人不由得长出了一口气。

80分钟后，当田现坤终于完成全部操作，走下塔架时，一双大手朝他伸了过来：“辛苦了！快到暖和的地方休息一下，别冻坏了。”

田现坤一看，是聂荣臻元帅！他赶紧从聂荣臻元帅手中抽出自己僵冷的手，一时激动得不知说什么好。田现坤不知道，在凛冽的寒风下，工作人员多次劝说领导们进入室内，聂荣臻执意不肯，钱学森也不肯。但是他知道，危险的工作有领导陪伴身边，证明领导重视和信任自己；有大科学家在身边，说明技术问题过关，自己心里踏实。

临近发射时间，突然接到远在新疆的核试验基地的报告：核导弹的预定弹着区3000米高空，出现了一股六七级西南向强风。

这股风会不会使导弹核武器偏离弹着点？按时发射，还是推迟发射？事关重大，聂荣臻立即要通北京的专线电话，向周恩来报告。周恩来果断地回答：“一切由你在现场决定。”

此时，离预定的发射时间还有几十分钟，指挥中心的大厅内静得出奇，只有倒计时数的闪光亮点在仪器上不停地闪烁，仿佛在催促聂荣臻早下决心。此时他镇定地与在场的钱学森等专家们紧急磋商，结论是：影响不大，可以按计划发射。然后，聂荣臻又重新要通了周恩来的电话，陈述了理由。周恩来表示同意。于是，准备发射的指令，从指挥所传向四面八方。

惊心动魄的时刻终于来临。

1966年10月27日9时，大漠的风小了，挺立的发射塔架一层一层地打开，像一只展翅欲飞的大鹏。突然，塔架下面腾起灼目的烈焰，我国第一颗装有核弹头的地地导弹拔地而起，直插湛蓝色的天空。导弹飞行正常，9分14秒后，核弹头在预定的距离——距发射场894公里之外的罗布泊弹着区靶心上空569米高度爆炸了。

在周而复始的阳光中静寂了千年的罗布泊，在那一刻记录了历史，“两弹结合”试验获得圆满成功！

聂荣臻激动地与钱学森热烈拥抱，热泪流在了一起。他们奔上山坡，与从事“两弹结合”试验的科研人员以及参观发射的人们一起欢庆胜利！聂荣臻立即向等在电话旁的周恩来做了汇

美国《纽约时报》的报道

1966年10月28日，美国《纽约时报》用这样的文字报道了这一重大事件：“一位15年中在美国接受教育、培养、鼓励，并成为科学名流的人，负责了这项试验，这是对冷战历史的嘲弄。在1950～1955年的5年中，美国政府成为这位科学家的迫害者，将他视为异己的共产党分子予以拘捕，并试图改变他的思想，违背他的意愿滞留他，最后才放逐他出境，回到自己的祖国。”

“两弹结合”试验成功后，聂荣臻、钱学森与参加试验的人员合影

报。周恩来眼含热泪，喊着说："请转告科学家们，你们又一次响亮地回答了世界！"

发射现场，竖起了一面五星红旗，穿着厚厚冬装的聂荣臻、钱学森、谢光选、梁思礼等站成一排，大家发自内心地笑逐颜开，摄影师为这些共和国不能忘记的功臣们，定格了一张难忘的照片。

毛泽东主席在听到试验成功的消息后，兴奋地说："赫鲁晓夫不给我们这些尖端技术，极好，逼得我们自己干出来，我看要给赫鲁晓夫一个一吨重的勋章！"

第二天，全国各大报纸都在一版头条位置用通栏标题发表了新华社的《新闻公报》：

1966年10月27日，中国在本国的国土上，成功地进行了导弹核武器的试验。导弹飞行正常，核弹头在预定的距离，精确地命中目标，实现核爆炸。

罗布泊的巨响又一次震动了世界，外电纷纷评论说，这好像是亚洲上空的一声春雷，震撼了全世界；中国闪电般的进步，像神话一样不可思议。

从原子弹爆炸成功到核导弹试验成功，美国用了13年，苏联用了6年，中国只用了2年！

"两弹结合"飞行试验的成功，使中国有了可用于实战的核导弹。这一年，我国组建了战略导弹部队——第二炮兵。

4．"东风三号"显露真本事

"东风三号"是我国第一个真正甩掉洋拐棍，完全自行设计研制的中程液体导弹，也是八年四弹规划中的第二种导弹。它没有沿袭国外的路子，没有停滞在仿制的水平上，而是大胆采用新技术，独立自主地走出了一条适合中国国情的地地导弹发展之路。

20世纪60年代初，还在改进设计东风二号中近程导弹的时候，钱学森

就对东风三号中程导弹提前安排了大量的前期探索，仅预先研究课题就有22项。1964年“东风三号”开始研制时，已经积累了很多预研成果，特别是发动机和惯性器件的研究成果，具备了坚实的技术基础。与“东风二号”相比，它采用了一系列新的技术，例如，发动机选用可贮存的液体推进剂，为了提高起飞推力，采用四机并联技术，控制系统是全惯性制导系统等。由于准备工作充分，“东风三号”研制进度很快，在性能上比“东风二号”有了质的飞跃。

在攻克技术难关的过程中，钱学森运用渊博的知识和丰富的经验，贡献了他的智慧和才华。

1965年3月，在四机并联发动机的研制过程中，单机热试车不断出现发动机被烧坏的故障，成为研制工作的拦路虎。

为了查找原因，“东风三号”发动机总设计师任新民带领技术人员先后提出了70多个方案，一个一个方案去试验，一个一个原因去排查，但是试验结果仍然不理想。

钱学森对此事非常关心。一次，他来到试车台前，细心观察发动机试车过程，听取试验人员汇报。他没有马上发表意见，而是边踱步边沉思。在场的人员心情沉重，一双双期待的目光紧盯着钱学森，没有人说话，大家生怕惊扰了钱学森的思考。过了一会儿，钱学森停住了脚步，他回过头来对在场的技术人员说：“我们不能总让故障牵着走，大家是不是回过头来想想，有什么根本问题在影响着发动机的燃烧稳定性？是不是应该考虑高频振荡问题？”

他的话一语中的，他指明的一条新的技术途径使在场的人豁然开朗。

大师的高明之处不在于授人与鱼，而是授人与渔。教人正确的捕鱼方法，比给他们100条鱼的价值更高。

在钱学森的点拨下，技术人员认识到由于燃烧室的固有频率与燃气生成频率相互耦合，产生共振，在一瞬间使燃烧室压力、温度产生了一个脉冲，指标骤然升高，导致发动机被烧毁。于是，任新民等采取了隔板和液相分区等技术措施，改进了发动机设计，又经多次试验，至1965年7月顺利完成了50秒和100秒的发动机热试车。正是“山重水复疑无路，柳暗花明又一村”。

这一重大问题的解决，也为后来新型发动机的研制提供了重要经验。

也许有人会问，钱学森怎么灵机一动就能想出这么深奥的道理？其实，这主要源于他深谋远虑和长期的知识积累。在力学所建所初期，他就想到在所里设置化学流体力学研究组，这是一个新兴的边缘学科，他请精明能干的林鸿荪担任组长，要求他把燃烧的机理研究清楚。林鸿荪到京郊怀柔建立起液体发动机的试验基地后，设了8个研究组，其中第4组负责发动机燃烧理论研究；第5组后来重点进行振荡燃烧理论研究；第10组负责发动机试验时所有参数的测量和控制。在此期间，钱学森每周三都要听取他们的汇报，与林鸿荪及其助手们进行深入的分析和讨论。就在“东风三号”发动机开始试车前的1964年3月10

一生关注发动机

晚年的钱学森偶尔才看一次电视。有一次，他在电视上看到很多漂亮汽车的广告，问儿子钱永刚，这些汽车的发动机是哪里产的？当他得知是国外引进的时候，连连说“泄气、泄气”。又有一次，钱永刚应邀到上海参观我国正在制造的大飞机，回家后，钱学森问儿子两个问题：第一，飞机发动机安装在什么位置？第二，发动机是谁的？儿子回答说：发动机装在机翼上，是引进国外的。钱学森听完后，不再说话了。

钱学森如此关心发动机，一个原因是与空气动力有关，属他的老本行；另一个原因是发动机技术在航空航天技术中处于十分重要的地位。

东风三号导弹起竖

东风三号导弹点火起飞

日，钱学森还在学术会议上作了一次题为《燃烧、烧蚀和化学流体力学》的长篇学术报告，其中很大部分就是讲述燃烧振荡和稳定燃烧问题。由此可见，他对燃烧机理和振荡燃烧的重视和他在这方面的造诣决非一日之功。

时任总体设计部五室副主任，负责导弹武器系统综合试验的王觉先回忆说：

> 我们在讨论靶场试验方案时，钱副院长来到五室听取汇报。当我汇报到“东风三号”发射时发动机喷出的气流是经发射台底座向四面喷出的，和以前的方案一样时，钱副院长敏锐地提出，应把发射台底座的四面弧形锥体结构，改成双面弧形结构，使导弹发射时的气流由四个方向喷出，改为从两个方向喷出。这样可使气流顺畅合理，不仅使发射台的底部结构更为简单，导弹尾部受热减少，而且可以减少发射台周围设备受到的影响。后来“东风三号”的发射台底部结构，就按钱学森的意见改成了双面弧形结构。

“东风三号”碰到的新技术问题远不止这些，其他还有所用燃料偏二甲肼有毒性；四机并联时，四机同步工作和各单机推力偏差问题；大型推进剂贮箱中流体的晃动问题；箱体的结构设计和耐腐蚀等。后来这些问题都在技术人员的不懈努力下一一获得解决。

1966年12月7日，“东风三号”01批次第一枚遥测弹出厂，运往发射基地作飞行试验。当时，文化大革命正闹得轰轰烈烈，全国一片大乱景象，钱学森担心导弹的质量得不到保证，提前一个月就到达试验基地，仔细查看发射前的准备工作和合练情况。对测试中出现的各种问题及改进措施，他都要过问，并一一记在随身携带的笔记本上。在他的笔记本里有这样一段记载：

> 在单元测试中发现速率陀螺参数5%的变化，原设计是3%，变化偏大，不理想。措施是在变换放大器中调一调；一舵机补偿电流不稳定，但在合格范围内；三舵机渗油，要换；发动机及箱体测试项目少，气密性好。但也发现氧化剂的加注活门有点漏气，每分钟一个小气泡，可以用；电爆管有的不好，已换。遥测系统和弹上计算装置等也有些问题。

钱学森对测试工作一丝不苟，精益求精。有一次，一位参试人员向他汇报说，氧化剂的加注活门有点漏气，他立即追问：“有多大的漏气？你们测过没有？”回答说：“没有。”他严肃地说：“你马上回去测量，测定了再向我汇报。”参试人员经反复测量后向钱学森汇报：“每分钟一个小气泡。”他认为这个漏气量在允许的范围之内，才放心地点点头。

12月18日，钱学森在发射前测试的总结中，针对七机部的一些同志对基地“吹毛求疵”有不满的情绪，首先严格要求自己的队伍。他说：“东风三号”第一枚弹本身必然有很多缺点，所以才要进行飞行试验。有些工作，是我们在出厂前总装时没有做好，到基地发现了很多问题，给基地技术阵地带来麻烦。基地同志对我们提出了严格要求，我代表七机部的同志表示感谢！虽然还有问题，有毛病而且很多，但我们发挥人的因素，可以克服物质条件的不足。我们欢迎暴露问题，七机部的人一定要一对一地盯岗位，力争做到有问必答，有错必纠。钱学森的高风亮节，如春雨润物，有效地化解了一线工作人员的怨气，大家齐心协力投入工作。

1966年12月26日和1967年1月12日，“东风三号”01批次第一、第二枚遥测弹的飞行试验依次进行。试验证明，导弹各系统工作协调，研制方案是成功的。但两枚弹都出现同一故障现象，即并联发动机中Ⅱ分机分别飞行到111.2秒和129.2秒时，推力突然大幅度下降，致使弹头落点偏差较大。

两次飞行试验，问题都出在发动机上。那么，发动机到底存在什么问题？一时间众说纷纭，难以下结论。为了寻找故障原因，发动机总设计师任新民带领王觉先、马作新、尚增雨等一行8人组成勘测搜寻组，前往新疆和田落区寻找发动机残骸，以获得故障分析的物证。

搜寻组乘伊尔-12运输机从酒泉试验基地出发，途经马兰作了短暂的停留，然后越过塔克拉玛干大沙漠，到达基地落区前沿某站驻地。第二天清晨，又乘直升飞机深入沙漠100多公里的马扎山附近落区指挥所。马扎山名为山，实际上既没有石头，也没有黄土，更没有树木，连骆驼草也很难见到，是一望无际大沙漠中的沙丘。指挥所只有几顶军用帐篷，人员吃睡都在地窖里，既御寒，又防风沙。第二天，搜寻组便开始搜索工作，连站上的官兵，一共40多人。到第四天，搜寻组才搜索到一块茶杯盖大小的金属残片，经鉴别，确认是发动机残骸。第五天一大早，50多岁的任新民在两位小战士的陪同下，兴奋地朝搜索现场进发。这一天不仅找到了活门、自动器、涡轮泵壳的残骸，

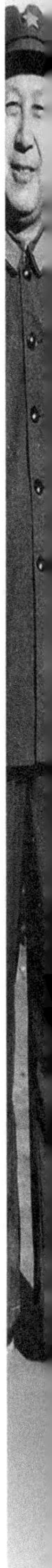

还找到了一个燃烧室。经过5天的努力，要找的残骸都找到了。后经对照残骸分析，查清了发动机燃烧室故障原因，确认推力下降是由于燃烧室内壁撕裂造成的。

为了彻底解决发动机的问题，钱学森顶住压力，和“东风三号”研制人员一道，查出了燃烧室破裂的原因，提出了产品改进的意见。在采取了多项改进措施后，中程导弹发动机再也没有出现过推力下降的故障。钱学森说：“‘东风三号’发动机突破不稳定燃烧并试车成功，标志着我国大型液体火箭发动机的研制、设计，已开始走向自由王国。”

1967年5月，经过修改后的“东风三号”01批次第三枚导弹和第四枚导弹运往基地。5月 19日，第三枚导弹进入发射程序后很不顺利，先是出现设备故障，先后两次中止发射。后来，又发生了意想不到的事情。“东风三号”总体副主任设计师王觉先回忆道：

> 推进剂泄出后，我们上塔架去检查，发现导弹氧化剂贮箱变形严重，箱体向外鼓出来有4.55毫米，有人形象地说，导弹像糖葫芦了。
>
> 从检查的结果看，故障比较复杂。当时基地同志从下到上都不同意再进行发射，担心发射时推进剂漏出，不仅会炸毁导弹，还会炸毁发射台和发射场。因而基地要求把该导弹拉回工厂进行全面检查和修复。应该说这种看法是可以理解的。
>
> 试验队对故障进行了仔细的研究，认为导弹在靶场是可以修复的。我们同时通过电话向一部孙家栋副主任作了汇报。孙副主任让一部结构室对该导弹两个推进剂贮箱的强度进行了计算，认为两个贮箱的结构强度仍有较大富余，不影响发射。
>
> 试验队在基地有关部门的安排和配合下，更换了部分部件，并对发射准备操作细则进行了几处更改，认为导弹已处于可发射的状态。

但还是有不同的看法，发射试验难以继续。在这种困难的情况下，周恩来、聂荣臻亲自点将，派钱学森飞赴基地处理问题，主持发射试验。

5月24日，钱学森到达基地后，立即召开有七机部试验队和基地技术人员参加的联席分析会。钱学森认真听取了各方面的意见，对基地提出的20多个有关能否发射的技术问题，包括导弹经过加注、泄出，在发射台上竖立7天，导弹结构有无腐蚀、控制系统和遥测传感器有无问题等，他布置试验队认真研究、逐个回答，并提出改进措施。在钱学森的坐镇指挥下，问题一一得到了解决。

至于推进剂贮箱的强度问题，钱学森亲自爬上发射架，察看箱体外壳情况。他看后认为壳体的变形并未达到结构损伤的程度，导弹点火前贮箱会充气，箱体就会恢复原来的形状。因此，他认为发射可以照常进行。

钱学森为什么能在众人认为是大的故障面前，表现得如此胸有成竹呢？这是缘于他在冯·卡门领导的实验室做助研期间，对壳体的屈曲做过系统的研究，观察过壳体变形的各种试验，摸透了它的禀性。正如谚语所说：台上十分钟，台下十年功。

当只有钱学森一人签名的发射报告呈送给远在北京的聂荣臻后，聂荣臻说："这是一个技术问题。既然技术上由钱学森负责，他说可以发射，我同意。"

1967年5月26日，东风三号导弹点火后冉冉升起。此时，在敖包山上观看发射的人群掌声雷动，控制室里的人员也不顾一切，穿着工作拖鞋跑到外面观看导弹飞行，激动的心情溢于言表。

接着，弹头落区传来好消息。弹头落点的精度是"东风三号"01批中最好的，测量弹头参数的硬回收装置也成功回收，获取了全部所需参数，飞行试验取得了完全成功。

这个名，我来签

按照当时试验的规定，导弹发射必须要有三个人的签名才能"放行"：一个是负责发射工作的作战试验部长，一个是导弹研制部门的负责人，一个是基地司令员。可是作战试验部长不敢贸然行事，基地司令员也很谨慎，虽然他们觉得钱学森讲得有道理，但仍担心出事，两个人都不签字。发射不能再拖下去了，钱学森在多次说服无果的情况下，毅然表示："这枚导弹现在的质量可以放心，这个名，我来签！"

大科学家睡冷板凳

1968年年底，东风三号导弹在新建成的太原发射场进行飞行试验，钱学森在指挥中心值班。由于准备工作出现问题，原定下午5时的发射推迟到午夜，后又推迟到第二天清晨。大家都劝年近花甲的钱学森离开指挥中心去休息，但他却坚持留在值班岗位上。当时指挥中心设施简陋，除了桌子、板凳，连个沙发也没有。钱学森和大家一样，搬来两个板凳一拼，就在又硬又冷的板凳上和衣躺下。据一院原副院长于龙淮回忆：当时我留下来和钱老一起在指挥部。我睡觉时容易打鼾，一早醒来，钱老对我说："小于，你打呼噜的水平蛮高啊！"

第二天早上8时，钱学森在他的岗位上指挥导弹发射成功。

6月10日，东风三号导弹01批第四枚也发射成功。此后，在1968年12月18日和1969年1月4日，又在太原基地组织了“东风三号”02批的第一、第二枚的全程飞行试验，均获得圆满成功。

“东风三号”完全是我国独立研制的新型导弹，由于预先研究工作做得扎扎实实，从批准总体方案到首次飞行只用了1年9个月的时间。“东风三号”采用了很多新技术、新工艺、新材料，其战术技术指标比“东风二号”有了质的飞跃，缩小了与世界先进水平的差距。它的研制成功对我国液体地地导弹的技术发展，特别是对导弹结构、发动机比冲、制导精度和射程等具有重要意义，为东风四号、东风五号等导弹的研制和发射，提供了宝贵的经验。

5．“东风四号”向中远程迈进

按照钱学森主持制订的“八年四弹”规划，在东风三号中程导弹研制成功以后，下一个目标就是研制东风四号中远程导弹。

钱学森在构思“八年四弹”发展规划时，有两条重要的指导思想：一是循序渐进的技术进步，上一个型号解决一批关键技术，下一个型号接着就可以应用，每一个型号都比上一个型号进一大步，如此不断的技术创新、向前发展。二是一箭两用，即将导弹技术和运载火箭技术尽量结合，既可以节省人力物力，又可以缩短研制周期。例如，在仿制苏联P-2近程导弹成功以后，他就提出将之改进为地球物理高空探测火箭；东风四号中远程导弹研制完成后，就在此基础上改进而成长征一号运载火箭；东风五号远程导弹就是长征二号运载火箭的原型。

东风四号中远程导弹是个过渡型的导弹，它的立项，充分显现了钱学森循序渐进的技术进步思想。1963年9月，国防部五院一分院曾就远程导弹研制做过一些设想。由于多级导弹的许多技术问题还没有突破，便打算以东风三号中程导弹为基础，设计一种中远程导弹作为过渡，以解决从单级到多级的连接和分离以及高空点火问题。这种方案，可以充分利用中程导弹的技术成果和工艺装备，加快研制进度。但也有人不同意这种做法，主张一步到位，直接搞远程洲际导弹，虽然研制进度可能稍长一些，但中间省了过渡型号，总进度可能还快些。1964年年底，对这两种方案进行了一次充分论证，一院副院长屠守锷倾向于前者，主张搞中远程的方案。他的主张得到了任新民、黄纬禄、林爽等专家们的支持和钱学森的认可。1965年3月，中央专委会第11次会议批准研制中远程导弹，研制工作随即全面铺开。

“东风四号”最大的特点是由单级发展到两级。研制过程中主要的关键技术有：发动机高空点火和高空性能试验技术，级间连接和分离技术，长细比加大后的姿态控制技术和导弹发射方式。

二级发动机需要高空试车，国外类似的试车设备庞大而复杂，造价又十分昂贵。用什么办法来作高空模拟试验？设计人员经过反复论证、比较，从我国的实际出发，技术人员设计、制造了一个依靠外面喷水冷却散热、单壁结构和发动机自身排气引射抽空的方案，即可以模拟18公里至20公里的高空环境。1966年11月，在火箭发动机试验站进行了二级发动机首次高空模拟试验。点火后2秒钟，舱内到达稳定的压力，获得了发动机的高空性能参数。二级发动机怎么能在高空点火启动呢？发动机研究所的技术人员，利用喷管喉部增加堵盖造成发动机点火时与地面相似的压力环境，发动机高空点火的难题就迎刃而解了。

东风四号导弹采用热分离方案，在第一级发动机还未熄火时，就点燃第二级发动机，使两级在未发生失重条件下完成分离动作。一、二级之间采用杆式级间段，以便让二级发动机点火后，火焰能顺利排出，并保证控制系统在有干扰的情况下两级火箭不撞不碰。在一级推进剂贮箱前底上，安装玻璃钢防热层，防止两级分离之前，一级箱底受到火焰冲刷而破坏，影响正常分离。第二级推进剂贮箱采用了先进的共底贮箱方案，后底为锥形承力结构，发动机直接由贮箱底部来支撑。这些措施都是为了缩短弹体长度，降低导弹的长细比，减轻结构重量。

中远程导弹的动力装置在很大程度上继承了中程导弹的动力装置。一级

发动机在中程导弹发动机的基础上，推力提高了8%；二级发动机是高空发动机，真空推力32吨。为了充分发挥高空发动机效能，使燃气能充分膨胀，推力室要有一个大面积比的喷管。几经权衡，采用了玻璃钢喷管延伸段。

东风四号导弹的制导精度要求甚高，在很大程度上取决于陀螺各轴的支撑技术水平。惯性器件研究所在郝复俭所长带领下，确定采用静压气浮技术，即用一定压力的气体把这些轴承悬浮起来，这样摩擦力矩值只有过去使用的滚珠轴承的1%，而且比较稳定。气浮轴承的加工极其困难。惯性器件研究所和制造厂密切配合，邢传富、张永寿两位老师傅在加工中不断总结经验，不断改进操作工序，终于研制成功气浮轴承。在这个基础上气浮三自由度陀螺仪和气浮陀螺加速度表很快设计和制造出来，使惯性器件实现了气浮化。这是中国惯性器件研制史上的一大突破。

1969年3月，东风四号导弹在酒泉发射场进行了为时3个月的合练，可钱学森和任新民却在发射场当起了“救火队员”。原来，受文化大革命的干扰，正常的生产环境和秩序被打乱，管理制度被严重破坏。按说质量不过关、不配套的零部件不能组装，但为了赶进度，有的车间不管三七二十一硬行组装，有的插头插不进插座，就用电烙铁焊上。任新民说：“打‘东风四号’在发射场最苦的事情就是，全弹测试时元器件、电路系统毛病太多，拿下这关不容易。”

遵循钱学森提出的“尽可能把问题在地面上搞清楚”的原则，东风四号导弹在飞行试验前反复进行了分系统和全弹地面试验，从1967年至1969年，除常规的静力试验、振动试验而外，对新研制的各系统和结构进行了20多项大型试验，尤其是6次全弹试车和简易试车，取得了丰富的资料。地面全弹试车，模拟了比真实飞行条件更为苛刻的动力环境，对全弹和一些设备抗振性能是一次有效的考核，提前暴露了惯性器件刚度设计不足等许多问题。

8月27日，第一枚准备发射的东风四号导弹运抵发射场。测试期间，原本出厂时还好好的陀螺仪不幸在发射场“失明”了。试验队查来查去耽搁了20天还没有找出原因，只好向北京报告。9月26日深夜，钱学森专程从北京赶到酒泉发射场。他来到现场后，一言不发，仔仔细细地察看了故障情况。看着看着，他扑哧一声笑了：“同志们，这是没有憋住气呀！”在场的人员一

东风四号中远程导弹测试中

东风四号中远程导弹准备发射

“东风四号”有基础

东风四号中远程导弹充分借鉴了东风三号导弹的成果，其中一些关键技术，如发动机高频振荡不稳定燃烧、高速高性能涡轮泵设计、四机并联技术、推力室的真空钎焊、波纹板成型等，在“东风三号”中都已得到解决。一些大型地面设备，如百吨级的大型试车台、2.5兆瓦的泵试验台等均已建成，这些都为“东风四号”的研制打下了牢固的基础。

时没有反应过来，钱学森指着陀螺仪的出口处让大家好好看看。啊，原来这里有个活门被拿掉了。细细追溯，终于查到了源头：导弹出厂时，为了加强仪表刚度，设计人员不小心把系统出口处的定压活门拿掉了。导弹来到海拔较高的发射场后，由于外界气压低，陀螺仪表内气压也低，一下子就乱套了。

钱学森虽然没费吹灰之力就破解了这个难题，但他还是通过这个不是问题的问题，小题大做，指示现场工作人员严谨再严谨，细致再细致，尽量把“文革”动乱的影响降到最低。

钱学森还特别关心东风四号导弹使用性能和发射方式。据陈寿椿回忆：

当时，我在总体部五室负责综合设备系统设计。有一天，钱学森到我们研究室来，听听我们关于“东风四号”的设计和采用何种发射方式的想法。开始我们很紧张，讲了十几分钟后，心情就放松下来了，钱学森很平易近人。我们讲完了以后，他说了几条非常前瞻的意见，他说感觉我们的方案基本上是模仿美国的解决方案，条条框框很多。他说，第一，我们要考虑到未来十年以后的情况，而不能瞄准人家当前的指标，因为十年以后美国导弹命中率会提高很多，而我们就会落后更多；第二，我们的导弹要能对付核战争，如果我们只采取井下发射的方式，那敌人的导弹一打来，我们的导弹很可能还没还手就被炸掉了。因此，他建议我们重新考虑多种方案，思想不要禁锢在眼前，要考虑到十年、二十年以后双方对抗手段的提高。

此后，我们开始琢磨导弹走机动发射这条路，保持战略导弹的战斗性能和生存概率。几十年后的事实证明，他的思想非常超前，能够看到未来很多东西。

1970年1月30日，东风四号中远程导弹发射圆满成功，顺利攻克了发动机高空点火和两级分离技术。它的成功使人造卫星的“坐骑”得到了落实。在东风四号两级导弹的基础上，增加一级固体发动机，组成一枚三级火箭，这就是长征一号运载火箭。1970年4月24日，长征一号运载火箭成功发射了我国第一颗人造卫星东方红一号。它作为我国发射第一颗人造地球卫星的运载工具而被光荣地载入史册。

中国航天庆幸自己拥有一位高瞻远瞩的技术主帅。如果没有钱学森一弹两用、在导弹基础上发展运载火箭的技术路线和研制思路，我国人造卫星发射的时间还会推迟很久很久。

6. 打一场空气动力的“淮海战役”

度过动乱的十年，迎来科学的春天。1975年年初，受命于危难之际的张爱萍将军被任命为国防科委主任，在他的组织谋划下，1977年9月18日，国防科技领域的三大任务作为“天”字号重任，被列入国家计划。

三大任务，包括向南太平洋海域发射洲际导弹、潜艇水下发射固体导弹和发射地球静止轨道通信卫星三项任务。由于是国防急需务必抓紧、务必紧抓的任务，也被称为“三抓”任务。

洲际导弹飞行距离极长，搭载核弹头可以对来自地球任何角落的敌人进行还击，是保卫祖国的“倚天长剑”。所谓洲际导弹，实际上就是1965年钱学森主持制订的“八年四弹”规划中的最后一个弹——东风五号，其射程可达8000～12000公里。由于文化大革命的干扰，任务被严重拖期，导弹完成了基本设计和低弹道飞行试验，但尚未完成全程飞行试验。

张爱萍，这位当过教员、打过硬仗、建国初期组建了海军又在苏联学习过的战将，此时主抓洲际导弹任务。他性如烈火，也急如烈火。上班第一天，他就甩着“文革”中被打伤的腿，拄着拐杖深入基层，他在群众大会上提起拐杖“咚咚咚”地砸在地上，毫不客气地宣布：

“凡是在1976年反击右倾翻案风中被打击迫害的干部群众一律给我平反！”

“凡是国防科技系统的领导干部、科技人员和职工，一律限期回到原工作岗位上，给我上班！”

他说：“洲际导弹这个东西，你们叫它杀手锏也好，叫它核王牌也好，我是叫它打狗棍。有了它，任何人就奈何不了我们了。我有一个心愿，我们的洲际导弹，要力争到1977年拿出来，作为向建军50周年的献礼。”他铿锵有力、掷地有声地立下军令状，要求28个月拿出洲际导弹来。时任七机部部长的宋任穷，在东风五号导弹研制动员大会上也下了“死命令”：“东风五号”一定要限期完成！

而要完成这项高难度的飞行试验，首当其冲的难关，就是导弹再入时弹头的防热问题。

洲际导弹是打击10000公里以外目标的战略武器。当导弹以极高的速度再入大气层时，由于气流与导弹剧烈摩擦，导弹、特别是弹头周围的空气因受剧烈压缩而出现极端高温，这种现象叫做“气动加热”。这样的热环境简直就是一座火焰山，如果没有保护措施，弹头几秒钟就会化为灰烬。

钱学森对解决弹头防热问题早有准备，并为此花了很大精力。还在20世纪60年代，经钱学森的倡议，一个弹头防热的全国性研究协调机构就组成了。钱学森是组长，宋健是副组长。这个机构与中国科学院物理所、力学所，其他各部门以及七机部等30多个单位建立了协作关系，由钱学森亲自组织。当时对各种防热方法都探索过，比如外面用隔热的涂料涂一层，里面弄一层隔热层的方法。钱学森还帮助研究过一种氧化涂层，对东风二号导弹的防热发挥了作用。当时钱学森就对研制人员说，你们要着眼于以后，着眼于远程洲际导弹的弹头防热。1964年2月和12月，他给各单位分配了一些研究课题，并提出，中国的弹头防热要走烧蚀防热的道路。钱学森对航天空气动力研究单位701所所长庄逢甘说，要想尽快把导弹气动研究工作推上去，必须借助科学院和大专院校的气动专家的力量。

1969年冬至1971年，我国有两个中程导弹型号的三次飞行试验，都由于弹头不同部位的防热问题解决不好导致试验失败。试验人员从捡回的残骸上发现，弹头防热端头帽有一条被烧蚀的

庄逢甘挨批斗时不忘
“钱先生交的课题”

按钱学森的要求，庄逢甘组建了烧蚀热防护课题组，并亲自担任课题组组长，与各界气动专家、弹头热防护设计人员一起预测和评估高硅氧复合材料和玻璃钢复合材料的烧蚀性能，了解热防护设计中的难点，加深对热防护机理的认识，推导烧蚀计算中的主要公式。1966年“文革”期间受到不公正待遇的庄逢甘，在挨批斗时还不忘告诉所里的同志：“烧蚀和细长体气动弹性课题不能停，要好好干啊！这是钱先生交的课题。”

攻关不怕难

沟槽最深处达七八毫米。几个型号出现的问题引起钱学森的高度重视。他认为不能头疼医头、脚疼医脚、零打碎敲地解决问题 ，必须用系统工程的方法打“歼灭战”。于是，钱学森引发了中国洲际导弹研制史上一场规模空前、被称为“淮海战役”的弹头再入气动、防热研究战役。

1975年9月10日，作为张爱萍主要助手的钱学森挂帅出征，利用自己在空气动力学领域特有的影响力和号召力，打通关系，从南到北把几十家单位组织起来，邀请全国高超声速气动防热领域的专家和科技人员聚集一堂，召开了“弹头气动”会议（910会议），共商弹头气动防热的技术途径。钱学森做了动员，他号召大家以拼搏精神打好这场“淮海战役”。

会战先后有116个单位的上千人参加，形成了一个跨部门、多学科、横向联合的研究体系。会战中，根据钱学森的思路，把关键技术分解成若干专题，按空气动力学特点，分理论计算、气动实验、飞行试验等三大手段进行攻关。考虑到气动计算、试验结果各家差异可能较大的特点，每个专题起码有两个以上单位同时承担，尽可能用不同的方法进行研究，以确保结论的正确性。还要对项目的进度、质量实行集中调度，及时检查、协调、总结和交流，然后组织专家评定。为此，钱学森请出自己最信任的同事、加州理工学院校友、空气动力学专家庄逢甘出任前线总指挥。庄逢甘上任后，俨然一副运筹帷幄、决胜千里的大将之风。他调兵遣将，集智攻关，全国范围跨行业的联合课题组如雨后春笋般地发展起来。各方人员献计献策，在热环境特性和热防护机理研究等方面，取得了一批有应用价值的研究成果，为各类飞行器的热防护设计提供了技术支撑。在科研一线，经常可以看到庄逢甘像普通技术人员一样，亲自参加试验甚至记录各种数据。他说，唯有这样做，决策起来心里才踏实。

庄逢甘在回忆这段激情燃烧的岁月时曾说：

钱先生给我讲两句话，第一句，弹头不能翻跟头，你打到上头翻跟头不就坏了吗；第二句，导弹不能烧坏了，因为再入时那个速度很高，导弹表面都要烧的，烧嘛，只好让它烧，但不能烧坏了，而且也不能烧得毫无规则，毫无规则你那个东西掉下来就不知打到哪儿去了。这两件事，怎么干？当时钱先生就给我讲，要搞“淮海战役”。你别看这两句话，那是动员了国家的很多研究单位啊。后来，我们超越了美国曾走过的热沉式防热的弯路，径直走上钝锥外形烧蚀防热的捷径，取得了“淮海战役”的大捷。

钱学森风尘仆仆、满身疲惫地走遍了几乎所有“参战”单位，指导解决了上百个攻关和协作问题，其中，大部分防热问题已由一院703所基本解决，因此他最关注的是端头帽防热材料的选择和验证。

这项工作主要由北京和上海两个组分别承担，直接参加试验的就有100多人。后来为加强领导，又成立了联合试验领导组，由701所庄逢甘所长和上海机电二局杨坤副局长任正、副组长。庄逢甘所长和硅酸盐所严东生所长（后任中科院常务副院长）都曾亲临试验现场指导工作。北京方面重点研究高硅氧碎片模压和石墨方案，上海方面重点研究碳-碳方案。不论哪一家，面临的气动防热试验研究都是一样的，它既包括材料筛选试验，也包括防热可靠性考核试验。

北京组的试验研究很快得到结果，石墨防热方案被否定。这样就加重了上海组的任务。1975年11月和1976年5月，上海组共取用了7种材料，作了8次试验。利用缩比模型对各种端头帽材料进行烧蚀、隔热、热结构和热匹配等方面的综合考察。

试验结果表明，有一种不在预选之列的T-S材料的隔热综合性能优于其他材料，而且它的成型工艺比较简单，生产周期很短，同时大尺寸试件的性能基本可以保持与小试件相同。于是，T-S材料脱颖而出，意外地成为首选防热材料。

经过一年多的共同努力，钱学森召开专家评审会议。会议认为关键技术基本突破，可以进行模拟真实再入条件的低弹道飞行试验。

钱学森的治学作风从来严谨认真、一竿子插到底，不见确实结论绝不罢休。1977年9月5日低弹道飞行试验开始，国防科委政委李耀文、副主任钱学森乘坐专机亲赴新疆马兰附近的弹头落区。

专机起飞不久，钱学森从前舱来到陪同人员的座舱，问：“谁是七机部弹头所的同志，我有些问题需要和你们商量。”弹头所的人应声而起，钱学森说，

差一点跑断了车轴

1977年钱学森已经是66岁的老人了，但他考虑到“东风五号”飞行试验数据全靠落区提供，这个工作太重要，所以执意亲自去一趟落区，否则实在放心不下。导弹落区偏僻荒凉，条件恶劣，路途遥远且没有道路，刮起风来飞沙走石，汽车在搓板般的戈壁滩上颠簸，时而蹦起老高，他和年轻人一起坐了一整天车才赶到落区。当晚他就听汇报，第二天一早又前往各个点号视察。从9月5日到9月11日，钱学森整整在落区跑了一个星期。其间，他和战士们一样，睡行军床，吃大锅饭，不仅协调解决了大量技术问题，还抽空为落区指挥所的人员作了一次报告。钱学森一行从落区返回驻地后，司机检查汽车，顿时吓出一身冷汗：汽车的轴只差一点点就断掉了！

“我想问你们，能不能在没有遥测数据（当时遥测数据要待飞行试验结束，在落点找到硬回收装置，取出磁带判读以后才能知道）、也没有去实地勘察的情况下，凭目测就知道弹头再入飞行试验是成功的？”弹头所的同志们商量一下，回答说可以。根据他们多次参加弹头落点飞行试验积累的经验，只要弹头在再入飞行过程中满足“三个一”的要求，便可知再入飞行试验是成功的：第一，在预定的再入时间，空中再入轨道上只出现一个亮点（为便于观察，飞行试验一般选择在晚间，弹头和弹体分离后，弹头飞行速度最快，在最前方，弹头再入烧蚀发出的光最亮）；第二，空中沿预定的弹道只划过一条亮线；第三，只听到一声巨响。“三个一”可以证明弹头在再入过程中没有散架、解体，弹头再入飞行姿态是稳定的。

严把质量关

钱学森和大家讨论后，很满意地回到前舱。

经过半天多的飞行和戈壁滩上几个小时的汽车颠簸，随行人员刚到落区半地下窝子的宿舍坐下，随即听到钱学森秘书通知：钱副主任马上就到。很快，他低着头、弯着腰钻进宿舍，和技术人员一起坐在大通铺上，讨论低弹道飞行弹头气动试验成功的标准，再次确认判断准则无误后，才放心地回去休息。

1977年9月14日，低弹道飞行试验达到预期要求，钱学森凭着“三个一”及时向中央报告了飞行试验成功的信息。事后得知，这次弹头硬回收装置刚好砸在岩石上，导致硬回收装置严重变形，搜寻人员费了九牛二虎之力，取出了记录磁带，而磁带受损半年以后才勉强解码，如果没有“三个一”还很难及时向中央报告呢！

1978年4月16日，第二次低弹道飞行试验又取得圆满成功，这充分证明钱学森指挥的“淮海战役”大获全胜。

7.“远望”追星到海角

要想检验洲际导弹的技术水平，就必须进行全程飞行试验，射程上万公里的导弹，在我们自己的国土上是无法完成的，必须考虑在公海上进行试验的问题，而进行海上试验，就必须建立一支功能完备的海上测量船队。

早在1965年8月9日周恩来主持的中央专委第13次会议上，就研究过与导弹、卫星试验相关的建立远洋测量船的问题。

钱学森列席了会议，他对洲际导弹、人造卫星和海上测量船的相互关系作了必要的说明。他说，洲际导弹必须通过全程飞行试验，才能最后实地考核导弹的战术技术性能；洲际导弹、人造卫星和飞船，都必须建立相应的跟踪测量远洋船站，以保证准确入轨和正常运行。他明确提出：

尽管中国幅员辽阔，但是我国国土东西南北纵深最多只有5500公里，而洲际导弹的射程起码在10000公里左右。因此，要搞洲际导弹，大陆已经不够了，只有建立以测量船为基础的海上活动跟踪站，把我国陆上测控通信延伸到海上所需的范围才行。

中国在海外没有一寸殖民地，充分利用占地球总面积70%的海洋、向公海区域发射导弹，同时建造机动性能强、测量跟踪和控制功能齐全的海上测量船，是唯一的途径。

随后，国防科委罗舜初、海军刘华清、七机部钱学森、中科院张劲夫等有关部门的领导，共同商讨测量船问题。经反复论证，决定将洲际导弹远洋测量船和人造卫星跟踪、观测船合并为综合性的远洋测量船，担负导弹落区海上再入段的测量和卫星的跟踪、测量、控制任务。

远洋测量船完全不同于一般在海上航行的船只，它不仅要配置测量系统、通信系统、船位姿态测量系统、气象系统、时间统一勤务系统、遥测系统、计算机系统、电视系统、船舶动力系统等许多种精密仪器设备，而且为了适应海上各种恶劣环境，必须解决一系列复杂的技术难题，才能满足高精度的测控任务要求。因此，研制远洋测量船是一个国家科技发展水平和综合国力的象征，世界上只有美国、苏联和法国拥有远洋测量船。

1967年7月18日，国防科委向中央专委提出了研制远洋测量船的具体建议，代号为“718”工程。不久，周恩来主持中央专委会议，听取“718”工程研制进展情况汇报，决定将“718”工程列为国家重点建设项目予以保证，并成立了以李作鹏为组长，罗舜初、陈华堂、周希汉等为副组长的工程领导小组。

1968年2月23日，国防科委在北京饭店召开“718”工程会议，由刘华清主持，罗舜初、周希汉、钱学森与会。会议研究了测量船第一期任务是担负洲际导弹全程飞行试验海上再入段测量和各种人造卫星的轨道测量，确定了测量船的总体方案，以及测控、通信、导航定位、打捞及气象等系统的技术方案。钱学森在会议上讲话：“国外的远洋测量船先是从旧船改装成单一功能的测量船，积累经验后，再建造多功能的综合性测量船。而我们的测量船，是从无到有，要求一举成功。建造一艘多功能综合性的复杂船舶，是一

我国导弹测控网

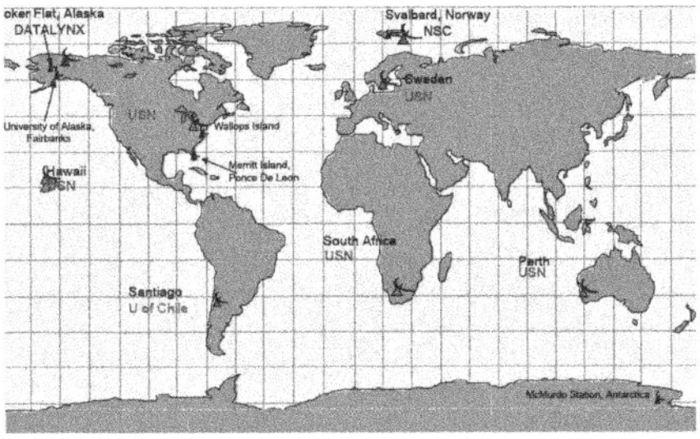

美国导弹测控网

项极为复杂、庞大的系统工程，需要统一指挥、分工协作。”6月17日，毛泽东、周恩来和中央军委批准了“718”工程研制计划。

“718”工程上马后，历经磨难。“四人帮”借口林彪叛国事件，以组长李作鹏是林彪死党说事，以莫须有的罪名给测量船扣上了“贼船”的政治帽子，大刮下马风，研制工作遇到了许多意想不到的困难，工程进度十分缓慢。

1972年4月8日，周恩来委托中央军委副主席叶剑英主持军委办公会，就“718”工程是否进行下去，统一认识。国务院副总理李先念、国家计委主任余秋里、副总参谋长彭绍辉、海军司令员肖劲光和副司令员周希汉、国防科委副主任钱学森，还有权高位重的张春桥，出席了会议。张春桥当时是中央政治局委员、国务院副总理、解放军总政治部主任。

会上，李先念问：“现在不是讲‘下马’，而是要研究一下先造几艘船，怎样快一点。”

叶剑英说：“是的，‘东风五号’还等着用呢，只要各单位抓住不放、克服困难，还是有可能快一点的。”

国土陆地“不够用”

在“东风五号”之前的中程和中远程导弹试验，我国一直在幅员辽阔的国土境内进行，发射场在西北酒泉试验基地，落区设在新疆西部的沙漠地区。随着导弹射程的增加，发射点不断后移，从西北移到了华北，又从华北退到了东北。但对于射程上万公里的东风五号洲际导弹试验来说，受国土陆地所限，发射点无法再后移了。为了考核导弹的设计方案，设计人员修改了弹道，先是向天上打，弹道最高点距地面3800公里（称高弹道）。为了检验导弹突防措施的有效性，检验弹头再入环境下防热的可靠性和飞行稳定性，又打低弹道。由于这两种方式都不是完全实战状态的试验，精度分析也不够精确，所以还必须进行导弹全程飞行试验。

海军副司令员周希汉接着汇报说，上海造船能力强，建议由上海承担测量船、远洋调查船、打捞救生船的建造，这对加速工程研制比较有利。

这时，张春桥阴阳怪气地说，这项工作是不是一定要搞？我是“大陆派”，你们谁能说清楚非要搞几条船干什么？

按照叶剑英的授意，钱学森从专业的角度反驳张春桥：“洲际导弹射程远，不同于我们以往的试验，虽然已经进行过几次高、低弹道短射程试验，但如果不经过全射程试验，就不足以完全检验导弹的技术性能。而我们的导弹要搞全程试验，没有远洋测量船是无法进行的。”

张春桥一看钱学森说的无懈可击，立马转了一道弯：“上海的任务太多，船就不要在上海造了吧。”实际上，上海江南造船厂早已得到消息，工厂从上到下摩拳擦掌，准备打一场让全世界惊喜的大仗。

看到张春桥无动于衷的样子，叶剑英有点火了。他走到挂着巨幅世界地图的墙边，让钱学森指出东风五号洲际导弹的发射轨迹和溅落地点，他拍着地图激动地说：“周总理布置任务至今已经快8年了，一个抗日战争都打完了，难道还要来一场抗战？！”这时，余秋里站起来表示支持：“尽管国家有困难，但是还有这个财力，我们计委的意见还是上。”彭绍辉高高举起一只手：“我和秋里一样，都是独臂将军；我的意见也和秋里一样，我们总参支持。”肖劲光也站在叶剑英一边：“我们海军听从军委指挥，全力以赴。”

张春桥一看自己势单力薄，翻了翻白眼不再吭气。叶剑英走到周希汉面前，拍了拍他的肩膀：“过去李作鹏当工程组长，他垮台了，你干！你挺起腰杆抓这件事，不要导弹出来了，船还没有造出来。”

会议最后决定，“718”工程只能上不能下。并决定第一期工程先搞5个型号6艘船，即2艘测量船，远洋调查船、打捞救生船，油水补给船、救援拖船各1艘。

这是关系“718”工程生死存亡的关键性会议。钱学森协助叶剑英顶住了干扰和压力，稳住了“718”工程的大局。

1973年，重病之中的周恩来还牵挂着国防科技工作。他详细地审阅了调整后的测量船研制工作报告，听取了钱学森关于发展洲际导弹试验工作的设

欢送“远望号”出征

想汇报，决定“718”工程领导小组由国务院、中央军委直接领导，海军副司令周希汉任组长，钱学森、余秋里任副组长，领导小组办公室设在海军司令部。远洋测量船在上海江南厂建造。此后，“718”工程逐渐步入正轨，各型号船只相继开始建造。

1976年，随着“四人帮”的覆灭，“718”工程快马加鞭。

1977年9月，张爱萍、钱学森在上海主持召开远洋测量船动员大会，要求全国27个省市和国务院各部委协同作战，加快进度，于1979年年底完成试航和特种设备的安装调试，进行海上联调试验，并待命执行试验任务。年届古稀的钱学森在许世友将军的陪同下，不辞辛劳，

导弹航天测控网

钱学森说：“外测、遥测、测控网，应该充分利用酒泉基地导弹测控的基础。”1982年10月，在远洋测量船队建成以后，钱学森进一步提出了“导弹航天测控网”的概念。

近30年来，由总装备部统一管理的导弹航天测控网取得了举世瞩目的成就：从弹道导弹测量卫星测量，从内陆台站测量到海上船队测量，从一般卫星测量到载人航天测量，从地球轨道测控到探月轨道测控，共完成了上百次艰巨复杂的导弹航天测控任务。

亲自参加了测量船停泊基地的选址工作，临近长江口的江苏省江阴市被选定为远洋测量船的停泊基地。

电磁兼容性是涉及测量船五大系统、影响全局成败的重大技术关键问题。测量船在190米长、22.6米宽的有限空间内布置了多个频段的60余副形状各异的天线，装备了1000多台套电子设备，几十个电子舱室内电缆密布。船上各种设备电磁干扰严重，尤其是与内地测控中心进行数据传输的大功率发射机一开机，使测轨、计算、通信和卫星信号接收等设备简直无法工作。美国第一艘测量船就因电磁兼容性差而报废了，后期研制的“阿波罗号”测量船也发生了种种干扰，进行了较大的修改。因此，“718”工程领导小组对此极为重视。

钱学森提出成立工程技术总体组，其主要任务之一就是抓电磁兼容性。他要求设备研制单位采取有效措施，提高抗干扰能力。当时，沈荣骏主管“远望号”的总体方案设计，他知人善任，请精通无线电技术的专家陈芳允带领攻关小组，

远洋测量船命名“远望号”

时任“718”工程办公室副主任的聂力回忆说：测量船即将诞生，给船起个什么名字呢？正当大家都在费尽脑汁时，我看到了叶剑英元帅1965年秋视察大连棒棰岛时写的七律《远望》，突发联想。就向李奇局长建议：咱们的测量船叫远望号怎么样？航天测量船既要看得远，更要有长远的发展计划。大家一致赞同，上报张爱萍主任批准，正式定名为“远望号”。恰巧，毛泽东亲笔抄录此诗回赠叶剑英，于是，船体上的“远望”二字选用的就是毛泽东的手书。

向阳红调查船

远望号测量船

探索出一种频率分配的计算方法，使不同频率上工作的设备间互不影响，消除了电磁干扰。结果，远望号测量船的电磁兼容性比预想的还要好些，全船各大系统的联接匹配、信息、传输以及工作协调性全都正确无误，达到了总体设计要求。

1979年，眼看第二年就要进行洲际导弹全程飞行试验，但测量船研制进度却拖后了3个月。钱学森立即采取果断措施，他告诉“718”工程指挥部，请派七机部机关熟悉系统工程的专家陶家渠飞赴上海，介绍航天型号管理经验，建议按照系统工程的“计划协调技术”来实施工程统一指挥调度。陶家渠一到上海，随即把远望一号和远望二号测量船各系统的负责人请来，帮助他们一个系统一个系统地画出计划流程图，最后编绘出整个工程的计划网络图，并利用计算机进行调度管理。就这样，在大家的共同努力下，经过一周紧张的工作，终于找出制约工程进度的瓶颈，使测量船的计划进度抢回了宝贵的3个月，确保了“718”工程于1979年年底按计划完成任务。

1980年2月中旬，“718”工程完成了全部研制任务，包括远望一号、远望二号测量船和向阳红五号、向阳红十号远洋调查船各1艘，以及打捞救生船、援救拖船和油水补给船等共12艘，还改装了1艘远洋调查船和4架直升机。远望测量船队的建成，填补了我国海上测量的空白，使我国的导弹、卫星测控网从西北、华北延伸到世界三大洋任何海域。

1980年5月1日凌晨5时，曙光初露。庞大的海上中国特混船队，汽笛齐鸣，彩旗高扬，缓缓离开码头。下午2时，一声号令，由11艘船和4 架超黄蜂直升机组成的测量船队，由4艘导弹驱逐艇和2艘油水补给船组成的护航舰队，排成两路纵队，浩浩荡荡从舟山朱家尖锚地启航，向着大洋深处，前进！ 前进！

“三抓”任务的第一炮，向南太平洋发射东风五号洲际导弹，就此拉开了战斗的序幕。

8．“东风五号”剑指太平洋

按照“八年四弹”的研制规划，洲际导弹1965年2月开始研制，应当在1972年研制完成。毛泽东说搞不出洲际导弹，他睡不着觉。这句话使钱学森的压力大大增加。

东风五号导弹除了广泛借鉴前几个导弹型号，特别是东风四号中远程导弹所取得的经验和技术外，又增加了一系列新的技术：第一，推进剂除了比冲、推力增加外，根据实战要求，还必须具备能长期贮存的性能；第二，弹体尺寸的选择，不仅要满足战术性能的要求，而且要考虑到公路、铁路运输的实际可能；第三，发动机方案，选择了一级发动机加二级发动机及游动发动机的方案，第一级发动机由4个71吨单机并联组成，一级发动机的单机直接用作二级主发动机，游动发动机在二级主发动机关机后可以长时间小推力工作；第四，制导系统，为保证落点的精度，用平台－计算机方案替代以前使用的捷联式制导方案。

七机部一院副院长屠守锷任东风五号导弹总设计师，一院院长张镰斧任总指挥，梁思礼、王永志等人为技术负责人。屠守锷带领科技人员多方论证、集智攻关，在钱学森的严格把关下，于1966年5月，拿出了“东风五号”的总体设计方案，1968年初步细化方案也出台了。虽然文化大革命破坏了正常的工作秩序，但是广大科技人员尽最大努力坚持工作，到1969年年底，初步满足设计要求的初样产品完成了，导弹各个分系统也分别做了联试，可以向试样阶段迈进了。

然而好事多磨，屠守锷回忆说：

本来在试样阶段要作大量的地面试验工作，以进一步认识所采用的新技术还有什么薄弱环节和不协调的地方。但是1970年3月，当时的七机部军管会领导要求我们争取在当年国庆节前发射第一枚导弹，向国庆献礼。我迫于形势，明知这个要求不容易办到，还是和大家商量修改了工作程序，减去了一些应作的地面试验。经过几个月的忙乱，献礼还是做不到，只得放弃，但时间已失去了。第一枚飞行试验用的导弹，在总装后才补作了本该在总装前完成的控制系统综合试验和各系统匹配试验，用了100多天，到1971年6月才勉强做到出厂时应达到的要求。如果不提出献礼的要求，大家按照计划比较充分地做好地面试验，然后全弹总装测试，合格后再出厂，导弹的质量应该更好一些。

历尽千辛万苦多次返工，第一枚洲际导弹东风五号终于具备了出厂条件。可是，由于研制时间拖长，有人提意见说："这枚弹在地面折腾了这么长时间，像人一样，老了。不如另生产一枚去作飞行试验。"屠守锷一听就急了，费了这么大的劲，好不容易才把它搞出来，不试一试就将这枚弹宣判"死刑"，国家损失可真是太大了，几年时间也白白浪费了。退一步讲，许多新技术也只有通过飞行试验，才能充分暴露问题，加以改进。他们一次又一次地向上级申述理由。

1971年6月25日，周恩来在人民大会堂福建厅召开中央专委会，在听取了东风五号遥测弹出厂汇报后，他关切地问屠守锷："屠总，你认为这枚导弹可以发射吗？"屠守锷毫不含糊地答道："我们该做的工作都做了，导弹的性能、状态是好的。我们认为应该尽快试验，以便进一步检验我们的设计方案，从中找到问题和不足。"周恩来用探询的眼光看了看钱学森。钱学森认为，飞行试验是在更真实的环境下考验导弹采用的新技术是否可靠的最佳办法，问题早暴露比晚暴露要好，他点头同意屠守锷的意见。经周恩来亲自批准，6月27日，首枚东风五号导弹出厂运往酒泉试验基地。

又经过几十个日夜的测试，导弹在酒泉试验基地发射架上竖起来了。这是一枚两级导弹，全长35米，直径3.35米，结构尺寸比较大。设计人员缺少大型导弹的研制经验，"东风五号"对于大家来说，犹如旱鸭子下水第一遭。导弹在塔架上垂直测试时，突然发生抖动，抖动的振幅很大，偌大的塔架也跟着晃动，现场工作人员惊呆了，他们从来没见过这等情景，情急之中立即停止了测试。事后进行故障分析，大家众说纷纭，一筹莫展。下面怎么办呢？如果这枚导弹不打了，拉回去重新检查，等于这枚导弹就彻底作废了；如果打出去，谁也不敢下决心。

关键时刻，人们把期待的眼光投向了钱学森。

钱学森也没有遇到过这种问题，但是他丝毫没有惊慌失措。他背着手在导弹旁边踱步思考，一个个解决方案从他脑海中飞速闪过，又一个个地被他推翻。过了一会儿，他开口讲话了：“第一，根据我多年科研工作的经验和对这种问题的认识，我认为抖动问题很复杂，如果分析为什么会抖动，找出原因，不是这几天就能列出方程，算出结果，解决得了的；第二，当导弹点火升空后，不会出现这种抖动问题。所以，我认为抖动不影响这次发射。”千钧一发之际，钱学森的结论重如泰山，大家悬空的心终于落地了。刚才还垂头丧气的工作人员，顿时精神焕发，赶紧投入发射前的准备工作。

都说福不双降，祸不单行。“东风五号”发射前又遇到了麻烦。

就在导弹推进剂加注了一多半的紧要关头，气象部门报告，在预定的发射时间内，一股浓密的云层将覆盖基地上空，云层会影响光测系统正常测量导弹的飞行轨迹。这个报告再一次使发射指挥部难以下决心按时发射。此时，七机部的现场技术决策者是钱学森，他认为屠守锷已在周恩来面前有明确表态，这次想听听王永志的意见。王永志回忆说：

当时我提出，推进剂已经加注，如不发射，导弹会有报废的危险。云层影响光测，我们可以用雷达测量和无线电遥测；另外，应该加快速度准备，争取在云层到来前发射。钱学森表态：就按王永志的意见办，继续加注，准备发射。

成功总是属于无私无畏和拥有科学头脑的人。1971年9月10日，我国第一枚洲际导弹终于点火发射，导弹起飞正常，一、二级按时分离，只是二级发动机提前6秒关机，造成导弹落点没有达到目标区。由于导弹采用的新技术全部通过了飞行考核，试验取得了基本成功。事后采取了冗余措施，增加了薄弱环节的可靠性，从1980年年底到1990年，用这种导弹改型的火箭，曾10次发射返回式卫星，再也没有发生类似的故障。

三天后，中国发生了震惊中外的“九·一三”林彪叛逃事件。发射队被要求紧急撤退、立即返京。

直到1975年张爱萍主任受邓小平和中央军委的委托，到七机部拨乱反正，洲际导弹研制工作才二次启动。张爱萍经过调查研究后，对洲际导弹的评价是“生于乱世，先天不足，精心保健，诊断从速，内脏脉络，检查周密，气血畅通，筋骨有力，一鸣上天，为民争气”。

1977年12月，七机部召开“东风五号”研制誓师动员大会，随后重新任命屠守锷为总设计师，张镰斧为总指挥。为了实现中央专委争取在1980年四五月间试飞成功的要求，全国1000多家工厂、几万名工程技术人员和部队指战员，心往一处想，劲往一处使，争分夺秒地坚持工作，决不让洲际导弹全程试验准备工作在自己的岗位、工序上“卡壳”、“误点”。

那几年中，钱学森总是穿着一身军装、一双布鞋，奔波在全国各地。远洋测量船遥测设备的研制，平台工艺的技术攻关，提高发动机和控制系统的可靠性，弹头再入烧蚀防热可靠性和气动稳定性，国内场区的几次飞行试验等，各处“攻关要地”都能看到他的身影。

“四弹”目标全部完成

尽管受到文化大革命动乱的干扰，任务有所拖期，但“四弹”目标最终全部得以完成：

1966年10月，东风二号甲导弹成功进行了导弹和原子弹“两弹结合”试验。

1966年12月，东风三号中程导弹首飞基本成功。

1970年1月，东风四号中远程导弹首飞成功，当年4月，以“东风四号”为基础改进而成的长征一号运载火箭，把东方红一号卫星送入太空。

1971年9月，东风五号洲际导弹低弹道试验首飞成功，1975年11月，以“东风五号”为基础的长征二号运载火箭，成功发射返回式卫星。

1975年，以长征二号火箭为基本型，衍生出了十几种我国长征系列运载火箭。

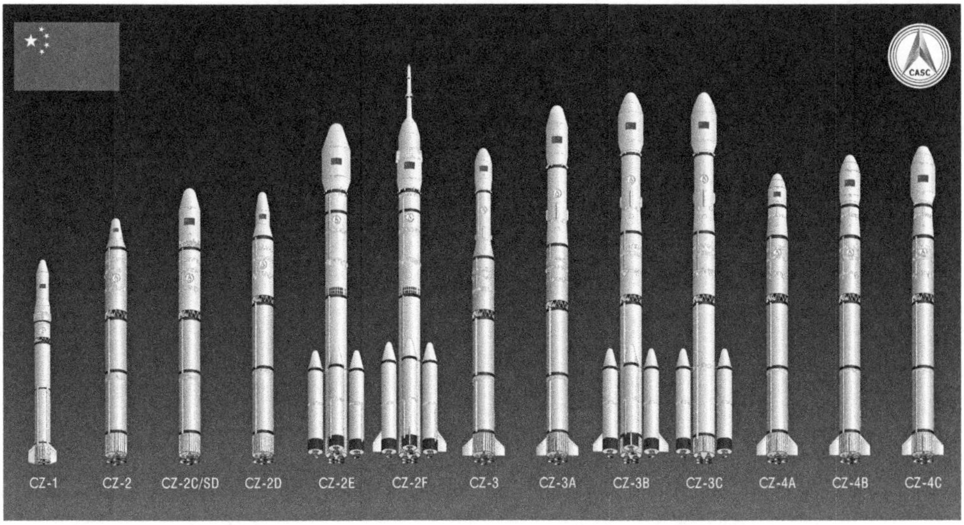

长征系列运载火箭

鉴于洲际导弹全程飞行试验涉及面太广，有些分系统的工作直到1979年年初进度还不符合要求。于是，一些同志对全程飞行试验的必要性产生了怀疑，提出:“全程飞行试验是导弹定型的充分条件，不是必要条件，可试可不试。”异议反映到国防科委，有些领导也认为有道理。

打还是不打，这个关键性的决策怎么做？有过亲身经历的专家们记忆犹新。

导弹专家沈辛荪：我们的研制工作干了十几年，但是要真正鉴定我们自己的这个弹，你光是通过特殊弹道的飞行试验是不行的，尽管可以取得很多数据，但最后还是要靠全程试验来检验我们的设计方案对还是不对。

“东风五号”总指挥张镰斧：人们往往知道重大事件轰轰烈烈的进展和顺利的一面，实际上事件本身经常会出现不同的认识，这就要看关键人物的决心和意志了。钱老就明确表示“立足国内试验定型是我们的良好愿望，但是，从我们现在国内试验、测量条件和精度分析工作进展的实际情况看，我们还不具备这个条件，全程飞行试验仍然是我国洲际导弹定型试验的重要组成部分，所以，全程试验我们还是要做，而且要扎扎实实地做好一切准备工作”。这一排除异议、决定性的意见，在关键时刻平息了争论。

东风五号洲际导弹全程飞行试验要打到太平洋上，这就要求发射之前把落区的范围向全世界公告，在导弹试验期间禁止所有船只进入落区，以免发生危险。

圈定导弹落区是一件很困难的事，因为导弹实际落点与理论设计落点会有误差，圈划大了，外国人会认为我们的导弹太不精确，圈划小了又怕打着别国的船只，引起国际纷争。

技术人员谁也不敢划这个“圈”，钱学森再次出马，接手难题。他提出了划圈的原则：我们的弹着区画得要比美国人和苏联人的小，而且技术水平要高，要争这口气。

当时，中国划定的试验禁区范围成为国际社会注目的焦点。禁区范围越小，说明该导弹落点精度越高。苏联于1960年1月首次公开在太平洋进行远程导弹试验时，所公布的试验禁区是500公里×300公里的矩形水域；1975年6月进行的一次试验，其试验禁区是240公里圆形海域，即使这样，一块

弹片还落在了停泊在禁区外的美国范登堡号测量船上。我国科技人员经过充分调查论证，确定以东经171°33′，南纬7°为中心，半径为130公里的圆形试验区，远小于苏联的试验范围。这个数据由钱学森拍板后对外公告。

回忆往事，导弹专家王德臣说：

打“东风五号”是1:1的飞行试验，你得向全世界公布，你得划个大圈儿，如果你打在圈儿外头，丢人不丢人啊。你作试验的时候，人家外国的测量船就贴在你划的边儿上，他们准备着，一旦你的东西掉在圈外，他可以去抢啊，去打捞那个弹头啊。为了提高导弹的精度，我们在钱老亲自领导指导下，大概整整搞了四五年的时间。

1980年5月2日，张爱萍、李耀文、郑天翔、陈彬、钱学森、朱光亚等领导来到酒泉导弹发射基地，检查首区临射前的各项准备工作。5日，

1980年5月9日新华社受权
向全世界发表公告

中华人民共和国将于1980年5月12日至6月10日，由中国本土向太平洋南纬7度0分、东经171度33分为中心，半径70海里的圆形海域范围内的公海上，发射运载火箭试验。中国舰船和飞机将在该海域进行作业。为了过往船只和飞机的安全，中国政府要求有关国家政府通知本国的船只和飞机，在试验期间不要进入上述海域和海域上空。

导弹发射前阵地巡逻

东风五号导弹测试

钱学森参加基地召开的洲际导弹全程试验动员大会并发表了讲话：

20年以前，我们着手试验第一枚近程导弹时，陈毅副总理曾经对我说过这样一句话："你们的导弹上去了，为国争了气，我这个外交官出去，腰杆子也就硬了。"60年代初，我们的近程导弹上去了，为祖国争了气；今天，我们的洲际导弹也要上去，为祖国再次争光。洲际导弹掌握在帝国主义手里，便会成为他们称霸的资本，掌握在中国人民手中，便会成为世界和平与安全的保障……从这个意义上讲，我们每一位参加研制、

落点误差只有250米

按照设计指标，弹头落点误差800米为优秀，1000米以内为良好，1500～2000米为及格。东风五号洲际导弹的落点误差只有250米，远远低于导弹研制部门提出的误差指标。从我国西北边陲大漠起飞，到南太平洋孤海溅落，对飞行9000余公里的远程导弹来说，这种射击精度，相当于用步枪击中千米之外的一个乒乓球，或用手枪击中百米之外的一只蚊子。

"东风五号"待命发射

生产、试验的科学工作者，工程技术人员、工人、以及解放军指战员，都是世界和平的保护神！

1980年5月18日，这是中国航天发展史上一个具有重大意义的日子。这天凌晨4时，导弹进入发射前5小时准备。发射场上一派紧张的战斗气氛，乳白色的巨型导弹耸立在广袤浩瀚的戈壁滩上，严阵以待。在跨越几千公里的试验首区、航区（火箭飞越过的区域）和落区，全国各有关部门都在为这次试验提供各种保证条件。邮电部、解放军通信兵部调用数百个台站保证通信畅通无阻；电力部门保证电力供应万无一失；铁道交通部门优先安排产品运输；测绘部门为试验提供精确的大地参数；气象部门适时提供气象资料和天气预报……

10时整，一声点火令下，刹时一阵轰鸣，四条火龙把东风五号导弹迅速托起，直插云霄。导弹飞越银川、太原、石家庄、济南等城市上空，跨越碧波万顷的西太平洋。从导弹起飞的那一刻开始，在落区的海上参试人员就翘首远眺，注视着西北方向的来客。不一会儿，从白云深处钻出一个亮点，瞬时间成了一个大火球，由橘红色变成银白色，呼啸着划破长空，直奔落区而来。

亮点越来越大，在距离海面还有几公里高度时，装有重要飞行参数的数据舱，从导弹头部自动弹出，随降落伞徐徐飘落洋面，荧光染色剂把湛蓝的海水染得翠绿。

各个环节立即忙碌起来。直升机迅速测出数据舱的坐标，早在附近待命的我导弹驱逐舰和一艘快艇立刻向落区开进，直升机飞到落点垂直悬停在离洋面30米的空中。钢索吊着海军潜水员刘志勇徐徐下降，他一手抓住吊钩，一手奋力击水，几下便抓住了数据舱。整个打捞过程只用了5分20秒。

就在数据舱被弹出的同时，导弹弹头发着极其耀眼的光芒，一头扎进海里。随即，海水像开了锅似的沸腾起来，水蒸气随着激起的近200米高、直径约30米的水柱一起升高，形成一个庞大的水蒸气雾团，壮观的景象像原子弹爆炸后形成的蘑菇云一般，8公里以外一艘参加回收任务的拖船，被巨浪掀得倾斜近50°。弹头落点精度十分理想。

当天，党和国家领导人华国锋、邓小平、徐向前、聂荣臻、胡耀邦、赵紫

阳、王任重、宋任穷、王震、韦国清等在国防科委指挥所观看发射实况录相，高度评价了参试人员的工作。邓小平向参试人员表示热烈的祝贺，胡耀邦振臂高呼“同志们，我们胜利了！人民胜利了！”

发射成功的当天晚上，国防科委主任张爱萍，心潮激荡，浮想联翩，欣然命笔，写下了《清平乐·我国远程火箭发射成功》，庆贺这个伟大的胜利：

东风怒放，烈火喷万丈。
霹雳弦惊周天荡，威震大洋激浪。
莫道生来多难，更喜险峰竞攀。
今日雕弓满月，敢平寇蹄狼烟。

这次发射成功，标志着我国拥有了第一代洲际导弹，也标志着中国战略导弹达到了新的水平。它打破了超级大国对洲际战略核武器的长期垄断，曾长期处于“落后挨打”痛苦境地的中国人民，从此拥有了可以指向地球任何一个角落的“倚天长剑”！

此时的钱学森，平静地坐在国防科委北京指挥中心一个不太显眼的座位上，他的思绪跟随这枚导弹跨越万里飞向太平洋，当年他回国的时候也徜徉过这片海洋。25年后，这片海洋见证了中国第一代导弹研制任务的完成，见证了他对祖国千金一诺的实现！如今的他已经年近古稀，学术研究的黄金时间已经过去，为了给祖国赢得长久的安宁，他丢掉了自己心爱的物理力学研究。20世纪70年代，美国在这方面的研究成果获得了诺贝尔物理学奖。而由于无法分心，他于1956

中国值得自豪

美国自1958年8月首次向大西洋发射全程洲际导弹，到1980年，共在大西洋和太平洋进行了457次全程试验，其中有262次是研制性试验，失败63次，占24%，而绝大部分失败是源自弹上系统的故障。中国首次在太平洋上进行洲际导弹全程试验就取得了成功，是非常值得自豪的。

人民日报 号外

我国向太平洋预定海域发射的第一枚运载火箭获得圆满成功

新华社北京五月十八日急电　一九八〇年五月十八日上午，我国向太平洋预定海域发射的第一枚运载火箭获得圆满成功。

我国发射的第一枚运载火箭命中海域示意图

《人民日报》号外

国产远程战略核导弹在建国60周年阅兵式上

年就创立了的物理力学研究工作被迫停止。

使他备感欣慰的是，“八年四弹”的时光是他人生最闪亮的时光，他领军的中国航天队伍，独立自主地闯出了一条新路，从仿制、追赶的轨道上冲杀出去，奔上了赶超世界先进水平的康庄大道。他的直觉告诉他，追赶型和赶超型是两种不同的发展途径，追赶者的技术轨道是由先进者主导的，所以两者之间的差距可以缩小却永远无法消除；而赶超者是独辟蹊径的，它完全可以主宰自己的命运，在科技前沿站住脚，并以扬长避短的方式保持技术进步的发展势头。

中国航天的奇迹不正是最好的印证吗！

我将竭尽努力，和中国人民一道建设自己的国家，使我们的同胞能过上有尊严的幸福生活。我的事业在中国，我的成就在中国，我的归宿在中国。

—— 钱学森

第七章 跃上苍穹

一个国家、一个民族，当你在核心技术上无法与别人站在同一起跑线上，你便失掉了和别人平起平坐的资格和尊严。在钱学森的带领下，中国的导弹从战术到战略，从地地到地空、海防，从陆基发射到水下发射，从固定发射到机动隐蔽发射，技术水平跻身世界先进行列。在完成东风系列第一代导弹的同时，长征系列运载火箭跟进发展，为祖国抢占了一个个科技前沿和战略制高点，在茫茫太空为中国人标注了新的高度。

钱学森参观延安毛泽东主席故居

钱学森深入基层

1985年钱学森、钱三强、钱伟长出席交叉科学讨论会

1978年5月，国防科委副主任钱学森视察基地

钱学森与同事讨论问题

20世纪70年代的钱学森

钱学森在散步

1964年毛泽东在第三届全国人大会议上接见钱学森

钱学森参加清华大学70周年校庆

洲际导弹发射之前，钱学森前往上海欢送远洋测量船队人员

1975年1月，钱学森与侯宝林在第四届全国人大会上

1988年春，钱学森在中国科协办公室

钱学森、朱光亚向聂荣臻汇报工作

1977年7月8日，“718”工程指挥部领导向国防科委副主任陈彬和钱学森汇报码头建设方案

1980年6月5日，钱学森登上“远望号”看望船员

1．“黑猫中队”的克星

黑猫中队

1961年至1974年间，台湾地区有一个代号“黑猫中队”的高空侦察飞行队（即台湾空军秘密侦察35中队），飞行员穿着画有金眼黑猫徽记的夹克，驾驶着画有黑猫徽记的美国飞机，在台湾桃园机场起起落落。“黑猫中队”是美国中央情报局和台湾国民党政府合作的产物，任务是协助美国深入中国内地进行高空侦查，刺探情报。

“黑猫中队”使用美国洛克希德公司生产的U-2侦察机，机身长15.11米，翼展为24.38米，可连续飞行9小时，飞行高度可达22000米，远远高于当时世界上所有高射炮和歼击机的作战高度。机上配置的美国首创用于高空侦察的B型照相机，装有特殊的镜头和容量惊人的胶片，所使用的大型胶片，每幅边长近46厘米，长达2500米。U-2飞机每次飞行任务拍下的照片，可以堆满一间房子。

国民党黑猫中队的队徽

1962年9月9日，周日的晚上，明月高照，中秋将至。台湾空军情报署署长衣将军的家里，高朋满座、欢笑四起，杯觥交错、乐声袅袅，一场晚宴热闹正酣，来宾全是美国中央情报局的官员。

自从获悉中国大陆开始研制导弹、原子弹后，美国情报界官员便频频光顾台湾。台湾空军得到了美国的大力支持，先后装备了RB-57D、U-2等很多性能先进的飞机，美国还为台湾空军培训了一批水平相当高的飞行员。双方约定，由台湾方面对大陆实施战略侦察，所获信息资源共享。美国情报局认为，只要美国飞行员不出面，就可以避免国际纠纷，如果大陆抗议，便可以推脱是中国人自家的事。台湾方面自然同意，这样既能得到军援，又能得到情报，反攻大陆曙光在前。

衣将军手挽夫人把酒祝词，忽然，一个参谋神色慌张、急急匆匆地跑了进来，在他的耳边嘀咕了几句。顿时，将军颓然而坐，颤巍巍地放下

1960年蒋介石接见黑猫中队队员

了酒杯，满脸的笑颜变成了满面的泪水，音乐戛然而止。美国人不知发生了什么，正待向主人发问，不料衣将军大吼一声：“你们不是保证中共没有飞弹吗？怎么我最好的飞行员被他们打下来了？！”

原来这是白天发生的事。台湾空军的王牌部队——“黑猫中队”，折戟了第一只“猫”。

为了偷窥中国导弹、原子弹研制和试验基地的情报，以及内地各工业、军事、交通等目标，从1962年1月23日开始，U-2飞机频频出现于中国大陆领空，活动范围遍及除新疆、西藏以外的广大地区。仅1962年上半年，U-2飞机就对大陆腹地进行了11次侦察飞行，对新中国的安全构成了严重的威胁。

要打击“黑猫”的嚣张气焰，高射炮和歼击机显然都无能为力，当时我国引进的苏联米格-17飞机的最高飞行高度才16000米，所以必须要使用防空导弹。

保卫祖国的领空，新中国的领导人早就作出了安排。

1957年9月，以聂荣臻为团长的中国政府代表团赴苏联谈判，争取到了苏联援助中国仿制P-2地地导弹和C-75地空导弹。钱学森在苏联谈判期间，已设想将仿制这两种导弹需要的专业技术人才和投资规模，甚至对建设工厂、车间、设备及人员等，都写成书面材料，提出了自己的意见。回国后，他即按照“地地导弹排第一、地空导弹排第二”的部署投入工作。钱学森在把主要精力和主要研制力量放在仿制P-2地地导弹，在首先解决拥有反击手段的同时，也分出部分力量研究对付敌机侵扰的防空安全问题，安排了C-75地空导弹的仿制生产。

1957年11月9日，由钱学森、谷景生、王诤联名签署《关于导弹研究院的体制意见的报告》，组建了国防部五院第一、二分院，其中，二分院的主要任务就是研制包括地空导弹在内的导弹控制系统，并投入一定力量，集中仿制C-75地空导弹。C-75地空导弹的仿制代号为“543”，它和我国后来自主研制的红旗二号地空导弹，成为美蒋“黑猫中队”的克星，使他们对我国战略目标侦察计划遭到彻底破产。

按照中苏双方签订的《国防新技术协定》，1959年苏联援助的C-75防空导弹营，连同全套装备抵达我国，由空军和国防部五院在长辛店共同组织“543”教导大队，培训地空导弹部队和五院科技人员。1960年，苏联又运来了仿制生

代号“543”

我国仿制的苏制C-75地空导弹，代号“543”，西方将之称为“萨姆2号”（“萨姆”是SAM的音译，意为地对空导弹）。“543”是由导弹、制导站和地面设备三部分组成的武器系统，用于对付中高空飞机，导弹拦截目标高度1～27公里，作战斜距7～35公里，最大速度1250米/秒。导弹的动力装置是一台液体火箭发动机和一台固体助推器。

1959年10月7日，我国空军地空导弹部队用苏制543导弹击落一架美制RB-57D高空侦察机。从1962年到1967年，地空导弹部队用苏制543导弹和国产543导弹多次击落入侵的美制U-2间谍飞机。

产用的全部设计与工艺技术资料，并派出专家协助仿制。仿制工作由三机部所属工厂承担，五院作为总设计师单位，派技术人员组成设计工作组，下厂参加仿制，负责处理有关设计技术问题。

苏联虽给了多方面的援助，但并不支持我国导弹事业自主发展。他们所提供的资料不包括研制过程的任何分析计算资料和参数选择的依据，也没有提供遥测弹的图纸，使我方只知道“是什么”，但不知道“为什么”。当五院技术人员就此询问苏联专家时，他们的答复是：“你们不需要知道这些，如有需要可直接向苏联订购更先进的产品。”

1960年8月，苏联撤走专家，终止援助。此时，国内共有3个地空导弹作战营，只有50多枚苏联人留下的“543”导弹。偌大的中国领空，光靠50枚外国导弹怎么守护？

钱学森根据聂荣臻的指示，依靠和发挥中国自己专家的作用，在二分院提出了“学习‘543’，

红旗二号地空导弹

吃透‘543’，仿出‘543’”的响亮口号，加快仿制的步伐。1961年9月，国防部五院决定地空导弹由二分院抓总，从组织体制上将二分院调整为地空型号设计院，集中了一支包括钱文极、蔡金涛、吴朔平、黄纬禄、梁思礼、张履谦、陈怀瑾等专家在内的科技队伍，加强了543地空导弹的仿制力量。543导弹总设计师为二分院副院长钱文极，各驻厂工作组负责人均由各主管单位技术负责人担任，从组织上保证了整个武器系统技术协调的高度一致性。1964年3月，仿制的C-75导弹被正式命名为“红旗一号”。

在工厂按图仿制的同时，五院在钱学森的具体组织下，全面开展了“543”的“反设计”工作，目的是通过自己的努力，更深入地掌握整个武器系统及各分系统的性能、内在运行机理和规律及参数选择的依据等。二分院还于1962年5月召开了由各研制单位及高等院校参加的“543”“反设计”工作报告会，交流成果，总结经验。

为了掌握导弹及弹上各分系统在实际飞行过程中的运动规律，获取导弹飞行中的第一手资料，设计人员提出自行研制543遥测弹的建议，得到了领导的支持，并在沈阳112厂安排了6枚遥测弹的试制生产任务。后来，又成功进行了高低空多种作战空域条件下的遥测弹飞行试验，获取了大量飞行试验中的实测数据，从中发现并验证了导弹弹性振动对控制系统工作影响等情况。

在地面制导雷达的仿制中，雷达扇形扫描天线的设计极为复杂，要求很高，工厂生产的产品合格率极低。1965年7月，钱学森指名要求二院23所的雷达专家陈敬熊组织攻关小组，彻底攻克这个技术难题。在钱学森的指导下，陈敬熊带领攻关小组在吃透其设计原理的基础上改进设计，使产品合格率大大提高。

随着仿制工作的进展，“543”逐步进入外场及飞行打靶试验。1963年首次成功进行2枚模型弹的飞行试验，1964年全武器系统进行战斗弹打靶试验，结果在打实体靶机时，引信没有引燃战斗部。设计人员通过大量试验及分析，认为靶机在不同角度对引信的有效散射面变化很大，有时不足以启动引信。在对引信及靶机采取相应的技术措施后，第二次试验一举成功地击落了靶机，实现了仿制导弹的定型。此后，定名为“红旗一号”的导弹开始自行生产并装备部队。

在“仿出、摸透”的方针指导下，国产“红旗一号”在一些重大问题上跳出了

“老红旗一号”下马小插曲

原航天部二院党委书记程荣之回忆：苏联撤援后，出于义愤，国防部五院有的同志认为仿制是工厂的事，我们应该自行设计新型号。1960年秋，二分院集中了一部分人进行地空导弹的研制，取名为“红旗一号”，它是采用冲压发动机的高空巡航式雷达制导远程防空导弹，其战术技术指标比“543”先进得多。但随后国家遇上了三年困难，五院按照中央“缩短战线、确保重点”的方针，作出“红旗一号”下马，把仿制“543”作为重点的决定。后来，人们把仿制的导弹称为“红旗一号”，把下马的称为“老红旗一号”。现在看来这个决策非常正确。虽然“老红旗一号”下马了，但当时研究的冲压发动机、弹体防热涂层、蜂窝结构等技术，为后续型号做了很好的技术铺垫。

依样画葫芦的框框，有所创新，为今后走自行设计道路奠定了基础。

“红旗一号”有了，但是作战性能还不太好，钱学森提出“要改进”。怎么改？他的要求，一是增加作用距离，要打得更远一点；二是要打得更准一点；三是要有抗干扰能力。雷达控制专家张履谦回忆：

钱学森为了“红旗一号”的改进到我们研究室开现场会，我们搞出两个方案向他汇报：一个是单脉冲天线体制，这是一个大天线，天线的反射面要做得非常精密，它利用接收两路回波来进行定位，天线、双通道接收机与数据处理技术均需要进行技术攻关，至少要搞三四年，有时间的风险性。另一个是照射天线雷达体制，这个体制能满足打得远和打得精的要求。雷达照射的功率大了，自然可以看得远，导弹打击的范围就大了；雷达照射功率大，回波信号就强，目标就可以测得准一些，导弹的精度也就提高了；这种体制还有抗干扰潜力。照射体制为什么能抗干扰？“543”靠天线波瓣扫描来测角，如果有回答式干扰信号，雷达就无法定位。而采用照射天线雷达体制，干扰的信号就不灵了。

五院院长王秉璋和钱学森一起参加了现场会。王秉璋表示，雷达能提高15%的作用距离，能提高100米的测量高度，导弹威力能增加10%，还具有抗干扰性能，用这个方案我赞成。钱学森说，作战性能有提高，技术继承性好，关键技术已经解决，我也同意用这个方案。“红旗一号”改进型方案很快获得了批准，改进后的导弹取名为“红旗二号”。

“543”教导大队完成培训任务后，空军即着手组建地空导弹部队，开始装备进口的543导弹系统，随后装备国产红旗一号导弹系统。随着我国防空力量的加强，台湾的普通战斗机、轰炸机已不敢贸然入侵大陆领空，但美制高空侦察机RB-57D和U-2还不断从高空入侵进行照相及电子侦察活动。由于其飞行高度很高，我高炮和战斗机都无法对它进行拦截，红旗一号导弹和红旗二号导弹便成为打击它的有效武器。

空军地空导弹部队使用进口543导弹和红旗一号、红旗二号导弹，与美蒋“黑猫中队”进行了一场高水平、高智慧的较量，打了好几场漂亮仗。

为入侵大陆做准备，U-2飞机曾大摇大摆如入无人之境地在大陆腹地侦察了近半年，蒋介石看到它所拍回的清晰照片，大为赞赏，有一次甚至提出想看看他的老家浙江奉化的照片。于是，“黑猫中队”特地派一架U-2飞机到奉化上空转了一圈并拍照，蒋介石从照片中认出了母亲的墓地，大为惊讶。然而，得意的“黑猫中队”万万没有想到，我地空导弹部队此时正在为它编织一个天罗地网。

1962年9月，我地空导弹部队以“打井队”的名义悄然南下，埋伏在江西向塘。作为诱饵，我空军大批轰炸机也飞往向塘。9日，一架U-2飞机从台湾桃园机场起飞，经福建东部平潭岛进入大陆，飞过福州、南平，朝江西南昌飞来。U-2飞机一进入我境内上空，就被我搜索雷达紧紧咬住。

北京接到报告后，空军司令员刘亚楼亲自坐镇空军指挥部指挥。

这时，U-2飞机迂回曲折地进入鄱阳湖上空，8时24分，它突然从九江掉头直扑向塘，正好掉进了我军布好的圈套。

一声令下，三枚导弹如同三条蛟龙先后腾空而起，直扑目标。第一枚没有击中，第二枚、第三枚与目标交会。

一段令人窒息的沉寂之后，天空中爆出一个巨大的火球，飞机被打中了！

“黑猫”拖着长长的黑烟，一头栽进距离南昌市区东南15公里的罗家集水稻田里，U-2飞机飞行员陈怀生被击毙。具有讽刺意味的是，这位被击毙的飞行员，正是为U-2侦察机设计黑猫图案的人，他曾得意地说：黑猫的两只金色猫眼象征着锐利的高空摄影机。但他怎么也没有想到，他的“猫眼”还没有睁开，就被航天人的导弹打瞎了，他本人也成为“黑猫”的第一个殉难者。

与"U-2"斗智斗勇

航天制导专家张履谦回忆：打下第一架"U-2"后，美国就想办法了，第二架来的时候，一发现雷达就逃跑。但我们已经知道第一架是怎么回事了，就计算了一下，做了一个专用数据表给部队操作人员，告诉他们如果"U-2"的距离和方位在数据表给定的范围内就可以按按钮，不在此范围就不按。第二架"U-2"便是根据我们提供的数据表打下来的。

第三架"U-2"来时，我们先用其他雷达进行远距离跟踪，一旦发现目标进入射程，就开启导弹雷达，等"U-2"发现导弹雷达信号时，导弹已到它跟前，跑不掉了。打下第三架"U-2"，也是我们给部队出的主意。

第四架"U-2"更狡猾，它带了一个干扰机，收到导弹雷达信号后就发一个假信号。为此，我们就在雷达上加装一个照射器，连续照射使它分不出真假，这样"U-2"发出的干扰就无效了，它又被击落。

得此喜讯，刘亚楼兴高采烈地大喊："有茅台酒没有呀，快拿茅台酒来！"

周恩来对此的批示是："很好，这是一次伟大的胜利！"

毛泽东后来在跟外宾谈话时，笑称"U-2飞机被中国人民用竹竿捅了下来"。

1963年11月1日，叶常棣驾驶U-2飞机对武汉进行侦察飞行，在江西被我地空导弹击落，叶常棣被俘。

1964年7月7日，李南屏驾驶U-2飞机侦察中越边境补给路线，在福建被我导弹击中，李南屏坠机身亡。

1965年1月10日，张立义驾驶的U-2飞机上安装了一个欺骗干扰装置，被我方技术人员识破，并在导弹雷达上加了一个照射器，使用雷达信号连续对它进行照射，使它分不出真假，其所发出的干扰也就无效了。最终飞机在内蒙古包头被我导弹击落，张立义被俘。

20世纪60年代初被我地空导弹击落的U-2高空侦察机残骸

1967年，“红旗二号”设计定型，批量生产装备了部队。

9月8日上午，当带有电子干扰装置的U-2飞机再次侵入我华东地区上空，当即被刚研制成功不久的红旗二号地空导弹击落。

从1962年9月到1967年7月，我地空导弹部队一共击落U-2高空侦察飞机5架。其中，对付前3架，我方使用的是进口的543导弹，第4架，使用的是国产红旗一号导弹，最后1架是用我国自行研制的“红旗二号”打下的。张履谦说：“我们的地空导弹打下了5架U-2飞机，怎么打下来的，这些过程，钱学森都知道。”

由于我国有了自己的反击武器，加上中美关系趋于缓和，“黑猫中队”于1970年被迫停止活动。1974年后，美国中止了对中国的高空侦察计划。

“红旗二号”是我国防空导弹自行研制的开山之作，它至今还在服役，成为几十年来我国防空武器的主战装备。

经过多年的艰苦奋斗，如今，我国的防空导弹已走上了规范化、系列化的轨道，形成了远中近、高中低火力配系的空天防御体系，实现了由要地防空扩展为区域防空的跨越。我国已掌握了堪称世界先进水平的一系列关键技术，防空导弹武器从发现目标、指示目标、分配目标，直到跟踪目标、发射导弹拦截目标，实施战斗的全过程，充分显示出以信息技术为核心的快速化、自动化、对抗化和智能化的特征，祖国的领土、领海、领空有了坚实的防卫盾牌。

2. 中国“飞鱼”扬威海上

我国拥有绵延3.2万公里的海岸线、6500多个岛屿、300万平方公里的海域。一旦国家受到外来威胁，保卫万里海疆，维护国家主权，海军必须拥有先进的海防导弹。

1959年，我国开始仿制苏联提供的П-15舰舰导弹，代号“544”。国防部五院一分院组建了海防导弹总体设计部（第四总体设计部），开展“反设计”，并派人下厂参加仿制生产工作；二分院也抽调人员参加弹上末制导雷达、自动驾驶仪的仿制设计工作；三机部南昌320厂负责弹体制造与总装。

钱学森在指导研制地地导弹的同时，分出一部分精力，参与组织了544导弹的仿制生产。仿制刚刚有点眉目，1960年8月，苏联政府便单方面撕毁协议，撤走专家，几乎把544导弹的仿制逼上死路。为了及早给我军提供现代化的武器装备，中央决定收缩战线，集中力量先发展地地导弹和地空导弹，在取得突破或解决有无问题后，再发展海防导弹。

1965年4月，国防部五院三分院改组成为舰舰和岸舰导弹研究院。早在1961年，一分院已把第四总体设计部划归三分院，集中负责海防导弹的研制。历经5年奋斗，终于突破难关。1966年，544导弹仿制成功，该型导弹定型后被命名为“上游一号”，装备海军导弹快艇，比原定计划提前了2年。从此，我国开天辟地拥有了第一种舰舰型海防导弹，人民海军的武器装备开始进入导弹时代。

仿制成功了，自行设计海防导弹行不行呢？

大学生和总设计师设计的飞机不同

当年一些留苏学生对钱学森提出“从理论上吃透”的要求不理解，说：“我们在学校里面学过理论和公式，有了理论、公式，就可以自己设计。”梁守槃引用苏联专家曾经说过的一句话进行了反驳：“在苏联，一个总设计师设计的飞机，跟大学生毕业论文中设计的飞机，用的公式是一样的，画出来的情况也大致相似，唯一不同之点就是，照总设计师画出来的图纸造出来的飞机会飞，而大学毕业生设计的飞机，飞起来会摔下去，这是不一样的。”

上游一号舰舰导弹

海鹰一号岸舰导弹

当时上下争论很大。苏联只提供了生产图纸，没有提供设计资料，很多人担心我们自己学不学得会设计。聂荣臻和钱学森给研制人员鼓劲，要求从理论上吃透苏联的资料入手。

三院副院长梁守槃回忆：

> 我向钱学森提出来，我们是不是搞一个反设计？假定苏联没有给我们图纸，只有这个导弹的指标，就是要飞起来打600公里，我就以600公里的指标来设计，设计以后跟苏联的资料对比，尺寸一样不一样，各方面一样不一样。如果有不一样的地方，就应该找出为什么我设计的跟理论公式不一样，而苏联那个理论公式是怎么样得到的，找出理论与实际之间的联系。我把总体设计提出来以后，钱学森表示同意，支持了我。后来我们搞了反设计，成功了。

在舰舰导弹仿制的同时，国家从海岸防御需要考虑，为防范海上来袭敌人，保卫沿海城市和海港，要求国防部五院尽快搞出岸舰导弹来。总参谋长罗瑞卿大将更加明确地提出："要防止敌人从海上来，抗登陆的装备和导弹，这几年要赶一赶。"钱学森受命担负起组织岸舰导弹研制和筹建岸舰导弹生产基地的任务。

1965年2月至3月，钱学森参加三院召开的海防导弹规划会议。其实，早在1963年4月科技委第一次年会上，李同力关于《海防导弹发展途径》报告中已经提到：在舰舰型基础上，先搞岸舰型，再搞空舰型；先搞近程再搞增程；并着重研究了岸舰导弹的研制规划。为此，钱学森在会上专门安排了岸舰导弹研制任务，强调说：三院搞岸舰型号要抓紧，越快越好。科技人员要和工厂搞好三结合，找到一条多快好省发展飞航导弹的途径。4月23日，在国防工办和七机部召开的会议上，钱学森主持审查了岸舰导弹武器系统方案，确定在上游一号舰舰导弹的基础上，增加射程，把它搬上岸，并改型设计成为岸舰导弹——"海鹰一号"。国防工办决定海鹰一号导弹武器系统的技术抓总工作由七机部三院承担，三院副院长梁守槃担任此型导弹武器系统的总设计师。三机部320厂承担导弹设计和生产总装工作。

梁守槃带领科技人员在"上游一号"的基础上，很快投入到海鹰一号岸舰导弹研制的战斗。320厂也借助前期仿制的经验，迅速完善技术方案，开始了全面研制。1966年12月，320厂研制的海鹰一号导弹完成设计，被运往基地打靶试验。试验时，导弹的飞行姿态和弹道都很正常，飞得很好。按照设计，“海鹰一号”的末制导雷达应该搜索到目标，然后瞄准目标进行攻击。然而飞行试验中，这枚导弹却没找到目标，径直飞走了。这次试验虽然证明了导弹射程可达70公里，但因未击中目标，试验仍不能算成功。对此，320厂分析认为，可能是因为冬天太冷，雷达出现了问题。第二年1月又打了一枚，不行；4月再打一枚，还是不行。最后证明，问题不在于天气冷不冷。

为什么连打三枚都失败了呢？就在大家感觉无计可施时，梁守槃在发射现场找来各种图纸资料，经过反复计算分析，终于找到了症结所在。他摸了摸大大的脑门，肯定地说：“是发射架振动对导弹有影响！”

经过计算，他发现“海鹰一号”发射架动作时，跟导弹的动作有共振问题，仿佛半瓶水受力后在瓶子里摇晃。导弹发射出去时，在发射导轨上一晃动，雷达就失灵了。

1967年7月，国防科委和国防工办请钱学森等人主持故障分析。钱学森和专家们一致认为，是导弹的振动环境恶劣使末制导雷达处在时好时坏的“临界”状态，造成“海鹰一号”目盲，看不见目标。

于是，梁守槃向试验人员抛出了他的“锦囊妙计”：将发射导轨锯短1．2米，将导向梁末端底板下弯20°，同时将天线回调角提高0．1°，以减少发动机喷流引起的振动。320厂又加强了弹体刚度，为雷达采取了减振措施。果然，再次试验，导弹准确地命中了目标。困扰大家几个月的难题，就这样鬼斧神工般地解决了。“海鹰一号”先后进行了25次飞行试验，1974年定型。海鹰一号岸舰导弹飞行成功，标志着我国海防导弹艰苦创业，走上了独立发展的道路。

随后，国家要求七机部三院和三机部320厂同时设计研制一种射程更远的海防导弹。

梁守槃在回忆方案讨论会时说：

当时，320厂的方案是导弹射程为70公里，但我们提出说按照军委的指示是希望打到100公里远。320厂的人说，射程为70公里的导弹可以从两岸对打，一边70公里两边就是140公里，那我们就可以对海湾实施封锁了。我说真打仗的话，只要敌人把一边给你打垮了，你的封锁就不可能存在了。所以我说必须再做一个难一点的，就是能打100公里的。当时，中央专委办公室常务副主任赵尔陆说，如果两个弹都做成了，我只能哪一个做得快、做得好、命中率高，我就用哪一个！到那一天，你们不要怪我赵某人偏心。

因320厂将70公里射程的岸舰导弹命名为“海鹰一号”，因此，七机部将射程100公里的导弹命名为“海鹰二号”。钱学森提出，海防导弹第一射程要远，第二要研制主动式的雷达末制导和红外制导，以增加导弹精确击中目标的作战能力。

没有参考资料，没有实践经验，摆在梁守槃面前的困难和压力可想而知。海鹰二号导弹的射程要增加，发动机所装的燃料就会多。原来544导弹的燃料贮箱差不多有五六米长，如果射程增加一倍，贮箱岂不是也要加长一倍？但是贮箱太长，刚度和强度就会下降，在发动机的振动下，箱体很容易散架。

为了减少振动，梁守槃巧妙地将悬挂式双层箱体改为承力式单层箱体，减轻了结构重量，增加了燃料箱容积，使海鹰二号导弹在重量增加不到1/2的情况下，有效射程增加了两倍。

1966年9月至1967年3月，海鹰二号导弹完成了静力试验、振动试验和全弹地面热试车。之后又经数十个航次的试验，证明火控系统性能符合设计要求。1967年春进行了全弹试车和全套地面设备对接试验，随后在靶场进行全武器系统瞄准精度试验，并在同年9月首次打靶成功。从首次靶场试验成功到结束研制性飞行试验，一共发射4枚，全部命中目标。1970年，射程达100公里的“海鹰二号”七发六中，通过定型试验，装备了海军部队。

海鹰二号导弹采用的是雷达末制导，很容易受到干扰，影响导弹打击精度。按照钱学森指出的发展红外末制导的方向，三院科技人员又经过几年的刻苦攻关，研制成功红外导引头，从而提高了导弹的突防能力。采用红外末制导，需要解决目标红外特性变化大，在远射程上实现对其自动搜索、捕获、跟踪难度大，海上背景干扰复杂等问题。科技人员克服重重困难，对海鹰二号导弹进行改进，派生出海鹰二号甲红外弹。又为海鹰二号弹改装单脉冲体制的雷达导引头，选用新的高度表，实现超低空飞行，研制成功海鹰二号乙降高弹，使海鹰二号导弹形成了一个完整的系列。

海鹰二号导弹采用的发动机是涡喷发动机，还不能有效地解决高速飞行问

1984年海军携带海鹰二号导弹参加国庆阅兵

1984年国庆阅兵式展示的海鹰二号导弹，被国外称为“蚕式”导弹

中国“蚕式”导弹闻名于世

海鹰二号岸舰导弹是1965年在上游一号舰舰导弹仿制成功的基础上研制的，是七机部三院自行研制的第一种海防导弹，最早取名为3QD-51（三院“起家弹”的简称），后来改名为“海鹰二号”。导弹全长7.38米，弹径0.76米，弹重2990公斤，有效射程约100公里，平飞高度100~200米，平飞速度306米/秒，单发命中概率70%。1发可击沉大型运输船，2发可击沉驱逐舰，3发可击沉巡洋舰。由于“海鹰二号”外形短粗、头部浑圆，很像蚕，因此它被西方国家称为中国“蚕式”导弹，该导弹原为岸舰导弹，后改为岸舰、舰舰通用导弹。

题。海防导弹系列总设计师梁守槃提出，研制一种采用冲压发动机、超低空、超声速飞行的海防导弹。有人担心技术难度太大，不易成功。于是，他写信给钱学森寻求支持。

早在1962年国防部五院科技委首届年会上，钱学森和梁守槃就都提出了将来反舰导弹采用冲压发动机的建议。钱学森认为，冲压发动机结构简单，速度高，经济性好，可提高突防能力，是第二代反舰导弹动力装置的一个方向，全力支持开展冲压发动机预研工作。1964年，钱学森指出：“冲压发动机是个好发动机，但是个‘复杂’的高级发动机，要得到好的性能，必须做细致的研究工作。”他还主持研究了低空超声速岸舰导弹采用冲压发动机做动力装置的可行性，明确指出从飞航导弹的发展来看，冲压发动机符合我国的实际情况，使用范围会越来越广，可用于新的海防导弹研制型号。在钱学森的支持下，建造了一系列冲压发动机试车台，包

括低空、高空、直连式和自由式的试车台，为冲压发动机的研制创造了条件，奠定了超声速反舰导弹的动力基础。

钱学森认真细读了梁守槃的设想和技术方案，被其严密的逻辑、严格的论证和确凿的数据打动，认为他的建议可行。钱学森还进一步考虑了技术上的难点和突破点，以及对发展海防导弹的意义，认为依靠现有的科技力量能够做到，所以直接批了简单的一行字：同意梁守槃同志的意见。钱学森一锤定音，还同梁守槃一起商讨技术上如何实现这个方案。

据鲍克明回忆：

> 1960年和1961年，钱学森组织了很多人开始第二轮讲课培训。我负责讲航空概论和冲压发动机。钱学森看了我的提纲，说你写得不错，因为你在苏联时候学的是冲压发动机，他们整理了比较系统的冲压发动机资料，巴特留克还出了一本书。但是有些地方你要讲得更透些，比如冲压发动机的特点是什么？与火箭发动机、活塞发动机和喷气发动机都有哪些不一样？冲压发动机是一个巨大的冲量进来，然后经过燃烧，再以巨大的冲量排出去，这两个冲量之差，就是冲压发动机所产生的推力。他说，活塞发动机，基本上全部是自己产生的功率，没有进来的冲量；喷气发动机进来的冲量比较小，因为是在较小的速度下进行的，唯有冲压发动机进去的就是两三倍声速，甚至更高，排气的冲量大一些，这个比例大约为4/3，因此冲压发动机难处在于，一是在高速的情况下，要燃烧好；二是发动机每一个环节都要追求效率，不能丢一分，因为本来只增加了1/4冲量。经他那么点拨，我茅塞顿开。自己学了好几年，都没有他讲的清楚。可见钱老对各种发动机研究的功底之深。

1969年8月，国家正式决定研制低空超声速反舰导弹，取名为鹰击一号反舰导弹。这种导弹巡航速度为2马赫，最大射程50公里，其主动力装置采用钱学森极力推崇的冲压发动机，具有空防能力强、弹小威力大、安全方便等特点。鹰击一号反舰导弹于1979年开始飞行试验，1984年9月定型试验成功，这标志着我国跨入了掌握冲压发动机技术的世界上少数几个国家的行列。

而后，钱学森和梁守槃又极力主张对“鹰击一号”进行改型，改型后的“鹰击一号”可挂在“轰六丁”飞机上发射，成为空舰导弹，1977年被命名为

"鹰击六号"。它具有作战区域大、机动性能好等优点，1982年开始研制性海上飞行试验，1984年完成设计定型试验。

“飞鱼”导弹

在1982年发生的英国、阿根廷马岛战争中，阿根廷空军用一枚法国制造的飞鱼空舰导弹，一举击沉英国一艘谢菲尔德号大型驱逐舰，成为世界上第一种在实战中击毁大型军舰的空舰导弹，让世界刮目相看。

“飞鱼”导弹是法国20世纪70年代开始研制的亚声速反舰导弹，有多种型号。包括：超低空空舰导弹，巡航速度0.93马赫，巡航高度15米，1980年装备部队；近程舰舰导弹，巡航速度0.82马赫，巡航高度2.5～15米，1981年装备部队；空舰导弹，在1982年马岛战争中，阿根廷用该导弹击中英国巡洋舰而名噪一时；飞航式近程潜舰导弹，射程5～50公里，1985年装备部队。

按照钱学森主持制定的海防导弹发展规划，在自行研制反舰导弹成功之后，应向发展小型多用途反舰导弹方向迈进。1970年，三院开始研制重量仅为700公斤、射程为25～50公里、采用两级固体发动机、速度为2马赫的小型导弹。起初，研制的导弹是未列入国家计划的遥测弹，所以，科技人员戏称它为“小二黑”，这是一种小型多用途、能实现掠海飞行的固体反舰导弹。研制方案于1977年9月通过上级批准，命名为鹰击八号反舰导弹。

1978年后，三院鲍克明、路史光、姚绍福先后担任鹰击八号导弹的总设计师。他们根据钱学森、梁守槃提出的设计思想，采取措施，挖掘潜力，闯过一道道技术难关，研制出一种小推力、长时间工作的巡航发动机，以及小型化的自动驾驶仪、抗海

1999年鹰击八号反舰导弹亮相阅兵式

浪干扰的无线电高度表、小型末制导雷达等部件，圆满完成了全弹的研制工作。

1984年，鹰击八号导弹通过海上定型飞行试验。它采用两级固体发动机，具有超低空掠海飞行、空防能力强、命中精度高、一弹多用和小型化的特点。“鹰击八号”共有装载飞机、舰艇的五种型号。在当年10月1日举行的国庆35周年阅兵式上，鹰击八号导弹方队通过天安门广场接受检阅，站在观礼台上的外宾不禁惊呼：“飞鱼，飞鱼！”

在一次巴黎国际航展上，鹰击八号导弹再次亮相，外国人这才知道这不是法国研制的“飞鱼”导弹，而是中国人自己研制的导弹。参展的我国科技人员骄傲地告诉参观者：“这是中国自己设计制造的导弹，它比法国的‘飞鱼’飞得更远。”

3．确定导弹固体化发展方向

东风五号导弹全程飞行试验成功，标志着我国已拥有了液体地地洲际战略导弹，从而打破了超级大国的核垄断。但是液体地地战略导弹系统复杂，发射准备时间较长，且机动隐蔽性较差。

为了满足我国国防的需要，提高我国战略武器的攻击力和生存能力，需要研制机动性和生存能力都优于液体导弹的固体战略导弹。固体导弹是当时国外导弹发展的一个大趋势。这种导弹以固体推进剂发动机（简称固体发动机）提供飞行动力，它的特点是结构简单，体积小，可靠性高，机动性强，发射准备时间短，地面设备简单，隐蔽性好，便于储存和运输。

钱学森对固体发动机的重视由来已久。1937年他参加火箭研究小组，制造“女兵下士”探空火箭和“下士”导弹的发动机就是固体发动机。1956年10月，国防部五院成立之初，在组建液体推进剂导弹研制队伍的同时，钱学森便有预见地安排少数科技人员探索固体复合推进剂的研究，为导弹固体化作好技术储备。因为谙熟美国导弹发展历史的钱学森清楚地知道，实战化的地地、潜地战略导弹笃定要向固体化方向发展。

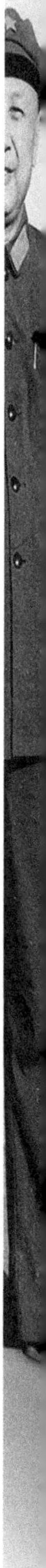

在国防部五院下设的十个研究室中的第十室，就是推进剂研究室，李乃暨主任在研究室里成立了固体推进剂研究小组。这个小组最初只有3名刚走出校门的大学毕业生，后来，人员逐渐增加，到1960年，研制人员已扩大到70多人。他们在李乃暨的带领和指导下，没再走双基推进剂的路子，而是直接以能量更高的复合推进剂为主攻方向，对固体发动机进行了基础性的探索。

当时，国外对固体发动机技术严加封锁，国内化学工业基础也比较薄弱，与之相关的主要原材料还是空白，起步研究困难重重。研究小组的年轻人尽管没有学过固体推进剂的专门知识，但他们凭着为尖端技术献身的满腔热情，四处奔波，查找资料，开始向这个陌生的新领域进军。他们从国外资料中，了解到固体发动机的一些技术要素，对“复合推进剂”、“贴壁浇注”、“星形内孔”等概念和技术，有了初步认识，摸清了研制固体发动机应该从何处下手。

研制工作首先从原材料入手。关于复合固体推进剂的成分，国外资料中只概括地说由固体氧化剂和燃料黏合剂组成；氧化剂曾采用氯酸钾，后来改用性能更好的过氯酸氨。关于黏合剂，研究人员没有查到任何资料。后来，有人从文献中发现国外在20世纪40年代初曾合成过聚硫橡胶，它是一种液态橡胶，具有可流动性和可固化性。

液态物质不是可以浇注吗？研究小组从中受到启发，断定聚硫橡胶就是固体推进剂的一种黏合剂，因此他们决定把聚硫橡胶作为攻克浇注关的突破口。

攻关的主攻方向明确后，研究小组按照钱学森的一贯主张，在基础性、理论性研究和原料工业方面，依托科学院和工业部门大协作来解决。研究小组把固体推进剂黏合剂原材料合成课题委托给科学院长春应用化学研究所承担。1958年初，长春应用化学研究所第一次在实验室合成了这种液态橡胶，很快又为固体发动机提供了多种黏合剂。1958年夏，液态橡胶转入锦西化工研究院进行扩大试制。上海恒信化工厂和大连化工厂都承担了产品试制和生产任务。

有了原材料，复合推进剂的研制工作正式开始。研究小组在临时改装的几间简陋的理化实验室里进行了推进剂的配制研究。由于当时聚硫橡胶试验品的质量不高，黏度太大，制成的药料流动性很差，无法浇注，研究人员只好用手工制成像一支普通钢笔大小的小药柱。就是这支小药柱，在国防部五院举行的一次庆祝

大会上点燃了，火焰鲜艳明亮，使人们看到了固体发动机的“希望之光”。

此后，复合推进剂研制工作条件得到了很快的改善。从1959年开始，国防部五院和三机部等单位建立了协作关系，大家在一起，经过反复研究、分析、试验，终于找到了提高推进剂流动性的特殊技术措施，使浇注推进剂成为可能。1960年，浇注出直径65毫米的试验发动机，并成功地进行了热试车，测试结果比冲值较高，证实了复合推进剂具有较高的能量。

浇注工艺的突破，奠定了全面展开固体发动机探索的基础。1961年1月12日，国防科委召开第一次全国推进剂规划会议，明确了各种推进剂研究方向，成立了液体、固体和固液混合推进剂14个专题研究组，制定了以能量为标志的复合固体推进剂三年发展规划和奋斗目标。各单位同心协力，分工合作，到1961年年底，聚硫橡胶复合推进剂已完成试制，可以投入生产。

1962年，尽管国家经济困难，很多单位和在建项目下马，但经钱学森批准，国防部五院仍于11月14日，决定成立固体火箭发动机研究所。研究所内设固体导弹工程组，开始由3人组成，后来逐步发展到26人，组内分设总体、控制、结构、地面设备等专业。他们配合固体发动机的研制作了许多开创性的工作，例如，制订固体发动机和固体导弹系列规划；进行直径300毫米飞行试验弹、770毫米无控弹研究；全面收集美、苏固体导弹的情报资料。1962年秋天，四院抢建了一条复合推进剂浇注装药试验生产线，首次用新研制的大型混合机混药，顺利完成了第一台试验发动机的浇注装药。在西安郊区的一个山沟里，固体发动机依着一块巨石作台体，固定在露天“试车台”上，旁边拐弯处，有一座将要坍塌的山神庙被当作了观测间。一切准备就绪，现场指挥下达“点火”指令。顿时，一股明亮的火焰平稳地喷射出来，雷鸣般的巨响震撼着幽静的山谷，更震撼着在场每个人的心，他们中的大多数人都是第一次目睹固体发动机点火啊！ 当美丽的橘红色火柱慢慢收缩、跳跃、熄灭，变成一股青烟时，一双双粗糙的、纤细的手紧紧地握在了一起，所有人的眼眶里都滚动着激动的泪水，大家异口同声地欢呼：“我们的头生子，成功了！”

1964年4月1日，国防部五院决定在固体发动机研究所的基础上成立四分院，全面负责固体导弹研制工作。钱学森给四分院提出的任务是解决发动机的基本技术问题，打好基础，先把300毫米发动机的研制作为中心任务，通过它走完一种发动机研制的全过程，充分暴露它在各种使用条件下的问题，从中掌握研制规律。

针对研制试验暴露出来的发动机燃烧不稳定的技术难题，钱学森又一次显示出他深厚的理论功底和实践经验。航天科工集团公司四院四部型号总师黄寿康回忆道：

如何对付固体发动机不稳定燃烧？我们在试验中用了一个很笨的方法，就是在发动机里面搞一个消振棒，弄一个架子放在发动机里面，用这种机械的办法抑制不稳定燃烧有一定的效果，但是它不可能用在实用发动机上，所以，我们的研制走进了死胡同。在一次技术分析会上，钱老以讲课的形式介绍说：抑制不稳定燃烧很重要的一个因素是加铝粉，铝粉与燃气流一起燃烧，会产生三氧化二铝粉，其中含有很多固体粒子，它相当于是个搅拌器，可以抑制燃烧不稳定。这个方法给大家开拓了新的思路。后来我们才知道，当时美国固体发动机也正处于研制阶段，也是采用

一次大爆炸四人牺牲

研制固体发动机付出了巨大的代价。1962年12月，在又一次300毫米固体发动机试验前，装在大型混合机里的200公斤药正在搅拌混合，突然因一点点静电引发了一场剧烈的大爆炸，四名装药的同志中有两人当场牺牲，另两名重伤，被送进医院抢救，因伤势过重也献出了宝贵的生命。

土法上马进行固体发动机试验

固体发动机试验

加铝粉的思路。直到现在，这个配方还一直适用。这是国内固体发动机发展的基础，是钱老亲自奠定的。

经过28台发动机地面试车和贮存、冲击、振动、运输等试验，1965年夏天，6枚安装了固体发动机的模拟弹成功进行了飞行试验，试验证明发动机的结构可靠，工作稳定。至此，300毫米小型试验性发动机走完了全部研制程序，积累了经验，固体发动机开始向实用型发展。1965年年底，四院开始了直径770毫米固体发动机的方案讨论。在杨南生副院长的指导下，先后解决了脱粘和燃烧中氧化铝沉积问题。从1968年年初到1970年年初，对发动机共进行了19次地面试车，包括5次高空模拟试车，全部获得成功。1970年4月24日，第三级为固体发动机的长征一号运载火箭发射我国第一颗人造卫星成功，我国固体发动机第一次进入太空。

钱学森根据自己在美国对各类液体、固体发动机的研究，敏锐地意识到液体导弹势必向固体导弹方向发展，并预见到将来返回式卫星的制动发动机、通信卫星的远地点发动机，都会采用固体发动机。而危险的固体推进剂浇注工作，必须配备先进的设备，所以，他在1965年1月一次协调会议上提出："固体导弹发动机是'精密弹药'，装药生产是精细化工，决不能搞'小炉匠'，要用先进技术装备才行。"1966年1月27日，中央专委办公室通知：中央专委第14次会议决定，固体药柱的生产设备要进行革命，以一机部为主，七机部、五机部、第一轻工业部、化工部参加，尽快组织联合设计机构，开展工作，安排研制。这项工作后来定名为"158"工程。

根据研制固体导弹的要求，固体发动机必须达到足够大的直径。大直径就意味着要有大直径的保温地坑，以供真空连续浇注使用；大直径也意味着大容量，能够连续浇注才能保证浇注中推进剂固化时不至于出现分层和裂纹，这就必须有大容积的混合机。当时我国还没有这种设备，而苏联生产的是单基火药卧式混合机，生产效率低，易发生燃烧，也发生过爆炸。

"158"工程核心攻关项目是研制大型立式混合机，彻底解决大直径固体发动机装药问题。一机部通用机械研究所和七机部固体火箭发动机研究所组成了"158"联合设计组，在短短3个月的时间里，跑遍了东北、华北、

华东、中南、西南的20多个城市的几十个工厂、研究单位和大专院校，行程2万多公里，进行了广泛的调查。7月，设计组完成了总体设计方案、连续生产线流程方案以及主要非标设备技术方案，外加几十个单项机的委托任务书。大型立式混合机的研制难度很大，主机有两个巨大的不锈钢桨片呈偏心布置，桨片既要绕自身的偏心自转，又要相互啮合进行公转；桨片间、桨片与罐壁之间的间隙要求十分严格，过大药料不能混合均匀，过小会与药料会摩擦引起起火爆炸。

1966年9月，一机部和七机部联合在北京召开了“158”工程首次专家会议，审查批准了“158”工程设计方案，钱学森到会并讲话。

联合设计组在整体布局、使用工艺等方面发挥了关键作用。大连橡胶厂把一切先进的设计付诸现实，洛阳轴承厂、上海电机厂、沈阳汽车厂等多家单位承制了分系统和部件生产。通过彼此密切合作，共同努力，不到半年，就拿出了具有国际先进水平的大型立式混合机设计图纸，1969年4月，总重达100多吨的第一台大型立式混合机诞生了，为大直径固体发动机制造，创造了先决条件。

到1978年5月，两级固体发动机结束了初样研制，在接下来的试样研制中，又一举攻克了壳体强度关，以及发动机推力向量控制关，一、二级发动机连续经过10台以上地面全程试车，全部获得成功，满足了导弹总体设计部门的要求，1980年年底开始向导弹总装厂交付正式产品。

我国固体发动机的发展，完全是依靠自力更生，白手起家的。研究院三易院址，又逢“文革”浩劫，科研、试验工作受到了很大的干扰，但在钱学森的支持下，技术创新从未止步，且稳步推进。发动机直径由300毫米、770毫米、1000毫米、1400毫米、1700毫米、2000毫米，一步一个脚印地逐步发展起来，并配套开展了新黏合剂、超强度钢、玻璃钢、有机纤维、碳纤维复合材料壳体、喷管、喉衬材料、推力向量控制、推力终止等课题的研究和应用，为固体发动机在导弹固体化、空间飞行器上的应用，开辟了无限宽广的前程。

4. 巨浪升腾雷震海天

以潜艇为发射平台，从水下发射核导弹，是当今世界“三位一体”战略核打击系统（即陆基远程导弹、战略轰炸机的空基核打击、潜射导弹的海基核武器）的重要组成部分。潜艇水下发射导弹的优点是：机动范围广，隐蔽性好，攻击威力大，生存能力强。它不像陆上发射井只能在固定的地点发射，而是可以在敌方难以发现的地点，打击敌方的战略目标。因此，它是我国战略防御有效的二次反击力量。

我国第一个固体战略导弹是潜地导弹。它的研制经历了漫长曲折的道路，其历史可追溯到20世纪50年代末。

美、苏两个超级大国在“冷战”期间进行的核装备竞赛，对其他国家造成了巨大的核威慑。1958年赫鲁晓夫访问中国期间，毛泽东向他提出了帮助中国制造核潜艇的请求。赫鲁晓夫不屑一顾地笑了笑：“主席同志，核潜艇技术复杂，价格昂贵，你们搞不了。苏联的海军拥有这种战略武器，同样可以保卫你们的国土呀！”毛泽东的自尊心受到了极大的刺痛——中国的国土怎么能让外国去守护？！不久，他向国防科技部门发出了指令：“核潜艇，一万年也要搞出来！”

为什么要搞核潜艇？中国虽然在20世纪60年代已经成功爆炸了原子弹，但同美、苏不仅在数量上无法相比，且更重要的一点是缺乏二次核打击的能力。所谓“二次核打击”，指的是在己方核武器基地遭到敌方打击后，仍能保存足够的核力量对敌方实施有效的核反击。核大国在确定核弹攻击目标时，会对敌方诸如核导弹发射井之类的核武器基地格外“照顾”，作为首次核攻击的重点对象。防止这种攻击发生的最有效办法就是在承受攻击之后，仍然具备对敌人的战略目标实施核报复的能力。因此，二次核打击能力就成为一个有核国家具备有效、成熟的核威慑力的标志。可靠的二次核打击能力也是防止核讹诈的有效手段，更是“不首先使用核武器”必须具备的前提。从潜艇发射的潜地战略导弹正是一种可靠的二次核打击方式。面临两个超级大国的核威胁和核讹诈，中国急需有效的反制手段。从国家安全的角度考虑，固体潜地导弹的研制已经势在必行。

有固体发动机研制成果的基础，1967年，国防科委下达了我国第一个两级固体导弹型号研制任务。这便是张爱萍在“文革”结束复出后报中央确定的“三抓”任务中的第二项任务——潜艇水下发射固体导弹“巨浪一号”。

我国第一次研制固体导弹，就越过了近程单级阶段，直接研制两级中程导弹；越过了陆基阶段，直接进入潜艇水下发射。按照当时的技术基础和条件，作如此大幅度的跨越，困难可想而知。核潜艇的研制者手里只有5张公开发表的、一半露出水面一半隐入水中的美国导弹核潜艇照片，这是他们参考资料的全部家当。核潜艇上不可能配置体量巨大的液体导弹，唯有固体导弹最合适上艇。但是，固体导弹研制者的情况也好不到哪里去，他们此前研制的导弹基本上是陆基飞行，对复杂的海上环境，也是一无所知。

潜艇水下发射给导弹总体和各分系统设计带来了一系列复杂的技术问题，诸如：导弹水下发射及水下运动规律，潜艇运动、海浪、海涌作用使导弹点火时偏离垂直状态的大姿态和弹道偏

“巨龙”改“巨浪”

固体潜地导弹原来名为“巨龙”，代号“JL”。周恩来总理在一次中央专委会上提出要考虑新名字，原因是1970年5月，毛泽东主席曾提出不要用“龙”来命名潜地导弹。他对龙不感兴趣，且常把龙比作邪恶之物，如“今日长缨在手，何时缚住苍龙”就是一例。为尊重毛泽东主席避免使用“龙”字的意见，经研究，七机部报告国防科委，为保持型号代号编排字母“JL”不变，建议将巨龙一号改为巨浪一号。1972年4月29日，国防科委批复同意。从此固体潜地导弹名称便由“巨龙”改成了“巨浪”。

中国导弹潜艇

潜地导弹完成总装

差，导弹出筒点火的安全性与可靠性，潜艇运动状态下导弹陀螺平台调平、瞄准和诸元装订等，都是在陆上发射没有遇到的新课题，需要研制人员花大力气，从头开始去探索，去攻克。

美国在研制北极星潜射导弹时，先是在陆地上挖了一个大水池，旁边立一塔吊，导弹从水下弹射出水后，塔吊上的钢丝绳把导弹吊起来；第二步是在海上进行弹射试验，出水的导弹溅落时，用一个大网接住；第三步作海下移动发射台试验；最后进行潜艇水下发射试验。苏联的路子更繁杂，在美国的四步走之前，还增加了先进行水上发射试验的环节。如果沿袭国外的路子，中国的导弹核潜艇恐怕真的要一万年才能搞出来了。

在巨浪一号潜地导弹总设计师黄纬禄的带领下，研制人员决定采用经陆上发射台、发射筒发射试验考核后，直接进行潜艇水下发射试验的“台、筒、艇”三步试验程序，这是中国人特有的大胆、创新的试验程序。

为了摸索水下发射的规律，设计技术人员从导弹缩比模型研究开始，开展了水下流体动力学研究、水下点火试验研究、水下载荷环境研究，以便提供控制系统设计所需的数据。例如，从水下运动特点分析入手，用试验所得结果，经过大量的理论分析计算，从不同的试验目的出发，确定缩比模型和试验方案。从1969年到1984年，先后通过几种不同比例的缩比模型进行了上千次试验，积累了丰富的试验数据，初步掌握了水下发射技术的规律。1970年至1977年完成了一系列陆上发射台和发射筒的试验，确定了发射动力系统的技术关键。此时，必须进行全尺寸模型水下发射试验，以得到一系列导弹水下运动更准确的参数。但到哪里模拟海上试验呢？如果使用真的潜艇，万一导弹起飞后掉下来会不会把潜艇砸坏？

研制人员开始在全国范围内寻找符合试验条件的“大水池”，先后去了太湖、抚仙湖、青海湖、鄱阳湖等，还有许多大水库，但都没有符合条件的。

当年参加潜地导弹研制的黄寿康至今还清楚地记得：

海军要求我们必须先在陆上的水下发射成功以后，才允许上艇。我们到全国调研，湖泊、水库都没有满足要求的，怎么办？只能自己挖一个大水池。水池长100米、宽60米，将近80米深，里面搞个大发射平台，放上模拟潜艇，水池里面的水还要以每秒3米的速度流动。后来发现有很多问题，比如水流

速度、池壁效应、发射安全等技术问题，都很难解决。这件事情被施工单位知道了，他们可有意见了：我们天天组织人挖水池，可你们现在还犹豫能不能用，那还让我们挖什么？

这个情况反映到北京，那是1970年4月，我们接到指令向国防科委汇报水池问题，要钱学森决策。那是一个晚上，科委副主任罗舜初和钱学森听汇报，钱学森问得很详细。时间很晚了，我想这事该决策了吧，可是没有。钱学森说，大家都很疲劳了，现在休会。

第二天，他组织我们到北京第二机床厂参观。原来机床厂正在加工东风五号洲际导弹的发射台，发射台直径达3.5米，他指着这个“大家伙”来了一个“现身说法”：这么个发射台生产出来了，可是运不出去，铁路涵洞过不去，火车没办法，飞机更不可能。他对我们讲，你们搞设计的一定要从实际出发，设计要考虑生产和使用问题。这对我们启发很大。

第三天，钱学森又把我们叫去，说，你们看看水池工程还能这样继续做吗？做不下去怎么办？不要在这个问题上卡住了，再好好论证一下，不走水池发射这一步，有没有别的模拟发射的方式。这一下启发了我们，所以后来我们搞模型弹，水下发射前把模型弹往水里打，打了两个批次，先打一个假弹，看看碰不碰潜艇，爆不爆炸。后来在长江大桥上作了试验，所有的试验都证明我们的方案可靠，海军最后说，你们可以上艇了。钱学森放心了，果然第一次下海没有问题，发射是成功的。钱学森的思维方式和正确决策对“巨浪”这么快成功起了很重要的作用，否则我们不知道还要折腾多少年。

黄纬禄和总体设计部经过周密思考和认真分析，大胆提出了取消陆上水池试验阶段，利用南京长江大桥搞模型弹投放试验的建议。黄纬禄非常详细地介绍了他们所作的分析和试验：“固体发动机一旦点火、燃烧，内部压力较大，而且在固体发动机外壳装一些引爆条，万一导弹因故障自毁，就会将发动机炸成比较小的碎块，即使落入水中也不会伤及潜艇”。钱学森一听此方案，拍手叫绝。他当即召开会议，把总参、七机部的人找来，把军代表们找来，正式下文同意总体部的意见。最终正在开挖的陆上水池停工了，仅这一项就为国家节约了上亿元资金，简化了试验程序，缩短了研制时间。

模拟弹投放试验

黄纬禄等在南京长江大桥试验后合影

1970年盛夏，素有“三大火炉”之一称谓的南京，仿佛是一个巨大的蒸笼。7月1日，中央军委电告南京军区并国防科委：同意在南京长江大桥进行模型弹入水试验。随后，长江大桥实行三天宵禁。顶着似火的骄阳，高大的吊车开到新建成不久的南京长江大桥中央，将一枚重量近10吨、直径1米多、长10米多，外表漆着白色的钢壳模型弹垂直吊挂在大桥外侧。黄纬禄亲自率领设计人员在这里把模型弹从桥上投入水中，测量弹体刚度和入水深度，然后打捞回收。当时国内只有南京长江大桥离水面的高度及桥下水的深度接近试验要求。恐怕大桥的设计者当初绝对想不到大桥落成之后竟然还能起到这种作用，事实上这也是大桥唯一的一次“不务正业”。

8月17日，巨浪一号模型弹顺利坠落长江，激起的水柱比桥面还高。通过模型弹不同投放姿态的入水试验，考核了弹体的结构强度；测得了弹体落入水中约有15米到18米，这个深度对潜

许司令为试验队举杯壮行

在南京长江大桥上的投弹试验，得到了南京军区司令员许世友的大力支持，他赞叹道：“一个科学点子，节约几个亿，了不起！”并立刻下达了大桥戒严令。为了保密，戒严令以“钓大鱼”的名义下达。许世友还特意带上钓具和猎枪巡视戒严部队，看望试验队员。

试验前，他特地为试验队员设宴壮行。豪爽的他举起酒杯对导弹总设计师黄纬禄说：“这是南京长江大桥的骄傲，来，干了这杯酒！”黄纬禄腼腆地说：“我不会喝酒。”许世友说：“就为你们给国家节省了几个亿，你也得喝。”一向认真的黄纬禄答道：“现在我喝下这杯酒，是苦的。等到庆功那一天，将军不言，我就是醉死，也要过一把‘太白瘾’。”

艇来讲没有砸艇的危险。黄纬禄挺起累弯了的腰，长长地舒了一口气。

溅落试验有了保证，大家心里更有底了。1972年10月，经中央军委批准，一切按照发射真实的海情、真实的程序进行了模拟弹水下发射试验，一切过程均与设计所预想的一样，试验取得圆满成功。

钱学森深知导弹装入潜艇发射筒后，无论是在待机阵地还是在发射筒内，出了故障都是不可维修的。基于这些特点，从技术上就要求导弹具有长期适应海洋环境的能力和较高的可靠性。只有这样，才能够想打就打。为此，1978年，钱学森要求正式将导弹可靠性和导弹贮存期，纳入"巨浪一号"的技术指标。

航天科工集团公司四院四部研究员李久祥回忆：

当时这两项要求作为导弹系统的正式技术指标，并不是所有人都能理解的，分系统也不是都能顺利接受的。在1979年西苑饭店的会议上，当技术负责人向钱学森汇报"巨浪一号"的技术指标有可靠性要求了，钱学森脸上露出喜悦的笑容，乐呵呵地说："很好，过去我国的型号没有可靠性指标，美国有，现在我国的型号有了可靠性指标，这太好了，相信你们能开好这个头。"后来型号定型时，各分系统都达到了总体所分配的可靠性指标，导弹系统也达到了任务书规定的可靠性目标。现在看来，钱学森当时关于可靠性的讲话，既是对"巨浪一号"的肯定，也是对航天各个型号可靠性的极大激励。自那以后，各型导弹的研制都增加了可靠性指标，由此带动了航天可靠性工作，包括可靠性设计、试验、信息、评估技术和管理等多门类、多学科的深入发展。

"巨浪一号"的贮存试验进展缓慢，1979年总师向钱学森专门汇报说，有人认为贮存试验太花钱，不太支持这项试验。钱学森听了很生气地问道：是谁不支持，他懂得贮存吗？不试验就不知道导弹能否在潜艇上使用，说花钱，干什么事不花钱，贮存试验很重要，赶快创造条件进行试验。由于有了钱学森旗帜鲜明的指示，上至各级机关，下至各个部所都动起来了，试验件进行了库房贮存和核导弹与核潜艇相结合的海上贮存试验，试验规模是空前的。经过几年的试验，我国第一个潜地型号取得了宝贵的经验，积累了大量数据，保证了导弹可靠性和导弹贮存期两项指标与导弹定型同步完成。上级单位、研制方和使用方对此都非常满意。

我国新一代固体导弹已装备部队

我国潜艇水下发射固体导弹

万事俱备，只欠东风。

1982年10月1日，新华社受权向全世界发布公告：

中华人民共和国将于1982年10月7日至10月26日，从北部海区向以北纬28°13′、东经123°53′为中心，半径35海里的圆形海域范围内的公海上发射运载火箭。

为了过往船舶和飞机的安全，中国政府要求世界上有关各国政府，通知本国的船舶、飞机，在10月7日至10月26日当地时间9点至17点，不要进入上述海域和海域上空。

这一重要公告的播出，立即引起世界各国的关注。

10月12日黎明时分，迎着初升的红日，一艘试验潜艇从碧波万顷的渤海湾整装出发，驶向预定海域。指挥舰上，张爱萍一身戎装，神采奕奕，他的身旁站着总设计师黄纬禄和基地司令员、

中国核潜艇

1984年8月20日，中国首次揭开核潜艇的神秘面纱，邀请美国海军部长莱曼一行在小平岛登上了中国自主研制的核潜艇。10月1日，在国庆35周年阅兵式上，巨浪一号潜地导弹在全世界关注的目光下，扬眉吐气傲然亮相。

进入21世纪，据敏感的美国军方透露，中国的核潜艇配备了最新的核导弹，成为名副其实的“双核”潜艇。美国《中国军力报告》称，中国新型核潜艇只要进入中太平洋，其射程就足以覆盖整个欧亚大陆、大洋洲和美洲，如果每枚导弹仅装3个弹头，一艘潜艇就能同时打击48个目标。

政委等领导同志。远在北京指挥中心的钱学森，也关切地注视着大屏幕，倾听着前方传来的信息。

下午，“发射试验开始！”张爱萍一声令下，9艘快艇迅即劈波斩浪占据预定位置。伴随着潜艇的震颤，一枚潜地导弹似一条矫健的鲸鱼破水而出，在水面上溅起一片橘红色的火焰，把碧海、蓝天渲染得上下辉煌，导弹直飞而起，一缕白烟像一条云轨裹风挟浪铺向万里晴空。

几分钟后，北京指挥中心得到报告：“目标在预定海域落水！”

钱学森和在场的同志们一起开心地笑了。为了这一成功，他和大家整整奋斗了15年！摸了摸已经花白了的双鬓，钱学森突然意识到自己已是年过古稀的老人了。

潜地固体战略导弹试验成功，标志着中国已经拥有水下机动发射的固体战略导弹武器系统，对此，张爱萍不露声色地对《解放军报》记者说：“中国的导弹技术有了质的变化，是一次跃进。”

美国《洛杉矶时报》驻北京记者迈克尔·帕克斯则说得非常直白：“中国多少年来一直在谋求发展反击能力，作为对苏联发动核袭击的威慑力量，现在看来，在三四年内，也许在更短的时间里就有这种可能了。”

5. 飞上36000公里

“三抓”工程中的第三项任务，是发射地球同步轨道通信卫星。

1975年3月31日，中央军委召开第八次常委会，对国家计委和国防科委上报的《关于发展我国通信卫星问题的报告》进行了热烈的讨论，表示赞同，并决定马上请示中央。

第二天，报告经叶剑英副主席签署后，呈送毛泽东和党中央。此时的毛泽东正患白内障眼疾躺在病榻上，基本停止了对一般文件的阅示。但当秘书征询他的意见时，他表示要亲自看。那天，秘书将报告送到毛泽东的床前，他坚持逐字逐句地看完了报告，沉思片刻后，从秘书手上要过笔，重重地画了一个圈。由于中央军委批准这个报告的日期是1975年3月31日，所以中国发射通信卫星这一工程，又被称为“331”工程。

“331”工程包括五大系统，分别是长征三号运载火箭、东方红二号通信卫星、发射场、测控通信系统、通信地面站。

运载火箭是天梯，离开运载火箭，一切空间活动都将无法实现。我国地理位置处于北半球，发射通信卫星纬度倾角大，要将卫星送到36000公里赤道上空的地球同步轨道，意味着运载火箭至少要有三级，而且第三级需要具有高空第二次启动的功能。

1974年以前，我国卫星通信工程的运载火箭，曾考虑过在东风五号两级洲际导弹的基础上，加上第三级的方案，三级火箭发动机全部使用常

地球同步轨道通信卫星

1945年春天，英国退役皇家空军军官亚瑟·克拉克，经过多年苦心研究，发现在距离地球赤道约36000公里的上空，存在一条可以使卫星相对地球保持静止不动的轨道，后来人们称之为地球静止轨道。同年5月25日，克拉克在向英国行星际学会呈送的一份备忘录中预言：如果在静止轨道上等距离地配置3颗人造卫星，那么地球上除南北极之外的任何地方，都可实现卫星通信。19年后，克拉克的预言成为现实。1964年8月19日，美国成功地发射了世界上第一颗地球静止轨道通信卫星“辛康3号”。

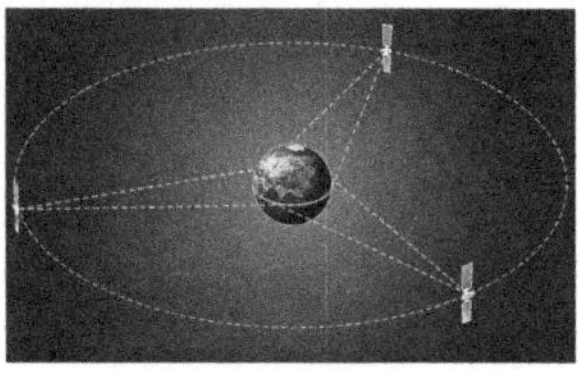

地球同步轨道示意图

我国第一颗通信卫星与火箭对接

通信卫星在总装

规推进剂，还考虑使用正在拟议中的东风六号环球火箭承担。

后来由于计划调整，以便集中力量重点突破，东风六号环球火箭中止了研制，研制人员就只有第一个方案可以考虑了。三级火箭的前两级依然使用东风五号导弹的成熟技术，而第三级采用哪种技术方案，又引发了一场争论。其中一种意见是建议仍然使用一、二级的成熟技术，即常规推进剂发动机，它技术成熟，研制周期短，难度小，可靠性高，但运载能力和发展前景受到限制；另一种意见是第三级采用液氢液氧推进剂发动机，它运载能力大，不仅填补了低温发动机的空白，还将使我国液体火箭发动机技术走向世界先进行列，但是氢氧发动机尚在研制过程中，技术难度大，研制进度和可靠性尚是未知数。两种方案各有特点，各有利弊。

1974年9月，七机部在唐山召开卫星通信工程方案论证会，决定运载火箭第三级发动机采用常规推进剂和液氢液氧低温推进剂两种方案同时并举，视两种方案的研制进度日后再定。钱学森同意这个决定，并非常关心常规推进剂方案的研制进度，他特别重视运载火箭的成熟度和可靠性。

钱学森的压力很大，压力来自三方面。据他身边的工作人员谢昌年等分析：

其一，当时，我国依靠微波中继接力的通信手段，全国电视覆盖率仅为30%，且集中在大中城市，通信卫星的用户“求星若渴”。党中央要求航天部“先解决有无问题和满足各方面的试验的需要，以后逐步提高技术性能”。

其二，随着我国改革开放的步伐加快，经济高速发展带来了国内对卫星通信的巨大需求，而航天技术的发展一时还不能适应。因而，国内已有造星不如买星、买星不如租星的议论。如果国产卫星上不去，市场将成为国外卫星的天下，一旦失去市场的平台，技术研发就没有了动力和推力。如此恶性循环，中国丢掉的将是高科技的核心竞争力和话语权。

其三，空间轨道资源十分不利于后发者。联合国虽然规定，地球静止轨道是人类共同的资源，但是一些发达国家凭借其经济和技术实力，占用了大量的轨道位置。20世纪70年代，在适合我国使用的地球静止轨道弧段（例如东经70°至135°）上，可用位置已经不多，如果别国捷足先登，我国在地球静止轨道和频率资源方面的国家权益，也将丧失殆尽。

那一段时间，钱学森想了很多，想得很苦，想得很深，头发掉了很多，顶发也日渐稀疏。从技术创新角度讲，他对氢氧发动机朝思暮想感情深厚，从1960年起他就安排科学院力学所二部林鸿荪开始预先研究，研究的成果交给航天部后，他又何尝不想尽快投入使用。但作为技术主帅，他所有的决策都必须服从国家当前和长远的利益，不敢有一丝一毫的疏忽。此时的钱学森，把求稳、求快放在第一的位置，把着眼点放在运载火箭的成熟和可靠，确保如期发射通信卫星上，是责任使然。

鉴于上述考虑，1978年7月在上海召开的卫星通信工程会议上，很多领导认为应将常规推进剂方案作为第一方案，将氢氧发动机方案作为另一方案，即备份方案。钱学森也同意，于是这个意见被写进了会议纪要，并据此形成报批文件，呈送国防科委领导审批。

此时，卫星通信工程总设计师、火箭专家任新民正率领中国宇航代表团访问日本，当他获知上述安排后，回国飞机落地后连家也顾不上，便从机场直奔国防科委副主任马捷的家中。一见到马捷，他便开门见山地陈述了自己的来意、观点与根据。他非常恳切地说："氢氧发动机是今后航天技术发展所需要的，这个台阶迟早得上，我们已经具备了初步的技术条件与设施条件，经过努力一定可以突破技术难关，中国完全有能力赶超世界先进水平，此时的大胆并不是冒进。"

氢氧发动机，是使用液氢液氧燃料的火箭发动机，具有高能、无毒、无污染、无腐蚀等突出优点，但也存在沸点低、密度小、易燃易爆，而且在太空失重和高真空度情况下启动困难等许多问题。因此，世界上只有极少数几个国家掌握了此项技术。

任新民告诉马捷：

朱森元、王之任等专家带领队伍，摸着石头过河，已经有了很大进展。超低温液氢高速轴承是一个关键部件，根据国外资料分析，为了保证轴承保持架工作稳定，要遵循内环引导的原则。然而在试验中，这招根本不显灵，不是保持架碎裂，就是滚珠烧伤。经过仔细分析，朱森元认为国外资料上的内环引导原则是错误的。他作了个试验，反着来，改内环引导为外环引导，这下滚珠冷却改善了，再也没有被烧伤过。后来才知道，当初他们看到的国外资料也不是

“常规方案”成为长征四号运载火箭

发射通信卫星的火箭采用第一方案后，“另一方案”也没有“停工”。此时，风云一号气象卫星的研制提上日程，“常规方案”便成为气象卫星的坐骑，被命名为长征四号运载火箭。

在钱学森的鼓励下，“长征四号”研制有许多创新，如在国内首次使用计算机全数字化控制系统，把150多公斤重的气浮平台改为动力调谐陀螺平台，质量是大平台的1/5。1979年，钱学森参加“长征四号”论证会，当控制系统汇报完以后，他从台下走到台上和汇报人握手，表示祝贺。在他创新思想的指导下，“长征四号”最后成为一枚几乎全新的运载火箭。自1988年9月至2011年8月，“长征四号”已发射各种轨道卫星35次，成功率达100%。

最终确定的方案。1975年1月，预研型氢氧火箭发动机全系统试车成功，接着又连续4次取得发动机全系统试车成功。从1977年开始，氢氧发动机从预研型转入实用型攻关，关键技术已经有了突破，氢氧发动机的大门正在向我们打开，我有底气，能保证通信卫星按期发射。

马捷听了十分感动，也被任新民的观点折服，但他是一位行政主管领导，对这样一个带有技术方向性的重大问题，他只有和钱学森商量。钱学森是一位实事求是的科学家，他看到氢氧发动机研制成功的条件确实基本具备，便同意改变原来的决定。后经国防科委几个领导研究之后，同意这一改动。

1979年2月15日，钱学森亲赴上海，主持卫星通信工程大总体论证会议。会议审议同意将氢氧发动机由“另一方案”改为“第一方案”，而将“常规方案”改为“另一方案”。在一定意义上讲，这一字之差决定了我国氢氧发动机的命运。第三级采用了液氢/液氧发动机的火箭，被命名为长征三号

长征三号运载火箭测试中

长征四号乙运载火箭发射

运载火箭，它是一种多用途的大型运载火箭，一、二级以远程液体导弹为原型进行修改设计，第三级采用液氢/液氧低温高能推进剂，其首要任务是发射我国通信卫星。火箭起飞质量约204吨，起飞推力280吨，全长43.25米，一、二级直径3.35米，三级直径2.25米。火箭运载能力约1.45吨。

发射各种应用卫星，数地球同步轨道卫星的发射最为复杂，技术难度最大。它的发射轨道，自西昌卫星发射中心的发射场起飞，经历一级发动机工作、二级发动机工作、三级发动机第一次工作、三级发动机第二次工作几个环节。三级发动机第一次工作，将卫星带到近地点约200公里、远地点约450公里的小椭圆轨道（称停泊轨道），此时，星箭不分离。带有末级火箭的卫星在停泊轨道上绕地球运行到与赤道平面相交时，三级火箭发动机第二次启动，将卫星推入远地点约36000公里的大椭圆轨道，星箭分离。其间，火箭整个飞行时间共1200多秒。

1984年4月8日，长征三号运载火箭托举着我国第一颗试验通信卫星在夜空划出漂亮的弧形直冲霄汉，试验通信卫星成功进入静止轨道，掀开了中国卫星通信事业新的一页。当天，美国宇航局局长贝格斯先生致电航天部部长张钧："你们完全有理由为中国航天计划中的这一重要技术里程碑而感到自豪。"

长征三号火箭总设计师谢光选后来向采访他的记者透露：

想当年，1978年12月中国宇航学会代表团赴美参观访问，美国宇航局负责人明确地说："氢氧发动机是美国国家技术机密，不能看，也不能谈。"去日本，日本的态度是"H-2火箭不能与中国合作或交流"。去欧洲空间局，阿丽亚娜公司的态度是"赫尔姆斯（Hermes）航天飞机、阿丽亚娜火箭、哥伦布舱不能合作"。当"长征三号"将我国试验通信卫星送上地球静止轨道之后，日本人、法国人主动找上门来，要同我们研讨氢氧发动机的技术问题。不久前，美国奥巴马总统也主动向胡锦涛主席提出，共同探讨中美在载人航天方面进行合作。

鲜明的对比，令人刻骨铭心。

诚然，随着改革开放的不断深入，向先进国家学习的机会日益增多，在科研方面借鉴他人成功的经验，可以少走弯路，缩短周期，节省研制经费。但是，永远不要忘记一条真理：尖端技术是买不来的。

在高科技领域里，要想取得平等合作伙伴的地位，靠什么？

靠的是独立自主，自力更生；靠的是中国人自己的实力和水平。

这是钱学森和全体航天人找到的共同答案！

“三抓”工程取得全面成功，标志着我国第一代导弹研制工作结束，第二代导弹武器固体化研制工作开始；标志着导弹和运载火箭在技术发展方向上开始分道扬镳，按照各自的方向发展；标志着我国航天技术已打下了扎实的基础，培养了一支具有世界水平的特别能战斗的技术队伍。这一切，为完成下一步更大的航天工程——对外发射服务、载人航天、嫦娥探月、深空探测等，开辟了广阔的道路。

6. 明知不可为而为之的“矛”与“盾”

20世纪50年代以后，美、苏等国都有了带核弹头的中、远程弹道导弹。在远程进攻武器的威慑下，作为一位大国领袖，毛泽东不得不从战略上考虑国家防务的新问题——如何反击来犯的导弹武器。1963年12月，他在听取战略武器问题汇报后指出：“原子弹、导弹，我们无论如何也不会比别人搞得多。我们是防御战略方针，因此，除搞进攻性武器外，还要搞些防御武器。”

“反导”源于毛泽东与钱学森等人的一段谈话。

1964年2月6日，正值新春佳节。毛泽东把竺可桢、钱学森、李四光等科学家请到中南海寓所紫云轩畅谈。结了冰的中南海在冬日的阳光下泛着点点金光，小院里静悄悄的，两大盆冬青树，披着前夜洒落的雪花幽绿闪亮。

毛泽东说：把你们请来，是想听听你们对所搞工作的意见。

竺可桢比钱学森和李四光先到，已经与毛泽东交谈了很多气象问题。接着，李四光也谈了地质方面的工作，和毛泽东讨论了地球、动植物、煤和油的形成等问题。钱学森正想接着李四光的话向毛泽东汇报工作，没想到毛泽东先开了口。

毛泽东：我们搞原子弹也有成绩啊！

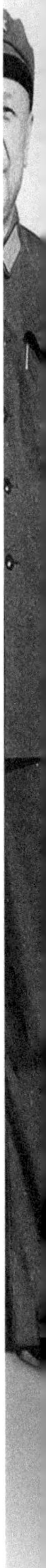

钱学森：我有所闻。

毛泽东：怕不只于有所闻吧？

钱学森：原子弹实在只是有所闻，我是搞运载工具的。

毛泽东：是的，你们搞了1000公里的，将来再搞2000公里的，也差不多了。

钱学森：美国在东南亚新月形包围圈上的有些基地有2800公里的距离。

毛泽东：可以到夏威夷？

钱学森：夏威夷就更远了，不止4000公里。

毛泽东：总要搞防御的。搞山洞，钻进去，在地下就不怕它了。

钱学森：我们正在遵循主席的指示，先组织一个小型的科学技术人员的小组，准备研究一下防弹道导弹的方法、技术途径。看来第三个五年计划中由于技术条件不够，还不能开展设计工作。

毛泽东：有矛必有盾，搞少数人，有饭吃，专门研究这个问题。5年不行，10年；10年不行，15年。总要搞出来的！

毛泽东接着说：管他什么国，管他什么弹，敌人有的，我们要有；敌人没有的，我们也要有，我们都要超过！

交谈结束了。车出中南海，扭头注视着长安大街上迅速倒退的景物，钱学森的眼睛里却好似什么也没看到，眼前依稀还是毛泽东在讲话——有矛必有盾……

据钱学森之子钱永刚说：“从毛主席那里回来后，父亲一直心事重重，既没有告诉周边的同事，也没有向上级汇报。大约10天以后，聂荣臻通过秘书询问父亲，毛主席作了什么指示，父亲才追记了上述文稿。”据中共中央文献研究室副主任李捷介绍，这篇对话体的记录，是钱学森向聂荣臻汇报时亲笔追记的，除了钱学森这份记录，其他人与毛泽东的谈话内容没有留下任何文字记载，中共中央文献研究室收藏了这份珍贵的记录。

从钱学森心事重重、10天闭口不讲此事的情况分析，当时他的内心深处陷入了极度的矛盾之中。明知当时我国科学、技术、工业基础不具备开展“反导”工程研制的条件，只能开展一些探索性的预先研究，还不能开展工程研制工作，而且毛主席作为一位领袖、一个战略家，从哲学的高度分析未来发展趋势，发表一些豪言壮语是完全可以理解的；但在当时的政治环境下，主席的话一旦贸然传达，马上就会掀起一个落实主席指示的高潮，那局势将不是自己所能控制得住的。所以他非常为难，与主席交谈的内容，缄口不言“隐瞒”了10天。果然不出他所料，毛泽东“有矛必有盾”的想法，很快就被各级领导贯彻落实，而且最终的技术责任人还落到了钱学森的身上。

根据毛泽东的指示，1964年3月，国防科委成立了以聂荣臻、钱学森为负责人的防御问题小组。随后，钱学森主持召开了弹道导弹防御科学讨论会，在五院二分院成立了防御规划小组和反导规划小组，提出了开展反弹道导弹研制的任务，将此称为“640”任务，各研制项目统称“640”工程。

同年8月，中央专委将“640”工程列为国家任务。整个工程包括导弹反导弹、超级大炮反导弹、激光反导弹、预警系统、目标识别五个子系统，国防部五院（七机部）集中承担导弹反导弹和反卫星的研制任务，其中二分院集中力量开展“反击”系列拦截导弹和“先锋”系列反导超级大炮的攻关会战。“反击”系列共有反击一号、二号、三号三种，其中反击一号、二号的性能相对成熟。反击一号采用两级液体火箭发动机和半主动雷达制导，可在低空依靠破片式战斗部摧毁来袭导弹；反击二号则在反击一号基础上进行了结构优化。

钱学森把“640”任务交给时任二分院26所副所长的宋健，由宋健负责筹建“反弹道导弹研究所”，组织开展反导弹研究工作。1964年5月，宋健给钱学森写信，汇报筹建工作的进展和反导弹系统的设想。宋健在信中提出低空拦截反导弹系统的主要依据，主要是识别高度80公里、拦截高度约15公里、导弹飞行时间1620秒、导弹平均速度1500米／秒。这就是反击一号试验器的战术技术指标设想，钱学森表示同意。

为了防止“发烧”风，钱学森根据我国地地弹道导弹的研制经验，在1965年12月讨论反击一号研制工作时指出，研制反导弹系统要从实际出发，遵循循序渐进、尊重客观规律的指导思想。他提出研制工作分为两个阶段：第一阶段先搞武器试验器，了解反弹道导弹的特点和规律，取得经验，培养队伍，争取1967年打试验器的模型弹，解决高加速度下动力系统问题；第二阶段研制能用于实战的武器系统。在钱学森的指导下，1966年，二院在调查研究和系统设计的基础上，组织力量开展方案论证工作，提出了反击一号试验系统方案，并计划1970年进行拦截试验，以获得反导弹研制的实际经验。

20世纪60年代末至70年代初，中苏关系紧张边境摩擦不断，美国战舰频频游弋台湾海峡，为此，中央提出了“备战备荒”的战略方针。在这种形势下，钱学森从国家利益的全局出发，全力推进当时几乎不可能实现的反导任务。

1969年，七机部二院的主要任务由地空导弹的研制调整为反导弹、反卫星武器系统的总体研究院，全面开始反击一号试验器系统的技术设计工作。该系统除导弹外，还包括精确指示目标轨迹的精密跟踪雷达、引导导弹进行拦截的制导雷达、导弹发射设备以及把这些设备联接成拦截系统，并建立了远程预警雷达协同工作的指挥所。钱学森频频出入二院，几乎每周都去反导弹研究所，掌握着每一步的进展。

1970年8月，反击一号进行两发模型弹的飞行试验，达到了预期目的。1971年7月，反击一号试验器01批两枚遥测弹开始总装，1972年4月出厂，但试验未能成功。8月至9月，二院召开反击一号工作会议，钱学森到会讲话说：反击一号必须进行到对真实目标的交会拦截试验阶段，走完一个型号的研制过程，使整个系统得到考验。根据第一枚独立回路遥测弹失败的教训，说明进行地面试验的必要性，未经充分的地面试验之前，不能进行飞行试验。

1975年5月21日，钱学森在二院规划会上讲话时又说：“为了实现毛主席的‘640’指示，要尽最大努力总结我们的经验，二院可以总结以前搞地空型号的经验，也要研究外国人的经验教训，找出反导弹、反卫星工作的客观规律，做工作必须符合客观规律才能成功。”1975年10月，张爱萍和钱学森到二院听取关于反导十年规划讨论情况的汇报，提出先把反导弹搞出来再考虑防区的问题。

反击二号低空拦截武器系统的方案论证和研制工作在1970年就启动了。反击二号的战术指标是：导弹最大射程50公里，拦截高度20～40公里。其武器系统包括导弹、制导雷达、计算机、地面发射设备等。从1971年10月起，反击二号共进行了6次小比例模型弹试验，5次获得成功。后因其作战范围与反击一号重叠，到1973年研制工作停止。

1971年6月，二院确定研制反击三号高空拦截系统。反击三号反导武器系统是设想的第一个防区的主要拦截兵器，到1979年，终因难度太大，各种

条件不具备，研制工作停止。

二院210所负责“先锋”系列反导大炮，开始采用的是140毫米口径滑膛炮，由于威力过小，后又改为420毫米的超级大炮，可发射160公斤重的火箭助推弹头。1970年后，反导大炮进行了多次试验，射程上基本满足需要，但射击精度不够，到1977年研制计划被中止。

在开展反导弹武器系统研制的同时，钱学森对反卫星武器的研制也作出了努力。1965年6月，钱学森向宋健布置了研制反卫星武器问题，他具体提出了反卫星工作的主要技术途径：第一，运载工具利用地地导弹较好，对付敌方卫星，用我国的地地导弹作运载工具已足够了；第二，截击要在第二、三国进行；第三，卫星轨道高，运动速度快，要拦截，制导精度很关键，建议采用末制导；第四；战斗部可采用战斧导弹战斗部，杀伤半径100～200米为宜；第五，要研究飞行动力学、截击轨道等问题。在钱学森的指导下，成立了反卫星方案研究小组。研究小组经过调查研究和分析计算，结合我国的实际情况，提出了工作方案。1970年，反卫星研究并入反击三号，在反击三号反导武器系统中兼有反卫星功能。1971年6月，二院第二设计部向钱学森汇报提出：用高空反导弹做反卫星武器只能解决一部分问题，因为它的作战空域有限，需用核战斗部。另一个途径是使用卫星反卫星，可不使用核战斗部，而实际作战空域要大得多，控制精度也能满足要求，这是可取的。

在钱学森的支持下，经过几年的努力，反击一号武器总体方案的设计工作完成，研制工作开展起来。1974年和1975年两次进行空投回收试验获得成功，许多设备已研制完成。1978年6月29日，华国锋主持召开中央专委1978年第二次会议，讨论了关于调整反导弹研制方向任务问题和关于制定空间技术发展规划问题，华国锋、叶剑英、邓小平、李先念等中央领导同志就迅速把远程导弹搞出来，七机部二院要把力量从暂时难以收效的反导方向转到进攻性武器研制上，留少数人继续搞反导武器探索研究等问题作了重要指示。反弹道导弹研制终止。

从1964年到1979年，钱学森煞费心机，执著探索，明知不可为而为之，为国家的防卫安全苦苦寻求一条适合中国国情的道路。在他的直接指导下，

反击一号导弹运往发射场

反击一号导弹

反导系统研制持续了15年，虽然型号研制无果而终，但“640”工程取得了不少技术成果，特别是预警雷达系统和测控等与之相关的航天技术得到了大力发展，为我国人造卫星、载人航天、深空探测测控网的建设，以及航天防务事业的建设积累了丰富的经验，奠定了坚实的基础。如今，中国已建成了由陆地、海洋、太空一体化的导弹航天测控网，还在海外建立了观测站，这也是反导建设方面的一大成就。

反弹道导弹研制中止

1979年8月25日，“反击一号”修改设计后的第一枚模型弹发射成功，9月13日，第二枚模型弹也发射成功。两枚未装战斗部的模型弹在有效杀伤半径内成功击中目标，“反击一号”拦截导弹的总体性能达到了设计要求，为以后高超声速导弹的研制，积累了宝贵的经验。反弹道导弹飞行试验至此结束。

在我国工业基础条件不好的情况下，我们只用了美国一半的时间，就建成了空气动力试验基地，初步掌握了跨、超声速生产性风洞的型号试验工作。我们完成了党和国家交给的国家使命。

—— 钱学森

第八章 空气动力学大师

钱学森的学术成就，首先是从空气动力学开始的。在这个学科的理论上，他达到了后人尚未超过的高度，作出了划时代的贡献，在国际航空航天界享有崇高的声誉。回国后，他结合我国国情，以技术科学为宗旨，亲自选拔人才，组织创建了中国的空气动力研究试验基地，对空气动力学科未来的发展指出了正确的方向和途径。他在空气动力学研究中积累的对非线性运动的认识，为他发展系统科学打下了基础。从空气动力学到系统科学，他完成了从简单系统的定量分析到复杂系统的综合分析的升华。

1978年5月，钱学森到建设中的气动中心视察

钱学森在气动中心检查工作

钱学森在系统所

钱学森深入基层

1987年3月，钱学森与张维、庄逢甘在北京首都机场

1991年加州理工学院马勃教授向钱学森赠送钱学森论文手稿

1987年9月5日，钱学森在纪念陆士嘉学术报告会上发言

20世纪90年代钱学森与系统科学讨论班成员合影

钱学森与周培源

钱学森出席政协会议

1983年3月8日，钱学森在系统工程学术会议上发言

钱学森在书房接待客人

写读书笔记是钱学森的日常“作业”

1991年钱学森与中国科协副主席强巴赤列在一起

担任全国政协副主席时的钱学森

1991年钱学森在颁奖会上讲话

1. 在看不见的战线上

空气动力学既是近代力学中最重要的一个分支，又是航空航天的重要理论基础之一。它在航空航天的发展中起着举足轻重的“先行官”作用。

“凡有空气流动的地方就有空气动力学”。空气是看不见的，空气动力学研究工作的成果也常常隐身于产品的背后，于是有人称，这是一条“看不见的战线”。

空气动力学研究的主要地面试验设备——风洞，不仅为空气动力学的研究提供依据，也为航空航天飞行器直接提供数据。风洞的建设，技术复杂、投资巨大，自20世纪30年代以来，世界几个大国为了发展航空航天事业，相继建成了国家级的空气动力研究试验中心。

中国航天事业的建设和发展与钱学森紧密相连；中国空气动力学研究与试验事业的建设和发展，同样也与钱学森紧密相连。

1956年12月，国防部五院空气动力研究室（七室）成立。根据钱学森提名，由从哈尔滨军事工程学院调入的庄逢甘教授担任副主任。庄逢甘是当时国内最年轻的空气动力学教授，钱学森早在加州理工学院任教时，就认识他，知道他有很好的数学基础和工程分析能力，而且思维敏捷，足以胜任这项工作。事实证明，钱学森的选择是完全正确的。从此，才华出众、师从国际著名流体力学专家李普曼教授、美国加州理工学院的航空和数学博士庄逢甘，带领着18名刚刚跨出大学校门的学子，开始了中国航天“看不见的战线”的创业生涯。

考虑到研究室初建，技术力量不足，钱学森决定将研究室建立在北京航空学院附近，以便得到高等院校技术力量的支持。为此，他聘请北京航空学院陆士嘉教授兼任研究室副主任，并聘请北航和北大的多名教授来研究室兼职。

钱学森一开始就明确要求庄逢甘，三年之内完成四项任务：

一是提供设计各种型号所需的空气动力资料；

二是编撰高速空气动力学手册；

三是着手建立现代化的空气动力学试验室；

四是适当开展关键性及有发展前途的空气动力研究工作。

钱学森在研究所创业伊始就告诫庄逢甘，空气动力学首先要为国防部五院研制的型号服务，同时开展学科发展研究和培养人才。

当时的研究室，除了庄逢甘和夫人戴淑芬外，只有18名刚从大学毕业的年轻人。庄逢甘亲自开课向年轻人讲授空气动力学，钱学森和庄逢甘既是领导与被领导，又是老师与学生，关系处得十分融洽。他们以身作则，严格要求所有技术人员从实践出发，总结、提炼、检验理论设想，以科学的态度治学，在工作中提倡严谨务实、实事求是的作风和品格。建所初期就为现在的航天空气动力研究院建立了良好的研究和工作作风。

根据钱学森的指示，1957年8月，庄逢甘起草了第一份中国航天空气动力学试验基地的设备建设规划，其中包括16座各种类型和尺寸的风洞。几经变化，后来形成了代号为8108的风洞建设工程。

根据当时的实际情况，五院决定为这个研究室从国外引进技术和设备。研究室的第一个风洞是1957年从民主德国引进的，它是0.76米×0.53米

没有工程建设，研究就是空的

庄逢甘在加州理工学院攻读博士学位时，有幸得到钱学森的学术指导，两人志同道合。1950年，庄逢甘获得博士学位前已收到院方请他留校当研究学者的聘书，但他听说钱学森决定回国的消息后，决定“我也要早点回去”。没想到由于美方的阻挠，钱学森回国受阻，庄逢甘却后发先至，在国内等钱学森，这一等就是5年。

1955年钱学森回国后不久，访问了哈军工。庄逢甘见到钱学森，兴奋地说：“你回来了，这下可以好好研究一些理论了。”可钱学森却对他说：“现在主要不是搞理论研究，而是要搞工程建设。没有工程建设，研究就是空的。”

空气动力研究室旧址

亚跨声速风洞

以涡轮喷气发动机为动力、从大气进气的跨声速风洞。这个风洞原来是为哈军工引进的，由钱学森出面协调，将风洞建在了北京航空学院运动场南侧，以便及时给导弹设计提供服务。1958年5月，德方派专家组来华安装调试指导，至1959年3月底开始承担型号试验任务。这是我国最早投入运行的跨声速风洞，至今还在为空气动力学科研服务。

1958年3月10日，苏联援建8108工程得到国家的批准。

从8108工程的整体设计思想来看，它是一个以满足火箭、导弹技术发展需要为主、初步配套的小型试验基地，其中试验段尺寸为0.6米的跨超声速风洞（AF-1风洞），是这个工程中的主力试验设备。同时这个工程还配置了小型常规高超声速风洞、电弧加热风洞、低密度风洞和2.5米（椭圆长径）开口低速风洞等。值得注意的一个特点是，风洞和冲压发动机的地面试验设备是建在一起的，共用一个气源系统。这既节省了投资，又便于这两个方面的研究试验工作进行交流和合作。1959年11月，苏联派出了以巴兰诺夫为组长的专家小组来指导工程设计。

1959年4月，国防部五院批准空气动力研究室扩建为北京空气动力研究所，主体搬迁到北京西南郊云岗地区的原马列主义学院旧址。从市区到郊区，云岗交通不便，学院除原有少量建筑外，全是荒无人烟的空地，野草丛生，野兔出没，就在这种条件下，从全国各地分配来的大学生，军队抽调来的干部、技术人员，云集在这片荒地上，开始了艰苦的创业。

正当8108工程在苏联专家指导下热火朝天地开始建设之时，苏联突然单方面停止执行中苏协议，撤走专家，带走图纸资料，处于襁褓之中的中国第一个国家级航天空气动力技术研究所几乎夭折。在外援中断和严重自然灾害的困难条件下，邓小平、陈毅、薄一波等中央领导亲临视察，鼓励科技人员发愤图强、自力更生，继续完成8108工程，把试验基地建设好。

困难难不倒中国人。早在1940年，钱学森受冯·卡门委托，为加州理工学院古根海姆航空实验室的超声速风洞进行方案论证和分析计算，并组织实施了这一工程项目；1947年，钱学森又与人合作，为麻省理工学院设计建造了中等规模的高超声速风洞。苏联以为撤走专家、带走图纸，中国在短期内就不可能建起风洞。他们哪里知道，钱学森回国后，应北京大学周培源教授之邀，亲自参加了北京大学低速风洞的气动设计。他采用八道阻尼网和1:16的大收缩比设计，保证了风洞试验段的低湍流度。这说明钱学森不仅在空气动力学理论上有重大贡献，也有能力带领中国航天人建设自己的大型风洞。

从1961年开始，在钱学森、庄逢甘的亲自指导下，年轻的技术人员白天努力搞设计、绘图纸，晚上刻苦学习外文资料，提高本领，很快就设计出性能很好、符合导弹气动试验要求的低速风洞。

钱学森十分关心、亲自过问8108工程建设，针对原设计过于落后的情况，钱学森要求庄逢甘重新自行设计，并提出低速风洞要放弃原来以飞机试验为主的开口椭圆形喷口方案，设计出以未来导弹气动试验为主的方案。当时，有些科技人员提出用开槽壁来减少洞壁干扰的主张，也有人因没有修正洞壁干扰的方法而反对这个主张。1964年秋，钱学森亲自主持召开了FD-09低速风洞方案评审会，他在会上最后拍板，采用3米×3米的试验段，风洞长度加长到10米，上、下壁不开槽，用扩散的方法消除轴向静压梯度的方案，并要求把风速提高到100米/秒。会上，他还告诉缺乏实践经验的青年技术人员，一定要深入工厂、深入实践，找解决办法、找答案，这样才能建造出高水平的低速风洞。按照钱学森定下的方案，经过三年的紧张设计与施工，1966年6月，新中国第一座自行研制用于导弹型号的大型低速风洞调试成功，风洞的流场性能优良，最大风速达到100米/秒的设计要求。

对于规划中的电弧加热器，由于原来苏联提供的是轴流式加热器和电源采用水银整流器，与当时的国际水平相差甚远，年轻的科技人员根据钱学森、庄逢甘的指示，克服许多困难，自行研制成功了管流加热器和硅整流器。

针对当时年轻人普遍存在空气动力学知识缺乏、外文水平低、阅读外文资料困难等问题，钱学森、庄逢甘要求大家学好一本英文空气动力学专著。庄逢甘不仅亲自为大家讲课，还组织编写了《新型风洞汇编》发给大家，以便学习风洞的基本知识。在他们的严格要求和培养下，技术人员打下了较好的空气动力学功底和扎实的外文基础，养成了严肃认真的工作作风。一支有水平、敢打硬仗、敢于创新的航天空气动力研究技术骨干队伍，在实践中锻炼成长起来了。正是这样一支年轻的骨干队伍，承担起中苏《国防新技术协定》中规划的全部风洞的建设任务，在不到5年的时间里，建成了从低速到高超声速风洞、电弧加热器和电弧风洞，及其配套齐全的试验风洞9座，性能指标均达到设计要求，从设计、加工，到安装、调试，完全是依靠我国自己的力量完成的。

依据钱学森的一贯思路，空气动力学试验研究与理论计算必须和设施紧密结合，成龙配套。在建设风洞的同时，研究所抓紧了测试手段的研制，分别为低速风洞研制塔式机械四分量天平、为跨声速风洞配置外框式油压膜盒天平、为三声速风洞配置外式四分量天平、为高超声速风洞研制尾支杆式三分量应变天平。同时，还配备了多管成组压力计，建成了6000立方米中压气源及其配套的动力车间，开展了薄壁热交换技术的研究。因此，风洞一建成，便具备了基本的测力、测压和测热手段，保证了型号研制所急需的气动性能参数的基本需求。

另外，研究所很快成立了理论计算室，并配置了全国第一台电子管式电子计算机“乌拉尔－2”。

钱学森提出了理论研究工作“要为型号服务”，要在型号研制中发挥作用。他于1960年1月27日给庄逢甘写信，解除他的思想顾虑：

您在20日给党委的信，党委要我来复。有三个问题：

1.空气动力设计问题，您作为“红旗一号”型号委员会的委员，是负责空气动力方面的，您完全可以而且有责任抓这个问题。您可以到设计部门去了解，去听汇报。

2.风洞、试车台、试验部件的加工问题，现在已经作了安排，能满足您提的要求。

3.型号委员会的问题，作为委员，您可以把意见向型号委员会的主任及副主任提出。

以上的意见，我已向钱文极主任及屠守锷副主任说明。我们想您能这样地提出问题是非常有利于工作的。

由此可见，钱学森在空气动力研究所建设中，非常重视发挥型号总设计

高超声速风洞

电弧风洞

师和总指挥系统的作用。1965年七机部成立后，空气动力研究所代号为701所（以下简称701所），到20世纪60年代末，这个研究所发展成为我国第一个试验设备配套、技术力量齐全的航天气动试验研究基地。

对此，钱学森感慨地说：在我国工业基础条件不好的情况下，我们只用了美国一半的时间，就建成了空气动力试验基地，初步掌握了跨、超声速生产性风洞的型号试验工作。我们完成了党和国家交给的国家使命。

这一系列成绩，与钱学森和他点将的庄逢甘，从一开始就为研究院打下扎实的基础和技术功底，是分不开的。

2. 创建中国空气动力研究与发展中心

继空气动力研究试验基地在北京建成后，钱学森开始考虑筹建更大规模、研究手段更加配套

中国航天空气动力技术研究院

经过50多年的艰苦建设，701所已发展成为中国航天空气动力技术研究院，建成了我国第一个从低速到高超声速、激波、电弧加热等40多台设施和风洞群，成为综合性空气动力研究与试验基地。同时，还发展了与主业紧密结合的全垫升气垫船、地面效应飞行器、“彩虹”系列无人机、除尘脱硫设备等众多民用产品。

风洞

风洞是产生可控气流的试验设施，用来研究飞机和航天器的模型在空气中运行所产生的效应或气流阻力。通过充分的模型试验，可获取飞机和航天器的气动设计依据。

例如，我国返回式卫星的外形是细长比约等于1的钝头加截锥的短粗形，其设计数据就是借助上千次风洞吹风试验而取得的。

风洞可分为低速、亚声速、跨声速、超声速和高超声速等类型。

除飞机和航天器外，利用风洞进行的空气动力研究，对汽车、船只、火车、桥梁以及建筑物等的气动载荷结构设计，也是十分有用的。

的大型试验基地。它不仅技术高度复杂，而且需要投入巨大的人力、物力和财力。因此，钱学森一开始就提出，只有统一规划、集中建设，才能确保质量，加快建设进度，综合利用能源和充分发挥效益。

在聂荣臻的直接推动下，国家决定建设中国空气动力研究与发展中心，由钱学森具体领导和组织实施。从1964年成立国防科委空气动力专业组（第16专业组）到1979年正式成立中国空气动力研究与发展中心，前后经历长达15年的时间。

1959年，苏联曾派出几批专家，到北京和沈阳解答在风洞建设中遇到的技术问题，并向我国提出建设更大规模空气动力研究试验基地的建议。同年5月，聂荣臻向中央提交了《关于成立空气动力和发动机研究院的报告》，建议在甘肃刘家峡附近，建设一个空气动力和发动机研究试验基地。1962年，中方派代表团到苏联商议基地建设，但未能取得结果。为此，聂荣臻明确指示：这个基地的建设由我们自己来承担。1962年12月，国防科委决定将701所与国防部六院空气动力研究所（即六院七所）合并，为集中力量建设空气动力研究中心作准备。

1963年，根据钱学森的指示，已经汇集飞机、导弹气动研究试验两支技术队伍的701所，召开了第一次气动力试验工作年会。经过热烈讨论，会议提出了生产性风洞流场的初步标准和常规试验技术的标准，达到了两支技术队伍“互通情况、总结经验、明确问题、提出措施”的目的。

1964年年初，为了团结全国空气动力学专家，促进气动研究试验工作的发展，特别是促进空气动力研究试验基地的建设，聂荣臻批准成立了国防科委空气动力专业组（16专业组），由钱学森任组长，沈元、庄逢甘等4人任副组长。专业组下设试验技术分组和理论分组：试验技术分组由马明德教授任组长，理论分组由沈元教授任组长。专业组办公室由吴宝光主任和路史光副主任主持日常工作。办公室秘书有唐进倬、邓述初、陈承厚、李森、黄志澄、王文恩和贺长胜等7人。

1964年5月，试验技术分组召开规划论证会议，认真研究了风洞的配套方案，确定低速风洞的试验段尺寸为3米和7米量级，跨超声速风洞的试验段尺寸为0.6米、1.2米和2.4米量级。这样的风洞配套，可以满足不同型号的飞行器在不同设计阶段对风洞试验的不同要求。最后，会议提出立即组建气动中心的建议，并建议分三期建设11座风洞。9月28日，国防科委提出《关于全国风洞建设情况和空气动力中心建设的初步意见》，这个文件指出：“从我国当前的实际情况出发，为了集中力量，加速建设，全国集中建立一个空气动力中心，主要保证导弹、飞机等方面的吹风试验任务。”并指出：“建设地点初步考虑放到贵州遵义地区，具体地址待进一步勘察后才能确定。”

理论分组的主要活动是组织两次飞机气动问题研讨会，并结合飞机和导弹研制中的气动问题，落实全国力学规划中有关空气动力学的研究课题。这些活动为今后中国空气动力学研究会和飞机、战术导弹、弹头等全国性协作组织的一系列学术攻关活动，打下了基础。后来，钱学森考虑到空气动力学发展的特点，为进一步团结工作在我国空气动力学一线的广大科技人员，于1978年建议成立了中国空气动力学研究会（1991年改名为中国空气动力学学会）。1980年6月10日，研究会在上海正式成立。钱学森、沈元当选为名誉会长，庄逢甘为会长。1980年6月7日，钱学森在致空气动力学研究会成立大会的贺信中说道：

空气动力学研究会成立大会的同志们，我因事不能来参加今天开始的空气动力学研究会成立大会，但我的心是向往你们这个集会的。所以写这封信，寄托一点心意。在四十多年前到三十多年前的一段时间里，我做过一点空气动力的理论工作，但后来条件变了，时过境迁，我差不多完全脱离了这个研究领域。我始终认为这是一个非常重要的，因而是富有生命力的一门科学。它之所以重要，是因为社会主义建设、实现四个现代化需要它，也就是人民需要它。

空气动力学是一门艰难的学问。实践中提出的、悬而未决的问题还很多，另有一些引人入胜的理论问题也等待我们去突破。怎么办？个人努力是必需的，但是集体力量总比一个人的力量大，互相商榷讨论，认真贯彻百花齐放、百家争鸣的方针是推进空气动力学研究的好办法。比如三十四年前，郭永怀同志和我对某些物体如圆柱外的无粘无旋流，提出一个猜想，即来流马赫数达到某一临界值，大于首次在流场出现声速而小于1时，方程的解不存在。我们称这为高临界马赫数，而首次在流场出现声速称低临界马赫数。我们猜想涉及非线性偏微分方程论，我们当时，我现在，都无法解决。这个猜想可能不对，现在是否可以解决，请大家考虑。

群策群力是必要的，而我们这个研究会正好这样做。旧的社会习气一定要克服，我们是社会主义嘛，怎么还不能战胜落后的社会意识？我们的成立大会是很好的开始，因为大家都说我们是学术组织，不为权，不为利，而是为技术服务，也为宇航技术服务，而且也为一切要用空气动力的事业服务。这是崇高的精神。

国防科委提出建设气动中心的建议，并未立即实现。1964年年底，根据五院和六院领导的协议，国防工办作出了“将六院七所的全部人员和设备归还六院建制”的决定。于是，六院七所就选定在四川安县小滥坝地区进行建设，准备建设的风洞就是16专业组规划中的4米×3米低速风洞、6米×8米低速风洞、0.6米跨超风洞、1.0米超声速风洞和1.2米跨声速风洞等。

七机部组建后，下属各型号研究院都有自己建设风洞的想法。1965年6月1日，国防科委和国防工办联合发出通知，指出：“为使今后风洞建设更合理，避免重复，减少浪费，根据聂荣臻对风洞建设要在国防科委统一规划下分工协作的指示，确定今后各单位新建的大型风洞项目，应报经国防科委审查平衡，确定风洞的用途、主要技术指标、总体方案、建设规模及配套项目等之后，再上报国防工办审批。”1965年7月，国防科委和国防工办批准了16专业组提出的《关于第三个五年计划期间新建风洞的报告》，并指出：三线风洞建设，分别由三、七机部负责建设。七机部的风洞应建在一起，不要分散搞，这样安排便于集中管理，也可以节省建设投资。

根据这个精神，七机部决定由701所对口包建7305工程，并选定建设地点为四川省达县地区。7305工程包括0.6米跨超风洞、0.6米超声速风洞、0.5米高超声速风洞、1.2米跨声速风洞、1.0米超声速风洞、1.0米高超声速风洞、电弧加热器、电弧风洞和激波风洞等。

1966年下半年，文化大革命开始了。此时，我国气动战线的广大科技人员通过各种途径，向中央反映“集中力量建设中国气动中心”的愿望。1967年7月20日，国防科委作出了成立空气动力研究院（十七院）筹备组的决定，由钱学森担任筹备组组长，郭永怀、严文祥任副组长，负责空气动力研究院的组建工作。

根据文件精神，钱学森决定在中国科学院力学所他的办公室内开始筹备工作。筹备组成员黄志澄和贺长胜就在这个办公室上班。晚上，黄志澄就住在这间办公室里。后来，筹备组相继迁至解放军政治学院招待所和友谊宾馆办公。1968年2月，十七院正式成立。7月，十七院院部迁至北京商学院内的一座楼房办公。

从1967年8月到1968年年底，筹备组在钱学森、郭永怀等的直接领导下，通过认真调查研究，对一系列风洞建设中的重大问题进行了决策。

首先，将原七机部准备在四川省达县地区建设的7305工程，集中到四川省安县地区进行建设。这样，集中后就避免重复建设1．2米跨声速风洞和1．0米超声速风洞。

其次，对不同速度范围（低速、高速、超高速）内规划的风洞，决定按照不同类型的风洞对能量的不同要求进行部署。将连续式风洞，要求低压、中压的暂冲式风洞和要求高压气源和直流

国防科委的决定

在国防科委的决定中指出：空气动力研究工作是国防科研的重要组成部分，是飞行器型号设计的先行和基础。为适应型号研制的需要，必须将这方面有限而分散的技术力量，集中起来，形成拳头，拟成立空气动力研究院，以便统一规划，加速建设，促进空气动力学迅速发展，更好地为型号研制服务，赶超世界先进水平。

为便于开展工作，筹备组可设若干办事小组，负责拟制和处理该院的体制规划、三钱建设等事宜。各办事小组以16专业组办公室为基础，由三机部六院七所、七机部701所、科学院力学所等单位抽调适当人员组成。

20世纪70年代，大型风洞试验基地在四川绵阳地区建设

电源的脉冲式设备、电弧加热设备和其他特种设备，分别集中建设在安县的镶门坝、小滥坝（现已划归北川县）和晓坝地区。这样的布局，既节省了投资，又可以综合利用能源，充分体现了集中建设风洞的优点。根据这个决策，除了将原来计划建在小滥坝地区的4米×3米低速风洞、6米×8米低速风洞，改建于镶门坝地区外；又把7305工程中的一座0.6米超声速风洞和一座0.5米高超声速风洞，改建于小滥坝地区。

最后，重点论证了为航天服务的超高速设备。经过论证，决定在小滥坝地区建设1米量级高超声速风洞和2米量级高温热结构风洞；决定在晓坝地区发展三类设备，包括主要用于防热试验和低密度试验的电弧加热器和电弧风洞，兼顾气动力试验与气动物理试验的自由飞弹道靶和各种类型的脉冲式设备，包括激波管、膨胀管、激波风洞、磁流体加速的脉冲风洞等。在这部分设备中，论证最充分的是脉冲式设备。当时，论证工作由力学所和701所分头进行。对于力学所的工作，钱学森于1967年8月17日在给郭永怀的信中，提出了四条意见：

一、这部分吹风设备工作时间约为几毫秒至十几毫秒，是为解决再入飞行器的全部气动问题的，但应能模拟第二宇宙速度的再入。

二、可以有以下几种设备：

a. 激波管（用高压加热的氢气作驱动气体），直径约600毫米；

b. 激波膨胀管，直径约600毫米；

c. 激波风洞，工作室直径约2米；

d. 脉冲放电风洞，工作室直径约2米；

e. 其他辅助用的小装置。

三、此外，还有一个脉冲电源，贮能约1～5亿焦耳；这个贮能系统，科学院电工所同志正在（为上海光机所）设计。

脉冲电源除了在脉冲放电风洞中用以外，也可以用在激波管、激波膨胀管以及激波风洞，以加热像氦气那样的驱动气体。一个贮能电源，多个用户（负荷）。

1～5亿焦耳的贮能系统也要有个大的直流电源，而这个直流电源又可以兼供（那些由701所规划的）的电弧加热装置用。再就是把两大类吹风装置连成一个大体系，将来使用起来有个总调度。

这个电源要请电工所同志帮助设计。

四、几毫秒至十几毫秒的测量系统如何搞，也要有个规划，以便外协、定货。

经过详细论证，上述信中提及的脉冲放电风洞，由于存在工作室压力衰减而决定不再建设。

1967年8月20日，钱学森在给郭永怀的信中提出，为了满足大于第二宇宙速度的要求，可以发展电磁流体加速的脉冲风洞的建议。

9月4日，钱学森在给郭永怀的信中指出："炮风洞（即长脉冲，约0.1秒以上的风洞）不搞，下决心走短脉冲（几毫秒至几十毫秒）的道路，以节约投资。"因此，在脉冲式的发展中，决定狠抓毫秒级测量技术，发展激波风洞。激波风洞的尺寸，当时决定先搞2米量级的，以后也可搞5米量级的。

应该说明，在规划风洞时，大家也多次讨论到是否将风洞和发动机的试车台建在一起的问题，但由于当时的条件，多数人倾向先把风洞建起来再说。

在我国气动研究试验基地的建设过程中，体制和归属屡经变化。1970年3月，十七院番号撤消，改为风洞建设指挥部，划归空军领导，后又移交给航空部六院。显然，这种体制与面向全国服务的工作性质是不相容的。

1970年到1974年间，广大干部和科研人员，特别是为航天服务的超高速所（五所）的科研人员和干部，通过各种途径，向中央反映了这种不合理的体制给基建和科研工作带来诸多困难。后来，周恩来总理、李先念副总理等，均对此作了批复。那年秋天，超高速所的兰高亭所长和黄志澄等人，一起到北京向国防工办和国防科委汇报。国防科委副主任钱学森在办公室和黄志澄交谈了一个下午。他详细说明了建设一个中心的必要性、可能性和复杂性，话语中透露出他对建设国家级气动中心的决心和憧憬。他还详细介绍了在气动中心体制变动中，为保持气动中心不被拆分，曾作出的种种努力，语重心长地鼓励科研人员为建设这样一个中心而继续努力。

后来国防工办和国防科委派出调查组，到绵阳了解具体情况。经过艰苦的努力，包括钱学森多次向领导介绍情况，国务院和中央军委终于在1975年11月决定将风洞建设指挥部划归国防科委建制，并更名为空气动力试验指挥部。1979年1月，一个规模宏大的空气动力试验基地基本建成，并以中国空气动力研究与发展中心（简称气动中心）亮相于世。701所先后向气动中心输送了398名干部，其中绝大部分是技术人员。

在气动中心的建设中，对中心的发展，大到体制，小到引进一名具体人才，钱学森都关怀备至。1978年5月，他在气动中心住了一段时间，进行深入的调查研究，对气动中心今后的发展，特别是开展科研系统工程和加强总体工作，提出了许多建设性的意见。1979年，规划中的大部分风洞相继建成，并进行了大量的研究试验工作，成为亚洲最大、世界屈指可数的大型气动中心，为我国航空和航天事业的发展发挥了重要作用。

1980年和1984年，气动中心两次面临从军队移交地方的境遇，广大科技人员积极向中央反映意见，在钱学森的支持下，气动中心仍保留军队序列，成为人民解放军的一个重要科研基地。

1985年10月，中央宣布全军大缩编，裁军100万支援国民经济建设。面对这个大转变的形势，国防科工委领导再次研究气动中心存在的必要性，在会上，钱学森重申了气动中心对我国航空航天技术发展的重要性，由于他的坚持，国防科工委会上没有作出撤消中心的结论。

在中央一次重要会议之后，邓小平请钱学森留下，以商量的口吻与钱学森探讨风洞建设问题。他们两人有一段很长的谈话。

邓小平：有人提出电子计算机发展到今天，气动特性已经可以用计算机来求解，是不是不一定需要用风洞吹风了？

钱学森：是有这种可能，但现在计算机的计算速度还达不到这个地步，将来计算速度和软件技术进一步提高有这种可能。即使到那个时候，风洞试验还是需要的，要看看计算的结果符不符合试验的结果，需不需要对计算方法进行修正。所以我们应大力发展计算机和软件技术。

邓小平：听说由于气动中心吹风需要大量的电能，已经影响到西南地区的工业生产了？

钱学森：如果我们走美、苏研制航天飞机用的高马赫数、高雷诺数、吹风时间几十秒级的超大型风洞的路子，确实存在这个问题。美国、苏联在这类吹风时，风洞所在整个城市用电都受影响。所以，我们不主张走美、苏发展超大型风洞的路子，而是发展激波风洞，下决心走短脉冲（几毫秒至几十毫秒）的道路，以节约投资和电资源。

这一席谈话，解除了中央的疑虑，对气动中心的“免死”起到了关键作用。

3．领航中国空气动力学的发展

我国空气动力学的顺利发展，得益于钱学森提出的一整套学术思想，其主要内容包括哥廷根力学学派的传统、技术科学和现代力学的思想。

1978年，钱学森在全国力学规划会上作了题为《现代力学》的发言，详细介绍了哥廷根力学学派在1910年到1960年这50年中所作出的重大贡献，他指出：“这个时代，力学工作者对新兴的航空技术和航天技术震撼世界的成果，作出了巨大的贡献，他们是时代的英雄。”实际上，钱学森自己就是这个学派在美国的主要成员，他对中国空气动力学发展的巨大贡献，与这个学派是分不开的。钱学森在这篇发言中，详细介绍了这个学派的指导思想：

总之，就是这个哥廷根大学，形成了近代应用力学的中心，影响所及，到了其他国家：英国、法国和美国；就连斯大林时代苏联的应用力学，也是在这个思想的影响下发展起来的。什么指导思想呢？什么方法呢？我们不能脱离了当时的时代来了解它。当时没有电子计算机，要靠手算。所以，要用力学的方法去解决工程技术的问题，碰到的第一个问题就是“算”这个难题。可以说，搞应用力学的人的本领，就在于会算。怎么叫会算呢？实际工程中的问题是很复杂的。要得出数学的具体结果为工程师所用，就得先把问题简化。但简化不能脱离实际，脱离了实际，简化是简化了，算是算出来了，但一点用处都没有。又要简化，又要不脱离实际，用我们的语言来说，就是要深入实际去观察，找出事物的主要矛盾，认识主要矛盾的主要方面，然后舍去那些枝节的东西，抓住要害，形成一个简化的模型。这样，对所要解决的问题进行计算才有可能。力学工作者的计算方法也是精心设计的。怎样把数学家的那套理论用过来，使得它能够解决具体问题，对此我讲一个故事。冯·卡门在加州理工学院有一年开了一门课，名字很怪，叫做“有用数学”，好像在讽刺数学系那些课都是无用的数学。我看他的意思是说你数学家的那些理论要产生实际效果才有用。所以，这个时期力学的窍门就是两招。第一招就是要形成一个代表事物的模型，再一招就是一套比较灵巧的计算方法，使得最后可以得出工程师们有用的结果。当然，这里面为了认识客观规律，还要做实验，实验工作也是受到重视的。

通过钱学森的介绍，人们认识到哥廷根力学学派的特点主要有三个方面。

一是学科带头人具有科学知识权威性和科学组织凝聚力，并十分重视培养接班人。

菲利克斯·克莱因年轻时就已经是数学界的一位传奇式人物了，23岁那年，他在埃尔兰根当上了正教授。与作为数学家、数学教育家所作的贡献相比，克莱因更大的贡献也许是作为“伯乐”。他把许多有作为的数学家聘请到哥廷根，从而使哥廷根在19世纪末、20世纪初成为“数学的麦加”。普朗特的魅力则来自他对科学技术问题超凡的洞察力和对学生后辈的聚合力。据冯·卡门描述，普朗特的数学水平并不很高（哥廷根应用力学的前三代，数学水平一代超过一代），但他有理清纷繁科技问题、捕捉其中物理特征的非凡能力。他在实验和理论中发现流体贴近流过飞行物体时，流体的黏性主要在边界层中起作用，在边界层外流体的黏性可以忽略。这就是一个辉煌的范例。普朗特领导的应用力学研究所里的学术活动，开展得有声有色，他组织的研讨班里群英荟萃。他总是心平气和地与同事和学生们讨论问题，从不以势压人。冯·卡门说，在热烈的讨论中，人们总可以领略他的聪明睿智。因此。他身边的英才越聚越多，包括后来来自中国的著名女学生陆士嘉。

二是理论联系实际，选好带头学科。

哥廷根力学学派具有鲜明的学术风格，即理论与实际、科学与技术、数理科学与应用科学密切结合。他们主张从复杂的、扑朔迷离的实际问题中，寻找出最基本的物理特征，然后再运用简化了的数学方法加以分析，从而把理论与实际结合起来。克莱因和普朗特的指导和影响，是冯·卡门后来在亚琛工学院和加州理工学院继续搞科学和工程结合的动力源泉。所以冯·卡门“一向以填平理论科学和应用技术之间的鸿沟为己任”。在美国加州理工学院，冯·卡门领导的研究集体，使这种风格得到了进一步的发展。

正是哥廷根力学学派这种理论联系实际的学风，引导他们在重大工程的需求中，去寻找学科的突破点。20世纪的前60年，航空航天工程经历了从诞生到成熟的过程，在这个过程中，迫切需要认识飞行器与空气相互作用的规律。在这个工程需求的牵引下，从普朗特到冯·卡门，再到钱学森，都选择当时空气动力学的重大难题，作为学科的突破点，取得了一系列辉煌的学术成就。

三是良好的学术交流环境和民主作风。

哥廷根力学学派之所以能吸引人，是因为哥廷根有一个良好的学术交流环境。克莱因为了便于学生学习，在研究所里实行了开架阅览制度，还充分利用研讨班这种教学形式。克莱因善于讲课，除了讲课以外，还组织研讨班（学术讨论会），克莱因认为研讨班可以激发灵感。在研讨班上，人才聚集，想象新奇，他把自己丰富多彩的思想以及处理问题的思路，毫无保留地传授给学生。事实上，这种学术讨论会是德国最新科学思想的传送带，它吸引了所有青年的注意力。冯·卡门受益于这样的学术讨论会，并把这个优良的传统带到了美国，进而发扬光大。他每周主持一次工作会议或学术研讨会，周周都开，神圣不可侵犯。会上，他要求每个人都报告自己的工作，不管是教授还是学生。

钱学森受教于这个学派，并且在这个环境中长期从事科研和教学，对这个学派的精神有深刻的理解。这也是他20世纪40年代后期提出关于技术科学系统思想的背景。他在1947年回国短期访问时，以技术科学为题曾分别在浙江大学、交通大学、清华大学作了报告，宣传了它的作用与重要性，并于次年在美国发表了题为《技术与技术科学》的论文。1955年回国后，他在东北参观访问时又做了进一步的阐述，1957年他在《科学通报》上发表了题为《工程与工程科学》的论文，其要点是：

1.技术科学是介于自然科学与工程之间的一门独立的学科，也可以称之为桥梁。技术科学不是工程，它的主要任务是领导工业的发展，以新概念、

新理论、新技术、新方法来武装工业，带动工业前进，并促使它不断发生质的飞跃。反过来，要求从事技术科学的科学家根据自然科学与工程的现状和发展趋势，有远见地选定超前的研究课题，不断开拓新的领域。

2.技术科学研究的对象是工程环境下的复杂系统，必须是最大程度建立在自然科学和数学基础上的。一个好的技术科学家应当有能力从复杂的实际问题中捕捉住主要矛盾，提炼出清晰的物理机制，建立数学模型，通过计算，得出与观测或实验相一致的结果，并据此得到工程上有用的定量预测。

3.技术科学的目标不是一个具体工程中的个别问题，而是一类或几类工程中带有共性的“一般性”问题。在这个意义上讲，它是关于工程的基本理论。本世纪初，工程上最急需或首先要用到的是力学，所以应用力学首先得到发展，成为技术科学的先驱和样板。到了20世纪中叶，已经可以看到，除应用力学之外，技术科学还应当包括更为广泛的内容。技术科学的内容不仅在内涵上要不断深化，在外延上也决不可固步自封。

4.技术科学工作者作为自己的工具应很好地掌握数学，要有坚实的自然科学基础和熟悉工程技术中的方法和问题，能把工程技术中的实际问题提高到自然科学规律的水平上来研究。在开发一种新的工程技术时，技术科学工作者首先要能对其可能性、可行性和克服困难的主要途径作出判断。

钱学森是国际知名的力学大师，他的许多力学著作堪称经典文献，他对近代力学以至技术科学的内涵和发展方向发表过全面系统的论述，对于指导我国实现科学和技术的现代化具有重要的现实意义。他认为近代力学有三个任务：第一，为工程师、设计师服务，解决他们在工作中碰到的新问题，依据力学理论进行分析和研究，然后给他们提供建议书；第二，从工程技术和生产实践所发生的新问题中提炼出具有一般性的课题，进行研究并予以解决，这样就不只是解决个别的具体问题，而是解决一系列的实际问题；第三，在掌握了生产实践知识和精辟的力学理论的基础上，创立新的科学见解，从而改进工程技术、改造生产。人们不难看出，钱学森在谈到以上三项任务时，始终体现着理论与实际、科学与技术、数学科学与应用科学密切结合的思想，亦即哥廷根应用力学学派的核心思想。

从更高的层次上说，技术科学这一概念的提出，具体解决了理论与实践如何结合的问题。毛泽东在《实践论》中，从原理上阐明了理论与实践的辩证关系，强调理论要与实践相结合。但理论与实践怎样结合？这个结合要靠技术科学，是技术科学在基础理论与工程实践之间架起了一座桥梁。正如钱学森1957年在《技术科学中的方法论问题》一文中指出的："在技术科学的研究中，我们把理论和实际要灵活地结合，不能刻板行事。我想这个灵活地结合理论与实际也就是辩证唯物主义的真髓了。"由此他推论说："因此，我以为世界上第一流的技术科学家们都是自发的辩证唯物论者。"

1978年，正值信息革命的前夜，此时，钱学森预料到电子计算机的发展将带来力学的现代化。他在《现代力学》的发言中，提出了现代力学的思想。他说：

现在是讲现代力学了，必须明确要把电子计算机和力学工作结合起来，不然就不是现代力学，就不是现代化，不然就不能说以70年代世界先进水平作为我们的起点。所以，我们力学工作者要懂得、要学会用电子计算机，要研究如何运用力学本身的规律，使它和电子计算机的规律结合起来，最有效地得到最好的解。

钱学森还指出在现代空气动力学中，风洞仍然起着关键的作用：

作为流体力学具体应用的水力学、气体动力学，将来的发展主要靠电子计算机，那么水洞、风洞还要不要呢？还是要的。要，当然不是靠它去真正求出工程技术、工程设计中所需要的全型的大尺寸的实验数据，而是在它里面做很小型的试验，这个小型试验的模型也在电子计算机上算，看看计算的结果符不符合实验的结果，需不需要对计算方法进行修正。所以风洞、水洞这类实验技术还是要搞的。要了解水流和气流中的新现象，更需要用试验设备。

这是钱学森对电子计算机和风洞在未来空气动力学中的作用的分析。这是一个较长远的设想，目前对许多复杂的空气动力学问题，应用电子计算机还无法计算出十分精确的结果，在这个过渡阶段，风洞还起着主力的作用。

空气动力学是近代力学中最重要、最活跃的一个分支。随着科学技术的迅速发展，空气动力学的研究方法和手段也发生了深刻的变化。但是它的技术科学的特点并没有改变。在中国空气动力学的发展中，钱学森提倡的哥廷根应用力学学派的优良学风、提出的技术科学和现代力学的学术思想，为我国空气动力学指明了正确的发展方向。

4．情谊深重

我国老一辈空气动力学家是一个卓越的科学家群体。他们都有着强烈的爱国热忱和出众的才能，相互之间还存在着深厚的友谊并有共同的学术传统。

陆士嘉是中国空气动力学的奠基人之一。1938年，她进入德国哥廷根大学学习。当时，中国正在遭受日本的侵略，她想到学航空专业将来肯定会对祖国的强大有所贡献，便毅然选择了德国最著名的空气动力学家普朗特教授作为自己的导师。时值第二次世界大战，该校空气动力研究专业对中国留学生有种种苛刻的限制，尤其在实验技术方面，对她更是严格保密，加上生活条件很差，使她在德国的学习十分艰难。陆士嘉克服重重困难学成回国，在清华大学和北京航空学院等院校多年教授空气动力学，培养了一大批优秀的空气动力学人才，为我国航空航天事业的发展作出了重大的贡献。

钱学森与陆士嘉及其丈夫张维长达一生的友谊，成为我国科学家中广泛流传的佳话。张维回忆说：

士嘉和学森不仅是同行，而且他们之间还有学缘上的特殊关系，说来颇有一番情趣。学森是力学大师冯·卡门的得意门生和亲密合作者，而冯·卡门则是被力学界称为“空气动力学之父”的德国普朗特教授的最早的研究生。士嘉在德国留学时，是普朗特破例接受的唯一女研究生，也是他指导培养的最后的研究生之一。因此，应当说冯·卡门和士嘉在学缘上是同门弟子，都是普朗特的学生辈。所以，后来学森回到祖国后，我们两家时常互访，我曾戏言说：“学森兄，你应当称呼士嘉为师姑呢！”大家都笑了，我们都为老同学成了同行而高兴。

1945年夏，二战结束时，学森随同冯·卡门参加美国军方考察团，7月间赴德国考察法西斯德国研制V-2等火箭、导弹和流体力学的发展情况。那时年迈的普朗特处于被讯问的地位，普朗特、卡门、学森这三代人曾有过意味深长、颇为尴尬的“特殊会见”，普朗特回答了身着美军军官服装的卡门、学森有关德国战时研究情况的讯问。事后一天，普朗特告诉士嘉：“你们的同胞钱博士也来了。”当我们得知老同学到德国来了，非常高兴想见到他，但是普朗特说他已经离开这个城市了，我们都为此感到遗憾。直到1947年夏秋间，学森从美国回到上海探亲、结婚，并到北平来清华园看望我们时，我们间隔20多年才重新见面，彼此叙旧畅谈一番各自的经历和往事，十分欢畅。我们都兴奋地说：“老同学又成了同行！”但那时，学森对国民党反动政府忙于打内战，科研人员无所事事，感到很失望。于是他又到美国去了。

钱学森也曾深情地回忆他们之间的友谊。1987年9月5日，他在《纪念陆士嘉教授学术报告会》上发表了如下讲话：

陆士嘉教授是我所尊敬的女科学家。今天纪念她，使我想起了66年以前的事。那时候她住在堂姐家，寄人篱下，而且当时国家内忧外患，她不屈服于环境，锻炼成一位意志刚强的女性。

你要叫我“师姑”啊

有一次，空气动力学会开会，会间休息时，参会者在一起闲聊。陆士嘉开玩笑地说，钱学森啊，你是什么都比我强，学术研究成就、事业工作业绩、对国家的贡献，各方面我都比不上你，但有一件，你是怎么也比不上我的，在师生辈分上，我比你大一辈，你要叫我“师姑”啊！引得满座哄堂大笑。

1947年秋在清华大学任教的陆士嘉（右）

1987年9月5日，钱学森在纪念陆士嘉学术报告会上

我认识陆士嘉是在少年时代，当时我们都是北京高等师范学校附属小学（现在的第一实验小学）的学生，邓颖超同志在这个学校当老师，陆士嘉、张维和我同班，后来都进了北师大附中。但因男女分班，我同陆士嘉相见很少。在国外，她和张维在大西洋东边，我在大西洋西边，再加上第二次世界大战的原因，30多年音信不通，以致1945年我见到普朗特教授时也不知道他有来自中国的第一个女博士生陆士嘉。

1955年我终于回到祖国，自然同陆士嘉、张维重叙少年旧谊，除了十年动乱时期，逢年过节不是蒋英和我去看他们，就是他们来看我们，总要畅谈半天。但是，在这种聚会中我们不大谈学术工作，因为我已脱离力学工作，而我当时干的又有严格的保密规定，也许是他们照顾我的困难吧，所以不谈学术。至今我很内疚，我只知道陆士嘉的译著——她老师的名作《流体力学》，知道她在国内培养了不少流体力学、空气动力学的人才，其他知道很少。

当然陆士嘉为人民、为党、为国家所做的事是有目共睹的。在陆士嘉最后的岁月里，我和蒋英每一个多月都去协和医院探望她，尽管她疾病痛苦，但她和我们谈的都是国家和世界大事。而且"事理看破胆气壮"，言谈中充满了对建设我们国家社会主义初级阶段的信心。所以，陆士嘉同志是值得我们学习的学者、科技工作者、社会活动家，我们开这个会纪念她是完全应该的。

陆士嘉对我国空气动力学的最大贡献，是在北航成立了空气动力学专业并建立了一整套教学风洞。她在专业性质和培养目标等问题上起了决定性的作用。她明确提出此专业是为航天航空建设服务的工程性质的专业，其教学计划要根据中国实际情况制订。多年来，这个专业为国家培养了千余名本科生和研究生，前两班的学生有崔尔杰院士、乐嘉陵院士、黄志澄、朱自强等。北航设立气动专业，实际上也与钱学森1955年回国有关。钱学森回国后不久，就向陆士嘉建议北航要设立气动专业。在国防部五院成立空气动力学研究室后，除由庄逢甘担任副主任外，还根据钱学森的提议，请陆士嘉担任兼职副主任。在钱学森建议成立空气动力学研究会时，也因陆士嘉的谦让，由钱学森担任名誉理事长，庄逢甘担任理事长，陆士嘉为第一副理事长。

钱学森与郭永怀也有着深厚的友谊。

1950年，钱学森回国受阻，郭永怀的行动自由也受到了限制，连去英国讲学都不被批准。1955年，钱学森回国后，美国移民局派人劝说郭永怀留在美国，但得到的回答是“不”。为避免美方以他掌握重要资料为由再加阻挠，郭永怀在同学聚会时，把历时十几年写就的书稿投入篝火。1956年，他冲破美国政府的阻挠，携全家回到祖国。经钱学森推荐，他担任了中国科学院力学所副所长。1960年，中央决定自行研制核武器，钱学森又推荐他担任核研究院副院长，主管力学部分。

翻开《钱学森书信选》，最先映入眼帘的是钱学森给郭永怀的两封信，两人之间的殷殷之情跃然纸上。在第一封信里，钱学森对郭永怀说：“快来，快来！”彷佛是弟弟向哥哥（钱学森比郭永怀小两岁）招手，快快回家！最要紧的是带书来，带人来！在第二封信里，钱学森获知郭永怀已抵达深圳，欣喜之情溢于言表：“今天是足踏祖国土地的头一天，也就是快乐生活的头一天，忘去那黑暗的美国吧！”

钱学森在《写在〈郭永怀文集〉的后面》一文中，这样回忆他和郭永怀的友谊：

现在已是80年代的第一春。还要倒数到第11个冬天，郭永怀同志因公乘飞机，在着陆事故中牺牲了。是的，就那么10秒钟吧，一个有生命、有智慧的人，一位全世界知名的优秀应用力学家就离开了人世；生和死，就那么10秒钟！10秒钟是短暂的，但回顾往事，郭永怀同志和我相知却跨越了近30个年头，而这是世界风云多变的30个年头啊。我第一次与他相识是在1941年底，在美国加州理工学院。当时在航空系的有林家翘先生、有钱伟长同志，还有郭永怀同志和我，在地球物理系的有傅承义同志。林先生是一位应用数学家，傅承义同志专的是另外一行，钱伟长同志是个多才多艺的人。所以，虽然我们经常在一起讨论问题，但和我最相知的只有郭永怀一人。他具备应用力学工作所要求的严谨和胆识。当时航空技术的大问题是突破“声障”进入超声速飞行，所以研究跨声速流场是个重要课题，但描述运动的偏微分方程是非线性的，数学问题难度很大。永怀同志因问题对技术发展有重大意义，故知难而进，下决心攻关。终于发现对某一给定外形，在均匀的可压缩理想气体来流中，当来流马赫数达到一定值，物体附近的最大流速达到局部声速，即来流马赫数为下临界马赫数；来流马赫数再高，物体附近出现超声速流场，但数学解仍然存在；来流马赫数再增加，数学解会突然不可能，即没有连续解，这就是上临界马赫数。所以真正有实际意义的是上临界马赫数而不是以前大家所注意的下临界马赫数，这是一个重大发现。

1946年秋，郭永怀同志任教于由W. R. Sears主持的美国康奈尔大学航空学院，我也去美国麻省理工学院，两校都在美国东部，而加州理工学院在西部，相隔近三千里，他和我就驾车旅行。有这样知己的同游，是难得的，所以当他到了康奈尔而留下来，而我还要一个人驾车继续东行到麻省理工学院时，我感到有点孤单。

1949年我再次搬家，又到美国加州理工学院任教，所以再一次开车西去，中途到康奈尔。这次我们都结了婚，是家人团聚了，蒋英也再次见到我常称道的郭永怀和李佩同志。这次聚会还有Sears夫妇，都是我们在加州理工学院的熟朋友。我们都是冯·卡门的学生，学术见解很一致，谈起来逸趣横生。这时郭永怀同志已对跨声速气动力学提出了一个新课题：既然超出上临界马赫数不可能有连续解，在流场的超声速区就要出现激波，而激波的位置和形状是受附面层影响的，因此必须研究激波与附面层的相互作用。这个问题比上临界马赫数问题更难，连数学方法都得另辟新途径。这就是PLK方法中Kuo（郭）的来源，现在我们称奇异摄动法，这项工作是郭永怀同志的又一重大贡献。郭永怀同志之所以能取得这两项重大成果，是因为他治学严谨而且遇事看得准，有见识；而一旦看准，有胆量去攻关，当然这是我们从旁见到的，我们也许见不到的是他刻苦的功夫、呕心沥血的劳动。

我以后再见到永怀同志是1953年冬，他和李佩同志到加州理工学院。他讲学；我也有机会向他学习奇异摄动法。我当时的心情是很坏的，美国政府不许我归回祖国而限制我的人身自由，我满腔怒火，向我多年的知己倾诉。他的心情其实也是一样的，但他克制地劝我说，不能性急，也许要到1960年美国总统选举后，形势才能转化，我们才能回国。所幸的是，在中国共产党的领导下，新中国有亿万人民的团结，迅速强大起来了，我们都比这个日程早得多回到祖国，我在1955年，他在1956年。

郭永怀同志归国后，奋力工作，是中国科学院力学研究所的主要学术领导人，他做的比我要多得多，但这还不是他的全部工作。1957年初，有关方面问我谁是承担核武器爆炸力学工作最合适的人，我毫不迟疑地推荐了郭永怀同志。郭永怀同志对发展我国核武器是有很大的贡献的。

所以我认为郭永怀同志是一位优秀的应用力学家，他把力学理论和火热的改造客观世界的革命运动结合起来了。其实这不只是应用力学的特点，也是一切技术科学所共有的，一方面是精深的理论，一方面是火样的斗争，是冷与热的结合，是理论与实践的结合。这里没有胆小鬼的藏身处，也没有私心重的活动地，这里需要的是真才实学和献身精神。郭永怀同志的这些贡献，我想人民是感谢他的。周总理代表党和全国人民对郭永怀同志无微不至的关怀就是证据。

从外貌看，郭永怀身体瘦弱，不到半百便已双鬓斑白，平时不苟言笑，总爱沉思。他工作起来，精力却是超人的。1963年，他从北京迁往海拔3000米以上的青海基地工作，他与许多同事都有高原反应。为了及时研究新情况，郭永怀频繁往来于北京和基地之间，每次往返都会增加身体的不适，他的健康受到了严重损害。

在气动中心筹备组工作期间，由于钱学森和郭永怀白天工作都很忙，他们只能经常在晚上讨论工作。对于一些重大问题的决定，多半是钱学森给郭永怀写信，然后由郭永怀转达给中心筹备组的工作人员。为了纪念钱学森和郭永怀的贡献，在空气动力研究与发展中心大院的松林山上建了两座纪念亭，上面刻着张爱萍将军所书的几个大字“学森亭”、“永怀亭”。

钱学森与他在加州理工学院亲自带的博士生郑哲敏和罗时钧的交往也很深。

1955年，郑哲敏先于钱学森回到祖国，他先到中科院数学所任副研究员，同年年底，钱学森回国，郑哲敏随即参加钱学森创建力学所的工作。1956年，郑哲敏被任命为力学所弹性力学组组长，研究水坝抗震。20世纪60年代初，钱学森交给郑哲敏一项重要任务，研究爆炸的理论和应用。钱学森认为，爆炸力学对开路、开矿都非常有用，是国家所需要的重要科学理论。从那时起，40多年来，郑哲敏在研究解决爆炸加工、爆破、核爆炸、穿破甲、爆破安全、高速运动的稳定性以及材料的动态力学性质等问题中，都作出了重要贡献。

早年的郭永怀与夫人李佩

郭永怀在解答研究生提出的问题

用身体保护国家机密

1968年12月初，郭永怀在青海基地发现一个重要数据，急忙赶回北京汇报和研究，便搭乘夜班飞机返回北京。大家劝他换个时间，郭永怀坚持说，夜航打个盹就到了，第二天可以照常工作。12月5日凌晨，飞机飞至距北京机场地面约400米时，突然偏离跑道，扎向1公里外的苞米地。当人们从飞机残骸中找到郭永怀的遗体时，吃惊地发现他和警卫员紧紧地抱在一起。烧焦的两具遗体被吃力地分开后，中间掉出一个完好无损、装着绝密文件的公文包。在飞机遇险、生命将尽的最后瞬间，郭永怀想到的是用自己的身体保护对国家有重要价值的科技资料。

郑哲敏回忆起钱学森送他回国时的谈话，记忆犹新：

他对我提起美国在二战期间为了提高作战效率，组织了不同的科学家对后勤保障进行运筹管理，系统地调动所有的资源与力量，他觉得这是一个发展的方向，运筹学对于国家的平稳发展以及进行庞大的组织工程很有用。他特意请我向钱伟长转达这个意思。

钱老当时说，一直都在美国呆着，也不知道国内的科研水平有多高，只能是国家需要什么我们就做什么。他还举例说，力学虽然看起来很深，但在工业中，管道中水的流动、气的流动，弯头呀，都涉及到力学的原理，虽然用的只是最初等的知识，但也需要有人来做。

我后来想一想，他就是抱着这样一个思想来

为国家搞火箭搞航天的。钱老的第一爱好其实是科学研究，但国家需要他来从事航天工作。他自己也说，航天并不是一件多么高深的研究工作，但他倾心尽力把自己奉献给了国家。

作为钱学森的研究生，郑哲敏总结了钱学森对他教育的点滴感悟，那就是：

做人要讲原则，要有民族自尊心；在科学研究上无论做什么，都要有决心超越别人；面临挑战决不退缩，不要怕争辩；数学固然重要，但是搞清物理机制最重要；只要国家需要就应该去做；不能做不花力气的事情等。

钱学森在加州理工学院的另一位博士生是罗时钧。1950年，罗时钧在加州理工学院获得博士学位后，在导师钱学森的鼓励下，于同年8月31日和赵忠尧、沈善炯一起，踏上了回国的道路。12月下旬，他们历经磨难，终于回到了祖国。回国后，罗时钧被安排在中国科学院数学所从事力学研究。1952年，他奔赴哈军工任教。“文革”期间被打成了“特务”，受到迫害。但是，在极端艰难的条件下，他仍坚持科研工作。1970年，哈军工航空系并入西北工业大学，他随之转到西工大，但他的工作条件仍然很差。钱学森为此两次亲自给西工大的领导写信，请他们改善罗时钧研究工作的条件。此后，罗时钧争分夺秒，率先开展了跨声速空气动力学的研究，并在国内首次将有限差分法用于飞机空气动力计算。“文革”后，他担任西工大的副校长，并培养了多名优秀的博士生。

钱学森在加州理工学院还有一位虽然不是他亲自带、但也是在这个学院航空系毕业的博士生庄逢甘，钱学森对庄逢甘关爱有加。

1956年10月国防部五院一成立，庄逢甘就开始了他在钱学森直接领导下从事航天空气动力学研究试验的征程。在钱学森的培养下，他逐渐成长为我国空气动力学的领军人物和世界著名的空气动力学专家。庄逢甘每逢遇到重大问题时都要向钱学森请教，并坚决按钱学森的意见去办。庄逢甘一家长期住在钱学森的楼上，每逢春节，庄逢甘、郑哲敏全家都要在钱学森家相聚，一起吃一顿饭，保持着从加州理工学院开始的师生情谊。庄逢甘曾深情地回忆说：

大家都说我是钱老的学生，应该说我很希望是他的学生，但现实中我还不能算是他的正式学生。我在加州理工学院上学时，原打算结束学业后留在美国，我了解到钱老要回国，于是改变了自己的计划，也想早点回国，钱老直接影响了我。我头一次见钱老，是1947年8月，在我出国前听钱老作工程科学的报告。之后，我对工程科学的兴趣越发浓厚。20世纪上半叶，工程科学里很多都是借鉴经验判断，知其然不知其所以然，而钱老着重发展技术科学。我从事的空气动力学是个全新领域，由于航空技术的发展，设计要求的准确性越来越高。空气动力学主要靠三大手段：风洞试验、飞行试验和理论分析计算。对此，钱老第一是抓风洞建设，第二是倡导从设计上优化数据。

上世纪60年代初期，为了开展中远程导弹的研制，我们召开了专题会议。钱老提出，最重要的是风洞建设，要尽快使风洞的常规试验过关。1963年，导弹研制遇到困难，钱老把我们的气动攻关叫做“淮海战役”。我们对“淮海战役”印象非常深，它真的扭转了远程导弹的研制局面。

钱学森“要”庄逢甘

庄逢甘1947年就读于加州理工学院，在冯·卡门的学生、著名流体力学专家李普曼教授的指导下攻读航空工程。当时，钱学森正好在校任古根海姆喷气推进中心主任，庄逢甘不仅有幸得到钱学森的业务指导，还有机会与他交流发展中国航空事业的理想。1950年庄逢甘以湍流统计理论方面的杰出见解获得博士学位后，回到祖国。1956年钱学森回国后的第二年，在向周恩来递交的《建立我国国防航空工业的意见书》中，开列了应参与此项工作的21位高级专家名单，其中就有庄逢甘。

钱学森不仅对郑哲敏、罗时钧和庄逢甘等从

2004年庄逢甘夫妇去美国看望加州理工学院教授、导师李普曼

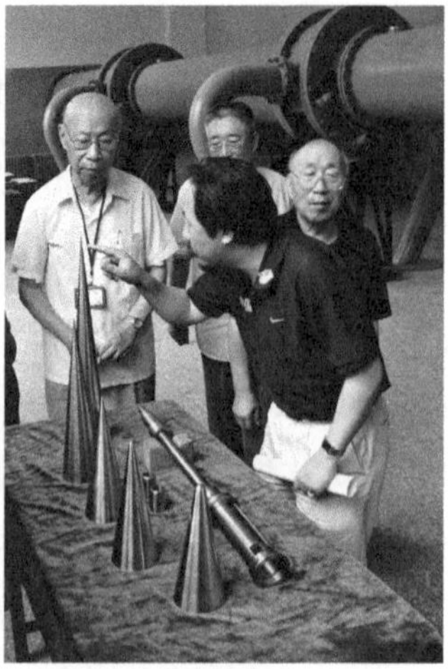
庄逢甘视察科研工作

美国归国的学生，给予鼓励和培养，对新中国自己培养的学生，也十分关心。

长期担任钱学森秘书的王寿云，是北京大学力学专业1960年的毕业生，来国防部五院后一直在机关工作。钱学森选定他担任秘书，就让他到701所理论研究室参加具体工作半年，接受实际工作的锻炼，为他今后从事系统学的研究打下基础。为了让郭永怀的学生张涵信在老师去世后仍能得到名师指导，钱学森亲自介绍他去找庄逢甘作指导，后来又直接推荐他到气动中心工作，并多次写信指导他开展计算空气动力学的研究。后来，张涵信成为我国计算空气动力学的领军人物、中国科学院院士。曾担任16专业组办公室秘书的黄志澄回忆：钱学森曾布置他去整理弹道式导弹研制工作中存在的气动问题，并要求他写出报告。1965年，中国航空学会举行全国空气动力学学术讨论会，特邀钱学森作此方面的报告，钱学森却推荐黄志澄去作这个报告，当时他年仅28岁。

5. 高瞻远瞩指方向

钱学森发扬理论联系实际的学风，在技术科学和现代力学思想的指导下，通过长期实践，提出了发展我国空气动力学发展的正确途径。

瞄准目标，首先为航空航天型号和工业发展服务，在此前提下兼顾学科的发展——

1978年5月，钱学森在气动中心的讲话中指出：四个现代化，气动中心占了两个现代化，国防现代化和科技现代化。他明确提出气动中心的四项任务："第一条是培养人；第二条是研究方法；第三条是不仅为型号服务好，还要做好先导性工作，提建议；第四条，要总结，出东西，还有学科任务。"1982年，他在中国力学学会的讲话中说："力学发展到现在，主要是应用力学。主要方面要为工程技术服务，为工程技术的设计服务。"

钱学森在2003年6月17日写给气动中心的信中说道："我始终认为空

气动力学的研究及其相应试验设施的建设是我国航空航天事业中不可缺少的一项重要工作。”其实，早在国防部五院时，钱学森就曾明确空气动力学要为型号服务，并做好型号的“先行官”。他要求空气动力学研究试验工作一定要急型号之急。他多次谈到冯·卡门常常交给他一些型号部门在设计中遇到的难题，要求他在一周时间内给出答案。钱学森说，自己每次都能够准时完成任务，并受到冯·卡门的赞赏。他还说，有时在这些问题有了初步解答之后，又经过一番更深入的分析，就可以写成一篇很有价值的论文。钱学森认为能够完成这种应急任务，是一个力学工作者必备的基本功。

钱学森在型号研制中只要发现有空气动力学方面问题，总是要求庄逢甘尽快解决。1965年3月25日，他写信给庄逢甘，要求他及时解决某型号的底部压力脉动问题。信中写道：“我看附面层也可能有压力脉动，但频率一定比较高，对内部装置影响不大。尾流的压力脉动幅度可能较大，而频率也可能比较低，对内部装置有激振的作用。因此须要估算。”庄逢甘接到信后，立即组织力量很快提供了分析报告。

钱学森主张空气动力学在为航空航天和国民经济发展服务时，也要用一小部分人力，进行基础研究，主要是进行有关湍流和边界层转捩的研究等。钱学森还鼓励空气动力学要和其他学科相互渗透。他常用自己发展物理力学为例，说明这种渗透的重要性。早在1946年，钱学森便将稀薄气体的物理、化学和力学特性结合起来研究，做出了开创性的工作。1953年，钱学森撰写了《物理力学 —— 一个工程科学的新分支》。在这篇文章中，他强调，物理力学不是物理、化学的简单应用，而是要形成新的风格、新的领域。他主张应从物质的微观规律来确定其宏观力学特性，从而改变过去只靠实验测定力学性质的方法。钱学森在上述文章中指出：“物理力学一方面是力学的需要，另一方面对于物理的物质结构、物质性质也有贡献，所以物理力学是物理与力学的结合，是力学为物理服务，也是物理为力学服务。”在解决我国弹头的突防、目标识别等问题时，物理空气动力学发挥了重要的作用。类似的学科渗透的例子还有以发动机的燃烧为研究对象的化学流体力学，和以等离子体为研究对象的等离子体气体动力学等。

解决空气动力学问题要用三种手段——

钱学森明确提出：解决空气动力学问题要用三种手段，即风洞试验、模型自由飞试验和理论计算，并指出这三种手段是互相联系、互相依赖、互相补充、互相验证的。

在风洞试验方面，钱学森亲自研究了低、跨、超、高超声速常规风洞的尺寸和马赫数的配套，电弧加热设备和自由飞弹道靶的发展方向问题，结合我国国情，提出超高速风洞的发展重点是发展脉冲式风洞。对于风洞试验，除了重视风洞本体的建设外，还要重视测试技术与试验技术的现代化和将地面试验数据外推到飞行条件的研究工作。在讨论风洞建设规划时，钱学森从长远发展的角度，再次提出包括将风洞和推进系统的地面试验设备统一规划的意见。

对于直接生产数据的生产性风洞试验段的口径，他强调要有一定的尺寸。他说，别的“可以得到趋向性的东西，但都靠不住，最后还是要用大模型试验”。在风洞测试技术方面，他强调“应当尽量应用新技术”、“风洞运转主要靠自动化，数据测量和处理要自动化”。

在模型自由飞试验方面，钱学森提出，为了减少误会，应与型号设计部门的真实飞行试验相区别，将专门为空气动力研究的飞行试验定名为模型自由飞试验。空气动力研究单位的工作，主要负责模型设计和遥测技术、飞行试验数据的换算和试验的总体工作。

在理论计算方面，钱学森提出理论计算的目的是，针对型号设计和试验中存在的问题，通过理论分析计算，给出解决问题的方法。例如，为了提高飞机的升阻比，将采用先进的气动外形。对于这些问题，理论计算的结果还要通过风洞试验来校核。另一个目的是，由理论计算直接为型号给出与风洞试验结果相符的数据。为此，钱学森非常关心我国计算空气动力学的发展，他在仔细分析计算机在容量和速度方面的发展趋势后，科学地预见了计算机的发展将使空气动力学领域孕育一场深刻的革命。

关于计算方法方面，钱学森指出，在网格和变相网格的“点”的方法方面，将会有很大的发展，但过去空气动力学中常用“场”的方法，特别是奇异摄动方法。众所周知，郭永怀曾在研究激波和边界层的相互作用时，研究了远场超声速流动与近场边界层的相互作用，推导出一个完整表达式，得到了与实验结果一致的理论分析结果。这个开创性工作，由彭加勒开始，由莱特希尔发展，由郭永怀完成。钱学森对这种方法进行了全面而系统的总结，并定名为PLK方法。他提出，这种方法和高速计算机结合，可以大大提高计算效率。

空气动力学的发展也必须加强总体工作——

为了综合各种类型的风洞取得的数据和从上述三种手段取得的数据，解决型号研制中的气动问题，必须加强气动总体工作。长期以来，气动总体工作主要由型号总体设计部门承担。1975年5月，钱学森在视察气动中心后，建议中心也成立总体室，与型号总体设计部门配合，一起做好总体工作。

1978年12月2日下午，钱学森在气动中心谈道：

气动总体室是总工程师的扩大，我提议成立气动中心总体室，无非是看到了空气动力学发展中的问题。

不久前，我在《文汇报》发表了《组织管理的技术——系统工程》的文章（钱学森，许国志，王寿云，1978年9月27日）。开始是许国志4月份给我来信，说是系统工程的核心问题是组织管理。我就开始准备一个系统工程的讲座，张爱萍主任对此很感兴趣，李耀文政委很快就批了，并要求加强这方面的工作。我在讲座中，讲了谢光选同志在导弹总体工作的经验，重点介绍了型号总体室的工作。当年我们搞型号总体室，系统工程还处于幼年时期。后来我到了成都，就考虑怎样给气动中心讲，这次除了讲总体工作外，还讲了组织管理，思路比以前稍许进展了一些。后来，又到了昆明，又接着讲，到那时我就比较清楚了。系统工程的对象是一个复杂的体系，其组织管理的技术就是系统工程学，我们抓住了组织管理技术这个概念。离开昆明到了长沙，对于系统工程就更清楚了。一路上和同志们交换意见，对文章作了进一步的修改。

系统工程是与直接的生产力有关的，它是改造客观世界的技术，有一部分也要用到社会科学。科研系统工程的发展，要研究科学学，也包括一部分的未来学。科研系统工程在基础方面，还不够完备，由于这个问题比较复杂，还要去探索，但是现在系统工程已过了幼年时期，已长了几岁。

气动中心总体室的工作分成两部分：一是把气动力的研究工作系统化地

抓起来；二是研究科研工作的系统工程。希望总体室对气动力的总体设计工作有所发展，这将有利于型号的设计工作。型号设计不能老是翻翻设计手册就算完了，应该追求最优化，这样工作量就很大，设计就要花很大的劲。我们可以从两个方面去做：一是接到任务后，要研究怎样去做？二是提供开始工作的哪些东西，包括设备和测量手段。

总体室和其他单位怎样分工划线问题，要通过实践来解决。总体和分系统怎样分工划线，是一个会吵架的问题，只有通过实践才能划清楚的。另一方面，总体和分系统总是联系十分密切的。

钱学森的这次讲话，不仅清楚地讲述了气动总体的任务和工作方法，还讲述了他对系统工程认识的发展过程。

6．空气动力学要为国民经济发展服务

钱学森十分关心空气动力学为国民经济发展服务，特别关注空气动力学在风能方面的应用。1978年5月18日，他给气动中心科技部副部长韩志华关于风力发电的回信中指出：

我看风力发电的问题，具体到风力发电中的空气动力学问题，应该列入气动中心的计划。可成立课题组。要害是发电，因此旋涡增力型涡轮有其优越，其他方案当然也要研究，也是为了更好地解决发电问题。

我建议这个课题组除了研究工作外，同时考虑做以下几件事：

1.编写一本风力发电的书。要写好，不论国内还是国外，我还未找到一本风力发电的好书。

2.在写书之前，先写一个约50页的报告。这个报告就是书的提纲。

3.写好报告后，可以由气动中心召开技术会议，研究工作规划。

后来，钱学森多次具体指导，并给当时负责该项工作的贺德馨多次去信。在1982年10月18日的信中，他强调了做好空气动力学和分析计算工作对发

展风力发电装置的重要性：

日前接到风能利用研究会的一文件，建议造一台太阳能旋风塔式发电试验装置，对此我认为还不是时候。我们应先用理论估计、计算、分析现有三种方案（美国的两种，西班牙、德国的一种）的性能，比较其优缺点，然后可以改进出更好的方案。再进一步做局部模型试验，由此再改进设计，得出比较成熟的巨型风力太阳能发电设计。只有这时才是提出试验装置的时候。这也是应用力学工作者从本世纪初开创的有效的工作方法，十分巧妙地运用分析计算来代替大的花费。

望深思之！我们国家还很穷嘛。

还在20世纪50年代，钱学森就提出了风洞风车的概念。1986年气动中心和中科院工程热物理所合作，根据他构思的原型，研制出一台2000瓦级的扩压引射型风能转换装置，在风洞中进行试验研究。试验表明，扩压引射器使流经风轮的气流速度提高，在同样来流速度下可以增进功率输出。他还对一种太阳能风能综合发电装置的研究工作指出了方向：这种风能装置不仅是气动力学问题，还有热动力学问题，是低温差、大流量的巨型热动力装置。钱学森认为，作为科学工作者，应该认识到这个概念问题，要抓住它。

1990年9月10日，他在给贺德馨的信中，对我国21世纪的供电问题，提出了重要的设想：

以前我曾告您风力发电的弱点是有季节及朝夕变化，不与用电的时间需求相合，因此要靠调节的另一种电源。由此考虑，我设想我国21世纪的供电问题可以用以下方案解决：

1.400万台标准化的500千瓦风力发电机组；

2.充分开发我国大、中、小水电资源；

3.烧燃料气的峰值供电气轮机发电机组。而燃料气来自化工等工厂，不是来自煤炭，没有污染。另外，还可以考虑用些核电以补不足。

这是一个以风力为主干的电力计划，请您们审查，有无道理？当然，如要考虑此设想，先要有全面的规划，这要有国家的支持。而您们搞风能的同志要研究：

1.如何标准化以降低成本，提高可靠性；

2.选点及建网，先从利用现有设施做起；

3.其他问题，如设备批量生产的组织。

总之，风力发电今后不能停留在小打小闹，要大干，从你们自己提高认识开步！面向21世纪的社会主义中国！

钱学森同样非常关心航天高技术如何为国民经济服务，在积极支持运载火箭走出国门，积极承揽国际发射服务的同时，提出按西方公司的概念，试点成立独立法人、自负盈亏的智慧产业——技术系统服务公司。

据原中国航天系统工程公司总经理李同力回忆：

当时对这类技术系统服务公司，大家不很理解，感到困惑，阻力也较大，推动起来有难度，只能采取先组织起来酝酿，然后边议边建。经过一番周折，在钱学森大力支持和具体工作人员的努力下，经国家批准，最终成立了“中国航天系统工程公司”（简称航天系统工程公司）。

公司（当时还属中国航天科学技术咨询公司）完成的第一项大工程，是在香港大屿山建造一尊大佛。

航天技术造大佛，很多人并不看好，认为建造大佛与航天技术格格不入。当时香港尚未回归，香港爱国佛教界之所以有此举，是一项祝福回归的形象工程。赵朴初有句话，称大佛工程是“八风吹不动，端坐紫金莲”。又说：“建造香港大佛，象征着如来佛带着香港600万人民回归祖国，寓意深奥，意义重大。”建造大佛是一项高技术工程，公司认为应该充分发挥航天高技术和系统工程管理的优势，为祖国争光。

大佛工程由全国政协两位副主席负责，赵朴初抓整个国内外佛教界的关系，钱学森抓技术问题。

港英当局对大佛工程相当关注，日本、台湾也积极活动希望介入。日本公司提出可以提供资金支持，但佛面要朝向东京方向。当时香港佛教界反对日本介入，台湾也不投标了。最后，由国内造船工业、有色冶金工业和航天工业三个工业部门（航天系统工程公司代表航天部）参加投标。造船、有色冶金具有价廉物美的原材料、铸造大件产品场地等雄厚基础，航天没有这些优势，但有的是高技术、人才和系统工程管理经验。

竞标评定由香港、美国、加拿大等专家组成的国际评标委员会主持，投标者各自陈述，不辩论。航天系统工程公司把建造大佛作为系统工程来考虑，对于可能遇到的问题，比如面积为42平米、厚度仅为10毫米薄壁结构的整体佛面无接缝一次浇铸、防腐防震抗台风问题，土建受力分配、地基、质量控制问题，甚至防止因电位差造成的纽约自由女神在大风中发出“哭声”等问题，都做了有理有据的说明，并把如何应用高技术、系统工程管理来解决，交代得一清二楚。

经过评标委员会严格审查，航天系统工程公司中标。

航天系统工程公司调用了三套系统同时进行研究设计，确定了“温度用间隙余量控制，刚度靠质量分布，强度以加固为主，防共振采用错频”

赵朴初赋词

赵朴初为香港天坛大佛落成，提笔赋词：

齐天乐

天坛大佛圆顶功成志庆

彩霞明木鱼峰上，钢架百寻高耸。
汗雨重霄，梯云九地，艰险林林总总。
心无祛恐。
为顺应群情，绍隆佛种。
香海庄严，天中天现人天拥。

航天队伍堪羡，烈风兼烈日，不惊毛孔。
更赖佛慈，土囊盛怒，退避梵音清讽。
花光炯炯。
看满院优昙，同时喷涌。
庆佛顶圆成，人间欢乐永。

香港天坛大佛

大佛的面部为无接缝整体浇铸

等原则。钱学森表示同意这个原则，工程实施时，大家更胸有成竹了。

1989年大佛装配施工时，正值14级台风袭击香港，各界人士十分紧张生怕出现意外。然而，航天系统工程公司早就对抗台风做了大量空气动力和振动的计算，在钱学森亲自规划的701所低速风洞中，进行了详尽的大佛模型吹风试验，准备了一整套抗台风措施，大佛装配安然无恙。一个台风肆虐的半夜，宝莲禅寺的主持突然高声大喊："寺里的昙花开了，吉兆啊！"众僧跑出禅房一看，果然67朵昙花突然绽放，美不胜收。大佛工程经受住14级台风的考验，圆满完工，工程质量上乘。

香港大佛建成后深得民心，也得到海内外各界好评。马来西亚找到航天系统工程公司，提出要在槟城建一座34米高的观世音像。

李同力向钱学森作了汇报，钱学森表示："这个没问题，我支持你们。"他认为，香港大佛已经做了，系统工程的全套技术资料都有，强度、刚度、防腐蚀、焊接、测量、艺术造型、着色，以及铸造全套资料都有，只要根据马来西亚热带气候，在佛像尺寸上做些改动就行了。按照钱学森的意见，航天系统工程公司接受了建造任务。这座观世音像建成后，在南洋僧俗人士中产生了很好的效果。

后来，香港议会又在铜锣湾摩利臣山道大转盘处，建一条青铜盘龙，决定不经招标，直接请航天系统工程公司承担。建成后，议会组织了盛大开光仪式，还在龙体上喷金，并树立"中国航天建造"的铜牌。

钱学森鼓励航天系统工程公司："你们要实实在在抓住一两件事，努力做出明显效果来。"在钱学森的指导下，在各方面的共同协同下，公司为国民经济服务的领域不断扩展，成绩斐然。

7．对空气动力学未来发展的思考

钱学森是一位高屋建瓴的跨学科的大科学家，在他从事系统科学和宏观科技与社会研究后，仍然不断思考空气动力学的发展方向。

关于高超声速技术——

钱学森是高超声速技术最早的倡导者之一，他在1945年发表的《论高超声速相似律》论文中，首先采用Hypersonic一词，表示高超声速，即飞行马赫数大于5的速度，后来这个词在全世界流行开来。

钱学森在1962年出版的《星际航行概论》一书中，还提出用一架装有喷气发动机的大飞机作为第一级运载工具，用一架装有火箭发动机的飞机作为第二级运载工具的航天运载器概念。而关于喷气发动机，他提出要“以涡轮喷气发动机起飞，当高度超过10公里及飞行速度达到两倍声速以上时再把冲压发动机开动，继续爬高和加速，直到极限，然后第二级火箭脱离第一级起飞”。

1990年12月28日，钱学森在致朱光亚的信中指出：“近见美国Aviation Week/Space Technology好几期都有关于高超声速飞机的报道乃至空天飞机研制的报道，美国是主力，其他好几个国家也在搞。看来这是21世纪的航空航天技术。”

1993年7月23日，钱学森在给黄志澄的回信中写道：

我认为人们尤其应该重视遥现技术和遥操作技术，以大大节约人长期在天上“受罪”的巨大代价。我希望我国的航天事业能后来居上，胜人一筹！

航天事业的又一重大发展是空天飞机，尤其是把它作为用半小时即可横跨2万公里的民航工具。所以空天飞机是21世纪的重大成就。但此项技术工作规模和难度空前，耗资达千亿美元以上。今天世界上无论任何国家都无法独家承受此负担，只有国际合作才行。请看，就是花费100亿美元的超导超级质子反质子对撞机（SSC）也是多国共建的，我国将参加，贡献1亿多美元的设备。因此我请您研究以下工作设想：

1.继续跟踪国外有关空天飞机的发展动态。

2.研究各种可能的方案，进行国际共同开发空天飞机。

3.我国作为国际合作的开发者，该如何作准备，也就是争取参加国的资格，人家需要我们。我们能参加SSC，就因为我们通过北京正负电子对撞机工作，使人看到我国的科技力量和加工生产能力。

21世纪的中国人一定要在空天飞机上显一显身手。

关于计算流体力学——

钱学森在1980年8月8日致张涵信的信中说：

除了有限元法（及其变种）之外，要不要探讨摄动法、奇异摄动法？这是旧应用力学中常用的，但由于公式演算太繁，限于人力，不能真正推到高阶，也不能用于复杂外形。这我是吃过苦头的，一个公式长到要写10张纸，我只好罢休了。但现在有了电子计算机，它是能推导公式的，是否值得再考虑呢？也算是另一条途径吧！

钱学森在1995年4月25日致《力学与实践》编委会的信中说：

力学是要对实际问题做出数字解答，当然要用电子计算机。这就是两方面的问题：一是对计算机的要求，看来是不会有上限的；今天已有每秒数十亿次FLOP的计算机，力学也欢迎将来每秒万亿次FLOP的巨型计算机。二是计算方法的问题，这也需要不断研究改进。

力学工作也会遇到一时对解决实际问题的理论方法尚不能认为有十分把握的情况。怎么办？这时就要设计一个实验。用实验来验证理论的关键部分。如果在要设计超声速燃烧的冲压发动机，就要做爆燃风洞的试验，它的试验时间还不到1/10秒，但已足够验证理论的正确性了。有了对理论的把握就可以心中有数地去解决实际课题了。

总起来一句话：今日力学是一门用计算机去回答一切宏观的实际科学技术问题，计算方法非常重要；另一个辅助手段是巧妙设计的实验。

关于湍流——

钱学森在1978年力学规划会议上的发言中指出："近几年对于耦合非线性振荡的研究，发现了在这种体系中有时会出现类似湍流现象的杂乱运动。这又给我们一条线索，当我们更深入地认识到湍流是怎么回事，我们就有条件更好地做好湍流的理论工作。"

钱学森在1993年4月9日致郑哲敏的信中说：

我觉得今天我们研究湍流应该比雷诺、比普朗特、比泰勒、比冯·卡门、比周培源先生更高明些，因这些老前辈还不知道混沌，而我们已从20多年来世界各国对混沌理论的研究得到深刻的启示。我们应该认识到，湍流是流体的宏观混沌，而平流在微观水平上，也是分子的混沌运动。这是非常重要的！

这一认识使我们想到，我们是怎么从分子运动论推出N–S方程的？我们是直接从描述流体分子运动的Hamiltonian方程体系动手吗？那样我们将坠入五里烟雾中，找不到出路！在本世纪初，物理理论是先认识到分子运动的随机性，即混沌。用统计力学研究流体运动，先找出均衡势态的力学方程，然后研究在空间分布有小的不均匀状态下的运动方程。这是N–S方程的理论推导。它指出，我们不能盲目地干，要认清事物的真实面貌，分子混沌，然后有针对性地干。

对流体的湍流运动，其理论计算方程也不能在N–S方程上玩玩数学花样。我们只能抓住湍流的混沌实质，有针对性地去建立湍流的运动方程。普朗特、泰勒、冯·卡门倒是试用了一点混沌机制的（当然，他们在当时并不知道这是混沌机制），但局限性很大，得不到新的描述流体湍流运动方程、普适性方程。

我们要从现代混沌理论中吸取营养，悟出新的方向，走上新的道路。

钱学森在1992年2月17日致庄逢甘的信中说：

我说的是：从流体湍流得到的启示，要研究一切非线性偏微分方程解出混沌的可能性。可能会有一个类似流体力学的Re数的参数。氢原子在均匀磁场的薛定谔方程一定有一个与电子云能量有关的参数，一旦越过这个参数就发生混沌。我不知道同志们是否已解决这样的问题。

这是试图从科学整体上考虑问题，非线性科学的一个大问题就是混沌。

钱学森在多个领域如力学、航天、控制和系统科学等，都作出了杰出的贡献，他的研究工作，开始于空气动力学、辉煌于空气动力学、得益于空气动力学。空气动力学严密的数理逻辑、数学与物理相结合的分析方法和它与众多学科的广泛联系，不仅为钱学森开拓其他领域，特别是航天科技和系统科学领域，打下了扎实的基础，而且培养了他在科学研究中深刻的战略思维。

钱学森回国前，受到美国政府的阻挠和迫害；回国后，发誓终生不再去美国。但他对在美国加州理工学院度过的岁月，却始终念念不忘。他不仅向后辈详细介绍了在加州理工学院的求学经历和这所大学的创新环境，而且在2005年3月29日下午，于301医院的最后一次系统谈话中（见《人民日报》

11月5日刊载的《钱学森的最后一次系统谈话》)，仍然十分怀念他在美国的求学经历。确切地说，钱学森对加州理工学院的怀念，对导师冯·卡门、亲密合作的同事们的怀念，正是他对在这个学院里为发展空气动力学和火箭技术所付出的努力的怀念，正是他对所接受的哥廷根应用力学学派的教育和学风的怀念。

钱学森在郭永怀牺牲20周年纪念会上，评价郭永怀是把力学理论和火热的改造客观世界的革命运动结合起来，是“冷”与“热”结合、理论与实践结合的榜样。我们同样用这段话来评价钱学森，当然最确切不过。钱学森在空气动力学发展所取得的巨大成就，是激情与理性相结合的产物，这种激情来自于他对祖国的挚爱，对科学技术的热爱；这种理性来自于他的科学技术素养，并贯穿他的整个人生。

航天技术几十年的发展历史，不仅表现出在军事上的重要性，而且显示出了它在社会生产和科学技术范围内的巨大应用潜力。

——钱学森

第九章

天庭闪亮中国星

度过三年困难时期，钱学森带领的航天团队拥有了自行研制的东风四号中远程导弹，发射人造卫星有了基本的条件。1964年年底，钱学森与赵九章携手相约，以个人名义向中央“分头做些工作”，建议把发射卫星列入国家任务。从1968年起，钱学森运筹帷幄、星空布棋，制定了具有远见、受益长远的空间技术发展规划。从此，巨大的天门徐徐向中国人开启，一颗又一颗华夏之星，挂上了洒满阳光的天庭大幕。

年轻的力学所所长与同行交流切磋

1962年钱学森、郭永怀参加教学工作会议

1966年在“文革”十分困难的情况下，钱学森反复做工作，保证了东方红一号卫星的按时发射

1984年4月8日，东方红二号通信卫星发射成功，钱学森与张爱萍在北京地面卫星站

1963年钱学森给中国科技大学研究生讲解问题

钱学森到站台迎接长征三号运载火箭发射队圆满完成发射通信卫星任务归来

1986年8月，钱学森与参加系统哲学丛书讨论的专家合影

钱学森与国防科工委领导研究返回式卫星发射

20世纪80年代，钱学森在上海调研

1987年钱学森在欧洲访问期间，到英国马克思的墓前献花

1987年钱学森率中国科协代表团出访欧洲期间，与蒋英在英国留影

1978年4月，钱学森在学习全国科学大会的文件

1984年6月1日，钱学森在办公室

1987年11月28日，钱学森参观火箭总装车间

1991年钱学森出席全国政协会议，与全国政协副主席赵朴初合影

1987年9月，钱学森与国防科工委主任丁衡高交流工作

1．两封信带来一个重大转机

1964年的春天来得格外早。古城北京的积雪融尽，杨柳泛青，一束束绽放的迎春花宣泄着告别冬天的喜悦。刚刚走出三年自然灾害的中国大地，暖气在升腾，人心也在早春的笑颜里复苏。

经历了1958年的狂热、三年自然灾害和苏联老大哥背信弃义，逼迫中国领导人的头脑开始回归理性，放卫星的“581”任务随之偃旗息鼓。

在国民经济三年大调整期间，钱学森带领航天大军不断取得了一系列重大突破，特别是自行研制的东风二号中近程导弹连续7次飞行试验大获成功。钱学森心里有了底气——中国航天人已经在地地导弹方面初步掌握了规律，可以算是“小学毕业了”。此时，中央专委下达了“两弹结合”的任务，钱学森的工作重点，无疑又放在了如何为东风二号导弹增程和“两弹结合”的技术上，同时，中程导弹“东风三号”的研制工作也全面展开了。

事情非常凑巧。1964年10月，应国防科委邀请，中国科学院地球物理研究所所长赵九章、钱骥等人来到酒泉导弹试验基地，参观10月24日最后一枚东风二号导弹的飞行试验。由于严格保密的原因，此前科学家们并不了解国防部五院研制导弹的实际情形，现在亲眼目睹中国自己研制的导弹腾空而起，且本批试验5发5中，大家内心激动不已。赵九章在导弹试验基地见到了久未谋面的钱学森。“原来你隐藏在这里，干这个来了！”赵九章伸出食指向上比划着模仿导弹升空，钱学森“嘿嘿”地乐了两声，以笑作答。

那个时候，导弹的研制工作属于高级机密，工作人员的去向，上不告父母，下不告儿女，连妻子蒋英也不知道钱学森在干些什么。

赵九章在基地了解了导弹的一些情况，与技术人员座谈了发射卫星的可行性和运载火箭的发展前景，并与基地科研人员交流了跟踪测轨等方面的技术问题。他还应李福泽司令员邀请，在基地大礼堂作了有关空间科学技术的报告，介绍了国际空间科学研究动向、高层大气物理的发展和内外辐射带的发现等新信息。

参观东风二号导弹发射试验，使科学家们受到了极大的鼓舞。赵九章觉得，发射人造卫星的条件已经基本具备。

于是，赵九章找到钱学森，商量如何共同推动发射卫星的工作。但是，钱学森当时主要精力放在导弹上，中近程、中程、中远程等一长串导弹排着队在等他，他的最新日程又写上了“两弹结合”的计划，根本无暇顾及卫星，所以，他告诉赵九章“卫星仅处在科学研究阶段，上面顾不过来，可多做些宣传”。

赵九章是个卫星迷，在“581”任务下马后的7年间，虽然中国科学院调整了空间技术计划，提出“大腿变小腿，卫星变探空”的工作方针，决定停止研制大型运载火箭和人造卫星，把工作重点转向探空火箭，但是赵九章从未间断对人造卫星的探索。在他的带领下，研究人员着重打基础，积极开展人造卫星有关单项技术的研究，以及测量、试验设备的研制，并在能源、温度控制、天线、测控、结构分析、总体布局等卫星技术方面，相继取得了可贵的研究成果。

怎么多做些宣传呢？赵九章带着满脑子的疑问和盘算，回到了北京。

1964年11月初的一个晚上。窗外银杏树的落叶铺满了门前小路，金黄的落叶上洒落了些许寒霜，在碎银般的月光下，小路泛起如水的涟漪。

赵九章站在小路上，抬头仰望星空，他多么希望能在浩瀚的天穹上，看到一颗中国的星，哪怕小一点的。此时的他，在迎候一个人。

轿车穿行在深秋的寒风里，拐过一个个街口，沿着幽静的白石桥路，向中关村方向驶去。车上的钱学森，已进入知天命的年龄，他靠在椅背上，双眼微闭，沉思不语，心里想着如何配合赵九章解开中国卫星之扣。

应赵九章邀请，钱学森来到他的办公室。

一见面，钱学森就问：“去基地的观感如何？”

赵九章说：“收获很大，导弹研制进程这么快，真是出人意料。”

“是啊，发射人造卫星，首要的条件是要有运载火箭，我看火箭已经不成问题。国防部五院正在着手制订火箭导弹发展规划，不用太久，我们便会拥有中远程导弹和洲际导弹，到那个时候，不要说几百公斤的卫星，就是几千公斤的卫星都有能力放上去。”钱学森信心十足地说。

赵九章回答说：“想不到仅仅几年时间，我国就基本掌握了导弹技术，这是了不起的成就。有了导弹，我觉得把导弹试验和卫星发射结合起来，可以收到一箭双雕的效果，这应当是个快捷的办法。”

赵九章告诉钱学森，这几年科学院经过预研准备，卫星技术已有一定基础。目前最关键的是必须说动国家领导人，下决心搞卫星。赵九章认为钱学森说话比较有分量，希望钱学森能做些工作。

考虑到国家从1961年实行“调整、巩固、充实、提高”八字方针以来，刚刚走出经济困难的阴影，要办的事情太多，钱学森讲话比较谨慎：“现在，领导顾不过来。不知道国家有没有力量，能不能下决心马上开展研制人造卫星工作。不过，这件事情关系重大，我们可以分头做些工作。如果我们这边提，你们中国科学院也提，就可能更加引起中央的重视，问题解决的可能性就会大些。你看怎么样？”

赵九章点头赞许，深表同意：“好！这样比较妥当。”

临别时，钱学森与赵九章相约，他们两人以科学家的身份和个人名义分别上书中央，提出建议。

赵九章琢磨，钱学森所指的“领导顾不过来”，可能反映了上层对卫星的意义、作用考虑较少，所以要抓住机遇并通过各种途径上书中央，做好人造卫星的宣传工作。赵九章几次找他的亲密搭档钱骥研究，认为如果对中央领导过多地强调卫星的科学意义，未免有些书生气，不会引起各方面的关注。既然中央如此重视导弹、国防，那么写建议时就要重点说清楚卫星在国防上的用途，发射卫星与发射洲际导弹的关系，卫星与新技术的关系。赵九章让钱骥先起草，然后他逐段逐句地修改，经过20多天的思考、研究，上书内容几易其稿，最终定稿。

1964年12月，赵九章参加了第三届全国人民代表大会第一次会议。会上，周恩来在《政府工作报告》里说：“我们要在不太长的历史时期内，把我国建设成为一个具有现代农业、现代工业、现代国防和现代科学技术的社会主义强国，赶上和超过世界先进水平”。赵九章闻此按捺不住心中的激动，12月27日，他连夜手书了那份《关于尽快全面规划中国人造卫星的建议》，于次日上午当面交给了周总理。

赵九章是何等的高智商人物！他在建议中紧紧抓住了“国防”这两个国家最为关切的关键词，他生怕卫星再遭“下马”悲剧，一再表示，发射卫星不妨碍我国洲际导弹的进展，两者是相辅相成、互相促进的。他这样写道——

在最高国务会议和人民代表大会上，听到您的说明和报告，感到无比的兴奋。作为一名科学工作者，愿尽我一切力量，响应党的号召："我们必须打破常规，尽量采用当代世界先进技术，向60年代和将来到的70年代赶上去。"

我国第一颗原子弹的爆炸成功，标志着我国科学技术开始飞速前进的新阶段。今后为了建立我国核武装完整系统，必须加速我国洲际导弹的研制。配合国家这一重大任务，我谨愿就发射我国人造卫星问题，向您陈述我的一些看法和建议，请您参考。

赵九章的建议重点陈述了以下几点：一、发射卫星与洲际导弹相辅相成，发展人造卫星是解决我国远程导弹全程打靶的一个关键性措施，可推动远程导弹的发展；二、人造卫星是直接用于国防或服务于国防的，如侦察卫星、测地卫星、通信卫星、气象卫星、预警卫星等，美国发射了几百颗卫星，几乎都与国防有关；三、人造卫星与尖端科学及工业的关系密不可分，即发射卫星可带动无线电、自动控制工业、特别是高精度远程雷达和高速计算机的发展，发射卫星可带动我国材料科学的发展等。

建议的最后一段是这样写的：

由于人造卫星与洲际导弹有密切关系，它的发射可以配合洲际导弹的发展，本身又可以为国防服务，并带动我国尖端科学技术。我特向中央领导提出这个建议。如果中央领导决定了发射卫星的计划，在国防科委及国家科委的领导下，军民合作，大力协同，把科学院，有关院校及工业部门力量组织起来，相信一定可以提前完成国家这一项重大科学任务，争取在建国20周年前放飞第一颗人造卫星。

周恩来看过赵九章的建议书十分高兴，利用开会间隙找到赵九章，希望他会后尽快拿出切实可行的实施报告。

第三届全国人民代表大会第一次会议一结束，1965年1月6日，赵九章、吕强以地球物理研究所所长和自动化研究所所长的名义，一起联名向中国科学院党组递交了一份正式报告，建议加快发展人造卫星的步伐。

张劲夫、裴丽生见此报告，很快批给星际航行委员会主任竺可桢审阅处理，竺可桢阅后立即在报告上批示：刻不容缓。在此基础上，中国科学院组织力量草拟了发展卫星规划的纲要，正式形成一份中国科学院党组的报告《关于发展卫星研制工作的纲要和建议》，于1965年3月11日呈送中央专委。

心有灵犀一点通。钱学森在与赵九章交谈后也感到，发射人造卫星的运载工具完全可以和目前导弹的研制工作结合起来，一弹两用。眼下，中程导弹“东风三号”正在研制，发射人造卫星已有比较可靠的基础。恰巧，钱学森也参加了第三届全国人民代表大会第一次会议，聆听了周恩来的《政府工作报告》。于是，他开始配合赵九章“分头作些工作”。

1965年元旦过后，钱学森向聂荣臻再次提起中国人造卫星的问题。

钱学森：“我们在卫星研究方面已经开展了许多研究，现在看来，应该提到日程上来了。搞卫星是很复杂的事情，只有及早准备，到时候才不会误事。”

聂荣臻：“人造卫星的事，我跟总理也经常议论。前几年我们在这方面的条件还不太成熟，作了一些基础性工作，去年国庆节的时候，毛主席还向我问过这方面的情况。”

钱学森：“人造卫星的作用还不光在军事方面，还可以搞测地卫星、广播通信卫星、气象卫星等，尤其是载人卫星，前景很广阔。从我们现在所具备的条件来看，发射100公斤的卫星是可以实现的。”

钱学森还向聂荣臻介绍了各种人造卫星的用途，并说，一个国家要搞人造卫星，首先应当开展航天领域的研究，而航天领域的成果，是国家综合国力的体现。

在赵九章上书周恩来提建议的10天后，即1965年1月8日，钱学森向国防科委提交了一份题为《研制卫星打算》的报告，建议早日制订我国人造卫星的研究计划，并列入国家任务。

钱学森的报告如下。

国防科委并国防工办：

自从苏联在1957年10月4日发射第一颗人造地球卫星以来，中国科学院及原第五研究院对这项新技术就有些考虑，但未作为研制任务，现在看来：

一、重量在100公斤左右的仪器卫星，有以下几种已经明确的用途：

1. 测地卫星——为提高洲际导弹瞄准精度进行大地测量，补充跨大洋的地面测量。目前从已有的资料计算，洲际间距离的误差可达一公里左右；利用卫星测地，可以使误差降到100米左右。

2. 通信及广播卫星——利用人造卫星可以进行全球的通信，保密性好，不易受敌方干扰；也可以用卫星进行全球广播，同样不易受干扰。

3. 预警卫星——对弹道式导弹的防御要靠近程的预警系统，最好能在敌人导弹发射时就用我卫星上的红外线探测器测出，发回警报，从而取得较长时间作防御及反击的准备。

4. 气象卫星——利用卫星进行全球气象观测，具有有效观测范围广、准确度高的优点，也可以及早发现大风暴。而且这种观测可以由我自主，不靠国际合作。

5. 导航卫星——由卫星上发出无线电信标，舰艇可以利用信标的多卜勒频移来测量自己的位置，可以把位置误差降到160米，是由潜艇发射弹道式导弹必须的措施。

6. 侦察卫星——利用卫星在大范围进行重点侦查。

二、重量更大的载人卫星在国际上的应用，现在虽然还不十分明确，但是帝国主义者总要把空间飞行器用到武装侵略上去，因此也得做准备，必要时用载人卫星来反击敌人的空间武器。

三、现在我部弹道式导弹已有一定的基础，东风三号进一步发展，既能发射100公斤左右重的仪器卫星，而现在计划中的洲际弹道式导弹也有发射载人卫星的可能。但这些工作是复杂艰巨的，必须及早开展有关的研究，研制工作才能到时拿出东西。

四、因此建议科委早日主持制订我国人造卫星的研究计划，列入国家任务，促进这项重大的国际科学技术的发展。

特此报告，请审定。

钱学森

1965年1月8日

钱学森显然与赵九章不同。赵九章是开放的中国科学院的科学家，他很潇洒自由地把建议直接交到了共和国总理的手中；而钱学森是严格保密的国防系统的科学家，他很严谨地把报告以文件的形式呈送给了上级主管单位：国防科委。

尽管两位大师的做法不尽相同，在写信这件具体事情上也没有相互通气，但是，他们写的信却出奇的浑然一体，相得益彰。赵九章极力宣传卫星的军事用途，钱学森对此也是一唱三和；赵九章说，“发射卫星需要有一段相当的时间，我认为从现在起，抓这一工作，已是时候了”，钱学森也说 ，“这些工作是复杂艰巨的，必须早日开展有关的研究、研制工作，才能到时拿出东西。因此建议国防科委早日主持制订我国人造卫星的研究计划，列入国家任务”；最为一致的是，他们信里信外透露出的急切心情：国家立项卫星研制是必要的、适时的，再不拿出人造卫星，中国人就会坐失良机！

两位“重磅人物”的信，终于为中国人造卫星的横空出世，孕育了一个重大转机。

2. 力量决不能分散

主管科技工作的副总理聂荣臻对赵九章和钱学森的报告很重视。

1965年2月，他对钱学森的报告作了批示：

我国导弹必须有步骤地向远程、洲际和人造卫星发展，这点我一直很明确。人造卫星早就有过考虑，但过去由于弹道式导弹还未搞出来，技术力量安排上有困难，所以一直未正式提出这个问题，钱的这个建议，我意，请张爱萍邀请钱学森、张劲夫等有关同志及部门座谈一下，只要力量上有可能，就要积极去搞。步骤上，还是先把中程导弹搞出来，作为运载工具。头部（卫星）要与中国科学院结合起来，充分利用地球物理所及搞探空技术的力量。如何分工，请在座谈会上研究一下。可考虑卫星以中国科学院为主进行研制。

根据聂荣臻的批示，1965年3月，在张爱萍主持下，国防科委召开了发展我国人造卫星可行性的座谈会，张劲夫、钱学森、孙俊人、赵九章、吕强等30余位有关领导和专家学者出席了会议。大家一致认为，中国开展卫星工程研制的技术基础已经基本具备，研制和发射人造卫星在政治上、军事上和科学技术上都有重要意义，应该统一规划、统筹实施，有步骤地开展卫星工程的研制。

1965年4月10日，国防科委副主任罗舜初又邀集张劲夫、张震寰、钱学森、赵九章、杨嘉墀、钱骥等，对卫星规划方案等问题进行讨论。29日，国防科委根据各方面讨论意见，形成了《关于研制发射人造卫星的方案报告》，正式呈报中央。报告建议：卫星工程总体及卫星本体由中国科学院负责；运载火箭由七机部负责；地面观测、跟踪、遥控以四机部为主，科学院配合；卫星发射场由国防科委所属试验基地负责建设。该报告提出，拟于1970年至1971年发射重量为100公斤左右的我国第一颗人造卫星。

4月底，中央专委秘书长罗瑞卿副总理将国防科委的报告呈报中央领导时写道："此件请主席、刘、周、邓、彭、贺同志阅。我根据总理的指示，找钱学森、罗舜初、张劲夫、赵尔陆等同志谈了一次，并要拟订一个方案。这是国防科委组织有关同志研究后写出来的报告。就目前我国工业水平和科学技术来看，拟同意他们现在所提出的一些设想。"

5月4日至5日，中央专委第12次会议同意国防科委的意见，要求各有关单位将发射人造卫星的工作纳入年度计划，还要求中国科学院在7月份提出具体的规划。

这是中央关于研制我国人造卫星的第一次最高层决策。

5月31日，中国科学院新技术局要求赵九章等在6月10日拿出我国第一颗人造卫星的设计和卫星系列规划设想。中国科学院组织多次方案研讨，于7月1日向中央专委上报了《关于发展我国人造卫星工作的规划方案建议》。建议就发射人造卫星的主要目的、10年奋斗和发展步骤、我国第一颗人造卫星可供选择的三个方案、卫星轨道选择和地面观测网的建立、重要建议和措施等5个问题作了陈述。

对于中国科学院来说，负责人造卫星的总体设计和技术抓总是一项非常繁重的任务，为此，他们必须在组建卫星设计院（1001设计院）之后二度组建卫星研制队伍。

这是为什么呢？说来话长。

“581”任务时，中国科学院以力学所为依托成立了卫星设计院（1001设计院），1958年11月，该院搬迁上海，称为上海机电设计院。他们从探空火箭起步，走出了一条自力更生的发展道路，先后研制成功T-7M试验火箭，以及T-7、T-7A和T-7A(s)等多种类型的探空火箭、生物火箭；培养锻炼了一支上千人的空间技术骨干队伍；积累了总体设计、组织计划、实验室建设、分系统协调、质量分析、指挥调度等方面的工程研制经验；同时也为研制人造卫星作了必要的准备。由于任务调整和机构变化，这支队伍于1963年划归七机部。1965年7月，上海机电设计院从上海迁往北京，更名为七机部第八设计院，原定任务为探空火箭和卫星研制。后来中央明确第一颗人造卫星任务以中国科学院为主进行研制，聂荣臻同意王秉璋和钱学森等人的意见，让第八设计院承担人造卫星运载工具的任务，“这样安排比较好，既有专门机构承担放卫星的任务，又不打乱地地导弹这条研制线”。这样，第八设计院在总工程师王希季的领导下，首先承担了卫星运载火箭的总体设计工作。不久，火箭研制工作与导弹研制工作合二为一，全部交给七机部运载火箭技术研究院，第八设计院则开始承担返回式卫星的研制工作。因此，几乎是在中国科学院研制东方红一号卫星的同时，七机部第八设计院就迅速进入了返回式卫星的总体设计工作，1966年年底便完成了第一颗返回式卫星方案设想。后来返回式遥感卫星成为中国各类应用卫星中，最早发展、最早投入实际应用和达到世界先进水平的卫星系列。

鉴于中国科学院卫星设计院在“581”任务中几度变迁，到1965年时，科学院系统的卫星研制队伍，特别是总体设计队伍力量薄弱。

在总体方案和任务分工讨论中，有些同志提出，科学院在搞“581”任务时有了一些技术基础，现在“581”重新上马，希望在哪里“跌倒”就在哪里爬起来，把人造卫星和运载火箭的任务统统囊括于科学院怀中一起搞。为此，国防科委副主任罗舜初召开了几次会议协调分工问题，意见仍没有取得一致。

钱学森十分焦急，人造卫星重新上马实属不易，不飞则已，一飞必须惊人。他知道东邻日本虎视眈眈已经追了上来，志在夺得发射人造卫星世界第四的宝座。如果我们还犯1958年的错误，大家谁都搞上天，不讲技术积累、无视循序渐进，政出多门、各搞各的，那么还会重蹈覆辙！上天不是那么容易的事，“大跃进”的亏吃得还不够吗？在又一次讨论分工会上，钱学森去了。

面对争论激烈的双方，钱学森动怒了。他一脸严肃地说：

在1958年时，导弹研制未见端倪，人造卫星、运载火箭采取两条腿走路的方针是正确的。现在的情况不同了，中近程导弹已经成功，完全有可能作为运载工具，国家已无必要耗费巨资另起炉灶，我们更不能再分散本来就不雄厚的力量。如果让擅长搞科学研究的科学院去搞如此大规模的科技工程，那我们七机部搞什么？如果这样，那我们七机部就退出来！

据当时参加会议的魏钟铨（后任气象卫星总设计师）回忆，钱学森发起脾气来是相当厉害的。

钱学森的这个想法由来已久。他认真研究过国外的发展经验，不主张另起炉灶专为发射人造卫星研制运载火箭。钱学森在一次讲话中说得非常经典：

发展弹道导弹武器和放卫星是密切配合的，在导弹飞行试验中就可放卫星，以此来鉴定制导精度，既放了卫星，也解决了飞行试验的一部分问题……

型号的退型（指新型号淘汰旧型号）也是很快的，过了四五年又要改进。假如新型号研制出来，已经生产出来的旧型号还没有使用，价值好几百万，当然不能扔掉，就可以用这些放卫星，因此导弹退型后还可以充分利用，所以发展弹道导弹要与放卫星密切配合起来。这符合总路线精神：多快好省。反过来，如果我们本来可以利用弹道式导弹解决问题，但却放弃不用，而去专门发展一些型号作为卫星的运载工具，这就不是多快好省。

钱学森又找到聂荣臻，陈述了自己的想法，建议把已有的导弹技术和探空火箭技术结合起来，组成发射卫星的运载工具。否则，既要花费很多的时间，又要重复建设大量投资，在人力物力都很紧缺的情况下，最好的捷径就是集中力量，发挥优势。

1965年7月2日，聂荣臻在听取了张劲夫、张震寰汇报中国科学院提出的发射第一颗人造卫星的方案后，明确表示支持钱学森的意见，指出：“运载火箭及第三级火箭还是由七机部研制。”16日，聂荣臻在与王秉璋、刘有光、

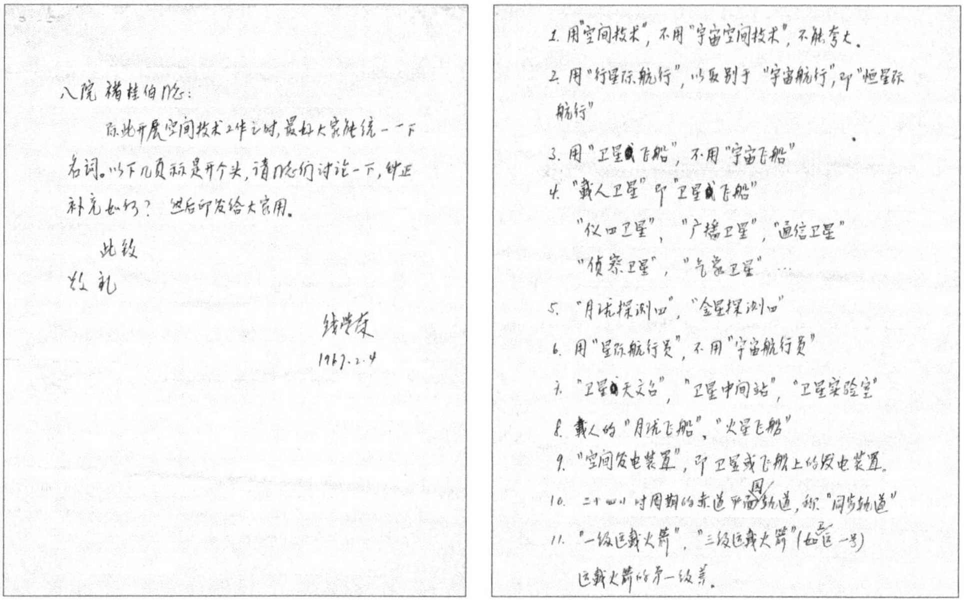

八院褚桂伯同志：

你院开展空间技术工作之时，最好大家能统一一下名词。以下几页就是开个头，请你们讨论一下，纠正补充如何？然后印发给大家用。

此致

敬礼

钱学森

1967.2.4

1. 用"空间技术"，不用"宇宙空间技术"，不能夸大。
2. 用"行星际航行"，以区别于"宇宙航行"，即"恒星际航行"
3. 用"卫星或飞船"，不用"宇宙飞船"
4. "载人卫星"即"卫星式飞船"
   "仪器卫星"，"广播卫星"，"通信卫星"
   "侦察卫星"，"气象卫星"
5. "月球探测器"，"金星探测器"
6. 用"星际航行员"，不用"宇宙航行员"
7. "卫星式天文台"，"卫星中间站"，"卫星实验室"
8. 载人的"月球飞船"，"火星飞船"
9. "空间发电装置"，即卫星或飞船上的发电装置。
10. 二十四小时周期的赤道平面圆轨道，称"同步轨道"
11. "一级运载火箭"，"三级运载火箭"（如运一号）运载火箭的第一级等。

1967年2月，钱学森给褚桂柏的信

钱学森和张凡等研究工作时又一次明确：

运载工具1969年能搞出来，1970年放人造卫星是可能的。人造卫星研制由中国科学院担任，这个担子已经不轻。运载工具包括第三级火箭，应由七机部搞。第一颗人造卫星不必搞更多的科学探测，只要放上去送入轨道能转起来，听得见，就行。成功后，再搞通信、侦察、气象等卫星。

8月9日至10日，周恩来主持召开中央专委第13次会议，讨论并原则批准了中国科学院的规划方案，作出了我国第一颗人造卫星争取在1970年左右发射的决定。会上再一次明确分工：由中国科学院搞卫星本体和地面跟踪测量系统，同意中国科学院内设立一个卫星设计院；七机部搞运载火箭；国防科委酒泉导弹试验基地搞地面发射设备。第一颗人造卫星的研制任务代号为"651"任务。

"航天"一词的"发明人"

1965年12月初，651会议刚刚结束，钱学森来到七机部第八设计院卫星、飞船研究室，和十几名年轻人畅谈航空航天发展历程。他说，飞机使人类活动从平面二维空间发展到立体三维空间，从地面扩展到空中，我们把人类在大气层以内的活动叫做"航空"。现在卫星上了天，又使人类活动扩展到了外层空间，我看可以把它叫做"航天"。他说这是受了毛主席名诗："坐地日行八万里，巡天遥看一千河"的启发。

1967年2月，钱学森致信褚桂柏，之后又在多个场合倡导"航天"一词，获得了科技界和社会的广泛赞同。1982年9月，国务院将七机部命名为航天工业部，"航天"一词，家喻户晓。1985年4月，钱学森又说："先有航空，后有航天，将来还会有航宇。"

中央专委的正确决策，加快了中国人造卫星计划的发展进程，而钱学森对研制、发射人造卫星所作的战略性谋篇布局，则为中央决策发挥了至关重要的作用。

中央专委为什么把第一颗人造卫星研制任务取名为“651”？

有人说是因为周恩来对赵九章的信的批示时间为1965年1月，有人说由于钱学森的建议是1965年1月提出的，还有人说根据中央专委的意见，中国科学院把研制人造卫星作为1965年的第一号重点任务。其实这几种说法都有道理，无论从哪个角度讲，1965年确实是中国空间技术发展史上具有重大意义的起跑年。从这一年起，中国人造卫星的发射从多年的学术和技术准备，转入有计划、有步骤开展工程研制的时期。

“651”的含义是丰富的，它作为中国人民的集体记忆，永远地留在了历史的丰碑上。

钱学森感到无比欣慰，想不到他和赵九章相约上书中央才不过半年时间，中央就作出了发射中国人造卫星的英明决定，千年的梦想即将在古老的中华大地上实现！

3.“651”会议把脉中国卫星头生子

1965 年4月22日深夜，曾经在581组工作过的潘厚任，清楚地记得这个日子：

赵九章打电话把我叫到他家，他家住在中关村，数学所的关肇直所长也在。赵九章很激动，拿出了一个小本子，说周总理已经指示，要我们拿出一个方案。我们从1958年开始，终于等到了今天。他问关肇直，卫星就几米大小，飞那么高，看都看不见，怎么抓住它？希望关所长组织技术人员马上开始攻关。

夜谈后第二天，地球物理所二部潘厚任和另外两名专家何正华、胡其正组成了卫星总体组。数学所和南京紫金山天文台关于卫星测轨、定轨、预报工作，自动化所关于卫星姿态控制等各项工作立即展开，其他有关研究所也纷纷行动起来。随后，轨道组、生物组和地面设备组成立，中国科学院各分院、研究所都被动员起来，全力以赴研制卫星。

借着“581”任务的惯性，钱学森、赵九章等人在科学院系统取得了研制、发射探空火箭的显著成绩，而且在开展空间科学技术单项课题研究和实验设备研制方面也获得了一批成果，比如在学术理论方面，重点开展了空气动力学、数学与自动控制、空间生物学、最佳轨道计算、卫星温度控制以及回收技术等方面的研究；在空间环境模拟设备研制方面，先后研制成功中小型热真空试验设备、中小型离心机、振动台、冲击台、噪声试验设备以及多种空间物理探测仪器。这些学术理论成果和技术成果，为我国研制第一颗人造卫星和实施卫星计划打下了良好的基础。

在赵九章和钱骥领导下，总体组何正华、潘厚任、胡其正按期拿出了第一颗人造卫星方案设想。

方案归纳为三张图和一张表，即卫星外形图、

钱学森火速部署运载工具方案

从科学院组建卫星设计院的工作一开始，钱学森就向七机部第八设计院总工程师王希季布置：尽快组织力量拿出运载工具方案。1965年9月中旬，在王希季的领导下，朱毅麟、倪惠生、李颐黎等带领一批刚毕业的大学生苦干一个月，提出了卫星运载工具的三个方案：一是以东风四号中远程导弹作为火箭一、二级，加上770毫米直径固体发动机，组成三级火箭；二是一、二级火箭与第一方案相同，第三级采用3个并联的小固体发动机；三是以东风四号导弹的第一级为火箭第一级，新研制大型液体火箭作为第二级，组成两级火箭。10月14日，第八设计院选择了把探空火箭技术和中远程导弹技术结合、风险较小的第一方案。在“651”会议上汇报后，此方案得到会议认可。

当年581组设计卫星的办公旧址：北京西苑操场甲1号

卫星结构布局图、卫星飞行轨迹图，以及卫星主要性能指标、分系统组成表。

但第一颗卫星叫什么名字好呢？当时，何正华建议："我看就叫东方红一号，很有意义。"这个提议大家都很赞同，后来也得到各个方面的确认。1965年6月10日，总体组带着三张图和一张表向张劲夫汇报。9月下旬，中国科学院在力学所礼堂召开了三次有关人造卫星工程技术人员会议，总体组提出的第一颗人造卫星方案获得了与会专家的一致赞同。

8月25日，中国科学院决定成立三个组织：1．卫星任务领导小组，组长谷羽，副组长杨刚毅、赵九章；2．卫星总体设计组，组长赵九章，副组长郭永怀、王大珩；3．卫星任务办公室，主任陆绶观。

同时，对卫星任务落实作了具体部署：

第一，要求总体组草拟第一颗人造卫星的设计方案；提出院内各有关单位的分工协作方案，以及院外分工协作的初步意见；提出发射第一颗人造卫星及今后一系列卫星研制的组织措施和保证条件；草拟人造卫星设计院的组建方案等五个方面的文件。第二，要求编制第三个五年计划内卫星研制任务总预算方案。第三，要求四个骨干研究所筹备成立卫星研制任务设计部或人造卫星设计分院。第四，要求研制任务有关的主要基建项目落实。第五，大力开展院外及地方工业部门的协作。

1965年9月，科学院从力学所、自动化所、地球物理所等单位抽调干部，开始组建卫星设计院。1966年1月25日，科学院经报请聂荣臻同意后，正式成立了中国科学院卫星设计院，代号651设计院，对外的公开名称为"科学仪器设计院"，赵九章任院长，杨刚毅任党委书记，钱骥等任副院长。651设计院承担卫星总体、结构、温控、天线等项设计以及总体协调工作。

1966年3月，经中央专委批准，科学院又组建了"人造卫星地面观测系统工程管理局"，代号"701"工程处，主管卫星地面观测系统设计，台站选址和勘察、台站建设等工作。陈芳允为技术负责人。

科学院很快组织起一支卫星研制队伍，包括651设计院、自动化所、地球物理所、西南电子所、电工所、兰州物理所、北京科仪厂、上海科仪厂、太谷科仪厂等单位，到1968年，这支队伍的人员达到6479人。科学院参与卫星任务

在极其艰苦的条件下研制卫星

钱骥借毛衣

1965年11月中旬的一个晚上，中国科学院临时委派卫星负责人钱骥等向周总理汇报情况。钱骥正在参加“651”会议，身上穿的棉衣破了露出棉絮，他来不及回家换衣服，就向同事借毛衣。潘厚任正好有一件驼色毛衣，那还是三年困难时期靠在研究室里抓阄抓到的毛衣票，花了半个月工资买的出口转内销“高级品”。这件毛衣可为钱骥救了急。第二天，钱骥来还毛衣，顺便透露了点秘密：“因为没有充分准备，很是紧张。在汇报前总理拿了名单认人，点到我时，他一语双关地说，你也姓钱啊，看来我们搞原子弹、导弹和人造卫星都离不开‘钱’啊。总理这么一说，逗得大家哈哈大笑，我也就不紧张了。”

的还有数学所、半导体所、生物所、北京天文台、南京紫金山天文台等单位，共安排了200项空间技术预研课题分配到全国各地的科学院所属单位。

受国防科委委托，中国科学院于1965年10月20日至11月30日，在北京友谊宾馆召开了中国第一颗人造卫星总体方案论证会，代号“651”会议。参加会议的有国防科委、国防工办、国家科委、总参、空军、海军、炮兵、一机部、四机部、七机部、通信兵部、邮电部、酒泉导弹试验基地（后更名为酒泉卫星发射中心）、军事医学科学院和中国科学院13个研究所的代表，共120名。

中国科学院副院长裴丽生主持了这次会议。张劲夫、钱学森和国防科委副主任罗舜初、张震寰等出席了“651”会议的开幕式、闭幕式等几次重要大会。

会上，由赵九章作卫星总体设计问题的技术报告，钱骥作我国第一颗人造卫星设想的介绍，钱学森作运载火箭研制的总体思路的发言，七机部派朱毅麟作运载火箭具体方案介绍。

钱学森应邀在会上发言：

发射卫星是一项庞大的工程，涉及面很广，上至天文下至地理。我们要敢于开创自己的道路，还要从实际出发循序渐进。要贯彻主席“大力协同”的指示，科学院、七机部的力量都是有限的，必须有分工有协作，还必须组织其他单位广泛协作。只要我们下定决心，肯干努力，就一定能使我国第一颗人造卫星早日升空。

会议期间，周恩来还特地邀请全体会议代表，在人民大会堂三楼小礼堂观看了现代话剧《朝阳沟》，许多代表第一次近距离见到了总理。

会议确定，我国第一颗卫星为科学探测性质的试验卫星，具体任务是：测量卫星本体的工程参数，探测空间环境参数，奠定卫星轨道测量和无线电遥测遥控技术基础。

国防科委副主任罗舜初还透露了中央的意思，第一颗卫星“必须首先考虑政治影响”，争取一次成功，要坐稳屁股，做冷静的促进派，无论如何不要闹大笑话。在现有条件下，尽最大努力，卫星争取比苏、美第一颗卫星在某些方面比较先进，不一定全都先进。重要的问题在于贯彻毛主席“初战必胜”的战略思想，第一仗打胜了，就能够鼓舞士气，第二仗就好办了。会议闭幕时，他满怀深情地说：“赵九章、钱学森两位先生在1958年、1959年就提出了发射卫星的建议和设想，没有他们的努力就不会有今天的结果。”

会议把第一颗卫星的目标归结为12个字：“上得去，抓得住，听得到，看得见。”与会代表一致同意第一颗卫星冠名为“东方红一号”和卫星播送《东方红》乐曲，让全世界人民都能听到。

42天会议经过深入细致的论证，最后形成了第一颗卫星总体方案、本体方案、运载工具方案和地面观测系统方案四份文件初稿，以及27个专题论证等材料，合计约15万字。

当年参加会议的潘厚任回忆说：“我们总体组的三人都去了。一开始没想到会议会开那么长，也没定结束时间，白天开会，晚上论证，一直开了42天，这是我开过的最长的一次会议。”

“651”会议后，651设计院编写了《东方红一号卫星任务书》，得到了毛泽东的批准。

用自己的双手将我国人造卫星送上天，是广大科技人员多年的热切期望。大家无比激奋，热血沸腾，忘我工作。全国各部门、各分系统密切合作，东方红一号卫星研制进展得非常迅速。

卫星研制程序分为模样卫星、初样卫星、试样卫星和正样卫星四个阶段。到1967年1月，651设计院基本完成了初样卫星阶段的工作。

4．受命新五院院长　点将卫星总体部主任

正当卫星研制顺利进行时，1966年文化大革命爆发了，东方红一号卫星的倡导者、651设计院院长赵九章被打倒。1968年10月，他不堪受辱服药自尽。

设计院的领导干部陆续“靠边站”，不少科学家被定为“牛鬼蛇神”遭到批斗。担负运载火箭研制的七机部，情况也很糟，职工队伍被分裂，科研生产几乎中断。担负地面观测站建设的地区，武斗不断，交通受阻，器材供应不上，工程施工无法进行。

眼看卫星工程的好形势将这样被断送，广大群众心急如焚，希望中央采取措施，扭转局面。

发射卫星是中央定下的任务，为了保证东方红一号卫星按计划进行，1966年12月，中央专委决定卫星研制任务改由国防科委全面负责。聂荣臻于1967年3月向中央写了《关于军事接管和调整改组国防科研机构的请示报告》，周恩来同意这个报告，并提出对6个国防工业部实行军管的建议。毛泽东批示：“总理，照办。”17日，周恩来宣布，对七机部等几个国防工业部实行军事管制，中国科学院新技术局及其归口从事卫星工程研制的单位，由国防科委接管；卫星地面观测台站的建设任务由科学院调整到国防科委所属的试验基地。

面临当时的形势，钱学森在思索一个更加迫切的深层次问题，即卫星研制任务的组织体制问题。他早在20世纪40年代参与美国导弹试验的时候，

就意识到研制导弹这样涉及面很广的科技工程，需要一种他称之为“喷气式武器部”的新机构，要集中力量进行研制。1955年回到祖国后，为了国家迅速发展国防尖端技术，他果断地建议国家设立专门机构——航空工业委员会，这样可以在资源比较匮乏、科技力量比较薄弱的情况下，依靠社会主义制度的优越性，集中人力、物力，加上全国的大协作，在较短的时间内取得突破。国防部五院的实践经验，充分说明了这一点。在钱学森看来，研制人造卫星这样大型的系统工程项目，国家更有必要建立一个专门的机构，形成我国独立发展航天技术的工业体系。因此，解决组织体制问题，成为我国人造卫星研制初期刻不容缓的一个关键问题。

1967年年初，聂荣臻、罗舜初、刘华清曾分头与钱学森等有关人员，多次研究如何加强国防科技力量，调整科研队伍等问题。考虑到世界航天技术的发展趋势和航天技术为国防建设、国民经济带来的巨大利益，为加速我国航天技术的发展，国家有意要建立一个专门研制人造卫星及其他航天器的机构，以便形成我国完整的航天工业体系。而当时，由于历史的原因，我国第一颗人造卫星和其他航天器的研制，是分散在中国科学院、七机部及其他一些部门进行的，这给组织领导和指挥调度带来很多困难。

1967年5月，聂荣臻听取了钱学森关于组建“人造卫星、宇宙飞船研究院”问题的汇报，他非常支持钱学森的意见。6月27日，中央军委常委第77次会议决定，把现有较分散的科技力量集中起来，形成拳头，加速空间技术的发展，同意组建研究院，该院属国防科委建制，列入军队序列，定编12400人。

3个月后，聂荣臻为了保护和发展国防科技，提出了《关于国防科研体制调整改组方案的报告》，经中央军委和国务院审议同意后呈报毛泽东。报告建议把国防科研力量进一步集中起来，成立地对地导弹、地对空导弹、舰对舰导弹、潜对地导弹、人造卫星和宇宙飞船、飞机、舰艇、探空火箭、核武器、电子整机、火炮、装甲坦克、特种武器、电子元器件、光学和精密机械、新材料、空气动力、工程设计等18个研究院，其中第五研究院是“人造卫星、宇宙飞船研究院”。

1968年2月20日，人造卫星、宇宙飞船研究院正式成立，研究院命名为“中国人民解放军第五研究院”（也称新五院，后来更名为七机部五院、航天

1953年赵九章和贝时璋、吕叔湘访问苏联

孙家栋堪当重任

赵九章望星流泪

赵九章在被“打倒”的日子里，常常睡不着觉，一个人从床上爬起来绕着院子走走停停，有时，他干脆站在那里，长久地望着星空一动不动地泪流满面……

他不是党员，每次见别的同志交党费，心里就会涌出一种复杂的滋味。他是工会会员，因此，从建国起，他每月只要领到工资，第一件事就是抽出100元钱去交工会会费。“文革”中，他虽然从科学家变成了“牛鬼蛇神”，但每月的工会会费照交不误。

赵九章经济上并不富裕。他不抽烟不喝酒，一日三餐如同寻常百姓家，经常是馒头、稀饭、咸菜。在西南联大当教授时，他和夫人长时间合穿三条裤子。在他惨遭迫害的日子里，他仍然坚持交工会会费，为的是表明他对党和国家的忠诚，表明他作为科技队伍中一分子的存在。

部五院、中国空间技术研究院，简称空间技术研究院），其任务是全国空间技术研究中心，负责国家空间技术的抓总工作。七机部副部长钱学森兼任院长，常勇任政委。

空间技术研究院以中国科学院下属的651卫星设计院、自动化研究所、力学研究所、应用地球物理研究所、电工研究所、西南电子研究所、生物物理研究所、兰州物理研究所、北京科学仪器厂、上海科学仪器厂、山西太谷科学仪器厂和七机部第八设计院、军事医学科学院第三研究所等单位从事航天工作的力量为基础，并从七机部一院抽调部分技术骨干进行组建。这样，就把原本分散在各单位的力量整合在一起，组成了由钱学森统一指挥的空间技术研究的集团军。

空间技术研究院成立时，中国科学院对第一颗人造卫星的研制已做了大量工作，但要把卫星发射升空，需要的是包括卫星、火箭、发射、测控在内庞大而复杂的系统，要用两年多时间把卫星送上天，无疑是一个艰巨的任务。这件大事着实让周恩来放心不下，他多次听取卫星和火箭工作进展情况和存在问题的汇报，亲自排除文化大革命给科研工作带来的种种干扰。他在中央专委会议上定调："'651'总抓，由国防科委负责，钱学森参加"，"由钱学森负责卫星、运载火箭和地面系统三个方面总的技术协调和组织实施工作"。他对钱学森说，你是技术总管，任务就交给你了！

在这困难时刻，周恩来把这副重担压在钱学森的肩上，体现了国家对他的高度信任。

对钱学森来说，压力巨大。一边是导弹，一边是卫星，还有一边是运载火箭，还有共和国空间技术发展的长远规划，他恨不能有分身术，恨不能一分钟掰成两半用。

首当其冲要考虑的是要建立卫星总体设计部，加速卫星工程的实施。

总体设计部作为重大工程研制项目的参谋部，是钱学森系统工程思想的核心内容。他在领导创建空间技术研究院的过程中，特别强调运用系统工程的方法和借鉴国防部五院建立总体设计部的经验，组建了"空间飞行器总体设计部"。钱学森直接指导组建工作，确定总体设计部的主要职责、组建方案和主要干部人选。

钱学森提出，总体部的人知识面要广，既懂工程上的问题，又要有比较广博的科技知识。学工的人知识面窄，而学理的人基础知识面较宽，这正是来自科学院人员的优势，要让他们尽快熟悉工程上的问题，从中培养出一批适合搞总体设计的人员。要尽快建立一支卫星总体设计队伍。

钱学森说，组建总体设计部要注意两个方面的积极性：一方面是科学院来的技术干部，比较注重理论研究；另一方面是从七机部来的技术干部，工程经验比较丰富。总体设计部的构成，理论研究与工程实践力量两者大体按3:7的比例考虑。

谁能担任卫星总体设计部的领导呢？钱学森经过深思熟虑，挑选了年仅38岁的导弹总体设计部副主任孙家栋。

那是1967年7月29日的午后，正值北京最炎热的盛夏，骄阳似火。孙家栋汗流浃背地趴在图板上画导弹设计图，为了不让头上的汗水流到图板上，他把一条毛巾围在脖子上。这时，国防科委一位同志在没有打任何招呼的情况下，

毛主席保护钱学森的妙招

约在1967年，钱学森忽然收到毛主席批示的一个文件，上面除了批给几位中央领导以外，毛主席又批“还有送钱学森同志阅”。钱学森反复看了几遍，文件内容似与自己的工作没有什么直接关系，他百思不得其解主席的用意。琢磨了几天之后，他才突然醒过神来：在那个年代里，只要有伟大领袖毛主席的批示，谁还敢来动一根手指头！原来毛主席用心良苦，是在用这种特殊的方式暗中保护自己啊！

1975年1月在四届人大召开前夕，周恩来到湖南长沙向病中的毛泽东请示四届人大代表名单，毛泽东说：“不看了。但是我想起两个人，一个是钱学森，一个是侯宝林，请你查查人大代表名单里有没有，如果没有，就把他们补上。”这说明虽然毛泽东日理万机，但他没有忘记钱学森。正是由于毛泽东、周恩来和中央领导的悉心呵护，钱学森才能在文化大革命的十年间，为发展中国航天事业作出极大的贡献。

驱车来到位于北京城南的孙家栋办公室，简单明了地对他说：“我是国防科委的汪永肃参谋，组织上派我来向你传达上级的指示。国家将要开展人造卫星方面的研究，中央已确定组建空间技术研究院，由钱学森担任院长，专门负责人造卫星方面的研究。钱学森向聂荣臻元帅推荐了你，根据聂老总的指示，上级决定调你去负责我国第一颗人造地球卫星的总体设计工作。”

当时造反派夺权，行政领导干部靠边站，汪永肃只好直接找到孙家栋本人谈了上级的安排，谈完后当即就用吉普车拉着孙家栋从北京南苑来到位于北京西郊的友谊宾馆。宾馆北馆是筹备空间技术研究院的临时办公地点。到这里后，有关领导与孙家栋又详细谈了组建卫星总体设计部的具体意图，当天，孙家栋就由搞导弹转入搞卫星。

孙家栋后来回忆说：

我当时虽说担任过导弹总体设计工作的负责人，但点名要我出任中国第一颗人造卫星总体设计和卫星总体设计部负责人，我还是深感担子的沉重，同时也感到钱老对人才培养的意图和对我这样当时尚属年轻技术人员的信任。他超出人们的习惯范围，给我们这些人从技术攻关、总体建设等各个方面加码，使我们在挑大梁的过程中有了实践的机会。

实际上，钱学森和其他院领导早已在给孙家栋“加码”了。1958年，孙家栋毕业于苏联茹柯夫斯基空军工程学院，他是少数获得斯大林金质奖章的佼佼者。1960年，他被任命为中国第一枚自行设计的中近程战略导弹的总体主任设计师、总体设计室主任。1964年8月，他又被任命为导弹总体设计部副主任。孙家栋在仿制1059导弹、中近程导弹改型设计和我国独立设计的中程地地导弹工作中，显示出了他的聪明才智和较强的组织能力，很快就得到了运载火箭技术研究院领导和同事们的认可，也引起了钱学森的注意。

关于为什么要挑选孙家栋？钱学森之子钱永刚教授透露了他父亲偏爱孙家栋的另一个信息。他说，父亲晚年时谈起这件事告诉他，“借此机会动个地方，也是为了保护孙家栋，以防不测”。钱学森的思虑源于他自己的切身体会，他在《周总理让我搞导弹》一文中写到：“‘文革’中，我们是受保护的，没有周总理的保护，恐怕我这个人早就不在人世了。”

1967年8月初，孙家栋按照钱学森的指示，扛着铺盖投入了筹建空间技术研究院的工作之中。报到的第一天，钱学森接待了他，钱学森支持并鼓励他说：“家栋，我知道你的能力。你只管集中精力大胆工作，如果有什么考虑不周的，首先是我考虑不周，责任在我不在你。如果你失败了，你总结教训，我承担责任，明白吗？”这些话，让孙家栋心里感到踏实和温暖。

“早在苏联留学时，我就听说了钱学森回国的曲折经历，内心非常崇敬。1958年我从苏联茹柯夫斯基空军工程学院毕业回国后，见到他感觉还是有点紧张，因为他是那么知名的科学家，而我不过是一个学飞机的外行。”孙家栋晚年回忆起钱学森提携年轻人的这些事，仍记忆犹新、恍若昨日。

钱学森告诉孙家栋，要大胆地开展工作，如果在执行中遇到阻力，有不服气、不服从的，你可以表示是经过我院长同意的！

卫星总体设计工作，就是要将概念性的卫星从理论变为现实，从概念研究变为工程实施。作为实施的途径，首先要提出并解决卫星从地面研制到空间运行全过程，明确每个环节的技术指标要求以及系统与系统之间、分系统与子系统相互间错综复杂的技术接口。

为了尽快启动卫星总体工作，孙家栋向钱学森提出建议，由运载火箭技术研究院推荐几个搞总体技术的人员。钱学森考虑后答复说，从火箭技术研究院抽人可以，但在当前文化大革命两派正闹腾的局面下，不能依靠研究院推荐，由你孙家栋提个名单后再研究确定。

经过一段时间的紧张考察和挑选，孙家栋从国家的卫星任务需要出发，考虑不同的专业类型和技术特长，最后选定了十八人。当他把这十八人的名单交给钱学森后，钱学森点头赞同，这份名单又很快得到了聂荣臻的批准。意想不到的是，基于这些人员的素质和能力，无可争议地得到了大家的认同。1967年10月，当“十八勇士”离开运载火箭技术研究院时，两派群众热烈欢送。

组建卫星总体设计部的另一支重要力量，来自七机部第八设计院。第八设计院毫无保留地将返回式卫星总体设计室和载人飞船总体设计室等有关总体设计人员首批108人，整建制地输送到卫星总体设计部。

新组建的卫星总体设计部对当时卫星型号和规划中的卫星型号都作了妥善安排，特别重视预先研究，这样就能保证国家制订的空间技术发展计划，按照轻、重、缓、急，有目的、有步骤地进行。例如，总体部在初期有四个型号总体设计室：第一研究室，承担导航卫星的预先研究；第二研究室，研制东方红一号卫星以及同类型的实践一号卫星，预研型号为通信卫星；第三研究室，在研型号为第一代返回式卫星，预研型号为第二代返回式卫星；第四研究室，预研载人飞船，1971年年底载人飞船任务暂缓后，改为研制实践二号卫星。

卫星总体部以及空间技术研究院所属厂、所、站组建成以后，科研形势得到了根本的好转。钱学森任空间技术研究院院长三年间与常勇政委密切配合，外面是轰轰烈烈的文化大革命，内部则按照军队秩序正常工作，基本上为卫星研制营造了一个相对安定的科研和生产环境。

5．把中华第一星做成“工程星”

钱学森十分关心空间技术研究院和卫星总体设计部的工作，他在兼任院长期间，在很长一段时间里坚持每个星期都要抽空和大家一起研究重大的技术问题。讨论中只要意见一致，他便果断决策；意见不一致又不是非常急办的，留待下星期的会议讨论；如果急办的，则由他根据讨论情况提出解决办法。

孙家栋回忆说："作为卫星研制的总体技术总负责人，我遇到困难便及时请教钱老，在他的指导下，各个系统都攻克了一系列技术难关。"

空间技术研究院组建前后，面临的首要问题是落实东方红一号卫星研制计划。当时，卫星各分系统之间的进展情况极不平衡，也极不协调。如果按照"651"会议原定的卫星方案，尽快将卫星发射上天，困难很大。

因此，对于东方红一号卫星的总体方案就有了两种思路：第一种是按照原定方案，把"东方红一号"做成科学探测卫星；第二种是把"东方红一号"搞成工程卫星。前者要装姿态控制系统和多项科学探测仪器，技术复杂；而后者则简单多了，除了《东方红》乐音装备，什么探测仪器都不上。只要卫星上了天，能放音乐，就说明我们掌握了火箭、卫星、测控、靶场、地面环境等一整套卫星工程技术，就算工程考核成功了。这样，以后再上科学探测仪器也就不难了。

遵照聂荣臻关于"尽量简单，尽快上天，达到基本目的，掌握技术"的指示精神，651卫星设计院总体设计组对这个问题，已经有所考虑，并

中国人的"可能"

当时，研制卫星所需的加工设备严重不足。比如，在卫星初样和试验阶段，没有铆枪，更没有固定工件的桁架，可铆接是卫星制造中必不可少的一道工序。工人们就靠一把小锤，用自己的身体当桁架，将铆钉一个个地敲上去。就是在这样的条件下，卫星生产厂解决了铆接、阳极化电抛光、光亮铝件大面积镀金、铝件热处理等多项工艺问题。

总装备部原副部长胡世祥是当年按下东方红卫星发射按钮的操作手，谈及往事，他笑声朗朗：当中国人在西北大漠里竖起第一座发射架时，西方一些发达国家认为那是"开玩笑"；当中国人用运行速度只有每秒几十万次的老式计算机编制地球同步卫星轨道程序时，洋专家又断言："不可能！"但是，中国人就是将"不可能"变成了"可能"。

自力更生研制中国卫星

酒泉卫星发射中心正在进行发射前的准备

于1967年3月底，提出了第一颗卫星本体方案简化思路，但未来得及作出修改方案。

空间技术研究院筹备时，孙家栋为此作了详细了解，并向钱学森作了汇报。钱学森亲自到第一线作实地调查，并多次主持讨论研究两种方案，最后果断决定采取第二种方案，即把中华第一星做成“工程星”。

在孙家栋的领导下，科研人员对“东方红一号”原方案作了大胆的简化。钱学森亲自做工作，耐心地说服一些老专家，请他们支持简化方案，并向他们解释，不是废除原方案，而是把原方案分为两步走，先用最短的时间实现卫星上天，再在此基础上发射科学探测卫星。

为了抢时间，东方红一号卫星的方案简化问题不能拖到研究院成立后再去解决。1967年12月11日至16日，国防科委召开“东方红一号”方案修改论证会，与会人员200余人。会议在钱学森主持下，充满了技术民主的气氛，对方案进行了充分的讨论。

简化后的总体方案为：卫星分系统由原来的9个简化为7个，即去掉了科学探测分系统和遥控分系统。在所保留的分系统中，姿态控制系统去掉控制部分，只保留卫星姿态测量用的红外地平仪和太阳角计；能源系统去掉太阳能电池加镉镍电池供电部分，只采用银锌化学电池组。

简化后的总体方案，还需报请上级批准。但是，“文革”动乱，聂荣臻被扣上了“二月逆流”反攻倒算的帽子，靠边站了，孙家栋便径直跑到国防科委，拍响了刘华清副主任的门。

刘华清在回忆录中写道：

我不懂卫星，也不管这项工作。为了保证1970年发射，空间技术研究院领导和设计人员在原方案基础上进行了合理的修改，但这一修改方案却找不到拍板的人。研究院总体部主任孙家栋拿着方案找到我，话说得很直率，“你懂也得管，不懂也得管。你们定了，拍个板，我们就可以往前走”。听了他们的汇报，问了有关情况，我心想，这事不能拖，总得有人承担这个责任，便对他说，技术上你负责，其他问题我负责，我拍板。后来我把卫星方案修改和简化情况报告了聂帅，聂帅也批准了，卫星计划才得以进行下去。回想起来，当时这么干，除了有一种强烈的责任感外，也有一点傻大胆的味道。

看到孙家栋的冲劲儿，钱学森满意地对别人说：“看来，把孙家栋找来还是对的，他的确敢干事，会干事。”

钱学森对孙家栋说，我国第一颗人造卫星的基本任务就是实现12个字：“上得去，抓得住，听得到，看得见。假如这12个字做到了，就意味着我们国家突破了发展航天最基本的技术。”

在这12个字中，“上得去，抓得住”，与导弹试验没有太多的区别，钱学森当然非常熟悉。但“听得到，看得见”，在导弹试验里没有碰到过，这是我国第一颗人造卫星作为“政治星”的特殊要求。

钱学森为“看得见”煞费苦心。

1968年二三月间的一个晚上，钱学森合上摆满一桌子的书籍杂志，把651卫星设计院总体组副组长潘厚任叫到他的办公室，问：“卫星放到天上到底能不能看见？”潘厚任是学天文的，他答道：“这个星的直径1米，我用直接和间接两种方法估算的结果都一样，在天气、光线都好的情况下，它的亮度仅相当于七等星。而人的肉眼最多只能看到六等星，基本看不到七等星。”

“看不见”变成了大问题。时间紧迫，在钱学森的关注下，孙家栋果断决策将任务交给508所。设计人员在末级火箭上加装一个特殊材料制成的“观测裙”，俗称“围裙”。它是一个直径4米、具有良好光学反射特性的球状体织物，可大面积反射太阳光，从而达到二三等星的亮度。在卫星发射阶段，“围裙”呈折叠包裹状态，装在末级火箭整流罩内。卫星入轨之后，末级火箭与卫星分离，火箭的“围裙”随之撑开，有几十平米大。研制人员经过11个月的努力，终于找到了理想的材料。这种材料又轻又薄，在 —269℃的环境下，仍能保持柔软的性能，完全符合设计要求。试验那天，操作者启动电钮，顷刻，4根弹射杆同时弹出，将绕成环状的“围裙”拉出，在旋转产生的离心力的作用下，“围裙”倏地膨胀开来，形成一个又圆又大、闪闪发光的“大球”。观测裙的研制终于成功了！

卫星升空后，这个闪动着中国人智慧之光的“观测裙”，与卫星一前一后，以相似的速度、在同一轨道上运行，在晴朗的夜幕下，清晰可见。尽管地面用肉眼看到的是穿着“观测裙”的末级火箭，并非卫星本身，但这并不影响“看得见”大目标的实现。

4月25日晚8时29分，东方红一号卫星飞行第16圈时，经过北京上空。当晚，首都万人空巷，百万人民扶老携幼，走出房舍，聚集在庭院、街道、广场，争相观望。当那颗明亮的卫星缓缓地飞过天安门上空时，广场上几万双眼睛在探照灯的引导下，紧紧追随着翱翔在太空里的“中国星”。充满新奇和振奋感的人群，边看边欢呼雀跃，直到卫星渐渐消失在东南方向的茫茫夜空中。

“听得到”如何解决呢？

钱学森再次给总体组布置作业：“卫星绕地球转的时候，能不能让亚非拉的人民也用普通收音机收听？”这个想法实际上就是直播卫星的概念，但是当时并没有这项技术。潘厚任又接过这个难题，他和同事们用了3个月的时间求解。在物资匮乏的年代，他也不知道国外用的到底是什么收音机。凭着一张介绍信，他到商业部的一个库房里把全世界各种类型、最先进的新型收音机每种借了一个，这些在中国市面上都没有。

“当时最先进的口袋收音机，刚出产的，就像烟盒那么大，我都拿过来测试了”，潘厚任回忆说。他测试了各种收音机的灵敏度，再反过来推算卫星需要发射的功率有多大。后来他发现，如果要让普通收音机收到信号，卫星就要装大功率发射机，这样，卫星总重量将超过一吨，这对于当时火箭的运载能力来说是不可行的。

那么最好的办法就是通过地面站转播。后来人们从广播中收听到的《东方红乐曲》，就是地面跟踪站接收了卫星信号后再转发出去的。

人们依稀记得，1957年苏联第一颗人造卫星上天时，电台播放过从卫星上传下来的遥测呼叫信号，那是“哔哔、噗噗”的间断无线电码，像一片噪声，非常难听。而“东方红一号”上播放的是一曲高亢的陕北民歌《东方红》，“东方红，太阳升，中国出了个毛泽东……”。这首表达对中国共产党和伟大领袖毛泽东由衷感激之情的颂歌，诞生在抗日战争的硝烟中，传唱于广袤的九州华夏。她伴随着新中国的建立和繁荣富强，成为富有浓郁的东方气息、流传甚广的大众歌曲，充分表达了全国人民的心声。

《东方红》乐曲全曲共16节，卫星只播放前8小节，乐音装置和卫星短波遥测装置固封在一个盒子里。盒子正面有毛泽东的头像，头像下方镂刻有金底红字的毛泽东手书“东方红”。

如何能奏出悦耳动听的《东方红》乐曲？设计人员何正华、刘承熙等受北京火车站报时敲钟的声响启发，跑遍北京、上海各乐器研究所和口琴厂等单位，深入调研。经过多种方案的比较，最后决定用电子线路模拟铝板琴，并采用无触点电子开关。这样，既可靠性高、寿命长、耗功小、音调悦耳嘹亮，又可满足总体设计的要求。

为了确保万无一失，承担这项任务的北京控制工程研究所，从电子线路到材料和元件的选用都一丝不苟，以使它们既能经受火箭发射时的力学环境考验，又能耐受恶劣的空间环境长时间运行，还解决了电磁干扰使乐曲错乱和部件固封后乐曲产生变调等技术关键。例如，为了挑选能在太空环境下工作的高频大功率晶体管，研制人员因陋就简，利用大口径保温瓶胆作试验，瓶底灌液氮，液氮上方挂晶体管和温度计，在 —80℃的环境中测试晶体管的特性，对20支晶体管一一进行测试挑选。中国的工程师们就是这样，验证了钱学森在《工程控

猪肉冷库和盾牌

卫星研制初期，各种试验条件十分有限。1968年夏天，研制人员借用海军后勤部队一个冻猪肉用的冷库，模拟卫星在太空中的寒冷环境进行试验，并对卫星各分系统温度进行调节。研制人员在零下十几度的冷库里冻得鼻青脸肿、直跳脚，最终为卫星设计拿到了数据。

卫星天线在展开试验时突然折断。为了查明原因，大家在废品库里作试验。飞速旋转的天线，万一折断甩出去，就像射出的箭，危险性极大。负责人戚发轫给每个试验队员找了个包装箱盖作“盾牌”，透过箱盖的缝隙可以观察天线旋转，最终找到了天线折断的症结。

东方红一号卫星乐音装置

我国第一颗人造地球卫星东方红一号

发射我国第一颗卫星的功勋发射塔架

车间工人师傅精心加工产品

不能忘记的卫星功臣

我国第一颗人造卫星“东方红一号”是以中国科学院为主负责，从提出建议到卫星方案的提出，从卫星本体设计、研制、试验到卫星初样的成功，以及空间环境的探索和地面测控系统的建立等，都是以科学院为主完成的。中国科学院在我国第一颗人造卫星方面作了奠基性、开拓性的工作。张劲夫、裴丽生副院长和新技术局局长谷羽等，还有许多著名的科学家，如竺可桢、赵九章、郭永怀、王大珩、张钰哲、关肇直、吴新谋、陆元九、王绶琯、吕强等，都投入了很多的心血，付出了艰辛的劳动。

制论》中说过的一句名言：“我们有办法用不十分可靠的元件做出非常可靠的系统”。

《东方红》乐音装置及短波遥测系统的另一个难关，是星上4根短波天线的正常展开与释放。星箭分离后，拉管式短波天线能否顺利地释放展开，关系到播放《东方红》乐音的质量。在第一次短波天线伸展试验中，最后一节天线折断后被甩了出去，试验未能成功。经完善设备和改进天线结构后，又作了多次试验，仍然没有成功。究竟是什么原因呢？孙家栋主持会议，让大家坐下来认真地进行分析、计算。会后，孙家栋把试验情况及研究分析结果向钱学森作了汇报，钱学森指出，要研究天线释放和展开的运动形式，它是复杂的运动合成，要考虑在地面作试验时的重力影响，并提议请胡海昌帮助计算天线甩开时的运动轨迹和受力分析。胡海昌原为东方红一号卫星总体组组长，文化大革命初期，因家庭出身、学术权威等问题而“靠边站”。胡海昌在没有计算机的条件下，一夜之间突击用笔计算出来。第二天他参加讨论会时说，原来的设计方案使每根天线相对于卫星只能作一个方向转动，这与卫星依靠旋转和离心力使天线展开和释放的实际运动是不一致的。根据胡海昌的计算，设计人员修改了天线结构设计，后来的多次模拟试验均获得了成功。胡海昌也因此得到解放，投入到卫星总体和结构设计的工作中。

“听得到”的任务完成得出奇的好。卫星上天20分钟后，21时50分，中央广播事业局向党中央报告，收到了中国第一颗卫星播送的《东方红》乐曲，声音清晰宏亮。中央人民广播电台立即将这天籁之音转播出去，全国和世界各地用普通的收音机就能够收到，悠扬动听的《东方红》乐曲瞬时传遍全球，响彻宇宙。

中央广播事业局后来送给毛泽东两盘从太空中接收的《东方红》乐曲原始遥测信号录音带。这一标志着中国迈向宇宙的珍贵记录，一直伴随到毛泽东的最后岁月。

6. 在“上得去”的紧要关头

在钱学森的安排下，七机部第八设计院总工程师王希季率队承担了运载火箭的总体设计工作。方案基本完成后，于1967年11月把任务移交给七机部第一研究院（即运载火箭技术研究院），而第八设计院划归空间技术研究院，王希季等承担返回式卫星的研制任务。

运载火箭技术研究院总体设计部为了迎接“八年四弹”和运载火箭大会战，调整了组织机构，由7个研究室扩建为11个研究室。中远程导弹和第一颗人造地球卫星运载火箭的研制任务由十室承担，运载火箭的名称为“长征一号”。

根据钱学森关于运载火箭尽量使用导弹成熟技术的主导思想，当时，长征一号运载火箭的设计原则是一、二级采用中远程导弹原型不作修改，第三级采用新研制的固体火箭。其主要参数为：起飞质量81．5吨 ，起飞推力104

吨，最大直径2.25米，箭长29.46米，运载能力300公斤。

长征一号运载火箭在导弹的基础上新增项目不多，这样的设计，既保证了火箭的可靠性，又满足了进度要求，是个多快好省的设计方案。

根据计算，“长征一号”将“东方红一号”送上预定轨道没有问题，而火箭发射的方位以及一、二级火箭脱落后的降落地点如何避免引起国际纠纷等问题，则还需要精确地计算。

于是，长征一号运载火箭的轨道设计师们，钻进计算机房里开始了紧张的运算工作。每设定一个方案都要经过千百次的运算，而后再拿来进行比较，最终选定了一个最佳方案：火箭发射方位定在东偏南68.5°，这样可使全球各大洲的人都能看得见“东方红一号”的飞行。同时，火箭沿着这个角度形成的轨道飞行，第一级火箭工作完毕后，其残骸可坠落到我国甘肃省境内，第二级火箭残骸可坠落入南中国海，第三级火箭残骸则在广西北部上空与卫星一起进入运行轨道。因此，不会引起国际纠纷。

1968年6月下旬的一天，运载火箭技术研究院火箭发动机研究所试验大厅，长征一号火箭滑行段喷管控制仿真试验正在这里紧张进行。“长征一号”在第二级火箭工作完毕后至第三级火箭点火前，有200多秒的滑行飞行段。为解决滑行段喷管控制问题，必须进行滑行段晃动仿真试验。滑行时推进剂箱内有剩余的液体推进剂，按失重环境下推导出来的公式计算，液体晃动波可达到推进剂箱顶。在试验中也确实出现了异常现象：滑行段液体晃动幅值达几十米，这势必影响火箭的姿态控制，继而影响第三级火箭点火进入预定轨道。试验现场，技术人员陷入沉思，苦于找不到克服晃动的办法。时间一分一秒地流逝，大家的额头上堆满了汗水，这个“碉堡”不拿下，后续的研制面临“停工”。

火箭专家谢光选回忆，大家研究后认为，火箭在滑行段并不是处于真正的失重环境，因此液体波应该不会升到箱顶。但大家还是拿不准，只好请教钱学森。

钱学森赶来了。他详细观察了试验过程，随即组织参加试验的专家们进行分析、讨论。他认真地听取大家的发言，然后从容镇定地说：“不要紧，这种现象是在近乎失重状态下产生的，因此，地面上的模拟试验结果并不反映太空环境中的真实情况。要知道，这时候的流体已呈粉末状态，晃动力很小，不会影响飞行。”钱学森是空气动力学方面的行家，他的一番精辟分析，使在场的人茅塞顿开，大伙的心顿时踏实了。后经研究，在推进剂箱底附近增加了一个大阻尼板，以减少晃动。以后的飞行试验遥测数据证明，长征一号火箭滑行段飞行是稳定的，没有受到液体推进剂晃动的影响。

经过艰苦的努力，1970年1月30日中远程导弹试验飞行成功，充分证明运载火箭一、二级方案可行。余下的重头工作就在于固体第三级火箭了。原上海机电设计院副院长杨南生，此时调任七机部第四研究院副院长，专司固体火箭发动机研制。

1964年8月，杨南生珍藏起周恩来总理的任命书，挥别繁华的大都市，匆匆赶往四川泸州高坝——中国固体火箭发动机研制基地。杨南生的重要任务是：尽快完成固体燃料火箭发动机研制并向实用阶段过渡。

为了解决药柱表面裂纹和发动机不稳定燃烧问题，杨南生带领技术人员经过多次试车及冲击、振动等试验，终于在1965年7月至8月间，取得了6次飞行试验全部成功的佳绩，这标志着中国已经有能力自行研制以固体复合推进剂为动力的火箭发动机，这是固体火箭发展史上的一座里程碑。

1965年冬，四院从泸州迁至内蒙古。在千里冰封、万里雪飘的北国边陲上，新中国固体火箭的研制工作刚刚开始，“文革”的浊浪便疯狂袭来。研制工作受到巨大干扰，基地近于瘫痪，连工作、生活不可或缺的车辆，也不再发动。

杨南生的大脑中贮存着一条军令——要按时研制出长征一号火箭第三级固体发动机。为了抢在塞外高原的黄金季节建设高空模拟旋转试车用的试验设施，这位“海归”专家骑着一辆半旧的自行车，走上了他一生中最为艰难的“长征”之路。他奔波在方圆十多公里的厂区、家属区，累得患上了坐骨神经痛，有时不得不用单腿蹬车，多次连人带车掉进雪坑里。凭着一副衷肠和苦口婆心，他敲开一家家紧闭的房门，把从事研究、装药、试验等方面的骨干动员出来工作。终于，一个个有志者受他感染，追随左右，与他共担历史重任。

草原深处，高高的试车台上，一个主发动机周身捆绑着几个助推发动机，待命点火。这是发动机第一次做旋转试车。杨南生好紧张，他的双眼紧紧地盯着即将喷火的地方。

15秒，30秒，没有能再往下数，发动机突然如脱缰的野马，吼叫着飞出了试车台。这是一个痛苦袭人的日子——1968年1月26日。

钱学森得知固体火箭发动机试验遇到了困难，进度很慢，让秘书刁九勃打电话给四院驻火箭总装厂工作组组长陈克明，嘱咐不要怕失败要继续努力，并要求每周向他汇报一次固体发动机的研制情况。在以后几个月的时间里，有时由秘书用钱学森的车将陈克明接到七机部机关，有时陈克明自己从南苑坐公共汽车到钱学森办公室，详细地汇报研制进度和存在问题。

不甘失败的杨南生立即组织力量检查、分析。他指导工作人员先后解决了发动机脱粘和燃烧后固体成分沉积的问题。在成功解决了超高强度钢的制作工艺、高空点火、发动机自旋对推进剂燃速及内弹道性能的影响等技术问题后，固体发动机共成功地进行了19次地面试车以及振动、冲击和运输等一系列环境试验，终于提前完成研制任务。1968年夏天，为模拟长征一号末级火箭固体发动机的高空点火性能，上海机电设计院研制的“T-7A”加上一级固体火箭组成了三级探空气象火箭，进行发射试验。试验大获成功，火箭飞行高度达311公里，钱学森感到十分欣慰。

经过三个春秋的紧张攻关，长征一号火箭各系统零组部件从祖国四面八方同时运往火箭总装厂。火箭很快总装完毕，经测试后运往地面试验站，将要进入地面试车阶段。按程序，这枚运载火箭在发射卫星之前，要进行四次火箭发动机点火和全推力状态下的试车，以考核各系统的协调性。

但是，七机部两派群众“顶牛”，封住了运载火箭技术研究院的大门，火箭发动机无法拉出来试车。7月17日至19日，周恩来连续3天主持会议研讨生产情况，25日又在中南海西花厅召集两派头头开会。周恩来委派钱学森和七机部军管会副主任杨国宇全权处理有关火箭试车事宜，并要求参加长征一号火箭研制工作的29个单位和3456名工作人员，坚守岗位，服从指挥。会后，中央专委为长征一号火箭关键的短线项目开具特别公函，手持这份公函不管到全国哪里求援都能畅通无阻，保证了长征一号火箭研制工作顺利进行。

在钱学森和杨国宇的指挥下，两派群众握手言和，奋战8天8夜，顺利完成了试车任务。周恩来亲自发来了贺电。

1969年8月27日，一枚供飞行试验用的两级火箭竖起在酒泉卫星发射中心55米高的发射架上。火箭刚刚竖起，便惊动了美国和苏联两个超级大国，连一直密切注视着中国东方红一号卫星发射动态的日本，神经也跟着高度紧张起来。

试验火箭若发射成功，东方红一号卫星完全有可能在1969年年底或1970年年初，赶在日本前面发射。但是，如若发射失败，“东方红一号”发射只能推迟，落在日本后面就成定局。

1969年11月16日17时45分，酒泉卫星发射中心，一枚两级火箭点火升空。但人们最不愿意看到的事情发生了——由于火箭控制系统发生故障，第二级火箭发动机未能工作，火箭不知去向。

这次失败对钱学森和他的同事们的打击是沉重的。因为，这如同一场体育比赛，在关键的时刻，偏偏输掉了最为关键的一局。

美联社、路透社、法新社、合众社、共同社、塔斯社等世界最大的几家新闻媒体，几乎在同一时间向全世界发布了这条新闻。日本获悉中国火箭试验失败的消息后，一阵窃喜，因为它有可能赶在中国之前发射卫星。美国出于政治目的，乘机向日本提供了运载火箭的关键部件“陀螺仪”——火箭飞行中制导与稳定的装置。

火箭试飞失败了，大家擦干眼泪，继续进行第二枚两级火箭的试飞。钱学森说得好：“科学家不要以为遇上失败是坏事情，科学家往往与千百次失败结为伴侣。不要以为鲜花、掌声、赞扬是科学家的生活，不要以为自己从事的研究总能被人理解。”

1970年1月30日，距离失败后仅仅两个多月，我国第二枚试验火箭再一次竖立在发射架上。“点火！”的号令发出了，试验火箭呼啸而起。很快，从落区传来喜讯，火箭飞行成功。

2月4日，长征一号运载火箭从北京总装厂启运。很快，一则令人遗憾的消息传来了：1970年2月11日，日本第一颗人造卫星“大隅号”，抢在中国之前上天了。尽管日本发射这颗人造卫星得到了美国的帮助，尽管它小得可怜，但毕竟是卫星，毕竟先于中国上了天！

7．在卫星发射任务书上签字画押

1970年2月初，东方红一号卫星完成了出厂前的各项准备工作。

但是在孙家栋主持召开卫星出厂鉴定会上，有人提出意见：卫星地面环境摸拟试验只作了5天，而卫星的设计工作寿命是14天，怎么能保证卫星在天上可靠地工作14天以上？而如果这颗星真作了14天的地面环境模拟试验，会不会影响到卫星上天运行的寿命呢？

由于这是第一颗星，谁也没有经验。作多少天试验确实是两难的事情，孙家栋一时不好作答，鉴定会暂时休会。鉴定会通不过，卫星就出不了厂，卫星发射计划就会耽误。怎么办？孙家栋心急如焚，会后，他立即向钱学森作了汇报。钱学森说，你把资料都放在这儿，两天后来拿。两天中，钱学森把厚厚的卫星技术和测试文件仔

1970年4月24日，长征一号运载火箭发射东方红一号卫星

火箭飞到哪儿去了

当时跟踪测量技术不过关，火箭发射40分钟后落区报告："没有发现目标。"发射中心司令员李福泽的脸色一下阴沉下来，如果火箭正常进入落区，观测人员凭肉眼也能发现目标，现在显然是出了问题。火箭是跌落在境内，还是飞出了国界？周恩来从北京接连打来电话询问，并安慰大家："先别慌乱，万一真打到国外了，我已经做好了去国外说明情况的准备。"

发射中心观测站的同志推测，火箭是在一级发动机关机后出了故障，落点应该在距发射地约680公里的地方。钱学森根据实际飞行曲线作了计算，认为有道理，并圈定了一块搜索区域。结果飞机很快在圈定区域的一片大沙漠里发现了火箭残骸。

先于中国发射的四颗卫星

1957年10月4日，苏联成功发射了世界上第一颗人造地球卫星"伴侣一号"，它的外形像一个大皮球，外径0.58米，重83.6公斤，由两个铝合金半球壳对接而成，壳外有4根鞭状天线。1958年2月1日，美国发射了人造地球卫星"探险者一号"，重8.22公斤，携带了很多仪器，它首次发现了地球辐射带。1965年11月26日，法国发射了"试验卫星一号"，它是一个双截头锥体，重42公斤。"大隅号"是日本1970年2月11日发射的卫星，外形呈球形，直径0.45米，重量只有9.4公斤，这颗卫星的发射比中国第一颗卫星仅早两个多月。

仔细细地看了一遍，然后，在鉴定文件的封面上郑重写下了一行字：“我看，此星可以出厂。”钱学森以他特殊的专家身份和真知灼见，一语定乾坤。

有了钱学森在关键时刻的大胆决策，第一颗人造卫星的出厂手续顺利完成。

1970年3月26日，火箭、卫星正式出厂。覆盖着伪装外衣的专列火车装着火箭、卫星，在沉沉夜幕中启程，一路西行。4月1日，两颗东方红一号卫星（其中一颗为备份星）和一枚长征一号运载火箭悄然运抵酒泉卫星发射中心。钱学森随专列同时抵达。第二天，发射中心对火箭、卫星进行了各种测试，虽经长途奔波，火箭、卫星均完好无损。

4月2日晚7时，钱学森、李福泽、任新民、戚发轫等领导和部分专家从卫星发射中心乘坐专机飞回北京，在人民大会堂福建厅向周恩来和中央专委领导汇报火箭、卫星到达发射场以后的情况。

周恩来说：“火箭、卫星昨天已到了发射场，今天我请大家来，主要是想听听第一线的情况。”钱学森首先汇报了总体情况，随后，负责运载火箭的任新民和负责人造卫星的戚发轫分别汇报了详细情况。周恩来关注地询问了第一级火箭的落点位置和安全问题，以及当年苏联、美国发射第一颗卫星的有关问题，然后说：“我们这次发射，一定要吸取苏、美的教训，力争一次成功。”

周恩来嘱咐钱学森和在座的专家：“各项工作，一定要做到严肃认真，周到细致，稳妥可靠，万无一失。卫星入轨后，要及时预报。”他还对卫星飞经世界各国大城市的时间十分关心，和专家们一起察看地图，对照卫星预定飞越世界各大城市的时间，一边听汇报，一边亲自写也门、乌干达、赞比亚、坦桑尼亚、毛里塔尼亚等一些非洲国家首都的名称。周恩来说：“你们要对我国第一颗人造卫星飞经各国首都的时间进行预报，这件工作一定要做好，做仔细，做准确。因为到时能让外国友人准时看到我国第一颗人造卫星，听到我国的《东方红》乐曲，这对第三世界人民是个极大的鼓舞。”

汇报一直持续到深夜，周恩来请大家在人民大会堂吃了一顿肉包子。

东方红一号卫星在一定意义上可以说是一颗“政治卫星”，所以，钱学森最大的压力，莫过于“一次成功”的要求。为了把失误尽一切可能消灭在地面，年近花甲的他四进发射场，大事小事亲自过问。他身边一直带着一本《工作手册》，上面详细记录了每次测试的具体情况：大大小小的异常、故障被列成表格，已经解决的注上“已换”、“可用”；尚未解决、未落实的，就用红笔作个星号。4月中旬，火箭、卫星发射前在技术阵地（厂房）的各项准备工作已经基本就绪，情况一切正常，参试人员怀着紧张而兴奋的心情，等待着中央的最后决策。

4月14日，钱学森与几位专家，再一次乘坐专机由大西北戈壁滩飞回北京向中央专委汇报。这是一个晴好的天气，空中的景色格外壮丽。人们注意到，钱学森没有说话，他凝视着舷窗外的云朵，陷入了深深的沉思。他正在思考一只小小的“过载开关”的取舍问题，这个开关同东方红一号卫星在太空播放《东方红》乐曲有关。研制卫星时，有人提出这样一个问题：万一火箭上天后达不到第一宇宙速度，卫星便无法进入预定轨道，《东方红》乐曲也就不能响彻太空。倘若卫星葬身大海，神圣的《东方红》乐曲依然在海水中“高唱”，那将成为政治笑话，影响国家声誉。钱学森想出了一个办法：在长征一号火箭的第三级上，加一个“过载开关”，如果发射正常，过载开关不动作，卫星正常供电；如果发射失利，卫星坠落，便会产生很大过载，此时过载开关就会切断卫星电源。“误唱”问题，从技术上得到了解决。

当火箭、卫星到达酒泉发射中心后，测试中，有人对这个“过载开关”本身提出了质疑：假如“过载开关”自身发生了故障，该关的时候不关，不该关时反而关了，也就是，卫星不该唱时唱了，该唱时却哑巴了，怎么办？这个问题虽然是“假设”，但不是没有可能。钱学森在卫星发射中心主持召开了三次技术讨论会，大家各抒己见，要“过载开关”和不要“过载开关”，两种意见相持不下。复杂的政治因素和技术问题掺杂在一起，形成了一个难解的“方程式”，苦苦地困扰着钱学森这个大科学家。

后来，这个小开关的难题，提交到了国防科委。国防科委认为开关虽小，却事关重大，决定将这一问题报送中央审批。然而，眼看卫星发射在即，却还没得到中央的回复，钱学森心中十分焦急。他在思考，这次回北京汇报，要不要向周恩来总理当面提出来呢？

6时30分，钱学森一行来到人民大会堂福建厅。不一会儿，李先念、余秋里、李德生等中央专委领导陆续到达会场，国防科委和七机部的领导同志也参加了会议。晚7时整，周恩来到了。

钱学森按照事先准备好的材料，全面汇报了火箭和卫星进入发射场后的工作情况。当汇报到上天产品内有多余物时，钱学森以内疚的心情说："发射卫星的火箭是一枚大型三级火箭，其复杂程度较之人体的五脏六腑、血脉经络，有过之而无不及。但是，我们在发射场总检查时还是发现了火箭舱内遗留下的焊渣和钳子等多余物。"这时，周恩来的眉头紧锁了一下，很严肃地批评："这可不行！这等于外科医生开刀把刀子、钳子丢在了病人的肚子里嘛！这是不能原谅的。"随后，各系统负责人作了进一步的详细汇报，李福泽汇报发射场各系统情况，任新民汇报火箭第一、二级测试情况，杨南生汇报第三级固体火箭情况，戚发轫汇报卫星测试情况。总理面前的地毯上摆放着醒目的图纸、原理表格说明等，他拿着铅笔和一个蓝色的小笔记本，边听边记、边提出一些问题。有的问题汇报人一时答不清楚，钱学森便给总理解释；汇报中遇到不少专业技术术语，有人听不明白，总理就请钱学森作"翻译"。

汇报到安全方案时，周恩来仔细看着地图上标明的卫星发射时的火箭理论飞行轨迹，询问了如火箭发生什么故障时必须按照预案处置？如果发生问题，火箭可能掉在什么地方？固体火箭坠地后爆炸威力多大等问题。钱学森从容地回答道："长征一号火箭在飞行中如果发生故障，将采用两种手段使其在空中自毁：一是火箭上装有自毁系统，它一旦辨别出程序中和姿态上的故障后，立即便可接通爆炸器的电源，瞬间即可自毁；二是一旦火箭发生故障，而自辨系统又迟钝，那么，地面遥控系统便会发出炸毁的指令，接通起爆器电源，从而使火箭自毁。"

周恩来听过钱学森的一番说明，连连点头。这时，有人问道："万一自毁系统发生故障，该炸时不炸，不该炸时炸了，怎么办？"钱学森镇定地指了指运载火箭总设计师任新民说："我们的设计师对火箭的自毁系统的精确度要求是很高的。该炸时，必须炸；不该炸时，绝对不会炸。地面曾经作过多次自毁试验，各种数据是可靠的。"汇报结束后，周恩来说："今晚的汇报很好，看同志们还有什么问题要解决的？"钱学森一看时机到了，便向周恩来报告："总理，关于那个'过载开关'的问题，不久前报告了中央，但未得到正式答复，现在很快就要发射了，这个开关是取消还是保留，直接关系到卫星播放

《东方红》乐曲的问题，请总理决定。”周恩来问道：“你们认为火箭、卫星到底可靠不可靠啊？”任新民、杨南生几乎同时答道：“从几次测试检查情况来看，火箭质量是可靠的。”戚发轫也回答：“卫星质量可靠。”周恩来说：“既然你们认为可靠，那我个人认为这个开关可以不要。不过，我得先向中央报告之后，再正式通知你们。”汇报会从傍晚7时一直延续到深夜12时，中间没有休息。汇报会结束后，大家按原计划准备连夜坐飞机赶回发射中心。周恩来不同意这样的安排说：“你们很累了，一定要好好休息一下，现在回去，到达时间是夜里，降落不安全。你们明天早上起飞，到达时间是白天，降落安全。”

此时，卫星与运载火箭正水平放在技术阵地，待命转运到发射阵地。而卫星只作了4天4夜的横放试验，超过4天谁也不敢保证星上电源的电解液不漏。钱学森等人必须连夜写好报告，尽早报中央批准发射。当夜的国防部大楼，若干办公室通宵亮灯。钱学森将几位专家写好的报告修改后交给国防科委副主任罗舜初，由罗舜初再交给国防科委代主任王秉璋。15日清晨，太阳还没有从地平线上露头，关于发射东方红一号卫星的情况报告就送到了周恩来办公室。4月16日深夜10时多，周恩来亲自打电话通知国防科委：“中央同意摘掉‘过载开关’，并批准火箭、卫星从技术阵地转入发射阵地。”随后，毛泽东批示：同意发射。

4月23日深夜11时多，钱学森屋里的灯光依然亮着。卫星发射指挥所就设在一列停靠在发射场边的火车车厢里，钱学森是坐镇现场的总指挥。

静静的夜幕下，凝望着天际闪闪跳动的点点繁星，钱学森心潮澎湃，中国人敲开宇宙空间大门的历史时刻终于来到了。此时，他想到了陈赓，想到了自己对他的许诺，不，是自己对新中国的许诺：“外国人能干的，我们中国人也能干，难道中国人比外国人矮一截不成？”钱学森向上捋了捋头上的华发——日子过得真快，回国那一年只有44岁，而现在却已经快到花甲之龄了。面对桌子上的东方红一号卫星发射任务书，他拿起常用的那支纯蓝色墨水钢笔。这支笔今天似乎有千斤重，他拿起来又放下，放下又拿起来。他不敢掉以轻心，他知道这一笔责任重大，这一笔将震惊世界。思考半晌，他终于在东方红一号卫星发射任务书上，工工整整地签上了自己的名字，发射中心司令员李福泽也在上面签了名。他们的“签字画押”，就是中国火箭、卫星进入太空的放行证！

卫星发射时间预定在4月24日晚上21时30分。已是19时多，最后检测完火箭的韩厚健等人，回到距发射台约300米的休息室里，准备坐最后一辆汽车撤离。这时，有个熟悉的身影闪进了他的视线，原来是钱学森悄然出现在发射台旁边。他脸上挂着宁静的微笑，倒背着双手踱着方步，走走停停，似乎在考虑什么问题，发射台上临时出现的小故障并没有打断他的思绪。在这个紧急关头和紧张时刻，他还是那么从容，似乎是在火箭旁边“过电影”，回想还有没有疏漏的地方。大家没敢惊动钱学森，一直到发射场拉响了撤离的警报，他才离去。

离发射时间还有20分钟、15分钟、10分钟，时间好像故意放慢了脚步。发射场区万籁俱静，脐带塔上灯火通明，周围的聚光灯把发射台场坪照耀得如同白昼，巍峨的运载火箭屹立在发射台上。此时，在运载火箭飞行轨迹下方地带，火车停驶或临时停车；在通信干线上，有许多民兵巡逻值岗，全国的通信线路几乎有一半为卫星发射开放绿灯。

瞬间，两颗红色的信号弹腾空而起。

“东方红一号”备份星“转世”

“东方红一号”发射成功后，它的一颗备份星被改造为技术试验卫星，专门试验太阳能电源技术以及部分在“东方红一号”方案中被简化的分系统。钱学森早在“东方红一号”发射前，就把备份星“转世”问题列入了研究院预研计划。

1970年5月，国防科委决定将此星命名为实践一号卫星。

实践一号卫星1971年3月3日发射成功，在太空执勤长达8年之久，远远超过了1年的设计寿命，取得了研制长寿命、高可靠卫星的宝贵经验。1978年，实践一号卫星长期电源系统、温控系统、遥测系统以及空间探测成果，获得全国科学大会成果奖。

1971年实践一号卫星在装配

欢呼我国第一颗人造地球卫星发射成功

21时35分，随着现场指挥杨桓（后任解放军第二炮兵副司令）的一声宏亮有力的“点火”口令，操作员胡世祥（后任解放军总装备部副部长）迅速按下了点火按钮。一声巨响，长征一号火箭4台发动机喷射出几十米长的纺锤形火焰，巨大的气流将发射架底部导流槽中的冷却水吹出四五百米远。火箭在震耳欲聋的轰鸣声中徐徐飞上夜空，越飞越高，越飞越远，渐渐消失在东南方的天空中。

21时48分，现场指挥所传来“星箭分离”、“卫星入轨”的特大喜讯。发射场沸腾了，欢呼声、口号声响成一片。

但这时，研制卫星的沈振金等人仍蹲在6平方米的小屋里，鸦雀无声，他们的心还悬着——火箭成功了，卫星到底怎么样啊，《东方红》乐曲能不能传回来？几个人眼巴巴地静默了90分钟。当卫星运行第二圈飞过喀什上空时，酒泉卫星发射中心的收音机里突然唱起来：“东方红，太阳升……”，特别响亮悦耳。小屋立刻炸窝了，大家高兴地拥抱雀跃；发射场坪也炸窝了，人们热烈握手，热泪盈眶，相互拥抱。钱学森来到欢乐的人群，和大家一起分享这胜利的喜悦。看到多年奋斗的梦想变成了现实，他再也抑制不住激动的心情，流下了幸福的泪水。

20世纪70年代的第一个国际劳动节夜晚，中国的卫星赶来参加盛大的庆典。当晚，毛泽东、周恩来、西哈努克亲王走上天安门城楼。钱学森、罗舜初、李福泽、栗在山、曹光琳、丛学成、王盛元、王占华、吴建标、牛允田、鲍厚国、赵江平、任新民、戚发轫、杨其堂、刘福余、陈屏、戴书和、顾大元、虞利章、李荣庆、陈克明、李德春、董耀德、宋庆元等25名研制和发射卫星单位的代表，列队站在天安门城楼右侧的长廊上观看庆典。不一会儿，毛泽东由周恩来引导着来到队伍前，周恩来向毛泽东介绍说：“主席，他们就是放火箭、卫星的。”

毛泽东高兴地走了过来，和队伍中的每一个人握手。他微微笑展眉头，他那深邃睿智的目光缓缓移向北京春夜沉静的夜空。他很欣慰——星辰辉映的银河上，有了属于中华民族第一颗闪光的、会唱歌的星星。

晚会结束后，周恩来引导毛泽东退席时，又特地从发射卫星代表的面前走过，代表们争相和毛主席第二次握手。刘福余30年后回忆说：当时他正在宝鸡探亲，待接到电报赶到天安门城楼时，晚会已经开始。钱学森惋惜地对

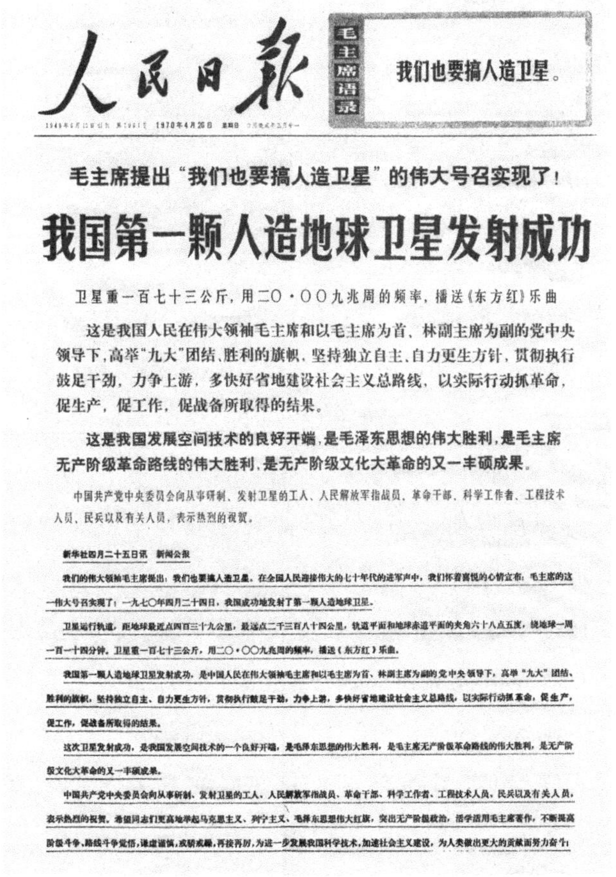

人民日报

毛主席语录 我们也要搞人造卫星。

1970年4月26日

毛主席提出“我们也要搞人造卫星”的伟大号召实现了！

我国第一颗人造地球卫星发射成功

卫星重一百七十三公斤，用二〇·〇〇九兆周的频率，播送《东方红》乐曲

这是我国人民在伟大领袖毛主席和以毛主席为首、林副主席为副的党中央领导下，高举“九大”团结、胜利的旗帜，坚持独立自主、自力更生方针，贯彻执行鼓足干劲，力争上游，多快好省地建设社会主义总路线，以实际行动抓革命，促生产，促工作，促战备所取得的结果。

这是我国发展空间技术的良好开端，是毛泽东思想的伟大胜利，是毛主席无产阶级革命路线的伟大胜利，是无产阶级文化大革命的又一丰硕成果。

中国共产党中央委员会向从事研制、发射卫星的工人、人民解放军指战员、革命干部、科学工作者、工程技术人员、民兵以及有关人员，表示热烈的祝贺。

新华社四月二十五日讯　新闻公报

我们的伟大领袖毛主席提出：我们也要搞人造卫星。在全国人民迎接伟大的七十年代的进军声中，我们怀着喜悦的心情宣布：毛主席的这一伟大号召实现了：一九七〇年四月二十四日，我国成功地发射了第一颗人造地球卫星。

卫星运行轨道，距地球最近点四百三十九公里，最远点二千三百八十四公里，轨道平面和地球赤道平面的夹角六十八点五度，绕地球一周一百一十四分钟。卫星重一百七十三公斤，用二〇·〇〇九兆周的频率，播送《东方红》乐曲。

我国第一颗人造地球卫星发射成功，是中国人民在伟大领袖毛主席和以毛主席为首、林副主席为副的党中央领导下，高举“九大”团结、胜利的旗帜，坚持独立自主、自力更生方针，贯彻执行鼓足干劲，力争上游，多快好省地建设社会主义总路线，以实际行动抓革命，促生产，促工作，促战备所取得的结果。

这次卫星发射成功，是我国发展空间技术的一个良好开端，是毛泽东思想的伟大胜利，是毛主席无产阶级革命路线的伟大胜利，是无产阶级文化大革命的又一丰硕成果。

中国共产党中央委员会向从事研制、发射卫星的工人、人民解放军指战员、革命干部、科学工作者、工程技术人员、民兵以及有关人员，表示热烈的祝贺。希望同志们更高地举起马克思主义、列宁主义、毛泽东思想伟大红旗，突出无产阶级政治，活学活用毛主席著作，不断提高阶级斗争、路线斗争觉悟，谦虚谨慎，戒骄戒躁，再接再厉，为进一步发展我国科学技术，加速社会主义建设，为人类做出更大的贡献而努力奋斗！

成功的喜讯

他说，毛主席已经接见过咱们代表团了，你没赶上。想不到毛主席又第二次接见代表团，自己终于幸福地和毛主席握上了手。

1970年春天的东方巨响，激荡了整个世界。就在这一年的秋天，莫斯科白桦树叶纷纷飘落时，那个叫尼基塔·赫鲁晓夫的老人悄悄地走了。

就在第二年，纽约联合国大厦前升起了中华人民共和国的五星红旗，中国恢复了联合国常任理事国的合法地位。

庆祝大会上钱学森作检讨

庆祝大会立即在发射现场的场坪上举行。钱学森，发射中心领导和火箭、卫星发射队的代表，在会上都发表了热情洋溢的讲话。钱学森的讲话有点出人意料。他先是热情地歌颂了这一伟大成就，表彰和感谢各有关方面的贡献。然后，很沉痛地作了检讨：很可惜，我们比日本慢了一步。卫星发射的时间一再推迟，作为国防部五院、七机部的领导成员，自己负有不可推卸的责任。最后，他引用毛主席的话：“夺取全国胜利，这只是万里长征走完了第一步。如果这一步也值得骄傲，那是比较渺小的，更值得骄傲的还在后头。”

这颗星本来是可以早一点上天的

聂荣臻的女儿聂力回忆说，父亲从邯郸下放回京不久，赋闲在家，心情郁闷。当得知东方红一号卫星发射成功时，他紧皱的额头一下子舒展了。一天晚上，父亲在院子里散步，不经意间抬头看到了从上空划过的“东方红一号”。父亲久久地望着天，喃喃地说：“这颗卫星，本来是可以早一点上天的……”

卫星发射的时候聂力正在河南五七干校劳动，听到广播得知卫星上天的喜讯后，自发地和同伴们敲锣打鼓、游行欢庆。老乡们从睡梦中惊醒，问道：“这么热闹，啥事啊？”聂力他们说：“咱们的人造卫星上天了！”老乡嘟囔道：“天上的星星已经这么多了，还造星星干啥呀？”

8．荫福半个世纪的空间技术发展规划

20世纪60年代，国际形势阴云密布。美、苏争霸不断升级，中苏边界苏军陈兵百万，战争大有一触即发之势。毛泽东适时作出了“备战、备荒、为人民”的战略部署，并把全国划分为前线、中间地带和后方三类地区，分别称为一线、二线、三线，其中划定的三线地区为乌鞘岭以东，京广线以西，雁门关以南，韶关以北的广大地区，包括川、黔、滇、陕、甘、宁、青、晋、豫、鄂、湘、粤、桂等13个省、区的全部和部分地区，这是国家的战略后方。

在“要准备打仗”的特定形势下，包括航天工业在内的整个国防科技工业战线，都在研究“反侵略战争”的对策。1968年空间技术研究院成立伊始，钱学森一手抓近期的东方红一号卫星发射，另一手开始抓空间技术发展的长远规划，特别是空间技术为国防服务的规划。

像1956年制订《1956～1967年科学技术远景发展规划》解释为什么国家要紧急发展火箭、原子能等6项科学技术那样，像1965年制订《八年四弹规划》那样，钱学森再次以战略科学家的气魄和胆略，于1968年5月30日领导和主持了空间技术研究院《人造卫星、宇宙飞船十年发展规划（草案）》的制订工作。

钱学森晚年在谈到制订规划问题的思路时写道：“大规模的科学技术研究工作不能不搞。当然，我们的国力有限，不能什么都搞。而要有选择的搞，只搞那些我国现阶段发展必须的。”

尽管时光流逝了近半个世纪，但是人们回过头来认真品味带有那个时代印记的规划，钱学森前瞻的眼光、勇敢的胆略、开阔的思路和昂扬的斗志，仍然令人荡气回肠。看到如今中国神舟飞天、嫦娥奔月，空间事业大踏步前行的累累硕果，每一个航天人都会有共同的感觉——钱学森带领他的专家团队，制定的不是神话，而是一幅“坐地日行八万里，巡天遥看一千河”气吞山河的宏伟蓝图。

《规划》中分析，国外卫星名目繁多，我们不能亦步亦趋，尾随爬行，必须从我国国情出发。《规划》特别强调，十年发展规划必须体现毛主席“超”

的思想。在头5年中，发展东方红政治卫星、侦察卫星、导航卫星、通信卫星，要赶上20世纪60年代中期的国际水平；在后5年中，大力发展宇宙空间武器，超过世界先进科学技术水平。关于探月问题，《规划》中说，目前尚看不清月球着陆的军事意义，因此，必须首先集中精力发展军事卫星宇宙空间武器，同时做好月球着陆技术的准备（主要是运载工具）。

列入十年规划的任务，可以简称为“一星、一机、一站和四个航天器系列”。

“一星”，就是研制中的东方红一号卫星，计划发射时间是1970年；

“一机”，就是研制50吨重量，可以在太空与地球间往返飞行、反复使用的航天飞机，计划在十年规划的最后时间完成；

“一站”，就是研制重量150吨的空间站，计划在十年规划的最后时间完成。

四个航天器系列分别是侦察卫星、导航卫星、通信卫星和载人飞船。

侦察卫星系列：

红卫兵一号，可见光照相卫星，1971年发射；

红卫兵二号，红外光照相卫星，1972年发射；

红卫兵三号，电子传输型卫星。1973～1974年发射。

导航卫星系列：

根据我国的电子技术基础，首先发展超短波导航卫星，以满足远洋舰艇的需要。然后，在超长波导航可行性试验成功的基础上，从我国的实情出发，独创地研制出超长波导航卫星，满足导弹核潜艇的导航需要。

灯塔一号，为海上舰船、核艇导航；

灯塔二号，为水下舰艇导航，解决美苏都不能解决的技术难题；

于1971年，初步研制成功供全球导航的导航卫星。

通信卫星系列：

红讯兵一号，中轨道通信卫星；

红讯兵二号，同步轨道通信卫星；

红讯兵三号，离子火箭推动、大容量同步轨道通信卫星。

于1973年，初步研制成供全球战略、战役通信和适应亚非拉及其他国家使用的通信卫星系列。

通信卫星首先发展中轨道的海军专用通信卫星，这种卫星需要建网方能使用，但对运载要求低，战时适存性强。然后发展同步轨道的通信卫星，解决战略通信问题，再研制用离子火箭爬高的大功率、大容量、小终端的同步轨道通信卫星。它不仅可供战略、战役通信用，且可使世界各国用小型通信设备实现与中国的通信；还可以进行全球广播。

载人飞船系列：

千钧棒一号，载有2名、3名或5名航天员的侦察飞船；

千钧棒二号，载有2名、3名或5名航天员的歼击飞船。

《规划》特别强调了空间技术对火箭导弹的依赖作用，指出：要充分利用研究成果，特别是导弹技术进度这一因素，安排我国空间技术发展规划。

《规划》对运载工具提出了以下要求：

东风四号导弹，提供发射200公斤卫星本体的运载能力，1968年或1970年提供使用；

东风五号导弹，提供发射2000公斤的运载能力，1969年或1970年提供使用；

东风六号导弹，提供发射6000公斤的运载能力，1971年或1972年提供使用；

长征十号火箭，提供50000～150000公斤的运载能力，1975年提供使用；

发展我国空间技术事业，同时也必将大大促进有关科学技术部门发展，如电子技术、光学技术、火箭技术。在实现十年规划时，特别要强调大力发展电子技术。

1969年春，中、苏边界我方领土黑龙江珍宝岛发生了武装冲突，中、苏关系进一步恶化，战争一触即发。做好反侵略战争的准备，摆在了钱学森带领的航天大军的面前。

在制订《十年规划》26个月后的1970年7月30日，钱学森又主持制订了空间技术研究院《第四个五年发展空间技术计划设想》（与国家国民经济发展的第四个五年计划同步，以下称《五年设想》)。

《五年设想》中拟定的有下列具体工作。

抓紧发展电视广播卫星：

1971年发射两个同步通信卫星，力争向建党50周年献礼，转播电视，使全国各省和亚洲大部分地区通过地面电视台转播，能直接观看北京的彩色电视节目。同时可供导弹核潜艇、导弹观测船的通信联络和数据传输。

1973年再次发射三个大功率、大容量、小终端电视同步广播卫星，对全世界进行电视广播，使普通家用电视机能直接观看中国的彩色电视节目；同时可供环球战略、战术通信，使全世界能用小型通信设备实现与中国通信，并且争取一星具有电视广播、通信、导航、电子侦察和预警等多种用途。

全面发展军事应用卫星，争取1973年完成武器配套任务：

侦察卫星系列

1971～1972年完成普通性能的侦察卫星发射。

1973～1974年完成高性能侦察卫星发射。

导航卫星系列

1971年发射为核潜艇、导弹观测船进行水面导航的导航卫星。

1973年发射为核潜艇水下导航卫星，解决美、苏至今尚未解决的水下导航问题。

通信卫星系列

1971年发射两颗地球同步轨道卫星，转播电视，同时可供导弹核潜艇、导弹测量船的通信和数据传输。

1973年再次发射3个大功率、大容量、小终端的同步广播卫星，普通家庭用户能直接接收节目。

抓紧载人飞船的研制，集中力量发展航天飞机：

在未来的空间争夺中，充分发挥中国宇航员的作用，应立即组织力量，抓紧时间进行载人飞船和航天飞机的研制工作。

1972年发射曙光一号二人飞船，进行有效的战略侦察，同时试验变轨机动飞行。

1973年发射曙光二号歼击飞船，它具有机动飞行、进攻能力。

1975年研制成功机动性能好，可在一般飞机场起落，重复使用，多种用途的航天飞机。

积极筹建航天员训练基地，在1971年满足曙光一号飞船航天员训练的需要。

《五年设想》的基本内容与《十年规划》一致，只是根据形势的变化，航天器的名称有所改变。比如：

侦察卫星系列的名称由红卫兵改为尖兵，通信卫星系列的名称由红讯兵改为东方红，载人飞船系列的名称由千钧棒改为曙光。

《十年规划》与《五年设想》，是钱学森作为战略科学家为国家空间技术发展的再次尝试，他的科学思想发挥得淋漓尽致，他的智慧与才能又一次得到充分发挥。

从以上规划项目中，可以清晰地看到钱学森在当时已全面地考虑了中国的国情，提出了三步走近期发展战略：

第一步，集中力量确保东方红一号卫星的研制任务按时完成。

第二步，进行返回式卫星的设计工作。

第三步，按照用户要求，抓通信卫星和导航卫星的方案论证工作。

这个规划后来被简称为“三星规划”，即东方红一号卫星、返回式卫星和地球同步轨道通信卫星规划，为我国空间技术发展奠定了基础。

孙家栋在回忆制订规划时说：

钱老以他的远见卓识带领我们制订了正确的发展规划，避免了走弯路。导弹火箭怎么发展？20世纪50年代中期，他主持制订了12年规划，我们提前完成了。接着制订“八年四弹”规划，仍是钱老主持。他经常听取我们汇报，和我们一起讨论，审定我们的计算结果，这个计划受到“文革”干扰，但后来也完成了。它的实施使我国的火箭、导弹技术研制生产上了几个台阶。空间技术研究院成立以后，卫星研制，卫星应用事业怎样发展，又是钱老主持，制订了“三星规划”，即东方红一号卫星、返回式卫星和同步轨道卫星规划，为空间科学事业的发展奠定了基础。

发射重型卫星的长征三号乙火箭

中国之星，光耀星河

钱老在卫星发展上思路非常清楚，“东方红一号”重点解决工程问题，把队伍带起来；科学探测卫星打成后，马上先搞急用的、实用的，上马返回式卫星；返回式卫星解决后，再进入同步定点轨道，搞通信卫星。

这实际上是钱老发展近地卫星的重要思路，即第一能上去，第二能回来，第三占领同步轨道。走了这三步棋，近地卫星的基础技术我们就都掌握了。这思路今天说起来好像很简单，但在当时很了不得。

除了美、苏、中，至今还没有哪个国家搞返回式卫星，不是他们不需要，而是不敢搞。敢不敢跨过这一大步，做这个决策，需要一定的物质基础，更需要智慧和勇气。当时，我们第一颗卫星打成，讨论下一步怎么走时，大家七嘴八舌，争论不休，意见不统一，就不好办。钱老拍了板，

辉煌成就

在以钱学森为代表的老一辈科学家的带领下，中国空间技术得到了长足的进步。

到2010年，中国航天先后研制和发射成功了近百颗人造卫星和7艘神舟号飞船，形成了7个应用卫星系列和一个载人飞船系列，即科学探测与技术试验卫星系列、返回式遥感卫星系列、通信广播卫星系列、气象卫星系列、地球资源卫星系列、导航定位卫星系列、深空探测器系列和神舟飞船系列。这些成就为提高中国的国际地位、增强综合国力，促进国民经济发展和国防现代化发挥了重要作用。

使大家折服，把意见统一起来。大家齐努力，一步一步都干成了。我们在20世纪70年代那么差的条件下居然很快地将返回技术掌握了。今天我们用自己造的飞船把中国人送上了天，实现了中华民族的千年梦想，这也与当年钱老领导我们解决返回技术有直接的关系。

钱学森领军制订的规划和设想，虽然有的随着国际、国内形势的变化而产生了用途和时间上的变化，但是，从总体上讲，绝大多数在40年后的今天化作了现实，它像一座长明的灯塔，导引着中国空间技术发展的航向。

9. 返回式卫星有功

1963年元旦。已过午夜时分，弯月无力地喷吐着黯淡的月光，夜色又浓又厚，仿佛一道巨大的黑幕，紧紧地笼罩着四周万物。钱学森书房里的灯光还亮着，书桌上堆放着他从资料室拿到的最新的国外杂志，他埋头于一本一本的资料间，全然没有感觉新年已经到了。

多年来，钱学森已经养成了习惯，只要国外的新资料一到，他总是在第一时间借阅。无论工作多忙、任务多紧，他必会挤出时间，追踪国外最新技术的发展动向。倏然间，一道光亮无声弹起，杂志上的几个字在他的眼里被成倍地放大——“发现者”，这是美国研制的第一代对地照相侦察卫星。钱学森从字里行间发现，发现者系列侦察卫星的技术正在向新一代发展。

钱学森知道，这种侦察卫星很厉害，它飞行在高于各国领空之上的太空，星上装有精度很高的照相机，能拍到大面积清晰的地面照片，然后返回地面。它来无影去无踪，偷窥你的军事秘密，可你却不知道它在何处，奈何它不得。这种侦察卫星的技术难点在于它的返回技术，美国从1959年2月开始发射“发现者1号”，直到1960年8月“发现者13号”才首次回收成功，中间失败了12次。更可笑的是，1959年8月13日，美国“发现者5号”返回时，在制动火箭点火后，卫星不知去向。第二年2月，美国国防部宣布发现了一颗新的人造卫星，疑似苏联的秘密侦察卫星，闹得国防部大为紧张。后来查明，它就是在半年前失踪的自己那颗“发现者5号”。原来卫星返回调姿时，把方向调错了，结果卫星没有回到地球，反而跑到更高的轨道上去了。

返回式卫星刚一诞生，美国和苏联便将这种卫星作为争夺空间，窃取军事情报、进行战略侦察的主要工具。美国从1959年2月到1962年2月的3年间，发射了38颗“发现者”卫星，苏联每年也发射十几颗。

钱学森在他的记事本上写下了一行字：返回式遥感侦察卫星……国防意义。

“651”任务开始后，钱学森在全力以赴抓紧东方红一号卫星研制的同时，还让七机部第八设计院开始关于返回式卫星的调研。当时国际形势吃紧，中、苏边界剑拔弩张。他知道，返回式卫星的军事作用非同小可，这种卫星是国家急需的应用卫星，必须列入首先研制的卫星序列。

1965年8月，中央专委第13次会议原则批准了《关于发展我国人造卫星工作的规划方案建议》，在钱学森的建议下，其中就有如下内容：“我国发展人造卫星以应用卫星为主，应用卫星以返回式遥感卫星为主。”这一决策，加速了返回式遥感卫星的发展。

当时，中国科学院的651设计院、自动化所、长春光机所等单位和七机部第八设计院，分别进行了返回式卫星的方案调研和卫星总体设想，并对返回技术、控制技术和空间摄影等课题作了探索研究。中科院和七机部都希望承接返回式卫星的研制任务。

钱学森是支持第八设计院搞返回式卫星的，从他1963年指导上海机电设计院孔祥言、朱毅麟、李颐黎和褚桂柏等四人组成小组制定《星际航行规划》，1964年要求上海机电设计院成立卫星飞船研究室，到1965年将该院从上海搬迁北京、改称七机部第八设计院承担卫星方面任务，就不难看出，钱学森是希望在一个统一的机构下全面开展导弹、运载火箭和人造卫星、宇宙飞船的研制工作。随着空间技术研究院1968年成立并于1975年划归七机部，他的这个愿望实现了。

1966年1月4日，国防科委副主任罗舜初在一份报告上批示：“卫星设计不是一个院（指中国科学院）所能承担，应考虑发挥七机部第八设计院的作用，请考虑两院的分工意见。”

七机部机关长期主管卫星工作的谢昌年回忆：

空间技术研究院1968年成立以前，七机部和科学院在卫星研制上怎么分工，是一个很大的问题。1966年5月17日，七机部党组开过一次会，专门讨论这个问题。会上，钱学森副部长系统地作了一个很精彩的发言，他分析了七机部和科学院各自的优缺点：七机部有生产能力，科学院有研究能力，各有所长，可以作适当的分工。比如，科学卫星可由科学院搞，少量生产的，一个卫星一个样的，让科学院搞。但像返回式卫星，美国一发射就三十几颗，那是批生产的，科学院没有生产能力，七机部是比较合适的。另外，飞船那么老大个儿，需要很好的工业基础才能生产，它和返回式卫星都是回收型的，第八设计院从搞T-7探空火箭就开展了降落伞的研制工作，是第八设计院的长处，所以这些东西还是七机部搞比较合适。七机部部长王秉璋原来考虑“八年四弹”任务非常重，担心抽不出力量来搞卫星。钱学森说，对于搞卫星，不要当作一般问题，对国家、对军事都是很重要的。后来七机部党组统一了思想，决定介入卫星研制任务，并在征得国防科委意见后，同意由第八设计院承担我国返回式卫星的研制任务。

返回式卫星的研究设计，始于1963年初钱学森从上海机电设计院抽调四人小组到北京收集资料。美国刊物上公开发表的发现者号返回式卫星的两张原理示意图，是他们的启蒙老师。结合我国的实际情况，他们对卫星的总体构成、气动

代号“化学系”

钱学森在指导四人小组工作时，经常给小组成员写字条，有时他的签名比较潦草，“钱”字写的特别像“化”，“学”字一般不走样，“森”字很像“系”。于是四个人就给他们的老师起了一个代号叫“化学系”。当时钱学森的名字在很多场合是保密的，有了这个代号，四人小组的人说话可就方便了。每当走在路上提及钱学森，他们就说“化学系”如何如何，恰好符合保密要求。

从“解放”到“尖兵”

返回式卫星最初被定为“解放”号，这在突出政治的年代里，无疑是一个时髦的、革命的名字。

当时出了一部反特电影《地下尖兵》，讲的是我情报人员打入敌人内部，神不知鬼不觉地秘密侦察敌情，最后把情报送到了我军手中的故事。影片风靡一时。大概是受影片的影响，1967年初，国防科委提议将侦察卫星的名称由“解放”改为“尖兵”。

力外形、卫星飞行程序和返回轨道等，作了科学分析、推理，引出了我国第一颗返回式卫星的总体设想。在搞卫星轨道计算时，四人小组正发愁不知从何处下手，钱学森向他们推荐了一本美国出版的《轨道飞行设计指南》，为他们解了燃眉之急。四人小组中的李颐黎回忆说："我很长时间一直是搞轨道的，包括返回式卫星的运行轨道和返回轨道设计，以及长征一号火箭的发射轨道设计等，这本书对轨道设计很有帮助。"关于卫星的回收方法，钱学森告诉李颐黎，要认真研究发现者卫星海上回收的办法是否可取。后来，设计人员根据我国探空火箭箭头和导弹弹头数据舱回收的成功经验，否定了海上回收的办法，采取了更为简单、安全、可靠的方式，选择在我国内陆四川盆地着陆。

1966年6月，王希季遵照钱学森提出的要求，迅速组织总体设计队伍，开始了返回式卫星方案研究。

尖兵一号卫星比起东方红一号卫星，重量比之重10倍，卫星上分系统多，专业面宽，技术难度大，协作面广。直接参加卫星研制的单位有81个，跨行业、跨部门、跨地区，分布在全国16个省、市、自治区。由此，必须有一个集中、统一的大总体单位来负责各方面的协调。钱学森敏锐地看到了这一点，他认为这是中国航天工程的第一次"大兵团作战"，必须有一个指挥畅通的"司令部"。他从系统工程管理的高度，果断地决定成立大总体协调机构。

谢昌年回忆说：

1971年初，返回式卫星各分系统全上马了。卫星、火箭各分系统与总体之间的协调，卫星与运载火箭的协调，卫星、运载火箭与发射、测控的协调，卫星与着陆场的协调等，涉及许多单位。由于技术上的关联度很高，所以横向的沟通和协调任务非常繁重，如果大家不统一、不同步、不协调，这样大的系统工程根本无法进行。而当时的管理模式基本是纵向的，自己管自己，横向联系很少。

1970年6月12日，中央军委任命钱学森为国防科委副主任。他在返回式卫星大系统中，担当了大总体"司令"的责任。他在一份报告上批示道："应该由七机部把科学事实搞清楚，提出方案，由七机部抓这个总体"。于是，返回式卫星大总体协调领导小组成立了，下设办公室。办公室是以联络员的形式建立的，各大单位明确一个联络员，我是七机部的联络员，负责与各大单位联系，收集需要协调的问题，提交领导小组。任新民调到部里以后，召开了八次返回式卫星大总体协调会议，对各种问题及时做出了技术决策，保证了这个大系统协调顺利进行。

作为这一过程的亲历者，我在实践中体会到钱学森如何按照系统工程思想，跨越行政系统，建立大总体协调的技术渠道，解决航天工程的技术协调问题。后来，返回式卫星大总体协调取得的管理经验被推广，其他型号卫星都有了大总体技术协调领导小组办公室，均设在国防科委。

在返回式卫星总体技术方案的基础上，由孙家栋主持确定各分系统的基本方案，钱学森在关键技术问题上给予指导。他特别指出，有关返回舱的气动外形、相机系统、姿态控制系统等均要充分做好理论分析，并安排模拟试验。

1968年下半年，首先进行返回舱气动外形选型试验。由于当时没有计算机，也没掌握复杂气动情况的计算方法，只能借助风洞试验。在钱学森亲自安排协调下，空间技术研究院设计了7个返回舱的外形模型，由北京空气动力学研究所协作进行不同攻角、不同马赫数情况下的测力、测压、测热试验，累计吹风上千次，直至1969年年底最终确定了返回舱的气动外形为短粗的钝头锥形。

为了保证卫星对地观察“看得清”，1968年4月，钱学森决定由王希季再次组织人员将T-7A探空火箭改装成技术试验火箭，对红外地平仪、照相机和国产胶片进行高空性能试验。1969年6月28日，2枚T-7A技术试验火箭发射成功，火箭飞行高度超过80公里，箭头完整回收，红外地平仪工作状态良好，相机对地照相获得了预期效果。

为检验三轴姿态控制初步方案的正确性，在杨嘉墀的领导下，1970年年底对姿态控制系统进行了三次大型模拟试验，证明了三轴姿态控制方案切实可行。

随着研制工作的步步深入，卫星实际质量有可能达1800公斤，超过了运载火箭的运载能力。钱学森对此进行协调，提出：“卫星的第一步是技术试验，只要不影响卫星摄影和卫星返回这两项关键技术的试验，其他要求可以适当降低。在孙家栋的组织下，卫星总体部一方面在做“卫星要为减轻1公斤而奋斗”的工作；另一方面提出了把卫星轨道倾角从70°减低到63°、近地点高度从190公里降低到175公里的轨道方案。该方案可使运载能力增加200公斤左右。火箭研制人员也提出了小推力滑行的弹道方案，使运载火箭能力大幅提高。在双方设计人员的努力下，1800公斤卫星的运载问题得到了解决。

1974年11月5日，返回式卫星首次发射试验。17时40分，长征二号火箭腾空而起，6秒后，火箭随即出现越来越大的俯仰方向摆动，犹如醉汉一般晃动。飞行至20秒时，星箭爆炸，残骸散落在发射台东南方向约500米的区域。现场一片狼藉，令人痛心疾首，肝胆欲裂！发射中心副司令员张志勇与钱学森第一时间驱车从敖包山指挥所赶来，察看爆炸残骸现场，安慰广大参试人员，一起分析事故原因。

几十年过后，每当大家提起这次事故，孙家栋总是情不自禁地流露出内心的惋惜和难过，他记忆犹新地说：

1974年11月5日的那次发射，给大家带来难忘的教训。失败缘于火箭里的一根导线。这根导线的里面有裂痕，可外头胶皮套没断，火箭发射的剧烈振动使导线断开了。看到火箭爆炸的现场，那真是一片火海，把半个天都映成了红色。当时，能把问题的原因找出来也不是那么简单的事情。

羽毛球状的卫星

返回式卫星的形状为羽毛球状的钝头截锥体，最大直径2.2米，总长度3.144米，头部半锥角10°，质量1800公斤，工作时间3天，由仪器舱和返回舱两个舱段组成。卫星由星体结构、热控制、相机、姿态、程控、遥控、跟踪、测轨、天线、返回、能源等11个分系统组成。有效载荷为胶片型可见光遥感相机，当卫星完成全部摄影任务后，由返回舱带着胶片返回地面。

返回式卫星有功

传统测绘与卫星遥感测绘的效率无法比拟。1949年新中国成立后，国家组织庞大的国土测绘队伍，开始进行国土测绘工作，直到20世纪80年代才完成全国20%的国土测绘。而遥感卫星投入使用后，仅用不到5年的时间，就完成了过去30年工作量的4倍，并且效果好，精度高。如一幅卫星照片可以覆盖地面面积近20000平方公里，一个人只需3天便可完成判读、解译；而同样的工作如靠地面实地调查，大约需要30个人、用6年多的时间才能完成。

返回式卫星总装检测

那么大的一片沙漠，大家基本把那块沙地翻了一尺多深，然后拿筛子把任何一个小块的残骸都给筛了出来。之后让大家来"认领"自己的东西，这一块小铜片是我这个仪器上的，那个螺钉是你那台仪器上的。大家分门别类，对照残骸一块一块认真检查。当拿起这根速率陀螺的导线对光一照时，发现完整的外皮里面的铜丝却是断的！

11月6日清晨5时多，分析结果出来了，这根导线的"罪行"，与遥测数据的判读结果完全吻合。

作为现场最高技术负责人，钱学森承担着巨大的压力，他彻夜未眠，当各方专家确认火箭故障的技术结论后，他拖着疲惫的身子对张志勇说："好了，发射失败看来是产品质量问题，我们应该让大家松弛一下，防止再出现其他意外。等一会儿咱们开会时形成一个正式意见，上报中央。"

11月7日，钱学森心情沉重地返回北京，卫星残骸随同专机带回。爆炸事故分析结果报到北京，此时周恩来病重，主持中央军委工作的叶剑英向毛泽东报告了发射失败经过。秘书人员看到，毛泽东神色凝重，一言不发。

钱学森带领大家迅速着手运载火箭的改进。

1975年3月，国防科委主任张爱萍复出。老将军一出山就狠抓科研生产秩序和产品质量，七机部也大张旗鼓地开展了质量大整顿，大检查。

在卫星研制系统，钱学森要求他们"火箭生病，卫星也得吃药"，全体人员要接受长征二号火箭的教训，对每一台产品的质量进行全面的大检查，对存在的各种问题和隐患，提出切实有效的改进措施。空间技术研究院利用整顿质量的契机，制订了一些有关质量控制和管理的规章制度，使航天产品"质量第一"的思想在研制人员中深深扎根。

1975年11月26日11时30分，长征二号运载火箭携带着返回式卫星拔地而起，奔向浩瀚的太空。各地面跟踪测量站不时报告："捕获目标，跟踪良好，飞行正常，星箭分离，卫星入轨，工作正常"等信息。当晚，钱学森、马捷和部分卫星研制人员立即飞赴陕西渭南卫星测控中心。

26日深夜，卫星测控中心大厅灯火辉煌，有关人员共百余人齐集一堂，进行回收预案讨论，其间展开了一场激烈的争论。争论中提出了三种意见：

返回式卫星返回地面

返回式育种卫星在测试

第一种意见是主张在卫星飞行一天后回收，理由是担心卫星上元器件的质量，夜长梦多；第二种意见是主张卫星飞行两天后回收，理由是这样既可能确保卫星完成全过程飞行，又可避免一天回收卫星的缺陷；第三种意见是主张卫星按原定计划飞行3天后，于第47圈返回，理由是卫星飞行中各系统均工作正常，应当按正常情况处理。总体来看，持第三种意见的是少数。

钱学森是技术总管，他很镇定，没有马上表态。他仔细了解了卫星运行情况后，第二天清晨，表示还是争取第三天回收，同时做好第二天回收的应急备份方案。在各种意见相持不下时，钱学森一言九鼎！

当他把意见报给国防科委主任张爱萍后，得到了批准。

1975年11月29日10时53分，卫星返回舱按照地面指令开始返回地球。在北京国防科委大楼的回收实况转播厅、渭南卫星测控中心、酒泉卫星发射场，以及从事尖兵卫星研制的相关单位，千万颗紧张跳动的心和卫星返回舱紧紧地联系在

回收成功率居世界之首

迄今，中国已经发射了23颗返回式卫星，成功回收22颗，回收成功率居世界之首，卫星在太空驻留工作时间由3天、5天、7天延长至16天、27天。第二代返回式卫星一次飞行所获得的遥感信息量比第一代卫星增加了13倍以上，卫星照片的地面分辨率也提高了3倍。

一起。“调姿”，“两舱解锁”，“旋转火箭点火”，“制动火箭点火”……随着一个个指令，卫星返回舱脱离卫星轨道，掉头飞回地面。13分钟后，卫星返回舱成功地回到了神州大地，在贵州省六枝特区六盘公社的一个小煤矿井口附近着陆，只是回收舱裙部烧坏，落点偏差稍大。

这真是奇迹，中国人做到了外国人没有做到的，返回式卫星第一次飞行就回收成功。中国成为继美国和苏联之后，第三个掌握卫星返回技术的国家，再一次震撼了世界。

钱学森显得格外高兴，好长一段时间人们难得见到他有那样的好心情。卫星回收成功的第二天，钱学森带领参试人员，兴致勃勃地参观了刚发掘不久的秦始皇陵兵马俑。

叶剑英得知卫星成功返回大地后，欣喜万分。当他审阅完关于返回式卫星的试验结果报告后，当即批示：“返回式卫星有功！”毛泽东对返回式卫星的研制工作同样也很关心。在此之前，他先后五次审阅过有关返回式卫星飞行试验报告。卫星发射成功后，他非常高兴和十分细致地翻阅了卫星从天上拍下来的照片，还亲自修改了关于返回式卫星发射成功的新闻公报。之后不久的1976年5月，毛泽东又批准了继续进行返回式卫星飞行试验的计划。

返回式卫星是我国最成功的应用卫星之一，它包括两种类型：第一类为国土普查卫星，已发展了第一代和第二代；第二类为地图测绘卫星。返回式卫星在资源调查、地图测绘、地质调查、铁路选线和考古研究等方面，取得了丰硕成果。同时，还为国内外用户进行了100多项微重力和空间环境条件下的材料、生命科学实验，以及农作物种子搭载试验等，均取得了极大的成功。

1986年秋，欧洲航天界人士与中国火箭技术专家任新民谈起中国航天技术时，认为中国有两件事了不起，一件事是独立自主地研制出氢氧发动机，另一件事就是独立自主地研制出返回式卫星。

10. “灯塔”导航不了情

2008年5月12日，四川汶川发生8.0级特大地震。房屋倒塌、人员死伤、交通阻塞、通信中断。在时间就是生命的危急时刻，严重的灾情和紧急的救援信息如何向中央政府报告？

5月13日，一支没有装备任何大型救援设备的神秘部队，沿着马尔康、黑水、理县的317国道，一路急进汶川，而正是这支队伍让举国上下焦急的心看到了希望。这支神秘部队携带了北斗一号导航卫星终端机，第一个进入汶川重灾区。

在灾区通信中断的情况下，救援部队利用“北斗一号”及时准确地将各种信息发回，实现了各点位之间、点位与指挥部之间的直线联络。北斗导航卫星在抗震救灾中起到了关键性作用。

12月，在美国帕萨迪纳举行的全球卫星导航国际委员会（ICG）年会上，中国代表介绍了北斗导航卫星在抗震救灾中成功应用的情况，受到了与会代表、专家的赞赏和关注。北斗导航卫星系统向世人证明了中国自主研制的卫星定位系统完全可以媲美国际先进水平。

导航卫星是关系国家战略安全和空间技术发展的重大问题，1978年12月，钱学森在《现代化、技术革命与控制论》一文中写道：

航天技术提供了一种理想的天上无线电导航台——导航卫星，从天上直接给飞机、船舶、潜艇传送导航信号，大大提高了导航系统的紧急性、可靠性和精确性。卫星导航技术的最新发展，将可以提供全球性的、连续性的、高精度的导航业务，定位误差不超过10米，测速精度为每秒3米，比地面无线电导航提高近100倍。

令人欣慰的是，北斗卫星导航系统以其国家空间信息基础设施的战略地位，被列为国家“九五”计划中的重点任务。

导航卫星的研制由来已久，也是钱学森的一块“心病”。

早在1968年年底，经他提议，灯塔一号导航卫星开始研究，可是到1979年年底，因种种原因研制任务被撤消。灯塔还未发光，就被熄火，成为我国卫星发展史上唯一一种中途“下马”而没有上天的卫星型号。

1968年7月，海军呈报中央军委《关于研制和建设对潜艇指挥通信、导航系统事》的报告，报告中提出了对卫星通信和卫星导航系统的使用要求。要求通信和导航实现全球性、全天候、高精度、高速度、高可靠和不间断的工作；要求至1972年完成卫星微波通信、卫星导航系统的建设，1974年完成超长波通信、导航系统的建设。7月9日，国防科委要求空间技术研究院尽快论证导航卫星研制方案。钱学森对此十分重视，组织有关人员进行认真研究，他认为要完成这一重大任务，无论在技术指标还是在进度要求上，都存在着较大的差距。

1969年1月6日至2月11日，海军司令部受国防科委委托，在天津召开“关于卫星导航战术使用要求论证会议”，海军表达了发展中国卫星导航系统的必要性和迫切性，提出了具体的战术使用要求。经过论证，会议认为，由于技术原因，近期内不可能满足潜艇部队水下导航的要求，可先发展水面卫星导航系统，以解决海军和一般用户的急需。3月13日，国防科委确定导航卫星工程代号为“691”任务。钱学森、常勇亲自安排，抽调相关单位技术人员组成总体论证队伍，由孙家栋主持水面导航系统方案论证。钱学森要求研制人员“上来一把抓，回去再分家”。这就意味着在研究总体方案时，各单位都要从全局出发，提出几种总体方案进行比较，从中找出具有共性的各系统支撑性课题，回去再开展系统项目研究，并尽快提出外协课题。他还反复强调要充分利用已有的研究成果，从正在研制的卫星系统汲取实际经验。总体人员要经常到分系统单位调研，学习相关专业知识，总体要按照分工，对口联系，这样便可以起到总体与分系统之间的桥梁作用，从而提高总体设计的水平。

总体设计部在1970年年初进行导航卫星的总体方案设计时，对导航卫星的技术途径等提出了两种思路。一种思路是分两步走。第一步，利用现成的东方红一号卫星备份星，拿掉短波发射机、《东方红》乐音装置等仪器，换上双频测速导航系统，快速研制出一颗试验导航卫星。第二步，边试验、边研制应用导航卫星。另一种思路是一步走，不经过试验导航卫星阶段，直接按照海军等用户要求研制应用卫星，可以减少投入，加快研制周期。

钱学森认为，搞导航卫星应该采用试验星、应用星两步走的方式。他向大家讲述了自己在国防部五院经历过的研制导弹的重要经验教训，搞科研必须符合客观规律，要分阶段、按部就班地循序渐进，搞卫星和搞火箭一样，都要按研制程序办事。

1969年七八月间，空间技术研究院研究确定，卫星导航覆盖区为南、北纬80°，卫星连续工作寿命为1.5年至2年，卫星运行轨道倾角约70°，偏心率为0.015，轨道近地点高度为1000公里，卫星重量小于200公斤，用3颗星组成卫星网。导航系统采用双频多卜勒体制，这种全被动式的导航系统具有较高的导航精度，能满足用户要求，且国内具有一定的技术基础。

钱学森明确表示，支持按科学规律办事，先搞试验星，再搞应用星。他说，导航卫星是关系

灯塔“不亮”的原因

造成灯塔一号导航卫星计划中止，主要有两个原因：一是卫星本身性能不够先进，它只能为海军和其他海面用户提供二维定位，平均定位时间间隔达3～4小时，限制了应用的广泛性，导航定位精度也低于当时美国子午仪导航卫星的水平。而且，由于美国于1967年就解密了子午仪卫星导航资料，世界各国都可以使用。当时国内许多用户在我国导航卫星上天遥遥无期的情况下，通过各种途径购买了子午仪卫星接收机。二是发射导航卫星的入轨精度要求较高，需要发射精度较高的运载火箭，而由于研制经费不足，火箭研制计划搁浅，也严重影响了灯塔卫星计划的实施。

卫星导航示意图

北斗导航卫星

国家战略防御和空间技术发展的重大问题，涉及到火箭、舰艇、远洋测量船等多项国家重大工程的全局。导航系统的高度综合性和技术复杂性，依靠空间技术研究院一个部门是难以胜任的，必须依靠国家的力量，依靠全国各有关部门和地区的协同支持。

1970年11月，七机部主持召开了导航卫星技术方案论证会。已出任国防科委副主任的钱学森对导航卫星的技术方案进行了深入细致的审查，他建议，将我国导航卫星命名为灯塔一号。此命名经批准后于1972年3月4月正式启用。从此，灯塔一号卫星进入工程研制阶段，并于1973年列入国家计划。

1977年4月，灯塔一号初样卫星达到了设计要求，6月转入模样研制阶段，9月进入正样研制阶段。遗憾的是，1980年12月31日，国防科委正式通知，撤消灯塔一号卫星的研制任务，从1968年年底开始研究、历时12年的导航卫星研制计划中止。灯塔虽然下马了，但它作为我国导航卫星的先驱，为北斗卫星导航系统积累了经验。

1983年，国家经济和航天技术都有了很大发展，导航卫星的研制又一次提上了日程。国防科工委测控专家陈芳允提出了用两颗地球同步轨道通信卫星上的一段频段，即可确定地面目标任意时刻的位置和海上移动物体的定位导航的设想，首创了“双星定位通信系统”。这个大胆的设想，比美国人K.G. 乔汉森1998年发表同一设想整整早了15年。

当时，全世界拥有或是在建的卫星导航定位系统只有美国的GPS系统，几乎呈现一骑绝尘的态势，而卫星导航系统是一个大国重要的战略设施，对维护国家安全、推动经济建设具有重要的意义。1989年9月，国防科工委组织测控部、总参测绘局、电子部成都十所和计量科学院等单位，利用位于东经87.5°和110.5°的我国两颗通信卫星，在北京进行了“双星定位通信系统”功能演示。经计算机处理一秒后，显示屏马上显示出用户的精确地理位置，误差仅在20米之内。这是世界上第一次利用两颗卫星实现地面目标快速定位、通信和定时一体化的尝试。

2000年至2003年，依据双星定位通信理论，我国发射了4颗北斗一号导航卫星，其中2颗为工作星，2颗为备份星，建设了“北斗一号”区域性卫星导航试验系统。该系统于2003年正式开通运行，已连续稳定运行7年多。

从2007年4月起，我国开始建设北斗二号卫星导航系统，该系统包括5颗静止轨道卫星和30颗非静止轨道卫星，具有连续实时无源三维定位测速能力、高精度授时能力和用户位置报告及双向简短数字报文通信能力，具备抗干扰、保密和抗摧毁等特点。根据建设总体规划，2012年左右，系统将首先具备覆盖亚太地区的定位、导航和授时以及短文通信服务能力；2020年左右，可建成覆盖全球的北斗卫星导航系统。至2011年10月，我国已发射9颗北斗导航卫星，在30年默默无闻的研发中，北斗卫星导航系统迎来了自己的春天。

看到北斗导航卫星系统建设的宏伟规划和成功实施，钱学森感到无比欣慰，终于了却了自己的一桩心愿。

11．占领地球同步轨道

1974年5月19日凌晨，病中的周恩来看到了一封来信摘要。他很惊喜，起床后便叫来秘书，让他马上把来信的原件找来。

这是一篇《关于建设我国卫星通信的建议》的来信，写信者是邮电部系统名叫黄仲玉、林克平、钟义信的3个年轻人。信中先阐述了我国发展通信卫星的重要意义，又对我国发展通信卫星的现实性、必要性和可能性作了论证，最后建议由国家统一组织，安排我国的通信卫星研制问题。

看完信之后，周恩来很激动，他的脑海里不禁回放起2年前美国总统尼克松访华的情景。

1972年2月，尼克松访华前几天，向中国提出，要求访华时进行电视新闻实况转播。然而鉴于当时中国的通信设备和通信水平，这是一项无法办到的事情。美国人因此提议，他们将带来两个移动式卫星通信地面站。 21日，尼克松走下专机舷梯，国防部安全官员黑格如同影子一般紧紧地跟在他的身后，手上拎了一只小巧精致的黑皮箱，被称为“黑匣子”，这是活动卫星地面站的终端。上午11时30分，美国总统尼克松与中国总理周恩来的手紧握在一起，中美关系从此掀开新的一页。通过太平洋赤道上空美国通信卫星的实况转播，仅0.3秒之后，全世界就听到了中、美两国国歌在初春的北京奏响，在美国本土有超过一亿的观众目睹了这组具有历史意义的画面。

中国人开了“天眼”，第一次看到原来通信卫星可以让世界变得如此之小，大洋两岸变得如此之近。

此时的这封信，更加触动了周恩来两年前的“心痛”。周恩来向秘书打听买下的几个卫星地面站的下落。秘书告诉他说，有两个卫星地面站现在仍在北京。周恩来拿起一支红蓝铅笔在信上批道：计委、国防科委联合召开一个有关部门会议，先将卫星通信的制造、协作和使用方针定下，然后再按计划分工做出规划，督促进行。

可惜，天上没有中国星

尼克松访华当晚，周恩来陪同尼克松一起回看当天活动的录像。刚看了几个镜头，尼克松对周恩来说，现在美国人民也坐在电视机旁看我们今天的活动呢。周恩来略为一惊：是吗？尼克松笑了，指着身边黑格拎着的黑皮箱说，从我踏上中国领土起，我每时每刻的活动便全都由它“记录在案”，然后再通过我们天上的通信卫星，随时传回美国。周恩来十分震惊，事后他急忙找来有关人员，对“黑匣子”之事进行了详细的询问。有关人员介绍了“黑匣子”和卫星地面站的秘密，最后不无遗憾地说了一句：“可惜，天上还没有我们中国的通信卫星！”

1972年2月尼克松访华，周恩来到机场迎接

通信卫星地面接收站

这就是著名的“5·19”批示。写完这个批示之后的第11天，周恩来便因病住进了医院，此后再也没有回到他那张宽大的办公桌前。

根据周恩来的批示，国家计委、国防科委甘子玉、钱学森、陈关福等领导多次组织七机部、四机部、邮电部、广播事业局等有关部门进行研究，确定首先解决通信卫星有无问题，以满足各方面的要求，然后逐步提高性能，并建议整个通信卫星工程由国防科委负责抓总。

其实，对研制通信卫星，钱学森早有考虑。

早在1965年、1968年为空间技术发展作规划时，钱学森就提出了中国卫星发展初期三步走的构想：第一能上去；第二能回来；第三占领同步轨道。因此，在我国历次修订空间技术发展规划中，通信卫星都被列为重点发展的应用卫星系列。

1969年年底，中国人民解放军通信兵部联系空间技术研究院，探讨研制自己的通信卫星。钱学森请院科技部田耀辉负责与通信兵部联系，表示可以承担通信卫星研制任务。

其后钱学森多次主持召开方案论证会，提出关键项目的研究课题，但是由于“文革”干扰，研制工作举步维艰，进展十分缓慢。

周恩来“5·19”批示，大大推动了卫星通信工程的进展。1975年2月17日，国家计委、国防科委提出《关于发展我国卫星通信问题的报告》，呈报中央审批。3月31日，经中央军委第八次常委会议讨论同意，4月1日呈报党中央、毛泽东批准。至此，我国卫星通信工程正式列入国家计划，开始了型号研制。整个卫星通信工程包括通信卫星、运载火箭、测控、发射场和地面接收等五大系统，工程代号为“331”工程。

为更好地协调工作，加快工程进展速度，国家成立了卫星工程领导小组，下设技术协调组，负责整个工程大总体的技术协调。这是钱学森提出建立大总体协调机构，以适应科技工程“大兵团作战”形势需要的又一次成功的实践，也是钱学森系统工程思想在航天工程中的具体应用。设立工程领导小组的模式，从返回式卫星研制开始，一直延续到现在的中国探月工程。半个世纪的实践证明，钱学森创造的协调机构是完成航天大工程行之有效、不可或缺的组织形式。

钱学森在卫星通信工程中以国防科委副主任的决策地位和战略科学家的高远眼光，坚决支持卫星上的新系统——微波统一测控系统和火箭新型发动机——液氢液氧低温高能发动机，从而保证了我国第一颗通信卫星大胆地采用“一步走”的方案成功，即不进行国外初期通信卫星那样的卫星技术试验，也不经过中高轨道卫星试验，而是直接发射静止轨道试验通信卫星，尽快缩短了我国在卫星通信技术方面的差距，缩短了整个卫星通信工程的研制和建设周期，同时把试验和应用结合起来，取得了较好的社会经济效益。

微波统一测控系统是共用一个载波信道和一套天线，完成对通信卫星的轨道测量、遥测、通信（数据传输）和电视图像传输等任务的微波跟踪测量系统。这套系统可以简化造价昂贵的设备，提高信息的利用率，节省无线电频谱，消除采用传统的分散体制存在的射频干扰，节省卫星上的体积、重量和功耗，同时也大大节省了地面设备的规模和投资。提出这个建议的是测控专家陈芳允，他曾主持了我国第一颗人造卫星“东方红一号”地面测控系统的总体设计。

1973年春天，陈芳允专门向国防科委领导汇报这一系统的设计方案，国防科委领导对此极为重视。在钱学森的坚决支持下，这一方案进入了卫星研制的总体方案中。

发射通信卫星对火箭的要求很高。为此，中国在长征二号火箭的基础上新研制了长征三号运载火箭。“长征三号”的最大妙处，在于它的第三级采用了低温高能液氢液氧发动机，其真空推力4.5吨，比推力425秒，可以在太空实施二次点火，使火箭经过长时间爬升，将1430公斤的卫星送入远地点高度为36000公里的地球同步转移轨道。“长征三号”是发射通信卫星最理想的火箭。

中国为什么能在很短的时间里拿出具有世界先进水平、技术先进的发动机呢？这要归功于钱学森的远见卓识。早在1958年中国科学院制定“581”计划时，他就布下了预先研究的棋子。当时钱学森敏锐地注意到，美国为阿波罗登月计划已研制成功液氢/液氧发动机，1960年，他将研制液氢/液氧发动机列为力学所二部的重点突破课题。

长征三号运载火箭第三级液氢／液氧发动机

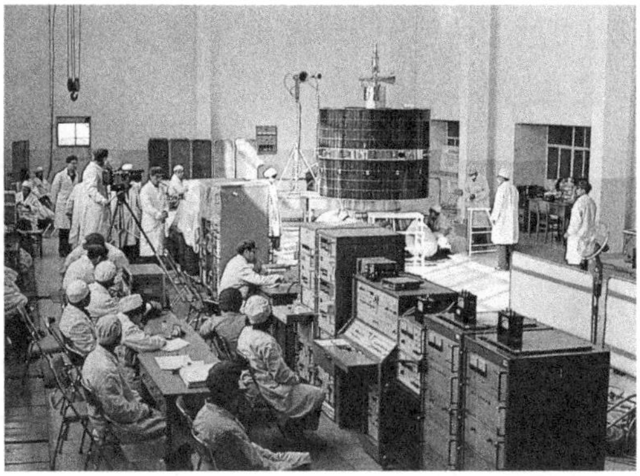

东方红二号卫星在测试

在安排中国科学院力学所搞研究的同期，钱学森在国防部五院也安排了同步攻关。20世纪60年代初，国防部五院成立了液氢／液氧发动机研究小组，1961年12月建立液氢／液氧试验站，1963年10月又在试验站成立了低温技术研究室。在国家实行人员精简政策的时候，钱学森对液氢／液氧发动机预先研究的决心毫不动摇。原七机部办公厅主任王道力回忆道：

1960年五院大发展，一下子进了6000多名大学生，1964年又要精简。钱学森提出冷冻技术（即液氢／液氧应用）不能减。当时正在搞液氢／液氧发动机的试验，这种发动机最适合于发射高轨道卫星，可当时发射卫星还早着呢，但他说不要减，千万不要减，留个研究室在这儿。这样，就把液氢／液氧发动机室留下来了。氢氧发动机的应用是二三十年以后的事了，可见他是多么有远见。

1965年3月，在刘传儒、王之任、朱森元、王桁等专家的带领下，火箭技术研究院11所开

通信卫星首次发射失利

1984年1月29日晚8时20分，我国第一颗通信卫星“东方红二号”在西昌卫星发射中心由长征三号运载火箭发射升空。火箭进入高度为400公里的停泊轨道后，火箭第三级氢氧发动机第二次点火启动失败，卫星未能进入预定轨道。70多天后，长征三号火箭第二次发射，终于获得成功。

东方红二号甲通信卫星

中国共发射了3颗东方红二号甲通信卫星，分别定点于东经87.5°、110.5°和98°。从外形上看，“东方红二号甲”和“东方红二号”03星差别不大，但功能已有明显提高，转发器由2个变成4个，每个转发器可传输1路彩色电视或近千路模拟电话，通信容量增加了1倍，转发器功率提高近10倍，卫星设计寿命4年，实际工作寿命均超过了设计指标。就总体效益来讲，1颗东方红二号甲卫星相当于3颗东方红二号卫星。

始了氢氧发动机的探索和研究。发动机专家任新民不顾个人安危，深入发动机试车现场指导试验工作。1971年1月16日，液氢／液氧燃烧室试车，点火试验12秒成功。1974年4月5日，我国第一台液氢泵半系统试车成功，任新民对研究所领导说："通向氢氧发动机这一新技术领域的大门已经打开，上马氢氧发动机的运载火箭，我有底气了。"到1983年3月，氢氧发动机先后试车100余次，发动机累计工作时间3万余秒。经过近20年的不懈努力，我国终于掌握了液氢／液氧发动机技术，为发射东方红二号静止轨道通信卫星创造了重要条件。

氢氧发动机专家朱森元院士感慨地说：

要是没有钱学森早期安排力学所完成氢氧发动机基础性的研究工作，并且取得了许多成果，要想顺利地研制出难度这么大的液氢／液氧发动机是不可能的。

1984年4月8日19时20分，长征三号运载火箭带着东方红二号通信卫星，喷出橙红色的巨大火柱，渐渐离开发射架，向天际飞去。20分钟后，卫星进入预定轨道。4月16日，卫星定点于东经125°赤道上空。4月17日晚上6时，通信卫星传输发送回来的中央电视台电视节目，画面稳定，图像清晰，色彩鲜艳，伴音纯正，传播效果比预想的还好。当地处偏远的乌鲁木齐和昆明等各族人民第一次看到由中国自己研制的通信卫星传播的电视节目时，激动得热泪盈眶。1984年5月14日，东方红二号通信卫星正式交付使用。这颗卫星的发射成功，使中国成为世界上第五个独立研制、发射和运用地球静止轨道卫星的国家。

20世纪80年代，我国又研制成功东方红三号通信卫星，卫星通信技术水平迈上了一个新的台阶。相比"东方红二号甲"，就通信容量而言，一颗东方红三号卫星相当于12颗东方红二号甲卫星。从1997年起，先后有基于该平台的十几颗卫星投入使用，成为中国通信卫星的中坚力量。

2001年，东方红四号大型通信卫星平台研制立项。与"东方红三号"相比，"东方红四号"能力大幅提高：整星功率从1.7千瓦增加到10.5千瓦，并具有扩展到10千瓦以上的能力，为有效载荷提供的重量也由220千克增加到800千克，设计寿命由8年增加到15年，卫星起飞重量由2320千克提高到5200千克。从2004年开始，我国与尼日利亚、委内瑞拉、巴基斯坦和老挝等国客户签署了5个东方红四号通信卫星在轨交付合同，中国卫星整星出口实现了“零”的突破。

钱学森1965年关于“占领地球同步轨道”的谋划，已经化作了美好的现实。

中国卫星出口实现“零”的突破

迄今，我国已与尼日利亚、委内瑞拉、巴基斯坦、老挝等国家签署了6个整星出口合同，并向国际用户在轨交付了4颗通信卫星，还实现了大型宇航设备和卫星零部件的出口。长征火箭发射的商业通信卫星，可覆盖亚洲、非洲、欧洲、北美洲、南美洲、大洋洲100多个国家和地区。国产通信卫星，为亚洲近邻、非洲大陆、南美高原的发展中国家提供了广播通信、远程教育、远程医疗服务，提高了当地人民的生活水平。

我国第一个推向国际通信卫星市场的产品 —— 东方红四号卫星平台

实现宇宙航行，是科学史上一个最重大的事件。在此以前，人类都是在地球上观察和研究自然。今后就可以在一个新的立足点上来研究自然和宇宙，这样必然会出现一个科学技术上大发现、大创造的时期。

——钱学森

第十章 曙光照亮中国『神舟』

是他最先敲响了载人航天的锣鼓；是他拍案而起反对撤消航天医学工程研究所；是他在航天飞机还是载人飞船的争论中，入木三分地点题：要把技术层面的事情放到国情层面去考虑，他把关键的一票投给了飞船；还是他，提示载人航天工程要把眼光放得更长远些，尽早考虑人上天后干什么。他总是在最关键的时候，发挥别人无法替代的关键作用。

诚然，太空资源得到有效利用，还是一件遥远的事情，但是没有人怀疑这一天的到来。钱学森对载人航天技术途径的确认，将使中华民族更快地享受一个更加斑斓多彩的新世界。

20世纪70年代，钱学森在507所学术交流会上作报告

钱学森与507所领导交谈工作

钱学森在学术论坛上演讲

钱学森参加航天医学工程学术交流会

20世纪90年代，钱学森向媒体记者介绍中国航天的成就

20世纪80年代，钱学森在白桦林里

1991年10月16日，钱学森在“国家杰出贡献科学家”荣誉称号和“一级英雄模范”奖章的颁奖仪式上发表获奖感言

获奖后，钱学森夫妇在人民大会堂合影留念

钱学森出席颁奖大会

钱学森在书房

钱学森在学术报告会上讲课

1991年5月，钱学森在科协会议上与朱光亚交谈

晚年钱学森仍然孜孜不倦地学习

1991年1月18日，钱学森和钱三强在严济慈90寿庆上

1991年钱学森80岁生日时在家中与来访者谈话

1992年9月3日蒋英生日，钱学森深情拥抱妻子表示祝福

1993年9月3日蒋英生日全家福

1993年12月11日，钱学森82岁生日与蒋英在一起

2001年12月9日，马勃教授夫妇向钱学森递交美国加州理工学院颁发的“杰出校友奖”

钱学森在卧床上安放小桌板坚持读书看报

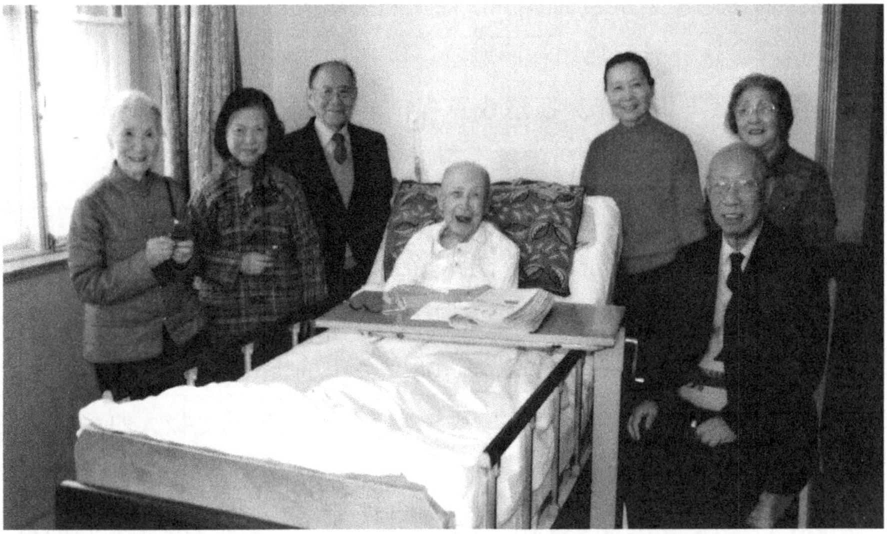

2007年12月11日，钱学森夫妇与郭永怀夫人李佩、庄逢甘夫妇及郑哲敏夫妇合影

1．先把载人航天的锣鼓敲起来

2008年9月27日，中国航天员翟志刚在距地球343公里的太空首度出舱活动，历时19分35秒，在茫茫太空第一次留下了中国人的“足迹”。亿万人注视着翟志刚在太空舞动着的五星红旗，它记载了中国载人航天技术新的历史高度。在这里面有一双老人的眼睛，虽然沧桑却依旧明亮，闪动着骄傲和新的期待。

这位老人，就是已经96岁的钱学森。他平生很少看电视，这次破例看了直播。他显得很满足，中国从20世纪60年代开始准备的载人航天，今天终于有了一个好结果；他又觉得并不满足，毕竟这一步比人家晚了40年，和国外的水平相比还有不小的差距。

47年前的那个日子，让他铭记了一辈子，向往了一辈子，追求了一辈子。那天，收音机里正大声地播送着塔斯社的重大新闻：“1961年4月12日，苏维埃社会主义联盟共和国把世界上第一艘宇宙飞船东方号发射到地球轨道上，东方号上的航天员是苏联公民尤里·阿里克谢耶维奇·加加林少校……”

如果不是这条爆炸性新闻，1961年4月12日这个普通的星期三，很可能会像许多其他平平常常的日子一样，随着时光的流淌很快从人们的记忆中消逝。然而，这一天因加加林而增色，因加加林而永垂青史！16天后，加加林乘坐图－104飞机在捷克斯洛伐克摆满鲜花的首都布拉格降落，一枚捷克领导人颁发的社会主义劳动英雄金星奖章挂上了他的胸前。从此，加加林开始了他出访友好国家的第一站，他一共访问了30个国家。也许，当时的中国正处于三年自然灾害的苦痛中；也许，当时的中国正沉浸在中苏关系破裂的愤懑中；也许，当时的中国正在“美帝”“苏修”的封锁中，总之，加加林没有踏上与他的祖国接壤边境线长达 4000 公里的大邻国——中国的土地。

但是，加加林的壮举对航天科学家钱学森的触动是极大的。当他还在加州理工学院的喷气推进实验室忙碌时，就有过“火箭客机”的设想，而今苏联人率先遨游了太空。1961年4月16日，钱学森以中国科学院力学所所长的名义在《人民日报》上发表文章《宇宙飞行的新纪元》，盛赞了苏联航天技术的新发展。

钱学森看到，加加林上天以后，世界航天大国都把载人航天工程列入议事日程。苏联计划建成以和平号空间站为核心、载人飞船和货运飞船为运输系统的载人航天系统，可以进行长期载人航行。美国也不甘落后，在发展水星号飞船和双子星座飞船的同时，1961年5月25日，年轻气盛的总统肯尼迪在国会联席会议上宣布了雄心勃勃的国家航天目标：“我认为我们的国家将致力于达到这样一个目标，即在本十年结束之前，我们将把人送上月球并安全返回地面。”

随着美、苏两国在载人航天领域的相互竞争和迅速发展，载人航天的意义已不仅在科技和军事方面，而且在政治方面显示了重大的影响。虽然中国的航天事业刚刚起步，但这种态势也引起了中央高层领导和钱学森的认真思考。

为了探讨中国空间技术的发展途径，开辟新领域，交流学术成果，促进各学科互相渗透，在钱学森等专家的倡导下，中国科学院举办了“星际航行”座谈会。1961年6月3日，在北京文津街3号中国科学院院部二楼会议室，由裴丽生副院长主持召开了第一次座谈会，钱学森首当其冲讲演，题目为《今天苏联及美国星际航行中的火箭动力及

我们要向他们学习

钱学森在文章中写道：“在4月12日，苏联航天员加加林少校坐上东方号卫星式宇宙飞船，在离地面175公里到302公里的宇宙空间，进行了人类历史上第一次的宇宙飞行，并且在同一日安全地回到预定的、在苏联国土上的降落点。这一天将以人在宇宙飞行的起始载入史册，是宇宙飞行的一个新纪元。

“回顾自从苏联在1957年10月4日成功地发射了人类历史上第一颗人造地球卫星，到4月12日人的宇宙飞行，这两个历史上的新纪元，中间才隔了三年六个月零八天，科学技术在苏联的发展是以什么样的速度在进展着！……人类将会走上“东方号”和加加林少校所开辟的道路，跳出地球的约束，拉开一直障碍着我们观测的大气帷幕，进入到新的天地。

“面对这样光辉的前景，不禁对创造这一前景、开辟这一新纪元的苏联人民以及具体工作的苏联的科学家、设计师、工程师生起深深的敬意，我们中国科学技术工作者要向他们学习。”

苏联东方号飞船

美国水星号飞船

苏联航天员加加林

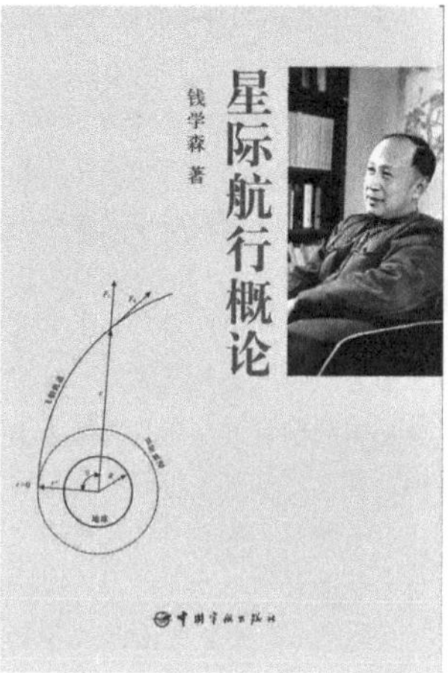

钱学森《星际航行概论》封面

1960年4月，中国科学院学部委员会讨论完成国家12年科学远景规划

活跃的会场

钱学森在演讲中提到，人进入宇宙空间最难的是防辐射问题，特别是太阳耀斑爆发的屏蔽。有人计算过，每平方米需要2吨重的屏蔽材料，那星际飞船将会变得非常重，这在工程上难以解决。如果我们完全掌握了耀斑大爆发的规律，就可以钻两次耀斑爆发之间的空隙，但看来耀斑的出现是随机的。由此看来星际航行的生物物理问题与原子能物理问题有交叉之处。演讲引起了与会者的极大兴趣，大家各抒己见。李敏华认为，长期失重时，可配备发动机让飞船自旋，产生离心力，消除失重感；贺慕严说，自旋对人的神经系统有影响，要设法使飞船自旋有更大的半径；林同骥提出，胎儿在母亲肚子里是倒置的，可否把刚出生的小孩加以训练以适应失重……最后，钱学森建议，军事医学科学院蔡翘副院长在《中国青年》上发表了一篇关于人体如何适应宇宙航行的文章，可作为入门的文章读一读。

其展望》。出席会议的有科学院相关研究所及上海机电设计院等9个单位的科技专家，共42人。他对星际航行与洲际弹道式导弹，星际航行的动力学问题，人进入宇宙空间等问题，做了全面而深刻的阐述，对火箭动力系统的展望有深刻和独到的见解，他的精彩讲演在会上引起广泛热议。

从1961年到1964年，“星际航行”座谈会召开了12次，每次都有一位专家作主题演讲，然后大家敞开思路热烈讨论，参加会议的单位和人数逐渐增多，最多时有200多人参加。钱学森还于1961年在中国科技大学开设并亲自讲授“星际航行概论”课，在讲义基础上，他撰写的专著《星际航行概论》1963年正式出版。

1963年，中国科学院还成立了由裴丽生、竺可桢、钱学森、赵九章等组成的星际航行委员会，专门研究未来星际航行的规划，并且把正在实施的探空火箭生物实验也纳入了该计划。钱学森等专家“引爆”的有关星际航行的大讨论，大有星火燎原之势，不仅活跃了学术思想，也为卫星研制工程和载人航天工程提供了知识储备。

钱学森屈指算过，苏联人是1957年10月发射的第一颗人造卫星，不到4年，1961年4月，他们就放飞了太空使者——加加林。美国人是1958年1月发射的第一颗人造卫星，4年后的1962年2月，他们也把航天员格伦送上了太空。“4年时间”，多么诱人的进度！它深深地触动和“勾引”着中国的科学家。钱学森在西北的大漠中刚刚完成了东风一号导弹和东风二号导弹的研制试验，他暗自算计着，再加快速度搞出一种射程更远的导弹，中国人造卫星和载人飞船就有运载工具了。

国家度过了三年自然灾害期，经济正在好转，中国的第一颗人造地球卫星计划明显地加快了步伐。1965年10月20日，国防科委委托中科院召开了第一颗人造卫星总体方案论证会，也称“651”会议。会上讨论了载人航天的内容，军事医学科学院专家贾思光在会上作了《宇宙航行中人的作用》的发言和《航天生命保障系统医学与工程》的补充发言。

“651”会议前，中国科学院结合星际航行委员会的研究成果，在1965年7月提出了《关于发展我国人造卫星工作的规划方案建议》。《建议》中，列举了我国未来10年内计划发射的4个系列20颗卫星及飞船的计划。其中，生物卫星及飞船的代号为“大跃进”。

这个规划方案相当宏伟，所列的卫星几乎囊括了当时世界上已经出现的各种用途的应用卫星。其中最令人激动的是“大跃进”计划，要在我国第一颗人造地球卫星上天后5年，发射载人飞船。

“大跃进”计划由中科院生物物理所贝时璋所长主持制定。主要的目标是：考察长期失重对实验动物活动能力的影响，积累长期宇宙飞行中综合因素对生命机体影响的资料，为载人飞船设计和航天员空间飞行的保障提供试验依据。生物卫星是为发展载人飞船和将来载人空间站做准备的预先研究工作，拟以小狗或猴子等动物为实验对象，计划发射2颗，卫星在轨道上停留的时间不少于10天，在完成实验后安全返回。无人飞船则是为上人作直接准备，也计划发射2艘，然后再发射载人飞船。

这是《建议》中有关“大跃进”计划的一张附表：

名称	发射时间	重量	主要目的	载荷
大跃进一号生物及回收试验卫星	1971年左右	300~500公斤	试验生物在飞行条件下的生理机制，为载人飞行准备条件；研究生物生命维持系统；搭载生物容器的回收试验，为返回式卫星准备条件	容器中装狗1只，生命维持系统，生理参数测量装置，加速度计、磁记录器等，制动火箭、回收降落伞等，卫星姿态控制部件
大跃进二号生物及回收试验卫星	1972年左右	500公斤	考验长期失重对生物机能的影响，卫星姿态控制及回收技术	容器中装狗1只，飞行7～10天；大容量的生命维持系统；生理参数测量部件
大跃进三号无人飞船（1）	1974年左右	3000~5000公斤	载人座舱的适用性试验，生命维持系统可靠性试验（飞船运行15圈），定点安全回收试验，高空摄影	载人座舱中装有狗、猴各1只，生命维持系统，生物参数测量装置，高空摄影机，传输实况的电视设备
大跃进四号无人飞船（2）	1974年左右	3000~5000公斤	同无人飞船（1）	同无人飞船（1）
大跃进五号载人飞船	1975年	3000~5000公斤	进行载人飞行试验，人在宇宙空间飞行条件下的环境适应能力和生理机能以及在失重状态下的操作能力，高空机动摄影	载人容器（如果火箭推力允许则载2人），生理参数测量设备，实况电视设备及无线电通话设备，手动操纵设备及高空照相机，姿态控制及回收系统

在中科院作此计划之前，中科院生物物理所已经成立了宇宙生物研究室（开始叫高空生理研究组），军事医学科学研究院成立了航空宇宙医学研究所（对外称“三所”），中国医学科学院成立了宇宙医学专业小组，专门探索动物和人等生物在太空环境下的生存问题。

“大跃进”，这带有那个火热年代温度的名称，使得多少航天人群情激昂，摩拳擦掌，跃跃欲试。

1965年8月，中央专门委员会原则批准了这个《建议》，同意在中国第一颗人造卫星上天5年后发射载人飞船，为此还安排了近200项预研课题。为了及早开展载人航天预研工作，按照中央专委“由简到繁、由易到难、由低级到高级、循序渐进、逐步发展”的方针，1966年5月，中科院召开了我国卫星系列规划论证准备会，钱学森对规划论证十分重视，他尽可能抽出时间参加这些会议，听取载人飞船专题汇报，并与大家一起讨论。

动物先上还是人先上

积极参加“大跃进”计划的单位很多，各路人马对载人航天的途径认识也不太一致，中科院生物物理所的专家们认为载人航天应循序渐进，先从生物卫星、动物实验开始；而军事医学科学院等单位的专家认为，苏联、美国都已经搞过动物实验了，没有必要重复人家早有结论的东西，可以借鉴国外的经验直接上载人飞船。“两派”意见分歧很大，公说公有理，婆说婆有理，经常在会上针尖对麦芒地“吵架”。有一次“动物”派的人对“载人”派的人说：“如果直接上人，那就你们先上。”

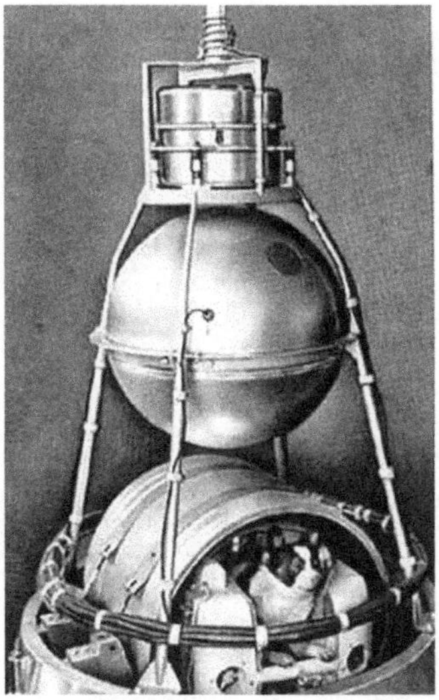
“圆球”下部为莱依卡的座舱

1957年首飞太空的小狗莱依卡

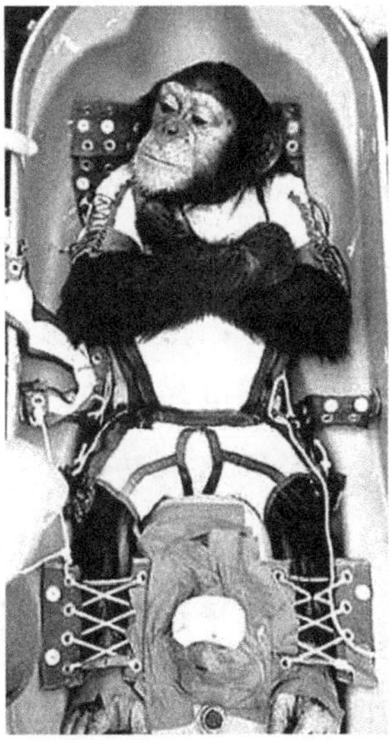
美国动物“航天员”黑猩猩哈姆

经过深入研究后，大家认识到光有热情是远远不够的，不脚踏实地，“大跃进”是跃不动的。

我国要发射载人飞船，首先要具备推力大、制导精度高的运载火箭，还要掌握可靠的回收技术，还涉及到飞船的耐高温材料、隔热材料的研制、再入大气层时的通信、降落伞以及安全着陆等许多问题。另外，还需要考虑生命保障系统以及地面训练航天员所需的整套环境模拟设备的研制周期。因此，中科院对《发展规划》中的载人飞船这一部分进行了相应的调整，将生物卫星试验尽可能并入到探空火箭试验中。于是，“大跃进”计划由原来的5项调整为2项。第一项是无人飞船，预计发射时间为1972年，重量为2000 ～ 3000公斤，试验目的一是试验生物长期在空间生活的情况；二是试验小再入角、低超重状态下的返回技术；三是试验地面观测系统对载人飞船的适应情况；四是考验生命维持系统和安全保障系统的功能。第二项为载人飞船，预计发射时间为1973年，重量为2000 ～ 3000公斤，试验目的一是中国人首次进入空间，扩大政治影响；二是试验用人来执行空间应用任务，为发展空间平台打好基础。

可惜的是，这个规划还没来得及实施，史无前例的文化大革命就来临了。“大跃进”计划一下子就被“革命”大潮冲到了“爪哇国”里，消失得无影无踪。

1967年3月中旬的一天，文化大革命游行的队伍挥舞红旗，高呼“打倒走资派”的口号，从北京东高地七机部第八设计院的门前经过。一名好几天没有正事干的年轻人实在憋不住了：“苏联加加林上天都6年了，我们连一颗卫星也没有放出去，还喊什么！”这人叫范剑峰，1958年从华东师范大学物理系毕业，在第八设计院搞火箭、卫星和飞船总体设计。他对周围的同事说，反正歇着也是歇着，领导被“挂”起来了，不如咱们自己先干起来。他的想法得到了同事的赞同，于是，他们自发地邀请中科院、军事医学科学院和第八设计院的专家在研究室里开了一个座谈会，专题研究载人航天怎么搞。虽然在先上猴子还是先上人的问题上还有不同意见，但是有一条意见是绝对一致的 —— 越级向上反映，尽快组织开展载人飞船的研究工作。

就在大家七嘴八舌地议论如何给上级写信反映他们的意见时，一位身着蓝色中山装的中年人，轻轻地走进了他们的办公室。他白皙的皮肤，宽大的天庭，眼睑有些浮肿，原来为了建设地地导弹试车台的事情，他刚刚从酒泉导弹试验基地回北京。“呦，这不是钱学森、钱副部长嘛！”有个年轻人叫了起来。范剑峰赶紧站起来，向钱学森汇报了他们自发组织的“革命行动”。

钱学森听了大家的意见，鼓励大家说，你们的想法很好，抓紧干吧，我支持。第八设计院前年8月从上海搬到北京，你们的任务就是研制卫星、火箭和飞船嘛，可以先系统地收集资料，做一些方案论证方面的工作。他告诉大家，科研生产形势很快就会有改观，中央要采取措施保证我们按时完成导弹、卫星任务。因为他从聂荣臻那里得知，上面正在考虑把目前分散的、被“文革”搅得混乱的研制单位整合起来，组建空间技术研究院。

窗外又传来了一阵敲锣打鼓、呼喊口号的声音，有人把窗户关上了。钱学森背对着窗户，给大家鼓劲说:“不管外面怎么样，我们先把载人航天的锣鼓敲起来！”

“七机部副部长、受到上面保护的钱学森支持我们了！”

范剑峰一伙人心里热乎乎的，好像吃了定心丸。他很快在设计院里组织了20多个人（这些人大多数成为日后制订曙光号飞船方案的骨干），开始对载人飞船进行调研、论证。之后，钱学森又亲自找过范剑峰，谈了多次飞船的事，每次都对他说，你们赶快搞起来，有什么困难和问题跟我讲，这是一件国家的大事情啊。

2．“714”工程的曙光

在钱学森的直接关怀下，1967年6月，七机部第八设计院成立了载人飞船总体研究室，由卫星专家王希季组织开展载人飞船总体方案概念研究，研究工作由范剑峰具体负责。载人飞船研究工作在“文革”动乱中悄然起步。

9月，设计院完成了任务分析、方案制定、总体性能参数分解与综合、轨道设计、构型设计以及分系统设计等一系列研究工作，写出了可载1名航天员的飞船方案论证报告。当他们把方案报告给钱学森时，钱学森非常兴奋地说:“告诉你们一个好消息，中央专委办公室已经给咱们的飞船取了个名字。”大家迫不及待地问:“叫个什么名字？”“曙光号！”钱学森的脸上堆满了笑容。“哈哈，我们名正言顺了”，范剑峰和他的几位同事激动得竟然一夜没睡着觉。

1968年1月8日，在中国空间技术研究院成立前夕，钱学森主持召开了我国第一艘载人飞船总体方案设想论证会。参加会议的人都是各系统的权威专家，大家热情高涨，各抒己见，争论时时发生，后来有一种意见十分理直气壮，渐渐占了上风:我国的第一艘飞船如果只乘坐一人显得太落伍，应当有超越苏、美的勇气，毛主席不是说过“像美国那样山药蛋大小的卫星我们不放”吗，连卫星都不放小的，那我们的飞船就更不能小了——于是，大家意见逐渐趋向一致，要搞就搞个大一点的，我们第一次就要上去5个人！

按照5名航天员上天的设想方案，会议要求各系统提出分系统方案论证，比如，第八设计院要进行载人飞船的论证;军事医学科学院三所等单位负责飞船生命保障系统、救生系统、航天员医务监督及医学保障和各种地面模拟设备及技术测试手段等的论证，还要开展选拔训练航天员的准备工作;酒泉导弹试验基地负责载人航天发射场的选址论证等。

载人航天的锣鼓真的敲响了。

钱学森也备受鼓舞，赞同大家的意见，他也认为可以走自己的路，不必趟苏、美的老路。但回去细细考虑之后，想到问题并不是那么简单。如果乘坐5个人，那需要多么大的运载火箭啊，参加会议的同志对火箭情况不太了解，可钱学森知道底细呀，若用洲际导弹改装成运载火箭，其运载能力根本达不到发射装有5名航天员的飞船的需要。再说，测控系统还不落实，卫星测控与飞船测控有很大区别，钱学森还打算在“718”工程（研制远洋测量控制船的工程）方面提些建议，统筹考虑载人飞船的跟踪测量和航天员的回收救生问题。还有，航天医学方面有三四个单位在搞，力量太分散，也不利于承担这么重的任务……

高涨的热情必须服从冷静的现实。

思来想去，钱学森逐渐理清了思路：当时美、苏的飞船仅载2名航天员，计划中的阿波罗飞船也只载3名航天员，我们还不能太冒进。所以，他一方面很快找来各单位协商，提出意见：制订一个5人方案还不够，还需要提出3人或2人的方案，进行多方案比较，多听不同意见；另一方面，赶紧协调“718”工程和航天医学研究单位的整合等问题。

后来，关于“718”工程的问题，1970年6月30日，钱学森专门致函国防科委代主任王秉璋：

……更迫切的是我国第一艘载人飞船“曙光一号”研制的组织落实问题，要开一次会安排任务。现在看来发射载人飞船必须有全球的跟踪、遥测、遥控和通信网，所以除我国的台站外，还得至少有两个船队，分别布置于大西洋和太平洋。船队何时能准备好是个关键问题。从现在正在华侨大厦由造船工业领导小组召开的会议来看，1972年“十·一”以前是最早的了，所以发射飞船的时间也要与此配合。

1968年2月20日，中国人民解放军第五研究院（后改名为中国空间技术研究院）成立，钱学森兼任院长。钱学森上任后，载人飞船问题很快提上日程，4月，空间技术研究院在501总体设计部（简称501部）正式成立了载人飞船总体设计室，原先在第八设计院从事载人飞船论证的人几乎全部调了过来，由范剑峰任主任。他们很快组织起40多名专家迅速展开工作，先后完成了可载5名航天员和1名、2名、3名航天员的4种曙光号飞船的方案论证。而航天医学方面的几个单位也于1968年4月整合到一起组成了507所，归到了钱学森的空间技术研究院麾下。

1970年4月24日，一个乍暖还寒的日子。就在我国第一颗人造地球卫星“东方红一号”发射的同一天，在有全副武装军人把门的北京城西的工程兵招待所里，聚集了来自全国各有关部门的领导和专家。虽然大家都身着便衣，但紧张的气氛却还是能让人感到这里在开什么军事会议。此时，曙光号载人飞船总体方案讨论会正在进行，与会人员正商量着中国未来的飞船该是什么样。

4月的天，本该春风荡漾，但一股寒流正袭击北京，大风刮起了一阵阵黄沙。冷风透过门缝钻进会场，可室内的气氛却让人感到春天真的来了。

一切似乎都很顺利。501部展示了已初步设计出的载人飞船样图和一个飞船的模型。

曙光号飞船是一个类似美国第二代飞船双子星座号的飞船，外形像一个倒扣的大漏斗，由座舱和设备舱两大舱段组成。座舱里放置了2名航天员乘坐的弹射座椅，有仪器仪表、无线电通信设备、控制设备、废物处理装置，还配有食物和水、降落伞等；设备舱里有制动发动机、变轨发动机、燃料箱、电源设备和通信设备等。

会议开幕当天晚上，传来我国第一颗人造卫星发射成功的喜讯，招待所里一片欢腾，饭厅里反复播放着从卫星上传来的《东方红》乐曲，大家恨不得明天就让“曙光”照亮天空。

飞船总体方案讨论会一共开了7天，各部门和各单位之间，飞船总体和各系统之间，反复地协调技术指标和研制计划。会议结束前，钱学森风尘仆仆地从酒泉卫星发射现场赶回来到会场，做了简短的发言。他说：“‘东方红一号’上了天，下一个台阶就是返回式卫星和曙光一号飞船。”他还给大家带来了两条好消息，一是作为载人飞船的运载工具——东风六号环球运载火箭的方案论证工作正在抓紧进行，它将比发射第一颗人造卫星的运载火箭具有更大的推力；二是载人飞船的安全返回着陆问题有了技术途径，那就是在我国探空火箭箭头和导弹试验数据囊回收技术的基础上，先攻克返回式卫星的回收技术，这项技术必将为载人飞船安全着陆奠定技术基础。

客观地说，当时，航天科技工作者对中国飞船的选型是很有见地的。

20世纪60年代正是苏、美争霸太空，载人航天活动你方唱罢我登场的年代。此时，苏联在加加林之后已推出了东方号、上升号和联盟号三代飞船，美国也推出了水星号、双子星座号和阿波罗号三代飞船。中国在一无所有的条件下发展载人航天，学习借鉴别人的经验可以避免从头探索、少走弯路，何乐而不为？当时，技术上最先进的飞船是联盟号和阿波罗号飞船，但是，1967年4月苏联的“联盟1号”首飞出师未捷，飞船返回时就因伞绳缠绕降落伞未打开，航天员科马罗夫摔死，这是人类载人航天历史上牺牲的第一位航天员，“联盟号”也因此停飞了1年半。而“阿波罗号”是美国的登月飞船，

双子星座号飞船

联盟号飞船

更加先进，中国初搞飞船便一步“登月”有些不切实际，所以，中国的飞船选型目标便指向了与苏联联盟号技术上接近的美国双子星座号。

瞄准这样的技术指标，不仅在当时已是很高、很理想的目标了，就是在30多年后的今天来看，要达到这个目标仍然不那么容易。20世纪70年代，那时的人胆量和干劲有的是。航天科技工作者开始进行诸多技术的攻关，比如防热技术、返回技术、控制技术、发动机技术等，还进行了多次大型试验，甚至连飞船的运输车和航天员的食品也做好了。

1970年7月14日，在我国第一颗人造卫星上天之后80天，毛泽东、林彪、周恩来和中央军委办事组批准了国防科委的请示报告，报告中明确提出“即着手载人飞船的研制工作，并开始选拔、训练宇航员”。几位领导都在文件上画了圈，表示同意。毛泽东是最后一个画圈的，钱学森亲眼见过这份文件。于是，我国载人飞船“曙光一号”重大工程有了一个秘密代号——“714”工程。

飞船到底上几个人

中国空间技术研究院第一任政委常勇回忆说：“我刚从马兰核武器试验基地调过来，就赶上了曙光号飞船的会议，初来乍到情况不明，我整整一个礼拜没开口。飞船到底上几个人？有说2个、3个，有说5个、7个，吵到最后，机关的处长要我表个态。我不懂技术，咋说啊？我很矛盾，按说飞机越大、载人越多就越先进；可是前不久刚刚打下了敌人的一架高空侦察机，那上面一个人也没有，据说更先进。我只好反问他们，你说哪个更先进？”

双子星座号飞船

美国“双子星座号”的研制始于1961年11月，结束于1966年11月，历时5年。共建造了12艘飞船，其中，2艘不载人，10艘载人，全部获得成功。飞船每次乘坐2人，不仅实现了航天员出舱太空行走，还实现了与另一艘飞船的对接和联合飞行，飞行时间也创纪录地达到了13天18小时。

毛泽东的批准，极大地鼓舞了广大科研人员，这意味着曙光一号载人飞船正式上马，进入型号研制阶段。钱学森作为中国载人航天的技术统帅，一手抓曙光一号飞船设计和运载火箭，一手抓宇宙医学和航天员的选拔培训。

11月9日至26日，国防科委和七机部在北京京西宾馆再次召开了曙光一号载人飞船方案论证会，代号“11·9会议”，这是“714”工程的第一次大型技术会议。会议上聚集了参与“714”工程的全国80多个单位的400多名专家学者，其主要议题是，审查飞船总体设计方案，协调和确定有关分系统的技术方案和技术指标，进一步明确研制进度和分工。

与会者一致通过了曙光一号飞船由2名航天员驾驶，最长飞行时间为8天，运载工具准备采用

体验上天

会议结束前，代表们兴致勃勃地品尝了上海生产的航天食品：高热量的巧克力、橡皮块大小的花色点心、压缩饼干和美味鸡汤等。有一种牙膏状的食品名叫鸡蛋炒米饭，挤入口中还真有股鸡蛋炒米饭的味道。

装饰一新的全尺寸的“曙光一号”载人飞船模型也搬到了会场，航天员的座椅是参考国产歼击机座椅制作的，飞船里还有各种操作按钮。大家都想进去体验体验，几百人排成了长队，都快排到大门外面去了。有的专家坐进去后高兴得手舞足蹈，半天不出来，后面的人等得很着急。后来会议决定，每个人进舱时间不得超过2分钟。

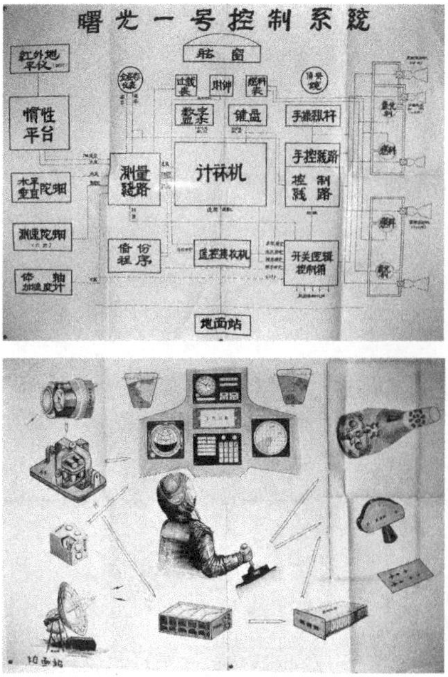

曙光一号飞船设计草图（陈祖贵绘于1974年）

早期航天员训练

东风六号环球火箭，争取1973年先发射无人飞船，成功后于1974年再发射一艘载人飞船的总体方案。11月27日，国防科委拟就《关于研制载人飞船的请示报告（草稿）》，呈送周恩来和中央专委。

会议结束前，钱学森在会上作了总结性发言，他特别强调："我们承担的都是中央专委、国务院确定批准的任务，我们一定要抓紧落实，认真做好，给国家一个好的交代！"大家个个兴奋激动，人人情绪高昂，都准备会后大干一场，为祖国的第一艘载人飞船早日上天而出一份力。

1971年9月13日，"714"工程筹备处在北京成立。曙光一号飞船的研制工作全面展开。501部负责飞船总体结构、热控制、天线和总装测试；502所负责制导、导航和控制；504所负责遥控和电视；507所负责部分生命保障系统和航天员选训；508所负责弹射椅救生和降落伞回收；510所负责部分有效载荷和燃料电池氢、氧罐的研制；511站负责KM4等大型地面试验设备的研制和试验；529厂负责生产和飞船总装；国防科委系统负责发射场、地面测试网的建设和远洋测量船的研制；中科院等其他相关单位负责诸项协作研制任务。

在短短的几年时间里，各承制单位积极投入研究工作，开展大量试验，取得了许多研制成果。1971年4月18日至5月14日，在王希季组织领导下，林华宝等人在河南省郑州市成功地进行了曙光一号载人飞船模型8架次空投试验任务，达到了预定目标。1972年8月7日，空间技术研究院向七机部呈报了载人飞船对航天医学工程方面的要求，推动了航天医学工程研究基地的建设。1973年年初，七机部就研制无线电微波统一系统地面站有关问题发出通知，无线电微波统一系统地面站代号为"450"工程，技术指标按东方红二号卫星、东风五号洲际导弹全程试验和曙光一号载人飞船的要求确定。在任新民、陈芳允、张履谦、童铠、刘铁昌等领导下的"450"工程办公室，组织七机部有关厂、所研制微波统一系统，它是我国航天技术发展的又一个里程碑。

然而，"文革"的干扰，使载人飞船的许多工作无法展开，东风五号洲际导弹研制计划被迫推迟，东风六号环球火箭也因技术力量不足、研制经费不够，被迫下马。

9月13日，中国政坛上发生了一场重大变故，红极一时的"副统帅"林

最大的困难是缺钱

七机部军管会副主任杨国宇说："那时国家没有钱啊，七机部给国家计委打报告，计委主任余秋里也为难，四面八方都要钱，尤其是七机部，又是导弹，又是卫星，现在又要上载人飞船，这肯定又是要大把大把的钱。我去找余秋里，他不吭声，只是说，你去找周总理吧。为这个钱的事，钱学森也不敢找总理讲，我就更不敢开口了。"

"曙光"照亮"神舟"

曙光一号飞船经过8年多的预先研究，取得了很多成果。正是这些积淀，为我国日后开展的载人航天工程奠定了坚实的基础：

培养了一批从事飞船研究的技术人员，锻炼了队伍，这支队伍后来成为论证神舟号飞船的中坚力量；

在工程大系统方面积累了经验，提出了对运载工具、地面测量控制、发射场、测量船的总体要求和系统技术性能指标，促进了相关配套系统的发展，对以后载人航天工程总体和几个系统的形成有直接的借鉴意义；

在飞船研制方面有了一定的成果，例如，在飞船外形设计、质量特性分配、返回走廊设计和安全救生等诸多方面，均进行了大量的分析计算与技术攻关，其中不少分系统已通过了地面试验，还有的已完成了初样研制；

在航天医学工程研究、飞船生命保障系统研制和航天员选训方面有了初步尝试，研制了地面设备和舱内航天服，开发了航天食品，对多名锻炼员进行了人体科学研究。

彪仓惶出逃，使国内形势陡然变化，许多企业无暇顾及曙光一号载人飞船的协作生产，空军更是成了"重灾区"，包括航天员选拔训练在内的许多工作全部中断，11月中旬，空军宣布航天员训练筹备组解散。

"714"工程陷入了举步维艰的境地。

钱学森很早就意识到了这一点。1969年秋的一天，他在办公室里对秘书说：

4月份我出席九大时（钱学森在党的九大上当选中央候补委员），和余秋里住在一起，有机会了解了国民经济全局的一些情况，搞卫星、飞船要考虑国民经济总的形势，看来飞船要放慢一些，先搞一些技术储备。

关于中国要不要搞载人航天，还有来自方方面面的质疑：我们的国力还不够，与其搞飞船，还不如把钱花在建水电站、化肥厂上，更有实际效果。

情况汇报到中央，最后由毛泽东、周恩来拍板决定："714"工程暂时停一下，先把地球上的事情搞好。

于是，从1972年起，曙光一号飞船的研制速度开始减缓。1973年9月8日，空间技术研究院根据工程实际进展情况，把载人飞船计划推迟到1978年。1975年3月，国防科委正式宣布"714"工程暂停，只保留核心技术的跟踪研究。

周恩来实事求是地专门就中国载人航天的发展讲了几条原则，其大意是：不与苏、美大国开展太空竞赛，要先把地球上的事搞好，地球外面的事情先放一放，要搞国家建设急需的应用卫星。

身为技术主帅的钱学森，在这样的大环境下保持了冷静。他明确告诉大家："载人飞船不是下马，而是调整规划，积蓄技术力量，先干什么后干什么要排排队。"根据这一精神，空间技术研究院在1976年6月20日安排未来十年任务规划中提出，前5年开展载人飞船关键技术预先研究，狠抓基础建设；后5年进行第二代应用卫星和载人飞船研制，并向一星多用及综合应用的技术途径迈进。

自此，中国暂缓了对载人航天的探索，而把精力和重点放在了各种类型的应用卫星方面，这一缓就是10年。

3．生物火箭与白鼠、小狗和猴子

我国载人航天基础研究中对人在宇宙环境中的生存研究，发端于1958年毛主席发出"我们也要搞人造卫星"的那个大跃进年代，研究的第一步，首先是从动物试验开始的。

"581"任务确立后，目睹美国发射并成功回收了装有几只老鼠和一只猴子的空蜂号生物火箭以及苏联的人造卫星带小狗上天，中科院意识到必须重视物理学突飞猛进的发展及其对生物学产生的影响，大力发展我国的生物物理学已经刻不容缓，于是，向国务院提出建立生物物理研究所的报告。报告于1958年7月提交，当年9月便得到国务院批准，由此，生物物理研究所宣告成立，著名生物科学家贝时璋担任所长。

在贝时璋的带领下，研究所承担了"高空环境对生物的影响，首先是超重和失重对生物的影响，并找出有效防护的方法"的任务。在一片空白的基础上，他们开展了一系列与重力、密闭环境有关的模拟研究，建立了各种地面模拟设备和用于选拔上天动物的设备，开始了动物"航天员"的选拔和训练。

当时，我国很多单位都参加了放卫星的大跃进活动，其中最主要的是两条战线上的力量：一是进行导弹研制、建立有效战略反击力量，为大型运载火箭技术打基础的国防部五院；二是进行探空火箭研制，开展人造卫星技术论证、高空探测和宇宙生物学探索的中国科学院。20世纪60年代中后期，随着第一颗人造卫星和运载火箭研制工程的全面展开，这两条战线和相关力量殊途同归，整合在一起称为航天战线。在统一规划计划下，中国航天事业获得了更大规模和更快速度的发展。

钱学森是个有着双重身份的特殊人物，他既是国防部五院院长，在技术上统领国防科技战线导弹技术的攻关研制；又是中科院力学所所长，为完成“581”任务，他倾力学所之力，组建了负责总体设计人造卫星和运载火箭的中科院第一设计院（也称1001设计院）。身兼二职、横跨两条战线、手握决策权的钱学森，对我国探空火箭的研制和宇宙生物学的探索研究，倾注了极大的心血，给予了极大的支持。

随着“大跃进”的狂躁趋于冷静，面对国家遭受自然灾害经济十分拮据的形势，中科院第一设计院研制运载火箭也遇到了极大的困难。毕竟发射人造卫星是一项技术复杂、综合性很强的大工程，需要有较高的科技水平和强大的工业基础作后盾，而这一切都不是靠“大跃进”一蹴而就的。第一设计院（1958年11月搬迁上海，改称上海机电设计院）不得不进行“大腿变小腿”的调整。可是，以后的路怎么走呢？

钱学森看在眼里急在心上，他于1959年7月10日给当时上海机电设计院主持工作的党委书记艾丁同志写了一封长信，对设计院的未来发展定位提出了明确的意见。而这些意见显然与他得知“苏联将单方面撕毁援华协议”的消息有直接的关系。20天前，苏共中央致函中共中央，借口西方国家获悉苏联正在新技术方面援助中国，影响苏联与美、英等国正在日内瓦进行的关于禁止核试验的谈判，所以要中断若干对华援助项目。

钱学森提笔写道：艾丁同志，您那儿的材料如何了？我写的一个草稿现在寄给您看看，不知能用不能用？

钱学森给艾丁的信的内容如下：

上海机电设计院发展建议（草案）

一、前言

上海机电设计院是1958年大跃进中，由中国科学院创意，上海市科委积极支持，各省市科委协作参加而组织起来的。当时的任务和目的是：设计火箭、放人造地球卫星，并主要依靠上海市地区的工业进行试制。中国科学院力学研究所负责机电设计院的技术领导。火箭控制系统的设计与制造由中国科学院自动化研究所负责，卫星的探测仪表与制造工作由中国科学院地球物理所负责。这一技术系统作为国防部设计系统的辅助单位，共同发展我国火箭和星际航行技术。

一年来的实践告诉我们，我们以前的设想是不现实的，大型火箭的设计和制造是一个十分复杂的，具有高度综合性的事业，需要庞大的高级技术队伍，需要国家大量的投资。因此，在这样科学技术落后的国家，不要说我们，就是科学技术十分先进的国家，也决不能同时建立两个设计和制造系统。在我们国家里，应该全国只有一盘棋；在大型火箭方面，只有国防部的设计系统。上海机电设计院的原来意图是不恰当的；再说上海地处国防前线，像大型火箭设计院这样以具有重要国防意义的技术单位，也不宜于在那儿发展。

但是这是不是就等于说上海机电设计院就应该下马呢？我们认为完全“下马”也是不恰当的。理由是：从整个火箭技术来看，也并不是除了大型、具有高度复杂性的火箭以外，再也没有其他火箭了；实际上，比较小型、比较简单的火箭，在国民经济、在国防建设、在科学研究上，还是很有意义的。因此，大的不搞了，还应该搞小的；复杂的不搞了，还应该搞简单的。再说上海机电设计院通过一年的实践，由于各方面的努力，也取得了不少的经验和一连串的成果，从而锻炼了队伍；从无到有地初步形成了一支火箭设计和试制的技术力量，我们应该珍惜这个力量，不能随便破坏它。所以上海机电设计院应该改变原来的计划，但不是解散。我们建议把上海机电设计院作为试制小型火箭的单位，火箭推力限制在3吨以下，使用一般的推进剂，并且不装复杂的控制系统，这样现有的人力可以基本上胜任。不需要国家再投入大量的技术力量，设备投资也因而可以大大地减少，军事目标也缩小了。

二、任务

推力在3吨以下的，没有复杂控制装置的火箭到底有些什么具体用处呢？我们认为上海机电设计院应该立即开展的工作是设计：

1. 气象火箭。这是指用发射塔发射的探空火箭，它的上升高度最高是100公里，目的是研究高空气象条件，如风向、气压，测定臭氧成分，研究下部电离层等。高空气象条件不但与高空飞行有密切关系，而且也是气象预报所必须的计算资料。空气的臭氧浓度在24公里高度最大，而臭氧对飞机的结构和飞行员有不好的影响。最低的电离层A层，从55公里高度处开始，再高一点的B层电离度大，是从90公里开始的；它们对无线电波的传播有很大的影响。所以高空气象探测是今天的航空技术所必需。自然我们知道气球也是气象探测的工具，但是，要使气球升到20公里以上就有很大的困难。因此，20公里以上的高空气象探测还要靠火箭。而且气象火箭要在全国不同地点施放，像我国这样大的地方，每年大约放100个左右才能满足气象和航空的要求。

上海机电设计院除了气象火箭之外，其他的工作任务可以有下列几个方面：（以下略）

2. 民航飞机高原起飞助推器。

3. 热力钻。

4. 飞机在高空中的辅助推进器。

5. 在科学技术研究中的应用。

钱学森

1959年7月10日

钱学森在信件的末尾不仅签了名，还盖了自己的印章，表示此为正式的公函。

上海机电设计院对钱学森的意见深有同感，于是很快放弃研制大火箭的计划，从1959年9月开始调整方向，进行T-7火箭的缩比模型火箭——T-7M探空火箭的研制。5个月后，首枚T-7M探空火箭于1960年2月19日发射成功。以后循序渐进，上海机电设计院又完成了T-7火箭的研制，该火箭装上生物舱后，即成为我国最早进行宇宙生物学研究的生物火箭。钱学森曾两次到上海老港发射场和安徽广德发射场，亲临T-7M和T-7火箭试验现场指导工作，推进了火箭的研制。

美国、苏联从20世纪四五十年代初就开始利用生物火箭将猴子、小狗和大白鼠等动物送上太空，进行了一系列生物试验，研究试验动物在火箭密封舱内对飞行的适应性及对飞行因素作用的耐受能力；研究超重、失重、高空弹射、宇宙辐射等因素对动物机体、生理功能的影响，以便为研制载人飞船的生活舱和生命保障系统提供科学依据。

中国科学家的动物实验起步时，火箭还没有造出来，怎么办？贝时璋说，中国人是聪明的人种，我们用智慧的头脑照样可以完成一些试验。

几个年轻人很快就想到了一个作失重试验的土办法。一天，他们抱着一个装有白鼠的盒子，爬上8米多高的楼顶。等白鼠安静下来后，他们突然抽走盒子的底板，白鼠立即从楼顶上掉了下去，站在楼下的人扯起一块布单，把吓得半死的白鼠接住。另一天，他们又采用了更新鲜的做法，立四根铁棍子组成四边形，每根铁棍子的顶端系上1厘米粗的橡皮管，4根橡皮管分别拴住一块厚厚的长方形大布的四角。试验时把白鼠放在布上，向下拉大布，橡皮管于是被抻长，他们猛一松手，橡皮管的弹力就把白鼠弹上6～10米的高度，白鼠成为自由落体下落，再掉到大布上。

参加试验的白鼠是不一样的，有的是正常鼠，有的是被破坏了前庭器官的鼠。往返多次试验后，他们观察到这样的规律：正常鼠下落时会自动调整姿态，身体会形成脸朝下、四肢朝下的姿势；可是“做了手术”的鼠却没有翻正的本领，上去是啥姿势下来还是啥模样。

这种办法土得掉渣，也很搞笑，全世界也就是中国人才能想出这种办法！但是试验证据是拿到了——动物在失重状态下的行为反应与前庭器官的完整性有密切关系。这个结论对选拔航天员的身体条件，提供了直接的依据。

1963年1月，探空火箭研制单位——上海机电设计院从中科院划归国防部五院，钱学森坚决支持利用我国探空火箭已经多次发射成功的有利条件，用T-7火箭将动物和生物样品送入高空进行试验，并把“生物火箭试验”列入了国家计划。

9月，中科院生物物理所与上海机电设计院拟定了生物试验协议书，双方商定，选用T-7A探空火箭作为运载工具，首先发射大、小白鼠和多种生物样品。生物物理所负责有关生物学方面的研究工作，并提供箭上设备所需的生物学参数，承担各种生物传感器的研制，分析实验结果写出论文。上海机电设计院负责运载火箭动力、控制、遥测等系统的技术工作，火箭和生物舱的制造，火箭发射和回收工作。

1964年7月19日，我国第一枚生物探空火箭“T-7A(S1)”成功发射。该火箭长10.81米，直径0.45米，起飞重量1165公斤，自1964年7月至1965年6月，共发射3次，发射高度在60～70公里之间，全部获得成功。火箭箭头部分有密封的生物舱，乘客为2只固定的大白鼠，2只活动的大白鼠，4只（后2次发射为10只）小白鼠和12支（后2次为10支）装有果蝇、须酶等的生物试管。白鼠是从200多名优秀“选手”中“选秀”出来的，它们个头适中、胖瘦均匀、眼睛溜圆、鼻部湿润，它们的使命是：供科学家研究飞行因素与高空环境对生物的影响，为空间生物学研究积累资料；考验我国设计的第一个密封生物舱及其回收技术的可靠性；为生命保障系统的研制积累经验。

由于是第一次研制生物舱，没有设计减振装置，结果在作振动试验的时候，白鼠们可是遭了罪，个个心律失常。后来，火箭设计者在固定白鼠的盒子下面安装了8个减振弹簧，才使白鼠转危为安。生物舱回收后，有的白鼠和果蝇被解剖，有的配对成亲生儿育女，为载人航天数据研究作出了贡献。

我国第一枚生物火箭“T7-A(S1)”发射成功

毛主席笑批小狗“没礼貌”

1958年金秋十月，中科院举办了自然科学跃进成果展览会。在其中一个保密馆里，生物物理所的生物小组在展览现场展示了动物舱模型与实验小狗生理信号的传递，就是给小狗戴上脉搏、呼吸、心电等传感器，把小狗的生理信号传出来观察。毛泽东也来到现场参观，可当时等待实验的小狗竟然睡着了。毛主席笑着说，那么多人来看，它都不搭理，呵呵，它也太没礼貌了。

“嫦娥”牺牲

1965年6月，在T7-A(S1)生物火箭第三次发射回收时，生物舱落在一片山地密林中。时值回收地——安徽广德的盛夏季节，待回收人员花费很长时间跋山涉水赶到生物舱降落地点时，因舱内温度过高，1只大白鼠和部分小白鼠被热死。为了取得小狗在高温条件下中暑抢救的一手资料，1966年夏季，在“小豹”上天前，发射试验队用一只名叫“嫦娥”的小狗在广德进行了一次急性高温中暑演习。中午时分，“嫦娥”被放进生物舱，在阳光下暴晒。2小时后，舱温达到50℃，“嫦娥”双眼流泪、呼吸急促、口水如注、头部下垂、反应迟钝，把“嫦娥”取出后，第二天它就死了。“嫦娥”的牺牲，使试验队决定请空军派直升机参加生物舱的回收。

后，国防部五院专门致函中科院，祝贺生物火箭试验成功。27日，中科院生物物理所所长贝时璋和党委书记王鹤坪专门给钱学森写信，向他并通过他向国防部五院、上海机电设计院及其工作人员表示同贺和感谢。1966年春，钱学森应邀到清华园中科院生物物理所宇宙生物学研究室参观，得知雌狗“小豹”已经入选动物“航天员”。

白鼠飞天后，接下来进行的是小狗飞行试验。承担此任务的火箭是T-7A（S2）探空火箭。火箭全长11.24米，外径0.45米，起飞总重量1350公斤，最高可以飞至距离地面70公里的高空。这次试验对探空火箭与生物舱，对动物的选拔、训练及生理指标的记录遥测、行为观察，都提出了更高的要求。

狗和人一样，也有不同的神经类型，有的温顺、皮实，容易适应新的环境，有的脾气暴躁、自由散漫，难以驾驭。因此，对上天的小狗要经过严格的遴选和训练。上天的小狗除了身体健康、反应灵敏、性格温和、善解人意之外，其体重要求在6公斤左右，身高55厘米。最后从150多只小狗里挑选出了30只候选者。

入选的小狗并不是马上就可以上天的，必须进行各种各样的训练。如将小狗放到冰箱里进行低温训练，放到振动器上进行振动训练，甚至将小狗装进铁桶内，用高速离心机旋转进行离心训练等。虽然小狗上天之前被折腾得七荤八素，但经过这样的强化训练，小狗的心理素质和身体素质明显得到增强。小狗上天之前，还要在它们的体内植入记录血压和心电的有关器件，用于记录和测试小狗飞行时经过主动段、失重段和返回段三个阶段时的心率、血压、心电和呼吸这四大生理指标，因为这些数据对载人航天有着重要的参考价值。

最后，上天的重任交给了“小豹”和“珊珊”两只雌狗。“小豹”淡棕色的脸，脑门上有一块白，全身毛色黑白相间；“珊珊”一身淡金黄色的长毛，十分漂亮。

1966年7月15日上午，安徽广德发射场上万籁寂静，人们屏住呼吸待命发射。突然，一声呼啸，T-7A（S2）火箭直入云霄，火箭生物舱内的“小豹”、4只大白鼠和12支生物试管，顿时腾云驾雾窜上70公里的高空。24分钟后，生物舱成功着陆在距离发射地点40公里的山区。

24分钟的高空旅程，让“小豹”成为我国第一只飞上天的小狗。当回收队将“小豹”从回收舱内解放出来时，天外归来的它依然活蹦乱跳。回收队员将它高高地举起，欢呼中国历史上首次小狗飞天试验的成功。

13天后，“珊珊”又率领4只大白鼠乘第二枚火箭飞向蓝天，稍后也安然返回了地面。

在这两次载狗生物火箭试验中，所有的试验生物（狗、大白鼠、生物试管）均经受住飞行过程中振动、冲击、噪声、超重和失重等综合因素作用的考验。生物物理所对飞行实验动物和生物样品分别进行了生理、生化、细菌、免疫、遗传、组织化学、细胞及亚细胞水平形态学的生物医学研究，获得了我国首批生物空间飞行的可贵资料。

和前三次实验大白鼠的生物火箭相比，两次“T-7A(S2)”载狗生物火箭除了试验对象是更高等动物之外，生物指标测量也由单项（心电）发展到心电、血压、呼吸、体温等4项，多年后我国进行航天员选拔时，仍然沿用了这4项基本生理指标。条件反射试验则由飞行前后进行，发展到在飞行过程中监测，大大拓展了空间生理学研究的深度和广度。

两只天外归来的小狗一下子成了中国的“动物明星”，它们被专程护送到北京，在贝时璋的陪同下，受到中科院院长郭沫若和党组书记张劲夫的“亲切接见”。

小狗飞天后本该轮到猴子上天了。猴子是更加高等的灵长类动物，生理结构与人相似，大脑结构也和人差不多，猴子上天试验可以获得最为接近人类上天的有关参数。生物火箭试验计划进入了更高级的阶段。

1964年，在钱学森的主持下，以1059导弹为基础研制的装载猴子试验的大型生物火箭“和平一号”，设计方案基本完成。和平一号生物舱可承载2只小狗或1只猴子或76只大小白鼠和其他生物样品，发射高度280公里，超重和失重时间均可大幅延长。火箭拟于1967~1968年在酒泉基地发射。

猴子很聪明，训练进展很快。第二年，猴子个头长大了，原先供它们乘坐的坐椅都小了。正准备给它们再做大一点的坐椅时，轰轰烈烈的文化大革命席卷全国，顺带也把猴子训练项目扫荡了，和平一号生物火箭的任务戛然而止。

中国的猴子终究未能跳上南天门。

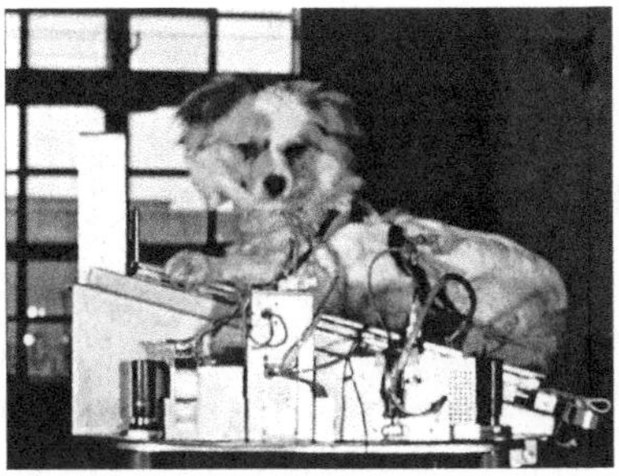

第一只升空的小狗“小豹”

大白鼠试验

T-7A(s) 生物火箭发射

4. 507所不能撤

北京的西北郊有个望儿山，据说是北宋年间宋辽大战时佘太君遥望杨四郎的地方。老人家向东北那么一望，那地方就叫作“东北望”；再向西北那么一望，那地方就有了“西北望”之名，以后东北望和西北望渐渐人丁兴旺，便把那颇带愁容的“望”字改成了带有喜庆味的“旺”字。两个“旺”后来都有了乡的建制。这片土地距燕京圣地玉泉山不远，水气大、肥力足，是著名的京西稻的产地，因为京西稻的口感特别好，皇宫里一道御旨下来，这里的水稻便成了专供皇上吃的“御稻”。

如今御稻田早就不复存在了，代之而起的是一座很大很大的航天城。中国航天员科研训练中

革命化的猴名

1966年9月，中科院生物物理所开始了上天猴子的选训工作。他们从中科院昆明动物所买回了十几只1岁左右、性情温顺的恒河猴，让它们坐进火箭舱里进行条件反射训练。十几只猴子要有名字啊，那些花花草草、咪咪妮妮的爱称都被认为是“封资修”的东西，所以，大家只好苦思冥想地为猴子起些革命化的名字。好在是猴子，大家好歹想出了“金猴”“奋起”“千钧棒”“悟空”“小红”“小革”等“好词”，总算凑齐了十几个猴名。

心就建在航天城里，它是世界上第三个大规模的航天员训练中心，负责完成航天员选拔和训练的全过程，提供载人飞船的生命保障系统和对航天员的医学监督、医务保障。它以培养我国首飞航天员杨利伟为代表的英雄航天员群体和把杨利伟、费俊龙、聂海胜、翟志刚、刘伯明和景海鹏等6名航天员送上太空的非凡业绩，而蜚声中外。

也许很少有人知道，钱学森与这个研究所有着极其深厚的渊源。

中国航天员科研训练中心的前身叫宇宙医学工程研究所，也称507所。诞生于钱学森“敲响载人航天锣鼓”的年代，创建于钱学森的麾下。别看它现在头上顶着耀眼的光环，当年它在“714”工程下马和百万大裁军的关口，两次面临被撤消的尴尬困境。由于得到钱学森的力挺，它才生存、发展起来。如今研究所人才济济、成果卓著、蓬勃发展、闻名遐迩，足以证明钱学森的远见，足以回报钱学森的厚爱。

载人飞船与无人卫星的根本差别就是有人直接在空间参与各种活动。因此，载人飞船必须研究航天活动对人的影响，保障航天员的身体健康和安全，以及提高航天员的在轨工作效率。航天医学及工程研究工作无疑是载人航天的核心技术之一。

1966年元旦刚过，为落实“651”会议中有关载人飞船的工作，国防科委副主任罗舜初约见军事医学科学院蔡翘、中科院贝时璋和中国医学科学院沈其震三位科学家，说明了中央专委的考虑和意图，委托三位科学家共同制定一个载人宇宙航行规划。罗舜初说，我国的卫星已经有了一个规划，但还缺载人这一部分。请三位老科学家考虑一下，怎么样把人送上天并且能够安全地回来，如何逐步地在天上做一些事情。按国家现有的基础和条件，看看需要解决哪些问题，能细的就细一些，不能细的就粗一些。约见之后，三位科学家在短短的几天内主持草拟了《载人宇宙航行规划（医学、生物学部分）》初稿。

1月10日至19日、1月25日至2月6日，国防科委主持召开了“编制航空宇宙医学工作规划会议”，着重讨论和修改蔡翘等三位科学家草拟的规划草稿。参加会议的有军事医学科学院、中科院生物物理所、中国医学科学院，以及一、三、四、七机部等单位的代表共42人，讨论20多天，内容涉及生物火箭（包括发射小狗的T-7A生物火箭与发射猴子的和平一号生物火箭）、生物卫星、无人飞船、载人飞船发展途径和相关问题，这是一份我国最早的生物医学详细规划。三位科学家在修改稿上联合签名，上报罗舜初，供中央专委研究参考。会议还对宇宙医学研究组织体制存在的问题、航天员生命保障和大型模拟设施等事项进行了探讨，特别是与会各方有一个共同的意愿，应将从事宇宙医学和宇宙生物学研究的有关单位人员集中在一起，统一研制载人飞船所需的大型地面模拟试验设施，研究宇宙医学和宇宙生物学。

1967年，七机部副部长、中科院力学所所长钱学森正在筹建中国人民解放军第五研究院（中国空间技术研究院）。整合各方力量，集中领导形成合力，正是筹建研究院的初衷。巧的是，由军事医学科学院三所副所长何权轩牵头，并协商中科院和中国医学科学院，刚刚给国防科委打报告，建议以三所为主体，把中科院生物物理所搞

宇宙医学及工程研究所

早在“581”计划中，就有宇宙生物学研究的内容，全国很多单位都积极参与。中科院组建了生物物理所，成立了宇宙生物研究室，军事医学科学研究院成立了航空宇宙医学研究所，中国医学科学院成立了宇宙医学专业小组，大家都在探索生物在太空环境下的生存问题。由于研究力量分散、经费不足、内容重叠、协调困难，钱学森认为解决组织体制问题迫在眉睫。随着“曙光号”计划的制定，在钱学森、赵九章等老一辈科学家的呼吁和推动下，1968年4月1日，以航空宇宙医学研究所为主，整合各家力量，成立了宇宙医学及工程研究所，代号507所，归属钱学森领导的空间技术研究院，开始了航天医学工程学研究和相关工程研制的准备。

1973年，507所划归国防科委直接领导，改名为航天医学工程研究所，2009年9月30日，又更名为中国航天员科研训练中心。

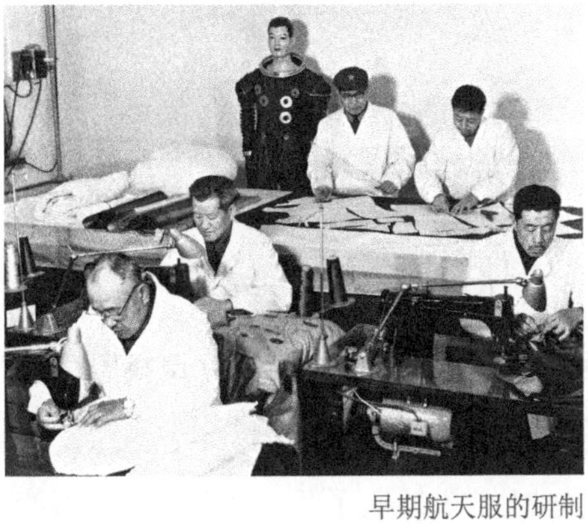

早期航天服的研制

507所命名大会

小狗上天的人员，还有中国医学科学院搞动物试验的人员，合并在一起。钱学森一听，说：好哇，载人航天既是医学问题，又是工程问题，还应该在这个建议后面补充几条，把七机部第八设计院搞救生的一部分人员调来，再从力学所调来几十名干部，以便加强工程方面的研究力量，这个研究所可以叫“宇宙医学与工程研究所”，可成为即将成立的研究院的组成部分。

在钱学森的鼎力支持下，1968年2月27日，国防科委批复，同意空间技术研究院《关于宇宙医学及工程研究所暂行编制》报告，正式成立“宇宙医学及工程研究所”，从事宇宙医学科学研究，并负责航天员的选拔、培养和训练工作。研究所1968年4月1日正式成立，隶属空间技术研究院。

507所的成立，标志着中国载人航天事业达到了一个新的高度，载人的研究有了一个集中统一、医（学）工（程）结合的研究中心和培养训练航天员的基地。507所建所伊始，正值我国曙光号载人飞船计划上马，全所立即轰轰烈烈地投入到各项航天医学课题研究、航天员选拔培训和大型地面设施的研制工作中去。可以说，是钱学森亲自指导、创建、培育了一门我国最具载人航天特色的新兴研究领域——航天医学工程学。

钱学森在担任空间技术研究院院长和国防科委副主任期间，十分关注507所的成长和发展，关心航天员的选拔培训工作，经常听取所里的工作汇报。507所每星期一下午的学术报告会，只要没有其他活动冲突，钱学森几乎每次都到会参加讨论。从科学思想到报告的内容，从研究方法到报告的写法，钱学森都给予具体的指导，都有精辟的点评，包括鼓励、表扬和指出不足，这样的活动一直坚持了6年之久。还有一次，钱学森连续三天给研究所的科技人员作学术报告，每次报告厅里都坐满了人，连门口和过道也被挤得水泄不通。人们十分惊奇，他对世界载人航天的情况了如指掌，信息非常灵通。1977年年初，美国政府出版署刚刚出版了四卷美、苏合编的航天生理医学论文集，他就询问所里订购了没有。

1977年1月10日，钱学森致函陈信副所长，指出：“我们要认真地搞载人航天，要比美、苏搞得好、快、省，当然要吸取他们的好经验。”

正当507所开足马力扬起风帆快速发展之时，却赶上了“文革”结束、百废待兴的新形势。“曙光号”计划暂缓，研究所失去了中心任务。

1977年农历大年三十的晚上，寒风凛冽，国防科委一位副主任在京西宾馆召见507所新任所长霍俊峰、政委王旭东，告诉他们，研究所可能要撤消。现在国家经费有限，精力有限，都在搞以经济建设为中心，载人航天既费钱又费力，一时也没什么用，将来怎么办还是很遥远的事，这一类的东西就先停下来吧。他还说，这个意见是从上边来的，现在整个国家的中心任务都在变，我们也没办法不变。

回到所里，几位所领导一商量，大家都很想不通——好不容易形成了多学科配置、医学研究与工程研制相结合，具有很强的解决实际问题能力的科技队伍；好不容易建设了涉及100多个专业，几乎包罗了理工科大学所有的主要专业的学科；好不容易置起了离心机、冲击塔、振动台等地面试验的一批家当；好不容易开设了300多个研究课题，建起了上百个实验室，进行了15000多人次的人体实验，积累了大量的数据和经验。这样的队伍和成果，不仅在国内独一无二，比起有些航天大国来，也不见得逊色——就这么撤消了，太可惜了啊！

在心急如焚备受煎熬中，这个春节总算过去了，过得毫无意思。

过了年，所领导们一合计，看来在这种形势下，要扭转乾坤，只有权威人士的意见才能引起中央的重视，他就是钱学森。

钱学森最了解507所在载人航天中扮演的角色，他深知，无论是航天环境与防护学研究，还是航天员选拔、训练，以及医学监督和医学保障都需要较长的研究、试验周期和经验积累，建设这样一个单位实在不易，而放弃它则是最容易不过的。世上最简单的事情不就是散摊子吗？当年要不是冯·卡门的极力保驾，他和马林纳的火箭“自杀小组”不是也差点被困难和舆论给灭了吗？

在507所最困难的时候，钱学森说话了：

坚决反对解散507所，虽然飞船不搞了，但研究工作一定不能停下来。现在国家虽然一时有困难，但从长远来看，载人航天肯定是要搞的，只不过是早晚的事情。毛主席不是早就说过，敌人有的，我们要有，敌人没有的，我们也要有嘛。如果现在把507所撤了，将来再想搞这摊业务，那可就难了！

钱学森还以他的个人名望四处做工作，他说：

人上天这件事是航天科技发展的必然趋势，只不过人的认识和国家的经济还暂时不具备条件。就说人的认识吧，1903年美国莱特兄弟造出了那架木头骨架、一个座位也没有、飞行高度只有3米、飞行距离仅仅36米的飞机时，没有人认为飞机会有什么前途；我的前辈美国戈达德教授当年在搞液体火箭时，也被人嘲笑为痴人说梦……可是这才几十年啊，情况不就变了吗？如果现在还有谁认为飞机、火箭没有用的话，那么他们肯定会被认为是“痴人”了。所以眼光还是要看得远一点。再说了，毛主席、周总理也只是说，把地球以外的事情“往后放一放”，从没有说过“不搞”了呀。

钱学森说话时还用他的纯正京腔，在那几个“重点词”上加重了语气。有人不相信，专门跑到机要室、档案室查了文件，结果还真没找到“714”工程下马的正式文件。

在钱学森的力挺之下，最后，国防科委研究决定，同意保留507所，就留在北京，不往三线搬迁，但规模缩小，人员精简为几百人。全所科研工作由“曙光一号”研究转入航天医学工程预先研究，重点面向为军兵种武器装备研制服务，为国民经济建设服务。科研经费由国防科委提供。

507所渡过了一次难关，航天医学研究工作得以延续。

1980年春节之前，钱学森把所长陈信请到自己的办公室，他说：“你们研究所的工作要想有所发展，要注意两个问题，一是要借助系统论指导研究所的工作；此外，在目前的形势下，你们要走为军兵种服务的路。”钱学森又建议507所开展人体科学的研究工作，立题申请科研经费，借此笼住人才继续开展载人航天生命保障系统等方面的攻关研究。在这一段时期，钱学森依然频频出席507所的学术讨论会，关心和支持所里的科研工作。

20世纪80年代中期，507所的去留又生变故。

随着我国拥有远程战略核武器，整体国力不断增强，以及中苏边境局势趋向缓和，我国面临的国际安全环境开始发生根本性的改变，我军军事战略方针随着实行重大转变，国家迎来了以经济建设为中心、和平发展的大好局面。1985年10月，邓小平向世界宣布，中国裁军100万。

为了执行中央军委的命令，国防科工委也要研究本系统的精简问题。精简到谁，谁都有意见，阻力很大。那么，决策者首先要向对国防建设作用不大或一时半会显现不出作用的单位“开刀”，在很多人眼里，507所显然属于后者。

钱学森所在的科技委在讨论中，就有人主张裁掉507所和绵阳29基地（气动中心），会上意见相左，争论激烈到拍桌子的程度。钱学森反复思量，这两个单位都是日后发展载人航天的重要部门，裁掉容易再建难。为了今后国家载人航天的顺利发展，钱学森毫不退让，一向温文尔雅的他，竟然也极为少见地拍响了桌子，坚决而又明确地表示自己的意见：507所不能撤！29基地也不能撤！

507所又一次逃过了劫难，如同一艘漂泊在风雨中的小船，终于看到了杨柳依依的彼岸。1985年10月30日，国防科工委宣布了507所新的编制：定员300余人。很多优秀的同志不得不转业，很多未完的工作不得不刹车，但是，507所终于保留了完整的建制。

1986年，国防科工委领导丁衡高和伍绍祖找钱学森商量507所的问题。两位领导说，507所每年要花一大笔经费，现在载人飞船任务暂缓，所里事情不多，不撤让他们做什么？

钱学森斩钉截铁地表示，为了国家今后发展载人航天，所里人员可以减，但这个机构不能撤。至于留下来做什么，他们的科研预研课题要做妥善安排，由我来负责组织落实！

从1977年至1999年，钱学森与507所许多同志保持着密切的往来，仅学术交流信件就多达120余封。信中，他从模拟器研制到空间脑科学的研究，从航天医学工程学科的建立到相关装备的研制，都提出了许多独到的见解和系统思想。

钱学森以他非同凡响的声望和地位，坚持主张航天医学工程的预研方向不能变，研究骨干不能散，守住了载人航天一块极其重要的阵地。

钱学森的意见受到了国防科工委领导的重视和机关各部门的大力支持。

留得青山在，不怕没柴烧！

5. 开创人－机－环境系统工程新领域

507所依靠二次精简后留下的有限的人力，利用几近拮据的少量科研经费，顽强地坚持着、尽力地维持着航天医学的研究课题，默默地编织着飞天的梦想。而在他们的背后，钱学森挺着并不厚实的胸膛、展着并不宽大的肩膀，全力地支撑着他们。

钱学森为507所指引了新的研究领域——将系统科学引入到人体科学和航天医学工程学。

在钱学森的倡导下，在伍绍祖、张震寰等国防科工委领导的支持下，我国人体科学研究在507所发端。在研究所里举办的一次“关于人脑的可塑性问题”报告时，钱学森指出：“我们这个所还是有基础的，我们不同于别人的就是有系统的观点，有系统科学的方法，有系统学的理论。请同志们考虑这个问题，事关重大，把系统科学、系统论的方法用于研究我们人体是唯一的，不用这个不行。”钱学森还在致陈信所长的信中说：“人体是一个开放的复杂的原系统巨系统，怎样科学地探测这个人体系统，明确其功能状态，始终是难题。”他认为，应该坚持以马克思主义哲学为指导，运用从定性到定量综合集成方法进行人体科学研究。在陈信等同志的努力下，507所作为与社会各界进行人体科学研究的交流平台，开展了大量卓有成效的工作。1987年5月，国家科委批准成立中国人体科学学会，1992年国家教委批准成立中国人体科学研究中心，陈信曾担任中国人体科学学会第三届理事长。钱学森对人体科学研究的发展极为关注，从1984年至1999年的15年间，钱学森写给陈信的信函共有45封之多。1996年9月，钱学森专著《人体科学与现代科技发展纵横观》一书出版。

除了人体科学之外，钱学森还给507所指出了一个更为博大精深的研究新领域。

载人航天的中心问题是把人送入宇宙空间，并在航天特殊环境下（如高温、低压、缺氧、超重、失重、振动、噪声等），既保证人的生命安全，又提高其工作能力。过去，研究者的注意力主要放在选拔和训练航天员上，这是很有必要的。但是，这里出现了两个问题：第一，在航天的特殊环境下，依靠选拔、训练来提高人耐受各种物理因素的能力，是有限度的，比如，温度超过100℃，再选拔、再训练，人也是要死的；第二，在载人航天过程中，航天员必须在航天特殊环境下，进行诸如搜索、识别、跟踪、控制、停靠和对接等一系列活动，必须在人、机器和环境的有机结合中，去寻找可以量化的最佳方案。

说的理论一点，就是运用系统工程的方法，引导人们有条不紊地找到最优组合方案，使人－机－环境系统的总体性能达到最佳状态，而这种最佳状态又应满足安全、高效、经济等指标。说得通俗点，就是挑肥拣瘦，达到平衡，而这个平衡不是拍脑袋，而是有量化指标的。

举个例子，飞船的座舱压力，究竟多大合适？是1/2个大气压力好呢，还是1/3个大气压力好？设计师对此有不同的看法，那么用人－机－环境系统分析的方法来看：如果飞船座舱采用1/2个大气压力，对航天员来说，不会造成缺氧；而且，由于与外界的压力差小，对飞船的压力负担就可能小一点，因而飞船的重量也许能有所减轻。如果采用1/3个大气压力，飞船的重量将会减轻得更多，但这时对航天员来说，产生缺氧的可能性就增加了。究竟哪个是最佳值？可以分别对上述的问题进行计算，人的承受极限是多少？飞船座舱压力有多大？对飞船的重量有多大影响？经济上合适不合适？人在这种环境中能生活得如何？通过计算分析或数学模拟，都可以精确计算出来，结果自然一目了然。所以，采用系统工程方法来对人－机－环境系统进行最优化分析，就能避免盲目性，工作少走弯路，以最优化的方法分析、权衡，以逼近那个最佳状态，达到安全、高效、经济等多个目标。

瞧，这就是钱学森给507所提出的“人－机－环境系统工程”的研究任务。

在钱学森的亲自指导下，507所陈信所长和龙升照等专家全面总结多年来我国载人航天预先研究的经验，结合国内外相关领域的研究状况，于1981年撰写了《人－机－环境系统工程概论》。文章系统提出了人－机－环境的科学概念，用系统科学理论和系统工程的方法，正确处理人、机、环境三大要素的关系，提出了实现三大因素最优组合的途径，从而探索形成了一门崭新的综合性边缘学科，在世界上得到了极高的评价。

人－机－环境系统工程的研究内容主要包括7个方面：人的特性研究，机

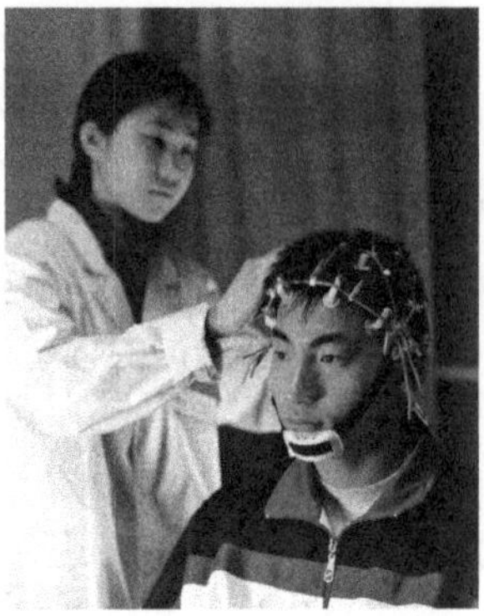
航天员身体测试

航天员在飞机上进行失重训练

火箭振动对人眼球的影响

钱学森曾经在一次讨论中提出，运载火箭振动对人体的影响是载人航天必须研究的重要问题，首先应分析振动对人眼球的影响。从力学观点出发，人的眼眶就像弹性支座上的质量，它的共振频率是可以计算出来的。找到这个频率，错开火箭的频率，就可以减少对人体的伤害。

的特性研究，环境的特性研究，人－机关系的研究，人－环关系的研究，机－环关系的研究，人－机－环境系统总体性能的研究。系统最优组合的目标是：安全——不出现人体的生理危害或伤害，避免各种事故的发生；高效——系统具有最好的工作性能或最高的工作效率；经济——建立符合技术要求的系统，要投资最省。系统中的“人”是指作为工作主体的人（操作人员或决策人员，如航天员）；“机”是指人所控制的一切对象（如飞船、汽车、飞机、生产过程等）的总称；“环境”是指人、机共处的特定条件（如温度、振动、噪声等）。这个理论的创立，不仅标志着人－机－环境系统工程这门新兴学科的形成，而且也实现了钱学森提出的应该“有一个通用的理论可以预计人的行为”的设想。

1985年10月21日，钱学森在507所见到陈信所长和龙升照，他非常高兴地说：

人－机－环境系统工程，这是一项很重要的工作，因为过去我们对精神与物质、主观与客观、人与武器这些问题，只能从哲学的角度论述，要具体化好像就没有办法，不能定量，也不能严格地科学分析。虽然从哲学的角度说，那些话都是对的，但是要具体地用，比如，用到国防科学技术方面，那就不是一个科学问题了，用科学的方法，计算的方法，分析的方法不能解决这个问题。但是，这么一个状态到最近10年我看开始有了变化，主要是由于自然科学技术的发展，对于人，在人的生理、功能、心理以至于脑科学方面的发展。然而在这些发展的同时，还有另一方面的发展就是系统科学的发展，它可能把这各个领域里的发展综合起来，由量变到质变，产生一个飞跃。你们提出来的人－机－环境系统工程，把人、机器跟整个客观环境连在一起来考虑，这就跟单个考虑人、考虑环境不一样，这就是辩证法，综合了，辩证统一了。因此，你们所提出这个问题——人－机－环境系统工程，对于国防科学技术是有深远意义的。

我一直在宣传，就是同志们的工作对今后科学的发展以至国家建设都具有重要的意义……作为应用研究，你们的人－机－环境系统工程的发展，肯定是一次技术革命。

钱学森不愧为高瞻远瞩的战略科学家，他往往从点滴事情看到常人未必能看到的很长远的价值。他之所以如此看重人－机－环境系统工程的研究，就是他独具慧眼地看到了它在三个大方面的不可估量的作用。

第一，它为人类社会的健康和可持续发展提供了科学方法。应该说，人类社会发展的历史，就是一部人、机（包括工具、机器、计算机、系统和技术）、环境三大要素相互关联、相互制约、相互促进的历史。由于环境的影响，高级灵长类动物演变成为人类；人类的诞生导致了机的出现；机的出现又产生了新的环境；新的环境又在影响人类的生活、工作和生存。时至今日，当人们沉浸在享受高科技带来的社会繁荣之际，却也不知不觉地闯入了两大误区：（1）在机的设计时，由于漠视了人的特点和要求，致使工作系统效率降低、事故增加，对社会发展造成严重影响；（2）在机的设计时，由于漠视了环境的特点和要求，不但影响了机器本身性能的发挥，而且带来了严重的环境恶化，对人类的生活、工作和生存造成重大威胁。人－机－环境系统工程的诞生，使人们在设计和研制任何系统时，将产生从经验走向科学、从不自觉走向自觉、从定性走向定量三个方面的飞跃。其结果，不仅可以避免经济上的巨大损失，而且可以加速人类社会发展的进程。

第二，人－机－环境系统工程也为社会生产力的发展提供了技术手段。通常，哲学上是将生产力定义为："从事物质资料生产的人同以生产工具为主的被用于生产的劳动资料相结合，就构成社会生产力。"很显然，生产力应该是人（从事物质资料生产的人）、机（生产工具和机器）、环境（生产场所的有关劳动条件）三大要素的有机结合。因此，采用人－机－环境系统工程方法，就能全面优化人、机、环境三者之间的关系，推动社会生产力的全面发展。

第三，人－机－环境系统工程为国防现代化建设和部队战斗力的提高提供了切实可行的技术途径。在任何战争中，武器装备是进行战争的物质基础，是决定战争胜负的基本条件。但是，任何武器装备必须靠人去掌握和操纵，而且它也只能在特定的作战条件下才能发挥其效能。因此，武器装备只是一种可能的战斗力，它只有同人和环境有机结合，才能成为现实的战斗力。所以，正确处理人、武器装备、作战环境三个基本要素的关系，历来都是提高部队战斗力的关键。我们在军事领域积极应用人－机－环境系统工程理论，势必会对国防科学技术的发展和部队战斗力的提高产生积极作用。

钱学森不仅口头上表扬、鼓励，还身体力行地大力宣传和推广这门理论和科学。1985年10月，他嘱咐507所："国防科工委（现总装备部）指示科技委下个月下旬要开一个会，是国防科技的发展战略讨论会。我觉得你们所在那个讨论会上应该有一个报告，讲为什么我们在中国要发展人－机－环境系统工程，它对我们国家国防技术发展的意义。科技委的会11月20日召开，你们研究所的报告无论如何要在11月中旬准备好、印好。"

在他的直接推动下，1986年5月，国防科工委将"武器装备人－机－环境系统工程研究"列为国防科技应用基础研究重点项目。随后成立了人－机－环境系统工程专业组。1993年10月，中国系统工程学会人、机、环境系统工程专业委员会成立，并决定每两年召开一次学术讨论会，编辑出版《人－机－环境系统工程研究进展》优秀论文集。

钱学森说："我们中国人也别老看不起自己，可以说我们在人－机－环境系统工程以及航天医学这些方面的学术观点、学术思想当前在世界上是领先的，不是落后的。”

直到1993年10月22日，已经80多岁的钱学森还提笔给龙升照写信，大加赞许地说：

我收到您主编的《人－机－环境系统工程研究进展（第一卷）》，翻看了之后，感到非常高兴，1985年秋提出的一个想法，现在8年之后赫然成书，500多页的巨卷！而且研究范围大大超出原来航天，内容涉及航空、航天、兵器、电子、能源、交通、电力、煤炭、冶金、体育、康复、管理等领域！你们是在社会主义中国开创了这门重要的现代科学技术。

他还提出从系统总体的更高层次，全面优化人、机、环境三者之间的关系，可以把凡是有人参与的工程系统，都定义为一个人－机－环境系统。根据各种系统的性能特点及复杂程度，又可将人－机－环境系统分为三种类型：简单的（或单人、单机）人－机－环境系统；复杂的（或多人、多机）人－机－环境系统；广义的（或大规模）人－机－环境系统。

正如钱学森所预料，如今，人－机－环境系统工程研究的踪迹已深入到国防科研和国民经济的各个领域，正在为我国社会主义现代化建设服务。

6．应将飞船方案也报中央

“714”工程暂停之后，中国再次掀起载人航天的浪花已是改革开放后的1985年，距加加林上天整整24年过去了。

20世纪80年代中期，又是一个世界强国大闹天宫、划天为疆、风起云涌的“战国”时代。苏、美等国掀起了一场以发展经济、科技为重点，带动军事力量发展的高技术竞争。在这场争夺高技术发展战略高地的激烈竞争中，我国如何参与竞争，在世界航天领域占据一席之地？中国航天人真的坐不住了。

根据当时的形势和我国的国情，在1988年编制《国家中长期科技发展纲要》时，航空航天部提出了今后一个时期航天任务是：“抓应用卫星和抓卫星应用，突破载人航天”（即“两抓一突破”）。明确把“突破载人航天”作为中国航天发展的方向。

1986年，神州大地唱响了“春天的故事”。改革开放的总设计师邓小平3月5日批准了王大珩、王淦昌、杨嘉墀和陈芳允等四位老专家提出的《关于跟踪研究外国战略性高技术发展的建议》，形成了著名的“863”计划。

该计划包括生物、航天、信息、先进防御、自动化、能源和新材料等7大领域、15个主题项目。航天技术是其中的第二大领域，简称为863-2领域。

863-2领域成立了两个专家组，主要研究两大主题项目：一是大型运载火箭及天地往返运输系统，代号“863-204”；二是载人空间站系统及其应用，代号“863-205”。这两个课题连

邓小平坐进登月舱

1979年1月，邓小平访问美国，卡特总统特意安排他参观了航空航天博物馆。站在阿波罗登月舱前，他见到了美国第一位航天员约翰·格伦。“好啊！我见到活神仙了。我们中国把腾云驾雾的人都叫活神仙，你当之无愧。”邓小平风趣地说。过了一会儿，他和同行的国家科委主任方毅坐进了模拟的登月舱并动手操作，就像做了一次真正的航天飞行。此时，火箭故乡的中国人，清楚地看到了如今自己与世界的差距。

这次访美，为邓小平今后拍板载人航天重大决策，无疑写下了伏笔。

1979年2月2日，邓小平在美国参观约翰逊航天中心

读起来的意思再明白不过：大型运载火箭是登天之梯，天地往返系统是天河之舟，建立空间站是目标，而开发利用空间资源是根本目的。

也许是早就憋不住的载人航天欲望使然，“863-204”专家组行动得很快。成立仅仅2个月后，便采用招标方式选择在技术方面有优势的单位，按要求各自论证，标书开宗明义：“关于大型运载火箭及天地往返运输系统的概念研究和可行性论证”。应标的单位相当踊跃，仅航天部所属的单位就有一院、三院、五院、八院四个研究院分别参加了投标。据粗略统计，航天部、航空部、国家教委、中科院、总参谋部、国防科工委等系统60多家科研单位的2000人参加了这场大论证。由于是科学界的技术概念论证，没有太多的行政干预，所以这番讨论，思想相当解放，视野相当开阔，是中国航天技术发展史上前所未有的。

1987年，各竞标单位提出了11种技术方案，“863-204”专家组从中筛选出5种方案：

第一个是航天部空间技术研究院508所提出的可重复使用，定点着陆载人、载货飞船方案。

第二个是航天部一院一部提出的火箭助推轨道器不带主动力小型航天飞机方案。

第三个是航天部上海航天局805所与航空部640所共同提出的火箭助推轨道器带主动力航天飞机方案。

第四个是航天部北京11所提出的可重复使用，垂直起飞水平着陆（两级）火箭飞机方案。

第五个是航空部601所提出的可重复使用、水平起降（两级）空天飞机方案。

1988年的夏天十分炎热，载人航天的论证热度也达到了该揭锅的程度。

7月20日至31日，北国边城哈尔滨，5个方案的代表开始接受17位著名专家的评议。这些专家是：朱光亚、屠守锷、梁守槃、屠善澄、梁思礼、黄文虎、王树声、王希季、杨嘉墀、彭成一、何庆芝、疏松桂、王南寿、陆孝彭、周曼殊、谢光选、吴中英。其中，我国第一代飞机设计师、年逾70的陆孝彭是被两位助手搀扶着参会的。

评审专家们的思想比较统一，其主要意见是：

空天飞机和火箭飞机虽然是未来天地往返运输系统可能的发展方向，但我国目前还不具备相应的技术基础和投资强度，不宜作为21世纪初的跟踪目标；

带主动力的航天飞机要解决火箭发动机的重复使用问题，难度比较大；

可供进一步研究比较的是多用途飞船方案和不带主动力的小型航天飞机方案。

在专家的评审打分表上，这两个方案的得分非常接近，“船派”方案是83.69分，“机派”方案是84分，稍稍占了上风。

“船派”专家认为，从技术上讲，我国已经有了十几颗返回式卫星回收成功的经验，在防热、轨道控制、姿态控制和降落伞回收等关键技术上打下了一定基础；曙光号飞船的预研成果，为生命保障、飞船设备的研制提供了技术储备；运载火箭技术和发射场等基础设施，也有了一定的技术和物质成果，可以充分利用。从实用上讲，飞船既可搭载航天员，又可向空间站运输物资，即使有了航天飞机等运输器，它仍然适合用于空间站的小型轨道救生艇，况且，在较长的一段时间里，我国天地往返的需求量不会很大，一次性使用的飞船相对来说更便宜、更经济。从研制进度讲，用8～10年时间攻关，载人飞船有望在21世纪到来前后把中国航天员送入太空；而由于我国航空工业基础较弱，研制航天飞机则在短期内难以完成。从未来发展讲，利用飞船可以进行交会对接、航天员出舱活动等试验，为未来空间站积累工程实践经验。

“机派”专家提出，飞船是20世纪五六十年代的产物，技术上显得有些落伍，中国的载人航天应当有一个高起点，要搞就搞技术先进的、代表国际航天发展潮流的航天飞机；航天飞机可重复使用，从长远看，发射的次数越多就越便宜、越经济。

科学总是在争论中发展，何况载人航天是中国人期待已久、崇高神圣的全新事业。面对争论，时任国务院总理的赵紫阳说，既然意见不统一，你们进一步深入论证后我再定。

于是，两个方案又经过了一年的调研论证。1989年7月，“863-204”专家组完成了《大型运载火箭及天地往返运输系统可行性及概念研究综合报

1988年7月，评审专家与方案汇报代表合影

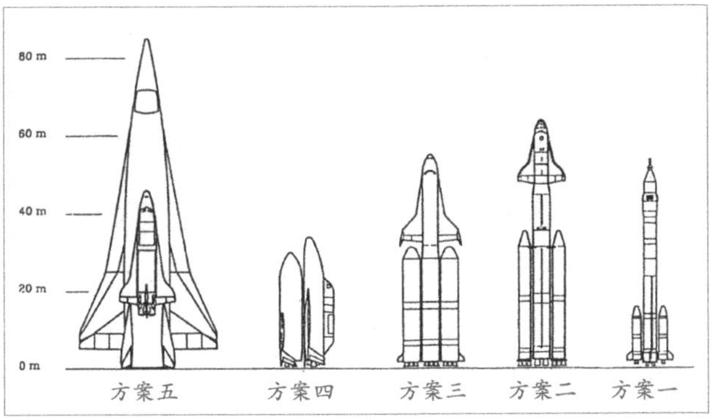

1987年论证的载人航天五个方案

告》，从技术可行性、国家经济承受能力、技术风险等方面，将载人飞船方案与小型航天飞机方案作了比较，考虑到中国的具体国情，同时照顾到方方面面的积极性，所以报告提出了由初级到高级两步走的途径：

第一步，充分利用我国返回式卫星回收技术，从载人飞船起步，以较少的经费和较短的周期，在2000年左右研制出初期的天地往返运输系统——多用途飞船，使我国尽快突破载人航天技术，解决有无问题，满足初期空间应用的要求。

第二步，在2015年左右研制出先进而经济的

专家组成员

204专家组组长是钱振业，成员有：施金苗、严诚忠、刘兴洲、王德臣、朱森元、李椿萱、朱幼兰。

205专家组组长是韦德森，成员有：范剑峰、吕达仁、孙金镖、陈熙琛、李晖、鲁子贤。

在这两个组之上，还有一个863-2领域专家委员会，由空间技术专家屠善澄担任首席科学家，成员有：顾诵芬、王永志、李志广、胡文瑞、朱毅麟、黄志澄等。

他们均为我国航天、航空、空间科学技术及其他有关领域的优秀专家、学者。

天地往返运输系统——两级水平起降的空天飞机，以适应未来空间站大系统发展的需要。

开展载人航天论证时，钱学森年过七旬已退居二线，他没有参与这些讨论，但论证中出现不同的意见，他早有耳闻。设在国防科工委的国家航天领导小组办公室，非常重视钱学森的意见，常把有关简报送给他。

在1989年9月28日《国家航天办简报》第五期上，钱学森看到了运载火箭技术研究院高技术论证组于8月24日写给国家航天领导小组的信，信中坚持认为“航天飞机方案”优于“飞船方案”。理由是，载人飞船作为天地往返运输手段已经处于衰退阶段，我国如采用此方案，起点过低；而航天飞机代表世界发展潮流，具有明显经济优势，更适合我国国情。国家航天领导小组办公室准备据此给中央写报告，呈送前特地征询钱学森的意见。

钱学森很少介入“热线”上的工作，见组织上征求他的意见，便非常认真地在报告上写了十个字：“应将飞船方案也报中央。”这短短的一行字，至关重要，非常清楚地表达了钱学森的意见。

时任“863－204”首席科学家的钱振业说：“钱老的态度，给863计划论证航天领域的工作开了一个好头，我们就是按照这个调子来做工作的。”

7. 我要提一点在不同层次的意见

钱学森有过一次关于载人航天的长篇谈话。

1989年8月12日上午，“863-2”领域首席科学家屠善澄应国家航天领导小组办公室主任丁衡高的要求，专门向钱学森汇报专家组前一段论证工作的情况，并征询他的意见。以钱学森丰富的阅历和经验，他的意见无疑对国家决策有着举足轻重的作用，有人戏称他是不在位的航天“最高参谋长”。

从1967年提出“把载人航天的锣鼓敲起来”，到1970年的“714”工程，再到1989年的“863-2”论证，在22年的岁月里，钱学森目睹了载人航天的几上几下，心里也是百感交集。但是，经历了多次坎坷的他，此时眼界更加宽阔、心界更加高远，他一下子就洞察到了问题实质。

在他看来，决定载人航天能否重新启动的关键，并不在于飞机还是飞船两种技术途径哪一种优、哪一种劣，而在于国家经济和技术的实力能承受哪一种；并不在于把眼前的争论定个谁是谁非，而在于从国家的利益和可能出发，拿出一个可行的、可持续发展的顶层计划。

那一天，钱学森推心置腹地与屠善澄谈了很长时间：

你们专家委员会人才济济，你们的考虑很有根据，很有分量。对你们的想法，我没有提意见的能力。

我要提一点在不同层次的意见，即跟国家经济、政治结合在一起考虑的意见。

1986年3月，四位老专家出于对高技术的重视和爱国之心，向邓小平同志写信，提出了建议。这一建议得到小平同志的支持，充分体现了科学技术是第一生产力这一正确方针。我认为那时候对载人航天有过热的空气，我们“863－2”计划的讨论也受一些影响，从科技发展趋势去考虑和预见问题不够。这样的大问题，目光短浅不行，要考虑世界政治、政治结构，下世纪的发展是什么趋向。1986年美、苏两国科技界对载人航天再思考的讨论也处于深入过程中。而且由于赵紫阳同志的一系列错误导向，国内情况已出现许多混乱，我们恐怕还不具备必要的环境对国外的经验教训进行深刻的总结。中央〔1986〕24号文件给你们出的题目就是这个题目（指载人航天），你们只是根据题目做载人航天的文章。我认为航天技术发展要结合世界形势，从更高层次来考虑。当时给你们出的这个题目固然有当时的背景，但究竟对不对？现在要根据新的形势重新考虑。

将来人上天这个事业，比民航飞机要复杂得多，没有国际合作是不行的，哪个国家自己也干不起。我想美、苏在载人航天方面都会搞不下去的，财政上承受不了。他们这种情况和教训，应引起我们的注意和思考。我们穷得多，再模仿他们走过的道路，恐怕是不行的，与国力不相称，这是大问题，要研究。

专家委员会研究了用飞船把人送上天的问题。人送上天，到底干什么？不清楚。美、苏是为了政治竞赛，比国威，实际上没有什么用处。人上天到底对国家起什么作用？空间生产可以干些什么？划得来，划不来？这个问题我觉得也没有搞清楚。我的看法是这些大问题要研究。国家决策部门听了你们的意见后，对原来中发〔1986〕24号文件讲的载人航天，应有一个新的看法。因为我们展望世界有了新的认识，应出一个新的文件。国家应做这件事。这是国家最高决策。在50年代要搞“两弹”就是国家最高决策，那也不是我们这些科技工作者能定的，而是中央定的。

我国的航天技术可以发挥很大作用，不是航天部没事了。搞得好了，可以大大促进社会主义建设，在提高国力方面领先于世界。因为他们没有从这个政治高度来考虑，这个问题可以说是在21世纪决定胜负的关键问题。从国家来看，我们应抓这件事，其效果应是震惊世界，这也是伸张国威。

国家要导向，专家委员会根据导向来做工作，现在需要再明确一下导向。这两年的工作有助于明确导向，给我们提供了很多教训，看国际问题也更清楚了，因此是很必要的。我们的钱要真正用在刀刃上，我们国民生产总值在世界上占什么位置？中国太穷了，决不能乱花钱。

航天技术前途是光明的，要把它的作用充分发挥出来，这一点肯定没有错。另外，威慑力量还很重要，不能放弃。

屠善澄又问，假如要人上天，飞船作为第一步，您的意见是什么？

钱学森回答说：“假设要人上天，第一步可以是这样。”接着又补充了一句：“如果说要搞载人，那么用简单的办法走一段路，保持发言权，也是可以的。”

钱学森的意见，比较全面地反映了他经历了20世纪60年代到80年代载人航天历程的思想认识，其中有五个方面的含义。

一是，他在出席党的第九次全国代表大会时，和国家计委主任余秋里住在一起，余秋里对他说“搞卫星、飞船，要考虑国民经济问题”的话，给他留下深刻的印象。他认识到国家经济还不富裕，钱要真正用在刀刃上，因此，载人航天任何技术途径的取舍，都应站在与国力相称和国家利益最大化的天平上来权衡。

二是，1986年1月，美国挑战者号航天飞机凌空爆炸、机毁人亡的事实，又加深了他对载人航天难度和风险的认识，他提醒决策者不要头脑过热，应认真吸取国外的经验教训，避免重蹈覆辙。

三是，要深谋远虑，深入研究诸如人为什么要上天之类的大问题，为国家拿出一个论据充分的长远规划，而不要在细节问题、具体技术上纠结不清、争论不休。

四是，纵观历史，任何国家的航天活动都是国家行为，从过去的阿波罗登月计划、和平号空间站计划，到现在的美国的SDI计划（战略防御计划）、欧盟的尤利卡计划、苏联的战略防御计划，莫不如此，所以，中国的载人航天也应是国家最高决策，由中央决定。

五是，用系统工程权衡的办法来分析，他认为用飞船这种相对简单的办法走一段路，保持发言权，“是可以的”。这是一个明确的表态，他支持载人航天从飞船起步。

钱学森对当时那场旷日持久的争论，从技术上给予了明确的结论。

1990年5月，“863-2”专家委员会向国防科工委呈报了《国家高技术计划航天领域论证工作综合报告》，提出了在2010年或稍后建立一个由载人空间站、空间站应用系统、大型运载火箭、天地往返运输系统（载人飞船）、发射场与返回场、测控通信网和航天员系统组成的初步配套的载人空间站工程大系统的我国载人航天总体发展蓝图。

为了推动载人航天的立项，必须首先打动国家最高领导。“载人航天是国家的最高决策”，钱学森的观点，深深启发了航空航天部（1988年航空部、航天部合并为航空航天部）的领导。

机会终于来了。1991年春节前夕的1月30日，中国宇航学会、中国社科院、国务院发展研究中心联合主办了一场“中国航天高技术报告会”，参加会议的有一位航空航天部刘纪原副部长的老熟人——二炮副参谋长栗前明，他是邓小平的妹夫。会前，刘副部长早已和他“密谋”过一番。会上，刘副部长嘱咐机关计划司总工程师张宏显同志，把已经准备好的《关于发展我国载人航天技术的建议》从机关取过来。张宏显把《建议》封在一个信封里，亲手送给了栗前明，托他转交给小平同志。

《建议》特别写道：

从1956年国防部五院成立以来，国家在航天方面的投资约为180亿元，对比之下，美国从1958～1987年在航天方面的投资累计达到2200亿美元，这当中还不包括武器。我们用1元人民币所做的事，国外要用1.2～1.4美元，折合成人民币就是1:5的关系。因此，在过去30年里，中国航天事业以较小的投入，取得了举世瞩目的成就。

针对关于“花钱太多”的担心，《建议》做了详尽的说明：

从经费上看，我部报告中所提出的2000年前总费用是53亿元，与专家委员会报告中所提出的52.9亿元，预测基本相同。

这一概算，我们认为国家是能够承受的，我们这样一个大国，要促进航天事业的发展，必须保证必要的投资强度。估计未来的10年中，我国的空间活动投资强度按最低下限估计应不低于10亿元人民币。按照我国的经济实力分析，只要国民经济能够按预定计划稳定增长，在这个大前提下，空间活动经费占国民收入的万分之八，就可以满足这个投资强度。

针对“载人航天究竟有何意义”的议论，《建议》指出：

人的认识有一个逐渐深化的过程，我国还没有载人航天的实践，它的含义再要说清楚恐怕有困难，高技术本身就有探索性，现在什么都说清楚，也就不必探索。好在我们实现载人航天还需要十年努力，到那时走在我们前面二三十年的美、苏，一定会说得比现在更清楚。但如果等到那时我们再搞，恐怕时机丧失了，人才也早就断档了。

上不上载人航天，是政治决策，不是纯科技问题。恳请中央尽快决策。

1991年春节过后，这封信终于送到了小平同志的手里。小平当时说了什么不得而知，但一向嘴严的李鹏总理后来在与军委副主席刘华清交谈有关载人航天之事时曾露出一句话：“这下你踏实了吧！”让当时也在场的刘纪原明白——小平同意了。

以后又传出信息，小平同志说，自己平生有两件事未了，一件是三峡工程，一件是载人航天，希望能看到它们上马。

随后，事情发展得非常迅速。

1992年1月8日，中央专委召开第五次会议，专门研究发展我国载人航天问题。会议认为，“从政治、经济、科技、军事等诸多方面考虑，立即发展我国载人航天是必要的。我国发展载人航天，应从载人飞船起步。”会议决定，在“863”航天领域专家委员会和航空航天部过去论证的基础上，由国防科工委组织各方面专家，进一步对载人飞船工程研制问题进行技术、经济可行性论证。

9月21日，中共中央13届常委会第195次会议讨论同意了中央专委《关于开展我国载人飞船工程研制的请示》。从这年初秋开始，中国载人航天的历史激情地翻开了新的一页。

无论是1992年1月中央专委同意实施载人航天工程，还是1992年9月21日中央政治局常委批准工程上马，在时间上恰巧都有“921”三个数字，这三个数字对中国载人航天的命运都有着决定性的意义。于是，中国的载人航天工程便有了一个代号“921”工程，这个代号像“863”一样，

中国不能安于落后

1988年10月24日上午，邓小平在参观北京正负电子对撞机国家实验室后，发表了一段精彩的讲话。他说：“过去也好，今天也好，将来也好，中国必须发展自己的高科技，在世界高科技领域占有一席之地。如果60年代以来中国没有原子弹、氢弹，没有发射卫星，中国就不能叫有重要影响的大国，就没有现在这样的国际地位。这些东西反映了一个民族的能力，也是一个民族、一个国家兴旺发达的标志。”

然后他又说：“现在世界的发展，特别是高科技领域的发展一日千里，中国不能安于落后，必须一开始就参与这个领域的发展。搞这个工程就是这个意思。还有其他一些重大项目，中国也不能不参与，尽管穷。因为你不参与，不加入发展行列，差距就会越来越大。”

神舟五号航天员出征仪式

长征二号F火箭发射神舟飞船

在中国历史上留下了里程碑般的不朽印记。

经党中央批准的中央专委的《请示》，即是载人航天工程最终形成的完整的顶层设计。这一顶层设计，按照钱学森系统工程方法，根据我国的综合国力和技术实力，既考虑了可能性，又考虑了超越性，明确了发展方针、发展战略和任务目标，并具体提出了第一步载人飞船工程的四大任务、七大系统以及经费、进度、组织管理等建议。这一科学论证和正确决策，凝聚了我国国家领导人和钱学森等科学家群体的心血和智慧，是我国载人航天工程得以可持续发展的先决条件。

值得一提的另一件大事，是中央决策立项以后，确定工程总设计师人选。这个人必须能按照顶层设计形成的蓝图，团结全体研制、管理人员，创造性地实施载人航天工程。当时有多个人选，也都各有充分的理由，一时难以确定。当丁衡高主任征求钱学森意见时 ，钱学森胸有成竹地提

“三个馒头”论

中国载人航天工程载人飞船系统首任总设计师戚发轫说过一句话：“人饿的时候，吃第一个馒头没什么感觉，吃第二个馒头垫了个底，吃完第三个馒头就饱了。看上去好像功劳是第三个馒头的，可没有前两个馒头，怎么会饱呢？”“在别人看来，载人航天的成功在我们手中创造，实际上我们是站在了前人的肩膀上。”

2011年11月1日，神舟八号飞船发射

议担任过中国运载火箭技术研究院院长的王永志，任中国载人航天工程总设计师。这个选择的正确性和关键性，已被载人航天一期工程的圆满完成所证明。

王永志满怀深情地回忆道：

载人航天立项后，我被任命为总设计师。钱老还专门给我写了一封信，交待作为总设计师应该注意的问题。1999年，“神舟一号”发射前，钱老很关心地打电话询问发射场的准备情况。我告诉他，我们有信心，一定能打成，他听了非常高兴。发射成功不久，钱老过88岁生日，我给他送了一个神舟飞船的模型作为礼物。“众多的礼物中，他最喜欢的就是你送的这个飞船模型。”钱老夫人蒋英教授告诉我。看到我国航天事业飞速发展，看到他钟爱的航天事业有了新的进展，钱老非常欣慰。他专门把模型放在床对面的书架上，一睁眼就能看到。从钱老这个举动中，我深切地感受到钱老对航天事业的热爱，以及他对我们这些航天人的殷切期望和持续不断的关注、关心。

中国载人航天工程在钱学森坚持不懈的努力和早期载人航天计划和预研成果的基础上，经过了工程方案、初样、正样、飞行试验阶段，完成了神舟一号、神舟二号、神舟三号和神舟四号飞船4次无人飞行，以及神舟五号单人、神舟六号双人和神舟七号飞船三人飞行及出舱活动，实现了中国人千年

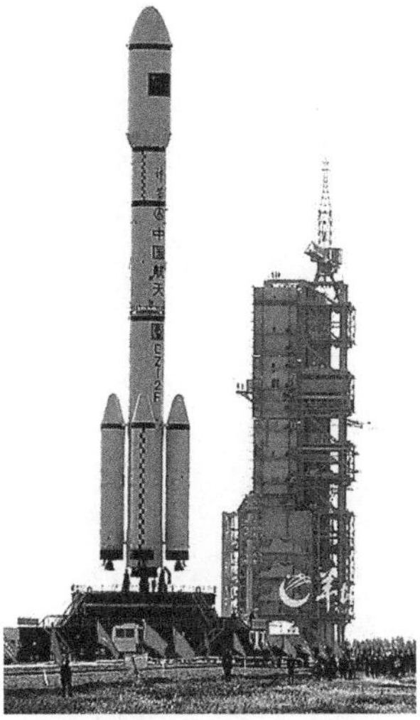
2011年9月，“天宫一号”待命发射

天宫一号目标飞行器与神舟八号飞船进行空间交会对接

的飞天梦想。

钱学森欣喜地看到了从神舟一号飞船到神舟七号飞船的成功发射与回收。每次他都笑得很开心，他很赞同杨利伟平安着陆出舱后说的一句话：“我为祖国骄傲！”

无论各种惊叹、赞誉的议论多么高涨，无论庆功、授奖外面的世界多么精彩，钱学森的日子仍然那么平静。那一段时间，他心底荡漾最多的一个念头就是：“我深爱着的祖国更加强大了！”

尾声

2009年10月的最后一天，秋叶还未褪尽绿意，大地却已飘起飞雪。这一天，98岁高龄的钱学森永远地离开了我们。

人们不会忘记，各界人士冒雪前往钱学森居室吊唁的景仰、悲怆情景和八宝山万人攒动送别大师的感人场面。

许多年前发生在东方的“两弹一星”壮举，已经成为历史的回音；然而，那声震惊世界的呐喊，却使得全世界都开始注意倾听中国的声音。中国的航天事业永远不会忘记一代宗师钱学森的丰功伟绩。

是他在成为世界级科学名家后毅然归国。他力陈“中国人可以自己造导弹”，对党和国家领导人决策创建中国的航天事业，起到了决定性的推动作用。作为奠基人和开拓者，他为中国航天事业“置办”起赖以发展壮大最初的“家当”，为中国航天50余年的发展奠定了体制和技术基础。

是他引领航天人闯出一条独立自主发展的技术道路。他以科学大家的眼光，高屋建瓴，几度领衔制订未来发展的蓝图，坚持自主设计主宰自己的命运，在有限的外援下取得一个又一个“零的突破”，创造了在相对落后的物质条件下抢占科技制高点的奇迹。“两弹一星”的成功不仅改变了中国的命运，也极大地影响了世界的格局。

是他集系统科学思想之大成。他创造性地把技术科学、工程控制论和系统工程的思想应用于航天工程的实践中，形成了一整套行之有效的科学管理理念和制度。他倡导建立的总体部、两条指挥线、计划协调技术、质量与可靠性等体系，对保证我国航天技术和工程的跨越式发展发挥了重要作用。他潜心研究的工程控制理论、系统工程管理理念广泛应用于各个领域，在我国现代化建设中发挥了重要作用。

是他带领出一支思想过硬、技术过硬的航天人才队伍。他延揽了一大批中国航天最初的骨干，亲自编写教材、执鞭任教，开办火箭导弹、星际航行理论和技术培训班。他亲手擢拔了一批航天技术的将才、帅才，在科研、生产、试验的实践中提携和锤炼他们。以这支队伍为“火种”，一代又一代、一批又一批堪当重任、颇具创造力和战斗力的航天才俊，薪火相传，茁壮成长。

是他身体力行将爱国奉献的精神、淡泊名利的人格以及勇于创新、科学求实、精益求精、学术民主的作风，润物细无声地化作航天人的行动。这些比任何物质财富都珍贵的精神财富，作为航天精神、“两弹一星”精神和载人航天精神的根基，在中国航天半个多世纪的辉煌成就中，显现了不可替代的强大动力。

在钱学森心里，国为重，家为轻；科学最重，名利最轻。五年归国路，十年两弹成。开创祖国航天，他是先行人，劈荆斩棘，把智慧锻造成阶梯，留给后来的攀登者。他是知识的宝藏，是科学的旗帜，是中华民族知识分子的典范。

钱学森是一面高高飘扬于浩瀚宇宙的旗帜，他永远活在中国航天宏伟的事业里！

后记

本书所反映的内容仅是钱学森光辉人生的一个片段。其时间跨度主要为1955年10月钱学森回国到1970年7月他离开七机部到国防科委工作，并前伸到他赴美求学，特别是在美国期间从事航空航天研究取得的巨大成就，后延至他在国防科委、国防科工委参加组织“三抓”等工作，对后续导弹、运载火箭、卫星、飞船等工作作出的重要贡献。

钱学森的航天岁月，是他一生中最为辉煌的岁月。我们力图通过一个个真实的故事，再现钱学森对中国航天事业发展作出的不朽贡献，也想给中国航天史的研究者留下不可忘却的历史断面。

在中国航天科技集团公司领导的关心下，“钱学森与中国航天”课题组于2008年8月成立，由集团公司企业文化部和中国宇航出版社指导、联系。课题组历时三年，以“抢救工程”的精神，尽最大努力收集和整理有关史料，先后到国家图书馆、航天档案馆、外交部档案馆、中国科学院档案馆、航天有关院所档案和资料部门，查阅、摘录各种资料100余万字，并以单独访问、座谈会等形式，访问了100余名老领导、老专家、普通科技工作者和管理者。这些被访问者都有过与钱学森共事的经历，或是他的同事，或是他的下级，或是他的学生……他们的所见所闻，成为课题组创作最直接、最真实、最宝贵的资料和素材。

课题组在梳理这些资料和素材的基础上，经过多次研讨，确定了撰写提纲，分工合作完成了本书的创作。本书第一章由石磊撰写，第二章由刘登锐、石磊撰写，第三章由孔祥言、陈良撰写，第四章由王春河撰写，第五章、第六章由张宏显撰写，第七章由张宏显、刘登锐撰写，第八章由黄志澄撰写，第九章、第十章由陈中青、杨照德、王文祥撰写。全书由石磊改写并统稿。在撰写过程中，刘兆世、王文祥、余盘清、李云生、李晓萍、章国华等同志参与创作研讨，并作了大量的资料整理和文稿校阅等工作。

在本书创作过程中，钱学森之子钱永刚教授多次给予悉心指导；航天档案馆在查阅历史档案方面提供了大力支持和方便。总装备部钱学森办公室，上海交通大学钱学森图书馆，高灵能源公司，中国航天科技集团公司一院及一部、14所，五院及508所、512所，八院，十一院，财务公司，中国航天科工集团公司二院、三院、培训中心等单位，为课题组提供了宝贵资料和工作方便。

在本书付梓之际，对所有给予热情帮助的单位和个人，表示衷心的感谢。

由于水平有限，还有不少疏漏和不尽人意之处，期盼广大读者给予批评指正。

谨将我们的怀念之情化作一缕书香，献给百年钱学森。

本书创作团队在钱学森故居前合影

“钱学森与中国航天”课题组

2011年11月